인강드림 공인중개사
실전모의고사

1차 부동산학개론
민법 및 민사특별법

인강드림 공인중개사 교수진 편저

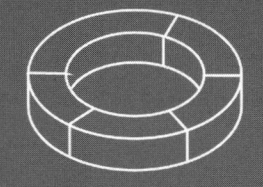

출재가능성 높은
모의고사 8회분

\+

이해하기 쉬운
상세한 설명

\+

실전 시험처럼
OMR카드 포함

인강드림

[인강드림 공인중개사 실전모의고사]

특별한 이유!

01 합격을 위한 최적의 난이도!

너무 어렵거나 너무 쉬운 문제를 풀면서 시간을 낭비하지 마세요. 실제 시험 난이도를 반영해 상 중 하 문제를 적절히 배치하여 구성하였습니다.

02 시험 출제유형 완벽히 반영한 교재

최근 기출문제 유형을 분석하여 34회 시험에 출제 가능성이 높은 문제 유형과 지문을 배치한 시험 전 필수 모의고사 입니다.

03 틀리는 문제를 집중적으로 보완

본 교재를 통해 자주 틀리는 문제 유형과 출제 포인트를 파악하여 집중적으로 보완할 수 있도록 구성하였습니다.

04 교재 구매시 강의 무료수강

본 교재를 구매하시면 전과목 교수진의 모의고사 해설 강의를 무료로 수강하실 수 있습니다.

★ 교재를 서점에서 구매하신경우 인강드림에 무료강의 신청해 주세요.

머리말 | preface

제34회 공인중개사 시험만을 바라보고 쉬지 않고 달려오신 수험생 여러분!

뜨거운 여름 날씨와 대내외적인 경기 불황으로 인해, 정신적으로나 육체적으로 지치기 쉬운 시간을 보내고 있습니다. 이중고에 시달리다 보면, 의지도 약해지기 마련이어서 꾸준히 공부해온 리듬이 깨질 수도 있습니다.
긴 시간이 아니더라도, 잠시나마 시간을 할애하여 몸과 마음의 여유를 갖고 다가오는 시험에 대비해야 하겠습니다.

이제는 기본이론 학습을 모두 끝내고, 문제풀이 연습을 하거나 핵심요약으로 복습을 하며 그간 학습한 내용의 내실을 다져가는 시기입니다. 이러한 시기에 이르러 학습의 중간 점검, 더 나아가 시험의 실전연습을 위한 교재를 출간하게 되었습니다. OMR 카드에 직접 마킹하며, 실제 시험시간에 맞춰 실전연습을 해보시기 바랍니다.

제34회 공인중개사 시험 합격을 위한 "인강드림 공인중개사 실전모의고사" 의 특징은 다음과 같습니다.

최신 출제경향을 분석하여 기출유형에 맞춰 구성

최신 출제경향을 분석하여 단원별 출제비중, 소분류 출제 빈도율, 시험의 난이도 등을 종합적으로 고려한 맞춤형 실전 모의고사입니다. 사례형 문제, 박스형 문제 등 최근의 출제유형에 맞춰 구성하였습니다.

출제가능성이 높은 부분을 집중적으로 수록

최근 빈출 지문을 분석하여 자주 출제되는 지문을 응용, 제34회 시험에 출제 가능성이 높은 부분을 집중적으로 문제화하고, 개정법령을 충실히 반영하였습니다.

파이널 정리교재로 활용 가능한 상세한 해설

각 문항에 상세한 해설을 곁들여 이론의 보충학습 효과를 가져올 수 있으며, 핵심요약집과 더불어 파이널 정리교재로도 활용이 가능합니다.

실전연습을 위한 OMR 카드 수록

국가자격시험에서 사용되는 실제 OMR 카드를 수록하였습니다. 실제 시험처럼 주어진 시험시간에 문제를 풀고 OMR 카드에 마킹을 해 봄으로써, 실제 시험에서는 좀 더 편안하게 적응할 수 있습니다.

공인중개사 자격시험안내

01 응시자격

제한 없음

☑ 다만, 법에 의한 응시결격사유에 해당하는 자는 제외(www.Q-net.or.kr에서 확인가능)

02 원서접수방법

- 국가자격시험 공인중개사 홈페이지(www.Q-net.or.kr/site/junggae)에 접속하여 소정의 접수절차를 거쳐 접수
- 시험에 응시하고자 하는 자는 인터넷 원서 접수 시 최근 6개월 이내에 촬영한 여권용 사진(3.5cm×4.5cm)을 JPG파일로 등록하여야 함
- 인터넷접수가 어려운 수험자를 위해 공단 권역별 지역본부 및 지사에서 인터넷 원서접수 도우미서비스 제공(단, 토·일요일·공휴일 제외)

☑ 방문시 준비물 : 신분증, 사진 1매(3.5×4.5㎝), 전자결제 수단(신용카드, 결제통장 등)

03 시험시간

구분		시험과목	입실완료	시험시간	시험방법
제1차	1교시	1 부동산학개론 2 민법 및 민사특별법	09:00	09:30~11:10(100분)	• 과목당 40문항 • 객관식 5지선다형
제2차	1교시	1 공인중개사법령 및 중개실무 2 부동산공법	12:30	13:00~14:40(100분)	
	2교시	부동산공시법 및 세법	15:10	15:30~16:20(50분)	

☑ 답안작성은 시험시행일 현재 시행되고 있는 법령을 기준으로 작성

04 합격자 결정 방법

- 1 · 2차 시험 공통 매 과목 100점을 만점으로 하여 매 과목 40점 이상, 전 과목 평균 60점 이상 득점한 자
- 1차 시험 합격자는 다음 회의 시험에 한하여 1차 시험을 면제

☑ 제1차 시험에 불합격한 자의 제2차 시험에 대하여는 「공인중개사법 시행령」 제5조 제3항에 따라 이를 무효로 함

05 시험과목 및 출제비율

구분	시험과목	시험범위	출제비율
제1차 시험 1교시 (2과목)	① 부동산학개론	1. 부동산학개론(세부내역 하단 참조)	85% 내외
		2. 부동산감정평가론(세부내역 하단 참조)	15% 내외
	② 민법 및 민사특별법 중 부동산 중개에 관련되는 규정	1. 민법의 범위 1) 총칙 중 법률행위 2) 질권을 제외한 물권법 3) 계약법 중 총칙·매매·교환·임대차	85% 내외
		2. 민사특별법의 범위 1) 주택임대차보호법 2) 집합건물의 소유 및 관리에 관한 법률 3) 가등기담보 등에 관한 법률 4) 부동산 실권리자명의 등기에 관한 법률 5) 상가건물 임대차보호법	15% 내외
제2차 시험 1교시 (2과목)	① 공인중개사의 업무 및 부동산 거래신고에 관한 법령 및 중개실무	1. 공인중개사법 2. 부동산 거래신고 등에 관한 법률	70% 내외
		3. 중개실무(부동산거래 전자계약 포함)	30% 내외
	② 부동산공법 중 부동산 중개에 관련되는 규정	1. 국토의 계획 및 이용에 관한 법률	30% 내외
		2. 도시개발법 3. 도시 및 주거환경정비법	30% 내외
		4. 주택법 5. 건축법 6. 농지법	40% 내외
제2차 시험 2교시 (1과목)	부동산공시에 관한 법령(부동산등기법, 공간정보의 구축 및 관리 등에 관한 법률) 및 부동산 관련 세법	1. 부동산등기법	30% 내외
		2. 공간정보의 구축 및 관리 등에 관한 법률 제2장 제4절 및 제3장	30% 내외
		3. 부동산 관련 세법(상속세, 증여세, 법인세, 부가가치세 제외)	40% 내외

최근 출제경향

01 부동산학개론(24~33회)

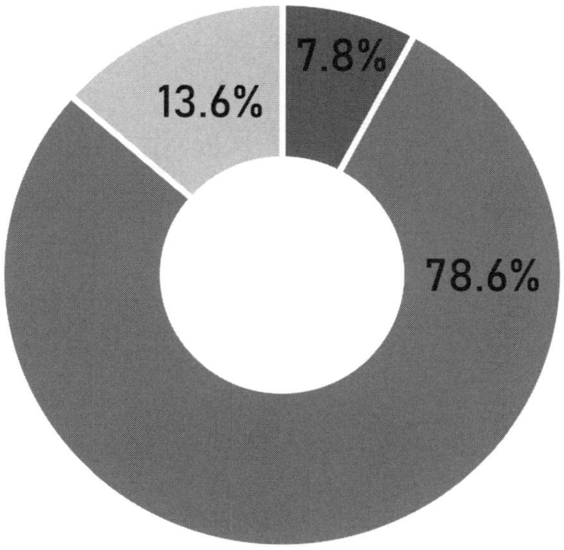

■ 부동산학 총론 7.8%
■ 부동산학 각론 78.6%
■ 감정평가론 13.6%

02 민법 및 민사특별법(24~34회)

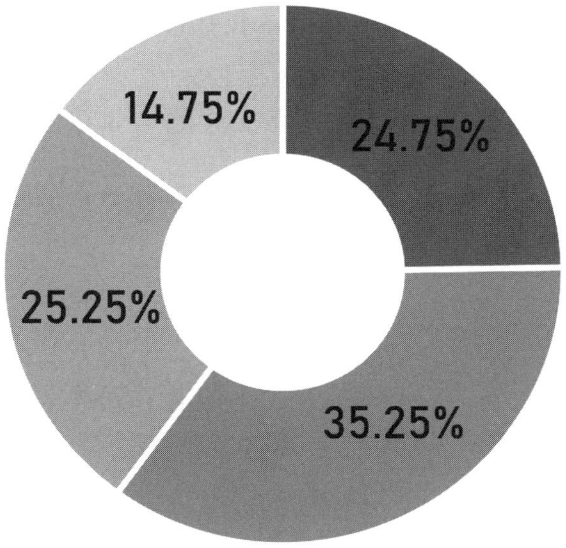

■ 민법총칙 24.75%
■ 물권법 35.25%
■ 계약법 25.25%
■ 민사특별법 14.75%

차례 | contents

2023년도 제34회 공인중개사 1차 국가자격시험

실전모의고사 제1회

교 시	문제형별	시 간	시험과목
1교시	A	100분	1 부동산학개론 2 민법 및 민사특별법 중 부동산 중개에 관련되는 규정

수험번호		성 명	

【 수험자 유의 사항 】

1. **시험문제지 표지와** 시험문제지 내 **문제형별의 동일여부** 및 시험 문제지의 **총면수 · 문제번호 일련순서 · 인쇄상태** 등을 확인하시고, 문제지 표지에 수험번호와 성명을 기재하시기 바랍니다.
2. 답은 각 문제마다 요구하는 **가장 적합하거나 가까운 답 1개**만 선택하고, 답안카드 작성 시 시험문제지 **형별누락, 마킹착오**로 인한 불이익은 전적으로 수험자에게 책임이 있음을 알려드립니다.
3. 답안카드는 국가전문자격 공통 표준형으로 문제번호가 1번부터 125번까지 인쇄되어 있습니다. 답안마킹시에는 반드시 **시험문제지의 문제번호와 동일한 번호에 마킹**하여야 합니다. (1차 1교시: 1번~80번)
4. **감독관의 지시에 불응시 불이익이 발생될 수 있으며, 시험시간 종료 후 답안카드를 제출하지 않을 경우** 시험무효처리 됨을 알려드립니다.
5. 이의제기에 관한 개별회신은 하지 않으며, **최종 정답 발표로 갈음**합니다.
6. 시험 중 **중간 퇴실은 불가**합니다. 단, 부득이하게 퇴실할 경우 **시험포기 각서 제출 후 퇴실은 가능**하나 **재입실이 불가**하며, **해당시험은 무효처리됩니다.**
7. 시험문제지는 시험 종료 후 가져가시기 바랍니다.

인강드림 공인중개사

제1과목: 부동산학개론

1. 부동산의 개념에 관한 설명이다. 옳은 것은?

① 토지와 그 정착물이 각각 독립된 거래의 객체이면서도 하나의 결합된 상태로 다루어져 부동산활동의 대상으로 삼는 경우, 이를 복합부동산이라 한다.

② 담장, 지붕, 가식된 수목, 교량, 경작목적 아닌 수목 등은 종속 정착물로서 토지와는 독립하여 거래의 객체가 될 수 없다.

③ 임차인이 설치한 싱크대, 선반 등은 정착물로서 부동산으로 간주한다.

④ 건물, 소유권 보존등기된 입목, 구거, 명인방법을 갖춘 수목 등은 토지와는 별도로 독립된 거래의 객체가 될 수 있으므로 토지와 독립성이 인정되는 정착물에 해당한다.

⑤ 부동산의 복합개념 중 기술적 개념의 부동산은 무형적 측면, 경제·법률적 개념의 부동산은 유형적 측면으로 구분할 수 있다.

2. 토지의 분류에 관한 다음의 설명 중 옳은 것은?

① 빈지란 윗집과 아랫집 사이의 경사진 부분의 토지로서 법적으로 소유권이 인정되나 활용 실익은 없거나 적은 토지를 말한다.

② 법지란 활용실익은 있으나 법적으로는 소유할 수 없는 바다와 육지 사이의 해변 토지를 말한다.

③ 부지란 주거·상업·공업용도 등의 용도로 이용되고 있거나 그러한 목적으로 조성된 토지를 말한다.

④ 나지란 지상에 건물 등 개량물이 없는 토지로서 지상권 등 토지의 사용·수익을 제한하는 사법상 권리가 설정되지 않은 토지를 말하며, 일반적으로 나지의 가치는 건부지의 가치보다 높게 평가된다.

⑤ 이행지란 임지지역·농지지역·택지지역 상호 간에 용도전환 중인 토지를 말하며, 후보지란 용도지역 내에서 용도전환 중인 토지를 말한다.

3. 부동산의 특성에 관한 다음의 설명 중 옳은 것은?

① 부증성으로 인하여 토지에는 소모를 전제로 하는 재생산이론의 적용이 배제되므로 원칙적으로 토지에는 원가방식을 적용할 수 없다.

② 부증성으로 인하여 토지의 경제적 공급이 불가능하므로 토지의 경제적 공급곡선은 수직선의 모습을 보인다.

③ 부동성은 부동산시장이 국지화되고 임장활동 및 정보활동이 요구되며, 인접지와의 협동적 이용이 요구되는 이유로 기능한다.

④ 개별성으로 인하여 토지는 상품 간 대체가 곤란하며 모든 토지에 공통적으로 적용할 수 있는 이론의 도출이 용이하지 않다.

⑤ 투자의 고정성으로 인하여 자본회수에 장기간이 소요되며, 부동산투자 선택 시 신중하고 장기적인 투자전략이 요구되지 않는다.

4. 부동산 수요에 관한 다음의 설명 중 옳은 것은? (단, 다른 조건은 일정하다고 가정한다.)

① 시장수요곡선은 개별수요곡선의 수직적 합으로서 일반적으로 시장수요곡선의 탄력성이 개별수요곡선의 탄력성보다 크다.

② '수요량의 변화' 시에는 수요량이 변화하는 반면 '수요의 변화' 시에는 수요량이 변화하지 않는다.

③ 근로자의 월 급여, 실물자산, 인구변동분, 가계소득 등은 유량(flow)의 경제변수에 해당된다.

④ 아파트의 가격상승이 예상됨에 따라 아파트의 수요량이 증가하는 경우, 동일 수요곡선상 점의 이동이 발생한다.

⑤ 핵가족화, 인구증가, 소득수준의 향상, 대체재의 가격상승 등은 부동산 수요의 증가요인이다.

5. 아파트의 수요곡선을 좌측으로 이동시키는 요인으로 옳은 것은?

① 아파트에 대한 소비자의 선호도 증가

② 보완재의 가격하락

③ 아파트가 열등재일 때, 소득의 증가

④ 대체재의 가격상승

⑤ 아파트 원자재가격의 상승

6. 균형의 이동에 관한 다음 내용 중 가장 옳은 것은? (단, 우하향 형태의 수요곡선과 우상향 형태의 공급곡선을 가정한다.)

① 연립주택의 수요는 증가하는 반면 공급은 감소하는 경우, 연립주택의 균형가격은 상승하고, 균형거래량은 감소한다.

② 아파트 수요의 증가 폭이 공급의 증가 폭보다 크다면 아파트의 균형가격은 상승하고, 균형거래량은 감소한다.

③ 수요 면에서의 보완재 가격하락과 공급 면에서의 기술 진보가 동시에 발생하면 균형가격은 하락하고 균형수급량은 증가한다.

④ 빌라의 수요가 공급보다 크게 감소하면 빌라의 균형가격은 하락하고, 균형수급량도 감소한다.

⑤ 단독주택 수요의 증가가 공급의 감소보다 크다면 균형가격은 하락하고, 균형 수급량은 증가한다.

7. 부동산 수요의 가격탄력성에 관한 일반적인 설명으로 <u>틀린</u> 것은? (단, 다른 조건은 불변이라고 가정함)

① 수요의 가격탄력성이 비탄력적이라는 것은 가격의 변화율에 비해 수요량의 변화율이 작다는 것을 의미한다.

② 부동산 수요의 가격탄력성은 부동산을 지역별 · 용도별로 세분할 경우, 달라질 수 있다.

③ 일반적으로 부동산 수요에 대한 관찰기간이 길어질수록 수요의 가격탄력성은 작아진다.

④ 수요의 가격탄력성이 1보다 클 경우, 전체 수입은 임대료가 상승함에 따라 감소한다.

⑤ 주택수요의 가격탄력성이 완전탄력적인 경우에 공급이 증가하면 균형가격은 변하지 않고 균형거래량은 증가한다.

8. 다음은 부동산경기변동의 특징에 관한 내용들이다. 옳지 않은 것은?

① 부동산경기는 부동산시장의 전반적 · 총체적 상황을 의미하므로, 경기의 측정은 단일지표로 측정하기보다는 여러 지표들을 종합적으로 판단하여 측정하는 것이 바람직하다.

② 타성 현상으로 인해 일반적으로 부동산경기는 일반경기에 후순환하는 모습을 보이나 경우에 따라서는 선순환, 역순환, 독립적 순환의 모습을 보이는 경우도 있다.

③ 부동산경기의 측정지표 중 가격변동은 보조적 지표에 불과하므로 가격변동만으로 경기의 호 · 불황을 단정하는 것은 바람직하지 않다.

④ 일반경기와 주거용 부동산 건축경기는 반비례의 모습을, 일반경기와 상 · 공업용 부동산 건축경기는 비례하는 모습을 보임이 일반적이다.

⑤ 후퇴시장에서 부동산 중개 활동은 매수인 중시 현상이 점차 감소하다가 반전되어 매도인 중시 현상이 커지게 된다.

9. 거미집이론에 관한 설명 중 옳은 것은?

① 가격변화 시 수요량은 일정기간 후에 변동하는 반면 공급량은 즉각 변동한다고 가정한다.

② 수요 · 공급의 시간적 갭이 존재함에 따라 주기적인 초과수요와 초과공급의 과정을 거치면서 불균형의 폭이 커지게 되는 상태에 중점을 둔 정태적 이론이다.

③ 부동산시장은 공급의 비탄력성으로 인해 수급의 조절이 곤란하게 되어 가격의 상승과 하락을 반복하는 경향을 보인다.

④ 수요곡선 기울기의 절댓값이 공급곡선 기울기의 절댓값보다 작은 경우, 균형에서 이탈하여 발산하는 모습을 보인다.

⑤ 수요탄력성이 공급탄력성과 동일한 경우, 새로운 균형을 향해 수렴하는 모습을 보인다.

10. 부동산시장에 관한 다음의 설명 중 옳은 것은?

① 부동산시장이란 양과 질, 위치 등의 여러 면에서 유사한 부동산에 대하여 가격이 균등해지는 경향이 있는 지리적인 구역으로 정의할 수 있다.

② 다수의 판매자와 구매자, 상품의 동질성, 자유로운 시장진입과 탈퇴, 완전한 시장정보 등은 불완전경쟁시장의 성립조건에 해당한다.

③ 부동산시장의 특성 중 거래의 비공개성으로 인하여 정보수집이 용이하므로 정보수집 비용이 적게 소요된다.

④ 부동산시장에서는 매수인이 제안하는 하한가격과 매도인이 제안하는 상한가격의 사이에서 새로운 가격이 결정된다.

⑤ 부동산의 특성 중 수급조절의 곤란성으로 인하여 장기적으로 가치와 가격이 괴리되는 가격의 왜곡이 발생할 가능성이 높다.

11. 부동산시장의 효율성에 관한 설명이다. 옳은 것은?

① 공표된 정보나 공표되지 않은 어떠한 정보든 이미 시장가치에 반영되고 있어 어떤 투자자도 정상 이상의 이윤을 획득할 수 없는 시장은 준강성 효율적 시장이다.

② 부동산시장은 여러 가지 불완전한 요소가 많으므로 할당 효율적 시장이 될 수 없다.

③ 준강성 효율적 시장은 과거의 추세적 정보뿐만 아니라 현재 새로 공표되는 정보가 지체 없이 시장가치에 반영되므로 공식적으로 이용 가능한 정보를 기초로 기본적 분석을 하여 투자해도 초과이윤을 얻을 수 없다.

④ 약성 효율적 시장은 새로운 정보가 공표되는 즉시 가격에 반영되는 시장으로 공표된 자료를 토대로 투자분석이 이루어지는 경우 초과이윤의 획득이 용이하다.

⑤ 약성 효율적 시장에서는 현재가치에 대한 과거의 역사적 자료를 분석하여 정상이윤을 초과하는 이윤을 획득할 수 있다.

12. 주거분리와 주택의 여과과정(filtering process)이론에 관한 설명 중 <u>틀린</u> 것은?

① 주택의 하향여과는 상위소득계층이 사용하던 기존주택이 하위소득계층의 사용으로 전환되는 것을 말한다.

② 주거분리란 도심의 지가고, 교통의 발달 등으로 인하여 직장과 주거지역이 분리되는 현상을 말한다.

③ 주택개량 비용이 개량 이후의 주택가치상승분보다 큰 경우, 반드시 하향여과가 발생하는 것은 아니다.

④ 고소득층 주거지역과 인접한 저소득층 주택은 할증료(premium)가 붙어 거래되며, 저소득층 주거지역과 인접한 고소득층 주택은 할인되어 거래될 것이다.

⑤ 주택소비자는 다른 요인이 동일할 경우, 정(+)의 외부효과를 누리고자 고소득층 주거지에 가까이 거주하려 한다.

13. 지대이론에 관한 다음의 설명 중 바르지 <u>못한</u> 것은?

① 고전학파는 토지를 자본과 구별하였으며 토지의 자연적 특성을 강조하고 지대를 불로소득으로 간주한 반면 신고전학파는 지대는 생산요소에 대한 대가이므로 지대를 생산물가격에 영향을 주는 요소비용으로 파악하였다.

② 튀넨의 입지지대론에 의하면 매상고와 생산비가 일정한 경우, 지대는 수송비에 의해 결정되며, 위치에 따라 지대가 달라진다고 주장함에 따라 그의 이론을 위치지대설이라고도 한다.

③ 마르크스는 토지의 비옥도에 관계없이 토지의 사적 소유 자체를 지대발생의 원인으로 보았으며, 최열등지에서의 지대발생의 이론적인 근거를 제시하였다.

④ 리카도는 비옥도의 차이, 비옥한 토지량의 제한, 수확체감법칙의 작용을 지대발생의 원인으로 보았으며, 한계지에서는 지대가 발생하지 않는다고 주장하였다.

⑤ 튀넨의 입지지대론에 의하면 중심지에 인접할수록 수송비가 절감되므로 토지이용주체의 지대지불능력이 상승함에 따라 지대곡선의 기울기는 보다 완만한 모습을 보이게 된다.

14. 도시공간구조이론에 관한 설명으로 <u>틀린</u> 것은 몇 개인가?

> ㉠ 버제스(E. Burgess)는 도시의 성장과 분화가 주요 교통망에 따라 확대되면서 나타난다고 보았다.
> ㉡ 해리스(C.Harris)와 울만(E.Ullman)의 다핵이론에서는 상호편익을 가져다주는 활동(들)의 집적지향성(집적이익)을 다핵입지 발생 요인 중 하나로 본다.
> ㉢ 호이트의 선형이론에 따르면 주택지불능력이 낮을수록 고용기회가 많은 도심지역과 접근성이 양호한 지역에 주거입지를 선정하는 경향이 있다.
> ㉣ 다핵심이론에서는 다핵의 발생요인으로 유사활동간 분산지향성, 이질활동간의 입지적 비양립성 등을 들고 있다.
> ㉤ 버제스(E. W. Burgess)의 동심원이론에 의하면 천이지대(혹은 점이지대)는 중심업무지구와 저소득층 주거지대의 사이에 위치한다.
> ㉥ 도시공간구조의 변화를 야기하는 요인은 교통의 발달이지 소득의 증가와는 관계가 없다.

① 1개 ② 0개
③ 2개 ④ 3개
⑤ 4개

15. 상업입지이론에 관한 다음의 설명 중 옳은 것은?

① 허프는 적당한 거리에 저차원중심지가 있으면 인근의 고차원중심지를 지나칠 가능성이 높다고 하였다.

② 레일리의 소매인력법칙은 중심지의 형성과정에 중점을 둔 이론이다.

③ 레일리의 중력모형은 뉴턴의 만유인력법칙을 원용하여 두 중심지 사이에 위치하는 소비지에 미치는 영향력의 크기는 도시인구에 반비례하고 분기점으로부터의 거리의 제곱에 비례한다고 하였다.

④ 금융기관, 관공서, 가구점 등 동일업종의 점포가 한 곳에 밀집하는 성향을 보이는 경우 집재성 점포라 한다.

⑤ 크리스탈러의 중심지이론에 의하면 재화의 도달거리보다 최소요구치가 클 때 중심지가 성립할 수 있다.

16. 주택의 불평등지표에 관한 내용으로 옳지 않은 것은?

① 다가구주택 내의 독립된 주거 단위를 하나의 주택으로 간주한다면 주택보급률은 높게 나타날 것이다.

② 일반적으로 PIR(소득 대비 주택가격 비율)이 커지면 주택구입능력이 저하되며 자가점유율이 저하된다.

③ 자가점유율이 감소되었다고 해서 반드시 주거수준이 저하되었다고 볼 수 없으나 차가 거주가구의 주거 안정성은 낮다.

④ RIR은 임차인의 월 소득에 대한 주택의 월 임대료의 비율로서, 임대료의 지불능력과 임대주택시장의 효율성 및 주택불평등을 반영하고 있다.

⑤ 주택수요자금에 대한 융자의 비율이 높아질수록 가계부담을 가중시켜 주택구입능력을 저하시킨다.

17. 정부의 부동산시장개입에 관한 다음 설명 중 가장 틀린 것은?

① 직접적 개입이란 정부가 시장의 기능을 부분적으로 인수하거나 부동산시장에 직접 개입하여 토지에 대한 수요자 및 공급자의 역할을 수행하는 방법으로, 보조금의 지급이나 부담금의 부과 등이 대표적인 정책수단이다.

② 토지적성평가는 토지의 개발과 보전의 경합이 발생할 때 적절한 조화를 도모할 수 있다.

③ 사전에 미개발토지를 대량으로 매입 · 비축한 후 장래에 비축토지를 토지수요자에게 분양 · 임대하는 제도인 토지은행제도는 정부의 직접적인 개입수단으로 공공용지의 원활한 공급과 토지시장안정에 기여할 수 있다.

④ 국토교통부장관은 주택가격이 급격하게 상승하는 지역을 대상으로 투기과열지구를 지정할 수 있다.

⑤ 지역지구제는 어울리지 않는 토지이용을 규제함으로써 부의 외부효과를 제거 · 감소 또는 방지와 더불어 토지자원의 활용 측면에서 세대 간 형평성 유지에 그 목적이 있는 토지이용규제수단에 해당한다.

18. 외부효과에 관한 다음의 설명 중 틀린 것은?

① 주택 주변에 대규모 생태공원을 조성하거나 호수 같은 자연경관의 배치 등으로 주택의 가격이 상승하는 경우, 이는 정(+)의 외부효과가 발생한 것으로 볼 수 있다.

② 공장의 운영으로 인한 매연, 소음 등의 부(−)의 외부효과문제를 해결하기 위해 주민들은 집단소송을 제기하여 피해보상을 요구할 수도 있으며, 공해방지시설의 설치를 요구할 수도 있다.

③ 외부효과란 어떤 경제주체의 경제활동이 시장기구를 통하지 않고 제3자에게 의도하지 않은 이익이나 손해를 발생하는 경우, 이에 대한 보상이 이루어지지 않는 현상을 말한다.

④ 지역 · 지구제의 시행 또는 환경부담금의 부과는 정(+)의 외부효과에 대한 정부의 공적인 해결수단에 해당한다.

⑤ 부(−)의 외부효과를 발생시키는 경우, 생산자에게 조세부과 등을 통한 규제를 가함으로써 외부비용만큼 개인적인 생산비로 인식하게 하여 공급을 감소시켜 사회적으로 적정한 수준을 생산할 수 있게 유도한다.

19. 용도지역 · 지구제에 관한 설명으로 옳은 것은? (단, 다른 조건은 일정 · 불변으로 가정함)

① 획일적인 규제 시 지역적 특성의 반영이 곤란한 반면 시장상황의 변화에 대한 능동적 대처가 가능하다.

② 지역지구제 시행 시 주택산업이 비용일정산업의 경우, 장기적으로 주택가격은 원래 수준으로 회귀하고 주택의 공급량은 단기보다 증가한다.

③ 부의 외부효과가 제거 · 감소됨에 따라 당해 지역 주택수요가 증가하여 단기적으로 유량의 주택공급자에게 초과이윤이 발생하게 된다.

④ "용도지구" 란 토지의 이용 및 건축물의 용도, 건폐율, 높이 등을 제한함으로써 토지를 경제적 · 효율적으로 이용하고 공공복리의 증진을 도모하기 위하여 서로 중복되지 아니하게 도시 · 군 관리계획으로 결정하는 지역을 말한다.

⑤ 지역 · 지구제의 시행 시 지역 간 형평성은 보장되는 반면 세대 간 형평성은 유지되지 못한다.

20. 주택정책에 관한 다음의 설명 중 바르지 않은 것은?

① 분양가상한제의 시행 시 건설업체의 수익성이 악화되어 주택공급이 위축되는 반면 투기의 문제를 방지할 수 있다는 장점을 갖는다.

② 주택선분양 시 일시에 목돈을 마련해야 하는 부담은 작아지는 반면 입주 이후 주택의 품질과 관련하여 분쟁이 발생할 우려가 있다.

③ 임대료보조 시 저소득 임차인의 실질소득이 상승함에 따라 단기적으로 임대주택의 수요가 증가함에 따라 임대료가 상승한다.

④ 임대료를 시장의 균형가격 수준 이하로 통제하는 경우, 임대주택의 질적 저하, 임대주택에 대한 투자 기피 등의 현상이 나타난다.

⑤ 공공임대주택이 공급되면 임대주택수요자의 수요탄력성이 탄력화되어 공적 임대주택시장으로의 주거이동이 활발하게 전개된다.

21. 부동산 조세의 경제적 효과에 관한 다음의 설명 중 옳은 것은? (단, 다른 조건은 일정하다고 가정한다.)

① 부동산 조세는 소득재분배 및 자원배분의 기능을 갖는 반면 주택문제나 지가안정에 기여하지는 못한다.

② 공급의 가격탄력성은 탄력적인 반면 수요의 가격탄력성은 비탄력적인 시장에서 세금이 부과될 경우, 실질적으로 공급자가 수요자보다 더 많은 세금을 부담하게 된다.

③ 양도소득세가 중과되면, 주택공급의 동결효과(lock in effect)로 인해 주택가격이 하락할 수 있다.

④ 조세 부과는 소비자가 지불하는 수요자가격을 높이고 생산자의 수입이 되는 공급자가격을 낮춤으로써 조세 부과 전에 비해 균형량을 감소시키는바, 조세부과에 따른 경제적 순손실은 수요나 공급의 탄력성이 탄력적일수록 커진다.

⑤ 주택가격에 관계 없이 일률적으로 조세를 부과하는 경우, 저소득층의 조세부담이 완화되어 역진세적인 효과가 발생하게 된다.

22. 부동산투자에 관한 설명으로 옳은 것은?

① 금융차입 없이 전액 지분으로 투자하는 경우, 총자본수익률과 지분투자수익률은 동일한 값을 갖게 된다.

② 저당비율이 커짐에 따라 지분투자수익이 증대되므로 투자에 따른 위험은 감소하는 경향을 보인다.

③ 타인자본의 활용 시 지분수익률이 총자본수익률보다 큰 경우, 부의 지렛대효과가 발생한다.

④ 투자수요가 증가하여 대상부동산의 가격이 상승하는 경우, 당해 투자로부터 예상되는 수익률은 증가하기 마련이다.

⑤ 서로 다른 두 투자안의 평균이 동일한 경우, 분산이 큰 투자안의 선택이 타당하다고 할 수 있다.

23. 부동산투자의 위험관리에 관한 설명 중 틀린 것은?

① 위험의 관리유형은 위험의 회피, 위험의 보유, 위험의 전가, 위험의 통제 등으로 구분할 수 있다.

② 위험의 통제란 손실의 발생 횟수나 규모를 조절하는 전략으로 민감도 분석 등이 이에 해당한다.

③ 보험가입, 하청계약, 변동금리의 적용, 인플레율에 연동하여 임대료를 지불하도록 하는 임대차계약 등은 위험의 전가에 해당한다.

④ 기대수익률의 상향조정 및 요구수익률의 하향조정을 통해 투자와 관련된 위험을 줄일 수 있다.

⑤ 위험회피형 투자자는 모든 위험을 피하고자 하는 투자자가 아니라 감수할 만한 유인이 있거나 회피할 수 없는 체계적 위험은 기꺼이 감수하고자 하는 투자자이다.

24. 부동산투자에 따른 위험과 수익에 관한 설명이다. 옳은 것은?

① 분산 또는 표준편차는 투자안의 위험을 측정하는 지표이며, 그 수치가 클수록 투자의 불확실성은 감소한다.

② 동일한 표준편차를 갖는 투자안 중에서 평균이 가장 낮은 투자안을 선택하는 것이 합리적이다.

③ 평균–분산 지배의 원리가 작용하지 않는 두 투자안의 상대적 위험도를 측정하기 위한 변이계수는 그 값이 클수록 위험도가 낮음을 의미한다.

④ A는 B와 표준편차는 같지만 평균이 높고, C는 B와 평균은 같지만 위험이 낮다면, A와 C 상호 간에는 평균–분산 지배의 원리가 작용하지 않는다.

⑤ 투자자의 기대수익률은 위험할증률 산정 시 투자자의 주관이 개입될 여지가 많으므로 투자자마다 상이하다.

25. 다음은 부동산 포트폴리오에 대한 설명이다. 옳은 것은?

① 효율적 전선이란 동일한 위험 하에서 가장 기대수익률이 낮은 포트폴리오, 동일한 수익률 하에서 위험이 가장 높은 포트폴리오를 연결한 곡선이다.

② 포트폴리오를 구성하는 투자안 간의 상관계수가 −1이면 체계적 위험은 '0' 이 될 수 있다.

③ 양(+)의 상관관계를 갖는 투자안 사이에는 위험의 분산효과가 발생하지 않는다.

④ 최적의 포트폴리오는 효율적 전선과 투자자 자신의 무차별곡선의 교차점에서 결정된다.

⑤ 투자안별 수익률의 변동이 상이한 추세를 보일 것으로 예측되는 부동산에 분산 투자하는 것이 바람직하다.

26. 화폐의 시간가치에 관한 다음의 설명 중 틀린 것은?

① 잔금비율은 1 - 상환비율 또는 $\frac{\text{(잔여기간)연금의 현가계수}}{\text{(전체기간)연금의 현가계수}}$로 산정한다.

② n년 후 1원을 달성하기 위해 매기 적립해야 할 금액은 연금의 내가계수로 구할 수 있으며, 이는 저당상수와 역수이다.

③ 매년 1원을 r%의 이자율로 n년 동안 적립한 경우, n년 후에 달성되는 원리금의 합계액을 구하는 계수는 연금의 미래가치계수이다.

④ 현재 1원을 r%의 이자율로 n년 동안 예금한 경우, n년 후 달성되는 금액을 구하는 계수는 일시불의 내가계수이다.

⑤ 금융기관으로부터의 차입이 있을 때 매기의 상환액은 저당상수를 이용하여 구할 수 있다.

27. 다음 중 투자타당성 판단지표에 관한 설명으로 가장 적절하지 않은 것은?

① 내부수익률(IRR)이란 투자로부터 기대되는 현금유입의 현재가치와 현금유출의 미래가치를 같게 하는 할인율이다.

② 부채감당률(debt service coverage ratio)이 1보다 작다는 것은 순영업소득이 매기간의 원리금 상환액을 감당하기에 부족하다는 것을 의미한다.

③ 회계적이익률(accounting rate of return)은 연평균 순이익을 연평균투자액으로 나눈 비율이다.

④ 순현가법이란 보유기간 동안 기대되는 세후소득의 현재가치 합과 투자비용으로 지출한 지분의 현재가치 합을 비교하는 방법이다.

⑤ 채무불이행률(default ratio)은 유효총소득이 영업경비와 부채서비스액을 감당할 수 있는 능력이 있는가를 측정한다.

28. 부동산금융에 관한 다음의 설명 중 바르지 못한 것은?

① 부동산금융이란 부동산의 취득, 투자, 개발 등에 필요한 자금을 조달하는 일련의 과정이라고 말할 수 있다.

② 부동산금융의 핵심은 주택금융이며, 주택금융은 수요자금융인 주택소비금융과 공급자금융인 주택개발금융으로 구분할 수 있다.

③ 금융시장은 차입자에게 필요한 자금을 대출하는 자금대출시장과 금융기관에 필요한 자금을 공급하는 자금의 공급시장으로 구분된다.

④ 지분금융이란 주식의 발행이나 지분권의 매각을 통해 자기자본을 조달하는 금융 수단으로, 부동산 신디케이트, 조인트벤처, 부동산펀드 등이 속한다.

⑤ 부채금융은 저당의 설정 등을 통해 타인자본을 조달하는 금융 수단으로, 수익의 배당에 목적이 있다.

29. 다음은 고정금리방식과 변동금리방식에 대한 설명이다. 옳은 것은?

① 시장이자율이 지속적인 상승 추세에 있으며, 이자율의 조정이 신속하게 이루어진다면 변동이자율 저당은 차입자에게 유리한 대출방식이다.

② 고정이자율대부방식으로 대출이 이루어진 경우, 시중금리가 계속 상승하는 추세에 있다면 차입자의 조기상환 가능성은 커진다고 볼 수 있다.

③ 물가가 지속적으로 상승하는 인플레이션 상황에서 고정이자율 저당은 대출자의 실질이자율을 증가시킨다.

④ 고정이자율 저당대부방식은 대출기관의 인플레이션에 따른 이자율 위험을 자금의 수요자인 차입자에게 전가하는 방식으로 일종의 위험 전가에 해당한다.

⑤ 변동이자율 저당에서 금리의 조정 주기가 짧으면 짧을수록 대출자가 유리하고 차입자는 불리하다.

30. 저당대출의 상환방식에 관한 설명으로 옳은 것은?

① 원금균등분할상환(CAM) 방식의 경우, 원리금의 합계가 매기 동일하다.

② 원리금균등분할상환(CPM) 방식의 경우, 초기에는 원리금에서 이자가 차지하는 비중이 높으나, 원금을 상환해 가면서 원리금에서 이자가 차지하는 비중이 줄어든다.

③ 다른 조건이 일정하다면, 대출채권의 듀레이션(평균 회수기간)은 원리금균등분할상환(CPM) 방식이 원금균등분할상환(CAM) 방식보다 짧다.

④ 체증분할상환(GPM) 방식은 장래 소득이 줄어들 것으로 예상되는 차입자에게 적합한 대출방식이다.

⑤ 거치식(Interest-only Mortgage) 방식은 대출자 입장에서 이자수입이 줄어드는 상환방식으로, 상업용 부동산 저당대출보다 주택 저당대출에서 주로 활용된다.

31. 다음은 저당채권의 유동화제도에 관한 기술이다. 옳지 않은 것은?

① 저당의 유동화제도는 저당권 자체를 하나의 상품으로 유통시켜 신용창조의 수단으로 활용하는 것을 말한다.

② 저당의 유동화제도에서 가장 중요한 특징은 저당대출 자체에 있는 것이 아니라, 주택금융기관이 주택자금을 대출하고 그 담보로 취득한 저당권을 매각하거나 자본시장에 유통시킴으로써 자금을 조달하여 신규대출수요에 대처할 수 있다는 점이다.

③ 주택자금대출채권의 유동화를 통해 금융기관은 자금의 고정화로 인한 자금수요와 공급의 불일치현상을 완화할 수 있으므로 효율적인 자금운용을 도모할 수 있다.

④ 1차 저당대출자들은 자금의 여유가 있더라도 저당을 자신들의 자산포트폴리오의 일부로 보유할 수는 없다.

⑤ 1차 저당시장의 대출금리가 2차 저당시장의 주택저당담보부증권(MBS)의 수익률보다 클 때 저당의 유동화가 활성화될 수 있다.

32. 다음은 토지이용에 대한 설명이다. 가장 옳은 것은?

① 집약한계란 최적의 조건하에서 겨우 생산비를 감당할 수 있을 정도의 집약도를 말한다.

② 토지이용의 집약도와 토지에 대한 자본의 결합비율인 생산요소의 대체성은 정의 관계에 있다고 볼 수 있다.

③ 도심의 지가고, 교통의 발달, 도심공동화현상 등은 직주분리의 원인으로 작용한다.

④ 직주접근의 결과 건물의 고층화현상이 촉진되고 도심고동이 커진다.

⑤ 한계지의 초기에는 지가상승률이 높은 모습을 보이며 한계지의 지가와 도심토지의지가는 상호 대체관계가 형성되지 않는다.

33. 부동산개발에 관한 설명으로 옳게 묶인 것은?

> ㉠ 이용계획이 확정된 토지를 매입하는 것은 법률적 위험을 줄이기 위한 방안이다.
> ㉡ 개발사업의 완공기에 가까울수록 시장위험은 감소하는 반면 개발사업의 가치는 상승하므로 개발사업의 위험과 가치는 반비례 관계에 있다.
> ㉢ 개발사업에 대한 타당성분석의 결과가 동일하다면 모든 개발업자는 해당 투자 대안을 채택한다.
> ㉣ 흡수율분석의 궁극적인 목적은 과거와 현재의 추세를 바탕으로 미래를 정확하게 예측하는데 있다.
> ㉤ 공사기간 중 이자율의 변화, 시장침체에 따른 공실의 장기화 등은 시장위험으로 볼 수 있다.

① ㉡, ㉢, ㉣, ㉤　② ㉠, ㉢, ㉣
③ ㉠, ㉡, ㉣, ㉤　④ ㉠, ㉢, ㉤
⑤ ㉢, ㉣, ㉤

34. 다음은 부동산개발방식에 관한 설명이다. 옳은 것은?

① 자체개발사업은 불확실하거나 위험도가 큰 부동산 개발사업에 대한 위험을 토지소유자와 개발업자 간에 분산할 수 있다는 장점이 있다.

② 사업수탁방식의 경우, 사업 전반이 토지소유자의 명의로 행해지며, 개발지분을 토지소유자와 개발업자가 공유한다.

③ BTO(build-transfer-operate) 방식은 사회기반시설의 준공과 동시에 해당 시설의 소유권이 국가 또는 지방자체단체에 귀속되며, 사업시행자에게 일정기간의 시설관리운영권을 인정하는 방식이다.

④ 수용방식은 택지가 개발되기 전 토지의 위치 · 지목 · 면적 · 등급 · 이용도 및 기타 사항을 고려하여, 택지가 개발된 후 개발된 토지를 토지소유자에게 재분배하는 방식이다.

⑤ 지주공동사업방식에서는 사업시행자의 주도적인 사업추진이 가능하나 사업의 위험성이 높을 수 있어 위기관리능력이 요구된다.

35. 부동산관리에 관한 설명으로 옳은 것은?

① 포트폴리오 관리, 투자리스크 관리, 매입 · 매각관리, 재투자 · 재개발의 결정 등은 부동산관리의 유형 중 건물 및 임대차관리(leasing and tenant management) 에 해당한다.

② 위탁관리방식은 건물관리의 전문성을 통하여 노후화의 최소화 및 효율적 관리가 가능하여 대형건물의 관리에 유용하다.

③ 혼합관리방식은 필요한 부분만 선별하여 관리업무를 위탁하기 때문에 관리의 책임소재가 분명해지는 장점이 있다.

④ 직접(자치)관리방식은 관리업무의 전문성과 합리성을 제고할 수 있는 반면, 기밀유지에 있어서 간접(위탁)관리방식보다 불리하다.

⑤ 비율임대차(percentage lease)는 임차자 총수입의 일정비율을 임대료로 지불하는 임대차 유형으로, 주로 주거용 부동산에 적용된다.

36. 부동산마케팅에 관한 설명으로 옳은 것은?

① 표적시장선정 전략은 세분화한 수요자집단에서 경쟁상황과 자신의 능력을 고려하여 가장 자신 있는 수요자집단을 찾아내는 것을 말한다.

② 유통경로(place) 전략은 고객행동변수 및 고객특성변수에 따라 시장을 나누어서 몇 개의 세분시장으로 구분하는 것이다.

③ 마케팅전략 중 표적시장선정(targeting)이란 마케팅활동을 수행할만한 가치가 있는 명확하고 유의미한 구매자집단으로 시장을 분할하는 활동을 말한다.

④ 분양대행사를 이용하여 아파트 분양이 이루어지는 경우, 마케팅믹스(marketing mix)의 4P전략 중 가격(Price)전략과 밀접한 관련이 있다.

⑤ 부동산의 종류와 관계없이 마케팅활동의 유형은 동일하다.

37. 감정평가에 관한 설명 중 옳지 않은 것은?

① 감정평가란 토지 등의 경제적 가치를 판정하여 그 결과를 가액으로 표시하는 작업으로 정의할 수 있으며, 부동산시장은 부동산의 자연적, 인문적 특성으로 인하여 합리적 자유시장 구축의 어려움 때문에 적정가격형성이 곤란하므로 감정평가가 요구된다.

② 기준시점이란 감정평가액을 결정하는 기준이 되는 날짜로, 대상물건의 가격조사를 완료한 일자로 함이 원칙이나 기준시점이 미리 정하여진 때에는 가격조사가 가능한 경우에 한하여 그 일자를 기준시점으로 할 수 있다.

③ 감정평가법인 등은 시장가치를 기준으로 감정평가액을 결정하여야 함이 원칙이나 법령에 다른 규정이 있는 경우, 의뢰인이 요청하는 경우, 사회통념상 필요하다고 인정되는 경우에는 시장가치 외의 가치를 기준으로 감정평가액을 결정할 수 있다.

④ 하나의 물건이더라도 가치를 달리하는 부분은 부분평가의 대상이 되며, 둘 이상의 대상 물건이 일체로 거래되거나 대상물건 상호 간에 용도상 상호불가분의 관계가 있는 경우 일괄하여 감정평가한다.

⑤ 부동산가격은 수요가 감소하더라도 즉각 하락하지 않는 하방경직성의 특성을 보인다.

38. 부동산가격에 관한 설명으로 틀린 것은?

① 부동산시장은 불완전경쟁시장이지만 부동산가격은 일반적으로 시장에서 경쟁에 의해 결정되므로 소비자와 생산자가 의사결정을 하는데 중요한 지표로서의 기능을 한다.

② 수요와 공급의 조절이 쉽지 않아 단기적으로 가치와 가격은 일치하게 되고, 장기적으로 가격은 가치로부터 괴리되는 현상을 나타낸다.

③ 부동산 가격은 불완전시장에서 형성되고, 거래당사자의 개인적인 동기나 특수한 사정이 개입되기 쉽다.

④ 부동산 가격은 장기적인 배려 하에 형성된다. 이는 부동산의 내용연수가 장기간이고 부동산이 속한 지역의 사회 · 경제 · 행정적 위치가 항상 변하기 때문이다.

⑤ 가치는 평가목적에 따라 일정 시점에서 여러 가지가 존재하나, 가격은 실제로 지불된 금액이므로 일정 시점에서 하나만 존재한다.

39. 「감정평가에 관한 규칙」 상 시산가액의 조정에 관한 설명 중 옳지 않은 것은?

① 평가대상별로 정한 감정평가방법을 적용하여 산정한 가액을 시산가액이라 한다.

② 평가대상물건의 시산가액은 감정평가 3방식 중 다른 평가방식에 속하는 하나 이상의 감정평가방법으로 산정한 시산가액과 비교하여 합리성을 검토하여야 한다.

③ 시산가액 조정 시 공시지가기준법과 거래사례비교법은 같은 감정평가방식으로 본다.

④ 대상물건의 특성 등으로 인하여 다른 감정평가방법을 적용하는 것이 곤란하거나 불필요한 경우에는 시산가액 조정을 생략할 수 있다.

⑤ 산출한 시산가액의 합리성이 없다고 판단되는 경우에는 주된 방법 및 다른 감정평가방법으로 산출한 시산가액을 조정하여 감정평가액을 결정할 수 있다.

40. 자본환원율의 결정방법에 관한 다음의 설명 중 가장 옳은 것은?

① 물리적 투자결합법은 토지와 건물의 수익창출능력이 상이하며, 분리될 수 없다는 가정 하에 환원이율을 산정하는 방법이다.

② 금융적 투자결합법은 저당투자자와 지분투자자의 기대수익률이 상이하다는데 착안하여 환원이율을 산정한다.

③ 대상부동산에 관한 위험을 여러 가지 요소로 분해하고 개별적인 위험에 따라 위험할증률을 더함으로써 자본환원율을 구하는 방법은 시장추출법이다.

④ 부채감당법은 부채감당률에 대부비율과 저당상수를 곱하여 지분투자자의 입장에서 환원이율을 구하는 방법이다.

⑤ 엘우드법은 금융조건이 부동산가치에 미치는 영향을 고려하는 반면 세금의 영향을 고려할 수 없다는 한계를 갖는다.

제2과목: 민법 및 민사특별법 중 부동산 중개에 관련되는 규정

41. 법률행위에 관한 다음 설명 중 틀린 것은? (다툼이 있으면 판례에 따름)

① 처분권한 없는 자의 법률행위가 모두 무효가 되는 것은 아니다.

② 상대방 있는 단독행위는 상대방에 대한 일방적 의사표시로 주로 형성권의 행사로 이루어지며 상대방 없는 단독행위는 대부분 요식행위이다

③ 매도인이 부동산을 이중으로 매매한 경우, 각 매매계약은 원칙적으로 유효하다.

④ 취득시효 이익의 포기, 유증 등은 상대방 있는 단독행위에 해당한다.

⑤ 매매계약은 출연행위 중 유상행위에 해당한다.

42. 반사회질서의 법률행위에 관한 설명으로 틀린 것은? (다툼이 있으면 판례에 따름)

① 공무원의 직무에 관하여 특별한 청탁을 하고 이에 대하여 보수를 지급할 것을 내용으로 하는 계약은 반사회질서행위이다.

② 도박채무자가 도박채무의 변제로 도박채권자에게 토지를 양도하는 계약을 체결한 경우 이는 반사회질서행위이다.

③ 매매계약체결 후 매매목적물이 범죄행위로 취득된 것을 알게 된 경우, 그 이행을 청구하는 행위는 특별한 사정이 없으면 반사회질서행위에 해당한다.

④ 다수의 보험계약을 통하여 보험금을 부정취득할 목적으로 체결한 보험계약은 반사회질서행위이다.

⑤ 소송에서 사실대로 증언할 것을 조건으로 대가를 약정하였으나 그 대가가 통상 용인될 수 있는 수준을 넘으면 그 약정은 반사회질서행위이다.

43. 甲과 乙은 X토지를 매매목적물로 하기로 약정하였으나 X토지의 지번을 착오하여 계약서에 이웃한 Y토지의 지번을 표시하고 Y토지에 대해 乙명의로 소유권이전등기가 경료되었다. 다음 설명 중 옳은 것은? (다툼이 있으면 판례에 따름)

① 甲과 乙사이에 계약서에 표시된 대로 Y토지에 대하여 매매계약이 성립한다.

② 甲은 착오를 이유로 Y토지에 대한 매매계약을 취소할 수 있다.

③ 乙은 甲에 대하여 X토지에 대한 소유권이전등기를 청구할 수 없다.

④ 甲은 乙에 대하여 Y토지에 대한 소유권이전등기의 말소를 청구할 수 없다.

⑤ 乙로부터 Y토지를 매수하고 Y토지에 대하여 소유권이전등기를 경료받은 丙이 선의인 경우에도 丙은 Y토지의 소유권을 취득할 수 없다.

44. 甲은 그 소유의 X토지를 乙에게 증여하면서, 증여세를 회피하기 위해 乙에게 매도한 것처럼 꾸며 이전등기를 해 주었다. 그 후 乙은 X토지를 丙에게 매도하고 이전등기를 해 주었다. 다음 설명 중 옳은 것은? (다툼이 있으면 판례에 따름)

① 甲과 乙, 乙과 丙 사이의 매매계약은 모두 무효이다.

② 甲과 乙 사이의 증여계약은 무효이다.

③ 甲의 채권자 丁은 乙과 丙 사이의 매매가 무효라고 주장할 수 있다.

④ 丙이 악의인 경우에도 甲은 丙 명의의 등기의 말소를 청구할 수 없다.

⑤ 甲은 매매가 무효임을 이유로 乙에게 소유권등기 말소등기를 청구할 수 있다.

45. 사기·강박에 의한 의사표시에 관한 다음 설명 중 <u>틀린</u> 것은? (다툼이 있으면 판례에 따름)

① 사기에 의한 의사표시는 의사와 표시의 불일치가 없다는 점에서 본래 의미의 착오에 의한 의사표시와 구별된다.

② 제3자의 기망에 의하여 신원보증서류에 서명·날인한다는 착각에 빠져 연대보증서류에 서명·날인한 자는, 사기를 이유로 연대보증의 의사표시를 취소할 수는 없다.

③ 매도인의 기망에 의하여 타인의 물건을 매도인의 것으로 잘못 알고 매수한다는 의사표시를 하였고 만일 타인의 물건인줄 알았더라면 매수하지 않았을 사정이 있는 경우, 매수인은 매매계약을 취소할 수 있다.

④ 강박으로 인해 표의자가 스스로 의사결정을 할 수 있는 여지를 박탈당한 상태에서 의사표시가 이루어진 경우에도 그 의사표시가 당연히 무효가 되는 것은 아니다.

⑤ 임차권양도인이 임대차기간연장여부나 임대인의 동의여부 등을 양수인에게 설명하지 않고 임차권을 양도한 행위는 위법한 기망행위에 해당한다.

46. 대리에 관한 설명으로 옳은 것은?

① 의사표시의 효력이 의사의 흠결로 인하여 영향을 받을 경우에 그 흠결의 유무는 대리인을 표준하여 결정한다.

② 대리권의 범위가 불분명하지만, 본인이 대리권을 부여하였음의 명백한 경우에는 대리인은 처분행위도 할 수 있다.

③ 자기계약·쌍방대리의 금지는 그 법적 성질상 임의대리의 경우에만 적용된다.

④ 대리인이 본인을 위한 것임을 표시하지 아니한 때에는 그 의사표시는 자기를 위한 것으로 추정한다.

⑤ 복대리인은 대리인이 대리행위로 선임한 본인의 대리인이다.

47. 복대리에 관한 다음 설명 중 <u>틀린</u> 것은?

① 법정대리인이 선임한 복대리인은 임의대리인과 마찬가지로 복임권을 가진다.

② 본인의 승낙이 있거나 부득이한 사유가 있어서 법정대리인이 복대리인을 선임한 경우, 법정대리인은 본인에 대하여 그 선임·감독에 관한 책임이 있다.

③ 임의대리인이 본인의 지명에 의하여 복대리인을 선임한 경우, 그 책임이 면제될 수 있다.

④ 복대리인은 본인이나 제3자에 대하여 대리인과 동일한 권리·의무가 있다.

⑤ 복대리인이 자신의 권한의 범위를 넘었으나 대리인의 권한의 범위를 넘지 않은 대리행위를 한 경우에도 무권대리가 된다.

48. 표현대리에 관한 다음 설명 중 <u>틀린</u> 것은? (다툼이 있으면 판례에 따름)

① 대리인이 본인을 위한 것임을 표시하지 않은 경우 표현대리는 성립하지 않는다.

② 대리행위가 허위표시로서 무효인 경우에는 표현대리규정이 적용되지 않는다.

③ 권한을 넘은 행위가 기본대리권과 동종·유사하지 않아도 권한을 넘은 표현대리가 성립할 수 있다.

④ 제126조의 권한을 넘은 표현대리 규정은 법정대리·임의대리 모두에 적용된다.

⑤ 대리인의 대리권이 소멸한 후에 선임된 복대리인이 대리행위를 한 경우에는 상대방이 선의·무과실인 경우에도 표현대리는 성립하지 않는다.

49. 무효와 취소에 관한 설명으로 옳은 것은? (다툼이 있으면 판례에 따름)

① 제한능력자는 자신이 법정대리인의 동의 없이 한 법률행위를 단독으로 취소할 수 없다.

② 무효인 법률행위는 무효임을 알고 추인한 경우에도 그 행위가 유효로 되는 것은 아니다.

③ 법정대리인의 추인은 취소의 원인이 소멸한 후에 하여야 그 효력이 있다.

④ 조건을 붙일 수 없는 법률행위에 조건을 붙인 경우, 그 조건을 분리하여 조건만 무효로 할 수 있다.

⑤ 이미 취소한 법률행위라도 취소할 수 있는 법률행위의 추인에 의하여 다시 확정적으로 유효로 할 수 있다.

50. 조건에 관한 설명으로 <u>틀린</u> 것은? (다툼이 있으면 판례에 따름)

① 조건이 법률행위의 당시 이미 성취한 것인 경우에는 그 조건이 정지조건이면 조건없는 법률행위로 하고 해제조건이면 그 법률행위는 무효로 한다.

② 조건의 성취로 인하여 이익을 받을 당사자가 신의성실에 반하여 조건을 성취시킨 때에는 상대방은 그 조건이 성취하지 아니한 것으로 주장할 수 있다.

③ 당사자가 조건성취의 효력을 그 성취 전에 소급하게 할 의사를 표시한 때에는 그 의사에 의한다.

④ 불법조건이 붙은 법률행위는 그 조건이 정지조건이면 무효이고, 해제조건이면 조건 없는 행위로서 유효하다.

⑤ 동산소유권유보부 매매의 경우 대금이 모두 지급되면 별도의 의사표시가 없더라도 목적물의 소유권이 매수인에게 이전된다.

51. 물권에 관한 다음 설명 중 옳은 것은? (다툼이 있으면 판례에 따름)

① 토지의 일부에 대하여도 구분소유권이 인정된다.

② 지역권은 요역지와 분리하여 양도할 수 없고, 요역지와 분리하여 다른 권리의 목적으로 할 수 없다.

③ 권리를 목적으로 하는 저당권은 인정되지 않는다.

④ 등기된 수목의 집단은 토지와는 독립한 소유권의 객체가 될 수는 있지만 저당권의 객체가 될 수는 없다.

⑤ 지상공간이 아닌 지하의 일부만을 대상으로 하는 구분지상권은 인정되지 않는다.

52. 부동산의 물권변동에 등기를 요하지 <u>않는</u> 경우로서 <u>틀린</u> 것은? (다툼이 있으면 판례에 따름)

① 상속에 의한 상속인들의 피상속인 소유부동산에 대한 소유권취득

② 토지수용위원회의 재결에 따른 사업시행자의 부동산 소유권취득

③ 임의경매에서 매수인의 부동산 소유권취득

④ 매매를 원인으로 한 소유권이전등기의 절차이행을 명하는 확정판결에 의한 부동산 소유권취득

⑤ 건설업자가 자기 비용과 노력을 들여 자신의 건물을 신축한 경우, 건설업자의 건물 소유권취득

53. 甲소유의 건물이 乙, 丙에게 순차 매도되었고, 甲, 乙, 丙은 소유권등기를 甲에게서 丙으로 직접 하기로 합의하였다. 다음 설명 중 옳은 것은? (다툼이 있으면 판례에 따름)

① 丙은 직접 甲에 대하여 소유권이전등기청구권을 행사할 수는 없다.

② 乙의 甲에 대한 소유권이전등기청구권은 소멸한다.

③ 甲, 乙, 丙 전원의 합의 없이 甲에게서 직접 丙앞으로 소유권이전등기가 경료되었다면 이는 무효의 등기이다.

④ 甲과 乙 사이에 매매대금을 인상하는 약정을 체결한 경우, 甲은 인상분의 미지급을 이유로 丙의 소유권이전등기청구를 거절할 수 없다.

⑤ 乙이 甲에 대한 소유권이전등기청구권을 丙에게 양도하고 그 사실을 甲에게 통지한 경우, 그 사실만으로는 丙은 직접 甲에 대하여 이전등기를 청구할 수 없다.

54. 부동산 등기부에, 甲 명의로 소유권보존등기가 되었다가 매매를 원인으로 乙 명의로 이전등기가 된 후, 丙 명의로 근저당권설정등기가 경료되었다. 등기의 추정력에 관한 다음 설명 중 <u>틀린</u> 것으로만 묶은 것은? (다툼이 있으면 판례에 따름)

> ㉠ 甲과 乙 사이에 매매계약이 있었다는 사실은 추정되지 않는다.
> ㉡ 乙은 현재 소유자로 추정되며 丙도 그 추정력을 주장할 수 있다.
> ㉢ 乙은 소유권취득의 추정력을 甲에게 원용할 수는 없다.
> ㉣ 丙의 乙에 대한 피담보채권의 존재도 추정되지만 채권을 발생시키는 원인계약의 존재까지 추정되는 것은 아니다.
> ㉤ 위 등기의 내용을 신뢰한 것은 선의·무과실로 추정된다.

① ㉠, ㉡
② ㉠, ㉢
③ ㉡, ㉢
④ ㉠, ㉣, ㉤
⑤ ㉡, ㉣, ㉤

55. 다음 점유에 관한 설명으로 <u>틀린</u> 것은? (다툼이 있으면 판례에 따름)

① 선의의 점유자라도 본권에 관한 소에 패소한 때에는 그 소가 제기된 때로부터 악의의 점유자로 본다.
② 소유권이전등기가 된 부동산에 대해 중복하여 소유권보존등기를 마친 자가 그 부동산에 대한 점유취득시효가 완성된 경우, 선등기명의인이 점유취득시효완성자의 소유권보존등기말소를 구하는 것은 특별한 사정이 없는 한 신의칙에 위반되지 않는다.
③ 점유자가 소유자를 상대로 소유권등기말소청구의 소를 제기하였다가 패소판결이 확정된 경우, 그 패소판결이 확정된 때부터 타주점유가 된다.
④ 점유자가 점유물에 대하여 행사하는 권리는 적법하게 보유한 것으로 추정한다는 규정(민법 제200조)은 특별한 사정이 없는 한 부동산 물권에는 적용되지 않는다.
⑤ 국가나 지방자치단체가 부동산을 점유하는 경우에도 자주점유의 추정이 적용된다.

56. 상린관계에 관한 설명 중 <u>틀린</u> 것은? (다툼이 있으면 판례에 따름)

① 공유토지의 분할로 인하여 공로에 통하지 못하는 토지가 있는 때, 그 토지소유자는 다른 분할자의 토지를 통행할 수 있고, 이 경우 그 통행지 소유자의 손해를 보상하여야 한다.
② 건물을 축조함에는 특별한 관습이 없으면 경계로부터 반미터 이상의 거리를 두어야 한다.
③ 인접지의 수목 뿌리가 경계를 넘은 때에는 임의로 제거할 수 있다.
④ 토지소유자는 그 소유지의 물을 소통하기 위하여 이웃 토지소유자가 시설한 공작물을 사용할 수 있고, 그 이익을 받는 비율로 공작물의 설치와 보존의 비용을 분담하여야 한다.
⑤ 인접하여 토지를 소유한 자들이 통상의 담을 설치하는 경우 다른 관습이 없으면 그 설치비용은 소유 토지의 면적에 관계없이 쌍방이 절반씩 부담한다.

57. 등기부취득시효에 관한 다음 설명 중 <u>틀린</u> 것은? (다툼이 있으면 판례에 따름)

① 부동산등기부취득시효가 완성된 경우에는 바로 그 부동산에 대한 소유권을 취득하는 것이며, 별도로 이를 원인으로 한 소유권이전등기청구권이 발생할 여지가 없다.
② 등기부취득시효에 있어서 선의 · 무과실은 등기에 관한 것이 아니고 점유의 취득에 관한 것이다.
③ 등기부취득시효의 등기는 소유권을 취득하는 자가 10년간 반드시 그의 명의로 등기되어 있어야 할 필요는 없다.
④ 등기부취득시효에 있어서 무과실의 입증책임은 시효취득을 주장하는 자에게 있다.
⑤ 등기부취득시효의 요건으로서 소유자로 등기한 자라 함은 적법 · 유효한 등기를 마친 자임을 요한다.

58. 공동소유에 관한 설명으로 <u>틀린</u> 것은? (다툼이 있으면 판례에 따름)

① 개별 채권자들이 같은 기회에 특정 부동산에 관하여 하나의 근저당권을 설정받은 경우, 그들은 해당 근저당권을 준공유한다.
② 공유자는 다른 공유자의 동의 없이 공유물을 처분하지 못한다.
③ 합유자는 전원의 동의 없이 합유물에 대한 지분을 처분하지 못한다.
④ 부동산의 합유자 중 일부가 사망한 경우, 원칙적으로 사망한 합유자의 상속인은 합유자로서의 지위를 승계하지 못한다.
⑤ 총유물의 관리·처분에 관하여 정관이나 규약으로 정함이 없고 사원총회의 결의도 없는 경우, 선의의 상대방에 대한 총유물의 처분행위는 유효하다.

59. 다음 분묘기지권에 관한 설명으로 틀린 것은? (다툼이 있으면 판례에 따름)

① 토지 소유자가 그 토지에 분묘를 설치한 후 그 봉분의 이전특약 없이 토지를 타인에게 양도한 경우 분묘기지권이 성립한다.

② 부부 중 일방이 먼저 사망하여 분묘가 설치된 후 다른 일방을 쌍분 형태로 합장하여 분묘를 설치하는 것은 그 분묘기지권이 미치는 범위 내라 하더라도 허용되지 않는다.

③ 분묘기지권의 효력이 미치는 범위 안에서 원래의 분묘를 다른 곳으로 이장하는 것은 허용되지 않는다.

④ 토지소유자라도 분묘기지권을 침해하는 공작물을 설치할 수 없다.

⑤ 장사등에 관한 법률이 시행되기 전에 타인의 토지 위에 무단으로 분묘를 설치한 후 20년간 소유의 의사로 평온·공연하게 분묘기지를 점유한 경우 등기 없이 분묘기지권을 시효취득한다.

60. 지역권의 취득에 관한 설명으로 틀린 것은? (다툼이 있으면 판례에 따름)

① 제3자가 요역지소유권을 시효취득함으로써 요역지를 위한 지역권을 취득할 수 있는데 이때 취득할 수 있는 지역권은 계속되고 표현된 것에 한한다.

② 지역권은 계속되고 표현된 것에 한하여 시효취득할 수 있다.

③ 점유로 인한 지역권취득기간의 중단은 지역권을 행사하는 모든 공유자에 대한 사유가 아니면 그 효력이 없다.

④ 통행지역권의 시효취득의 경우, 요역지소유자가 승역지상에 직접 통로를 개설하여야 하고, 또한 요역지의 불법점유자는 지역권을 시효취득할 수 없다.

⑤ 통행지역권의 시효취득의 경우, 요역지 소유자는 승역지 소유자가 입은 손해를 보상하여야 한다.

61. 전세권에 관한 다음의 설명 중 틀린 것을 모두 고르면? (다툼이 있으면 판례에 따름)

> ㉠ 전세권이 성립한 후 목적물의 소유권이 이전된 경우, 전세권은 전세권자와 목적물의 신소유자 사이에서 계속 동일한 내용으로 존속하게 된다.
> ㉡ 전세권설정자가 전세권자에 대하여 민법 제315조의 손해배상채권 이외에 다른 채권을 가지고 있더라도 특별한 사정이 없는 한, 전세금반환채권에 대하여 물상대위권을 행사한 전세권저당권자에게 상계로 대항할 수 없다.
> ㉢ 건물전세권이 법정갱신된 경우, 전세권자는 갱신등기 없이도 전세권설정자나 목적물의 신소유자에 대하여 갱신된 권리를 주장할 수 있다.
> ㉣ 전세권이 존속하는 동안 장래에 그 전세권이 소멸하는 경우에 전세금반환채권이 발생하는 것을 조건으로 그 장래의 조건부 채권을 양도하는 것은 허용되지 않는다.
> ㉤ 존속기간의 경과로 용익물권적 권능이 소멸하고, 담보물권적 권능만 남은 전세권은 전세금반환채권과 함께 제3자에게 이를 양도할 수 없다.

① ㉠, ㉡　　② ㉡, ㉢
③ ㉢, ㉣　　④ ㉣, ㉤
⑤ ㉠, ㉤

62. 유치권에 관한 설명 중 틀린 것은? (다툼이 있으면 판례에 따름)

① 유치권자는 유치물의 과실을 수취하여 다른 채권자보다 우선하여 자신의 채권의 변제에 충당할 수 있다.

② 정당한 이유 있는 때에는 유치권자는 감정인의 평가에 의하여 유치물로 직접 변제에 충당할 수 있다.

③ 유치권자는 채권의 변제를 받기 위하여 유치물을 경매할 수 있다.

④ 유치권자는 채무자의 승낙 없이 유치물의 사용, 대여 또는 담보제공을 하지 못하는 것이 원칙이다.

⑤ 유치권의 행사는 채권의 소멸시효 진행에 영향을 미치지 아니한다.

63. 저당권에 관한 설명으로 틀린 것은? (다툼이 있으면 판례에 따름)

① 저당권은 피담보채권과 분리하여 타인에게 양도하거나 다른 채권의 담보로 할 수 있다.

② 당사자 사이에 위약금 약정이 있더라도 이를 등기하지 않으면 저당권으로 담보되지 않는다.

③ 저당권의 침해가 있는 경우에 저당권자는 방해의 제거를 청구할 수 있으나 반환청구는 할 수는 없다.

④ 나대지에 저당권을 설정한 후 저당권설정자가 건물을 신축한 경우, 저당권자는 토지와 함께 그 건물에 대하여 경매를 청구할 수 있으나 건물의 경매대가에 대하여는 우선변제를 받을 권리가 없다.

⑤ 저당권자는 채무자 또는 제3자가 점유를 이전하지 아니하고 채무의 담보로 제공한 부동산에 대하여 다른 채권자보다 자기채권의 우선변제를 받을 권리가 있다.

64. 甲의 토지에 乙이 전세권을 취득한 후, 丙이 그 토지에 저당권을 취득하였고, 그 후 丁도 저당권을 취득하였다. 그런데 丁이 甲의 토지에 대하여 경매를 신청하였다. 이에 대한 옳은 것은? (甲의 토지의 시가는 乙, 丙, 丁에 대한 채무를 충분히 변제할 수 있는 상태이며 다툼이 있는 경우에는 판례에 따름)

① 丁은 경매를 신청할 수 없으므로 그 경매는 무효이다.

② 경매에 의하여 丁의 저당권은 소멸하나, 乙의 전세권과 丙의 저당권은 소멸하지 않는다.

③ 경매에 의하여 乙의 전세권은 소멸하지 않으나, 丙·丁의 저당권은 소멸한다.

④ 경매에 의하여 乙의 전세권과 丁의 저당권은 소멸하나, 丙의 저당권은 소멸하지 않는다.

⑤ 경매에 의하여 乙의 전세권과 丙·丁의 저당권이 모두 소멸한다.

65. 약관에 관한 설명으로 옳은 것은? (다툼이 있으면 판례에 따름)

① 계약자 본인이 아닌 대리인에게 약관을 설명한 것만으로는 설명의무를 다한 것으로 볼 수 없다.

② 법령에 정해진 것을 되풀이하는 정도에 불과한 조항이라 하더라도 중요한 사항에 관한 것이라면 사업자의 설명의무가 면제되지 않는다.

③ 약관의 내용을 해석하는 경우에는 개개 계약자의 의사나 구체적인 사정을 기준으로 하여야 한다.

④ 약관의 구속력의 근거는 그 자체가 법규범이거나 법규범적 성질을 가지기 때문이다.

⑤ 손해배상 약관조항이 무효인 경우, 그 유효함을 전제로 손해배상예정액을 감액한 나머지 부분의 효력을 유지할 수는 없다.

66. 甲은 乙에게 승낙기간을 2023년 7월 20일로 하여 청약서를 보냈다. 이에 乙은 2023년 7월 11일에 승낙서를 우편으로 발송하였으나 우체국 사정으로 5월 22일이 되어서야 甲에게 배달되었고 甲은 이 승낙서에 대해 아무런 조치를 취하지 않았다. 이에 관한 설명으로 옳은 것은? (다툼이 있으면 판례에 따름)

① 2023년 7월 11일자로 계약이 성립한다.

② 2023년 7월 20일자로 계약이 성립한다.

③ 2023년 7월 22일자로 계약이 성립한다.

④ 甲의 청약에 대한 乙의 승낙은 아무런 효력이 없다.

⑤ 乙의 승낙은 새로운 청약으로 볼 수 있고 甲이 이에 대해 승낙하면 계약이 성립한다.

67. 다음 중 동시이행관계가 아닌 것으로만 묶은 것은? (다툼이 있으면 판례에 따름)

㉠ 계약 해제시 당사자들의 원상회복의무
㉡ 피담보채무의 변제와 담보목적의 소유권이전등기말소의무
㉢ 甲이 乙을 꾀어 금전을 대여하고 자기 처인 丙명의로 근저당권을 설정한 후 乙이 기망을 이유로 근저당권설정계약을 취소한 경우, 丙의 근저당권설정등기말소의무와 乙의 금전반환의무
㉣ 임차권등기명령에 의한 임차권등기가 된 경우, 임대인의 보증금반환의무와 임차인의 임차권등기말소의무
㉤ 임대차관계의 종료에 따른 목적물반환의무와 보증금반환의무

① ㉠, ㉡　② ㉡, ㉢
③ ㉢, ㉣　④ ㉡, ㉣
⑤ ㉡, ㉤

68. 다음 중 제3자를 위한 계약에 관하여 옳은 것을 모두 고른 것은? (다툼이 있으면 판례에 따름)

ㄱ. 채무자와 인수인의 계약으로 체결되는 병존적 채무인수는 성질상 제3자를 위한 계약으로 볼 수 없다.
ㄴ. 계약의 당사자가 제3자에 대하여 가진 채권에 관하여 그 채무를 면제하는 계약은 성질상 제3자를 위한 계약에 준하는 것으로 볼 수 없다.
ㄷ. 요약자와 수익자 사이의 원인관계가 존재하지 않더라도 제3자를 위한 계약의 효력에는 영향을 미치지 않는다.
ㄹ. 수익자는 계약의 해제권이나 해제를 원인으로 한 원상회복청구권이 없다.
ㅁ. 낙약자는 요약자와의 계약에서 발생한 항변으로 수익자에게 대항할 수 없다.

① ㄱ, ㅁ　② ㄴ, ㄹ
③ ㄷ, ㄹ　④ ㄹ, ㅁ
⑤ ㄴ, ㅁ

69. 계약의 해제에 관한 설명으로 옳은 것은? (다툼이 있으면 판례에 따름)

① 해제권은 당사자 사이의 계약으로는 발생할 수 없다.
② 계약이 합의해제된 경우에도 특별한 사정이 없는 한 손해배상을 청구할 수 있다.
③ 제3자가 매수인으로부터 매매목적물에 관하여 소유권이전등기를 경료받은 후에 매도인이 계약을 해제한 경우, 매도인은 매수인 명의의 소유권이전등기말소를 청구할 수 없다.
④ 해제된 계약으로부터 생긴 법률효과에 기초하여 해제 후 말소등기 전에 양립할 수 없는 새로운 이해관계를 맺은 제3자는 그 선의 · 악의를 불문하고 해제에 의하여 영향을 받지 않는다.
⑤ 매수인의 귀책사유에 의하여 매도인의 매매목적물에 관한 소유권이전의무가 이행불능이 된 경우, 매수인은 이행불능을 이유로 계약을 해제할 수 있다.

70. 이행지체로 인한 해제권의 발생에 관한 설명으로 틀린 것은? (다툼이 있으면 판례에 따름)

① 채무자가 채무일부의 이행을 지체한 경우에도 나머지의 이행에 의해서는 계약의 목적을 달성할 수 없다면 계약 전부를 해제할 수 있다.
② 이행지체에 의한 법정해제권의 발생요건을 경감하는 특약은 유효하다.
③ 쌍무계약의 이행지체에 있어서 해제권이 발생하려면 채권자는 최고기간 동안 이행의 제공을 계속하여야 하나, 그 기간의 경과로 일단 해제권이 발생하면 그 후에는 이행의 제공을 계속할 필요가 없다.
④ 채무자가 미리 이행하지 않을 의사를 표시한 때에는 채권자는 최고 없이 해제할 수 있다.
⑤ 채권자가 기간을 정하지 않고 최고하거나, 정한 최고기간이 상당하지 않은 때에는 최고의 효력은 발생하지 않는다.

71. **계약금 또는 위약금에 관한 설명 중 <u>틀린</u> 것은?** (다툼이 있으면 판례에 따름)

① 채무불이행의 경우에 위약금을 지급하기로 한 약정은 손해배상액의 예정으로 추정한다.

② 토지거래 허가구역 내의 토지매매계약이 체결된 후 계약금만 수수한 상태에서 허가를 받았다면 매도인은 더 이상 계약금의 배액을 상환하여 매매계약을 해제할 수 없다.

③ 매도인이 이행에 전혀 착수한 바가 없다 하더라도, 매수인이 중도금을 지급한 이상, 매수인은 계약금을 포기하고 매매계약을 해제할 수 없다.

④ 당사자 일방의 귀책사유로 인하여 계약이 해제되었다 하더라도, 위약금 특약이 없는 이상 계약금이 위약금으로서 상대방에게 당연히 귀속되는 것은 아니다.

⑤ 위약금이 위약벌인 때에는 채무자의 채무불이행이 있으면 채권자는 위약금 뿐만 아니라 채무불이행으로 인한 실손해를 증명하여 그 배상을 청구할 수 있다.

72. **매도인의 담보책임에 관한 설명으로 옳은 것은?** (다툼이 있으면 판례에 따름)

① 매매의 목적이 된 권리의 일부가 타인에게 속하는 경우, 매도인이 그 권리를 매수인에게 이전할 수 없다면, 악의의 매수인도 손해배상을 청구할 수 있다.

② 매매 목적물의 하자로 인하여 계약을 해제하는 경우에도 상당한 기간의 최고가 필요하다.

③ 건축을 목적으로 매매된 토지 위에 건축허가를 받을 수 없어 건축이 불가능한 경우에는 권리의 하자로 취급된다.

④ 매매 목적물이 저당권에 의하여 제한되어 있는 경우에도 매수인은 계약을 해제할 수 있다.

⑤ 변제기에 도달하지 않은 채권의 매도인이 채무자의 자력을 담보한 때에는 변제기의 자력을 담보한 것으로 추정한다.

73. **임대차에 관한 다음 설명 중 <u>틀린</u> 것은?** (다툼이 있으면 판례에 따름)

① 임대인은 목적물을 임차인에게 인도하고 계약존속 중 그 사용 · 수익에 필요한 상태를 유지할 의무를 부담한다.

② 건물임차인의 특수목적에 사용하기 위하여 부속된 것이라 하더라도 임대인의 동의를 얻어 부속한 물건인 경우, 부속물매수청구의 대상이 된다.

③ 임차건물이 화재로 소훼된 경우, 화재원인이 불명인 때에도 임차인이 그 책임을 면하려면 그 임차건물의 보존에 관하여 선량한 관리자의 주의의무를 다하였음을 입증하여야 한다.

④ 임대인의 수선의무를 면제하는 특약은 통상 생길 수 있는 파손 등의 소규모 수선에만 적용된다.

⑤ 건물임차인이 자신의 비용으로 증축한 부분을 임대인 소유로 귀속시키기로 하는 약정은 특별한 사정이 없는 한 유효하다.

74. **乙은 건물 기타 공작물의 소유를 목적으로 甲소유의 토지를 10년간 임차하여 그 지상에 건물을 신축하였다. 다음 설명 중 <u>틀린</u> 것은?** (다툼이 있으면 판례에 따름)

① 임대차 기간이 만료한 경우에 건물이 현존하고 있다면 乙은 계약갱신을 청구할 수 있다.

② 임대차계약이 乙의 채무불이행으로 인하여 해지된 경우, 乙은 甲에게 건물매수청구권을 행사할 수 없다.

③ 甲과 乙이 임대차계약을 합의해지하고 乙이 스스로 건물 등 지상시설 일체를 포기하기로 한 약정은 유효하다.

④ 乙이 설치한 지상 건물이 甲소유의 토지와 인접한 丙의 토지에 걸쳐 축조된 경우, 乙은 甲에게 그 지상건물 전체에 대한 매수청구를 할 수 없다.

⑤ 乙의 건물매수 청구권의 행사만으로는 甲·乙 사이에 시가에 의한 매매 유사의 법률관계가 성립하지 않는다.

75. **주택임대차보호법상 임대차계약에 관한 설명으로 <u>틀린</u> 것은?** (다툼이 있으면 판례에 따름)

① 당사자가 임대차의 존속기간을 1년으로 정한 경우, 임차인은 그 기간이 유효함을 주장할 수 있다.

② 임대차가 종료한 경우에도 임차인이 보증금을 받을 때까지는 임대차 관계는 존속하는 것으로 본다.

③ 임차인의 보증금반환채권을 양수한 금융기관 등은 우선변제권을 행사하기 위하여 임차인을 대리하거나 대위하여 임대차계약을 해지할 수 있다.

④ 묵시적 갱신의 경우, 임차인은 언제든지 임대인에게 계약해지를 통지할 수 있고 임대인이 그 통지를 받은 날로부터 3개월이 지나면 그 효력이 발생한다.

⑤ 임차인이 2기의 차임액에 달하도록 차임을 연체한 경우 묵시적 갱신은 인정되지 않는다.

76. 대항력 있는 주택임대차에 관한 다음 설명 중 틀린 것은? (다툼이 있으면 판례에 따름)

① 주택임차인이 주택의 환가대금에서 우선배당된 보증금을 수령하기 위하여는 임차주택을 양수인에게 인도하여야 한다.

② 주택이 양도되고 그 양수인이 주택임대차보호법 제3조 제1항에 의하여 임대인의 지위를 승계한 경우에는 양도인의 보증금 반환채무는 소멸한다.

③ 대지에 저당권 설정 후 건물이 신축되고, 그 건물에 저당권이 설정된 후 대지와 건물이 일괄 경매된 경우, 주택임대차보호법상의 소액임차인은 대지의 환가대금에 대해서도 대지의 저당권자보다 우선하여 변제를 받을 권리가 있다.

④ 미등기 또는 무허가 건물도, 다른 특별한 규정이 없는 한 주택임대차보호법의 적용대상이 된다.

⑤ 최우선변제권 있는 소액임차인이 배당요구를 하지 아니하여 근저당권자가 소액임차인이 배당받아야 할 임차보증금 상당의 금원까지 배당받았다면 소액임차인은 근저당권자에 대하여 소액보증금 상당의 부당이득반환청구권를 갖게 된다.

77. 집합건물의 소유 및 관리의 법률관계에 관한 다음 설명 중 틀린 것은? (다툼이 있으면 판례에 따름)

① 법률행위에 의한 공용부분에 관한 물권의 변동은 민법 제186조에 따라 등기해야 효력이 있다.

② 구분소유자의 임시관리단집회소집청구에 대해 관리인이 소집통지절차를 밟지 아니하면 소집을 청구한 구분소유자는 법원의 허가를 받아 관리단집회를 소집할 수 있다.

③ 집합건물의 대지의 공유자는 그 건물의 사용에 필요한 범위 내의 대지에 대하여는 공유지분권에 기한 공유물 분할이 인정되지 않는다.

④ 대지를 매수하여 집합건물을 건축한 사람이 대지소유권이전등기를 경료받지 못한 채 전유부분에 관한 경매절차가 진행된 경우 경락인은 대지사용권을 취득한다.

⑤ 건물의 주요구조부 및 지반공사의 하자담보책임에 관한 구분소유자의 권리는 전유부분을 구분소유자에게 인도한 날로부터 10년 내에 행사하여야 한다.

78. 집합건물의 소유 및 관리에 관한 설명으로 틀린 것은? (다툼이 있으면 판례에 따름)

① 전유부분이 수인의 공유인 경우, 각 공유자는 관리단집회에서 지분비율에 의한 의결권을 행사할 수 있다.

② 재건축 비용의 분담에 관한 사항을 정하지 아니한 재건축 결의는 특별한 사정이 없는 한 무효이다.

③ 여러 개의 전유부분으로 통하는 복도, 계단, 그 밖에 구조상 구분소유자 전원 또는 일부의 공용(共用)에 제공되는 건물부분은 구분소유권의 목적으로 할 수 없다.

④ 각 공유자는 규약에 달리 정함이 없는 한 그 지분의 비율에 따라 공용부분의 관리비용 기타 의무를 부담한다.

⑤ 구분소유권의 특별승계인이 구분소유권을 다시 제3자에게 이전한 경우에도 자신이 승계한 전(前)구분소유자의 공용부분에 대한 체납관리비를 지급할 책임이 있다.

79. 가등기담보 등에 관한 법률상 가등기담보권의 실행통지에 관한 설명으로 틀린 것은? (다툼이 있으면 판례에 따름)

① 통지사항은 청산금의 평가액이다.

② 통지의 상대방은 채무자, 물상보증인 및 담보가등기 후 소유권 등을 취득한 제3취득자이다.

③ 통지시기는 채권의 변제기 후 2월 내에 해야 한다.

④ 통지방법은 반드시 서면으로 할 필요는 없고 구두로 해도 무방하다.

⑤ 목적부동산의 가액이 피담보채권액에 미달하여 청산금이 없다고 인정되는 경우에도 그 뜻을 통지하여야 한다.

80. 甲은 乙과 명의신탁약정을 하고 丙으로부터 토지를 매수하면서 丙에게 부탁하여 乙명의로 직접 소유권이전등기를 하게 하였다. 乙은 그 토지가 자신의 명의로 등기되어 있는 것을 이용하여 그 토지를 악의의 丁에게 매도하고 등기를 넘겨주었다. 다음 중 옳은 것은? (다툼이 있으면 판례에 따름)

① 甲과 乙 사이의 명의신탁약정은 반사회적 행위에 해당하여 무효이다.

② 甲은 丙에 대하여 이전등기를 청구할 수 없다.

③ 악의의 丁은 토지의 소유권을 취득하지 못한다.

④ 甲은 乙에 대하여 직접 등기의 말소를 청구할 수 있다.

⑤ 丙이 명의신탁약정에 대해 선의인 경우에도 乙 명의의 등기는 원인무효의 등기이다.

2023년도 제34회 공인중개사 1차 국가자격시험

실전모의고사 제2회

교 시	문제형별	시 간	시험과목
1교시	A	100분	① 부동산학개론 ② 민법 및 민사특별법 중 부동산 중개에 관련되는 규정

수험번호		성 명	

【 수험자 유의 사항 】

1. **시험문제지 표지와** 시험문제지 내 **문제형별의 동일여부** 및 시험 문제지의 **총면수 · 문제번호 일련순서 · 인쇄상태** 등을 확인하시고, 문제지 표지에 수험번호와 성명을 기재하시기 바랍니다.
2. 답은 각 문제마다 요구하는 **가장 적합하거나 가까운 답 1개**만 선택하고, 답안카드 작성시 시험문제지 **형별누락, 마킹착오**로 인한 불이익은 전적으로 수험자에게 책임이 있음을 알려드립니다.
3. 답안카드는 국가전문자격 공통 표준형으로 문제번호가 1번부터 125번까지 인쇄되어 있습니다. 답안마킹시에는 반드시 **시험문제지의 문제번호와 동일한 번호에 마킹**하여야 합니다. (1차 1교시: 1번~80번)
4. **감독관의 지시에 불응시 불이익이 발생될 수 있으며, 시험시간 종료 후 답안카드를 제출하지 않을 경우** 시험무효처리 됨을 알려드립니다.
5. 이의제기에 관한 개별회신은 하지 않으며, **최종 정답 발표로 갈음**합니다.
6. 시험 중 **중간 퇴실은 불가**합니다. 단, 부득이하게 퇴실할 경우 **시험포기 각서 제출 후 퇴실은 가능**하나 **재입실이 불가**하며, **해당시험은 무효처리됩니다.**
7. 시험문제지는 시험 종료 후 가져가시기 바랍니다.

인강드림 공인중개사

제1과목: 부동산학개론

1. 다음 토지의 분류 중 그 설명이 옳지 <u>않은</u> 것은?

① 대지(袋地)란 자루형 모양의 토지로 도로에 접하는 너비가 좁은 토지이다.

② 택지(宅地)란 건축물을 건축할 수 있는 토지로서 주거용 · 상업용 · 공업용 등으로 이용중이거나 이용가능한 토지를 말한다.

③ 공한지(空閑地)란 일정한 시설물의 바닥토지 가운데 건축법에 의한 건폐율 등의 제한으로 인해 한 필지 내에서 비어 있는 토지이다.

④ 나지(裸地)란 토지에 건물 기타의 정착물이 없고, 지상권 등 토지의 사용 · 수익을 제한하는 사법상의 권리가 설정되어 있지 아니한 토지를 말한다.

⑤ 법지(法地)란 법으로만 소유할 뿐 활용실익이 없거나 적은 토지를 말한다.

2. 다음의 내용과 관련된 토지의 특성은?

> ○ 지가를 상승시키는 요인이 된다.
> ○ 토지는 생산비를 투입하여 생산할 수 없다.
> ○ 토지의 독점 소유욕을 갖게 하며, 토지이용을 집약화시킨다.

① 부동성　② 부증성
③ 영속성　④ 개별성
⑤ 인접성

3. 부동산공급에 대한 설명이다. <u>잘못된</u> 것은? (단, 다른 조건은 일정불변이라고 가정한다.)

① 용적률 등 공법상 규제가 강화되는 경우, 부동산공급곡선은 좌측으로 이동한다.

② 단기공급곡선이 비탄력적인 이유는 가격상승에도 불구하고 단기적으로는 공급량이 크게 증가할 수 없기 때문이다.

③ 주택공급자에게 조세 부과 시 조세 부과 전보다 주택가격은 상승하고 주택공급량은 감소한다.

④ 토지의 물리적 공급곡선은 수직선의 모습을 보이는 반면 용도적 공급은 기울기가 급한 우상향 곡선의 형태를 보인다.

⑤ 아파트와 연립주택이 대체재의 관계에 있는 경우, 아파트의 가격상승 시 연립주택의 공급곡선은 우측으로 이동한다.

4. 다음은 주택의 수요 · 공급에 관한 그림이다. 수요곡선 D_0를 D_1으로 이동시킬 수 있는 요인은? (단, 다른 요인은 일정하다고 가정하며, S는 공급곡선이다.)

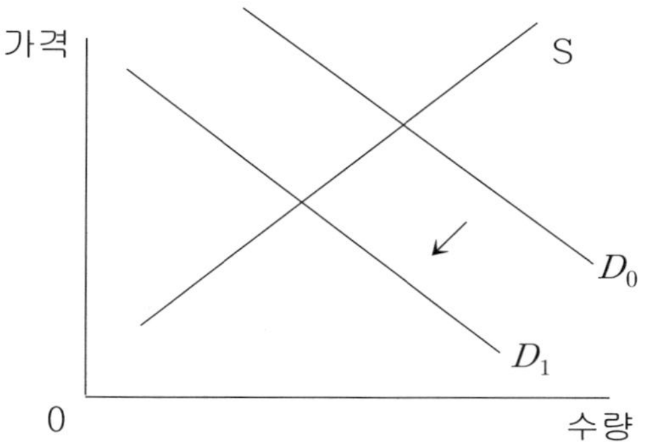

① 대체재가격의 하락　② 주택건축자재 가격의 하락
③ 주택거래규제의 완화　④ 수요자의 소득증가
⑤ 모기지 대출금리의 하락

5. 다음은 부동산시장에서의 균형가격과 균형량의 변동에 관한 설명이다. 옳지 <u>않은</u> 것은? (단, 다른 조건은 동일하다고 가정한다.)

① 공급 불변 시 수요의 증가는 균형가격의 상승과 균형거래량의 증가를 초래한다.

② 아파트의 수요는 증가하고 공급이 감소하는 경우, 수요의 증가폭이 공급의 감소폭보다 크다면 아파트의 균형가격은 상승하고 균형거래량은 증가한다.

③ 빌라의 수요와 공급이 모두 증가하는 경우, 수요의 증가폭이 공급의 증가폭보다 크다면 빌라의 균형가격은 상승하고 균형거래량은 증가한다.

④ 연립주택의 수요와 공급이 모두 증가하는 경우, 수요의 증가폭과 공급의 증가 폭이 동일하다면 균형가격은 불변이고 균형거래량은 증가한다.

⑤ 단독주택의 수요는 증가하고 공급이 감소하는 경우, 수요가 증가하는 만큼 공급이 감소한다면 균형가격은 불변이고 균형거래량은 증가한다.

6. 어떤 부동산에 대한 수요함수가 $Q_{D1} = 900 - P$이고, 공급함수가 $Q_S = 2P$이다. 소비자의 소득감소로 수요함수가 $Q_{D2} = 600 - P$로 변한다면 균형가격과 균형거래량은 얼마만큼 변하는가? (가격단위는 만원이고, 수량단위는 ㎡이다)

① 균형가격은 100만 원 하락, 균형거래량은 100m2 증가한다.

② 균형가격은 100만 원 하락, 균형거래량은 200m2 감소한다.

③ 균형가격은 50만 원 상승, 균형거래량은 150m2 감소한다.

④ 균형가격은 60만 원 상승, 균형거래량은 100m2 감소한다.

⑤ 균형가격은 100만 원 하락, 균형거래량은 200m2 증가한다.

7. 가격탄력성에 대한 다음의 설명 중 옳은 것은?

① 대체재가 많을수록 수요곡선의 기울기는 수직선에 가까워진다.

② 중고주택의 수요탄력성이 신규주택의 수요탄력성보다 크다.

③ 분양가가 5% 상승할 때 수요량이 5% 감소한다면 수요탄력성은 0이 된다.

④ 공급이 완전비탄력적인 경우, 수요가 증가하면 균형거래량의 증가를 초래한다.

⑤ 주거용 부동산의 수요탄력성이 상ㆍ공업용 부동산의 수요탄력성보다 탄력적이다.

8. 연립주택의 수요탄력성이 0.4이고, 소득탄력성은 0.6이다. 연립주택의 가격이 20% 상승함에도 불구하고 연립주택의 수요량은 10% 증가하였다. 이와 같은 상황이 발생하기 위해서는 소득은 얼마만큼 변화하겠는가? (단, 가격과 소득 이외의 다른 조건은 불변으로 가정한다.)

① 20% 하락

② 35% 증가

③ 30% 증가

④ 10% 증가

⑤ 15% 증가

9. 효율적 시장 및 할당효율적 시장에 관한 다음의 서술 중 틀린 것은?

① 효율적 시장이란 새로운 정보가 지체 없이 시장가치에 반영되는 시장을 말한다.

② 약성효율적 시장이란 과거의 역사적 자료에 대한 기술적 분석을 통해서는 초과이윤을 획득할 수 없는 시장이다.

③ 할당효율적 시장이란 어느 누구도 기회비용보다 값싸게 우수한 정보를 얻을 수 없는 시장이다.

④ 부동산시장에서 소수의 투자자가 다른 투자자 이상의 초과이윤을 획득할 수 있거나 투기의 문제가 발생하는 것은 시장이 할당효율적이지 못하기 때문이다.

⑤ 공표된 정보나 공표되지 않은 정보를 막론하고 모든 정보가 시장가치에 반영되어 있어 어느 누구도 다른 투자자 이상의 초과이윤을 획득할 수 없는 시장은 준강성효율적 시장이다.

10. 아래의 조건과 같을 때 해당 지역이 할당효율적 시장이라면 A토지의 매수자가 지불할 정보비용은 얼마인가?

○ 혁신도시로 개발되는 경우 1년 후 A토지의 가치 : 154,000,000원 ○ 혁신도시로 개발되지 않는 경우 1년 후 A토지의 가치 : 121,000,000원 ○ 혁신도시로의 개발가능성 : 50% ○ 투자자의 요구수익률 : 10%.

① 800만 원　　② 2,300만 원

③ 350만 원　　④ 3,000만 원

⑤ 1,500만 원

11. 다음과 같은 지대이론을 주장한 학자는?

> ○ 지대는 자연적 기회를 이용하는 반대급부로 토지소유자에게 지불하는 대가로 보았다.
> ○ 토지지대는 토지이용으로부터 얻는 순소득을 의미하며, 이 순소득을 잉여라고 하였다.
> ○ 토지의 몰수가 아닌 지대의 몰수라고 주장하면서 토지가치에 대한 조세 이외의 모든 조세를 철폐하자고 하였다.

① 리카도(D. Ricardo)　② 알론소(W. Alonso)
③ 헨리 조지(H. George)　④ 마르크스(K. Marx)
⑤ 튀넨(J.H. von Thünen)

12. 입지이론에 관한 다음의 설명 중 바르지 못한 것은?

① 크리스탈러에 의하면 최소요구치란 특정 중심지가 그 기능을 유지하기 위하여 필요한 최소한의 수요수준 또는 특정 중심지가 공급하는 중심 기능에 대한 수요수준이 0이 되는 위치를 말한다.
② 허프는 소비자는 적당한 거리에 고차중심지가 있으면 인근에 저차중심지를 지나칠 가능성이 높다고 주장하였다.
③ 레일리는 두 상업도시 사이에 위치하는 소비자에 대하여 미치는 상거래흡인력의 크기는 도시인구에 비례하고 분기점으로부터의 거리의 제곱에 반비례한다고 하였다.
④ 입찰지대란 토지이용 주체가 지불할 의사가 있는 최대한의 지대로서, 초과이윤이 0이 되는 수준의 지대이다.
⑤ 허프는 특정 매장으로 소비자가 이동할 확률은 매장 면적, 매장까지의 거리, 경쟁점포의 수에 의하여 결정된다고 하였다.

13. A도시의 인구는 32,000명이고 B도시의 인구는 8,000명이다. 두 도시 간의 거리가 18km라면, 컨버스의 분기점 모형을 활용하여 A도시로부터 분기점까지의 거리를 추정하면 얼마인가?

① 7km　② 8km
③ 15km　④ 4km
⑤ 12km

14. 공장부지의 입지요인에 관한 설명 중 가장 타당하지 않은 것은?

① 운송비의 비중이 적고 기술 연관성이 높은 산업의 경우 집적지향형입지에 해당한다.
② 입지 중량이 2보다 작은 산업은 시장지향형 입지를, 원료의 부패나 변질이 우려되는 기업은 원료지향형 입지를 선호한다.
③ 중량감소산업, 원료지수가 1보다 큰 산업, 보편원료를 사용하는 산업 등은 원료지향형 입지를 선호할 것이다.
④ 공장부지를 선정하는 경우 각종 규제, 세제상 혜택, 정부 지원 등의 사항도 고려해야 한다.
⑤ 중량증가산업, 원료지수가 1보다 작은 산업, 완제품이나 중간재를 생산하는 산업 등은 시장지향형 입지를 선호할 것이다.

15. 외부효과에 대한 다음의 설명 중 옳은 것은?

① 부의 외부효과 발생 시 사회적 적정수준보다 시장생산량이 많게 된다.
② 사회적 비용보다 사적비용이 작은 경우, 정부는 규제의 완화, 조세의 감면 등을 통해 생산을 촉진시키기 위한 노력이 요구된다.
③ 부의 외부효과는 핌피현상과 관련이 있다.
④ 인근지역에 쓰레기 소각장의 설치 시 사회적 비용보다 사적비용이 커지게 된다.
⑤ 부의 외부효과 발생 시 보조금의 지급 등을 통한 생산증대의 노력이 요구된다.

16. 토지은행제도에 관한 설명으로 바르지 못한 것은? (단, 다른 조건은 일정하다고 가정)

① 토지 선매를 통해 공익사업 용지의 원활한 확보 및 저렴한 공급이 가능하며, 장기적인 토지개발계획의 수립이 가능함에 따라 스프롤을 방지할 수 있다.
② 매입 시점과 매각 시점의 차이로 인해 정부에 의한 토지관리가 소홀이 이루어지는 경우, 저소득층의 불법 · 무단 점유의 문제가 발생할 수 있다.
③ ②의 문제를 사전에 방지하고자 공공 자유 보유의 형태로 토지를 보유하기도 한다.
④ 적절한 투기방지대책의 수립 없이 남용되는 경우, 정부가 오히려 투기를 조장할 우려가 있다.
⑤ 대량의 토지매입에 따른 비용부담이 큰 반면 민간에게 귀속될 개발이익의 사회적 환수가 가능하다는 장점을 갖는다.

17. **임대주택정책에 관한 설명이다. 옳은 것은?** (단, 다른 조건은 일정하다고 가정한다.)

① 공공임대주택의 공급은 임대료에 대한 이중가격을 형성시켜, 공공임차인에게 사적 임대주택 임대료와의 차액만큼을 주택보조금을 지급하는 것과 동일한 효과가 발생하게 된다.

② 임대료규제 시 임대주택의 공급탄력성이 탄력적일수록 임대료규제의 효과는 크게 발생한다.

③ 임대료를 규제하는 경우, 임대주택에 대한 초과수요가 발생하게 되어 단기적으로 임대주택량이 감소할 우려가 있으므로 장기적으로 시행하는 것이 바람직하다.

④ 임대료 보조금을 주택 재화의 소비에만 사용하도록 하는 경우, 임대주택의 소비는 증가하는 반면 임대주택 이외의 재화소비는 감소하는 경향을 보인다.

⑤ 임차인의 주거지선택의 자유보장측면에서는 공급자 보조가 수요자 보조에 비해 우월하다.

18. **주택정책에 관한 다음의 설명 중 바르지 못한 것은?**

① 분양가규제란 분양가를 시장의 균형가격 이하로 통제하여 저소득층의 주거안정에 기여함을 목적으로 하는 직접적인 개입수단이다.

② 분양가상한제란 정부가 분양가의 상한선을 설정하여 저소득층의 주거부담을 완화시킬 목적으로 시행하는 최고가격제의 일종으로, 도시형생활주택에는 적용되지 않는다.

③ 분양가 자율화 시 대형주택위주의 공급이 이루어지는 한편 시가와 분양가의 차액을 노린 투기적 수요가 급증하는 문제가 발생한다.

④ 주택 선분양은 개발업자 입장에서 자금의 조달이 용이하며 개발사업의 위험부담이 줄어들므로 공급자 중심의 분양제도로 볼 수 있다.

⑤ 주택 후분양은 시공사의 부실 공사나 주택의 품질 저하 등의 문제에 대처가 가능하다.

19. **부동산 조세에 대한 다음의 설명 중 바르지 못한 것은?**

① 부동산에 세금을 부과함으로써 부동산자원배분 및 소득재분배 기능을 수행한다.

② 양도소득세의 중과는 공급동결효과를 유발하여 부동산가격의 상승을 초래할 수 있다.

③ 소득수준에 관계없이 일률적으로 세금을 감면하는 경우, 소득분배의 악화를 초래할 수 있다.

④ 신규주택의 수요탄력성은 공급탄력성보다 비탄력적이므로 수요자의 조세부담이 줄어들어 유리하게 된다.

⑤ 토지에 부과되는 조세는 주택에 부과되는 조세에 비하여 상대적으로 자원배분의 왜곡이 적은 효율적 조세이다.

20. **다음의 내용 설명 중 틀린 것은?**

○ A건물의 가격 : 200,000,000원	○ 예상 순수익 : 40,000,000원
○ 지분비율 : 40%	○ 대출이자율 : 10%
○ 매월이자상환방식으로 대출	

① 투자자의 지분수익률은 35%이다.

② 총자본수익률보다 지분수익률이 크므로 정의 지렛대효과가 발생한다.

③ 동일한 조건에서 이자율의 상승은 지분수익률의 감소를 초래하게 된다.

④ 총자본수익률이란 순영업소득에 대한 총투자액의 비율을 말한다.

⑤ 대출금리의 변동은 총투자수익률에는 전혀 영향을 주지 않는다.

21. **부동산투자와 관련된 다음의 설명 중 틀린 것은?**

① 개별자산의 기대수익률은 개별적인 시장 상황에서 예상되는 수익률과 그 발생확률을 고려하여 산정한다.

② 위험은 장래의 불확실성으로 인한 예상수 익률의 변동 가능성으로 정의되므로, 위험을 측정하기 위해서는 예상 수익률의 확률분포를 작성하여 그 확률분포의 분산 정도를 계량적으로 파악할 필요가 있다.

③ 포트폴리오의 기대수익률은 포트폴리오를 구성하고 있는 개별자산의 기대수익률을 각각의 투자 비율에 따라 가중 평균한 값이다.

④ 여러 자산에 분산하여 투자하더라도 예상 수익을 희생시키지 않으면 투자와 관련된 위험을 줄일 수 없다.

⑤ 포트폴리오의 위험은 포트폴리오를 구성하고 있는 개별자산의 위험과 투자 비율, 그리고 개별증권의 수익률 간의 상관계수 또는 공분산의 크기에 의해 결정된다.

22. 쇼핑몰 투자사업에 대해 미래의 경제환경 조건에 따라 추정된 수익률의 예상치가 아래와 같다고 가정할 때 기대수익률은? (단, 다른 조건은 동일함)

경제환경변수	발생확률(%)	수익률(%)
비관적	35	5.0
정상적	55	7.0
낙관적	10	12.0

① 4.8% ② 6.8%
③ 7.4% ④ 8.2%
⑤ 9.6%

23. 부동산 포트폴리오에 관한 서술 중 <u>잘못된</u> 것은?

① 동일한 위험도에서 기대수익률이 가장 높은 포트폴리오의 연결선을 효율적 전선이라 하며, 효율적 전선상의 투자안 상호 간에는 평균-분산 지배의 원리가 작용하지 않는다.
② 서로 다른 두 자산 간의 수익률의 움직임이 유사한 부동산에 투자하는 경우, 위험의 분산 효과가 커진다.
③ 무차별곡선은 아래로 볼록한 우상향 곡선의 모습을 보이는바, 보수적 투자자에 비해 공격적 투자자의 무차별 곡선의 기울기가 상대적으로 완만한 모습을 보인다.
④ 부동성으로 인해 지역별 분산투자효과, 개별성으로 인해 유형별 분산효과를 기대할 수 있다.
⑤ 상관계수가 1이 아닌 한 분산투자를 통한 위험의 분산효과는 발생한다.

24. 투자자 곰돌이는 주택구입에 필요한 자금 1억 원을 이자율 5%, 만기 15년 원리금균등상환방식으로 저당융자를 받았으며 5년 후에 처분할 계획을 가지고 있다. 투자자 곰돌이가 5년 뒤에 상환할 저당 잔액을 구하는 공식으로 옳은 것은? (매기의 원리금 상환액은 660만 원으로 가정한다.)

① 660만 원 × 연금의 현가계수 (5%, 10년)
② 1억 원 × 감채기금계수(5%, 15년)
③ 660만 원 × 저당상수(5%, 15년)
④ 1억 원 × (1 ÷ 저당상수) (5%, 10년)
⑤ 1억 원 × 일시불의 내가계수(10%, 15년)

25. 상업용 빌딩의 현금흐름분석에 대한 설명으로 옳은 것은?

① 순영업소득에서 영업경비를 공제하여 유효총소득을 산출할 수 있다.
② 유효총소득은 가능총소득에서 공실 및 회수 불가능 임대수입과 영업외 수입을 차감하여 산정한다.
③ 미상환저당잔액이 존재하는 경우, 유효총소득은 미상환저당잔액이 없는 경우보다 작아진다.
④ 순영업소득은 세전현금흐름과 동일할 수 있다.
⑤ 전액 지분으로 투자하였으며 대상물건이 비과세요건을 갖춘 경우, 세전매각현금흐름은 세후매각현금흐름보다 작은 값을 갖는다.

26. 순현가법과 내부수익률법에 대한 설명으로 옳지 <u>못한</u> 것은?

① 두 방법 모두 장래 예상 현금유입의 현재가치와 예상 현금유출의 현재가치를 상호 비교하여 투자타당성을 분석하는 방법에 속한다.
② 재투자율에 대한 가정이 순현가법이 내부수익률법보다 현실적이고 합리적이다.
③ 독립적 투자안일 경우, 양자의 분석결과는 항상 동일하다.
④ 순현가를 0으로 만드는 할인율이 2개 이상 복수로 존재하는 경우, 값이 작은 것을 기준으로 투자여부를 결정한다.
⑤ 상호배타적 투자안의 경우, 순현가법과 내부수익률법의 결과가 상이할 수 있는바, 이 경우 순현가법의 결과를 우선 채택하는 것이 보다 합리적이다.

27. 다음은 어림셈법에 대한 설명이다. 옳지 <u>않은</u> 것은?

① 순소득승수는 순운영수입을 총투자액으로 나누어 산정한다.
② 세전현금수지승수는 지분배당률의 역수로, 지분투자액을 세전현금수지로 나누어 구한다.
③ 종합자본환원률은 순소득승수의 역수이며, 순소득승수는 자본회수기간에 해당한다.
④ 총투자액이 동일한 투자안 A의 순소득승수는 3이고, 투자안 B의 순소득승수는 5인 경우, 투자안 A가 보다 우월한 투자안으로 평가된다.
⑤ 대상부동산의 총소득이 4,000만 원이고 총소득승수가 3이라면 대상부동산의 가치는 1억 2천만 원이다.

28. **부동산금융에 관한 다음의 설명 중 옳지 못한 것은 몇 개인가?**

> ㉠ 주택소비금융은 수요자 금융에 해당하며, 장기 · 저리, 일시대출 · 분할상환의 모습을 보이는 반면 주택개발금융은 공급자금융에 해당하며 단기 · 고리, 분할대출 · 일시상환의 특징을 보인다.
> ㉡ 자금의 차입자가 은행 등의 금융기관을 통해 필요한 자금을 융통하는 경우 이는 직접금융에 해당하며, 부동산투자회사는 투자수익을 투자자에게 배당하므로 지분금융에 해당한다.
> ㉢ 조인트벤처, 부동산 신디케이트, 공모에 의한 증자, 주택상환사채, 부동산펀드 등은 수익의 배당을 목적으로 하는 지분금융에 속한다.
> ㉣ 부동산대출은 장기대출이므로 자금의 고정화 현상이 발생하므로 저당의 유동화가 요구되며, 저당의 유동화란 주택저당대출채권을 하나의 상품으로 유통시켜 새로운 신용창조의 수단으로 활용하는 것을 말한다.
> ㉤ 한국주택금융공사는 10년 이상의 장기 모기지론을 저당시장에 제공하며, 주택저당채권의 유동화 업무를 담당한다.

① 3개
② 2개
③ 1개
④ 모두 옳다.
⑤ 4개

29. **곰순이는 시중은행에서 주택을 담보로 대출을 받고자 한다. 다음의 내용을 기초로 곰순이의 최대대출 가능 금액을 구하면 얼마인가?**

> ○ 대출승인 기준 : DTI(총부채상환비율) = 40%, LTV(담보인정비율) 60%
> ○ 대출승인 기준을 모두 충족시켜야 한다.
> ○ 곰순이 소유의 주택담보평가가격 : 500,000,000원
> ○ 곰순이의 연간 소득 : 7,000만 원
> ○ 곰순이의 기존 부채이자액 : 400만 원
> ○ 연간저당상수 = 0.16

① 2억 8,000만 원
② 2억 4,000만 원
③ 2억 원
④ 1억 6,000만 원
⑤ 1억 5,000만 원

30. **저당상환방식에 관한 다음의 설명 중 틀린 것은?**

① 변동이자율 저당대부는 대출자의 이자율위험을 차입자에게 전가하고자 고안된 방식이다.
② 이자율 상한 변동금리 저당대부는 시장이자율의 지속적인 상승 시 차입자의 상환부담을 완화할 수 있다.
③ 변동이자율은 기준금리에 가산금리를 가산하여 결정되는바, 가산금리는 시장상황의 변화에 따라 가변적이다.
④ 고정이자율로 대출 시 대출이자율보다 시장이자율이 높은 경우, 대출기관의 수익성이 악화될 수 있다.
⑤ 변동이자율저당대부의 경우, 이자율의 조정주기가 짧을수록 차입자는 불리하고 대출자는 유리하다.

31. **주택저당채권 유동화제도의 경제적 효과에 관한 설명으로 옳지 않은 것은?**

① 주택저당채권의 유동화는 부동산금융의 활성화에 기여할 수 있다.
② 대출수요의 증가로 인해 차입자의 금융비용 부담이 증가하게 된다.
③ 투자자에게 다양한 자산포트폴리오 구성의 기회를 제공할 수 있다.
④ 대출기관의 자기자본비율이 상승하게 되어 재무 건전성이 강화될 수 있다.
⑤ 장기대출로 인한 유동성부족의 문제가 완화되어 금융기관의 대출여력이 상승한다.

32. **다음은 각 도시별, 산업별 고용자 수를 나타낸 표이다. 부동산업의 입지계수가 높은 도시 순으로 나열된 것은?** (다만, 전국에 세 개의 도시와 두 개의 산업만이 존재한다고 가정함)

(단위: 수)

구 분	부동산업	금융업	전체 산업
천안	250	150	400
대전	250	250	500
부산	500	600	1,100
전국	1,000	1,000	2,000

① 부산 > 천안 > 대전
② 천안 > 부산 > 대전
③ 대전 > 부산 > 천안
④ 천안 > 대전 > 부산
⑤ 부산 > 대전 > 천안

33. 부동산관리방식 및 관리영역에 관한 다음의 설명 중 <u>틀린</u> 것은?

① 자산관리는 자산가치의 증진 및 수익의 증대를 목적으로 이루어지는 소극적 관리영역에 해당한다.

② 설비의 운전 및 보수, 에너지관리, 방범·방재 등 보안관리는 시설관리영역에, 매입·매각관리, 투자리스크관리, 포트폴리오관리 등은 자산관리영역에 속한다.

③ 주거용 부동산은 유대성, 공업용 부동산은 적합성, 상업용 부동산은 가능매상고가 임차인 선정의 기준이 된다.

④ 자가관리방식은 가장 전통적 관리방식으로 강력한 지휘통제력의 발휘가 가능하며, 보안관리 및 기밀유지에 적합한 관리방식이다.

⑤ 위탁관리방식은 관리업무의 타성현상을 방지할 수 있으며 소유자는 본업에 전념할 수 있다.

34. 부동산 마케팅전략에 관한 설명으로 옳은 것은?

① 시장점유마케팅전략은 AIDA원리에 기반을 두면서 소비자의 욕구를 파악하여 마케팅 효과를 극대화하는 전략이다.

② 고객점유마케팅전략은 공급자중심의 마케팅전략으로 표적시장을 선정하거나 틈새시장을 점유하는 전략이다.

③ 관계마케팅전략은 소비자와 생산자의 관계를 통해 마케팅효과를 도모하는 전략이다.

④ STP전략은 시장세분화(Segmentation), 표적시장선정(Targeting), 판매촉진(Promotion)으로 구성된다.

⑤ 4P-MIX전략은 제품(Product), 가격(Price), 유통경로(Place), 포지셔닝(Positioning)으로 구성된다.

35. 가격이론에 관한 다음의 설명 중 <u>잘못된</u> 것은?

① 가격은 거래당사자 간에 실제로 지불된 금액으로 과거의 값이며, 가치는 부동산의 보유를 통해 장래 얻게 될 편익을 현재가치로 환원한 값으로 현재의 값이다.

② 가치는 가격의 기초이므로, 가격의 상승은 가치의 상승을 초래한다.

③ 가치의 전문가는 감정평가사이며 가격의 전문가는 공인중개사이다.

④ 일시적, 단기적으로 가치와 가격은 불일치하는 반면 장기적으로 양자는 일치하는 모습을 보인다.

⑤ 가치는 주어진 시점에서 다양하게 존재하나 가격은 주어진 시점에서 하나밖에는 존재하지 않는다.

36. 부동산가격원칙에 관한 다음의 설명 중 <u>틀린</u> 것은?

① 기여의 원칙 및 수익체증·체감의 원칙은 추가투자의 적·부 판정에 유용하다.

② 부동산의 가치는 생산비의 합이 아니라 부동산을 구성하고 있는 내부구성요소의 기여도의 합과 같다는 원리를 기여의 원칙이라 한다.

③ 적합의 원칙 및 최유효이용의 원칙은 부동산 고유의 가치원칙에 해당한다.

④ 경쟁의 원칙이란 초과이윤은 경쟁을 유발하고 경쟁의 결과 초과이윤이 소멸한다는 원리를 말한다.

⑤ 변동의 원칙은 가치형성요인의 가변성으로 인해 부동산가격이 끊임없이 변동한다는 원리로, 장래의 편익을 현재가치로 환원한 것이 가치라는 개념형성에 기초가 된다.

37. 지역분석 및 개별분석에 관한 다음의 설명 중 옳은 것은?

① 지역분석은 대상부동산의 최유효이용 및 구체적 가격판정의 토대가 된다.

② 표준적 이용이란 대상부동산의 최고·최선의 이용상태를 의미한다.

③ 지역분석은 대상부동산의 가치에 영향을 미칠 수 있는 주변 환경에 대한 분석으로 구체적, 종합적 분석의 성격을 띤다.

④ 개별분석은 지역분석에 선행함이 일반적이며, 균형의 원칙이 적용된다.

⑤ 경제적 감가는 개별분석, 기능적 감가는 지역분석과 관련된다.

38. 원가법상 감가수정방법에 관한 다음의 설명 중 옳은 것은?

① 정률법상 매년의 감가액은 첫해의 감가액이 가장 작고, 시간의 흐름에 따라 증가한다.

② 설계의 불량, 과잉·과소설비, 부지와 건물의 부적합, 시장성의 감퇴 등은 기능적 감가요인에 해당한다.

③ 회계목적의 감가상각은 취득가격을 기준으로 하는 반면 평가목적의 감가수정은 재조달원가를 기준으로 한다.

④ 내용연수법을 적용하여 감가수정 시 기능적 내용연수를 기준으로 한다.

⑤ 정액법상 매년 감가액은 경제적 내용연수를 감가총액으로 나누어 산정하게 된다.

39. 환원이율의 결정방법에 대한 설명 중 옳지 않은 것은?

① 요소구성법(조성법)은 대상 부동산에 관한 위험을 여러 가지 구성요소로 분해하고, 개별적인 위험에 따라 위험할증률을 더해 감으로써 자본환원율을 구하는 방법으로, 위험할증률의 산정과정에서 평가사의 주관이 개입될 여지가 많다.

② 부채감당률법은 저당투자자의 입장에서 대상 부동산의 순수익이 매기의 원금과 이자의 지불가능 정도를 알 수 있는 부채감당률에 근거하여 환원이율을 구하는 방법이다.

③ 금융적 투자결합법은 저당투자자의 요구수익률과 지분투자자의 요구수익률이 다르다는데 착안하여 지분투자자의 지분배당률과 저당투자자의 저당상수를 가중 평균한 값으로 환원이율을 결정하는 방법이다.

④ 시장추출법(시장비교방식)은 대상 부동산과 유사한 최근의 매매사례로부터 직접 자본환원율을 추정하는 방법이다.

⑤ 엘우드법은 금융적 투자결합법을 개량한 방법으로 금융조건과 세금이 부동산 가치에 미치는 영향을 고려할 수 있다는 장점이 있다.

40. 「감정평가에 관한 규칙」의 규정에 관한 서술 중 틀린 것은?

① 기준시점이란 감정평가가액 산정의 기준이 되는 일자로서, 대상물건의 가격조사를 완료한 일자로 함이 원칙이다.

② 시장가치란 통상적인 시장에서 충분한 기간 거래를 위하여 공개된 후 대상물건에 정통한 당사자 간에 신중하고 자발적인 거래가 있을 경우, 성립될 가능성이 가장 높다고 인정되는 대상물건의 가액을 말한다.

③ 감정평가법인 등은 「집합건물의 소유 및 관리에 관한 법률」에 따른 구분소유권의 대상이 되는 건물부분과 그 대지사용권을 일괄하여 감정평가하는 경우 등 토지와 건물을 일괄하여 감정평가할 때에는 공시지가기준법을 적용해야 한다.

④ 감정평가법인 등은 법령에 다른 규정이 있는 경우, 감정평가의뢰인이 요청하는 경우, 감정평가의 목적이나 대상물건의 특성에 비추어 사회통념상 필요하다고 인정되는 경우에는 대상물건의 감정평가액을 시장가치 외의 가치를 기준으로 결정할 수 있다.

⑤ 감정평가법인 등은 실지조사를 하지 않고도 객관적이고 신뢰할 수 있는 자료를 충분히 확보할 수 있는 경우에는 실지조사를 하지 않을 수 있다.

제2과목: 민법 및 민사특별법 중 부동산 중개에 관련되는 규정

41. 법률행위의 목적의 불능에 관한 설명으로 틀린 것은? (다툼이 있으면 판례에 따름)

① 법률행위의 목적달성이 원시적으로 전부 불능의 경우, 계약체결상의 과실책임이 문제된다.

② 타인 소유의 부동산을 매매하는 계약은 법률적 불능으로서 무효이다.

③ 법률행위의 목적달성이 원시적으로 일부 불능인 경우, 원칙적으로 그 법률행위는 전부무효가 된다.

④ 매매 등 유상계약에 있어서 원시적 일부 불능의 경우, 담보책임에 관한 규정이 적용되는 한도에서는 계약체결상의 과실책임(법 제535조)은 적용되지 않는다.

⑤ 채무자의 귀책사유로 인하여 급부가 불능으로 된 경우, 불능으로 인한 손해배상액의 산정시기는 이행불능시를 표준으로 한다.

42. 다음 불공정한 법률행위에 관한 설명으로 틀린 것은? (다툼이 있으면 판례에 따름)

① 불공정 법률행위에 해당하는 지는 법률행위가 이루어진 시점을 기준으로 객관적 가치를 비교 평가하여 판단하여야 한다.

② 경매절차에서 매각대금이 시가보다 현저히 저렴하더라도 불공정한 법률행위를 이유로 그 무효를 주장할 수 없다.

③ 대리행위의 경우, 경솔과 무경험은 대리인을 기준으로 판단하지만, 궁박은 본인을 기준으로 판단한다.

④ 대가관계 없이 당사자 일방이 상대방에게 일방적인 급부를 하는 법률행위도 불공정한 법률행위가 될 수 있다.

⑤ 법률행위가 현저하게 공정을 잃었다고 하여 곧 그것이 궁박, 경솔 또는 무경험으로 이루어진 것으로 추정되지 않는다.

43. 민법 제107조(진의 아닌 의사표시)에 관한 설명으로 틀린 것은? (다툼이 있으면 판례에 따름)

① 근로자가 사직서가 수리되지 않으리라고 믿고 사직서를 제출한 사실을 상대방이 알 수 있었다는 사실만으로 그 사직서제출행위가 무효가 되는 것은 아니다.

② 대리권남용의 경우 비진의표시규정이 유추적용될 수 있다.

③ 대출절차상 편의를 위하여 명의를 빌려준 자의 채무부담의 의사표시는 비진의표시가 아니다.

④ 의사와 표시가 일치하지 않는다는 것을 표의자가 알고 있다는 점에서 착오와 구별된다.

⑤ 진의란 특정한 내용의 의사표시를 하고자 하는 표의자의 생각을 말하는 것이지 표의자가 진정으로 마음 속에서 바라는 사항을 뜻하는 것은 아니다.

44. 다음 착오에 관한 설명으로 옳은 것은? (다툼이 있으면 판례에 따름)

① 착오가 표의자의 과실로 인한 때에는 착오를 이유로 취소할 수 없다.

② 소취하 등 소송행위에도 착오로 인한 취소규정이 적용된다.

③ 계약당사자 쌍방이 계약의 기초사항에 대해 같은 내용을 착오하여 그 사항에 대해 합의하지 않은 경우 그 착오가 없었다면 약정하였을 내용으로 당사자의 의사를 보충할 수 있다.

④ 착오를 이유로 취소한 자는 이로 인하여 상대방에게 손해가 발생한 경우, 계약체결상의 과실책임을 부담한다.

⑤ 상대방이 착오자의 진의에 동의하더라도 착오자는 의사표시를 취소할 수 있다.

45. 의사표시에 관한 다음 설명 중 틀린 것은? (다툼이 있으면 판례에 따름)

① 상대방 있는 의사표시는 특별한 사정이 없으면 상대방에게 도달한 때에 그 효력이 생긴다.

② 의사표시가 상대방에게 도달되었다고 보기 위해서는 사회관념상 상대방이 그 통지의 내용을 알 수 있는 객관적 상태에 놓여졌다고 인정되면 충분하다.

③ 의사표시자가 그 통지를 발송한 후 사망하거나 제한능력자가 된 경우 그 의사표시는 효력이 없다.

④ 의사표시의 부도달 또는 연착으로 인한 불이익은 표의자가 부담한다.

⑤ 의사표시의 수령자가 제한능력자인 경우, 표의자는 수령자에 대하여 그 의사표시로써 대항하지 못한다.

46. 임의대리권의 범위가 수권행위에 의해 정해지지 않거나 명백하지 않은 경우, 그 대리인이 할 수 있는 행위가 아닌 것은? (다툼이 있으면 판례에 따름)

① 소멸시효의 중단행위

② 무이자의 금전대여를 이자부로 변경하는 행위

③ 미등기부동산을 등기하는 행위

④ 기한이 도래한 채무를 변제하는 행위

⑤ 예금을 찾아 주식에 투자하는 행위

47. 다음 무권대리에 관한 설명 중 옳은 것은? (다툼이 있으면 판례에 따름)

① 무권대리인이 본인의 이름으로 재단법인을 설립한 경우, 본인은 추인할 수 있다.

② 무권대리행위에 대하여 본인이 이의를 제기하지 아니하고 이를 장시간에 걸쳐 방치하였다면 무권대리행위를 추인하였다고 볼 수 있다.

③ 본인의 추인을 얻지 못한 경우, 무권대리인은 제한능력자인 경우에도 상대방의 선택에 좇아 계약의 이행 또는 손해배상의 책임을 진다.

④ 무권대리행위를 추인한 경우에, 그 행위는 원칙적으로 추인한 때부터 효력이 생긴다.

⑤ 무권대리행위의 추인은 무권대리인, 무권대리행위의 직접 상대방 및 그 무권대리행위로 인한 권리 또는 법률관계의 승계인에 대하여도 할 수 있다.

48. 권한을 넘은 표현대리에 관한 설명으로 틀린 것은? (다툼이 있으면 판례에 따름)

① 권한을 넘은 표현대리의 기본대리권에 속하는 행위와 그 권한을 넘은 대리행위는 동종이거나 유사할 필요가 없다.

② 복대리인 선임권이 없는 대리인이 복대리인을 선임한 경우, 복대리인의 대리권은 기본대리권이 될 수 없다.

③ 대리권 수여 여부를 본인에게 쉽게 확인할 수 있었는데도 확인하지 않고 대리인과 계약을 체결한 경우, 상대방에게 정당한 이유가 있다고 할 수 없다.

④ 권한을 넘은 표현대리에 있어서 정당한 이유의 유무는 대리행위 당시를 기준으로 하여 판정하여야 한다.

⑤ 민법 제129조의 표현대리를 기본대리권으로 하는 민법 제126조의 표현대리는 성립될 수 있다.

49. **무효와 취소에 관한 설명으로 옳은 것은?** (다툼이 있으면 판례에 따름)

① 제한능력자의 법률행위에 대한 법정대리인의 추인은 그 취소원인이 소멸하기 전에 하여도 효력이 있다.

② 무효인 법률행위의 당사자가 그 무효임을 알고 추인한 때에는 법률행위시에 소급하여 효력이 있다.

③ 사기·강박에 의하여 의사표시를 한 자의 포괄승계인은 그 의사표시를 취소할 수 없다.

④ 매매계약이 적법하게 해제된 후에는 착오를 이유로 그 계약을 다시 취소할 수 없다.

⑤ 토지거래허가구역 내의 토지매매계약이 유동적 무효인 경우 토지거래허가신청 협력의무가 성립하지 않는다.

50. **조건 · 기한에 관한 설명으로 옳은 것은?** (다툼이 있으면 판례에 따름)

① 정지조건부 법률행위의 당사자가 조건성취의 효력을 그 성취 전에 소급하기로 합의한 경우에도 이는 효력이 없다.

② 해제조건부 법률행위에 의해 소유권이전등기를 마친 경우, 그 조건이 성취된 때에는 법률행위를 한 때로 소급하여 소유권이 원상회복된다.

③ 유증이나 채무면제와 같은 단독행위에는 원칙적으로 조건이나 기한을 붙일 수 없다.

④ 채무자는 스스로 자신에게 기한의 이익이 있음을 입증하여야 한다.

⑤ 정지조건있는 법률행위는 조건이 성취한 때로부터 그 효력이 생긴다.

51. **물권적 청구권에 관한 설명 중 옳은 것으로만 묶인 것은?** (다툼이 있으면 판례에 따름)

㉠ 물건에 대한 직접적 지배를 현실적으로 침해하는 행위가 있어야 물권적 청구권이 발생한다. ㉡ 물권적 청구권은 침해자 또는 방해자의 고의 또는 과실을 요건으로 하지 않는다. ㉢ 고의 또는 과실로 물권이 침해된 경우, 물권적 청구권과 불법행위로 인한 손해배상청구권이 병존하여 성립할 수 있다. ㉣ 물권적 청구권은 독립된 권리이므로 물권과 분리하여 양도할 수 있다. ㉤ 소유권에 기한 물권적 청구권도 소멸시효의 대상이 된다.

① ㉠, ㉤ ② ㉠, ㉡
③ ㉡, ㉢ ④ ㉢, ㉣
⑤ ㉡, ㉤

52. **가등기에 관한 판례의 태도로서 틀린 것은?**

① 가등기에 기한 본등기 절차에 의하지 않고 별도의 본등기를 경료받은 경우, 제3자 명의로 중간처분의 등기가 있는 때에도 가등기에 기한 본등기 절차의 이행을 구할 수 있다.

② 가등기가 된 부동산에 관하여 제3자 앞으로 소유권이전등기가 마쳐진 후 그 가등기가 불법말소된 경우, 말소된 가등기의 회복등기의무자는 가등기 당시의 소유자이다.

③ 가등기에 의하여 순위 보전된 청구권이 양도된 경우, 양도인과 양수인의 공동신청으로 그 권리의 이전등기를 가등기에 대한 부기등기의 형식으로 경료할 수 있다.

④ 가등기가 담보가등기인지 여부는 그 등기부상 표시나 등기서류의 종류에 의하여 결정되는 것이 아니라 거래의 실질과 당사자의 의사해석에 따라 결정될 문제이다.

⑤ 가등기에 의한 본등기가 경료된 경우, 물권변동의 시점은 본등기 한 때이지 가등기 한 때가 아니다.

53. **등기의 효력에 관한 설명으로 틀린 것은?** (다툼이 있으면 판례에 따름)

① 등기된 토지의 토지대장에 특정인 앞으로 소유권이 이전 등재되어 있다면 특별한 사정이 없는 한 그 특정인이 그 무렵 소유권을 취득하였다고 보아야 할 것이다.

② 소유권이전등기가 전 등기명의자가 아닌 제3자의 처분행위에 의한 것인 경우, 그 제3자는 전 등기명의자의 적법한 대리인으로 추정된다.

③ 소유권이전등기의 원인으로 주장된 계약서가 진정하지 않은 것으로 증명되더라도 그 등기의 적법추정은 깨어지지 않는다.

④ 등기의무자의 사망 전에 등기원인이 이미 존재한 상태에서 등기의무자의 사망 후 그로부터 경료된 등기에는 추정력이 인정된다.

⑤ 부동산 등기명의인이 매도인인 경우 그를 소유자로 믿고 그 부동산을 매수하여 점유하는 자는 특별한 사정이 없는 한 과실 없는 점유자에 해당한다.

54. 혼동에 관한 다음 설명 중 <u>틀린</u> 것은? (다툼이 있으면 판례에 따름)

① 甲소유 X토지에 乙이 지상권을, 乙의 지상권에 丙이 저당권을 취득한 후, 乙이 X토지의 소유권을 취득하더라도 乙의 지상권은 소멸하지 않는다.

② 甲소유 X토지에 乙이 임차권을 취득하고 대항요건을 갖춘 후, 丙이 X토지에 대하여 저당권을 취득하였다. 그 후 乙이 X토지 소유권을 취득하더라도 乙의 임차권은 소멸하지 않는다.

③ 채무자 甲소유의 토지에 乙이 1번 저당권을 취득하고, 丙이 2번 저당권을 취득한 후, 乙이 토지 소유권을 상속을 통해 취득한 경우, 乙의 저당권은 소멸하지 않는다.

④ 甲이 자기 소유의 부동산에 대하여 乙에게 지상권을 설정해 준 후, 甲이 乙에게 담보목적의 소유권이전등기를 해 준 경우, 乙의 지상권은 소멸하지 않는다.

⑤ 甲소유의 X토지를 乙이 점유하고 있던 중 乙이 甲을 단독으로 상속한 경우, 乙의 점유권은 소멸하지 않는다.

55. 점유자와 회복자의 관계에 관한 설명으로 <u>틀린</u> 것은? (다툼이 있으면 판례에 따름)

① 선의의 점유자가 과실을 취득하더라도 부당이득반환의 문제는 발생하지 않는다.

② 과실수취권이 인정되는 선의의 점유자는 과실수취권을 포함하는 권원이 있다고 오신하고 그와 같은 오신을 할 만한 정당한 근거가 있는 점유자이어야 한다.

③ 점유물의 멸실 · 훼손에 대하여 선의의 자주점유자는 현존이익의 한도 내에서 배상책임을 진다.

④ 점유자는 물건을 반환할 때 필요비의 상환을 청구할 수 있으나, 점유물을 이용한 경우에는 통상의 필요비의 상환을 청구하지 못한다.

⑤ 점유자가 비용을 지출한 경우라도, 점유자가 자신에게 본권이 없음을 알고서 점유한 경우에는 그 비용의 상환을 청구할 수 없다.

56. 부동산소유권의 시효취득에 관한 설명으로 <u>틀린</u> 것은? (다툼이 있으면 판례에 따름)

① 특별한 사정이 없는 한 원인무효인 소유권등기 명의인에게 한 시효취득자의 시효이익 포기의 의사표시는 그 효력이 없다.

② 점유취득시효 뿐만 아니라 등기부취득시효에서도 점유자는 평온·공연하게 선의이며 과실 없이 점유하여야 한다.

③ 점유취득시효완성 후 그 등기 전에 원소유자가 설정한 저당권은 시효취득의 소급효에 의하여 소멸되지 않는다.

④ 자기 물건에 대해서도 취득시효의 주장이 가능하다.

⑤ 등기부취득시효의 경우 현재의 등기명의자는 전 등기명의자의 등기기간과 합산하여 10년간의 등기명의를 주장할 수 있다.

57. 공유에 관한 다음 설명 중 <u>틀린</u> 것은? (다툼이 있으면 판례에 따름)

① 재판에 의한 공유물의 분할을 청구하는 공유자는 그 나머지 공유자 전원을 피고로 하여야 한다.

② 공유토지에 과반수 지분을 가진 자는 공유자 사이에 공유물 관리방법에 관한 협의가 없더라도, 공유토지의 특정부분을 배타적으로 사용·수익할 것을 정할 수 있다.

③ ②의 경우에 과반수 지분권자가 다른 소수지분권자에 대하여 임료 상당의 부당이득을 하고 있는 것은 아니다.

④ 제3자 명의의 원인무효등기가 경료된 경우에 공유자 각자는 그 등기 전부의 말소를 청구할 수 있다.

⑤ 현물분할의 판결이 확정되면 분할된 부동산의 각각에 대하여 등기가 없더라도 단독소유권이 인정된다.

58. 지상권에 관한 설명으로 <u>틀린</u> 것은? (다툼이 있으면 판례에 따름)

① 지상권이 존속기간 만료로 소멸한 경우 지상물이 현존하고 있으면 지상권자는 갱신을 청구할 수 있으며, 지상권설정자는 이를 거절할 수 있다.

② 토지소유자는 그 토지 위의 타인소유건물을 위한 법정지상권이 성립한 후에 자신의 동의 없이 증축된 건물부분에 대하여는 그 철거를 청구할 수 있다.

③ 구분지상권에 의하여 소유할 수 있는 목적물에는 일반지상권과는 달리 수목은 포함되지 않는다.

④ 당사자가 계약으로 지상권의 존속기간을 약정하지 않아도 지상권은 유효하게 성립할 수 있다.

⑤ 지상권자의 지료지급 연체가 토지소유권양도 전후에 걸쳐 이루어진 경우, 토지양수인에 대한 연체기간이 2년이 되지 않는다면 토지양수인은 지상권소멸을 청구할 수 없다.

59. **법정지상권 또는 관습법상의 법정지상권에 관한 설명으로 틀린 것은?** (다툼이 있으면 판례에 따름)

① 토지공유자 중 1인이 다른 공유자의 지분 과반수의 동의를 얻어 건물을 건축한 후 토지와 건물의 소유자가 달라진 경우에는 관습법상의 법정지상권이 성립한다.

② 타인 소유의 대지 위에 건물을 신축한 경우에는 관습법상의 지상권은 발생하지 않는다.

③ 대지와 건물이 함께 매도되었으나 대지에 대해서만 매수인명의로 소유권이전등기가 경료된 경우, 매도인에게 관습법상의 법정지상권을 인정할 필요가 없다.

④ 미등기 건물을 대지와 함께 양수한 甲이 대지에 대해서만 소유권이전등기를 경료하고, 건물에 대하여는 등기를 경료하지 않았다면 甲으로부터 대지소유권을 양수한 乙에게 甲은 관습법상의 지상권을 주장할 수 없다.

⑤ 법정지상권이 있는 건물의 양수인이 아직 지상권이전등기를 경료받지 못한 경우 그 대지를 점유·사용함으로 인하여 얻은 이득은 부당이득이 될 수 있다.

60. **전세권에 관한 다음 설명 중 틀린 것은?** (다툼이 있으면 판례에 따름)

① 존속기간이 만료된 전세권은 담보물권적 권능만 가진 채 그 피담보채권인 전세금반환채권과 함께 제3자에게 양도될 수 있다.

② 건물 일부에 전세권이 설정된 경우, 특별한 사정이 없는 한 전세권자는 전세권의 목적물이 아닌 나머지 건물부분에 대하여는 경매신청을 할 수 없다.

③ 임대차계약에 기초한 보증금반환채권을 담보할 목적으로 임대인, 임차인 및 제3자 사이의 합의에 따라 제3자 명의로 경료된 전세권설정등기는 유효하다.

④ 전세권저당권자는 전세금반환채권에 대하여 압류 및 추심·전부명령을 받거나, 전세금반환채권에 대한 강제집행절차에서 배당요구를 하는 등의 방법으로 자신의 권리를 행사할 수 있다.

⑤ 당사자가 주로 채권담보의 목적으로 전세권을 설정하였고, 그 설정과 동시에 목적물을 인도하지 않은 경우에는 전세권의 효력이 인정되지 않는다.

61. **물상대위에 관한 설명으로 다음 중 옳은 것은?** (다툼이 있으면 판례에 따름)

① 물상대위권의 행사는 늦어도 배당요구의 종기까지 하여야 하며, 그 후에는 물상대위권자로서의 우선변제권을 행사할 수 없다.

② 화재보험계약이라는 별도의 요건이 게재된 화재보험금청구권은 물상대위의 객체로 되지 못한다.

③ 물상대위권을 행사하기 위한 압류는 반드시 저당권자에 의하여 행하여져야 한다.

④ 목적물의 멸실, 훼손 또는 공용징수에 의하여 저당권이 소멸하거나 저당물의 가치가 감소된 경우에 인정된다.

⑤ 물상대위권자의 압류 전에 보상금채권이 타인에게 이전되면, 더 이상 물상대위권을 행사할 수 없다.

62. **다음 중 유치권의 소멸사유가 아닌 것은?**

① 목적물의 멸실

② 유치권의 포기

③ 채무자의 유치권소멸청구

④ 유치권의 소멸시효완성

⑤ 목적물에 대한 점유의 상실

63. **저당권의 효력이 미치는 범위에 관한 설명 중 옳은 것은?** (다툼이 있으면 판례에 따름)

① 저당권설정자가 저당목적물로부터 저당권설정 이후 수취한 과실 전부에 대하여 저당권의 효력이 미친다.

② 건물증축부분이 기존건물에 부합한 경우에도, 기존건물의 저당권경매절차에서 증축부분이 경매목적물로 평가되지 않은 이상, 경락인은 증축부분의 소유권을 취득하지 못한다.

③ 구분건물의 전유부분에 대해서만 설정된 저당권의 효력은, 그 대지사용권에까지 미치지 않는 것이 원칙이다.

④ 건물저당권이 실행되어 경락인이 건물소유권을 취득하였다면 특별한 사정이 없는 한, 경락인은 건물소유를 위한 법정지상권도 등기없이 당연히 취득한다.

⑤ 공장저당권의 목적 동산이 공장으로부터 분리·반출되었다면 그 동산이 제3자에게 선의취득되지 않은 경우에도, 저당권자는 원래의 장소에 원상회복할 것을 청구할 수 없다.

64. 근저당권에 관한 설명으로 옳은 것은? (다툼이 있으면 판례에 따름)

① 근저당권 설정등기에 있어서 근저당권의 존속기간을 반드시 등기할 필요는 없다.

② 피담보채권의 최고액을 반드시 등기할 필요는 없다.

③ 확정된 채권·채무액이 채권최고액을 초과한 경우, 채무자는 최고액만을 변제하고 근저당권등기의 말소등기를 청구할 수 있다.

④ 확정된 채권·채무액이 채권최고액을 초과한 경우, 근저당권이 설정된 부동산의 제3취득자는 채권최고액만을 변제하고 근저당권의 소멸을 청구할 수는 없다.

⑤ 근저당권설정등기를 해야 하는 토지에 건물이 있는 경우, 반드시 토지와 건물 모두에 근저당권설정등기를 하여야 한다.

65. 계약의 성립에 관한 설명으로 <u>틀린</u> 것은? (다툼이 있으면 판례에 따름)

① 당사자 사이에 동일한 내용의 청약이 상호 교차된 경우에는 양 청약이 상대방에게 도달한 때에 계약이 성립한다.

② 청약의 내용은 적어도 계약의 성립에 필요한 의사의 합치에 이를 정도로 확정될 수 있어야 한다.

③ 청약을 유인하기 위하여 제공된 목적물의 현황이나 거래조건도 그 계약의 성질에 반하지 않는 한 계약의 내용에 포함된다.

④ 청약에서 일정한 기간 내에 이의를 제기하지 않으면 승낙한 것으로 본다는 뜻이 표시된 경우에는 특별한 사정이 없는 한 그 기간의 경과로 승낙한 것이 된다.

⑤ 예금계약은 예금자가 예금의사를 표시하면서 금융기관에 돈을 제공하고 금융기관이 그 의사에 따라 돈을 받아 확인하면 그로써 성립한다.

66. 동시이행에 관한 다음 설명 중 <u>틀린</u> 것은? (다툼이 있으면 판례에 따름)

① 부동산 매매대금채권이 소유권이전등기청구권과 동시이행관계에 있는 이상, 그 매매대금청구권은 지급기일이 경과하더라도 소멸시효가 진행되지 않는다.

② 분양권매매계약 당시 매매계약서의 대금을 실제 대금보다 줄여서 기재하고 그 차액에 대해 따로 현금보관증을 작성한 경우, 매수인의 위 차액지급의무와 매도인의 수분양자명의 변경절차 이행의무는 동시이행관계에 있다.

③ 동시이행의 관계에 있는 쌍방의 채무 중 어느 한 채무가 이행불능이 됨으로 인하여 발생한 손해배상채무도 여전히 다른 채무와 동시이행의 관계에 있다.

④ 부동산 매매계약에 있어 매수인이 부가가치세를 부담하기로 약정한 경우 특별한 사정이 없는 한, 부가가치세를 포함한 매매대금 전부지급의무와 부동산소유권이전등기의무는 동시이행의 관계에 있다.

⑤ 선이행의무자가 이행을 지체하는 동안에 상대방의 채무의 변제기가 도래한 경우, 특별한 사정이 없는 한 쌍방의 의무는 동시이행관계가 된다.

67. 甲은 자기 소유 토지를 乙에게 매도하였으나 계약체결 후 그 토지 전부가 수용되어 소유권이전이 불가능하게 되었다. 옳은 것은? (다툼이 있으면 판례에 따름)

① 매매계약의 목적이 원시적 불능인 경우에 해당한다.

② 乙은 甲에게 계약체결상의 과실책임을 물을 수 있다.

③ 甲에게 귀책사유 있는 이행불능에 해당하므로 乙은 甲과의 계약을 해제할 수 있다.

④ 乙은 특별한 사정이 없는 한 甲에게 매매대금을 지급할 의무가 없다.

⑤ 乙은 甲에게 채무불이행을 이유로 손해배상을 청구할 수 있다.

68. 乙은 甲소유의 자전거를 구입하면서 자전거를 甲이 丙에게 직접 인도하고 매매대금은 자전거의 인도 다음 날 甲에게 지불하기로 약정하였다. 다음 설명 중 옳은 것은? (다툼이 있으면 판례에 따름)

① 丙이 甲에게 수익의 의사표시를 하여야 丙을 위한 甲과 乙사이의 관계가 성립한다.

② 丙의 권리가 확정된 후에도 甲과 乙은 이를 변경할 수 있다.

③ 甲의 귀책사유로 인하여 채무불이행이 발생하면 丙은 계약을 해제하고 손해배상을 청구할 수 있다.

④ 甲은 丙이 이행을 청구하는 경우에 乙과 丙사이의 법률관계에 기한 항변으로 丙에게 대항하지 못한다.

⑤ 丙이 미성년자인 경우, 丙은 법정대리인의 동의를 얻어 수익의 의사표시를 명시적으로 하여야 한다.

69. 계약의 해제에 관한 설명으로 <u>틀린</u> 것은? (다툼이 있으면 판례에 따름)

① 부수적 채무의 불이행으로 계약을 해제할 수 있는 것은 그 불이행으로 인하여 채권자가 계약의 목적을 달성할 수 없는 경우 또는 특별한 약정이 있는 경우에 한정된다.

② 이행불능의 경우에도 채권자는 상당한 기간을 정해 채무이행을 최고한 후 계약을 해제할 수 있다.

③ 당사자의 일방 또는 쌍방이 수인인 경우에 계약의 해제는 그 전원으로부터 또는 전원에 대하여 하여야 한다.

④ 상대방이 동시이행의 항변권이 있는 경우, 채권자는 자기의 반대급부의 이행을 제공하여 채무자의 동시이행의 항변권을 제거하지 않으면 이행지체를 이유로 계약을 해제할 수 없다.

⑤ 계약의 합의해제는 명시적으로 뿐만 아니라 당사자 쌍방의 묵시적 합의에 의해서도 할 수 있다.

70. 매매의 예약에 관한 다음 설명 중 <u>틀린</u> 것은? (다툼이 있으면 판례에 따름)

① 매매일방예약이 성립하려면 그 예약에 의해 체결될 본계약의 요소가 되는 매매목적물, 매매가액 등의 내용이 확정되어 있거나 확정할 수 있어야 한다.

② 부동산에 관한 매매예약이 체결된 경우, 예약권리자가 목적 부동산을 인도받은 경우에도 매매예약완결권은 제척기간의 경과로 소멸한다.

③ 예약완결권 행사기간을 정하지 않은 경우 예약자는 완결권자에게 상당한 기간을 정해 행사여부의 확답을 최고할 수 있고, 확답을 받지 못하면 예약은 효력을 잃는다.

④ 부동산 매매예약완결권이 가등기된 후 목적부동산이 제3자에게 양도된 경우, 예약완결권자는 양수인에게 예약완결권을 행사하고 이전등기를 청구하여야 한다.

⑤ 예약완결권의 제척기간이 도과하였는지 여부는 소위 직권조사사항으로서, 이에 대한 당사자의 주장이 없더라도 법원이 당연히 직권으로 조사하여 고려하여야 한다.

71. 매매에 관한 설명으로 옳은 것은? (다툼이 있으면 판례에 따름)

① 매매계약비용은 특약이 없는 한 매수인이 부담한다.

② 매매목적이 된 권리의 전부가 타인에게 속한 경우에 매도인이 그 권리를 취득하여 매수인에게 이전할 수 없더라도 악의의 매수인은 계약을 해제할 수 없다.

③ 매매의 당사자 일방에 대한 의무이행의 기한이 있는 때에는 상대방의 의무이행에 대하여도 동일한 기한이 있는 것으로 추정한다.

④ 매매의 목적물이 종류물인 경우 그 목적물에 하자가 있더라도 이미 특정이 된 후에는 매수인은 하자 없는 물건을 청구할 수 없다.

⑤ 매매의 목적물이 특정물인 경우 그 목적물에 하자가 있는 것을 매수인이 알았어도 매도인은 담보책임을 부담한다.

72. 甲은 乙소유의 토지(3,000㎡)를 1㎡에 5만원씩 계산하여 1억5천만원에 매수하였으나, 나중에 토지를 측량한 결과 2,700㎡이었다. 다음 설명으로 <u>틀린</u> 것은? (다툼이 있으면 판례에 따름)

① 甲과 乙이 면적을 가격을 정하는 가장 중요한 요소로 하여 이를 기준으로 가격을 정하였다 하더라도, 계약서에 면적당 가격을 기재하지 않으면 수량지정매매로 볼 수 없다.

② 선의의 甲은 乙이 300㎡를 추후 취득하여 甲에게 이전할 수 없게 되었음이 확실하게 된 사실을 안 날로부터 1년 이내에 대금감액청구권을 행사할 수 있다.

③ 甲은 乙에게 원시적 일부불능을 이유로 부당이득반환을 청구하거나 계약체결상의 과실책임을 물을 수 없다.

④ 만일 甲이 위 토지를 경매법원에서 경락을 받은 경우, 선의의 甲은 乙이 무자력인 때에는 2차적으로 배당받은 채권자에게 1,500만원의 반환을 청구할 수 있다.

⑤ 甲이 계약체결시에 토지의 실제면적이 2,700㎡임을 알았다면 甲은 계약의 해제나 손해배상청구를 할 수 없다.

73. 임대차에 관한 다음의 설명 중 <u>틀린</u> 것은? (다툼이 있으면 판례에 따름)

① 부동산임차인은 당사자 사이에 반대약정이 없으면 임대인에게 임대차등기절차에 협력할 것을 청구할 수 있다.

② 임대인의 임대물보존에 필요한 행위에 대해 임차인은 그것이 자신의 의사에 반할 경우 이를 거절할 수 있다.

③ 민법상 건물에 대한 임대차에 있어서 약정기간을 30년으로 한 경우 유효하다.

④ 임차인의 과실 없이 임차물의 일부가 멸실된 경우, 그 잔존부분만으로 계약의 목적을 달성할 수 없는 때에는 임차인은 계약을 해지할 수 있다.

⑤ 토지임차인이 토지 위의 건물을 소유권등기하기 전에 제3자가 그 토지에 대해 물권취득의 등기를 한 경우, 임차인이 후에 건물을 등기하더라도 제3자에 대하여 제622조의 대항력을 주장할 수 없다.

74. 甲소유의 건물을 임차한 乙은 이를 다시 丙에게 전대하였다. 이에 관한 설명으로 <u>틀린</u> 것은? (다툼이 있으면 판례에 따름)

① 甲의 동의가 없더라도 乙·丙 사이의 전대차계약은 유효하게 성립한다.

② 甲의 동의가 없는 경우, 丙은 乙에 대한 전차권으로서 甲에게 대항할 수 없다.

③ 甲의 동의를 얻어 전대하는 경우, 丙은 전대차계약상의 차임지급기 후에 乙에게 차임을 지급하였더라도 甲의 차임청구에 대항할 수 없다.

④ 甲의 동의가 있는 경우, 甲과 乙의 합의에 따라 임대차계약을 종료시키더라도 丙의 전차권은 소멸하지 않는다.

⑤ 甲의 동의가 없는 경우, 甲·乙사이에 임대차계약이 존속하는 한 甲은 丙을 상대로 불법점유를 이유로 한 차임 상당의 부당이득반환청구를 할 수 없다.

75. 주택임대차보호법에 관한 설명으로 <u>틀린</u> 것은? (다툼이 있으면 판례에 따름)

① 대항요건과 확정일자를 갖춘 임차인은 주택경매시에 우선변제권이 있으나, 임차인이 주택매수인(경락인)에게 대항할 수 있는 경우에는 임대차가 종료된 후가 아니면 보증금의 우선변제를 청구하지 못한다.

② 임대인에게 임차권등기명령이 송달되기 전에 한 임차권등기명령집행도 그 효력이 있다.

③ 임차인이 주택에 대하여 보증금반환청구소송의 확정판결 등에 기초한 경매를 신청하는 경우 반대의무의 이행 또는 이행제공을 집행개시의 요건으로 하지 않는다.

④ 임대인과 1년의 존속기간으로 임대차계약을 맺은 임차인은 그 존속기간을 2년으로 주장할 수도 있고, 약정대로 1년을 주장할 수도 있다.

⑤ 임대차계약을 체결하려는 자는 임대인의 동의를 받아 확정일자 부여기관에 해당 주택의 확정일자 부여일, 차임 및 보증금 등 정보제공을 요청할 수 있다.

76. **현행 상가건물 임대차보호법**(이하 동법)**의 내용에 비추어 <u>틀린</u> 것은?**

① 수도권정비계획법에 따른 과밀억제권역(서울특별시는 제외)및 부산광역시의 경우, (환산)보증금이 6억9천만원을 초과하는 때에는 동법이 적용되지 않는다.

② 보증금상한을 초과하여 동법이 적용되지 않는 경우에도 임대인은 임차인이 계약갱신을 요구할 경우 정당한 사유 없이 거절하지 못한다.

③ ②의 경우 차임과 보증금은 100분의 5의 범위에서 증감할 수 있다.

④ 보증금의 전부 또는 일부를 월 단위의 차임으로 전환하는 경우, 그 전환되는 금액에 '연 1할 2푼' 또는 '한국은행에서 공시한 기준금리에 4.5배수를 곱한 비율' 중 낮은 비율을 곱한 월차임의 범위를 초과할 수 없다.

⑤ 광역시의 경우, (환산)보증금 3천8백만원이하 소액임차인은 1천300만원까지 최우선변제를 받을 수 있다.

77. **집합건물의 소유 및 관리의 법률관계에 관한 설명 중 <u>틀린</u> 것은?**

① 수개의 전유부분으로 통하는 복도, 계단 기타 구조상 구분소유자의 전원 또는 그 일부의 공용에 제공되는 건물부분은 구분소유권의 목적으로 할 수 없다.

② 관리인은 대통령령으로 정하는 바에 따라 매년 1회 이상 구분소유자 및 그의 승낙을 받아 전유부분을 점유하는 자에게 그 사무에 관한 보고를 하여야 한다.

③ 일부의 구분소유자만의 공용에 제공되는 것임이 명백한 공용부분은 그들 구분소유자만의 공유에 속한다.

④ 전유부분이 50개 이상인 건물의 관리인은 관리단의 사무 집행을 위한 비용과 분담금 등 금원의 징수 · 보관 · 사용 · 관리 등 모든 거래행위에 관하여 장부를 월별로 작성하여 그 증빙서류와 함께 해당 회계연도 종료일부터 5년간 보관하여야 한다.

⑤ 구분소유자의 의무위반시 당해 구분소유자의 전유부분 및 대지사용권의 경매를 명한 재판이 확정된 때에는 그 경매를 명할 것을 법원에 청구를 한 자는 재판확정일로부터 1년 내에 경매를 신청할 수 있다.

78. **가등기담보 및 양도담보에 관한 설명으로 옳은 것은?** (다툼이 있으면 판례에 따름)

① 채권자가 담보부동산의 객관적 가액에 미치지 못하는 청산금평가액을 채무자 등에게 통지한 경우, 이는 담보권실행통지로서 효력이 없다.

② 부동산 양도담보권자가 담보목적물을 선의의 제3자에게 처분한 경우, 제3자는 소유권을 취득한다.

③ 가등기담보권자가 담보부동산을 압류한 경우에도 담보설정자가 그 부동산으로부터 수취하였거나 수취할 수 있는 과실에 대하여 효력이 없다.

④ 압류등기 전에 이루어진 담보가등기권리가 경매에 의하여 소멸되는 경우에는 경매법원에 채권신고를 하지 아니한 경우에도 그 채권자는 배당받을 수 있다.

⑤ 담보가등기를 마친 부동산에 강제경매개시결정이 있는 경우, 그 경매신청이 청산금을 지급하기 전에 행하여진 경우에는 담보가등기권리자는 그 가등기에 따라 본등기를 청구할 수 있다.

79. **'부동산실권리자 명의의 등기에 관한 법률' 에 관하여 다음 설명 중 옳은 것은?** (다툼이 있으면 판례에 따름)

① 3자간의 명의신탁에서 명의신탁약정 뿐만 아니라, 선의의 전소유자와 명의신탁자 사이의 매매계약도 무효로 된다.

② 1필 토지 중 일부를 매도하면서 토지 전부에 관하여 매수인에게 소유권이전등기를 경료한 경우, 매도인과 매수인 사이에 명의신탁관계가 성립된 것으로 볼 수는 없다.

③ 3자간의 명의신탁에서 전 소유자는 명의수탁자에 대하여 그 명의 등기의 말소를 구할 수 있지만, 명의신탁자는 전 소유자를 대위하더라도 그러한 청구를 할 수 없다.

④ 등기나 등록에 의하여 공시되는 동산물권에 있어서는 명의신탁이 원칙적으로 허용된다.

⑤ 부동산의 명의신탁은 신탁자와 수탁자의 합의만으로 성립하며, 수탁자 명의로의 등기는 요하지 않는다.

80. 甲과 乙은, 甲이 제공하는 자금으로 乙이 丙 소유부동산을 매수하면서 실소유자는 甲이지만 소유권이전등기는 乙 명의로 해 두기로 합의하였다. 그 후 乙은 이러한 사정을 모르는 丙과 매매계약을 체결하고 등기를 경료하고 그 부동산은 甲이 임차인인 것처럼 乙과 통모하여 점유·사용하고 있다. 이 때의 법률관계에 대한 설명으로 옳은 것은? (다툼이 있으면 판례에 따름)

① 甲과 乙 간의 명의신탁약정은 물론이며 丙으로부터 乙에게 경료된 소유권이전등기도 무효이다.

② 부동산 실권리자명의 등기에 관한 법률(이하 동법)시행 전에 위와 같은 명의신탁약정이 있는 경우, 乙은 甲으로부터 제공받은 매수자금을 부당이득으로 반환하여야 한다.

③ 동법 시행 전에 위와 같은 명의신탁약정이 있는 경우, 甲이 乙에 대해 행사하는 이전등기청구권의 소멸시효는 진행되지 않는다.

④ 동법 시행 후에 위와 같은 명의신탁약정이 있는 경우, 甲이 乙에 대해 행사하는 부당이득반환청구권은 목적물과 견련관계를 인정할 수 있다.

⑤ 동법 시행 후에 위와 같은 명의신탁약정이 있고 또한 이 때 甲이 부동산에 대하여 유익비를 지출하였다면, 甲은 乙에게 유익비상환청구권을 행사할 수 있다.

2023년도 제34회 공인중개사 1차 국가자격시험

실전모의고사 제3회

교 시	문제형별	시 간	시험과목
1교시	A	100분	1 부동산학개론 2 민법 및 민사특별법 중 부동산 중개에 관련되는 규정

수험번호		성 명	

【 수험자 유의 사항 】

1. **시험문제지 표지와** 시험문제지 내 **문제형별의 동일여부** 및 시험 문제지의 **총면수 · 문제번호 일련순서 · 인쇄상태** 등을 확인하시고, 문제지 표지에 수험번호와 성명을 기재하시기 바랍니다.
2. 답은 각 문제마다 요구하는 **가장 적합하거나 가까운 답 1개**만 선택하고, 답안카드 작성 시 시험문제지 **형별누락, 마킹착오**로 인한 불이익은 전적으로 수험자에게 책임이 있음을 알려드립니다.
3. 답안카드는 국가전문자격 공통 표준형으로 문제번호가 1번부터 125번까지 인쇄되어 있습니다. 답안마킹시에는 반드시 **시험문제지의 문제번호와 동일한 번호에 마킹**하여야 합니다. (1차 1교시: 1번~80번)
4. **감독관의 지시에 불응시 불이익이 발생될 수 있으며, 시험시간 종료 후 답안카드를 제출하지 않을 경우** 시험무효처리 됨을 알려드립니다.
5. 이의제기에 관한 개별회신은 하지 않으며, **최종 정답 발표로 갈음**합니다.
6. 시험 중 **중간 퇴실은 불가**합니다. 단, 부득이하게 퇴실할 경우 **시험포기 각서 제출 후 퇴실은 가능**하나 **재입실이 불가**하며, **해당시험은 무효처리됩니다.**
7. 시험문제지는 시험 종료 후 가져가시기 바랍니다.

인강드림 공인중개사

제1과목: 부동산학개론

1. 부동산의 개념에 대한 다음의 설명 중 옳은 것은?

① 토지에 부착된 물건은 부착상태의 지속성 유 · 무에 관계없이 정착물로 본다.

② 정착물인지 아닌지가 불분명한 경우에는 정착물로 보고 매도자의 소유로 인정하는 것이 일반적이다.

③ 준부동산이란 등기 · 등록의 공시수단을 갖추어 부동산에 준하여 취급되는 특정의 동산 등으로, 어업권은 민법상 토지에 관한 규정이 준용되지 않는다.

④ 매년 경작의 노력을 요하지 않는 수목이나 다년생 식물 등은 토지의 일부인 정착물에 해당한다.

⑤ 자산, 자연, 생산요소, 소비재, 상품으로서의 부동산은 복합개념 중 경제적 측면의 구분개념이라 할 수 있다.

2. 다음은 토지의 분류에 대한 설명이다. 옳은 것은 몇 개인가?

> ○ 공법상 규제의 완화는 공지면적의 증가를 초래한다.
> ○ 공한지는 지가상승 및 투기의 목적으로 장기간 방치한 토지를 말한다.
> ○ 과수원이 전지로 용도전환되었다면 이는 이행지에 해당한다.
> ○ 선하지와 대지(袋地)는 감가의 대상이 된다는 점에서 공통적이다.
> ○ 필지는 등기 · 등록의 단위가 되는 토지로서 법률적 개념의 토지이다.
> ○ 이행지와 후보지의 동일수급권은 이행 · 전환 전의 상태로 판정함이 원칙이다.
> ○ 건폐율에 대한 규제가 강화되는 경우, 나지 가치는 건부지 가치보다 높다.

① 1개　　② 2개
③ 3개　　④ 4개
⑤ 5개

3. 토지의 특성에 관한 다음의 설명 중 <u>틀린</u> 것은?

① 영속성으로 인해 토지는 내용연수가 장기인 재화이므로 관리의 의의를 크게 하며, 가격하락에 대해 토지공급이 완전탄력적이 되게 하는 원인으로 작용한다.

② 토지공개념 도입 및 최유효이용의 성립근거이며, 균형가격의 성립이 곤란하게 되어 감정평가가 필요하게 되는 이유로 작용하는 부동산의 특성은 부증성이다.

③ 부동성으로 인하여 부동산현상 및 활동이 국지화되며, 지역 간 수급불균형의 문제발생 시 단기적인 해결이 곤란하다.

④ 개별성으로 인하여 표준지 선정이 곤란하며, 물리적 대체는 불가능한 반면 인접성으로 인하여 용도적 대체는 가능하다.

⑤ 인접성은 정의 외부효과발생 시 개발이익환수주장의 근거 및 부의 외부효과발생 시 지역지구제시행주장의 근거가 된다.

4. 다음은 부동산 수요의 개념에 관한 설명이다. <u>잘못된</u> 것은 몇 개인가?

> ㉠ 해당재화의 가격변화로 인해 수요곡선 자체가 이동하는 것을 수요의 변화라 한다.
> ㉡ 인구 · 소득 · 기호 변화 등에 의해 수요량이 변화하는 경우 수요량의 변화라 한다.
> ㉢ 금리상승으로 인해 수요량이 감소하는 경우, 동일 수요곡선상 점의 이동이 나타난다.
> ㉣ 부동산 수요는 반드시 금융차입을 비롯한 처분가능소득이 있어야 한다.
> ㉤ 대체효과와 소득효과로 인해 수요곡선은 일반적으로 우하향하는 형태를 띤다.
> ㉥ A재의 임대료 인상 시 대체효과에 의해 B재의 수요량은 상대적으로 감소한다.

① 1개　　② 2개
③ 3개　　④ 4개
⑤ 5개

5. 부동산의 수요와 공급에 관한 설명으로 옳은 것은?

① 용도적 측면에서 볼 때, 토지의 공급은 완전비탄력적이므로 용도적 공급곡선은 수직선의 모습을 보인다.

② 금리가 하락하거나 재산세를 감면해주면 부동산의 수요곡선은 좌측으로 이동한다.

③ 부동산의 가격이 하락하지 않거나 상승하는 경우에도 부동산의 수요가 증가하는 현상이 나타날 수 있다.

④ 아파트의 가격이 상승할 때 오피스텔의 수요가 증가한다면 양자는 보완재의 관계에 있다고 말할 수 있다.

⑤ 개별공급곡선의 수평적 합이 곧 시장공급곡선이 되며, 시장공급곡선은 개별공급곡선보다 가파른 모습을 보인다.

6. 균형가격과 균형거래량에 관한 다음의 설명 중 가장 옳은 것은? (단, 우하향 형태의 수요곡선과 우상향 형태의 공급곡선을 가정한다)

① 수요의 증가와 공급의 감소가 동시에 발생하는 경우, 균형가격은 상승하고, 균형거래량은 감소한다.

② 수요의 증가가 공급의 증가보다 크다면 균형가격은 상승하고, 균형거래량은 감소한다.

③ 수요면에서의 보완재 가격하락과 공급면에서 기술 진보가 동시에 발생하면 균형가격은 하락하고 균형거래량은 증가한다.

④ 수요의 감소가 공급의 감소보다 크다면 균형가격은 하락하고, 균형거래량도 감소한다.

⑤ 수요의 증가가 공급의 감소보다 크다면 균형가격은 하락하고, 균형거래량은 증가한다.

7. 탄력성에 관한 다음의 설명 중 가장 옳은 것은? (단, 다른 조건은 일정하다고 가정한다.)

① 소득변화율에 대한 수요량의 변화율이 양(+)의 값을 갖는 경우, 해당재화의 수요량은 소득과 반비례관계에 있다.

② A재 가격변화율에 대한 B재 수요량의 변화율이 음(−)의 값을 갖는 경우, A재의 수요량은 B재의 수요량과 비례관계에 있다.

③ 아파트 소비자의 소득이 2% 증가하는 경우, 아파트의 수요량이 3% 감소한다면 이는 보완재에 해당한다.

④ 연립주택과 단독주택이 대체재의 관계에 있는 경우, 수요의 교차탄력성은 0보다 작은 값을 보인다.

⑤ 수요곡선의 기울기가 완만할수록 해당재화와 대체관계에 있는 재화의 수가 적음을 나타낸다.

8. 다음은 거미집이론에 관한 설명이다. 옳은 것은?

① 거미집이론은 생산기간이 장기여서 공급이 비탄력적인 재화에 적용되어 시장의 균형과정을 설명하는 비교정학적 이론이다.

② 공급자의 가격예상능력이 결여됨을 전제로 하므로 금기의 공급량은 전기가격에 의존하고 금기의 수요량도 전기가격에 의해 결정된다.

③ 부동산시장은 공급이 탄력적이므로 수요와 공급의 시차가 존재함에 따라 주기적으로 초과수요와 초과공급을 반복하는 경향을 보인다.

④ 거미집이론은 상 · 공업용 부동산보다 주거용 부동산에 더욱 잘 적용된다고 볼 수 있다.

⑤ 수요함수는 $2Q_D = 400 - 6P$이며, 공급함수는 $Q_S = 300 + 2P$인 경우, 수렴하여 안정적인 균형을 이루게 된다.

9. 부동산시장에 관한 설명으로 옳은 것은? (단, 다른 조건은 모두 동일함)

① 정부가 건축허가 요건을 강화하면 신규 건설이 침체될 수 있으며, 부동산 경기조절 정책은 일반경기의 조절을 위한 수단이 될 수 있다.

② 부동산시장은 거래의 비공개성으로 불합리한 가격이 형성되는 바, 이는 비가역성과 관련이 깊으며, 부동산시장은 외부효과에 의해 시장의 실패가 발생할 수 있다.

③ 부동산시장에서는 수요와 공급의 불균형으로 인해 장기적으로 가격형성이 왜곡될 가능성이 있다.

④ 부동산시장에서는 매도인이 제안하는 상한가격과 매수인이 제안하는 하한가격의 사이에서 새로운 가격이 형성된다.

⑤ 부동산시장에서는 정보의 대칭성으로 인해 부동산가격의 왜곡현상이 나타나기도 한다.

10. 부동산시장과 정보의 효율성에 관한 설명으로 옳은 것은?

① 약성효율적 시장에서는 과거의 정보를 이용한 정상이윤의 획득이 불가능하다.

② 부동산시장에서 소수의 투자자가 초과이윤을 획득할 수 있는 것은 부동산시장이 불완전하기 때문이다.

③ 독점을 얻기 위한 기회비용이 모든 투자자에게 동일한 경우에도 독점시장은 할당적 효율성이 달성될 수 없다.

④ 할당효율적 시장에서는 과대평가 또는 과소평가된 부동산이 존재할 수 있다.

⑤ 준강성 효율적 시장에서는 내부(미래)정보를 이용하여 초과이윤을 획득할 수 있다.

11. 다음은 지대 및 지가이론에 관한 설명이다. 잘못된 것은?

① 마르크스의 절대지대설에 따르면, 지대는 토지소유자가 토지를 소유하는 그 자체로 인하여 발생하며, 따라서 한계지 밖에서도 토지소유자가 요구하면 지대가 발생한다.

② 튀넨은 지대의 결정이 토지의 비옥도만이 아닌 위치에 따라 달라지는 위치지대의 개념을 통해 현대적인 입지이론의 기초를 제공하였다.

③ 마샬의 준지대는 토지 이외의 고정생산요소에 귀속되는 소득으로서, 다른 조건이 동일하다면 영구적으로 지대의 성격을 가지는 소득이다.

④ 입찰지대설에 따르면 토지이용은 최고의 지대지불의사가 있는 용도에 할당된다.

⑤ 헤이그의 마찰비용이론에 의하면 교통수단이 좋을수록 공간의 마찰이 적어지며, 이때 토지이용자는 마찰비용으로 교통비와 지대를 지불한다고 본다.

12. 다음은 도시공간구조이론에 대한 설명이다. 옳은 것은?

① 동심원이론은 토지이용은 도심에서 시작되어 점차 교통망을 따라 동질적으로 확장되므로 원을 변형한 모양으로 도시가 성장한다는 이론이다.

② 선형이론은 도시는 그 중심지에서 동심원상으로 확대되어 5개 지구로 분화되면서 성장한다는 이론으로, 도시의 내부구조를 설명하는 가장 오래된 실증적 모형이다.

③ 다핵심이론은 교통기관의 현저한 발달로 종래 도시내부에 집약되어 있던 업무시설과 주택이 간선도로를 따라 리본모양으로 확산·입지하는 경향이 있다는 이론이다.

④ 다차원이론은 동심원이론, 선형이론, 다핵심이론 등의 이론은 토지이용의 공간적 분포를 설명하기는 부족하다고 보아, 이들을 종합하여 3개의 차원에서 파악해야 한다는 이론이다.

⑤ 유상도시이론은 도시성장에 있어서 도시의 핵심은 하나가 아니며 도시가 성장하면 핵심의 수가 증가하고 도시는 복수의 핵심 주변에서 발달한다는 이론이다.

13. 상업입지이론에 관한 다음의 설명 중 틀린 것은 몇 개인가?

㉠ 크리스탈러의 중심지이론에 의하면 최소요구치가 재화의 도달범위보다 작은 경우 중심지가 형성되지 않는다. ㉡ 레일리의 소매인력법칙에 의하면 A도시의 규모가 B도시의 규모보다 큰 경우 상권의 경계는 A도시 쪽에 가깝게 형성된다. ㉢ 크리스탈러에 의하면 저차중심지에서 고차중심지로 갈수록 최소요구치의 규모는 커지며 재화의 도달범위는 축소된다. ㉣ 허프는 소비자는 적당한 거리에 저차중심지가 있으면 인근에 고차중심지를 지나칠 가능성이 높다고 주장하였다. ㉤ 레일리는 두 상업도시 사이에 위치하는 소비지에 대하여 미치는 상거래흡인력의 크기는 도시인구에 비례하고 분기점으로부터의 거리의 제곱에 반비례한다고 하였다. ㉥ 크리스탈러에 의하면 최소요구치란 특정 중심지가 그 기능을 유지하기 위하여 필요한 최소한의 수요수준을 말한다.

① 2개　② 4개　③ 0개　④ 3개　⑤ 1개

14. 다음은 주택수요(demand)와 주택소요(needs)에 관한 설명이다. 옳은 것은?

① 주택소요는 유효수요층을 대상으로, 주택수요는 구매력이 없는 저소득계층을 대상으로 하는 개념이다.

② 주택소요정책은 경제적 개념으로 효율성을 중시하는 반면 주택수요정책은 사회적·주택정책상의 개념으로 형평성·공공복리라는 측면이 강조된다.

③ 주택소요정책은 시장경제의 원리를 존중하나 주택수요에서는 부동산의 특성상 시장에 정부가 직접 개입함을 원칙으로 한다.

④ 주택소요정책은 국가의 직접적 지원과 보조(보조금 지급 등)위주이며, 주택수요정책은 직·간접적 지원(금융·조세 등)으로 수행되는 것이 일반적이다.

⑤ 주택소요정책은 절대적인 사유재산제도를 바탕으로 한다.

15. 시장실패에 관한 설명 중 옳은 것은?

① 외부효과란 어떤 개인의 행위가 다른 경제주체의 후생에 의도적인 영향을 주는바, 이에 대한 경제적 보상이 이루어지지 않는 현상을 말하며, 이는 정부의 시장개입의 근거가 된다.

② 생산 측면에서 사회적 비용이 사적비용보다 큰 경우, 사회적 적정수준보다 과소생산되는 문제가 발생하는 반면 부의 외부효과를 발생시키는 재화는 사회적인 적정수준보다 과다하게 생산된다.

③ 사적비용이 사회적 비용보다 큰 경우, 조세의 중과, 부담금부과 등을 통해 생산을 억제할 필요가 있으며, 사회적 비용이 사적비용보다 큰 경우, 핌피(PIMFY)현상이 발생한다.

④ 소비의 비경합성과 비배제성으로 인하여 공공재의 생산을 민간기업에 위탁하는 경우 사회적 적정수준보다 적게 생산되는 문제가 발생하므로 정부 등 공공이 세금이나 공공기금을 이용하여 생산·공급함이 일반적이다.

⑤ 시장기구를 통하여 자원의 효율적 배분에 실패하는 현상을 시장실패라 하며, 시장의 불완전성, 규모의 경제, 정부의 근시안적 규제, 정보의 비대칭성 등은 시장실패의 원인으로 작용한다.

16. **토지정책에 관한 설명으로 틀린 것은?**

① 토지거래허가구역은 토지의 투기적인 거래가 성행하거나 지가가 급격히 상승하는 지역과 그러한 우려가 있는 지역을 대상으로 한다.

② 토지선매에 있어 시장 · 군수 · 구청장은 토지거래계약허가를 받아 취득한 토지를 그 이용목적대로 이용하고 있지 아니한 토지에 대해서 선매자에게 강제로 수용하게 할 수 있다.

③ 지구단위계획을 통해 토지이용을 합리화하고 그 기능을 증진시키며 미관을 개선하고 양호한 환경을 확보할 수 있다.

④ 토지은행제도를 시행함으로써 개인 등에 의한 무질서하고 무계획적인 토지개발을 막을 수 있어서 효과적인 도시계획목표의 달성에 기여할 수 있다.

⑤ 용도지역지구제는 토지이용계획에서 토지의 기능을 계획에 부합되는 방향으로 유도하기 위하여 마련한 법적 · 행정적 장치라 할 수 있다.

17. **「민간임대주택에 관한 특별법」에 관한 다음의 내용 중 옳은 것은 몇 개인가?**

> ㉠ 민간임대주택이란 임대 목적으로 제공하는 주택으로서 민간건설임대주택과 민간매입임대주택으로 구분한다.
> ㉡ 공공지원민간임대주택이란 임대사업자가 민간임대주택을 10년 이상 임대할 목적으로 취득하여 「민간임대주택에 관한 특별법」에 따른 임대료 및 임차인의 자격제한 등을 받아 임대하는 민간임대주택을 말한다.
> ㉢ 장기일반민간임대주택이란 임대사업자가 공공지원민간임대주택이 아닌 주택을 10년 이상 임대할 목적으로 취득하여 임대하는 민간임대주택을 말한다.
> ㉣ 임대사업자란 공공주택사업자가 아닌 자로서 1호 이상의 민간임대주택을 취득하여 임대하는 사업을 할 목적으로 등록한 자를 말한다.
> ㉤ 주택임대관리업자로 등록을 하려는 자는 자본금이 1억 원 이상으로서 대통령령으로 정하는 금액 이상을 갖추어야 한다.

① 3개 ② 4개
③ 5개 ④ 2개
⑤ 0개

18. **주택정책에 관한 다음의 설명 중 가장 옳은 것은?**

① 분양가 자율화는 신규분양주택의 가격이 상승함에 따라 시가와 분양가의 차액을 노리는 투기적 수요가 상대적으로 감소하며, 주택의 공급이 증가함에 따라 저소득층의 주택난 완화에 기여할 수 있다.

② 공공임대주택이 시장에 공급되는 경우, 저소득 임차인의 수요탄력성이 탄력화되어 공공임대주택시장으로의 주거이전이 활발하게 이루어지며 장기적으로는 민간 · 공공임차인 모두가 혜택을 누릴 수 있다.

③ 선분양제도는 공급자중심의 분양제도로서 개발사업과 관련된 위험이 수요자인 주택소비자에게 전가되므로 후분양보다 분양가가 낮게 책정됨으로써 투기적 수요를 줄일 수 있다는 장점을 갖고 있다.

④ 분양가 규제와 임대료규제는 신규주택 및 임대주택의 공급감소와 질적 수준의 저하를 초래하며, 국가 등이 시장기능의 일부를 인수하여 이를 저해한 형태이므로 직접적 개입에 해당한다.

⑤ 주택에 부과하는 조세를 증가시킬 경우, 수요가 임대료에 대해 완전탄력적이라면 조세 증가분은 전부 임차인에게 귀착된다.

19. **조세의 전가와 귀착에 대한 설명 중 옳은 것은?**

① 수요탄력성이 3이고 공급탄력성이 4인 경우, 조세부과 시 공급자부담액이 수요자부담액보다 2배 크다.

② 수요곡선 및 공급곡선의 경사도가 급할수록 조세의 전가성은 크다고 할 수 있다.

③ 토지의 자연적 특성 중 부증성으로 인해 토지에 부과되는 조세는 자원배분의 왜곡이 없는 가장 비효율적 세금이 된다.

④ 소득수준의 고려 없는 일률적인 조세의 부과는 역진세적 성격을 크게 만드는 요인이 된다.

⑤ 부동산에 대한 조세부과 시 수요탄력성이 탄력적일수록 경제적 순손실은 작다.

20. 부동산투자에 대한 다음의 설명 중 옳지 못한 것은?

① 전액 자기자본으로 투자하는 경우, 순영업소득과 세전현금수지가 같게 되어 총자본수익률과 지분수익률은 동일한 값을 갖는다.

② 낮은 환금성 및 높은 거래비용의 부담은 부동산투자의 단점으로 작용한다.

③ 3년 후 1억 원을 현재가치로 만들 때 적용하는 계수는 일시불의 미래가치계수와 역수의 관계에 있다.

④ 3년 만기 2억 원의 적금에 가입하는 경우, 매월 불입액은 (2억 원 ÷ 감채기금계수)로 산정할 수 있다.

⑤ 차입자 곰돌이가 하나은행으로부터 10년 만기, 5%의 이자율로 1억 원을 원리금균등상환방식으로 대출받은 경우, 매기의 저당지불액은 〔1억 원 ÷ 연금의 현가계수(10년, 5%)〕로 산정할 수 있다.

21. 부동산투자에 관한 다음의 설명 중 틀린 것은?

① 부동산투자란 장래의 불확실한 수익과 현재의 확실한 소비 지출을 교환하는 행위라고 말할 수 있다.

② 인플레이션의 발생, 시장이자율의 상승, 경기침체 등으로 인한 시장위험은 가장 효율적인 포트폴리오를 구성하더라도 전혀 제거 · 감소시킬 수 없는 위험이다.

③ 부동산을 현금으로 교환하는 과정에서 발생하는 시장가치의 손실가능성을 유동성위험이라 하며, 정부 정책 · 규제 등의 법적 환경의 변화로 인한 위험을 법적 위험이라 한다.

④ 예상하지 못한 인플레가 발생하는 경우, 고정이자율 저당대부의 차입자는 유리한 반면 대출자는 불리하다.

⑤ 시장가치가 투자가치보다 작은 경우, 투자자는 해당 투자를 채택하지 않을 것이다.

22. 다음의 서술 중 옳지 못한 것은 모두 몇 개인가?

○ 기대수익률은 투자대상으로부터 예상되는 수입과 지출을 고려하여 산정한다.
○ 상관계수가 −1인 경우 포트폴리오의 총위험은 회피불가능한 위험의 크기와 같아진다.
○ 지니계수가 1에 가까울수록 소득분배의 불평등도가 완화됨을 의미한다.
○ 체계적 위험은 개별자산과 관련된 위험으로 분산투자를 통해 회피할 수 있다.
○ 위험회피형 투자자는 분산이 동일한 경우 평균이 작은 대안을 선택한다.

① 2개　　② 3개
③ 1개　　④ 4개
⑤ 0개

23. 다음은 기대수익률과 요구수익률에 대한 설명이다. 가장 옳은 것은?

① 투자와 관련된 위험이 클수록 무위험수익률이 증가하여 투자자의 요구수익률은 더욱 커진다.

② 투자자의 요구수익률보다 기대수익률이 작은 경우, 부동산 가치는 점점 하락하게 되고 부동산에 대한 기대수익률은 점차 하락하게 된다.

③ 투자자의 요구수익률보다 기대수익률이 높은 경우, 부동산의 가치가 점점 상승하게 되어 부동산에 대한 요구수익률은 점차 증가하게 된다.

④ 투자자의 요구수익률과 기대수익률이 같은 경우에는 투자자는 투자를 채택하든지 기각하든지 상관없다.

⑤ 투자자의 요구수익률보다 기대수익률이 크면 투자가치가 시장가치보다 크다.

24. 다음은 부동산 포트폴리오이론에 관한 설명이다. 가장 옳은 것은?

① 포트폴리오효과란 장래 기대되는 수익의 희생 없이 투자와 관련된 모든 위험을 감소시키는 효과를 의미한다.

② 효율적 포트폴리오의 집합을 연결한 곡선을 효율적 프론티어라 하며, 효율적 프론티어상의 투자대안 상호 간에는 평균−분산 지배의 원리가 작용하지 않는다.

③ 효율적 전선(efficient frontier)이 위로 볼록한 우하향의 모습을 보이는 이유는 더 높은 수익률을 얻기 위해서는 더 많은 위험을 감수해야 하기 때문이다.

④ 무차별곡선이 아래로 오목한 모습을 보이는 것은 위험혐오적임을 의미하며, 그 기울기가 가파를수록 보다 더 위험혐오적인 보수적 투자자에 해당한다.

⑤ 투자자의 무차별곡선과 효율적 전선의 교차점에서 최적의 포트폴리오가 결정된다.

25. **다음 화폐의 시간가치에 관한 설명 중 틀린 것은?**

① 매년 1억 원을 8%의 이자율로 5년 동안 적립하는 경우, 기간 말에 원리금의 합계는 1억 원 × 연금의 내가계수(8%, 5년)로 산정한다.

② 4년 후 주택구입자금 2억 원을 달성하고자 할 때 매년 적립해야 할 금액은 2억 원 × 감채기금계수로 산정한다.

③ 대출실행 후 일정시점에서의 미상환원금의 비율은 잔여기간의 연금의 현가계수를 전체대출기간의 연금의 현가계수로 나누어 구한다.

④ 융자기간 10년, 이자율 5%, 원리금균등분할상환조건으로 1억 원을 대출받은 경우, 매기의 원금상환액은 1억 원 × 저당상수(5%, 10년)로 구할 수 있다.

⑤ 대출실행 후 일정기간이 경과한 후의 대출잔액은 저당대부액 × 저당상수 × 연금의 현가계수(잔여기간)로 산정한다.

26. **부동산투자와 관련된 현금수지의 측정에 관한 설명이다. 가장 옳은 것은?**

① 금융차입 없이 전액 지분투자하는 경우, 해당 투자안의 총자본수익률은 지분수익률과 동일하므로 중립적 지렛대효과가 발생하게 된다.

② 지분복귀액은 기간 초의 지분투자금액, 보유기간동안의 원리금 상환액, 기간 말의 가치증감분으로 구성된다.

③ 부동산의 매각 이전에 차입금을 모두 상환하거나 처음부터 외부로부터의 자금차입이 없던 경우에는 세전지분복귀액과 순매도액은 동일한 값을 갖는다.

④ 영업소득세의 산정 시 원금상환액은 세금공제의 대상이 되나 이자지급액은 과세되는 차이점을 보인다.

⑤ 영업경비산정 시 재산세, 유지·관리비, 보험료, 저당지불액 등은 이를 합산하여 구한다.

27. **다음은 할인현금수지분석법인 순현가법과 내부수익률법을 비교한 내용이다. 틀린 것은?**

① 순현가법(NPV)은 순현가가 0보다 클 때 투자타당성이 있다고 판단하며, 내부수익률법은 내부수익률이 요구수익률보다 클 때 투자타당성이 있다고 판단한다.

② 순현가법이나 내부수익률법은 모두 기간 중의 수익을 당해 사업에 재투자한다고 가정하며, 내부수익률법도 재투자율로 요구수익률을 사용한다.

③ 내부수익률법(IRR)은 가치가산의 원리가 적용되지 않는 반면 순현가법은 가치가산의 원리가 적용된다.

④ 재투자율에 대한 가정이 순현가법이 내부수익률법보다 현실적이고 합리적이므로 순현가법이 투자판단의 준거로 더욱 선호된다.

⑤ 내부수익률은 장래 예상 현금유입의 현가와 예상 현금유출의 현가를 같게 만드는 할인율로 수익성지수를 1로 만드는 할인율을 말한다.

28. **주택저당대출방식에 대한 다음의 설명으로 틀린 것은?**

① 대출기간 만료 시 누적원리금은 원금균등 〈 원리금균등 〈 체증식상환의 순이다.

② 변동이자율저당대부는 대출자의 이자율위험을 일정부분 차입자에게 전가시키는 방식이며, 이자율의 조정주기가 짧을수록 대출기관의 위험을 차입자에게 신속하게 전가할 수 있다.

③ 고정이자율로 대출이 이루어진 경우, 약정이자율보다 시장이자율이 낮아지면 차입자는 기존대출을 조기상환할 가능성이 높다.

④ 가격수준조정저당상환방식(PLAM)은 인플레이션 발생 시 물가상승률에 연동하여 대출금리를 조정하는 방식이다.

⑤ 원금균등상환저당대부방식은 원리금균등상환방식에 비해 대출기관의 입장에서 원금회수 측면에서 보다 안전하다.

29. MBS(주택저당담보부증권)에 관한 다음의 설명 중 옳지 않은 것은?

① 다계층저당채권(CMO)은 장기투자자들의 콜방어(call protection) 실현이 가능하다.

② 저당대출자동이체채권(MPTB)의 투자자에게 만기 전 변제위험이 전가되지는 않으며, 주택저당채권집합물의 소유권이 이전되지도 않는다.

③ 주택저당채권담보부채권(MBB)은 관련 위험이 투자자에게 이전되지 않으므로 발행기관 입장에서 위험이 가장 큰 MBS이다.

④ 지분이체증권(MPTS)의 투자자는 조기상환위험 및 채무불이행위험을 부담한다.

⑤ 다계층채권은 트렌치별로 원리금의 지급순서가 상이하며 적용이자율도 상이함이 일반적이다.

30. 「부동산투자회사법」의 규정에 관한 설명 중 잘못된 것은?

① 부동산투자회사는 발기설립의 형태로 설립되며 위탁관리부동산투자회사 및 기업구조정부동산투자회사는 설립 시 자본금은 3억 원 이상이어야 한다.

② 자산관리회사의 설립 시 자기자본은 70억 원 이상, 5명 이상의 전문인력을 보유해야 하는 반면 투자자문회사의 경우, 자본금은 10억 원 이상, 전문인력은 3명 이상을 확보하여야 한다.

③ 자기관리부동산투자회사 및 위탁관리부동산투자회사는 법령을 준수하고 자산운용을 건전하게 하며 주주를 보호하기 위하여 임직원이 따라야 할 기본적인 절차와 기준을 제정하여 시행하여야 한다.

④ 부동산투자회사는 부동산투자회사법에서 특별히 정한 경우를 제외하고는 상법의 적용을 받으며, 그 상호에 부동산투자회사라는 명칭을 사용하여야 한다.

⑤ 부동산투자회사는 영업인가를 받거나 등록을 한 날부터 2년 이내에 발행되는 주식총수의 30/100이상을 일반청약에 제공하여야 한다.

31. 다음은 부동산개발과 그 위험에 대한 설명이다. 가장 옳은 것은?

① 흡수율분석은 시장에 공급된 부동산이 일정기간 동안 얼마나 흡수되었는가의 비율을 분석하는 것으로 거시적 분석이다.

② 개발사업의 위험과 개발사업의 가치는 부(−)의 상관관계에 있다고 볼 수 있다.

③ 부동산개발 위험 중 시장위험은 시장분석이나 시장성 연구 즉, 실질적인 시장조사로도 감소시킬 수 없는 위험이다.

④ 비용위험은 미래의 수요, 가격 등 시장의 불확실성으로 인해 발생하는 위험이다.

⑤ 최대가격보증계약의 체결은 개발업자의 비용위험을 감소시켜 저렴한 사업의 완공이 가능하게 한다.

32. 부동산개발방식에 관한 설명이다. 틀린 것은?

① 개발사업에 있어서 사업자금 조달 또는 상호 기술 보완 등 필요에 따라 법인 간에 컨소시엄을 구성하여 사업을 추진한다면, 이는 컨소시엄구성방식에 해당한다.

② 자체개발사업은 불확실하거나 위험도가 큰 부동산 개발사업에 대한 위험을 토지소유자와 개발업자 간에 분산할 수 있다는 장점이 있다.

③ 토지신탁방식의 경우, 토지소유권이 형식적으로 신탁회사에 이전되며, 신탁회사는 토지소유자와의 약정에 의해 수익증권을 발행하여 증권의 소유자에게 수익을 배당한다.

④ 지주공동사업은 토지소유자와 개발업자가 부동산개발을 공동으로 시행하는 방식으로서, 일반적으로 토지소유자는 토지를 제공하고 개발업자는 개발의 노하우를 제공하여 서로의 이익을 추구한다.

⑤ 토지소유자가 사업을 시행하면서 건설업체에 공사를 발주하고 공사비의 지급은 분양 수입금으로 지급한다면, 이는 분양금 공사비 지급(청산)형 사업방식에 해당된다.

33. 관리 3방식에 대한 다음의 설명 중 옳은 것은?

① 자기(직접)관리방식은 입주자에 대한 최대한의 친절과 서비스의 제공, 비밀유지 및 관리업무의 타성현상방지 등의 장점이 있다.

② 위탁(간접)관리방식은 가장 전문성이 높은 관리방식으로서 효율적인 관리를 통해 불필요한 관리비용의 지출을 항상 억제할 수 있다.

③ 혼합관리방식은 위탁관리방식에서 자기관리방식으로 넘어가는 과도기적 관리방식이다.

④ 간접(위탁)관리는 현대의 부동산관리에 가장 적합한 관리방식으로서, 부동산소유자는 본업에 전념할 수 있는 반면 잦은 관리요원의 교체 시 관리의 효율성이 저하된다는 단점을 갖는다.

⑤ 혼합관리방식에 있어서 기술적 관리 및 법률적 관리는 자가관리방식으로 이루어지므로 관리업무의 일부만을 위탁하는 관리방식이며, 관리상 하자의 발생 시 책임소재가 불분명하다는 단점을 갖는다.

34. 다음은 마케팅전략에 관한 설명이다. 틀린 것은?

① 짧은 시간 내에 시장에서의 교두보를 확보하려면 단기에 저가로 상품을 공급하는 침투가격전략이 유리하다.

② 경쟁사가 모방이 어려울 정도로 해당 제품의 기술력이나 차별성이 뛰어나거나 브랜드에 대한 충성도가 있을 경우, 스키밍 가격전략(Skimming Pricing Strategy)이 유용하다.

③ 신축가격전략이란 시장에서 성공한 제품의 이름, 모양, 맛, 디자인 등을 모방하여 편승효과를 노림으로써 소비자들을 유인하는 마케팅 전략을 말한다.

④ 기념품, 사은품, 경품 등을 제공하여 구매자들의 소비욕구를 높이고자 하는 전략은 판촉전략(promotion)에 해당한다.

⑤ 경쟁업자의 가격과 동일한 가격으로 책정하거나 경쟁업자(競爭業者)의 가격을 추종하는 가격전략을 시가 전략이라 한다.

35. 감정평가방법에 관한 다음의 서술 중 옳지 않은 것은?

① 구분평가란 하나의 물건일지라도 가치를 달리하는 부분은 별도로 구분하여 평가하는 것을 말한다.

② 법률적으로는 서로 다른 2개의 물건이 결합하여 일체로 이용·거래되는 경우, 이는 개별 평가의 대상이 된다.

③ 기준시점에서의 대상 물건의 이용 상태 및 공법상 규제를 받는 상태를 기준으로 평가함이 원칙이다.

④ 부분평가란 일체로 이용되고 있는 물건의 일부분에 대한 평가를 말한다.

⑤ 건부지 평가는 현황평가이면서 부분평가에 해당한다.

36. 부동산가격이론에서 가치와 가격에 관한 설명 중 옳은 것은?

① 수요와 공급의 변동에 따라 단기적으로 가치와 가격은 일치하게 되고, 장기적으로 가격은 가치로부터 괴리되는 현상을 나타낸다.

② 가치는 장래 기대되는 편익을 현재가치로 환원한 현재의 값이며, 주관적 판단이 반영된 것으로 각 개인에 따라 차이가 발생할 수 있으므로 주어진 시점에서 가치는 여러 개가 존재한다.

③ 가격은 가치가 시장을 통하여 화폐단위로 구현된 객관적·구체적인 개념으로, 가격이 상승하면 가치도 상승하고, 가격이 하락하면 가치도 하락한다.

④ 두 가지 이상의 권리가 동일 부동산에 존재할 때 부동산 가격은 각각의 권리마다 개별적으로 형성되는 것은 아니다.

⑤ 부동산의 가치 발생요인 중 유효수요란 대상부동산을 구매하고자 하는 욕구로, 지불능력(구매력)을 필요로 하는 것은 아니다.

37. 다음은 부동산 가격원칙에 관한 설명이다. 옳은 것은?

① 가격신축성이란 수요와 공급에 의하여 결정된 가격이 다시 수요와 공급에 영향을 미치는 것을 말하며, 이는 수요·공급의 원칙에 근거한다.

② 설계의 불량, 과잉·과소 설비, 형의 구식화, 건물과 부지의 부적합 등은 기능적 감가요인으로 적합의 원칙과 관련 있다.

③ 대상부동산의 유용성이 최고도로 발휘되기 위해서는 대상부동산과 외부환경과의 균형이 있어야 한다는 원리를 균형의 원칙이라 한다.

④ 변동의 원칙이란 가치형성요인의 가변성으로 인하여 부동산 가치는 지속적인 변화 과정 중에 있다는 원리이며, 기준시점 확정 및 시점수정의 이론적 근거가 된다.

⑤ 예측의 원리란 부동산 가격은 과거 및 현재의 이용상태를 고려하여 장기적으로 결정된다는 원리로, 가치의 정의와 연관성을 갖는다.

38. 지역분석에 대한 다음의 설명으로 옳은 것은?

① 인근지역의 대상지역 중 동일수급권은 반드시 인근지역, 유사지역 및 주변의 용도지역을 포함한다.

② 지역분석은 균형의 원칙이 적용되어 기능적 감가의 파악이 가능하며, 개별분석은 적합의 원칙이 적용되어 경제적 감가의 파악이 가능하게 된다.

③ 인근지역은 대상부동산이 속한 지역으로 부동산의 이용이 동질적이고 가치형성요인 중 지역요인을 공유하는 지역을 말한다.

④ 후보지 · 이행지의 동일수급권은 전환 · 이행 전의 토지종별과 일치하는 경향을 보인다.

⑤ 인근지역의 생애주기현상 중 지가수준이 최고여서 투기가 발생할 우려가 높은 단계는 성장기이다.

39. 다음은 감정평가 3방식 중 원가방식에 대한 설명이다. 바르지 못한 것은?

① 재조달원가의 구성요소 중 표준적 건설비에는 직 · 간접공사비는 물론이고 수급인의 적정이윤까지 포함된다.

② 복조(제)원가는 건축자재, 공법 등의 변화로 인해 대상 물건과 물리적으로 동일한 물건의 재생산비용을 구하기 곤란한 경우에 유용하다.

③ 원칙적으로 토지에는 원가방식을 적용할 수 없으나 조성지 및 매립지의 경우는 적용이 가능하다.

④ 재조달원가는 기준시점 현재의 대상부동산의 재생산 · 재취득시 소요되는 적정원가의 총액으로, 자가건설의 재조달원가도 도급건설에 준하여 산정한다.

⑤ 동일한 효용의 건축물을 신축하는데 소요되는 대체원가로 재조달원가를 산정하는 경우, 물리적 · 경제적 감가수정은 하여야 한다.

40. 「감정평가에 관한 규칙」에 대한 다음의 내용 중 옳지 않은 것은?

① 법령에 다른 규정이 있는 경우, 감정평가 의뢰인이 요청하는 경우, 감정평가의 목적이나 대상물건의 특성에 비추어 사회통념상 필요하다고 인정되는 경우에는 대상물건의 감정평가액을 시장가치 외의 가치를 기준으로 결정할 수 있다.

② 감정평가법인 등은 감정평가 시 실지조사를 통해 대상물건을 확인하여야 하나 객관적이고 신뢰할 수 있는 자료를 충분히 확보할 수 있는 경우에는 물건확인을 생략할 수 있다.

③ 기준시점은 대상부동산의 가격조사를 완료한 일자를 원칙으로 하나 기준시점이 미리 정하여진 때에는 가격조사가 가능한 경우에 한하여 그 일자를 기준시점으로 할 수 있다.

④ 적산법(積算法)이란 대상물건의 기초가액에 기대이율을 곱하여 산정된 기대수익에 대상물건을 계속하여 임대하는 데에 필요한 경비를 더하여 대상물건의 임대료를 산정하는 감정평가방법을 말한다.

⑤ 거래사례비교법이란 대상물건과 가치형성요인이 같거나 비슷한 물건의 거래사례와 비교하여 대상물건의 현황에 맞게 사정보정, 시점수정, 가치형성요인 비교 등의 과정을 거쳐 대상물건의 가액을 산정하는 감정평가방법을 말한다.

제2과목: 민법 및 민사특별법 중 부동산 중개에 관련되는 규정

41. 다음 단독행위에 관한 설명으로 <u>틀린</u> 것은?

① 동산소유권을 포기하는 의사표시는 그 의사표시가 상대방에게 도달하여야 효력이 발생한다.

② 채무면제는 단독행위로써 준물권행위에 해당한다.

③ 단독행위는 법률에 규정이 있는 경우에 한하여 허용되는 것이 원칙이다.

④ 단독행위에는 조건이나 기한 등을 붙일 수 없음이 원칙이다.

⑤ 단독행위에는 법률에 특별한 규정이 있는 경우를 제외하고 계약에 관한 규정을 적용할 수 없다.

42. 다음 중 사회질서에 반하는 무효의 법률행위가 <u>아닌</u> 것은? (다툼이 있는 경우 판례에 따름)

① 의무의 강제에 의하여 얻어지는 채권자의 이익에 비하여 약정된 벌이 과도하게 무거운 위약벌약정

② 불륜관계의 종료를 해제조건으로 하여 내연녀에게 한 증여

③ 지방자치단체가 A에게 골프장업 사업계획승인을 해 주면서 A로부터 기부금을 지급받기로 한 약정

④ 양도소득세의 일부를 회피할 목적으로 매매계약서에 실제로 거래한 가액을 매매대금으로 기재하지 아니하고 그보다 낮은 금액을 매매대금으로 기재한 경우 그 매매계약

⑤ 금전소비대차계약의 이율이 당시의 사회통념상 허용되는 한도를 초과하여 현저하게 고율로 정하여진 경우, 그 한도를 초과하는 부분의 이자 약정

43. 甲은 PC방을 운영하려는 乙에게 컴퓨터 공급계약을 청약하면서 1대당 가격을 100만원으로 기재한다는 것을 잘못하여 80만원으로 기재하였고, 乙은 50대를 매수하겠다는 승낙을 하였다. 그러나 乙은 계약 체결과정에서 미리 컴퓨터 물품안내서를 받아보았고 甲이 가격을 잘못 표시하였다는 것을 알고 있었음이 판명되었다. 옳은 것은? (다툼이 있는 경우 판례에 따름)

① 당사자 간에 가격에 대한 의사합치가 없으므로 계약은 성립하지 않는다.

② 1대당 80만원에 계약이 성립한다.

③ 1대당 100만원에 계약이 성립한다.

④ 甲의 청약의 의사표시는 진의 아닌 의사표시에 해당하여 무효이다.

⑤ 규범적 해석이 적용되는 경우에 해당한다.

44. 허위표시의 무효로 대항할 수 없는 선의의 제3자에 해당하지 <u>않는</u> 자는? (다툼이 있는 경우 판례에 따름)

① 가장매매의 매수인에 대한 압류채권자

② 가장전세권에 대하여 저당권을 취득한 자

③ 가장매매의 매수인으로부터 저당권을 설정받은 자

④ 가장소비대차의 대주가 파산선고를 받은 경우 파산관재인

⑤ 가장계약상 당사자의 지위를 이전받은 자

45. 하자있는 의사표시에 관한 설명으로 <u>틀린</u> 것은? (다툼이 있는 경우 판례에 따름)

① 사기에 의해 착오가 발생한 경우, '법률행위의 중요부분의 착오일 것' 은 사기로 인한 취소의 요건이 아니다.

② 교환계약의 일방 당사자가 목적물의 시가를 묵비하거나 허위로 시가보다 높은 가액을 고지한 경우에도 이는 상대방의 의사결정에 불법적인 간섭이 되지 않는다.

③ 강박에 의한 의사표시는 불법으로 어떤 해악을 고지함으로 말미암아 표의자가 공포를 느끼고 의사표시를 한 것이어야 한다.

④ 제3자에 의한 사기·강박에서 제3자는 상대방과 동일시할 수 없는 자를 말한다.

⑤ 사기에 의한 의사표시가 동시에 불법행위를 구성하는 경우, 표의자는 먼저 의사표시를 취소한 후 불법행위책임을 물어야 한다.

46. 법률행위의 대리에 관한 설명으로 옳은 것은? (다툼이 있으면 판례에 따름)

① 계약체결에 관한 대리권을 수여받은 대리인은 통상 그 계약의 해제 등 일체의 처분권한을 갖는다.

② 대리인이 수인인 경우에는 공동으로 대리하는 것이 원칙이다.

③ 대리인은 제한능력을 이유로 대리행위를 취소할 수는 없지만, 본인과의 관계에서 대리권의 기초가 된 위임계약은 제한능력을 이유로 취소할 수 있다.

④ 법정대리인은 부득이한 사유가 있는 경우에 한하여 복대리인을 선임할 수 있다.

⑤ 대리인에 대한 본인의 금전채무가 기한이 도래한 경우 대리인은 본인의 허락 없이 그 채무를 변제하지 못한다.

47. 甲의 임의대리인 乙은 자신의 이름으로 甲의 대리인 丙을 선임하였다. 다음 설명 중 옳은 것은? (다툼이 있는 경우 판례에 따름)

① 乙은 언제나 복대리인을 선임할 수 있는 권한을 가진다.

② 丙이 甲의 지명에 의해 선임된 경우에는 乙은 丙이 부적임자임을 알고 甲에게 통지하지 않았더라도 선임·감독의 책임을 지지 않는다.

③ 丙이 甲의 지명에 의해 선임된 경우에는 乙의 대리권이 소멸하여도 丙의 대리권은 소멸하지 않는다.

④ 丙의 대리행위가 권한을 넘은 표현대리에 해당하면 甲은 그 상대방에 대하여 본인으로서 책임을 져야 한다.

⑤ 甲과 丙 사이에는 아무런 권리·의무관계가 없다.

48. 다음 표현대리에 관한 설명으로 <u>틀린</u> 것은? (다툼이 있으면 판례에 따름)

① 대리행위의 상대방이 선의·무과실이 아닌 경우에도 그 전득자가 선의·무과실인 경우, 전득자는 표현대리에 의한 보호를 받을 수 있다.

② 유권대리에 관한 주장 속에는 무권대리에 속하는 표현대리의 주장이 포함되어 있다고 볼 수 없다.

③ 상대방이 계약체결 당시 대리권 없음을 안 때에는 대리권 수여의 표시에 의한 표현대리가 성립할 수 없다.

④ 본인을 위한 것임을 표시하지 않은 경우, 특별한 사정이 없는 한 대리 또는 표현대리의 법리가 적용될 수 없다.

⑤ 대리권소멸 후의 표현대리가 인정되고 그 표현대리의 권한을 넘는 대리행위가 있는 경우, 권한을 넘은 표현대리가 성립할 수 있다.

49. 법률행위 취소에 관한 다음 설명 중 <u>틀린</u> 것은? (다툼이 있는 경우 판례에 따름)

① 법률행위가 취소되면 그 행위는 확정적으로 무효가 되므로 더 이상 추인의 문제는 발생할 여지가 없다.

② 제한능력자가 취소의 원인이 소멸된 후에 이의를 보류하지 않고 채무 일부를 이행하면 추인한 것으로 본다.

③ 취소는 취소할 수 있는 법률행위의 상대방에게 하는 것이지 상대방의 전득자에게 하는 것이 아니다.

④ 제한능력자는 취소할 수 있는 법률행위를 단독으로 취소할 수 있다.

⑤ 제한능력을 이유로 취소한 경우, 제한능력자와 행위능력자는 부당이득 반환범위에 차이가 있다.

50. 甲은 乙과 '甲소유의 X건물을 乙이 1년 내에 1억원이상으로 팔아주면 甲소유의 Y건물을 乙에게 증여한다.'는 계약을 체결하였다. 이에 관한 설명으로 <u>틀린</u> 것은? (다툼이 있는 경우 판례에 따름)

① 1억원이상으로 팔 수 있는 지의 여부가 확정되기 전에 甲의 과실로 Y건물이 소실된 경우, 乙이 1년 내에 X건물을 1억원이상에 팔면, 甲은 乙에 대하여 손해배상책임을 부담한다.

② 계약을 체결할 당시에 이미 X건물이 소실된 경우, 계약은 무효이다.

③ 乙은 X건물을 1억원 이상으로 팔 수 있는지의 여부가 결정되기 전에도 Y건물에 대하여 자기의 권리를 가등기하여 보전할 수 있다.

④ 乙이 1년 내에 X건물을 1억원에 매수할 상대방을 찾았는데도, 甲은 타인에게 X건물을 9,000만원에 팔았다. 이 경우 乙은 甲에 대하여 Y건물에 대한 소유권이전을 주장할 수 있다.

⑤ 乙이 1년 내에 X건물을 1억원 이상으로 판 경우, 증여는 그때부터 효력이 생기며, 당사자 사이의 특약으로도 그 효력을 소급할 수 없다.

51. 물권적 청구권에 관한 설명으로 <u>틀린</u> 것은? (다툼이 있는 경우 판례에 따름)

① 소유권에 기한 물권적 청구권이 발생한 후에 소유자가 소유권을 상실하면 그 청구권을 행사할 수 없다.

② 물권적 청구권과 불법행위에 기한 손해배상청구권은 경합이 가능하다.

③ 점유물반환청구권은 점유를 침탈당한 날로부터 1년 내에 행사하여야 한다.

④ 점유물반환청구권에 있어 침탈자의 포괄승계인은 악의인 경우에 한하여 점유물반환청구의 상대방이 된다.

⑤ 소유자는 물권적 청구권에 의하여 방해제거비용 또는 방해예방비용을 청구할 수 없다.

52. 다음 중 등기하여야 물권변동의 효력이 생기는 것은? (다툼이 있는 경우 판례에 따름)

① 1동의 건물 중 구분된 건물부분이 구조상·이용상 독립성을 갖추고 구분행위로 인하여 구분소유권을 취득하는 경우

② 분묘기지권을 시효취득하는 경우

③ 분배농지에 대한 상환완료를 원인으로 농지소유권을 취득하는 경우

④ 법정지상권이 붙은 건물을 양수한 자가 그 지상권을 취득하는 경우

⑤ 건물신축도급계약의 수급인이 자신의 비용과 노력으로 신축한 건물의 소유권을 취득하는 경우

53. 다음 부동산 등기에 관한 설명 중 옳은 것은? (다툼이 있으면 판례에 따름)

① 중간생략등기의 합의는 적법한 등기원인이 될 수 있다.

② 종전 건물과 신축건물의 외형상 동일성이 인정되는 경우, 종전 건물의 등기를 신축건물의 등기로 유용할 수 있다.

③ 전세권의 존속기간이 시작되기 전에 마친 전세권설정등기는 원칙적으로 무효이다.

④ 미등기 건물의 양수인이 그 건물을 신축한 양도인의 동의를 얻어 직접 자기명의로 보존등기를 한 경우, 그 등기는 유효하다.

⑤ 중간생략등기를 합의한 최초매도인은 그와 거래한 매수인의 대금미지급을 들어 최종매수인 명의로의 소유권이전등기의무의 이행을 거절할 수 없다.

54. 물권의 소멸에 관한 다음 설명 중 <u>틀린</u> 것은? (다툼이 있으면 판례에 따름)

① 물권의 포기는 물권을 소멸시킬 것을 목적으로 하는 물권적 단독행위이다.

② 지상권 · 지역권은 소멸시효의 대상이 되지만 소유권 · 저당권은 소멸시효에 걸리지 않는다.

③ 존속기간이 있는 지상권의 존속기간이 만료된 경우, 지상권등기 말소등기를 해야 지상권은 소멸한다.

④ 전세권이 저당권의 목적으로 되어 있는 경우, 전세권의 포기는 저당권자의 동의 없이 할 수 없다.

⑤ 토지가 포락되어 그 효용을 상실한 경우에는 그 후 포락된 토지가 성토되더라도 종전의 소유자의 토지소유권이 부활하는 것은 아니다.

55. 다음 자주점유에 관한 설명으로 <u>틀린</u> 것은? (다툼이 있는 경우 판례에 따름)

① 매도인에게 처분권이 없었다는 이유로 매매가 무효가 된 경우, 그 사실을 알지 못한 매수인의 점유는 자주점유이다.

② 점유자의 점유가 자주점유인지 타주점유인지의 여부는 점유자 내심의 의사가 아니라 점유권원의 객관적 성질에 의하여 결정된다.

③ 점유자가 스스로 매매 등과 같은 자주점유의 권원을 주장한 경우 이것이 인정되지 않는다는 이유만으로 자주점유의 추정이 번복된다고 볼 수는 없다.

④ 점유자의 점유가 등기를 수반하지 아니한 점유임이 밝혀진 경우, 자주점유의 추정은 깨진다.

⑤ 부동산을 타인에게 매도하여 소유권이전등기를 경료한 후 인도의무를 지고 있는 매도인의 점유는 특별한 사정이 없는 한 타주점유로 변경된다.

56. 주위토지통행권에 관한 설명으로 <u>틀린</u> 것은? (다툼이 있으면 판례에 따름)

① 사람이 주택에 출입하여 일상생활을 영위하는 데 필요한 범위의 노폭까지 인정되고, 경우에 따라서는 자동차 등이 통과할 수 있는 통로의 개설도 허용된다.

② 당초에 적법하게 설치된 담장은 주위토지통행권에 의한 통행에 방해가 되더라도 철거할 수 없다.

③ 분할로 인하여 공로에 통하지 못하는 토지가 생긴 경우, 그 포위된 토지의 특정승계인에게는 무상의 주위토지통행권이 인정되지 않는다.

④ 토지소유자 자신이 그 토지와 공로사이의 통로를 막는 건물을 축조한 경우, 타인소유의 주위토지를 통행할 권리가 없다.

⑤ 주위토지통행권자가 그 통로에 대하여 배타적인 점유를 하고 있지 않다면, 통행지 소유자가 주위토지통행권이 미치는 범위내의 통로 부분의 인도를 구하거나 그 통로에 설치된 시설물의 철거를 구할 수 없다.

57. 甲은 1989년 7월 2일에 乙의 토지를 丙의 토지인 줄로 알고 丙으로부터 매수하여 등기는 하지 않은 채 현재(2023. 3. 1)까지 소유의 의사로 평온·공연하게 점유·사용하고 있다. 그런데 乙은 그 토지를 2010년 5월에 丁에게 매각하고 같은 해 6월 5일에 丁 명의로 소유권이전등기까지 해 주었다. 판례에 의할 때 옳은 것은?

① 甲은 타인의 토지를 무단으로 점유하였으므로 자주점유를 입증하지 못하는 한 시효취득을 할 수 없다.

② 甲은 1989년 7월 2일부터 20년이 되는 때에 취득시효의 요건을 갖추었으므로 이전등기를 청구할 수 있고, 이전등기청구의 상대방은 현재의 등기명의인인 丁이다.

③ 甲은 1989년 7월 2일부터 20년이 되는 때에 등기청구권을 취득하였으나 그 등기청구권은 10년의 소멸시효에 걸려 소멸하였고, 따라서 소유권취득은 불가능하다.

④ 甲의 취득시효 완성 후에 목적 부동산이 제3자에게 처분된 경우에도, 甲은 그 제3자에게 취득시효에 의하여 소유권을 취득을 주장할 수 있다.

⑤ 甲은 2010년 6월 5일부터 20년이 되는 때에 취득시효의 요건을 갖추어 丁에게 등기를 청구할 수 있고 등기를 마치면 소유권을 취득한다.

58. 공동소유에 관한 설명으로 옳은 것은? (다툼이 있으면 판례에 따름)

① 공유물에 대한 소수지분권자는 그 공유물을 배타적으로 점유하는 다른 소수지분권자를 상대로 공유물 독점적 사용금지 및 자신에게 공유물을 인도할 것을 청구할 수 있다.

② 부동산에 관하여 과반수 지분을 가진 자는 다른 공유자와 협의가 없더라도 공유물의 관리에 관한 사항을 단독으로 결정할 수 있다.

③ 공유물분할방법으로 공유물을 공유자 중 1인의 단독소유로 하고 그로 하여금 다른 공유자에게 그 지분의 가격을 배상시키는 방법은 허용되지 않는다.

④ 합유자가 사망한 경우, 다른 특별한 약정이 없는 한 그 상속인이 합유지분을 상속한다.

⑤ 비법인사단의 사원은 단독으로 총유물의 보존행위를 할 수 있다.

59. 다음 지상권에 관한 설명으로 옳은 것은? (다툼이 있으면 판례에 따름)

① 지료의 지급은 지상권의 성립요건이다.

② 지상권에 기초하여 토지에 부속된 공작물이라 하더라도 원칙적으로 토지에 부합한다.

③ 지상권자는 토지소유자의 의사에 반하여 지상권을 타인에게 양도할 수 없다.

④ 지하 또는 지상의 공간은 상하의 범위를 정하여 건물 기타 공작물이나 수목을 소유하기 위한 지상권의 목적으로 할 수 있다.

⑤ 저당권설정자가 담보가치의 하락을 막기 위해 저당권자에게 지상권을 설정해 준 경우, 피담보채권이 소멸하면 그 지상권도 소멸한다.

60. 甲토지의 전부에 乙토지를 위하여 지역권이 설정되어 있는 경우에 관한 다음 설명 중 <u>틀린</u> 것은? (다툼이 있으면 판례에 따름)

① 乙토지의 소유자는 乙토지와 분리하여 지역권만을 제3자에게 양도할 수 없다.

② 乙토지의 일부를 양수한 자는 지역권을 행사할 수 없다.

③ 甲토지가 공유지인 경우 그것이 분할된 때에는 분할 후의 각 토지에 지역권이 존속한다.

④ 乙토지가 공유지인 경우 공유자의 1인에게 지역권의 소멸시효의 중단이 있는 때에는 다른 공유자를 위해서도 그 효력이 생긴다.

⑤ 乙토지가 공유지인 경우 공유자의 1인은 지분에 관하여 지역권을 소멸시킬 수 없다.

61. 甲은 자신 소유의 건물에 대하여 乙과 전세권설정계약을 체결하고 乙명의로 전세권등기를 해 주었다. 다른 특약이 없는 한, 乙에게 인정되지 <u>않는</u> 권리는?

① 건물 수리에 지출한 필요비에 대한 상환청구권

② 건물에 대한 사용 · 수익권

③ 전세금반환을 목적으로 한 우선변제권

④ 전세금반환을 목적으로 한 건물에 대한 경매청구권

⑤ 甲의 동의를 얻어 부속시킨 부속물의 매수청구권

62. **유치권에 관한 다음 설명 중 옳은 것은?** (다툼이 있으면 판례에 따름)

① 유치권자는 유치물의 과실을 수취하여 다른 채권보다 먼저 그 채권에 충당할 수 없다.

② 임차인이 부속물매수청구권을 행사한 경우 부속물매매대금채권과 대지반환의무 사이에는 견련성이 인정되므로 대지에 대한 유치권을 주장할 수 있다.

③ 甲소유의 건물임차인 乙이 건물에 투하한 유익비상환청구권에 의한 유치권이 성립되는 경우, 乙의 유치권은 위 건물뿐만 아니라 그 건물의 유지·사용에 필요한 범위에서 임차건물의 대지 부분에도 미친다.

④ 임대차 종료시에 임차인이 건물을 원상복구하기로 약정하였다고 해도 그 약정은 무효이므로 임차인은 비용상환청구권에 의한 유치권을 행사할 수 있다.

⑤ 임대인과 임차인 사이에 건물명도시 권리금을 반환하기로 하는 약정한 경우 그 권리금반환청구권은 건물에 관하여 생긴 채권이므로 건물에 대한 유치권을 행사할 수 있다.

63. **저당권에 관한 다음 설명 중 틀린 것을 모두 고르면?** (다툼이 있으면 판례에 따름)

ㄱ. 토지저당권자가 물상대위권을 행사하지 아니한 채 단지 수용대상토지에 대하여 저당권등기가 된 것만으로는 그 보상금으로부터 우선변제를 받을 수 없다.
ㄴ. 저당권자가 물상대위권을 행사하지 아니하여 우선변제권을 상실한 경우에도, 그 보상금(또는 공탁금)으로부터 이득을 얻은 다른 채권자에게 부당이득반환을 청구 할 수 있다.
ㄷ. 저당권의 효력은 저당부동산에 부합된 물건에 미치므로, 명인방법을 갖춘 수목에도 토지저당권의 효력이 미친다.
ㄹ. 토지에 관하여 저당권이 설정될 당시 그 지상에 존재하는 건물을 위한 법정지상권은 성립할 수 없다.
ㅁ. 채무자의 변제로 피담보채권이 소멸하면 말소등기를 하지 않아도 저당권은 소멸한다.

① ㄱ, ㄴ, ㄷ　　② ㄴ, ㄷ, ㄹ
③ ㄷ, ㄹ, ㅁ　　④ ㄱ, ㄹ, ㅁ
⑤ ㄴ, ㄹ, ㅁ

64. **공동저당에 관한 설명으로 옳은 것을 모두 고른 것은?** (다툼이 있으면 판례에 따름)

ㄱ. 공동저당권이 설정된 수개의 부동산 중 일부는 채무자 소유이고 일부는 물상보증인의 소유인 경우, 위 각 부동산의 매각대금을 동시에 배당하는 때에는 각 부동산의 경매대가에 비례하여 그 채권의 분담을 정한다.
ㄴ. 선순위 공동저당권자가 피담보채권을 변제받기 전에 공동저당 목적 부동산 중 일부에 관한 저당권을 포기한 경우, 후순위저당권자가 있는 부동산에 관한 경매절차에서 저당권을 포기하지 않았더라면 후순위저당권자가 대위할 수 있었던 한도에서는 후순위저당권자에 우선하여 배당을 받을 수 없다.
ㄷ. 공동저당의 목적인 채무자 소유의 부동산과 물상보증인 소유의 부동산에 각각 채권자를 달리하는 후순위저당권이 설정되어 있는 경우, 물상보증인 소유의 부동산이 먼저 경매되어 1번저당권자가 전부변제를 받은 때에는 물상보증인은 1번저당권을 대위취득하고, 물상보증인소유의 부동산의 후순위저당권자는 1번저당권에 대해 물상대위를 할 수 있다.

① ㄱ　　② ㄴ
③ ㄴ, ㄷ　　④ ㄱ, ㄷ
⑤ ㄷ

65. **계약의 유형에 관한 설명으로 옳은 것은?**

① 매매예약이 언제나 채권계약이 되는 것은 아니다.
② 쌍무계약은 언제나 유상계약이다.
③ 교환계약은 요물계약이다.
④ 매매계약은 계속적 계약이다.
⑤ 임대차계약은 일시적 계약이다.

66. 甲과 乙이 乙소유의 주택에 대한 매매계약을 체결하였는데, 주택이 계약 체결 후 소유권 이전 및 인도 전에 소실되었다. 다음 설명 중 옳은 것은? (다툼이 있으면 판례에 따름)

① 甲과 乙의 책임 없는 사유로 주택이 소실된 경우, 乙은 甲에게 매매대금의 지급을 청구할 수 없다.

② 甲과 乙의 책임 없는 사유로 주택이 소실된 경우, 乙이 계약금을 수령 하였다면 甲은 그 배액의 반환을 청구할 수 있다.

③ 甲의 과실로 주택이 소실된 경우, 乙은 甲에게 매매대금의 지급을 청구할 수 없다.

④ 乙의 과실로 주택이 소실된 경우에도, 甲은 계약을 해제할 수는 없고 손해배상을 청구할 수 있을 뿐이다.

⑤ 甲의 수령지체 중에 甲과 乙의 책임 없는 사유로 주택이 소실된 경우, 乙은 甲에게 매매대금의 지급을 청구할 수 없다.

67. 다음 중 동시이행관계가 인정되지 않는 것은? (다툼이 있으면 판례에 따름)

① 주택임대차에서 임차권등기명령에 의하여 등기가 된 경우, 임대인의 임대차보증금반환의무와 임차인의 임차권등기말소의무

② 토지임차인이 건물매수청구권을 행사한 경우, 토지임차인의 건물명도 및 소유권이전등기의무와 토지임대인의 건물대금지급의무

③ 매매 목적인 권리가 타인의 소유임을 알지 못한 선의의 매도인이 매매계약을 해제한 경우, 매도인의 손해배상의무와 매수인의 목적물 및 그 사용이익 반환의무

④ 매매계약에서 매수인이 선이행하기로 약정한 중도금지급의무를 이행하지 않고 있는 사이에 매도인의 이전등기의무 이행기가 도래한 경우, 매도인과 매수인 쌍방의 의무

⑤ 쌍무계약이 무효로 되어 각 당사자가 서로 취득한 것을 반환하여야 할 경우, 각 당사자의 반환의무

68. 제3자를 위한 계약에 관한 설명으로 옳은 것은? (다툼이 있으면 판례에 따름)

① 수익자도 계약의 해제권을 행사할 수 있다.

② 수익자는 채권자에 대하여 수익의 의사표시를 하여야만 권리를 취득한다.

③ 수익자는 계약 당시 현존하지 않거나 특정되지 않아도 되지만 권리취득이라는 효력이 발생하기 위해서는 수익자는 현존하고 특정되어야 한다.

④ 계약의 당사자가 제3자에 대하여 가진 채권에 관하여 그 채무를 면제하는 계약은 무효이다.

⑤ 채무자는 이익의 향수여부의 확답을 제3자에게 최고할 수 있고, 채무자가 확답을 받지 못한 때에는 제3자가 계약의 이익을 받을 것을 승낙한 것으로 본다.

69. 계약의 해제에 관한 판례의 태도이다. 틀린 것은?

① 약정해제권의 유보나 위약벌에 대한 특약 등은 채무불이행으로 인한 법정해제권의 성립에 영향이 없다.

② 계약해제의 효과로서의 원상회복의무는 부당이득반환의 특별규정이어서, 그 이익의 반환범위는 특단의 사유가 없는 한 받은 이익의 전부이다.

③ 해제계약에는 원칙적으로 법정해제권에 관한 규정이 적용되지 않는다.

④ 계약해제로 인한 원상회복의 경우, 해제에 의하여 소멸하는 채권 양수인은 보호되는 제3자에 포함되지 않는다.

⑤ 소의 제기로써 계약해제권을 행사한 후 소송이 취하된 경우, 계약해제의 효력도 소급하여 발생하지 않은 것으로 된다.

70. **다음은 계약의 해제 또는 합의해제에 관한 판례의 태도이다. 틀린 것은?**

① 쌍무계약의 당사자 일방이 미리 자기 채무를 이행하지 아니할 의사를 표명한 때에는 상대방은 이행최고나 자기 채무의 이행제공 없이 계약을 해제할 수 있다.

② 채무자가 이행거절의 의사표시를 적법하게 철회하면 채권자는 자기 채무의 이행을 제공하고 상당한 기간을 정하여 이행을 최고한 후가 아니면 계약을 해제할 수 없다.

③ 매수인은 매매목적물에 대하여 가압류집행이 된 경우, 매매목적물이 가압류되었다는 사유만으로 매도인의 계약위반을 이유로 계약을 해제할 수 없다.

④ 계약이 법정해제된 경우, 금전을 반환할 때 그 받은 날로부터 법정이자를 부가하여야 하는 바, 이는 일종의 부당이득반환의 성질을 가지는 것이고 금전반환의무의 이행지체로 인한 지연배상이 아니다.

⑤ 계약의 합의해제는 계약을 해제하는 별도의 계약에 해당하므로 묵시적으로 이루어 질 수는 없다.

71. **매매에 관한 다음 설명 중 틀린 것은?** (다툼이 있으면 판례에 따름)

① 매매예약완결권의 행사기간을 정하지 않은 경우 예약자는 매매완결여부의 확답을 예약완결권자에게 최고할 수 있고 예약자가 확답을 받지 못한 때에는 예약은 그 효력을 잃는다.

② 매도인이 이행에 착수한 바가 없다면 매수인이 중도금을 지급하였다 하더라도 매수인은 계약금을 포기하고 매매계약을 해제할 수 있다.

③ 당사자 사이에 교부된 계약금을 위약금으로 하기로 하는 특약이 없는 한, 손해배상액의 예정으로서의 성질을 당연히 가진 것이라고 볼 수 는 없다.

④ 매매목적물이 인도되지 아니하고 또한 매수인이 대금을 완제하지 아니한 때에는 매수인은 목적물인도의무의 지체로 인한 손해배상을 청구할 수 없다.

⑤ 매매목적물에 대해 권리를 주장하는 자가 있는 경우에 매수인은 권리를 잃을 위험의 한도에서 대금의 전부 또는 일부의 지급을 거절할 수 있다.

72. **甲, 乙 사이에 X토지 1,000㎡ 에 대한 매매계약이 성립하였다. 매도인 甲의 담보 책임에 관한 설명으로 틀린 것은?** (다툼이 있으면 판례에 따름)

① 甲, 乙이 1,000㎡의 수량을 지정하여 매매하였으나, X토지가 실제로는 800㎡밖에 되지 않는 경우에는 乙이 그 사실을 알고 있었다면 대금감액을 청구할 수 없다.

② 1,000㎡중 300㎡이 丙의 소유이며, 甲이 그 권리를 乙에게 이전할 수 없는 경우 乙은 선의·악의를 묻지 않고 대금감액을 청구할 수 있고 계약을 해제할 수 있다.

③ X토지 전부가 丙의 소유이며, 甲이 그 권리를 乙에게 이전할 수 없는 경우 乙은 선의·악의를 묻지 않고 계약을 해제할 수 있다.

④ X토지 위에 지상권이 설정되어 있는 경우에 乙이 그 사실을 알고 있다면 甲은 담보책임을 지지 않는다.

⑤ X토지 위에 저당권이 존재한다는 사실만으로는 담보책임의 문제가 생기지 않는다.

73. **임대차에 관한 설명으로 틀린 것은?** (다툼이 있으면 판례에 따름)

① 임대인이 채무불이행을 이유로 계약을 해지한 경우에는 임차인은 부속물의 매수를 청구할 수 없다.

② 임차인이 임대인의 동의 없이 임차물을 전대한 경우에 임대인은 임대차계약을 해지할 수 있다.

③ 임대인이 타인의 소유물을 임차인에게 임대해 준 경우 그 임대차계약은 무효이다.

④ 임대인이 임차물의 보존에 필요한 행위를 하는 때에는 임차인은 이를 거절하지 못한다.

⑤ 임대인이 임차인의 의사에 반하여 보존행위를 하는 경우에 임차인이 이로 인하여 임차의 목적을 달성할 수 없는 때에는 임대차계약을 해지할 수 있다.

74. 건물의 소유를 목적으로 한 토지임대차가 종료한 경우에 임차인의 건물매수청구권에 관한 다음 설명 중 판례의 입장과 다른 것은?

① 건물이 임대인 소유 토지와 임차인 소유의 토지 위에 걸쳐서 건립되어 있는 경우, 임차인은 건물 전부에 대하여 매수청구권을 행사할 수 있다.

② 임차인의 건물매수청구권은 반드시 재판상 행사할 필요는 없다.

③ 차임연체 등 임차인의 채무불이행을 이유로 임대차계약이 종료된 경우에는 건물매수청구권을 행사할 수 없다.

④ 임대차계약이 종료되기 전에 당사자 사이에 건물 기타 지상시설 일체를 포기하기로 한 약정은 특별한 사정이 없는 한 효력이 없다.

⑤ 행정관청의 허가를 받지 않은 건물도 매수청구권이 인정된다.

75. 현행 주택임대차보호법 및 시행령에 관한 설명으로 <u>틀린</u> 것은? (다툼이 있으면 판례에 따름)

① 차임이나 보증금의 일방적 증액청구는 약정한 차임이나 보증금의 20분의 1을 초과하지 못하며, 이는 임대인과 임차인의 합의에 의한 증액의 경우에도 적용된다.

② 보증금의 전부 또는 일부를 월 단위의 차임으로 전환하는 경우에 전환되는 금액에 연 1할 또는 한국은행 기준금리에 연 2프로를 더한 금액 중 낮은 비율을 곱한 월차임의 범위를 초과할 수 없다.

③ 보증금 중 일정액의 우선변제를 받을 수 있는 범위는 주택가액(대지가액 포함)의 2분의 1을 넘지 못한다.

④ 보증금 중 일정액의 우선변제를 받을 수 있는 임차인 및 그 범위와 기준을 심의하기 위하여 법무부에 주택임대차위원회를 둔다.

⑤ 임차인이 임대인에 대하여 제기하는 보증금반환청구소송에 관하여는 소액사건심판법의 일부 규정을 준용한다.

76. 주택임대차에서 보증금의 우선변제에 관한 설명으로 <u>틀린</u> 것은? (다툼이 있으면 판례에 따름)

① 임차인은 대항요건을 갖추고 임대차계약서에 확정일자를 받아야 보증금 전액에 대하여 순위에 의한 우선변제권이 인정된다.

② 소액임차인은 보증금 중 법정의 일정액을 다른 담보물권자보다 최우선하여 변제를 받는다.

③ 대지가 임차주택과 함께 환가되는 경우 임차인은 대지환가금으로부터 우선변제를 받을 수 있다.

④ 임차인이 대항력을 갖춘 경우에는 그 주택에 관한 저당권설정 후 임대인과 합의로 보증금을 증액한 경우에도 경락인에 대해 증액부분에 대하여 대항할 수 있다.

⑤ 매수인에 대한 대항력과 확정일자를 갖춘 임차인은, 주택이 경매되는 경우에 임대차기간까지 경락인에게 자기의 임차권을 주장할 수도 있고, 경매절차에 참가하여 배당을 요구할 수도 있다.

77. 집합건물에 관한 설명으로 <u>틀린</u> 것은? (집합건물의 소유 및 관리에 관한 법률과 다툼이 있으면 판례에 따름)

① 대지사용권이 없는 구분소유자가 있을 때 그 전유부분의 철거를 구할 권리를 가진 자는 그 구분소유자에 대하여 구분소유권을 시가로 매도할 것을 청구할 수 있다.

② 집합건물의 관리단은 반드시 존재하지만, 관리인은 반드시 있어야 하는 것은 아니다.

③ 분양자가 전유부분만 수분양자에게 소유권이전등기를 한 후, 전유부분에 관한 경매절차가 진행되어 제3자가 전유부분을 경락받은 경우, 그 경락인은 본권으로서 집합건물법소정의 대지사용권을 취득할 수 없다.

④ 특별한 사정으로 인하여 전유부분만 소유권이전등기를 받은 매수인은 대지지분에 대한 등기를 받기 전에 대지사용권을 전유부분과 분리하여 처분할 수 없다.

⑤ 전유부분이 속하는 1동 건물의 설치 또는 보존의 하자로 인하여 타인에게 손해를 가한 때에는 그 하자는 공용부분에 존재하는 것으로 추정한다.

78. 집합건물의 구분소유자의 권리와 의무에 대한 다음 설명 중 틀린 것은? (집합건물의 소유 및 관리에 관한 법률과 다툼이 있으면 판례에 따름)

① 집합건물의 구분소유자는 공용부분에 대한 보존행위를 단독으로 할 수 있다.

② 구분소유자의 보존행위의 내용에는 지분권에 기한 방해배제청구권과 공유물의 반환청구권도 포함된다.

③ 집합건물의 구분소유자들이 공용부분 중 일부에 대하여 제3자에게 무상사용권을 부여한 경우, 이는 민법상 사용대차의 성질을 갖는 것으로 보아야 한다.

④ 관리단이 관리단 재산으로 채무를 완제할 수 없는 경우, 구분소유자는 원칙적으로 그가 가지는 전유부분의 면적의 비율에 따른 공유지분의 비율로 관리단의 채무를 변제할 책임을 진다.

⑤ 구분소유자의 대지사용권에 대한 분리처분금지는 등기하지 않아도 선의의 제3자에게 대항할 수 있다.

79. 다음은 가등기담보 등에 관한 법률에 대한 설명이다. 그 정오(○, ×)를 바르게 표시한 것은?

ㄱ. 채권자는 통지당시의 목적부동산의 가액에서 그 채권액을 공제한 금액을 채무자 등에게 지급하여야 한다.
ㄴ. 채무자 등은 청산금을 변제받을 때까지 채무액을 채권자에게 지급하고 채권담보목적의 소유권이전등기의 말소를 청구할 수 있다. 다만, 그 채무의 변제기가 경과한 때로부터 5년이 경과한 때에는 그러하지 아니한다.
ㄷ. 담보가등기가 된 부동산이 경매 등이 개시된 경우에 담보가등기권리자는 다른 채권자보다 우선변제를 받을 권리가 있다. 이 경우 그 순위는 담보가등기권리를 저당권으로 보고, 담보가등기가 된 때에 저당권설정등기가 행하여진 것으로 본다.
ㄹ. 담보가등기가 된 부동산이 경매 등이 개시된 경우, 그 경매신청이 청산금을 지급하기 전에 행하여진 때에는 담보가등기권리자는 그 가등기에 기한 본등기를 청구할 수 없다.
ㅁ. 가등기가 된 부동산이 경매 등이 개시된 경우, 경매법원은 가등기권리자에 대하여 그 가등기가 담보가등기인 때에는 그 내용 및 채권의 존부·원인 및 금액을, 담보가등기가 아닌 경우에는 그 내용을 법원에 신고할 것을 적당한 기간을 정하여 최고하여야 한다.

① X O O O X　② O X O O O
③ O O X X O　④ O X O O X
⑤ O X X O O

80. 甲은 X토지의 소유자인 丙과 매매계약을 체결하고 그 대금을 지급한 후, 소유권이전등기는 자신과 명의신탁약정을 한 친구 乙에게 이전해 줄 것을 요청하여 乙앞으로 그 등기가 경료되었다. 다음 중 틀린 것은? (다툼이 있으면 판례에 따름)

① 乙에게로의 이전등기에도 불구하고 甲은 丙에 대하여 소유권이전등기청구권을 상실하지 않는다.

② 甲은 丙을 대위하여 乙명의의 소유권이전등기의 말소를 청구할 수 있다.

③ 甲은 직접 乙을 상대로 하여 부당이득을 원인으로 하는 소유권이전등기를 청구할 수 없다.

④ 乙은 丙이 甲에게 매매대금을 반환할 때까지 丙의 소유권이전등기 말소청구에 응하지 않을 수 있다.

⑤ 乙이 甲의 소유권 이전등기청구에 응하여 자의로 X토지의 소유권이전등기를 하여 주었다면, 그 이전등기는 실체관계에 부합하므로 유효하다.

MEMO

2023년도 제34회 공인중개사 1차 국가자격시험

실전모의고사 제4회

교 시	문제형별	시 간	시험과목
1교시	A	100분	[1] 부동산학개론 [2] 민법 및 민사특별법 중 부동산 중개에 관련되는 규정

수험번호		성 명	

【 수험자 유의 사항 】

1. **시험문제지 표지와** 시험문제지 내 **문제형별의 동일여부** 및 시험 문제지의 **총면수 · 문제번호 일련순서 · 인쇄상태** 등을 확인하시고, 문제지 표지에 수험번호와 성명을 기재하시기 바랍니다.
2. 답은 각 문제마다 요구하는 **가장 적합하거나 가까운 답 1개**만 선택하고, 답안카드 작성 시 시험문제지 **형별누락, 마킹착오**로 인한 불이익은 전적으로 수험자에게 책임이 있음을 알려드립니다.
3. 답안카드는 국가전문자격 공통 표준형으로 문제번호가 1번부터 125번까지 인쇄되어 있습니다. 답안마킹시에는 반드시 **시험문제지의 문제번호와 동일한 번호에 마킹**하여야 합니다. (1차 1교시: 1번~80번)
4. **감독관의 지시에 불응시 불이익이 발생될 수 있으며, 시험시간 종료 후 답안카드를 제출하지 않을 경우** 시험무효처리 됨을 알려드립니다.
5. 이의제기에 관한 개별회신은 하지 않으며, **최종 정답 발표로 갈음**합니다.
6. 시험 중 **중간 퇴실은 불가**합니다. 단, 부득이하게 퇴실할 경우 **시험포기 각서 제출 후 퇴실은 가능**하나 **재입실이 불가**하며, **해당시험은 무효처리됩니다.**
7. 시험문제지는 시험 종료 후 가져가시기 바랍니다.

인강드림 공인중개사

제1과목: 부동산학개론

1. 부동산의 특성에 관한 설명으로 옳은 것은?

① 토지는 영속성으로 인해 물리적 · 경제적인 측면에서 감가상각을 하게 된다.

② 토지는 생산요소와 자본의 성격을 가지고 있지만, 소비재의 성격은 가지고 있지 않다.

③ 토지는 개별성으로 인해 용도적 관점에서도 공급을 늘릴 수 없다.

④ 토지의 부증성으로 인해 토지공급은 특정 용도의 토지에 대해서도 장 · 단기적으로 완전 비탄력적이다.

⑤ 토지는 물리적 위치가 고정되어 있어 부동산시장이 국지화 된다.

2. 토지의 자연적 특성인 영속성에 대한 설명으로 옳은 것으로 연결한 것은?

㉠ 토지는 물리적 감가상각의 적용이 배제된다.
㉡ 부동산 시장이 지역별로 초과수요나 초과공급이 오랫동안 지속되기도 한다.
㉢ 토지는 생산비 법칙이 적용되지 않는다.
㉣ 부동산 관리의 의의를 크게 하고, 부동산 활동은 장기적인 배려가 요구된다.
㉤ 부동산은 물리적 관점에서 대체재가 존재하지 않는다.
㉥ 가치보존력이 우수하며 장기적인 소득이득과 자본이득 창출이 기대된다.

① ㉢, ㉣, ㉥
② ㉠, ㉡, ㉤
③ ㉠, ㉣, ㉥
④ ㉡, ㉤, ㉥
⑤ ㉡, ㉣, ㉤

3. 토지는 사용하는 상황이나 관계에 따라 다양하게 불리는바, 토지 관련 용어의 설명으로 틀린 것은?

① 도시개발사업에 소요된 비용과 공공요지를 제외한 후 도시개발사업 전 토지의 위치 · 지목 · 면적 등을 고려하여 토지소유자에게 재배분하는 토지를 환지(換地)라 한다.

② 대지 등으로 개발되기 이전의 자연 상태로서의 토지를 소지(素地)라 한다.

③ 소유권이 인정되지 않는 바다와 육지 사이의 해변 토지를 포락지(補落地)라 한다.

④ 토지와 도로 등 경계 사이의 경사진 부분의 토지를 법지(法地)라 한다.

⑤ 도시개발사업에 필요한 경비에 충당하기 위해 환지로 정하지 아니한 토지를 체비지(普費地)라 한다.

4. 다음 중 신규 아파트 공급 증가요인으로 옳은 것은 몇 개인가? (단, 다른 조건은 일정하다고 가정한다)

㉠ 아파트담보대출 이자율 상승
㉡ 건축원자재 가격 하락
㉢ 아파트 가격 상승 예상
㉣ 아파트 건설사업자 증가
㉤ 건설기술 발전에 따른 원가절감
㉥ 아파트 가격 상승

① 2개
② 3개
③ 4개
④ 5개
⑤ 6개

5. 아파트에 대한 수요와 공급의 탄력성에 관한 설명 중 틀린 것은? (단, 다른 조건은 일정함)

① 총부채원리금상환비율(DSR)이 완화되면 아파트 수요는 증가한다.

② 아파트 수요가 감소하는 경우 대체재인 주거용 오피스텔 수요는 증가한다.

③ 수요 증가와 공급 감소가 동일한 경우, 균형가격은 변하지 않고 균형거래량은 증가한다.

④ 수요와 공급이 동일한 크기로 증가하면 균형가격은 변하지 않는다.

⑤ 해당 부동산의 가격 변화는 동일한 공급곡선 상에서 점의 이동으로 나타난다.

6. 부동산 수요의 탄력성에 대한 설명 중 틀린 것은? (단, 다른 조건은 일정함)

① 부동산 수요가 증가할 때, 공급의 가격탄력성이 작을수록 균형가격은 더 크게 상승한다.

② 수요의 가격탄력성이 1보다 큰 경우 임대료가 상승하면, 임대업자의 총임대수입은 감소한다.

③ APT 수요의 가격탄력성이 2.0이라는 것은 APT 가격이 1% 상승할 때 수요량이 2%씩 상승한다는 것을 말한다.

④ 부동산 수요의 가격탄력성은 부동산을 지역별, 용도별로 세분하게 되면 보다 탄력적이 된다.

⑤ 수요의 교차탄력성이란 어느 한 재화의 가격이 변할 때 다른 재화의 수요량이 얼마나 변하는지를 측정하는 지표이다.

7. 부동산 경기변동에 관한 설명 중 옳은 것은?

㉠ 부동산 경기순환은 일반경기에 비해 정점이 더 높고, 저점이 더 깊다.
㉡ 대학교 근처의 임대주택이 방학을 주기로 공실이 높아지는 것은 무작위적 변동에 해당한다.
㉢ 장기적 변동이란 예기치 못한 사태로 인해 초래되는 비주기적 경기변동을 말한다.
㉣ 부동산 경기는 주기 순환국면이 불규칙적인 경향을 보인다.
㉤ 후퇴시장에서 부동산 전문업자들은 매수자 중시에서 매도자 중시로 전환한다.

① ㉠, ㉣ ② ㉠, ㉡
③ ㉠, ㉣, ㉤ ④ ㉠, ㉡, ㉢
⑤ ㉠, ㉢, ㉤

8. 주택시장분석에 관한 설명으로 옳지 않은 것은?

① 주택서비스(housing service)란 주택이 소유자에게 제공하는 효용을 말한다.

② 주택시장분석시 주택서비스를 측정 단위로 정하면 동질적인 상품으로 취급할 수 있다.

③ 서울에서 지난 일 년 동안 주택이 10만 세대 공급되고, 9만 세대가 분양되었다면 주택유량의 수요량은 9만 세대이다.

④ 주택을 물리적인 개념으로 분석하면 완전경쟁모형을 적용하기 곤란하다.

⑤ 오늘 현재 서울에 주택이 500만 세대 존재하고, 5만 세대가 공가라면 주택저량의 공급량은 495만 세대이다.

9. 아파트에 대한 수요의 가격탄력성과 소득탄력성이 각각 0.5와 1.0이다. 아파트 가격이 2% 상승하고 소득이 2% 감소한 경우, 아파트 수요량의 전체 변화율(%)은? (단, 아파트는 정상재이고, 가격탄력성은 절댓값으로 나타내며, 다른 조건은 일정하다)

① 1.0% 감소 ② 3.0% 감소
③ 3.0% 증가 ④ 4.0% 감소
⑤ 4.0% 증가

10. 도시공간구조이론에 관한 설명으로 옳은 것은?

① 버제스(Burgess)의 동심원이론은 리카도의 차액지대론을 도시토지에 응용한 모형이다.

② 버제스(Burgess)의 동심원이론에 의하면 도심에서 멀어질수록 질병, 빈곤, 범죄율은 증가하는 경향이 있다.

③ 호이트(Hoyt)의 선형이론에서 도시가 성장하는 데 장애물은 존재하지 않는다고 가정한다.

④ 다핵심이론은 동심원이론과 선형이론을 더욱 발전시킨 모형이다.

⑤ 다핵심이론에 의하면 다핵의 발생요인으로 특정위치나 시설의 필요성, 유사활동 간의 입지적 비양립성, 이질활동 간의 집중지향성, 지대지불능력의 차이 등을 들고 있다.

11. 다음 중 부동산 시장에 대한 설명으로 옳은 것은?

① 부동산 시장은 지역에 따라 여러 개의 부분시장으로 나누어지는 시장의 세분화 현상이 나타난다. 이러한 이유로 각각의 부분시장별로 공급초과와 수요초과가 상쇄된다.

② 부동산의 신규공급에 많은 시간이 소요되는 등 수요와 공급의 조절이 쉽지 않아 장기적으로 가격왜곡이 발생할 수 있다.

③ 부동산 시장이란 유사한 부동산에 대해 유사한 가격이 형성되는 지리적 구역이다. 이처럼 지리적 공간과 결부되어 있기 때문에 위치에 따라 여러 개의 부분시장으로 나누어질 수 없다.

④ 부동산의 개별성으로 인하여 부동산 상품은 표준화되고 다양성을 갖게 된다.

⑤ 부동산은 고가품이므로 시장참여자의 시장진입과 탈퇴가 자유롭지 못하며, 이는 부동산 시장을 불완전하게 하는 하나의 원인이 된다.

12. 지대 및 도시공간구조이론에 관한 설명 중 옳은 것은?

> ㉠ 입찰지대란 단위면적의 토지에 대해 토지이용자가 지불하고자 하는 최대금액으로 초과이윤이 0이 되는 수준의 지대를 말한다.
> ㉡ 전용(이전)수입이란 어떤 생산요소가 현재 용도에서 다른 용도로 이전되지 않도록 하기 위해 지급되어야 하는 최소한의 금액을 말한다.
> ㉢ 선형이론에서는 도시의 공간구조형성을 침입, 경쟁, 천이 등의 과정으로 설명하고 있다.
> ㉣ 경제지대란 생산요소가 얻는 총소득 중에서 전용수입을 초과하는 부분으로 요소공급자의 잉여에 해당한다.
> ㉤ 다핵심이론에서 다핵발생요인으로 이질활동은 집적이익이 있기 때문에 특정지역에 서로 집적하려는 경향, 지대지불능력의 차이 등이 있다.

① ㉠, ㉡, ㉢　　② ㉡, ㉢, ㉣
③ ㉠, ㉡, ㉣　　④ ㉢, ㉣, ㉤
⑤ ㉡, ㉣, ㉤

13. 상권(배후지)에 관한 내용으로 <u>틀린</u> 것은?

① 중심지에서 제공되는 서비스의 성격에 따라 요구되는 최소요구치의 크기도 다르다.
② 일반적으로 상품이나 서비스의 구매빈도가 높을수록 상권의 규모는 작다.
③ 일반적으로 점포의 면적과 상권의 범위는 반비례하며, 구매빈도와 상권의 범위는 비례한다.
④ 허프(Huff)는 상권분석에서 결정론적인 접근보다 확률론적인 접근이 필요하다고 보았다.
⑤ 컨버스(Converse)의 상권분기점모형은 두 도시 간의 구매영향력이 같은 분기점의 위치를 구하는 방법을 제시한다.

14. 다음 중 우리나라 정부의 부동산 시장에 대한 직접개입 수단으로 옳은 것은 몇 개인가?

㉠ 공공토지비축	㉡ 취득세
㉢ 종합부동산세	㉣ 토지수용
㉤ 개발부담금	㉥ 공영개발
㉦ 공공임대주택	㉧ 총부채상환비율(DTI)

① 3개　　② 4개
③ 5개　　④ 6개
⑤ 7개

15. 부동산 정책에 관한 설명으로 <u>틀린</u> 것은?

① 공공임대주택정책은 입주자가 주거지를 자유롭게 선택할 수 있는 것이 장점이다.
② 부동산 시장에서 정보의 비대칭이 발생하는 경우 정부는 시장에 개입할 수 있다.
③ 디딤돌대출, 보금자리론, 주택도시기금에 따른 정책금융 등은 시장에 정부가 간접적으로 개입하는 방법이다.
④ 우리나라는 공공토지비축의 비축에 관한 법률에 의해 토지은행제도를 시행하고 있다.
⑤ 부동산 조세를 통하여 토지이용을 규제하거나 조장시킬 수 있다.

16. 부동산 보유세의 경제적 효과에 관한 설명으로 <u>틀린</u> 것은? (단, 다른 조건은 일정하다)

① 헨리 조지(Henry Georgy)는 지대수입을 100% 징세하더라도 자원배분의 왜곡이 발생하지 않고, 토지세 수입만으로 재정을 충당할 수 있다고 주장했다.
② 공공임대주택의 공급은 임대주택의 재산세가 임차인에게 전가되는 현상을 완화시킬 수 있다.
③ 보유세인 재산세는 국세에 속하고, 종합부동산세는 지방세에 속한다.
④ 전세시장에서 역전세난이 발생할 때, 재산세를 중과하면 임차인보다 임대인이 더 부담하게 된다.
⑤ 수요가 일정할 때, 공급이 비탄력적일수록 조세부과에 따른 경제적 순손실은 작아진다.

17. 부동산 투자에서 위험과 수익에 관한 설명으로 옳은 것은? (단, 투자자는 위험회피형이며, 다른 조건은 일정하다)

① 기대수익률과 위험(분산)은 부(−)의 상관관계를 갖는다.
② 위험조정할인율이란 현금유입의 현재가치와 현금유출의 현재가치를 같게 만드는 할인율이다.
③ 요구수익률이란 투자에 대한 위험이 주어졌을 때 투자대안을 채택하기 위해 충족되어야 할 최대한의 수익률이다.
④ 투자자의 요구수익률은 비체계적 위험이 증대됨에 따라 상승한다.
⑤ 효율적 전선(efficient frontier) 상에서 수익률을 증가시키기 위해서는 추가적인 위험을 부담해야 한다.

18. 부동산 투자의 지렛대 효과(leverage effect)에 대한 다음 설명 중 틀린 것은?

① 지렛대효과는 부동산 투자가 금융기관 융자 등 차입을 동반하여 이루어질 때 발생한다.

② 지렛대 효과는 순자산 또는 지분투자액(equity) 대비 투자수익률의 진폭을 크게 한다.

③ 투자금액 대비 차입비율(LTV)이 클수록 지렛대효과가 크다.

④ 부동산소유권을 취득하는 지분투자자(equity investor)가 지렛대효과를 이용하면 투자의 위험을 낮출 수 있다.

⑤ 전세를 안고 집을 사는 것도 지렛대효과를 활용하는 투자의 한 예이다.

19. 부동산 투자분석기법에 관한 설명이다. 옳은 것은?

① 비율분석법의 가장 큰 장점은 사용되는 비율의 종류와는 상관없이 최선의 투자대안을 선택할 수 있다는 점이다.

② 일반적으로 내부수익률법은 순현가법보다 투자판단의 준거로 써 선호된다.

③ 순소득승수(NIM)를 자본회수기간이라고도 한다.

④ 지분배당률(EDR)이란 지분투자액에 대한 순영업소득의 비율을 의미한다.

⑤ 내부수익률(IRR)이란 예상된 현금유입의 미래가치와 현금유출의 현재가치를 서로 같게 만드는 할인율이다.

20. 다음은 위험과 수익에 관한 설명이다. 틀린 것은?

① 일반적으로 위험과 수익은 비례관계를 가지고 있으므로 부담하는 위험이 크면 클수록 요구수익률도 커진다.

② 무위험률은 순수한 시간가치에 대한 대가로서 일반경제상황과 개별투자 위험에 따라 달라질 수 있다.

③ 정부가 보증하는 국공채의 이자율은 무위험률과 관계가 있다.

④ 투자자의 요구수익률은 시장위험과 개별투자가 안고 있는 위험이 증대됨에 따라 아울러 상승한다. 이때 증대되는 시장위험에 대한 대가를 위험할증률이라 한다.

⑤ 장래 기대되는 수익의 흐름이 주어져 있을 때 투자에 대한 위험이 클수록 높은 위험조정할인율을 적용하므로 부동산의 가치는 낮아진다.

21. 가상적인 투자사업에 대한 미래의 경제환경 조건에 따라 추정수익률의 예상치가 다음과 같을 때, 기대수익률은?

경제환경변수	발생확률(%)	수익률(%)
비관적	20	4.0
정상적	60	8.0
낙관적	20	13.0

① 5.2%　② 6.8%
③ 7.5%　④ 8.2%
⑤ 9.7%

22. 부동산투자분석기법에 관한 설명으로 옳은 것을 모두 고른 것은?

ㄱ. 현금유출의 현가합이 4천만원이고 현금유입의 현가합이 5천만원이라면, 수익성지수는 0.8이다.
ㄴ. 내부수익률은 투자로부터 발생하는 현재와 미래 현금흐름의 순현재가치를 1로 만드는 할인율을 말한다.
ㄷ. 재투자율로 내부수익률법에서는 요구수익률을 사용하지만, 순현재가치법에서는 시장이자율을 사용한다.
ㄹ. 수익성지수란 현금유입의 현재가치를 현금유출의 현재가치로 나눈 값이다.
ㅁ. 내부수익률법에서는 내부수익률과 요구수익률을 비교하여 투자여부를 결정한다.

① ㄱ, ㄹ　② ㄴ, ㄷ
③ ㄹ, ㅁ　④ ㄱ, ㄴ, ㅁ
⑤ ㄷ, ㄹ, ㅁ

23. 대출상환방식에 관한 설명으로 옳은 것을 모두 고른 것은? (단, 다른 조건은 동일함)

㉠ 상환 첫 회의 원리금상환액은 원리금균등상환방식이 원금균등상환방식보다 크다.
㉡ 체증(점증)상환방식의 경우, 미래소득이 감소될 것으로 예상되는 은퇴 예정자에게 적합하다.
㉢ 원금균등상환방식의 경우, 매기에 상환하는 원리금이 점차적으로 감소한다.
㉣ 원리금균등상환방식의 경우, 매기에 상환하는 원금액이 점차적으로 늘어난다.

① ㉠, ㉡　② ㉠, ㉢
③ ㉠, ㉣　④ ㉡, ㉣
⑤ ㉢, ㉣

24. 주택담보대출에 관한 설명 중 <u>틀린</u> 것은? (단, 다른 조건은 동일함)

① 연간 이자율이 같은 1년 만기 대출의 경우 대출자는 기말에 한 번 이자를 받는 것이 기간 중 4회 나누어 받는 것보다 유리하다.

② 대출자의 명목이자율은 시장실질이자율, 위험에 대한 대가, 기대인플레이션율 등으로 구성된다.

③ 변동금리부 주택담보대출의 대출이자율은 기준금리에 가산금리를 합하여 결정된다.

④ 변동금리부 주택담보대출 이자율의 조정 주기가 짧을수록 이자율 변동의 위험은 대출자에게서 차입자에게로 전가된다.

⑤ COFIX 연동 주택담보대출은 변동금리부 주택담보대출이다.

25. 부동산투자회사법령상 부동산투자회사에 관한 설명으로 <u>틀린</u> 것은?

① 자기관리 부동산투자회사는 실체형 부동산투자회사이므로 자산운용 전문인력이 상근한다.

② 자기관리 부동산투자회사의 설립 자본금은 5억원 이상이어야 한다.

③ 감정평가사 또는 공인중개사로서 해당 분야에 5년 이상 종사한 사람은 자기관리 부동산투자회사의 자산운용 전문인력이 될 수 있다.

④ 위탁관리 부동산투자회사는 본점 외의 지점을 설치할 수 없으며, 직원을 고용하거나 상근 임원을 둘 수 없다.

⑤ 영업인가를 받거나 등록을 한 날부터 6개월이 지난 기업구조조정 부동산투자회사의 최저자본금은 70억원 이상이 되어야 한다.

26. 대출기관의 주택담보대출 대출 승인조건이 다음과 같을 때, 차입자 갑이 추가로 가능한 대출액은?

○ 대출승인 기준(모두 충족하여야 함)
  – 주택담보인정비율(LTV): 60%
  – 총부채상환비율(DTI): 40%
○ A소유 주택의 담보평가가격: 300,000,000원
○ A의 연간소득: 30,000,000원
○ 연간 저당상수: 0.12
○ 갑의 기존 대출액: 5,000만원

① 5,000만원　② 6,000만원
③ 7,000만원　④ 1억 3,000만원
⑤ 1억 6,000만원

27. 다음은 부동산 금융의 유형이다. 이 중 지분금융에 해당하는 것은 모두 몇 개인가?

○ 부동산 펀드　○ 공모에 의한 증자
○ 주택상환사채　○ 자산유동화증권(ABS)
○ 주택담보대출　○ 부동산투자회사(REITs)

① 2개　② 3개
③ 4개　④ 5개
⑤ 6개

28. 부동산 개발 단계의 순서를 올바르게 나열한 것은?

ㄱ. 아이디어　ㄴ. 마케팅
ㄷ. 예비적 타당성 분석　ㄹ. 부지의 확보
ㅁ. 금융　ㅂ. 건설
ㅅ. 타당성 분석

① ㄱ－ㄴ－ㄷ－ㄹ－ㅅ－ㅁ－ㅂ
② ㄱ－ㄴ－ㄷ－ㅅ－ㅁ－ㄹ－ㅂ
③ ㄱ－ㄷ－ㄹ－ㅅ－ㅁ－ㅂ－ㄴ
④ ㄱ－ㄷ－ㄴ－ㅅ－ㄹ－ㅁ－ㅂ
⑤ ㄱ－ㄹ－ㄷ－ㅁ－ㅅ－ㅂ－ㄴ

29. 사회기반시설에 대한 민간투자법상 다음에 해당하는 민간투자사업방식은?

○ 사회기반시설의 준공과 동시에 해당 시설의 소유권이 국가 또는 지방자치단체에 귀속되며, 사업시행자에게 일정기간의 시설관리운영권을 인정하는 방식
○ 도로, 터널, 철도 등 일반적인 기반시설에 주로 활용되는 방식

① BOT(build–operate–transfer) 방식
② BTO(build–transfer–operate) 방식
③ BLT(build–lease–transfer) 방식
④ BTL(build–transfer–lease) 방식
⑤ BOO(build–own–operate) 방식

30. **부동산 마케팅 전략에 관한 설명으로 틀린 것은?**

① 고객점유 마케팅 전략에 해당하는 4P MIX 전략은 제품(product), 가격(price), 유통경로(place), 촉진(promotion) 등으로 구성된다.

② AIDA 원리는 소비자가 대상 상품을 구매할 때까지 나타나는 심리 변화의 4단계를 의미한다.

③ 부동산 공급자가 부동산 시장을 점유하기 위한 일련의 활동을 시장점유 마케팅이라고 한다.

④ 시장세분화 전략(segmentation)이란 수요자 집단을 인구·경제학적 특성에 따라서 세분하고, 그 세분된 시장의 특성을 분석하는 과정을 말한다.

⑤ 포지셔닝(positioning)이란 고객의 욕구를 파악하여 경쟁 제품과 차별성을 가지도록 기업이 노력하는 것을 말한다.

31. **다음은 각 도시의 산업별 고용자 수를 표시한 것이다. A도시 부동산업의 입지계수(LQ)는 얼마인가?**

(단위:명)

구 분	A도시	B도시	전국
제조업	300	1,200	4,000
금융업	500	1,500	5,000
부동산업	200	300	1,000
합계	1,000	3,000	10,000

① 0.80　　② 1.70

③ 2.00　　④ 2.20

⑤ 2.50

32. **부동산 관리에 관한 설명으로 옳은 것은?**

① 자산 포트폴리오 선택, 임대부동산의 리모델링 결정 등은 시설관리의 내용이다.

② 위탁관리방식은 부동산 관리를 전문업체에 위탁하는 방식으로 소규모 부동산에 적합한 방식이다.

③ 임대부동산에 대한 손익분기점과 운영비용을 분석하는 행위는 법률적 측면의 관리이다.

④ 기밀유지의 측면에서 위탁관리 방식이 자가관리 방식에 비해 유리하다.

⑤ 혼합관리 방식은 문제가 발생하는 경우, 그 책임소재가 불분명하다는 단점이 있다.

33. **감정평가에 관한 규칙상 용어의 정의로 옳지 않은 것은?**

① 시장가치란 감정평가의 대상이 되는 토지 등이 통상적인 시장에서 충분한 기간 동안 거래를 위하여 공개된 후 그 대상물건의 내용에 정통한 당사자 사이에 신중하고 자발적인 거래가 있을 경우 성립될 가능성이 가장 높다고 인정되는 대상물건의 가액(價額)을 말한다.

② 가치형성요인이란 대상물건의 경제적 가치에 영향을 미치는 일반요인, 지역요인 및 개별요인 등을 말한다.

③ 기준시점이란 대상물건의 감정평가액을 결정하기 위해 현장조사를 완료한 날짜를 말한다.

④ 원가법이란 대상물건의 재조달원가에 감가수정(減價修正)을 하여 대상물건의 가액을 산정하는 감정평가방법을 말한다.

⑤ 적산법(積算法)이란 대상물건의 기초가액에 기대이율을 곱하여 산정된 기대수익에 대상물건을 계속하여 임대하는 데에 필요한 경비를 더하여 대상물건의 임대료를 산정하는 감정평가방법을 말한다.

34. **감정평가에 관한 규칙상 감정평가방법에 관한 설명으로 틀린 것은?**

① 자동차의 주된 평가방법과 선박 및 항공기의 주된 평가방법은 동일하다.

② 「집합건물의 소유 및 관리에 관한 법률」에 따른 구분소유권의 대상이 되는 건물부분과 그 대지사용권을 일괄하여 감정평가하는 경우 거래사례비교법을 주된 평가방법으로 적용한다.

③ 임대료를 평가할 때는 임대사례비교법을 주된 평가방법으로 적용한다.

④ 영업권, 특허권 등 무형자산은 수익환원법을 주된 평가방법으로 적용한다.

⑤ 건물의 주된 평가방법은 원가법이다.

35. **다음과 같이 조사된 건물의 기준시점 현재의 원가법에 의한 적산가액은?**

- ○ 기준시점 : 2023. 5. 30.
- ○ 준공시점 : 2021. 5. 30.
- ○ 재조달원가 : 300,000,000원
- ○ 기준시점 현재 잔존내용연수 : 48년
- ○ 내용연수 만료시 잔존가치율 : 10%

① 252,320,000원　　② 262,925,000원

③ 289,200,000원　　④ 294,000,000원

⑤ 294,800,000원

36. 부동산 감정평가에서 감가요인 중 기능적 감가와 가장 관련성이 깊은 부동산 가격 제 원칙으로 옳은 것은?

① 외부성의 원칙　② 적합의 원칙
③ 균형의 원칙　④ 기여의 원칙
⑤ 수익배분의 원칙

37. 다음 자료를 활용하여 수익환원법을 적용한 평가대상 부동산의 수익가액은?

○ 가능총소득 : 5,000만원
○ 공실손실상당액 : 가능총소득의 5%
○ 영업경비 : 유효총소득의 50%
○ 토지가액 : 건물가액 = 40% : 60%
○ 토지환원이율 : 5%
○ 건물환원이율 : 10%

① 255,470,000원　② 296,875,000원
③ 312,456,000원　④ 370,000,000원
⑤ 400,000,000원

38. 부동산의 가격과 가치에 관한 설명이다. 옳은 것은?

① 시장가치는 시장에서의 주관적인 가치인 데 반하여 투자가치는 대상부동산이 특정한 투자자에게 부여하는 객관적인 가치이다.
② 사용가치는 대상부동산이 시장에서 매도되었을 때 형성될 수 있는 교환가치를 말한다.
③ 일정시점에서 가치는 감정평가목적에 따라 여러 개 존재한다.
④ 가격은 여러 개 존재할 수 있으며, 가격의 전문가는 중개사이다.
⑤ 투자가치란 애초의 취득가격에서 법적으로 허용되는 방법에 의한 감가상각분을 제외한 장부상의 잔존가치를 의미한다.

39. 부동산 감정평가에 관한 설명 중 틀린 것은?

① 평가에 적용되는 내용연수는 경제적 내용연수이다.
② 기준시점은 감정평가서에 필수적 기재사항이다.
③ 지역분석에서 지역요인을 분석하여 대상부동산의 최유효이용을 결정한다.
④ 신뢰할 수 있는 자료가 있는 경우에는 평가대상 물건에 대한 실지조사를 생략할 수 있다.
⑤ 시산가액의 조정이란 평가 3방식에 의한 가액을 가중평균 등에 의하여 감정평가액으로 계산하는 것을 말한다.

40. 부동산 가격공시에 관한 법률의 규정에 관한 설명으로 틀린 것은?

① 표준지공시지가는 국가·지방자치단체 등의 기관이 그 업무와 관련하여 지가를 산정하거나 감정평가법인등이 개별적으로 토지를 감정평가하는 경우에 그 기준이 된다.
② 표준지공시지가 공시사항에는 표준주택의 용도, 연면적, 구조 및 사용승인일, 표준주택의 대지면적 및 형상이 포함된다.
③ 표준주택가격은 국가·지방자치단체 등의 기관이 그 업무와 관련하여 개별주택가격을 산정하는 경우에 그 기준이 된다.
④ 개별공시지가에 대하여 이의가 있는 자는 개별공시지가의 결정·공시일로부터 30일 이내에 서면으로 시장·군수·구청장에게 이의를 신청할 수 있다.
⑤ 국토교통부장관이 공동주택의 적정가격을 조사·산정하는 경우에는 인근 유사공동주택의 거래가격·임대료 및 당해 공동주택과 유사한 이용가치를 지닌다고 인정되는 공동주택의 건설에 필요한 비용추정액 등을 종합적으로 참작하여야 한다.

제2과목: 민법 및 민사특별법 중 부동산 중개에 관련되는 규정

41. 법률행위에 관한 설명으로 <u>틀린</u> 것은? (다툼이 있으면 판례에 따름)

① 부동산 이중매매가 반사회적으로 평가되면 무효인 이중매매의 제2매수인으로부터 그 부동산을 전득한 선의의 제3자는 소유권을 주장할 수 없다.

② 배임행위의 실행행위자와 거래하는 상대방이 배임행위임을 알았거나 알 수 있었다면 그 계약은 반사회적 법률행위에 해당한다고 볼 수 있다.

③ 법률행위가 무효가 되는 목적이 불능인 법률행위에 있어서 불능은 원시적 불능에 한정된다.

④ 주식투자자와 증권회사 사이에 주식매매 거래계좌설정약정과 일체로 투자수익 보장약정이 체결된 경우, 강행법규 위반인 투자수익보장약정이 무효이더라도 주식매매 거래계좌설정약정이 무효가 되는 것은 아니다.

⑤ 매매 등 유상계약이 원시적 일부불능인 경우, 담보책임에 관한 규정이 적용되는 한도에서는 계약체결상의 과실에 관한 민법 제535조는 적용되지 않는다.

42. 불공정한 법률행위(제104조)에 관한 설명으로 옳은 것은? (다툼이 있으면 판례에 따름)

① 불공정한 법률행위에 해당하여 무효인 경우에도 무효행위의 전환(제138조)의 법리가 적용될 수 있다.

② 무경험이란 거래 일반의 경험부족을 말하는 것이 아니라 해당 특정영역에서의 경험부족을 말한다.

③ 단독행위에는 불공정한 법률행위가 성립할 여지가 없다.

④ 궁박은 경제적인 것에 한하고 정신적인 것은 포함되지 않는다.

⑤ 불공정한 법률행위로 불이익을 입는 당사자가 불공정성을 소송 등으로 주장할 수 없도록 하는 부제소합의는 다른 특별한 사정이 없는 한 유효하다.

43. 甲은 자신의 부동산에 관하여 乙과 통정한 허위의 매매계약에 따라 소유권이전등기를 乙에게 해주었다. 그 후 乙은 이러한 사정을 모르는 丙과 위 부동산에 대한 매매계약을 체결하고 그에게 소유권이전등기를 해주었다. 다음 설명 중 옳은 것은? (다툼이 있으면 판례에 따름)

① 甲과 乙은 다른 특별한 사정이 없는 한 매매계약에 따른 채무를 이행할 필요가 있다.

② 甲은 丙을 상대로 이전등기의 말소를 청구할 수 있다.

③ 丙이 과실이 있는 경우에는 소유권을 취득하지 못한다.

④ 甲이 자신의 소유권을 주장하려면 丙의 악의를 증명해야 한다.

⑤ 선의의 丙으로부터 당해 부동산을 매수한 전득자가 악의인 경우에는 그 부동산의 소유권을 취득할 수 없다.

44. 착오로 인한 의사표시에 관한 다음 설명 중 <u>틀린</u> 것은? (다툼이 있으면 판례에 따름)

① 주채무자 소유의 부동산에 가압류 등기가 없다고 믿고 보증하였더라도, 그 가압류가 원인무효로 밝혀졌다면 착오를 이유로 취소할 수 없다.

② 당사자가 착오를 이유로 의사표시를 취소하지 않기로 약정한 경우, 표의자는 의사표시를 취소할 수 없다.

③ 부동산거래계약서에 서명 · 날인한다는 착각에 빠진 상태로 연대보증의 서면에 서명 · 날인한 경우 표시상의 착오에 해당한다.

④ 상대방이 표의자의 착오를 알고 이용한 경우에도 의사표시에 중대한 과실이 있는 표의자는 착오에 의한 의사표시를 취소할 수 없다.

⑤ 토지의 현황·경계에 관한 착오는 법률행위 내용의 중요부분의 착오에 해당할 수 있다.

45. 의사표시의 효력에 관한 설명으로 <u>틀린</u> 것은? (다툼이 있으면 판례에 따름)

① 진의 아닌 의사표시의 무효를 주장하는 자가 상대방의 악의 또는 과실에 대한 증명책임을 진다.

② 착오의 최소와 관련하여 중대한 과실 유무에 관한 증명책임은 표의자에게 있다.

③ 채권자취소권의 대상이 된 채무자의 법률행위라도 통정허위표시의 요건을 갖춘 경우에는 무효가 될 수 있다.

④ 통정허위표시의 무효는 선의의 제3자에게 대항할 수 없으며 제3자의 무과실은 요건이 아니다.

⑤ 동기의 착오가 상대방에 의해 유발된 경우에는 그 동기가 표시되지 않았다 하더라도 동기의 착오를 이유로 취소할 수 있다.

46. 대리권의 제한에 관한 다음 설명 중 옳은 것은? (다툼이 있으면 판례에 따름)

① 대리인이 여럿인 경우 공동대리가 원칙이지만, 법률의 규정이나 수권행위에 의하여 각자 대리할 수 있다.

② 쌍방대리행위 후에 본인이 이를 추인하여도 유효한 대리행위가 될 수 없다.

③ 사채알선업자가 대주와 차주 쌍방을 대리하여 소비대차계약과 담보권설정계약을 체결한 경우, 차주가 그 사채알선업자에게 한 변제는 무효이다.

④ 대물변제행위를 쌍방대리행위로 한 경우, 이는 기존의 채무이행을 위한 것이므로 허용된다.

⑤ 부동산 입찰절차에서 동일물건에 관하여 이해관계가 다른 2인 이상의 대리인이 된 경우에, 그 대리인이 한 입찰은 무효이다.

47. 무권대리인 乙이 甲을 대리하여 甲소유의 X부동산을 丙에게 매도하는 계약을 체결하였다. 이에 관한 설명으로 <u>틀린</u> 것을 모두 고른 것은? (다툼이 있으면 판례에 따름)

ㄱ. 乙이 甲을 단독상속한 경우, 본인 甲의 지위에서 추인을 거절하는 것은 신의성실의 원칙에 반한다.
ㄴ. 丙이 상당한 기간을 정하여 甲에게 추인 여부의 확답을 최고한 경우, 甲이 그 기간 내에 확답을 발하지 않은 때에는 추인을 거절한 것으로 본다.
ㄷ. 丙이 甲을 상대로 제기한 매매계약의 이행청구 소송에서 丙이 乙의 유권대리를 주장한 경우, 그 주장 속에는 표현대리의 주장도 포함된다.
ㄹ. 매매계약을 원인으로 丙명의로 소유권이전등기가 된 경우, 甲이 무권대리를 이유로 그 등기의 말소를 청구하는 때에는 丙은 乙의 대리권의 존재를 증명할 책임이 있다.

① ㄱ, ㄴ　② ㄷ, ㄹ
③ ㄴ, ㄹ　④ ㄱ, ㄴ, ㄹ
⑤ ㄴ, ㄷ, ㄹ

48. 무효에 관한 설명으로 <u>틀린</u> 것은? (다툼이 있으면 판례에 따름)

① 추인 요건을 갖추면 취소로 무효가 된 법률행위의 추인도 허용된다.

② 반사회적 법률행위는 당사자가 무효임을 알고 추인하여도 유효가 될 수 없다.

③ 무효인 법률행위를 당사자가 무효임을 알고 추인한 때에는 특별한 사정이 없는 한 소급하여 효력이 있다.

④ 무효행위의 추인은 그 무효원인이 소멸한 후에 하여야 그 효력이 있다.

⑤ 무효인 법률행위가 다른 법률행위의 요건을 구비하고 당사자가 그 무효를 알았더라면 다른 법률행위를 하였을 것이라고 인정될 때에는 다른 법률행위로서 효력을 가진다.

49. 법률행위의 취소에 관한 설명으로 옳은 것은? (다툼이 있으면 판례에 따름)

① 취소권은 취소할 수 있는 날로부터 3년 내 또는 취소사유가 있음을 안 날로부터 10년 내에 행사하여야 한다.

② 제한능력자가 제한능력을 이유로 자신의 법률행위를 취소하기 위해서는 법정대리인의 동의를 받아야 한다.

③ 상대방이 취소권자에게 이행을 청구한 경우 법정추인이 인정된다.

④ 취소할 수 있는 법률행위에 대해 취소권자가 적법하게 추인하면 그의 취소권은 소멸한다.

⑤ 취소할 수 있는 법률행위에 관하여 법정추인이 되려면 취소권자가 취소권의 존재를 인식해야 한다.

50. 조건 및 기한에 관한 설명으로 <u>틀린</u> 것은? (다툼이 있으면 판례에 따름)

① 정지조건과 이행기로서의 불확정기한은 표시된 사실이 발생하지 않는 것으로 확정된 때에 채무를 이행하여야 하는지 여부로 구별될 수 있다.

② 정지조건부 법률행위에 있어서 조건이 성취되었다는 사실은 이에 의하여 권리를 취득하고자 하는 측에 증명책임이 있다.

③ 신의성실에 반하는 방해로 말미암아 조건이 성취된 것으로 의제되는 경우, 성취의 의제시점은 그 방해가 없었더라면 조건이 성취되었으리라고 추산되는 시점이다.

④ 기한이익 상실특약은 특별한 사정이 없으면 정지조건부 기한이익 상실특약으로 추정된다.

⑤ 시기 있는 법률행위는 기한이 도래한 때로부터 그 효력이 생기고 종기있는 법률행위는 기한이 도래한 때로부터 그 효력을 잃는다.

51. **물권적 청구권에 관한 설명으로 틀린 것은?** (다툼이 있으면 판례에 따름)

① 불법점유를 이유로 한 건물명도청구는 현실적으로 불법점유를 하고 있는 자를 상대로 하여야 하지만, 그렇지 않은 경우에는 간접점유자를 상대로 할 수 있다.

② 고속도로의 소음으로 생활이익이 침해된 건물의 소유자 또는 점유자는 사회통념상 수인한도를 넘는 경우에 소유권 또는 점유권에 기초하여 소음피해의 제거청구나 예방을 위한 유지청구를 할 수 있다.

③ 소유권을 양도한 전소유자라도 제3자인 불법점유자에 대하여 소유권에 기초한 물권적 청구권에 의한 방해배제를 구할 수 있다.

④ 점유물방해에 따른 손해배상청구권은 방해가 종료한 날로부터 1년 내에 행사하여야 하는데, 그 기간은 출소기간으로 해석된다.

⑤ 사기에 의해 물건을 인도한 자는 점유회수의 소를 제기할 수 없다.

52. **가등기에 관한 다음 설명 중 틀린 것은?** (다툼이 있으면 판례에 따름)

① 乙의 부동산에 甲이 가등기를 한 후 乙이 목적부동산을 丙에게 매도하여 丙 명의로 소유권이전등기가 경료된 경우, 甲은 丙에게 본등기청구권을 행사하여야 한다.

② 물권적 청구권을 보전하기 위한 가등기는 인정되지 않는다.

③ 가등기가 담보가등기인지 여부는 그 등기부상 표시나 등기서류의 종류에 의하여 형식적으로 결정될 것이 아니고 거래의 실질과 당사자의 의사해석에 따라 결정될 문제라고 할 것이다.

④ 가등기와 본등기 사이의 제3자명의 소유권이전등기가 직권 말소된 후에, 가등기 및 본등기가 원인무효의 등기로 말소될 경우, 등기공무원은 직권으로 위 제3자의 소유권이전등기에 대한 말소회복등기를 하여야 한다.

⑤ 가등기권자가 가등기에 의한 본등기를 하지 않고 별도의 소유권이전등기를 한 경우에도 특별한 사정이 없는 한, 가등기권자는 가등기의무자에 대하여 재차 가등기에 기한 본등기 절차의 이행을 청구할 수 있다.

53. **등기에 관한 설명으로 틀린 것은?** (다툼이 있으면 판례에 따름)

① 부동산 물권변동 후 그 등기가 원인 없이 말소되었더라도 그 물권변동의 효력에는 영향이 없다.

② 점유취득시효의 완성으로 점유자가 소유자에 대해 갖는 소유권이전등기청구권은 통상의 채권양도 법리가 제한된다.

③ 미등기 부동산을 매수하여 소유권보존등기를 경료한 경우, 전소유자가 그 양도사실을 부인하는 경우에는 위 보존등기의 추정력은 깨진다.

④ 부동산 매수인이 그 목적물을 인도받아 이를 사용수익하고 있는 이상 그 매수인의 등기청구권은 시효로 소멸하지 않는다.

⑤ 동일 부동산에 관하여 등기명의인을 달리하여 중복된 소유권보존등기가 경료된 경우 먼저 된 소유권보존등기가 원인무효가 되지 않는 한 나중의 소유권보존등기는 무효이다.

54. **점유에 관한 설명으로 틀린 것은?** (다툼이 있으면 판례에 따름)

① 피상속인의 사망을 알지 못한 상속인은 피상속인의 점유를 승계하지 못한다.

② 점유자는 과실 없이 점유하는 것으로 추정되지 않는다.

③ 점유물반환청구에 대하여 점유침탈자는 점유물에 대한 본권이 있다는 이유로 반환을 거부할 수 없다.

④ 점유자가 상대방의 사기로 물건을 인도한 경우에는 점유물반환청구를 할 수 없다.

⑤ 직접점유가 침탈된 경우 직접점유자가 반환받을 수 없는 때에는 간접점유자는 자기에게 반환할 것을 청구할 수 있다.

55. **점유자와 회복자 사이의 법률관계에 관한 다음 설명 중 틀린 것은?** (다툼이 있으면 판례에 따름)

① 민법 제201조 제1항에 의해 과실수취권을 갖는 선의의 점유자란 과실수취권을 포함하는 권원이 있다고 오신한 점유자를 말하며, 그와 같은 오신에는 오신할 만한 정당한 근거가 있어야 한다.

② 비록 선의의 점유자가 과실을 취득함으로써 타인에게 손해를 입혔다 할지라도 그 과실취득으로 인한 이득을 그 타인에게 반환할 의무는 없다.

③ 점유물이 점유자의 책임 있는 사유로 멸실 또는 훼손한 때에는 악의의 점유자는 그 손해의 전부를 배상하여야 하며 선의의 점유자는 이익이 현존하는 한도에서 배상하여야 한다.

④ 악의의 점유자가 과실(過失) 없이 점유물의 과실(果實)을 수취하지 못한 경우 그 과실(果實)의 대가를 보상할 필요가 없다.

⑤ 필요비상환청구권에 대하여 회복자는 법원에 상환기간의 허여를 청구할 수 있다.

56. 甲소유의 대지에 대하여 乙이 점유취득시효가 완성된 경우에 관한 다음 설명 중 <u>틀린</u> 것은? (다툼이 있으면 판례에 따름)

① 甲소유의 대지에 대하여 乙이 취득시효가 완성된 경우에도 乙이 아직 이전등기를 하지 않는 한, 甲은 乙에 대하여 대지의 불법점유를 이유로 그 인도를 청구할 수 있다.

② 甲이 乙의 취득시효 완성사실을 알고 부동산을 丙에게 처분하여 그로 인해 乙이 손해를 입은 경우, 불법행위가 성립한다.

③ ②의 경우 丙이 甲의 처분행위에 적극가담하였다면 甲과 丙사이의 계약은 반사회질서행위로서 무효이다.

④ 乙은 시효완성 후 부동산소유권을 취득한 丙에게 원칙적으로 취득시효를 이유로 소유권이전등기를 청구할 수 없다.

⑤ 甲의 토지를 乙이 점유하다가 乙이 丙에게 임대하여 丙이 임차인으로서 20년간 점유한 경우, 丙이 아니라 乙이 시효취득을 하게 된다.

57. 특정건물을 甲·乙·丙이 공유하고 있는 경우의 법률관계에 관한 다음 설명 중 <u>틀린</u> 것은? (다툼이 있으면 판례에 따름)

① 甲·乙·丙 사이에 지분처분금지의 특약이 있더라도 甲으로부터 지분을 양수한 A는 乙과 丙에 대하여 자기가 공유자임을 주장할 수 있다.

② 甲·乙·丙의 지분이 불명한 경우에 甲이 그 건물을 배타적으로 사용·수익하고 있다면 乙이나 丙은 그 배타적으로 사용·수익의 금지를 청구할 수 있다.

③ 甲이 과반수의 지분을 가지는 경우에 단독으로 그 건물을 B에게 임대할 수 있고, B는 乙이나 丙의 방해제거청구에 대항할 수 있다.

④ ③의 경우에 甲이 B로부터 받은 차임에 관하여 乙이나 丙은 지분의 범위 내에서 甲에게 부당이득의 반환을 청구할 수 있다.

⑤ 건물이 C소유의 토지에 무단건축된 것이라면 C는 甲·乙·丙 전원을 상대로 건물철거를 구하여야 하고 그들 중 일부에 대한 철거청구는 부적법하여 각하된다.

58. 다음 지상권에 관한 설명으로 <u>틀린</u> 것은? (다툼이 있으면 판례에 따름)

① 지상권의 양도를 금지하는 특약이 있더라도 지상권의 양도는 절대적으로 보장된다.

② 토지에 저당권을 취득한 자가 그 토지의 담보가치하락을 막기 위하여 지상권도 취득한 경우, 피담보채권이 변제로 저당권이 소멸하면 지상권도 소멸한다.

③ 지상권자의 지료연체가 토지소유권의 양도 전후에 걸쳐 이루어진 경우 토지양수인에 대한 연체기간이 2년이 되지 않는다면 양수인은 지상권소멸청구를 할 수 없다.

④ 지상권설정시에 그 지상권이 미치는 토지의 범위와 그 설정 당시 매매되는 지상물의 범위를 다르게 하는 것도 가능하다.

⑤ 법정지상권의 지료액수가 판결에 의하여 정해진 경우, 지체된 지료가 판결확정 후 2년분 이상이어야 토지소유자는 지상권의 소멸을 청구할 수 있다.

59. 다음은 지역권에 관한 설명이다. 옳은 것은?

① 지역권에는 승역지를 점유할 수 있는 권능이 없으므로 지역권자에게는 물권적 청구권이 인정되지 않는다.

② 승역지의 점유자가 그 승역지를 시효취득한 때는 지역권은 언제나 소멸하고 점유자는 지역권이 설정되어 있지 않는 완전한 소유권을 취득한다.

③ 지역권은 요역지를 위하여 존재하는 권리이므로 요역지로부터 분리하여 지역권만을 양도할 수 없다.

④ 요역지의 소유권이 이전될 때에는 지역권도 이에 수반하여 이전하며, 당사자의 약정으로도 이를 배제할 수 없다.

⑤ 토지의 일부를 위해서도 지역권이 설정될 수 있다.

60. **다음 전세권에 관한 설명으로 <u>틀린</u> 것은?** (다툼이 있으면 판례에 따름)

① 전세금의 지급은 전세권 성립의 요소가 되는 것이지만 그렇다고 하여 전세금의 지급이 반드시 현실적으로 수수되어야만 하는 것은 아니고 기존의 채권으로 전세금의 지급에 갈음할 수도 있다.

② 전세권이 성립한 후 전세권목적물의 소유권이 이전된 경우, 전세금반환의무는 목적물의 신소유자에게 이전한다.

③ 건물전세권이 법정갱신된 경우, 전세권자는 그 등기 없이도 전세권설정자나 그 목적물을 취득한 제3자에 대하여 그 권리를 주장할 수 있다.

④ 전세권에 저당권이 설정된 후 전세권이 기간만료로 소멸하는 경우, 전세금반환채권에 대한 압류 등이 없는 한, 전세권설정자는 전세권자에게만 전세금반환의무를 부담한다.

⑤ 건물일부에 전세권이 설정되어 있더라도 그 일부가 구조상·이용상의 독립성이 없는 경우에는 전세권자는 건물 전체에 대하여 전세권에 의한 경매신청이 가능하다.

61. **유치권에 관한 다음 설명 중 <u>틀린</u> 것은?** (다툼이 있으면 판례에 따름)

① 타인의 물건을 점유한 자는 그 물건에 관하여 생긴 채권이 변제기에 있는 경우에는 변제를 받을 때까지 그 물건을 유치할 권리가 있다.

② 유치권자는 채권 전부의 변제를 받을 때까지 유치물 전부에 대하여 그 권리를 행사할 수 있다.

③ 유치권자는 채권의 변제를 받기 위하여 경매절차에 배당참가할 수 있으나 직접 유치물의 경매를 신청할 수는 없다.

④ 유치권자는 유치물의 과실을 수취하여 다른 채권보다 먼저 그 채권의 변제에 충당할 수 있다.

⑤ 부동산에 강제경매개시결정의 기입등기가 경료된 후에 유치권을 취득한 경우 그 유치권자는 경매절차의 매수인에게 대항할 수 없다.

62. **甲은 乙로부터 乙소유의 주택 전부에 대한 리모델링공사 의뢰를 받고 공사를 완료하였으나 공사대금을 받지 못하여 그 주택을 점유하고 있다. 그 후 주택이 경매되어 丁이 주택소유권을 경락취득하였다. 이에 대한 설명으로 <u>틀린</u> 것은?** (다툼이 있으면 판례에 따름)

① 甲은 乙의 승낙이 없어도 위 주택을 다른 사람에게 임대하고, 그 임차료를 받아 자신의 공사대금 채권에 충당할 수 있다.

② 甲은 자신이 위 주택에 관하여 지출한 필요비의 상환을 乙에게 청구할 수 있다.

③ 주택이 화재로 멸실된 경우, 甲은 그 화재보험금(청구권)에 대해 다른 권리자에 우선하여 변제를 받을 수는 없다.

④ 丁이 甲에게 위 주택의 인도를 청구하더라도, 甲은 공사대금을 변제받지 못하였음을 이유로 그 주택의 인도를 거절할 수 있다.

⑤ 甲은 丁에 대하여는 공사대금의 변제를 청구할 수 없다.

63. **저당부동산의 제3취득자에 관한 설명으로 <u>틀린</u> 것은?** (다툼이 있으면 판례에 따름)

① 저당부동산의 경매절차에서 경매인(競買人)이 될 수 있다.

② 채무자의 의사에 반해서도 저당채무를 변제할 수 있다.

③ 저당부동산에 지출한 필요비·유익비의 경우에는 저당부동산의 경매대가에서 우선상환을 받을 수 없다.

④ 저당채무를 변제하는 경우, 지연배상에 대하여는 1년분만 변제할 권리가 있다.

⑤ 저당채무를 변제한 경우, 채무자에 대하여 구상권을 가진다.

64. **다음 근저당권에 관한 설명으로 <u>틀린</u> 것은?** (다툼이 있으면 판례에 따름)

① 담보할 채권의 최고액을 반드시 등기하여야 한다.

② 확정된 채무액이 근저당권의 채권최고액을 초과한 경우, 채무자 겸 근저당권설정자는 최고액만을 변제하고 근저당권설정등기의 말소를 청구할 수 없다.

③ 피담보채권이 확정된 때에 담보할 채권이 전혀 존재하지 아니한 경우에는 근저당권은 당연히 소멸한다.

④ 피담보채권이 확정된 후에 발생한 채권도 최고액의 범위 안에 있는 한, 당해 근저당권에 의하여 담보된다.

⑤ 후순위저당권자가 경매를 신청한 경우, 선순위저당권자의 피담보채권은 경락인이 경락대금을 완납한 때에 확정된다.

65. 계약의 성립 등에 관한 설명으로 <u>틀린</u> 것은? (다툼이 있으면 판례에 따름)

① 관습에 의해 승낙의 통지가 필요하지 않은 경우에는 계약은 승낙의 의사표시로 인정되는 사실이 있는 때에 성립한다.

② 계약이 성립하기 위하여는 당사자의 의사표시에 나타나 있는 사항에 관하여는 모두 일치하고 있어야 한다.

③ 처분문서인 계약서가 있는 경우 특별한 사정이 없는 한 계약서에 기재된 대로의 의사표시의 존재 및 내용을 인정하여야 한다.

④ 승낙의 기간을 정하지 아니한 계약의 청약은 청약자가 상당한 기간 내에 승낙의 통지를 받지 못한 때에는 그 효력을 잃는다.

⑤ 명예퇴직의 신청은 근로계약에 대한 합의해지의 청약에 해당하므로, 그 청약의 의사표시가 사용자에게 도달한 경우에는 특별한 사정이 없는 한, 근로자가 임의로 그 청약의 의사표시를 철회할 수 없다.

66. 다음 동시이행의 항변권에 관한 설명으로 <u>틀린</u> 것은? (다툼이 있으면 판례에 따름)

① 매매 목적부동산에 가압류등기가 되어 있는 경우 특별한 사정이 없는 한 매도인의 가압류등기말소 및 소유권이전등기의무는 매수인의 대금지급의무와 동시이행관계에 있다.

② 부동산매매계약이 당사자 일방의 채무불이행으로 해제된 경우, 매도인의 매매대금반환의무와 매수인의 소유권이전등기말소의무가 동시이행관계에 있으므로 매도인이 반환하여야 할 매매대금에는 이자를 부가하여 지급할 의무가 없다.

③ 미등기건물의 매매계약에서 특별한 사정이 없는 한, 매수인의 잔금대금지급의무와 매도인의 소유권이전등기의무는 원칙적으로 동시이행관계에 있다.

④ 양 채무가 동일한 법률요건으로부터 생겨서 공평의 관점에서 보아 견련적으로 이행시켜야 할 경우 동시이행의 항변권을 쌍무계약 이외의 경우에 확장할 수 있다.

⑤ 임대차관계의 종료로 발생하는 임차인의 목적물반환의무와 임대인의 연체차임 기타 손해배상금을 공제하고 남은 보증금 반환의무는 동시이행관계에 있다.

67. 제3자를 위한 계약에 관한 다음 설명 중 <u>틀린</u> 것은? (다툼이 있으면 판례에 따름)

① 제3자는 계약체결 당시에 현존하거나 특정될 필요는 없으나 수익의 의사표시를 할 때에는 현존·특정되어야 한다.

② 제3자의 권리는 그 제3자가 채무자에 대하여 계약의 이익을 받을 의사를 표시한 때에 생긴다.

③ 제3자의 권리가 생긴 후에라도 원칙적으로 당사자는 이를 자유롭게 변경 또는 소멸시킬 수 있다.

④ 낙약자는 요약자와의 기본계약에서 발생되는 무효, 취소, 채무불이행 등의 항변사유를 제3자에게 주장할 수 있음이 원칙이다.

⑤ 낙약자의 귀책사유에 의하여 채무가 불이행된 경우에 제3자는 낙약자에 대하여 손해배상을 청구할 수 있다.

68. 계약의 합의해제에 관한 설명 중 <u>틀린</u> 것은? (다툼이 있으면 판례에 따름)

① 계약의 성립 후에 당사자 쌍방의 계약실현 의사의 결여로 인하여 쌍방 모두 이행의 제공이나 최고 없이 장기간 이를 방치하였다 하더라도 계약이 묵시적으로 합의해제된 것으로 볼 수 없다.

② 계약이 합의해제 되기 위해서는 쌍방 당사자의 의사표시 내용이 서로 객관적으로 일치하여야 한다.

③ 합의해제의 효력은 그 합의 내용에 의하여 결정되고 해제에 관한 민법 제543조(해지, 해제권) 이하의 규정은 적용되지 않는다.

④ 매매계약을 합의해제한 후 해제된 매매계약을 부활시키는 약정도 계약 자유의 원칙상 허용된다고 보아야 한다.

⑤ 합의해제되면 계약은 소급하여 소멸되므로 원상회복의무가 발생하지만 이로 인하여 제3자의 권리를 해하지는 못한다.

69. 계약의 해제에 관한 설명 중 <u>틀린</u> 것은? (다툼이 있으면 판례에 따름)

① 이행지체를 이유로 계약을 해제함에 있어 그 전제요건인 이행최고는 미리 일정한 기간을 명시하여 최고하여야 하는 것은 아니다.

② 정기행위에 있어서는 이행지체가 있으면 곧바로 해제권이 발생하고 보통의 계약에서와 달리 최고는 요구되지 않는다.

③ 계약이 해제되면 그 계약의 이행으로 변동이 생겼던 물권은 당연히 그 계약이 없었던 원상태로 복귀한다.

④ 무허가건물 매수인으로부터 무허가건물을 다시 매수하고 무허가건물관리대장에 소유자로 등재된 자는 계약해제로부터 보호되는 제3자에 해당하지 않는다.

⑤ 당사자의 일방 또는 쌍방이 수인인 경우에 그 중의 1인에 관하여 해제권이 소멸하였다고 하여 다른 당사자에 관하여도 해제권이 소멸하는 것은 아니다.

70. 계약금에 관한 설명으로 <u>틀린</u> 것은? (다툼이 있으면 판례에 따름)

① 계약금 포기에 의한 계약해제의 경우, 상대방은 채무불이행을 이유로 손해배상을 청구할 수 없다.

② 계약금은 별도의 약정이 없는 한 해약금으로 추정된다.

③ 매매계약시 계약금의 일부만을 먼저 지급하고 잔액은 나중에 지급하기로 한 경우, 매도인은 실제 받은 일부 금액의 배액을 상환하고 매매계약을 해제할 수 있다.

④ 계약금을 위약금으로 하는 당사자의 특약이 있으면 계약금은 위약금의 성질이 있다.

⑤ 매도인이 계약금의 배액을 상환하여 계약을 해제하는 경우, 그 이행의 제공을 하면 족하고 매수인이 이를 수령하지 않더라도 공탁까지 할 필요는 없다.

71. 민법상 명문으로 규정한 매도인의 담보책임의 내용이 <u>아닌</u> 것은?

① 완전물급부청구권

② 대금감액청구권

③ 하자보수청구권

④ 계약해제권

⑤ 손해배상청구권

72. 환매에 관한 설명으로 옳은 것은? (다툼이 있으면 판례에 따름)

① 환매권은 양도가 가능하며, 채권자대위권의 목적이 된다.

② 동산의 환매기간은 2년을 넘지 못하지만, 기간연장을 할 수 있다.

③ 부동산의 환매계약이 체결되고 환매권이 등기된 경우, 매수인이 목적부동산을 제3자에 처분하는 행위는 무효이다.

④ 부동산의 환매계약이 체결되었으나 환매기간을 정하지 아니한 때에는 법원이 그 기간을 정하나 5년을 넘지 못한다.

⑤ 환매의 의사표시만으로 환매가 성립하고 환매대금을 실제로 제공하여야 하는 것은 아니다.

73. 민법상의 임대차에 관한 설명으로 옳은 것은? (다툼이 있으면 판례에 따름)

① 임차인이 임차권을 무단으로 양도한 경우, 그 임차권양수인이 임차인과 부부로서 함께 가구점을 경영하고 있는 경우라도 임대인은 임대차계약을 해지할 수 있다.

② 건물임차인이 자신의 비용을 들여 증축한 부분을 임대인 소유로 귀속시키기로 하는 약정은 특별한 사정이 없는 한 유효하다.

③ 임차인이 유익비를 지출한 경우에는, 임대차 기간 존속 중이라도 그 가액의 증가가 현존하는 한 임대인은 임차인이 지출한 금액이나 그 증가액을 상환하여야 한다.

④ 임차인이 임대인의 동의를 얻어 임차물을 전대한 때에는 전차인은 직접 임대인에 대하여 의무를 부담하고 권리를 취득한다.

⑤ 임대인의 동의 있는 전대차가 이루어진 경우에 임대인과 임차인의 종전 관계는 소멸한다.

74. 임차보증금에 관한 설명으로 <u>틀린</u> 것은? (다툼이 있으면 판례에 따름)

① 임차보증금은 임대차보증금은 임대차계약이 종료된 후 임차인이 목적물을 인도할 때까지 발생하는 차임 및 기타 임차인의 채무를 담보한다.

② 임대차기간 중 목적물의 소유권이 이전된 경우, 원칙적으로 구 소유자(임대인)가 보증금반환의무를 부담한다.

③ 임대인이 임차인을 상대로 부동산의 인도 및 연체차임의 지급을 구하는 소송비용은 임대인이 반환할 임대차보증금에서 당연히 공제할 수 있다.

④ 임대차계약이 종료된 후 임차인은 목적물을 반환하기 전까지는 특별한 사정이 없는 한 보증금이 있음을 이유로 연체차임의 지급을 거절할 수 있다.

⑤ 임대차계약에서 보증금이나 임료를 지급하였다는 입증책임은 임차인이 부담한다.

75. 주택임대차보호법에 관한 설명으로 틀린 것은? (다툼이 있으면 판례에 따름)

① 임대인은 임차인이 임대차기간이 끝나기 6개월 전부터 2개월 전까지의 기간 이내에 계약갱신을 요구할 경우 정당한 사유 없이 거절하지 못한다.

② 주민등록이 어떤 임대차를 공시하는 효력이 있는가의 여부는 사회통념상 그 주민등록으로 당해 임대차건물에 임차인이 주소 또는 거소를 가진 자로 등록되어 있다고 인식할 수 있는가의 여부에 따라 결정된다.

③ 주택임대차보호법상 주택의 인도 및 주민등록이라는 대항요건은 그 대항력을 유지하기 위하여서도 계속 존속하고 있어야 한다.

④ 주택임대차보호법상의 대항력과 우선변제권을 겸유하고 있는 임차인이 제1경매절차에서 배당요구를 하였으나 보증금 전액을 배당받지 못한 경우라도 제2경매절차에서 우선변제권에 의한 배당을 받을 수는 없다.

⑤ 임차인이 대항력을 가진 후 그 임차주택의 소유권이 양도되어 양수인이 임차보증금반환채무를 부담하게 되었더라도, 임차인이 주민등록을 이전하면 양수인이 부담하는 임차보증금 반환채무는 소멸한다.

76. 상가건물임대차보호법상 임대인이 임차인의 계약갱신요구를 거절할 수 있는 사유에 속하지 않는 것은?

① 임차인이 3기의 차임을 지급하지 않은 경우

② 임차인이 임차한 건물의 전부를 과실로 파손한 경우

③ 임차인이 임대인의 동의 없이 건물의 일부를 전대한 경우

④ 서로 합의하여 임대인이 임차인에게 상당한 보상을 제공한 경우

⑤ 임차인이 부정한 방법으로 건물을 임차한 경우

77. 집합건물의 소유 및 관리에 관한 법률의 내용으로 옳은 것을 모두 고른 것은?

> ㄱ. 법무부장관은 집합건물법을 적용받는 건물과 대지 및 부속시설의 효율적이고 공정한 관리를 위하여 표준규약을 마련하여야 한다.
> ㄴ. 각 공유자는 규약에 달리 정한 바가 없으면 균등한 비율로 공용부분의 관리비용과 그 밖의 의무를 부담하며 공용부분에서 생기는 이익을 취득한다.
> ㄷ. 집합건물법 또는 규약에 따라 관리단집회에서 결의할 것으로 정한 사항에 관하여 구분소유자의 4분의 3 이상 및 의결권의 4분의 3 이상이 서면이나 전자적 방법 또는 서면과 전자적 방법으로 합의하면 관리단집회를 소집하여 결의한 것으로 본다.
> ㄹ. 공유자가 공용부분에 관하여 다른 공유자에 대하여 가지는 채권은 그 특별승계인에 대하여는 행사할 수 없다.

① ㄱ, ㄴ ② ㄱ, ㄷ
③ ㄴ, ㄷ ④ ㄴ, ㄹ
⑤ ㄷ, ㄹ

78. 집합건물의 구분소유에 관한 대법원의 태도와 다른 것은?

① 구분건물의 전유부분만에 대해 내려진 가압류결정의 효력은, 저당권과는 달리 원칙적으로 그 대지권에는 미치지 않는다.

② 관리단은 관리비 징수에 관한 유효한 규약이 없더라도 공용부분에 대한 관리비를 그 부담의무자인 구분소유자에게 청구할 수 있다.

③ 집합건물구분소유권의 특별승계인이 그 구분소유권을 다시 제3자에게 이전한 경우, 관리규약에 달리 정함이 없는 한, 각 특별승계인들은 자신의 전(前)구분소유자의 공용부분에 대한 체납관리비를 지급할 책임이 있다.

④ 공용부분 관리비에 대한 연체료는 특별승계인에게 승계되는 공용부분 관리비에 포함되지 않는다.

⑤ 관리단집회 결의나 다른 구분소유자의 동의 없이 구분소유자 1인이 공용부분을 독점적으로 점유·사용하는 경우, 다른 구분소유자는 공용부분의 보존행위로서 그 인도를 청구할 수는 없다.

79. 가등기담보 등에 관한 법률(이하 '가등기담보법'이라 함)에 관한 설명으로 틀린 것은? (다툼이 있으면 판례에 따름)

① 가등기담보법은 차용물의 반환에 관하여 다른 재산권을 이전할 것을 예약한 경우에만 적용되고, 매매대금 지급에 관하여 다른 재산권을 이전하기로 약정한 경우에는 적용되지 않는다.

② 가등기담보법은 질권, 저당권, 전세권의 취득을 목적으로 하는 담보계약에는 준용되지 않는다.

③ 가등기담보권자가 통지한 청산금액수가 객관적인 청산금의 평가액에 미치지 못하더라도, 담보권실행의 통지로서의 효력에는 아무런 영향이 없다.

④ 채권자의 청산금평가액 자체에 이의가 있는 후순위권리자는 청산기간 경과 후 자기 채권의 변제기가 도래하기 전이라도 독자적으로 경매를 청구할 수 있다.

⑤ 가등기담보권자의 청산금지급채무와 가등기담보권설정자의 소유권이전등기 및 목적물인도채무는 동시이행의 관계에 있다.

80. 부동산실권리자 명의등기에 관한 법률'에 대한 설명으로 틀린 것은?

① 위 법은 모든 부동산물권을 실체적 권리관계에 부합시키기 위해 실권리자가 등기하는 것을 목적으로 한다.

② 위 법이 정한 명의신탁약정과 이를 기초로 행하여진 등기에 의한 부동산물권변동은 무효이다.

③ 채무의 변제를 담보하기 위해 채권자가 부동산에 관한 물권을 가등기하는 것은 위 법이 무효로 하는 명의신탁약정에 해당하지 않는다.

④ 부동산의 특정된 부분을 2인 이상이 구분소유하면서 공유로 등기하는 소위 상호명의 신탁은 위 법이 무효로 하는 명의신탁약정에 해당된다.

⑤ 명의수탁자가 일방당사자가 되고, 명의신탁약정에 관해 선의인 타방당사자가 부동산 물권의 취득을 목적으로 하는 계약을 기초로 등기하여 성립한 물권변동은 유효하다.

MEMO

2023년도 제34회 공인중개사 1차 국가자격시험

실전모의고사 제5회

교 시	문제형별	시 간	시험과목
1교시	A	100분	1 부동산학개론 2 민법 및 민사특별법 중 부동산 중개에 관련되는 규정

수험번호		성 명	

【 수험자 유의 사항 】

1. **시험문제지 표지와** 시험문제지 내 **문제형별의 동일여부** 및 시험 문제지의 **총면수 · 문제번호 일련순서 · 인쇄상태** 등을 확인하시고, 문제지 표지에 수험번호와 성명을 기재하시기 바랍니다.
2. 답은 각 문제마다 요구하는 **가장 적합하거나 가까운 답 1개**만 선택하고, 답안카드 작성시 시험문제지 **형별누락, 마킹착오**로 인한 불이익은 전적으로 수험자에게 책임이 있음을 알려드립니다.
3. 답안카드는 국가전문자격 공통 표준형으로 문제번호가 1번부터 125번까지 인쇄되어 있습니다. 답안마킹시에는 반드시 **시험문제지의 문제번호와 동일한 번호에 마킹**하여야 합니다. (1차 1교시: 1번~80번)
4. **감독관의 지시에 불응시 불이익이 발생될 수 있으며, 시험시간 종료 후 답안카드를 제출하지 않을 경우** 시험무효처리 됨을 알려드립니다.
5. 이의제기에 관한 개별회신은 하지 않으며, **최종 정답 발표로 갈음**합니다.
6. 시험 중 **중간 퇴실은 불가**합니다. 단, 부득이하게 퇴실할 경우 **시험포기 각서 제출 후 퇴실은 가능**하나 **재입실이 불가**하며, **해당시험은 무효처리됩니다.**
7. 시험문제지는 시험 종료 후 가져가시기 바랍니다.

인강드림 공인중개사

제1과목: 부동산학개론

1. 부동산의 개념에 관한 설명으로 옳은 것은?

① 토지와 그 토지 위의 정착물이 하나로 결합 되어 부동산 활동의 대상으로 되는 것을 복합개념이라고 한다.
② 광의의 부동산이란 민법상의 개념으로 민법 제99조 제1항에서 '토지 및 그 정착물' 을 말한다.
③ 명인방법을 갖춘 수목의 집단, 입목법에 등기된 입목은 독립된 정착물로 인정된다.
④ 일반적으로 임차인이 부착한 임차인정착물은 정착물로 간주된다.
⑤ 준부동산은 협의의 부동산과 다르게 공시수단을 가지고 있지 않다는 것이 특징이다.

2. 부동산 특성에 관한 설명으로 틀린 것은?

① 토지의 병합 · 분할은 용도의 다양성을 지원을 목적으로 한다.
② 부동산 시장에서 외부효과가 발생하는 것은 토지의 부동성과 인접성에 근거한다.
③ 토지의 부증성은 토지의 집약적 이용과 최유효이용이 강조되는 근거가 된다.
④ 토지의 부동성에 의해 부동산 활동은 임장활동이 중시된다.
⑤ 토지의 영속성으로 인해 부동산은 표준화가 어렵고, 일반재화에 비해 대체 가능성이 낮다.

3. 부동산학에 관한 설명 중 옳은 것은 모두 몇 개인가?

> ㉠ 부동산학은 토지 및 그 정착물에 관하여 그것과 관련된 직업적·물적·법적·금융적 제 측면을 연구하는 학문이다.
> ㉡ 부동산학이 추구하는 최우선의 가치는 효율성이나 사회 전체적으로는 효율성뿐만 아니라 형평성도 고려의 대상이다.
> ㉢ 부동산학의 연구대상인 부동산 활동은 부동산이 갖는 영속성과 투자의 고정성 등으로 인하여 장래에 대한 장기적인 배려를 거쳐 결정·실행되는 것이 일반적이다.
> ㉣ 부동산학이 추구하는 가치는 사익과 공익을 형량하여 균형점을 찾는 것에 있다.
> ㉤ 부동산 마케팅활동, 관리활동, 감정평가활동 등은 부동산 결정분야에 해당한다.

① 2개 ② 3개
③ 4개 ④ 5개
⑤ 정답 없음

4. 토지의 용어에 관한 설명으로 틀린 것은?

① 일정한 용도로 제공되고 있는 바닥토지를 부지(敷地)라고 한다.
② 하나의 지번을 가진 토지의 등기 · 등록의 단위를 필지(筆地)라고 한다.
③ 택지지역, 농지지역, 임지지역 등 용도지역 상호 간에 용도가 전환되고 있는 지역 내의 토지를 이행지(移行地)라고 한다.
④ 물에 의한 침식으로 인해 하천으로 변한 토지를 포락지(浦落地)라고 한다.
⑤ 대지 등으로 개발되기 이전의 자연상태 그대로의 토지를 소지(素地)라고 한다.

5. 수요와 공급이 동시에 변화할 때 나타나는 균형의 변화를 설명한 것으로 틀린 것은?

① 수요의 감소폭과 공급의 감소폭이 같다면 균형가격은 불변이고 균형량은 감소한다.
② 수요의 감소폭이 공급의 감소폭보다 작다면 균형가격은 상승하고 균형량은 감소한다.
③ 수요의 증가폭이 공급의 증가폭보다 크다면 균형가격은 상승하고 균형량은 증가한다.
④ 수요의 감소폭이 공급의 증가폭보다 작다면 균형가격은 하락하고 균형량은 증가한다.
⑤ 수요의 증가폭과 공급의 감소폭의 변화의 크기를 알 수 없다면 균형가격은 변화를 알 수 없고, 균형량은 증가한다.

6. 부동산의 공급에 관한 설명으로 틀린 것은?

① 공공임대주택의 공급은 저소득층 임차수요의 가격탄력성을 보다 크게 한다.
② 신규주택건설업체의 진입 증가, 건축 원자재가격의 하락 등은 주택공급 증가요인이다.
③ 양도소득세가 중과되면 주택공급의 위축으로 장기적으로 가격이 상승할 수 있다.
④ 용도지역지구제와 같은 부동산 정책을 통해서 부동산의 공급을 조절할 수 있다.
⑤ 급격한 인플레는 주택임대업자의 실질 임대수입을 증가시키는 경향이 있다.

7. 부동산의 수요와 공급의 가격탄력성에 관한 설명으로 틀린 것은?

① 용도가 다양할수록 수요의 가격탄력성은 커진다.

② 수요의 가격탄력성은 가격이 변할 때 수요량이 얼마나 변하는지를 나타내는 것으로, 정량적(quantitative) 지표로 분석한다.

③ 수요의 가격탄력성이 1보다 큰 경우 임대료를 인하하면 임대수입은 종전보다 증가한다.

④ 수요가 증가할 때 공급이 비탄력적일수록 균형가격 상승폭은 작아진다.

⑤ 정상재의 경우, 수요의 소득탄력성은 0보다 크다.

8. 아파트에 대한 수요의 가격탄력성은 0.5이고, 소득탄력성은 2이다. 아파트 가격이 10% 상승하였음에도 불구하고 아파트 수요량이 5% 증가하였다면 이때 소득은 얼마나 변하였는가?

① 5% 하락　　② 5% 상승

③ 10% 하락　　④ 10% 상승

⑤ 20% 상승

9. A주택시장과 B주택시장의 함수조건이 다음과 같다. 거미집이론에 의한 두 시장의 모형형태는?

> ○ A주택시장: $3Qd = 200 - P$, $2Qs = 100 + 4P$
> ○ B주택시장: $Qd = 500 - 2P$, $Qs = 200 + 5P$

① A: 수렴형, B: 수렴형　　② A: 수렴형, B: 발산형

③ A: 수렴형, B: 순환형　　④ A: 발산형, B: 수렴형

⑤ A: 발산형, B: 발산형

10. 지대이론에 관한 설명으로 옳은 것은?

① 차액지대는 지대 발생 원인으로 토지의 위치에 따른 수송비를 중요시하고 비옥도와는 무관하다.

② 준지대는 사람이 만든 기계나 설비 등에 있어서 지대의 성질에 준하는 잉여로 영구적 성격을 가지고 있다.

③ 독점지대는 토지의 생산성과 무관하게 토지가 개인에 의해 배타적으로 소유되는 것으로부터 발생한다.

④ 전용수입은 어떤 생산요소가 다른 용도로 전용되지 않고 현재의 용도에 그대로 사용되도록 지급하는 최소한의 지급액이다.

⑤ 입찰지대는 토지소유자의 노력과 희생 없이 사회 전체의 노력에 의해 창출된 지대이다.

11. 부동산 경기변동에 대한 설명 중 틀린 것은?

① 부동산 경기는 일반적으로 주거용 부동산 건축경기를 말한다.

② 부동산 경기도 일반경기와 마찬가지로 순환적(cyclical) 변동, 추세적(trend) 변동, 계절적(seasonal) 변동, 불규칙(random) 변동 등으로 구성되어 있다.

③ 부동산 경기변동은 도시마다 다르고 동일한 시장지역에서도 부분시장별로 다르게 나타날 수 있다.

④ 부동산 경기는 일반경기와 동행, 역행, 선행할 수도 있으나 후행하는 경향이 있다.

⑤ 회복시장은 후퇴시장의 전 국면의 시장으로서 부동산 경기가 후퇴할 가능성을 내포한다.

12. 다음은 상업입지론에 관한 설명이다. 옳은 것은?

> ㉠ 중심지란 각종 재화와 서비스 공급기능이 집중되어 배후지에 재화와 서비스를 공급하는 중심지역을 말한다.
> ㉡ 중력모형(gravity model)은 중심지 간의 상호작용보다 중심지의 형성과정에 더 초점을 두고 있다.
> ㉢ 허프(D. L. Huff)의 확률모형으로 여러 개의 중심지 간의 상호작용을 통한 시장점유율을 추산할 수 있다.
> ㉣ 레일리(W. J. Reilly)와 컨버스(P. D. Converse)의 소매중력모형은 두 중심지 간의 상호작용만을 설명하지만 허프(D. L. Huff)의 확률모형은 다수의 중심지 간의 상호작용을 설명할 수 있다.

① ㉠, ㉡　　② ㉡, ㉢

③ ㉠, ㉡, ㉣　　④ ㉠, ㉢, ㉣

⑤ ㉡, ㉢, ㉣

13. A중심지와 B중심지는 9km 떨어져 있다. A중심지의 규모가 $1,000m^2$이고, B중심지는 $4,000m^2$이다. 다른 조건이 일정할 경우 상권의 경계는 B매장으로부터 몇 km인가?

① 7km　　② 6km

③ 5km　　④ 3km

⑤ 2km

14. 약성 효율적 시장에 관한 기술이다. <u>틀린</u> 것은?

① 약성 효율적 시장이란 현재의 시장가치가 과거의 추세를 충분히 반영하고 있는 시장이다.

② 부동산 시장이 순환적 운동을 한다는 사실이 과거 자료의 분석으로 밝혀졌다고 한다면 사람들은 이러한 사실을 토대로 행동할 것이기 때문에 현재의 시장가치는 이미 이러한 정보를 반영하고 있다는 것이다.

③ 현재의 공개된 자료 및 정보를 토대로 시장가치의 변동을 분석하는 것을 기술적 분석이라 한다.

④ 만약 시장이 약성 효율적이라고 한다면 기술적 분석에 의해 밝혀진 기술적 지표로서는 결코 초과이윤을 획득할 수 없다.

⑤ 약성 효율적 시장에서 기술적 분석으로부터 초과이윤을 획득할 수 없다는 것은 시장참여자들은 모두 기술적 분석을 하고 그에 따라 합리적으로 행동하고 있다는 것을 전제로 한다.

15. 외부효과에 대한 설명 중 옳은 것은?

① 외부경제란 거래당사자의 행위가 시장기구를 통하지 않고, 다른 거래당사자에게 미치는 유리한 효과를 지칭한다.

② 정(+)의 외부효과를 발생시키는 재화의 경우 시장에서 과대생산된다.

③ 기업이 외부불경제를 발생시킨다면 사적 비용이 사회적 비용보다 큰 경우이다.

④ 토지의 부동성과 인접성으로 토지시장에서 외부효과가 발생한다.

⑤ 외부효과는 어떤 경제주체의 경제활동의 의도적인 결과가 시장을 통하여 다른 경제주체의 후생에 영향을 주는 것을 말한다.

16. 다음은 정부의 임대료 규제정책이 주택시장에 미치는 영향을 설명한 것이다. 정부의 규제임대료가 시장의 균형임대료보다 낮은 경우에 발생하는 현상 중 <u>틀린</u> 것은?

① 가격인하로 인한 임대부동산의 질적 수준이 저하된다.

② 균형임대료보다 낮은 규제임대료로 인해 임대주택에 대한 초과수요를 발생시킨다.

③ 정부의 낮은 규제임대료로 인해 임차인들의 주거 이동이 활발해진다.

④ 임대주택에 대한 투자를 기피하는 현상이 발생한다.

⑤ 기존의 임대주택이 다른 용도로 전환된다.

17. 도시내부구조이론에 관한 설명으로 <u>틀린</u> 것은?

① 버제스의 동심원이론에 따르면 중심업무지구와 저소득층 주거지대 사이에 점이지대가 위치한다.

② 호이트의 선형이론에 따르면 도시공간구조의 성장과 분화는 주요 교통축을 따라 부채꼴 모양으로 확대되면서 나타난다.

③ 버제스의 동심원이론은 도시생태학적 관점에서 접근하였다.

④ 버제스의 동심원이론은 교통축을 적용한 호이트의 선형이론을 더욱 발전시킨 모형이다.

⑤ 해리스와 울만의 다핵심이론은 도시는 하나의 중심지가 아니라 몇 개의 중심지로 구성된다고 하였다.

18. 정부의 부동산 시장개입에 관한 설명으로 <u>틀린</u> 것은?

① 부동산 시장에서 시장실패가 발생할 경우 정부가 시장에 개입할 수 있다.

② 토지수용의 문제점은 매입과 보상과정에서 시행자와 피수용자 간에 갈등이 발생할 수 있다는 것이다.

③ 개발이익 환수에 관한 법률에 따른 개발부담금제는 정부의 간접적 개입수단이다.

④ 임대료 보조제도 및 공공토지비축제도는 정부가 부동산시장에 개입하는 직접적 개입수단이다.

⑤ 정부는 공공임대주택의 공급을 통해 소득재분배 효과를 기대할 수 있다.

19. 분양가상한제에 관한 설명으로 옳은 것을 모두 고른 것은?

> ㄱ. 분양가상한제 적용주택의 분양가격은 택지비와 건축비로 구성된다.
> ㄴ. 현재 정부가 시행 중인 정책이다.
> ㄷ. 신규 공동주택의 공급을 증가시키기 위해 도입한 정책이다.
> ㄹ. 주택법령상 사업주체가 일반인에게 공급하는 공동주택 중 공공택지에서 공급하는 도시형 생활주택은 분양가상한제를 적용하지 않는다.

① ㄱ, ㄴ, ㄹ　　② ㄷ, ㄹ
③ ㄴ, ㄷ, ㄹ　　④ ㄱ, ㄹ
⑤ ㄹ

20. 부동산 관련 조세 중 국세이면서 보유과세에 해당하는 것은?

① 취득세
② 등록면허세
③ 상속세
④ 종합부동산세
⑤ 재산세

21. 부동산 조세정책의 효과에 관한 설명으로 옳은 것은?

① 취득세 중과는 부동산 수요를 활성화하는데 기여할 수 있다.
② 임대주택에 대한 재산세 중과는 임대주택의 공급을 증가시킬 수 있다.
③ 양도소득세를 중과하면 부동산의 매각을 뒤로 미루는 동결효과(lock-in effect)로 부동산 공급이 위축될 수 있다.
④ 임대주택에 재산세가 부과되더라도 부과된 세금이 임차인에게 전가되지 않는다.
⑤ 주택의 취득세율이 인하되면, 주택 가격은 하락한다.

22. 부동산 시장에 대한 정부의 직접 개입방식으로 옳은 것은?

① 공공토지비축제도, 개발부담금제도
② 수용제도, 선매제도
③ 분양가상한제, 부동산 조세
④ 토지거래허가구역, 용도지역지구
⑤ 주택담보대출 규제, 부동산 실거래가 신고제도

23. 토지정책에 관한 설명으로 옳은 것은?

① 토지정책 수단 중 토지비축제도, 토지수용, 금융지원, 보조금 지급은 간접개입방식이다.
② 개발부담금제는 개발이 제한되는 지역의 토지소유권에서 개발권을 분리하여 개발이 필요한 다른 지역에 개발권을 양도할 수 있도록 하는 제도이다.
③ 토지 선매에 있어 시장 · 군수 · 구청장은 토지거래계약허가를 받아 취득한 토지를 그 이용목적대로 이용하고 있지 아니한 토지에 대해서 선매자에게 강제로 수용하게 할 수 있다.
④ 개발권양도제도는 개발사업의 시행으로 이익을 얻은 사업시행자로부터 개발이익의 일정액을 환수하는 제도이다.
⑤ 토지적성평가제는 토지에 대한 개발과 보전의 경합이 발생하였을 때 이를 합리적으로 조정하는 수단이다.

24. 우리나라에서 현재 시행하지 않는 부동산 정책으로 옳은 것은?

ㄱ. 종합토지세	ㄴ. 공한지세
ㄷ. 토지거래허가제	ㄹ. 택지소유상한제
ㅁ. 분양가상한제	ㅂ. 개발이익환수제
ㅅ. 실거래가신고제	ㅇ. 부동산실명제

① ㄱ, ㄴ, ㄹ
② ㄱ, ㅁ, ㅂ
③ ㄱ, ㅂ, ㅅ
④ ㄴ, ㄷ, ㅁ
⑤ ㄹ, ㅅ, ㅇ

25. 부동산 투자의 위험과 수익에 관한 설명으로 틀린 것은?

① 부동산은 주식 등 금융상품에 비해 유동성이 낮은 편이다..
② 기대수익률이 요구수익률보다 클 경우 투자안이 채택된다.
③ 기대수익률은 투자대상 부동산의 예상 현금유입과 현금유출로부터 계산되는 수익률이다.
④ 무위험률의 상승은 투자자의 요구수익률을 상승시키는 요인이다.
⑤ 부채비율이 높을수록 자기자본수익률이 상승하는 효과가 기대되어 투자위험은 감소하게 된다.

26. 투자대상의 예상 현금흐름이 다음과 같을 때, 투자자의 자기자본수익률은?

> ○ 임대용 부동산
>   – 부동산의 예상 매매가 : 10억 원
>   – 대출 : 6억 원
> ○ 금융 조건: 금리 연 4%,(만기일시상환 조건)
> ○ 1년간 순영업소득(NOI): 7,000만원
> ○ 1년간 임대용 부동산의 가격 상승률: 2%

① 13.5%
② 14%
③ 15%
④ 16.5%
⑤ 17.5%

27. 부동산 투자의 현금흐름분석에 관한 설명으로 <u>틀린</u> 것은?

① 소득세와 부채서비스액은 순영업소득을 산정할 때 영업경비로 차감하는 항목이다.

② 유효총소득은 가능총소득에서 공실손실상당액과 불량부채액(충당금)을 차감하고, 기타 소득을 더하여 구한 소득이다.

③ 전부 자기자본으로 투자하는 경우, 순영업소득과 세전현금흐름은 같을 수 있다.

④ 세후현금흐름은 지분투자자에게 최종적으로 귀속되는 소득으로 세전현금흐름에서 영업소득세를 차감한 금액이다.

⑤ 순매도가액에서 미상환저당잔액을 차감한 금액이 세전지분복귀액이다.

28. 부동산 투자의 수익률에 관한 설명으로 <u>틀린</u> 것은?

① 기대수익률은 투자대상 부동산이 장래 산출할 것으로 예상되는 현금유입과 현금유출을 통해서 산정된다.

② 기대수익률이 요구수익률보다 클 때, 투자가치가 크다..

③ 장래 기대되는 수익의 흐름이 주어졌을 때, 요구수익률이 클수록 부동산의 가치는 증가한다.

④ 요구수익률이란 투자대상의 위험이 주어졌을 때, 투자자가 요구하는 최소한의 수익률이다.

⑤ 실현수익률이란 투자가 이루어지고 난 후에 실제로 달성된 수익률이다.

29. 다음은 투자대상 부동산의 예상 현금흐름이다. 이 사업의 순현재가치와 수익성지수는?

○ 모든 현금의 유입과 유출은 매년 말에만 발생
○ 현금유입은 1년차 1,000만원, 2년차 1,200만원
○ 현금유출은 현금유입의 80%
○ 1년 후 일시불의 현가계수 0.95
○ 2년 후 일시불의 현가계수 0.90

① 순현재가치: 360만원, 수익성지수: 1.20

② 순현재가치: 395만원, 수익성지수: 1.20

③ 순현재가치: 400만원, 수익성지수: 1.25

④ 순현재가치: 406만원, 수익성지수: 1.25

⑤ 순현재가치: 410만원, 수익성지수: 1.50

30. 부동산 증권에 관한 설명으로 <u>틀린</u> 것은?

① 자산유동화증권(ABS)은 금융기관 및 기업이 보유하고 있는 매출채권, 부동산 저당채권 등 현금흐름이 보장되는 자산을 담보로 발행하는 증권을 의미한다.

② 저당이체증권(MPTS)은 발행기관이 원리금수취권과 주택저당채권의 소유권을 모두 증권투자자에게 이전하는 증권이다.

③ 주택저당증권(MBS)은 금융기관 등이 주택자금을 대출하고 취득한 주택저당채권을 유동화전문회사 등이 양수하여 이를 기초로 발행하는 증권을 의미한다.

④ 주택저당담보부채권(MBB)은 모기지 풀(mortgage pool)에서 발생하는 현금흐름과 관련된 위험을 투자자에게 이전하는 채권이다.

⑤ 다계층증권(CMO)은 저당채권의 발행액을 몇 개의 계층으로 나눈 후 각 계층마다 상이한 이자율을 적용하고 원금이 지급되는 순서를 다르게 정할 수 있다.

31. 부동산투자회사법상 부동산투자회사에 관한 설명으로 옳은 것은?

① 영업인가를 받은 날부터 6개월이 지난 자기관리 부동산투자회사의 자본금은 70억원 이상이 되어야 한다.

② 위탁관리 부동산투자회사 및 기업구조조정 부동산투자회사의 설립 자본금은 10억원 이상으로 한다.

③ 자기관리 부동산투자회사의 설립 자본금은 3억원 이상으로 한다.

④ 영업인가를 받은 날부터 6개월이 지난 위탁관리 부동산투자회사 및 기업구조조정 부동산투자회사의 자본금은 100억원 이상이 되어야 한다.

⑤ 부동산투자회사는 부동산 등 자산의 운용에 관하여 회계처리를 할 때는 국토교통부가 정하는 회계처리기준에 따라야 한다.

32. 우리나라 민간개발방식 중 토지 신탁에 관한 설명으로 <u>틀린</u> 것은?

① 부동산신탁회사는 신탁을 업으로 하는 회사를 말하며 자본시장법에 따라 금융위원회의 인가를 받아 업무를 영위한다.

② 부동산신탁회사가 수탁받은 토지를 개발함에 있어 사업주체(시행자)가 된다.

③ 시공사(건설회사)는 부동산신탁회사가 아닌 위탁자에게서 직접 건설대금을 지급 받기 때문에 공사비 채권의 안전성이 높아진다.

④ 위탁자에게서 수탁자에게 형식적으로 토지소유권이 이전되는 형태를 띤다.

⑤ 분양목적이 아닌 임대형인 경우 관리신탁까지 포함하여 신탁계약을 체결할 수 있다.

33. 부동산 마케팅 전략에 관한 다음 설명 중 옳은 것은?

① 공급자의 전략차원으로 표적시장을 선점하거나 틈새시장을 점유하는 마케팅은 고객점유 마케팅이다.

② 최근 새로이 대두되고 있는 공급자와 소비자의 상호작용을 중요시하는 마케팅은 관계마케팅이다. 즉, 생산자와 소비자 간의 1회성 거래를 전제로 한 종래의 마케팅이론에 대한 반성으로 양자 간의 장기적·지속적인 관계 유지를 주축으로 하는 마케팅이다.

③ 수요자 집단을 인구·경제학적 특성에 따라 세분하고, 세분된 시장에 있어서 상품의 판매지향점을 분명히 하는 전략은 표적시장선정 전략이다.

④ 동일한 표적시장을 갖는 다양한 공급경쟁자들 사이에서 자신의 상품을 어디에 위치시킬 것인가 하는 전략은 시장세분화 전략이다.

⑤ 아파트 1층에 단독정원을 둔다든가 가정 자동화기기 설치, 녹지공간의 극대화 등은 4P MIX 전략 중 홍보전략에 속한다.

34. 부동산 관리에 관한 설명으로 옳은 것은?

① 물리적 측면의 부동산 관리는 부동산의 유용성을 보호하기 위하여 법률상의 제반 조치를 취함으로써 법적인 보장을 확보하려는 것이다.

② 자산관리(asset management)는 부동산시설을 운영하고 유지하는 것으로 시설사용자나 기업의 요구에 따르는 소극적 관리에 해당한다.

③ 간접관리방식은 직접관리방식에 비해 기밀 유지에 유리하고 의사결정이 신속한 경향이 있다.

④ 임차 부동산에서 발생하는 총수입의 일정 비율을 임대료로 지불한다면, 이는 임대차의 유형 중 총임대차에 해당한다.

⑤ 기술적 측면의 부동산 관리는 대상 부동산의 물리적 · 기능적 하자의 유무를 판단하여 필요한 조치를 취하는 것이다.

35. 다음에서 설명하는 민간투자사업방식은?

> ○ 사회기반시설의 준공과 동시에 해당 시설의 소유권이 국가 또는 지방자치단체에 귀속되며, 사업시행자에게 일정 기간의 시설관리운영권을 인정하되, 그 시설을 국가 또는 지방자치단체 등이 협약에서 정한 기간 동안 임차하여 사용 · 수익하는 방식
> ○ 학교시설, 문화시설 등 시설이용자로부터 사용료를 징수하기 어려운 사회기반시설 건설의 사업방식으로 활용

① BOT (build-operate-transfer) 방식

② BTO (build-transfer-operate) 방식

③ BLT (build-lease-transfer) 방식

④ BTL (build-transfer-lease) 방식

⑤ BOO (build-own-operate)방식

36. 감정평가에 관한 규칙상 용어의 정의로 <u>틀린</u> 것은 ?

① 원가법이란 대상 물건의 재조달원가에 감가수정을 하여 대상물건의 가액을 산정하는 감정평가방법을 말한다.

② 수익환원법이란 대상물건이 장래 산출할 것으로 기대되는 순수익이나 미래의 현금흐름을 환원하거나 할인하여 대상물건의 가액을 산정하는 감정평가방법을 말한다.

③ 가치형성요인이란 대상물건의 경제적 가치에 영향을 미치는 일반요인, 지역요인 및 개별요인 등을 말한다.

④ 공시지가 기준법이란 대상 물건과 가치형성요인이 같거나 비슷한 물건의 거래사례와 비교하여 대상물건의 현황에 맞게 사정보정(事情補正), 시점수정, 가치형성요인 비교 등의 과정을 거쳐 대상물건의 가액을 산정하는 감정평가방법을 말한다.

⑤ 인근지역이란 감정평가의 대상이 된 부동산이 속한 지역으로서 부동산의 이용이 동질적이고 가치형성요인 중 지역요인을 공유하는 지역을 말한다.

37. 감정평가 과정상 지역분석과 개별분석에 관한 설명으로 <u>틀린</u> 것은?

① 지역분석은 대상지역에 대한 거시적 분석인데 비하여, 개별분석은 대상부동산에 대한 미시적 분석이다.

② 지역분석을 통해 대상부동산의 기능적 감가를 판정할 수 있다.

③ 지역분석의 근거는 토지의 부동성 및 인접성이고, 개별분석의 근거는 토지의 개별성이다.

④ 동일수급권이란 대상부동산과 대체 · 경쟁 관계가 성립하고 가치 형성에 서로 영향을 미치는 관계에 있는 다른 부동산이 존재하는 권역을 말하며, 인근지역과 유사지역을 포함한다.

⑤ 대상부동산의 최유효이용을 판정은 개별 분석에서 행한다.

38. 다음의 자료를 토대로 산정된 대상건물의 감정평가액은?

> ○ 사용승인시점 : 2017. 10.1
> ○ 기준시점 : 2022. 10.1
> ○ 재조달원가: 5억 원
> ○ 공사비 상승률: 5년간 10% 상승
> ○ 경제적 내용년수: 50년
> ○ 감가수정방법: 정액법
> ○ 잔존가치율: 10%

① 455,000,000원 ② 475,400,000원
③ 500,000,000원 ④ 515,500,000원
⑤ 520,500,000원

39. 다음은 감가수정에 관한 기술이다. <u>틀린</u> 것은?

① 감가수정방법 중 정액법은 매년의 감가액은 일정하나 감가누계액은 증가하게 된다.
② 경제적 감가요인에는 인근지역의 쇠퇴, 시장성의 감퇴, 과도한 수준의 부동산 세금 등이 해당된다.
③ 감가수정방법 중 정률법은 감가율은 감소하며, 감가누계액은 증가한다.
④ 관찰감가법은 대상물건의 개별적인 상황이 세밀하게 관찰되어 감가수정에 반영된다는 점이 장점이나 주관성이 개재될 수 있다.
⑤ 회계목적의 감가상각은 취득가격을 기준으로 하지만, 감정평가의 감가수정은 재조달원가를 기준으로 한다.

40. 표준지공시지가의 이의신청에 관한 설명으로 <u>틀린</u> 것은?

① 이의신청은 표준지공시지가의 공시일부터 30일 이내에 신청할 수 있다.
② 토지소유자, 토지이용자 이외의 자는 표준지공시지가에 대한 이의를 신청할 수 없다.
③ 국토교통부장관은 이의신청기간이 만료된 날부터 30일 이내에 이의신청을 심사하여 그 결과를 신청인에게 서면으로 통지하여야 한다.
④ 이의신청서에는 신청인의 성명 및 주소, 표준지의 지번·지목·실제용도·토지이용상황·주위환경 및 상황, 이의신청의 사유를 기재하여야 한다.
⑤ 국토교통부장관은 이의신청의 내용이 타당하다고 인정될 때는 당해 표준지공시지가를 조정하여 다시 공시하여야 한다.

제2과목: 민법 및 민사특별법 중 부동산 중개에 관련되는 규정

41. 법정추인이 인정되는 경우가 <u>아닌</u> 것은? (단, 취소권자는 추인할 수 있는 상태이며, 행위자가 취소할 수 있는 법률행위에 관하여 이의보류 없이 한 행위임을 전제함)

① 취소권자가 상대방에게 채무를 이행한 경우
② 취소권자가 상대방에게 담보를 제공한 경우
③ 상대방이 취소권자에게 이행을 청구한 경우
④ 취소할 수 있는 행위로 취득한 권리를 취소권자가 타인에게 양도한 경우
⑤ 취소권자가 상대방과 경개계약을 체결한 경우

42. 법률행위에 관한 설명으로 옳은 것은? (다툼이 있으면 판례에 따름)

① 매매계약은 그 매매 목적물과 대금이 계약체결 당시에 구체적으로 확정되어 있지 않으면 효력이 없다.
② X건물의 매매계약을 체결하였으나 그 전날 밤에 그 건물이 이미 불타버린 경우, 그 매매계약은 무효이다.
③ 법률행위의 목적이 성립 당시에는 가능하였지만 그 이행 전에 불가능하게 된 경우, 그 법률행위는 무효가 된다.
④ 강행규정의 위반으로 인한 무효는 선의의 제3자에게 대항할 수 없다.
⑤ 법률행위의 목적이 사회적 타당성을 결여하였더라도 개별적인 강행법규에 위반하지 않았다면 그 법률행위는 유효하다.

43. 비진의표시에 관한 설명으로 <u>틀린</u> 것은? (다툼이 있으면 판례에 의함)

① 비진의표시는 표시된 내용대로 효력이 발생함이 원칙이다.
② 비진의표시에 관한 규정은 대리인이 대리권을 남용한 경우 유추적용될 수 있다.
③ 강박에 따라 제3자에게 증여한 경우, 표의자는 마음속에서 진정으로 원하지 않았으나 당시의 상황에서는 최선이라고 판단하여 의사표시를 하였다면 비진의표시가 된다.
④ 비진의표시는 상대방이 의사표시 당시에 비진의표시임을 안 경우 통정허위표시와 마찬가지로 무효이다.
⑤ 은행대출한도를 넘은 甲을 위해 乙이 은행대출약정서에 주채무자로 서명날인 한 경우, 은행이 이런 사정을 알았더라도 乙은 원칙적으로 대출금반환채무를 진다.

44. 甲은 乙에게 자신의 토지를 증여하기로 합의하였다. 그러나 세금문제를 염려하여 甲과 乙은 마치 매도하는 것처럼 계약서를 꾸며서 이전등기를 하였다. 그 뒤 乙은 丙에게 그 토지를 매도하고 이전등기를 하였다. 다음 설명 중 <u>틀린</u> 것은? (다툼이 있으면 판례에 의함)

① 甲과 乙 사이의 증여계약은 유효이지만, 매매계약은 무효이다.

② 乙명의의 등기는 효력이 없다.

③ 甲은 악의의 丙을 상대로 그 명의의 등기말소를 청구할 수 없다.

④ 甲은 乙을 대위하여 악의의 丙을 상대로 등기말소를 청구할 수 없다.

⑤ 乙은 丙을 상대로 그 명의의 등기말소를 청구할 수 없다.

45. 착오로 인한 의사표시에 관한 설명으로 <u>틀린</u> 것은? (다툼이 있으면 판례에 의함)

① 상대방이 착오자의 진의에 동의하더라도 착오자는 의사표시를 취소할 수 있다.

② 법률에 관한 착오도 법률행위 내용의 중요부분에 관한 착오에 해당될 수 있다.

③ 농지의 상당 부분이 하천임을 사전에 알았더라면 농지매매계약을 체결하지 않았을 것이 명백한 경우, 법률행위 내용의 중요부분의 착오에 해당될 수 있다.

④ 당사자가 합의한 매매목적물의 지번에 관하여 착오를 일으켜 계약서상 목적물의 지번을 잘못 표시한 경우, 그 계약을 취소할 수 없다.

⑤ 토지소유자가 공무원의 법령오해에 따른 설명으로 착오에 빠져 토지를 국가에 증여한 경우, 이를 취소할 수 있다.

46. 복대리에 관한 설명으로 옳은 것은? (다툼이 있으면 판례에 의함)

① 복대리권은 대리권의 존재와 범위에 영향을 받지 않는다.

② 대리인이 대리권소멸 후 복대리인을 선임하였다면, 복대리인의 대리행위로는 표현대리가 성립할 수 없다.

③ 복대리인은 대리인의 대리행위에 의하여 선임되는 본인의 대리인이다.

④ 법정대리인이 부득이한 사유로 복대리인을 선임한 경우에는 본인에 대하여 무과실책임이 있다.

⑤ 자신이 직접 처리할 필요가 없는 법률행위에 관하여 임의대리인은 본인의 명시적인 금지가 없으면 복대리인을 선임할 수 있다.

47. 권한을 넘는 표현대리에 관한 설명으로 <u>틀린</u> 것은? (다툼이 있으면 판례에 의함)

① 복임권이 없는 대리인이 선임한 복대리인의 권한도 기본대리권이 될 수 있다.

② 정당한 이유의 유무는 대리행위 당시를 기준으로 하여 판단하는 것이 원칙이다.

③ 공법상의 행위 중 등기신청에 관한 대리권도 기본대리권이 될 수 있다.

④ 사원총회의 결의를 거쳐야 처분할 수 있는 비법인사단의 총유재산을 대표자가 임의로 처분한 경우에도는 권한을 넘은 표현대리에 관한 규정이 준용될 수 없다.

⑤ 기본대리권의 내용과 대리행위가 동종이 아닌 경우 상대방이 그 권한이 있다고 믿을만한 정당한 이유가 있더라도 표현대리가 성립할 수 없다.

48. 대리권 없는 乙이 甲을 대리하여 丙에게 甲소유의 토지를 매도하였다. 다음 설명 중 옳은 것은? (다툼이 있으면 판례에 의함)

① 丙이 甲에게 상당한 기간을 정하여 매매계약의 추인 여부의 확답을 최고하였으나 甲의 확답이 없었던 경우, 甲은 추인을 거절한 것으로 본다.

② 乙이 甲을 단독상속한 경우, 乙은 본인 甲의 지위에서 추인을 거절할 수 있다.

③ 甲이 매매계약의 내용을 변경하여 추인한 경우, 丙의 동의가 없더라도 추인의 효력이 있다.

④ 乙이 대리권을 증명하지 못한 경우, 자신의 선택에 따라 丙에게 계약을 이행하거나 손해를 배상할 책임을 진다.

⑤ 甲이 丙에게 추인한 후에도 丙은 매매계약을 철회할 수 있다.

49. 미성년자인 甲이 자신의 토지를 법정대리인 丙의 동의 없이 乙에게 매도하였다. 이에 관한 설명으로 옳은 것은? (다툼이 있으면 판례에 따름)

① 甲이 丙의 동의 없이 단독으로 매매계약을 취소한 경우, 그 취소는 다시 취소할 수 있는 행위가 된다.

② 甲은 자신이 성년자가 된 때로부터 3년 내에 취소권을 행사할 수 있다.

③ 위 매매계약이 甲의 미성년임을 이유로 취소된 경우, 甲은 乙로부터 받은 매매대금에 이자를 붙여 반환하고 손해가 있으면 이를 배상하여야 한다.

④ 甲은 미성년자인 상태에서도 丙의 동의 없이 단독으로 乙과의 매매계약을 추인할 수 있다.

⑤ 丙이 위 매매계약이 취소할 수 있는 행위라는 사실을 알지 못하고 추인한 경우에도 그 추인은 유효하다.

50. 조건과 기한에 관한 설명으로 옳은 것은? (다툼이 있으면 판례에 의함)

① 조건의 성취가 미정인 권리는 일반규정에 의하여 처분할 수 있을 뿐, 담보로 할 수 없다.

② 정지조건부 법률행위에 있어 조건이 성취되면 그 효력은 법률행위시로 소급하여 발생함이 원칙이다.

③ 조건이 법률행위 당시 이미 성취된 경우, 그 조건이 정지조건이면 법률행위는 무효가 된다.

④ 불법조건이 붙어 있는 법률행위는 그 조건만이 무효가 된다.

⑤ 기한이익 상실의 특약은 특별한 사정이 없는 한, 형성권적 기한이익상실의 특약으로 추정한다.

51. 甲 소유 X지에 대한 사용권한 없이 그 위에 乙이 Y건물을 신축한 후 아직 등기하지 <u>않은</u> 채 丙에게 일부를 임대하여 현재 乙과 丙이 Y건물을 일부분씩 점유하고 있다. 다음 설명 중 <u>틀린</u> 것은? (다툼이 있으면 판례에 따름)

① 甲은 乙을 상대로 Y건물의 철거를 구할 수 있다.

② 甲은 乙을 상대로 Y건물의 대지 부분의 인도를 구할 수 있다.

③ 甲은 乙을 상대로 Y건물에서의 퇴거를 구할 수 있다.

④ 甲은 丙을 상대로 Y건물에서의 퇴거를 구할 수 있다.

⑤ 乙이 Y건물을 丁에게 미등기로 매도하고 인도해 준 경우 甲은 丁을 상대로 Y건물의 철거를 구할 수 있다.

52. 물권의 소멸에 관한 설명으로 옳지 <u>않은</u> 것은? (다툼이 있으면 판례에 따름)

① 토지가 포락되어 그 효용을 상실한 경우에는 그 후 포락된 토지가 성토되더라도 종전의 소유자가 토지 소유권을 다시 취득할 수 없다.

② 乙소유의 토지에 지상권을 취득한 甲이 그 지상권을 목적으로 하는 저당권을 丙에게 설정한 후에 甲이 그 저당권을 취득한다면, 그 저당권은 소멸한다.

③ 甲소유의 건물에 乙의 대항력 있는 임차권이 성립한 후 丙이 그 건물에 저당권을 취득하였다면, 후일 乙이 甲으로부터 그 건물을 매수하여도 임차권은 소멸하지 않는다.

④ 丙소유의 토지에 甲의 1순위저당권과 乙의 2순위 저당권이 설정되어 있을 때, 甲이 그 토지를 매수하여 소유권을 취득하였고 甲의 피담보채권이 존속할 경우에는 乙의 저당권이 1순위가 된다.

⑤ 甲소유의 부동산에 乙이 전세권을 취득한 후 丙이 근저당권을 취득한 경우, 乙이 그 부동산을 증여받았더라도 乙의 전세권은 소멸하지 않는다.

53. 등기의 추정력에 관한 설명으로 <u>틀린</u> 것은? (다툼이 있으면 판례에 의함)

① 소유권이전등기가 된 경우, 특별한 사정이 없는 한 이전등기에 필요한 적법한 절차를 거친 것으로 추정된다.

② 소유권이전등기가 된 경우, 등기명의인은 전 소유자에 대해서는 적법한 등기원인에 기한 소유권을 취득한 것으로 추정되지 아니한다.

③ 소유권이전등기가 불법말소된 경우, 말소된 등기의 최종명의인은 그 회복등기가 경료되기 전이라도 적법한 권리자로 추정된다.

④ 등기명의인이 등기원인행위의 태양이나 과정을 다소 다르게 주장한다고 하여 이로써 추정력이 깨어지는 것은 아니다.

⑤ 소유권이전청구권 보전을 위한 가등기가 있더라도, 소유권이전등기를 청구할 어떠한 법률관계가 있다고 추정되지 아니한다.

54. **乙은 甲소유의 건물을 매수하여 다시 이를 丙에게 매도하였으며, 甲·乙·丙은 甲에게서 丙으로 소유권이전등기를 해주기로 합의하였다. 다음 중 틀린 것은?** (다툼이 있으면 판례에 의함)

① 丙은 직접 甲에 대하여 소유권이전등기청구권을 행사할 수 있다.
② 乙의 甲에 대한 소유권등기청구권은 소멸하는 것이 아니다.
③ 甲으로부터 丙명의로 경료된 소유권이전등기는 유효하다.
④ 만약 甲과 乙 사이에 매매대금을 인상하는 약정을 체결한 경우, 甲은 인상분의 미지급을 이유로 丙의 소유권이전등기청구를 거절할 수 있다.
⑤ 만약 乙이 丙에게 소유권이전등기청구권을 양도하고 그 사실을 甲에게 통지한 경우, 그 사실만으로도 丙은 직접 甲에 대하여 이전등기를 청구할 수 있다.

55. **등기가 있어야 부동산물권을 취득하는 경우는?** (다툼이 있으면 판례에 의함)

① 지상권을 상속으로 취득하는 경우
② 건물 전세권이 법정 갱신되는 경우
③ 건물을 신축하여 소유권을 취득하는 경우
④ 현물분할의 합의에 의하여 공유토지에 대한 단독소유권을 취득하는 경우
⑤ 1동의 건물 중 구분된 건물 부분이 구조상·이용상 독립성을 갖추고 구분행위로 인하여 구분소유권을 취득하는 경우

56. **甲이 점유하고 있는 X물건을 乙이 침탈한 경우에 대한 설명으로 틀린 것은?** (다툼이 있으면 판례에 의함)

① 甲의 乙에 대한 점유물반환청구권은 침탈당한 날로부터 1년 내에 행사하여야 하는데, 이는 출소기간이다.
② 乙이 선의인 丙에게 X물건을 매도·인도한 경우, 甲은 丙에 대하여 손해배상을 청구할 수 없다.
③ 乙이 선의의 丙에게 X물건을 매도·인도한 경우, 甲은 丙에 대하여 점유물반환청구권을 행사할 수 없다.
④ 甲이 丁소유의 X물건을 임차하여 점유하고 있었던 경우, 丁도 乙에 대하여 점유물반환청구권을 행사할 수 있다.
⑤ 만일 甲이 乙의 사기로 인하여 점유를 乙에게 인도한 경우라도, 乙에 대하여 점유물반환을 청구할 수 있다.

57. **부동산점유취득시효에 관한 설명으로 옳은 것은?** (다툼이 있으면 판례에 의함)

① 취득시효로 인한 소유권취득의 효과는 점유를 개시한 때에 소급한다.
② 자주점유 여부는 점유자의 내심의 의사에 의하여 결정된다.
③ 점유는 평온·공연하여야 하므로, 간접점유로는 취득시효를 완성할 수 없다.
④ 미등기부동산의 점유자는 취득시효의 완성만으로 즉시 점유부동산의 소유권을 취득한다.
⑤ 부동산 명의수탁자도 신탁부동산을 점유시효취득 할 수 있다.

58. **공유에 관한 설명으로 옳은 것은?** (다툼이 있으면 판례에 의함)

① 공유자 중 1인이 다른 공유자의 지분권을 대외적으로 주장하는 행위는 공유물의 보존행위로 볼 수 있다.
② 부동산 공유자 중 1인이 포기한 지분은 국가에 귀속한다.
③ 각 공유자는 단독으로 공유물의 분할을 청구할 수 있고, 이 때 공유물의 분할은 공유자의 지분의 과반수로써 정한다.
④ 공유자 전원이 분할절차에 참가하지 않은 공유물분할은 무효이다.
⑤ 공유자 중 1인의 지분 위에 설정된 담보물권은 특별한 사정이 없는 한 공유물분할로 인하여 설정자 앞으로 분할된 부분에 집중된다.

59. **지상권에 관한 설명으로 틀린 것은?** (다툼이 있으면 판례에 의함)

① 지료의 지급은 지상권의 성립요건이 아니다.
② 지상권에 기하여 토지에 부속된 공작물은 토지에 부합하지 않는다.
③ 지상권자는 토지소유자의 의사에 반하여 지상권을 타인에게 양도할 수 없다.
④ 구분지상권은 건물 기타 공작물의 소유를 위해 설정할수 있다.
⑤ 저당권설정자가 담보가치의 하락을 막기 위해 저당권자에게 지상권을 설정해 준 경우, 피담보채권이 소멸하면 그 지상권도 소멸한다.

60. 지역권에 관한 설명으로 <u>틀린</u> 것은?

① 지역권은 요역지와 분리하여 양도할 수 있다.
② 요역지는 한 필의 토지 전부여야 하나, 승역지는 한 필의 토지의 일부일 수 있다.
③ 지역권자는 지역권에 기한 방해예방청구권을 행사할 수 있다.
④ 공유자 1인이 지역권을 취득하면 다른 공유자도 이를 취득한다.
⑤ 토지의 불법점유자는 통행지역권의 시효취득을 주장할 수 없다.

61. 전세권에 관한 설명 중 <u>틀린</u> 것은? (다툼이 있으면 판례에 의함)

① 전세권의 존속 중 전세목적물이 양도된 경우에도 전세권설정자가 전세금반환의무를 진다.
② 전세금의 지급은 현실적으로 수수되어야 하는 것은 아니고, 기존의 채권으로 전세금의 지급에 갈음할 수 있다.
③ 전세권이 법정갱신된 경우 전세권자는 갱신의 등기 없이도 전세목적물을 취득한 제3자에 대하여 전세권을 주장할 수 있다.
④ 건물의 일부에 대하여 전세권이 설정되어 있는 경우 그 전세권자는 건물 전부에 대하여 후순위권리자 기타 채권자보다 전세금의 우선변제를 받을 권리가 있다.
⑤ 장래 전세권이 소멸하는 경우에 전세금반환채권이 발생하는 것을 조건으로 전세권과 분리하여 그 조건부 채권을 전세권 존속 중에도 양도할 수 있다.

62. 유치권에 관한 설명으로 <u>틀린</u> 것은? (다툼이 있으면 판례에 의함)

① 유치권의 성립을 배제하는 당사자의 특약은 무효이다.
② 채무자 이외의 제3자의 소유물에도 유치권이 성립할 수 있다.
③ 계약명의신탁의 신탁자는 매매대금 상당의 부당이득반환청구권을 피담보채권으로 하여, 자신이 점유하는 신탁부동산에 대해 유치권을 행사할 수 없다.
④ 점유가 불법행위로 인한 경우에는 유치권이 성립하지 않는다.
⑤ 임차인의 비용상환청구권은 유치권의 피담보채권이 될 수 있다.

63. 甲은 乙에 대한 금전채권을 담보하기 위해 乙의 X토지에 저당권을 취득하였고, 그 후 丙이 X토지에 대하여 저당권을 취득하였다. 다음 설명 중 옳은 것은? (다툼이 있으면 판례에 의함)

① 甲은 저당권을 피담보채권과 분리하여 제3자에게 양도할 수 있다.
② 乙이 甲에게 이행기에 피담보채무 전부를 변제하면 甲명의의 저당권은 말소등기를 하지 않아도 소멸한다.
③ 저당권등기는 효력존속요건이므로 甲명의의 저당권등기가 불법말소되면 甲의 저당권은 소멸한다.
④ 甲명의의 저당권등기가 불법말소된 후 丙의 경매신청으로 X토지가 제3자에게 매각되더라도 甲의 저당권등기는 회복될 수 있다.
⑤ 만약 甲명의의 저당권등기가 무효인 경우, 丙의 저당권이 존재하더라도 甲과 乙은 甲명의의 저당권등기를 다른 채권의 담보를 위한 저당권등기로 유용할 수 있다.

64. 근저당권에 관한 설명으로 <u>틀린</u> 것은? (다툼이 있으면 판례에 의함)

① 근저당권의 실행비용은 채권최고액에 포함된다.
② 피담보채권의 이자는 채권최고액에 포함된 것으로 본다.
③ 물상보증인은 채권최고액까지만 변제하면 근저당권등기의 말소를 청구할 수 있다.
④ 근저당권자가 피담보채무의 불이행을 이유로 경매신청한 후에 새로운 거래관계에서 발생한 원본채권은 그 근저당권에 의해 담보되지 않는다.
⑤ 근저당권자가 피담보채무의 불이행을 이유로 경매신청을 하여 경매개시결정이 있은 후에 경매신청이 취하된 경우에도 채무확정의 효과는 번복되지 아니한다.

65. 청약과 승낙에 관한 설명으로 <u>틀린</u> 것은?

① 불특정다수인에 대한 청약은 효력이 있다.
② 불특정다수인에 대한 승낙은 효력이 없다.
③ 청약과 승낙은 각각 그 발송시에 효력이 생긴다.
④ 승낙기간을 정하지 않은 청약은 상당한 기간 내에 승낙의 통지를 받지 못한 때 그 효력을 잃는다.
⑤ 승낙기간을 정하지 않은 청약에 대하여 연착된 승낙은 청약자가 이를 새로운 청약으로 볼 수 있다.

66. 우리 민법상 계약체결상의 과실책임에 관한 설명으로 틀린 것은? (다툼이 있으면 판례에 의함)

① 우리 민법은 원시적 불능의 경우에 대한 계약체결상의 과실책임을 규정하고 있다.

② 계약체결상의 과실을 이유로 한 신뢰이익의 손해배상은 계약이 유효함으로 인하여 생길 이익액을 넘지 못한다.

③ 계약체결상의 과실책임은 원시적 불능을 알지 못한데 대한 상대방의 선의 및 무과실까지 요한다.

④ 부동산매매에 있어서 실제면적이 계약면적에 미달하는 경우 그 미달부분이 원시적 불능임을 이유로 계약체결상의 과실책임을 물을 수 있다.

⑤ 건축공사의 대가로서 임야사용권을 부여하기로 약정하였으나 그 임야사용권이 원시적 이행불능이라면, 계약체결상의 과실을 이유로 손해배상책임이 인정된다.

67. 동시이행관계에 있는 것을 모두 고르면? (다툼이 있으면 판례에 의함)

> ㉠ 담보목적의 가등기 말소의무와 피담보채무의 변제의무
> ㉡ 임차권등기명령에 의한 임차권등기가 된 경우, 임대인의 보증금반환의무와 임차인의 등기말소의무
> ㉢ 계약해제로 인한 각 당사자의 원상회복의무
> ㉣ 전세계약의 종료시 전세금반환의무와 전세목적물 인도 및 전세권말소등기에 필요한 서류의 교부의무

① ㉠, ㉡　　② ㉡, ㉣
③ ㉠, ㉢　　④ ㉡, ㉢
⑤ ㉢, ㉣

68. 甲은 자기소유의 주택을 乙에게 매도하는 계약을 체결하였는데, 그 주택의 점유와 등기가 乙에게 이전되기 전에 멸실되었다. 다음 중 틀린 것은? (다툼이 있으면 판례에 의함)

① 주택이 태풍으로 멸실된 경우, 甲은 乙에게 대금지급을 청구할 수 없다.

② 주택이 태풍으로 멸실된 경우, 甲은 이미 받은 계약금을 반환할 의무가 있다.

③ 甲의 과실로 주택이 전소된 경우, 乙은 계약을 해제할 수 있다.

④ 乙의 과실로 주택이 전소된 경우 甲은 乙에게 대금지급을 청구할 없다.

⑤ 甲이 이행기에 이전에 필요한 서류를 제공하면서 주택의 인수를 최고하였으나 乙이 이를 거절하던 중 태풍으로 멸실된 경우, 甲은 乙에게 대금지급을 청구할 수 있다.

69. 매도인 甲과 매수인 乙이 계약을 하면서 그 대금을 丙에게 지급하기로 하는 제3자를 위한 계약을 체결하였다. 다음 설명 중 틀린 것은? (다툼이 있으면 판례에 의함)

① 乙은 甲의 丙에 대한 항변으로 丙에게 대항할 수 없다.

② 丙이 수익의 의사표시를 한 후 乙이 대금을 지급하지 않으면, 丙은 계약을 해제할 수 있다.

③ 丙이 수익의 의사표시를 하면 특별한 사정이 없는 한 乙에 대한 대금지급청구권을 확정적으로 취득한다.

④ 乙이 상당한 기간을 정하여 丙에게 수익 여부의 확답을 최고하였으나 그 기간 내에 확답을 받지 못하면, 丙이 수익을 거절한 것으로 본다.

⑤ 乙이 丙에게 대금을 지급한 후 계약이 해제된 경우, 특별한 사정이 없는 한 乙은 丙에게 대금의 반환을 청구할 수 없다.

70. 계약해제에 관한 설명으로 틀린 것은? (다툼이 있으면 판례에 의함)

① 계약이 적법하게 해제된 후에도 착오를 원인으로 그 계약을 취소할 수 있다.

② 계약을 합의해제한 경우에도 민법상 해제의 효과에 따른 제3자 보호규정이 적용된다.

③ 매도인의 이행불능을 이유로 매수인이 계약을 해제하려면 매매대금의 변제제공을 하여야 한다.

④ 토지매수인으로부터 그 토지 위에 신축된 건물을 매수한 자는 토지매매계약의 해제로 인하여 보호받는 제3자에 해당하지 않는다.

⑤ 공유자가 공유토지에 대한 매매계약을 체결한 경우, 특별한 사정이 없는 한 공유자 중 1인은 다른 공유자와 별개로 자신의 지분에 관하여 매매계약을 해제할 수 있다.

71. 乙이 甲 소유 토지를 매수하면서, 위약금에 대한 약정 없이 계약금 3천만원을 甲에게 지급하였다. 옳은 것은? (다툼이 있으면 판례에 의함)

① 甲이 해약하려면 해제의 의사표시만으로는 부족하고, 계약금의 배액을 제공하여야 한다.

② 만약 乙의 중도금지급이 지체되어 甲이 계약을 해제한 경우, 계약금 3천만원은 손해배상금으로 간주되어 甲에게 귀속된다.

③ 乙이 단순히 이행의 준비만 한 경우에는 甲은 계약금의 배액을 상환하더라도 계약을 해제하지 못한다.

④ 토지거래허가구역 내에서 아직 허가신청을 하지 않은 상태라면, 특별한 사정이 없는 한 甲이 계약금의 배액을 상환하더라도 계약을 해제하지 못한다.

⑤ 乙이 중도금을 자기앞수표로 교부한 경우에도, 甲은 계약금의 배액을 상환하고 계약을 해제할 수 있다.

72. 매도인의 담보책임을 원인으로 하여 매수인에게 대금감액 청구권과 손해배상청구권이 동시에 인정되는 것은?

① 甲이 乙로부터 토지 100㎡을 매수하였는데 그 중 10㎡가 丙의 소유로 밝혀져 소유권이전이 불가능하게 되었고, 甲이 그 사실을 알지 못한 경우

② 甲이 乙 소유의 토지 위에 지상권이 설정된 사실을 모르고 당해 토지를 매수한 경우

③ 甲이 乙로부터 매수한 임야가 모두 제3자 丙의 소유로 밝혀져 소유권 이전이 불가능하게 되었고, 甲이 그 사실을 알지 못한 경우

④ 甲이 경매를 통해 매각 받은 토지에 저당권이 설정된 경우

⑤ 甲이 누수 및 균열의 사실을 알지 못한 채 乙로부터 특정 가옥을 매수한 경우

73. 甲은 건물 소유의 목적으로 乙의 X토지를 임차하여 그 위에 Y건물을 신축한 후 사용하고 있다. 다음 설명 중 <u>틀린</u> 것은? (다툼이 있으면 판례에 의함)

① Y건물이 무허가건물이더라도 특별한 사정이 없는 한 甲의 지상물매수청구권의 대상이 될 수 있다.

② 甲의 차임연체를 이유로 乙이 임대차계약을 해지한 경우, 甲은 지상물매수청구권을 행사할 수 없다.

③ 임대차 기간의 정함이 없는 경우, 乙이 해지통고를 하면 甲은 지상물매수청구권을 행사할 수 있다.

④ 대항력을 갖춘 甲의 임차권이 기간만료로 소멸한 후 乙이 X토지를 丙에게 양도한 경우, 甲은 丙을 상대로 지상물매수청구권을 행사할 수 있다.

⑤ 甲이 Y건물에 근저당권을 설정한 경우, 임대차기간이 만료하면 甲은 乙을 상대로 지상물매수청구권을 행사할 수 없다.

74. 임대차에 관한 설명으로 옳은 것은? (다툼이 있으면 판례에 의함)

① 임차인은 임대인에 대하여 필요비의 상환을 청구할 수 없다.

② 임대차가 묵시로 갱신된 경우, 전임대차에 대하여 제3자가 제공한 담보는 원칙적으로 소멸하지 않는다.

③ 건물임대차에서 임차인이 증축부분에 대한 원상회복의무를 면하는 대신 유익비상환청구권을 포기하기로 하는 약정은 특별한 사정이 없는 한 유효하다.

④ 임차인이 임대인의 동의없이 전대한 경우, 임대인은 임대차를 해지하지 않고 전차인에게 불법점유를 이유로 손해배상을 청구할 수 있다.

⑤ 견고한 건물의 소유를 목적으로 하는 토지임대차는 그 존속기간이 20년을 넘지 못한다.

75. 甲은 乙소유의 주택을 임차하였다. 다음 중 틀린 것은? (다툼이 있으면 판례에 의함)

① 甲의 배우자나 자녀의 주민등록도 주택임대차보호법상의 대항요건인 주민등록에 해당한다.

② 甲의 의사와 무관하게 甲의 주민등록이 행정기관에 의해 직권말소된 경우, 甲의 임차권은 원칙적으로 대항력을 상실하지 않는다.

③ 대항력 있는 임대차가 종료된 후 임차주택이 양도되면, 양수인이 乙의 지위를 승계하므로 甲의 乙에 대한 보증금반환채권은 소멸하는 것이 원칙이다.

④ 甲이 임차주택에 실제 거주하지 않는 경우, 그 주택에 실제 거주하는 자가 자신의 주민등록을 마친 때에는 甲이 대항력을 취득할 수 있다.

⑤ 만일 乙소유주택에 이미 丙의 저당권이 설정되어 있었다면, 丙의 담보권실행으로 임차주택을 취득한 자에 대하여 甲은 임차권을 주장할 수 없다.

76. 주택임대차보호법에 관한 설명으로 틀린 것은? (다툼이 있으면 판례에 의함)

① 임대차계약이 묵시적으로 갱신되면 그 임대차의 존속기간은 2년으로 본다.

② 주택의 전부를 일시적으로 사용하기 위한 임대차인의 것이 명백한 경우에는「주택임대차보호법」이 적용되지 아니한다.

③ 임대차보증금의 감액으로 「주택임대차보호법」상 소액임차인에 해당하게 된 경우, 특별한 사정이 없으면 소액임차인으로서 보호받을 수 있다.

④ 대항력과 확정일자를 갖춘 임차인은 임차주택과 별도로 대지만 경매되면 그 매각대금으로부터 우선변제를 받을 수 없다.

⑤ 「주택임대차보호법」상 대항력을 갖춘 임차인의 임대차보증금반환채권이 가압류된 상태에서 주택이 양도된 경우, 양수인은 채권가압류의 제3채무자 지위를 승계한다.

77. 상가건물 임대차보호법 상 '권리금' 에 관한 내용으로 틀린 것은?

① 권리금이란 임대차 목적물인 상가건물에서 영업을 하는 자 또는 영업을 하려는 자가 영업시설, 비품, 거래처, 신용, 영업상의 노하우, 상가건물의 위치에 따른 영업상의 이점 등 유형, 무형의 재산적 가치의 양도 또는 이용 대가로서 임대인, 임차인에게 보증금과 차임 이외에 지급하는 금전 등의 대가를 말한다.

② 권리금계약이란 신규임차인이 되려는 자가 임차인에게 권리금을 지급하기로 하는 계약을 말한다.

③ 임대인은 임대차기간이 끝나기 3개월 전부터 임대차 종료 시까지 동법에서 금지된 행위를 함으로써 권리금계약에 따라 임차인이 주선한 신규임차인이 되려는 자로부터 권리금을 지급받는 것을 방해하여서는 아니 된다.

④ 임대차 목적물인 상가건물을 1년 6개월 이상 영리목적으로 사용하지 아니한 경우에는 임대인은 임차인이 주선한 신규임차인이 되려는 자와 임대차계약의 체결을 거절할 수 있다.

⑤ 임차인이 임대인의 권리금수수 방해 행위에 대해 임대인에게 손해배상을 청구할 권리는 임대차가 종료한 날로부터 3년 이내에 행사하지 아니하면 시효의 완성으로 소멸한다.

78. 집합건물의 소유 및 관리에 관한 법률에 관한 설명으로 틀린 것은? (다툼이 있으면 판례에 의함)

① 집합건물의 임차인은 관리인이 될 수 없다.

② 서면결의의 방법에 의한 재건축결의가 가능하다.

③ 전유부분에 설정된 저당권의 효력은 특별한 사정이 없는 한 대지사용권에 미친다.

④ 관리단집회는 구분소유자 전원이 동의하면 소집절차를 거치지 않고 소집할 수 있다.

⑤ 공용부분 관리비에 대한 연체료는 특별승계인에게 승계되는 공용부분 관리비에 포함되지 않는다.

79. 2020년 3월 甲은 丙의 토지를 매수한 뒤 친구 乙과의 사이에 명의신탁약정을 맺었고, 丙은 甲의 부탁에 따라 직접 乙에게 소유권이전등기를 하였다. 다음 중 옳은 것은? (다툼이 있으면 판례에 의함)

① 丙의 甲에 대한 이전등기 의무는 소멸하였다.

② 丙은 乙에게 이전등기의 말소를 청구할 수 있다.

③ 대내적으로는 甲이 토지의 소유자이나 대외적으로는 乙이 소유자이다.

④ 丙이 명의신탁 사실을 알지 못한 경우 甲과 丙의 매매계약은 무효이다.

⑤ 甲은 명의신탁약정의 해지를 이유로 乙에게 진정명의회복을 위한 이전등기를 청구할 수 있다.

80. 가등기담보권의 실행통지에 대한 설명 중 틀린 것은?

① 가등기담보 등에 대한 법률상 채권자가 담보계약에 따라 적법하게 소유권을 취득하려면, 청산금의 평가액을 채무자 등에게 통지하여야 한다.

② 가등기담보 등에 대한 법률상 통지의 상대방에는 채무자 이외에 물상보증인은 포함되지만, 담보가등기 후 소유권을 취득한 제3취득자는 포함되지 않는다.

③ 가등기담보 등에 대한 법률상 청산금이 없다고 인정되는 경우에도 채권자는 그 뜻을 통지하여야 한다.

④ 가등기담보 등에 대한 법률상 통지시기는 채권의 변제기 이후이다.

⑤ 채권자는 채무자 등에 대한 적법한 통지가 도달한 이후 지체없이 후순위권리자에게 그 통지의 사실·내용 및 도달일을 통지하여야 한다.

2023년도 제34회 공인중개사 1차 국가자격시험

실전모의고사 제6회

교 시	문제형별	시 간	시험과목
1교시	A	100분	1 부동산학개론 2 민법 및 민사특별법 중 부동산 중개에 관련되는 규정

수험번호		성 명	

【 수험자 유의 사항 】

1. **시험문제지 표지와** 시험문제지 내 **문제형별의 동일여부** 및 시험 문제지의 **총면수 · 문제번호 일련순서 · 인쇄상태** 등을 확인하시고, 문제지 표지에 수험번호와 성명을 기재하시기 바랍니다.
2. 답은 각 문제마다 요구하는 **가장 적합하거나 가까운 답 1개**만 선택하고, 답안카드 작성시 시험문제지 **형별누락, 마킹착오**로 인한 불이익은 전적으로 수험자에게 책임이 있음을 알려드립니다.
3. 답안카드는 국가전문자격 공통 표준형으로 문제번호가 1번부터 125번까지 인쇄되어 있습니다. 답안마킹시에는 반드시 **시험문제지의 문제번호와 동일한 번호에 마킹**하여야 합니다. (1차 1교시: 1번~80번)
4. **감독관의 지시에 불응시 불이익이 발생될 수 있으며, 시험시간 종료 후 답안카드를 제출하지 않을 경우** 시험무효처리 됨을 알려드립니다.
5. 이의제기에 관한 개별회신은 하지 않으며, **최종 정답 발표로 갈음**합니다.
6. 시험 중 **중간 퇴실은 불가**합니다. 단, 부득이하게 퇴실할 경우 **시험포기 각서 제출 후 퇴실은 가능**하나 **재입실이 불가**하며, **해당시험은 무효처리됩니다.**
7. 시험문제지는 시험 종료 후 가져가시기 바랍니다.

인강드림 공인중개사

제1과목: 부동산학개론

1. 부동산 활동에 관한 설명으로 <u>틀린</u> 것은?

> ㉠ 한국표준산업분류상 부동산관련 서비스업은 부동산 관리업, 부동산 중개 및 대리업, 부동산 투자 자문업, 부동산 감정평가업으로 분류된다.
> ㉡ 부동산 활동과 부동산 현상은 상호 영향을 주고받는다.
> ㉢ 국가 전체적인 입장에서 부동산 활동은 사익보다는 공익을 중시한다.
> ㉣ 한국표준산업분류상 부동산 관리업은 주거용 부동산 관리업, 비주거용 부동산 관리업, 기타 부동산 관리업으로 분류된다.
> ㉤ 부동산 개발에서 사업주체가 중앙정부, 지자체, 공사 등인 경우를 제1섹터로 칭하고 이 경우 공영개발에 해당된다.

① ㉠, ㉡　② ㉠, ㉢　③ ㉡, ㉤　④ ㉢, ㉣　⑤ ㉣, ㉤

2. 부동산정착물에 관련된 설명으로 옳은 것은?

① 민법에서 정착물은 토지의 일부로 간주되는 것이 원칙이기 때문에 도로의 포장, 교량, 철도부지에 부착된 궤도, 농작물, 명인방법을 갖춘 수목의 집단 등은 토지의 일부로 취급된다.
② 정착물은 토지에 부착된 물건으로 일시적으로 이용된다고 인정되는 물건이다.
③ 제거하여도 건물의 기능 및 효용에 전혀 영향을 주지 않는 부착된 물건은 정착물로 취급된다.
④ 정착물인지 여부가 불분명한 물건은 일단 동산으로 간주되어 매도자에게 귀속된다.
⑤ 토지에 정착되어 있으나 매년 경작 노력을 요하지 않는 나무나 다년생 식물 등은 정착물로 취급되어 매매시 토지소유권과 함께 이전된다.

3. 토지의 특성에 관한 설명 중 옳은 것은?

① 수익환원법으로 감정평가시 미래의 수익을 기초로 시장가치를 구하는 직접환원법 적용을 가능하게 하는 토지의 특성은 영속성이다.
② 토지의 부동성으로 가격이 하락해도 소모되지 않기 때문에 차후에 가격상승을 기대하여 매각을 미룰 수 있다.
③ 토지의 개별성은 소유함으로써 생기는 자본이익(capital gain)과 이용하여 생기는 운용이익(income gain)을 발생시키는 근거가 된다.
④ 토지의 인접성으로 부동산 활동을 장기적으로 배려하게 하며, 토지의 가치보존력을 우수하게 한다.
⑤ 토지의 물리적 공급 가격탄력성이 0이 되게 하는 근거는 용도의 다양성이다.

4. 토지 이용상태에 따른 토지용어의 설명으로 <u>틀린</u> 것은?

① 부지(敷地)는 도로부지, 하천부지 등과 같이 일정한 용도로 이용되는 바닥 토지를 말한다.
② 선하지(線下地)는 고압선 아래의 토지로 이용 및 거래의 제한을 받는 경우가 많다.
③ 맹지(盲地)는 도로에 직접 연결되지 않은 한 필지의 토지다.
④ 후보지(候補地)는 임지지역, 농지지역, 택지지역 상호 간에 다른 지역으로 전환된 지역의 토지를 말한다.
⑤ 포락지(浦落地)는 물에 의한 침식으로 인해 수면 아래로 잠기거나 하천으로 변한 토지를 말한다.

5. 주택의 공급 변화요인과 공급량 변화요인이 옳게 묶인 것은?

	공급 변화요인	공급량 변화요인
①	주택건설업체 수의 증가	건설기술개발에 따른 원가절감
②	건축비의 하락	주택임대료 상승
③	정부의 정책	주택건설용 토지가격의 하락
④	노동자 임금 하락	담보대출 이자율의 상승
⑤	주택경기 전망	토지이용규제 완화

6. A지역 아파트시장의 단기공급함수는 $Q=300$, 장기공급함수는 $Q=P+250$이고, 수요함수는 장단기 동일하게 $Q=400-\frac{1}{2}P$이다. 이 아파트시장이 단기에서 장기로 변화할 때 아파트시장의 균형가격(ㄱ)과 균형수량(ㄴ)의 변화는?

① ㄱ: 50 감소, ㄴ: 50 증가

② ㄱ: 50 감소, ㄴ: 100 증가

③ ㄱ: 100 감소, ㄴ: 50 증가

④ ㄱ: 100 감소, ㄴ: 100 증가

⑤ ㄱ: 100 감소, ㄴ: 150 증가

7. 수요와 공급의 탄력성에 관한 설명으로 옳은 것은?

① 수요가 완전비탄력적인 경우 공급이 증가하면, 균형가격은 불변하고 균형거래량은 증가한다.

② 수요의 교차탄력성이 (+)의 값은 정상재이고, (−)의 값이면 열등재임을 의미한다.

③ 수요가 증가할 때 공급의 가격탄력성이 비탄력적일수록 가격이 덜 상승한다.

④ 생산에 소요되는 기간이 짧을수록 공급은 비탄력적이 되고, 생산에 소요되는 기간이 길수록 공급은 탄력적이 된다.

⑤ 수요가 완전탄력적인 경우 공급이 증가하면, 균형가격은 불변하고 균형거래량은 증가한다.

8. 아파트시장의 균형가격과 균형거래량의 변화에 관한 설명으로 옳은 것은?

① 공급이 불변이고 수요가 감소하는 경우, 균형가격은 하락하고 균형거래량은 증가한다.

② 수요가 불변이고 공급이 증가하는 경우, 균형가격은 상승하고 균형거래량은 증가한다.

③ 균형 상태인 시장에서 건축원자재의 가격이 하락하면 균형거래량은 감소하고 균형가격은 하락한다.

④ 수요와 공급이 모두 증가하면, 균형가격은 알 수 없고 균형거래량은 증가한다.

⑤ 수요가 증가하고 공급이 감소하면, 균형가격은 알 수 없고 균형거래량은 증가한다.

9. 부동산 수요와 공급의 가격탄력성에 대한 설명으로 <u>틀린</u> 것은?

① 기술 수준의 향상이 빠른 상품은 공급이 보다 탄력적이다.

② 공공임대주택의 공급은 저소득층 수요의 가격탄력성을 작게 한다.

③ 임대료상한제에서 공급이 비탄력적일수록 초과수요는 더 적어지고, 탄력적일수록 더 커진다.

④ 수요가 완전탄력적인 상황에서 공급이 증가하면, 균형가격은 불변이고 균형거래량은 증가한다.

⑤ 수요가 증가할 때 공급이 비탄력적일수록 균형가격은 더 증가한다.

10. 주택여과 현상과 주거분리에 관한 설명으로 옳은 것은?

① 저급주택이 재건축, 재개발되어 상위계층이 사용되는 것을 하향여과라 한다.

② 주택의 하향여과 과정이 원활하게 작동하면 저급주택의 공급은 감소한다.

③ 민간주택시장에서 저가주택이 발생하는 것은 시장의 하향여과 작용을 통해 자원할당 기능을 원활하게 수행하고 있기 때문이다.

④ 고소득층 주거지와 저소득층 주거지가 인접한 경우, 경계 지역 부근의 저소득층 주택은 할인되어 거래되고 고소득층 주택은 할증되어 거래될 수 있다.

⑤ 개량보수비용이 개량보수로 인한 가치상승분보다 크다면 상향여과가 발생할 수 있다.

11. 지대이론에 관한 설명으로 <u>틀린</u> 것은?

① 리카도(D. Ricardo)의 차액지대설에 따르면 지대는 비용이 아니라 잉여이다.

② 마샬(A. Marshall)은 일시적으로 토지와 유사한 성격을 가지는 생산설비에 귀속되는 소득을 준지대로 설명하고, 준지대는 영구적으로 지속된다.

③ 절대지대는 토지의 생산성과 무관하게 토지가 개인에 의해 배타적으로 소유되는 것으로부터 발생한다.

④ 튀넨(von Thünen)은 완전히 단절된 고립국을 가정하여 이곳의 곡물 재배 활동은 생산비와 수송비를 반영하여 공간적으로 분화된다고 보았다.

⑤ 알론소(W. Alonso)의 입찰지대곡선은 여러 개의 지대곡선 중 가장 높은 부분을 연결한 포락선이다.

12. 도시내부구조이론에 관한 설명으로 **틀린** 것은?

① 최초의 도시공간구조이론인 버제스(E. Burgess)의 동심원이론은 튀넨(von Thünen)의 고립국이론을 도시의 공간구조에 응용한 이론이다.

② 버제스(E. Burgess)의 동심원이론에 따르면 점이지대는 중심업무지구와 저소득층 주거지대의 사이에 위치한다.

③ 호이트(H. Hoyt)의 선형이론은 도시의 공간구조형성을 교통망을 중심으로 설명하는 이론이다.

④ 다핵심이론에서는 지대지불 능력의 차이와 동종활동의 입지적 비양립성을 도시의 다핵화 요인으로 설명하고 있다.

⑤ 도시공간구조의 변화는 교통의 발달과 소득증가와 관련이 있다.

13. 레일리(W. J. Reilly)의 소매인력법칙을 적용할 경우, 다음과 같은 상황에서 (　)에 들어갈 숫자로 옳은 것은?

> ○ 인구가 40만 명인 A시와 10만 명인 B시가 있다. A시와 B시 사이에 인구 3만 명의 신도시 C가 들어섰다. 신도시 C로부터 A시, B시까지의 직선거리는 각각 10km, 5km이다.
> ○ 신도시 C의 인구 중 50%만 A시, B시에서 구매활동을 한다고 가정할 때 신도시 C의 인구 중 A시로의 유인 규모는 (ㄱ)명이고, B시로의 유인 규모는 (ㄴ)명이다.

① ㄱ: 7,500,　ㄴ: 7,500

② ㄱ: 8,000,　ㄴ: 8,000

③ ㄱ: 12,000,　ㄴ: 20,000

④ ㄱ: 10,000,　ㄴ: 14,000

⑤ ㄱ: 14,000,　ㄴ: 10,000

14. 부동산 경기변동에 관한 설명으로 옳은 것은 모두 몇 개인가?

> ㉠ 부동산 경기순환국면은 일반경기와 마찬가지로 일정하지 않으며, 주기와 진폭은 불규칙적이다.
> ㉡ 부동산 경제는 일반 경제를 구성하고 있는 중요한 부문 중에 하나이다.
> ㉢ 무작위적 변동이란 예상하지 못한 사태로 인해 초래되는 비주기적 변동을 말한다.
> ㉣ 공실률, 미분양물량, 매물량 등이 증가하고 주택담보대출금리가 상승한다는 것은 부동산 경기침체의 신호이다.
> ㉤ 부동산 경기는 일반경기에 비해 낮은 정점과 저점이 나타난다.

① 1개　② 2개

③ 3개　④ 4개

⑤ 5개

15. 마샬 의 준지대론에 관한 설명으로 **틀린** 것은?

① 토지에 대한 개량공사로 인해 추가적으로 발생하는 일시적인 소득은 준지대에 속한다.

② 준지대란 토지와 유사한 성격을 띠는 자본설비에 지급되는 대가를 말한다.

③ 한계생산이론에 입각하여 리카도(D. Ricardo)의 지대론을 재편성한 이론이다.

④ 준지대는 토지 이외의 고정생산요소에 귀속되는 소득으로서, 다른 조건이 동일하다면 일시적으로 지대의 성격을 가지는 소득이다.

⑤ 토지소유자의 노력과 희생 없이 주로 공공사업에 의해 발생하는 지대를 말한다.

16. 상업입지이론과 관련된 설명으로 옳은 것은?

① 컨버스의 분기점모형에 의할 경우 두 상권의 분기점에서의 두 점포에 대한 구매 지향력은 다르다.

② 레일리와 컨버스의 소매인력이론들은 다수의 중심지가 존재하는 대도시에서 중심지 간의 상호작용에 대한 설명이 가능하다.

③ 재화의 도달거리란 기업이 그 기능을 유지하고 계속 존립하기 위한 이윤을 발생시키는 최소한의 수요수준(판매수준)을 말한다.

④ 크리스탈러의 중심지이론에 의하면 고차원 중심지일수록 그 규모가 크고 중심지의 수는 많다.

⑤ 구매빈도가 높은 상품을 취급하는 저차 중심지의 경우 고차 중심지에 비해 점포의 밀도는 높아지는 것이 일반적이다.

17. 부동산 정책에 관한 설명으로 틀린 것은?

① 공공재는 민간기업에서 생산할 경우 경합성과 배제성으로 인하여 무임승차자(free rider) 현상이 발생할 수 있다.

② 부동산시장은 정보의 비대칭성, 신규 공급의 비탄력성, 외부효과 등으로 시장실패가 나타날 수 있다.

③ 용도지역지구제는 부동산시장에서 발생하는 부(−)의 외부효과를 제거하거나 감소시키기 위해 시행된다.

④ 용도지역지구제를 통해 부동산 공급을 조절할 수 있다.

⑤ 정부가 부동산시장에 개입하는 논리에는 부(−)의 외부효과 방지와 공공재 공급 등이 있다.

18. 정부의 부동산 시장개입에 관한 설명으로 틀린 것은?

① 주택가격 안정화를 위해 주택담보대출에 총부채원리금상환비율(Debt Service Ratio) 적용, 규제지역에서 다주택자 양도세 중과세, 주택담보대출 억제 등의 방법으로 개입할 수 있다.

② 부동산 조세는 단지 정부의 재정지출을 충당하기 위한 목적으로 운영되며 소득재분배 효과는 기대하기 어렵다.

③ 주택보급률이 100%를 넘더라도 시장효율성과 형평성을 달성하기 위해 시장에 개입할 수 있다.

④ 주택시장에서 단기적으로 수요에 비해 공급이 부족한 경우 가격왜곡이 발생하는데, 이것을 해결하기 위해 개입할 수 있다.

⑤ 토지소유자 입장에서 최유효이용이라 할지라도 거시적인 토지이용계획에 부조화가 발생할 수 있기 때문에 정부의 개입이 필요하다.

19. 임대료 규제에 관한 설명으로 틀린 것은?

① 임대료상한제의 실시는 임대주택에 대한 초과공급을 발생시킨다.

② 정부가 임대료 상승을 균형가격 이하로 규제하면 장기적으로 기존 임대주택이 다른 용도로 전환되면서 임대주택의 공급이 감소하게 된다.

③ 균형가격보다 낮은 수준으로 임대료를 규제하면 저소득층 임차인들이 주거비가 경감되는 효과가 단기에서만 나타난다.

④ 주택임대차 계약 갱신 시 임대료의 상승률에 대한 규제는 기존 임차인들의 주거이동을 저하시킬 수 있다.

⑤ 규제임대료가 시장균형임대료보다 낮은 임대료규제정책은 임대료에 대한 이중가격을 형성할 수 있다.

20. 분양가상한제에 관한 설명으로 틀린 것은?

① 분양가상한제 도입배경은 주택가격을 안정시키고, 무주택자의 신규주택구입 부담을 경감시키기 위해서이다.

② 분양가상한제의 근거법규는 주택법이다.

③ 분양가상한제는 주택건설사업자의 수익성을 낮추는 요인으로 작용하여 주택공급을 감소시킬 수 있다.

④ 분양가상한제 적용지역일지라도 도시형생활주택은 적용하지 않는다.

⑤ 분양가격을 시장가격 이하로 규제하는 분양가상한제의 경우 공급의 가격탄력성이 비탄력적일수록 초과수요량은 더 커진다.

21. 부동산 조세에 관한 설명으로 틀린 것은?

① 조세귀착은 수요자와 공급자 중 상대적으로 가격탄력성이 낮은 쪽이 더 크게 나타난다.

② 공공임대주택의 공급확대 정책은 임대주택의 재산세가 임차인에게 전가되는 현상을 완화시킬 수 있다.

③ 헨리 조지(H. George)는 토지세를 제외한 다른 모든 조세를 없애고 정부의 재정은 토지보유세로 충당할 수 있다는 토지단일세를 주장하였다.

④ 토지의 공급은 비탄력적이기 때문에, 토지보유세는 자원배분 왜곡이 큰 비효율적인 세금이다.

⑤ 우하향하는 수요곡선을 가정할 때, 토지공급의 가격탄력성이 '0'인 경우 부동산 조세 부과 시 토지소유자가 전부 부담하게 된다.

22. 부동산 투자의 지렛대(레버리지) 효과에 관한 설명으로 틀린 것은?

① 지렛대 효과란 타인자본의 활용이 자기자본수익률에 미치는 영향을 분석한 것이다.

② 정(+)의 지렛대 효과가 발생하는 경우, 부채비율을 증가시킬수록 자기자본수익률은 커진다.

③ 저당수익률보다 총투자수익률이 높다면 정(+)의 지렛대 효과가 발생한다.

④ 지렛대 효과를 통해 자기자본수익률을 증가시킬 수 있지만, 그만큼 부담해야 하는 위험도 증가한다.

⑤ 총투자수익률보다 저당수익률이 높다면 중립적(0) 지렛대 효과가 발생한다.

23. 부동산 투자분석기법 중 비율분석법에 관한 설명으로 옳은 것은?

① 채무불이행률은 순영업소득이 영업경비와 부채서비스액을 감당할 수 있는 능력이 있는지를 측정하는 비율이며, 채무불이행률을 손익분기율이라고도 한다.

② 지분비율이란 부동산 가치에 대한 융자액의 비율을 말한다.

③ 비율분석법의 한계로는 여러 해의 예상 소득을 할인하여 산정하므로 요소들에 대한 추계산정의 오류가 발생하는 경우에 비율 자체가 왜곡될 수 있다는 점을 들 수 있다.

④ 총자산회전율은 투자된 총자산에 대한 총소득의 비율이며, 총소득으로 가능총소득 또는 유효총소득이 사용된다.

⑤ 부채비율은 부채에 대한 지분의 비율이며, 대부비율이 50%일 경우에는 부채비율은 100%가 된다.

24. 부동산 투자에서 현금흐름에 관한 설명으로 옳은 것은?

① 영업경비에는 임대소득에 대한 소득세와 건물의 감가상각비가 포함된다.

② 대부비율(LTV)이 커질수록 가능총소득, 유효총소득, 순영업소득은 커진다.

③ 영업현금흐름 산정시 감가상각비의 영향이 고려된 항목은 세후현금흐름이다.

④ 잔금비율이 클수록 세전매각현금흐름은 커진다.

⑤ 영업소득세와 대출이자가 반영된 소득은 순영업소득이다.

25. 부동산 투자분석기법에 관한 설명으로 <u>틀린</u> 것은?

① 회수기간법은 회수기간 이후의 현금흐름을 고려하지 못한다는 단점이 있다.

② 순현재가치법은 가치가산원리가 적용되나, 내부수익률법은 적용되지 않는다.

③ 투자규모에 차이가 있는 상호 배타적인 투자안의 경우 순현재가치법과 수익성지수법을 통한 의사결정이 달라질 수 있다.

④ 동일한 현금흐름의 투자안이라도 투자자의 요구수익률에 따라 순현재가치(NPV)가 달라질 수 있다.

⑤ 수익성지수란 투자대안의 예상되는 현금유출의 현재가치 합계를 현금유입의 현재가치 합계로 나눈 값이다.

26. 부동산 투자수익률에 관한 설명으로 <u>틀린</u> 것은?

① 수익률은 예상 투자금액에 대한 수익의 비율로써 어림셈법에 종합자본환원율, 지분배당률, 세후수익률이 있다.

② 금융시장변화로 국공채이자율이나 정기예금이자율이 상승한다면 무위험률과 위험할증률도 덩달아 커지므로 요구수익률은 커진다.

③ 총자본수익률(종합수익률)이 차입이자율보다 크다면 차입을 통하여 정(+)의 레버리지효과를 기대할 수 있다.

④ 요구수익률은 내부수익률과 비교할 수 있으나 실현수익률은 비교대상이 아니다.

⑤ 장래 기대되는 수익의 현금흐름이 주어졌을 때, 요구수익률이 커질수록 부동산 가치는 작아진다.

27. 화폐의 시간가치에 대한 다음 설명 중 <u>틀린</u> 것은?

① 연금의 현재가치계수와 저당상수는 역수이다.

② 연금의 현재가치계수를 이용해 잔금비율을 구할 수 있다.

③ 1에서 잔금비율을 차감한 값을 상환비율이다.

④ 저당대부액 중 미상환된 원리금을 잔금이라 하고 잔금이 차지하는 비율을 잔금비율이라고 한다.

⑤ 저당상수에 대출원금을 곱하면 매기 갚아야 할 원리금상환액이 계산된다.

28. 주택금융에 관한 설명으로 옳은 것은?

> ㉠ 원리금균등분할상환방식은 원금균등분할상환방식에 비해 대출 초기에는 원리금의 상환액이 적다.
> ㉡ 제2차 저당대출시장은 모기지론을 원하는 주택자금수요자와 모기지론을 제공하는 금융기관으로 형성된 시장으로 주택자금대출시장이 여기에 해당한다.
> ㉢ 주택개발금융은 무주택 서민에게 주택을 담보로 하고 주택자금을 융자해 주는 실수요자 금융이다.
> ㉣ 주택담보대출 중 모기지론은 장기융자 형태이므로 대출기관의 유동성 제약이 발생할 우려가 있어 주택저당채권의 유동화가 필수적이다.
> ㉤ 주택소비금융은 주로 주택건설사업자가 토지 등을 담보로 실행하는 공급자 금융이다.

① ㉠, ㉡　② ㉠, ㉢
③ ㉠, ㉣　④ ㉡, ㉣
⑤ ㉢, ㉤

29. **부동산투자회사법령상 부동산투자회사에 관한 설명으로 틀린 것은?**

① 부동산투자회사는 현물출자에 의한 설립을 할 수 없다.

② 기업구조조정 부동산투자회사는 회사의 실체가 없는 명목회사로 일정한 요건을 갖추면 법인세 감면 혜택이 있다.

③ 위탁관리 부동산투자회사는 자산의 투자·운용업무를 부동산투자자문회사에 위탁하여야 한다.

④ 부동산투자회사가 보유하거나 개발할 건축물 연면적의 70% 이상을 임대주택으로 제공하는 경우에는 1인당 주식소유한도를 제한하지 않는다.

⑤ 부동산투자회사는 부동산투자회사법에서 특별히 정한 경우를 제외하고는 상법의 적용을 받는다.

30. **부동산 금융과 관련된 설명으로 옳은 것은?**

① 실질이자율과 명목이자율의 관계는 인플레율에 따라 결정되는데, 실질이자율은 명목이자율과 기대 인플레율의 합으로 계산된다.

② 이자율 조정주기에 있어 대출자는 긴 조정주기를 원하고, 차입자는 짧은 조정주기를 원하는 것이 일반적이다.

③ 상환기간이 짧을수록, 주택담보인정비율(LTV)이 클수록, 대출기관이 부담하는 위험은 커진다.

④ 잔금비율은 1에 상환비율을 더한 값이다.

⑤ 중도상환의 가능성은 대출약정이자율보다 시장이자율이 작아질 때 커진다.

31. **저당담보부증권에 관련된 설명으로 틀린 것은?**

① MPTS(mortgage pass − through securities)는 지분형 증권이기 때문에 증권의 수익은 기초자산인 주택저당채권 집합물(mortgage pool)의 현금흐름(저당지불액)에 의존한다.

② MBB(mortgage backed bond)는 MPTS(mortgage pass−through securities)에 비해 증권투자자가 부담하는 위험이 커서 증권수익률 또한 큰 것이 일반적이다.

③ CMO(collateralized mortgage obligation)의 발행자는 주택저당채권 집합물을 가지고 일정한 가공을 통해 위험 − 수익 구조가 다양한 트랜치(tranche)의 증권을 발행한다.

④ MPTB(mortgage pay − through bond)는 MPTS와 MBB를 혼합한 특성을 지닌다.

⑤ MBB(mortgage backed bond)의 발행자는 최초의 주택저당채권 집합물(mortgage pool)에 대한 소유권을 갖는다.

32. **A는 아파트를 구입하기 위해 은행으로부터 연초에 4억원을 대출받았다. A가 받은 대출의 조건이 다음과 같을 때, 대출금리(ㄱ)와 2회차에 상환할 원금(ㄴ)은?**

> ○ 대출금리 : 고정금리
> ○ 대출기간 : 20년
> ○ 연간 저당상수 : 0.09
> ○ 1회차 원금 상환액 : 1,000만원
> ○ 원리금 상환조건 : 원리금균등상환방식, 매년 말 연단위 상환

① ㄱ: 연간 5.5%, ㄴ: 1,065만원

② ㄱ: 연간 6.5%, ㄴ: 1,065만원

③ ㄱ: 연간 6.8%, ㄴ: 1,155만원

④ ㄱ: 연간 6.5%, ㄴ: 1,260만원

⑤ ㄱ: 연간 6.0%, ㄴ: 1,260만원

33. **민간의 부동산 개발사업에 관한 설명으로 틀린 것은?**

① 토지신탁방식은 토지소유자로부터 형식적인 소유권을 이전받은 신탁회사가 토지를 개발·관리·처분하여 그 수익을 수익자에게 배당하는 구조이다.

② 컨소시엄 구성방식은 출자회사 간 상호 이해 조정이 필요하며, 사업시행에 시간이 오래 걸리는 단점이 있다.

③ 토지(개발)신탁방식에서 건설자금조달은 위탁자에 의해서 이루어져 신탁회사에게 제공된다.

④ 사업위탁방식은 토지소유자가 개발업자에게 사업시행을 의뢰하고, 개발업자는 사업시행에 대한 개발대행 수수료를 취하는 방식이다.

⑤ 토지소유자가 사업을 시행하면서 건설업체에 공사를 발주하고 공사비의 지급은 분양대금으로 지급한다면, 이는 지주공동사업 중 분양금공사비 지급형에 해당한다.

34. 부동산 관리에 관한 설명으로 틀린 것은?

① 혼합관리방식은 자가관리와 위탁관리를 혼용하여 관리하는 방식으로 관리업무의 전부를 위탁하지 않고 필요한 부분만을 위탁하는 방식이다.

② 자가관리방식은 관리업무의 타성을 방지할 수 있고 인건비 절감효과가 있다.

③ 혼합관리방식은 관리업무에 대한 강력한 지도력을 확보할 수 있고 위탁관리의 편의 또한 이용할 수 있다.

④ 위탁관리방식은 관리업무의 전문성과 합리성을 제고할 수 있는 반면, 기밀유지에 있어서 자가관리방식보다 불리하다.

⑤ 위탁관리방식은 건물관리의 전문성을 통하여 효율적 관리가 가능하여 대형건물의 관리에 유용하다.

35. 감정평가에 관한 규칙에 규정된 내용으로 옳은 것은?

① 시장가치는 감정평가의 대상이 되는 토지 등이 통상적인 시장에서 충분한 기간 동안 거래를 위하여 공개된 후 그 대상물건의 내용에 정통한 당사자 사이에 신중하고 자발적인 거래가 있을 경우 성립하는 최고가액을 말한다.

② 기준시점은 대상물건의 실지조사를 완료한 날짜로 한다. 다만, 기준시점이 미리 정하여진 때에는 그 날짜에 가격조사가 가능한 경우에만 기준시점으로 할 수 있다.

③ 수익분석법은 대상물건의 기초가액에 기대이율을 곱하여 산정된 기대수익에 대상물건을 계속하여 임대하는 데에 필요한 경비를 더하여 대상물건의 임대료를 산정하는 감정평가방법을 말한다.

④ 감정평가법인 등은 감정평가를 할 때에는 실지조사를 하여 대상물건을 확인하여야 한다. 다만, 객관적이고 신뢰할 수 있는 자료를 충분히 확보할 수 있는 경우에는 실지조사를 하지 않을 수 있다.

⑤ 산지와 입목을 일체로 일괄하여 평가할 때 원가법을 적용해야 한다.

36. 부동산감정평가에 있어, 지역분석과 개별분석에 관한 설명으로 틀린 것은?

① 대상부동산의 구체적 · 개별적인 가격과 최유효이용은 개별분석으로 파악된다.

② 지역분석은 표준적 사용의 현황과 장래의 동향을 명확히 파악하여 지역의 가격수준을 판정하는 것이다.

③ 지역분석은 적합의 원칙과 기능적 감가와 관련된다.

④ 인근지역, 유사지역, 동일수급권은 지역분석의 대상지역이다.

⑤ 동일수급권이란 대상부동산과 대체 · 경쟁관계가 성립하고, 가치형성에 서로 영향을 미치는 관계에 있는 다른 부동산이 존재하는 권역을 말하며, 인근지역과 유사지역을 포함한다.

37. 다음 자료를 활용하여 직접환원법으로 평가된 대상부동산의 수익가액은?

- 가능총소득 : 8,000만원
- 공실손실상당액 및 대손충당금 : 가능총소득의 10%
- 수선유지비 : 500만원
- 화재보험료 : 200만원
- 재산세 : 300만원
- 취득세 : 200만원
- 영업소득세 : 300만원
- 부채서비스액 : 300만원
- 환원율 : 10%

① 5억 7천만원　　② 6억원
③ 6억 2천만원　　④ 6억 7천만원
⑤ 6억 8천만원

38. 감정평가법인등이 대상물건의 감정평가시 적용해야 할 주된 감정평가방법으로 틀린 것은?

① 과수원 – 거래사례비교법

② 영업권, 상표권 – 거래사례비교법

③ 자동차 – 거래사례비교법

④ 항공기 – 원가법

⑤ 동산 – 거래사례비교법

39. **부동산 가격공시에 관한 법률상 표준지공시지가의 효력으로 옳은 것을 모두 고른 것은?**

> ㉠ 토지시장에 지가정보를 제공
> ㉡ 일반적인 토지거래의 지표
> ㉢ 국가지방자치단체 등이 과세 등의 업무와 관련하여 지가를 산정하는 경우에 기준
> ㉣ 감정평가법인등이 지가변동률을 산정하는 경우에 기준

① ㉠, ㉡ ② ㉠, ㉣
③ ㉡, ㉢ ④ ㉠, ㉡, ㉢
⑤ ㉠, ㉡, ㉢, ㉣

40. **부동산 가격공시에 관한 법률에 규정된 내용으로 <u>틀린</u> 것은?**

① 시장 · 군수 또는 구청장은 표준지로 선정된 토지에 대하여 개별공시지가를 결정 · 공시하여야 한다.
② 표준주택가격은 국가 · 지방자치단체 등이 그 업무와 관련하여 개별주택가격을 산정하는 경우에 그 기준이 된다.
③ 표준지공시지가에 이의가 있는 자는 그 공시일부터 30일 이내에 서면으로 국토교통부장관에게 이의를 신청할 수 있다.
④ 국토교통부장관은 표준주택가격을 조사 · 산정하고자 할 때에는 한국부동산원에 의뢰한다.
⑤ 공동주택가격은 주택시장의 가격정보를 제공하고, 국가 · 지방자치단체 등의 기관이 과세 등의 업무와 관련하여 주택의 가격을 산정하는 경우에 그 기준으로 활용될 수 있다.

제2과목: 민법 및 민사특별법 중 부동산 중개에 관련되는 규정

41. **불공정한 법률행위에 관한 설명으로 <u>틀린</u> 것은?** (다툼이 있으면 판례에 의함)

① 궁박은 심리적 원인에 의한 것을 포함한다.
② 불공정한 법률행위에 관한 규정은 부담 없는 증여의 경우에도 적용된다.
③ 불공정한 법률행위에도 무효행위 전환의 법리가 적용될 수 있다.
④ 대리인에 의한 법률행위에서 무경험은 대리인을 기준으로 판단한다.
⑤ 경매절차에서 매각대금이 시가보다 현저히 저렴하더라도 불공정한 법률행위를 이유로 그 무효를 주장할 수 없다.

42. **목적의 불능에 관한 설명 중 옳지 <u>않은</u> 것은?** (다툼이 있으면 판례에 따름)

① 법률행위의 목적은 법률행위시에 반드시 확정되어 있을 필요는 없다.
② 법률행위의 성립 당시 그 목적이 물리적으로 가능하더라도 사회통념상 실현할 수 없으면 그 법률행위는 무효이다.
③ 민법이 규정하고 있는 계약체결상의 과실책임은 목적이 원시적 불능인 계약을 대상으로 한다.
④ 이미 화재로 멸실된 주택에 대해 체결된 매매계약은 무효이다.
⑤ 법률행위가 성립한 후 채무자의 귀책사유로 이행이 불가능하게 된 경우, 그 법률행위는 무효이다.

43. 반사회질서의 법률행위에 관한 설명으로 옳지 않은 것은? (다툼이 있는 경우에는 판례에 따름)

① 수사기관에서 허위진술을 해 주는 대가로 작성된 각서에 기한 급부의 약정은 반사회질서행위이다.

② 보험계약자가 다수의 보험계약을 통하여 보험금을 부정취득할 목적으로 체결한 보험계약은 선량한 풍속 기타 사회질서 위반으로 무효로 된다.

③ 채무자에게 의무를 강제하여 얻어지는 채권자의 이익에 비하여 과도하게 무거운 위약벌 약정은 선량한 풍속 기타 사회질서 위반으로 무효로 된다.

④ 사찰이 그 존립에 필요불가결한 재산인 임야를 증여하는 계약은 무효이다.

⑤ 甲이 반사회적 행위에 의하여 조성된 비자금을 소극적으로 은닉하기 위하여 이를 乙에게 소비임치한 경우, 乙은 甲의 소비임치계약에 의한 반환청구를 거부할 수 있다.

44. 법률행위의 해석에 관한 다음 설명 중 판례의 입장과 다른 것은?

① 상대방 없는 단독행위의 경우는 자연적 해석이 전형적으로 작용한다.

② 계약의 해석은 그 계약서 문구에만 구애될 것이 아니라 그 문언의 취지에 따름과 동시에 논리법칙과 경험률에 따라 당사자의 진의를 연구하여 해석해야 한다.

③ 당사자가 모두 X토지를 매매하기로 합의하였으나 그 지번을 착각하여 계약서에 Y토지로 표시한 경우 X토지에 대한 매매계약이 성립한다.

④ 어느 의사표시에 관하여 당사자가 일치하여 이해한 경우, 그것이 표시의 객관적인 의미와 상이하더라도 법률행위는 표의자와 상대방이 실제로 이해한 의미대로 성립한다.

⑤ 계약의 상대방이 대리인을 통하여 본인과 사이에 계약을 체결하려는데 의사가 일치하였다면, 상대방과 대리인이 그 계약의 당사자이다.

45. 甲은 자신의 부동산에 관하여 乙과 통정한 허위의 매매 계약에 따라 소유권이전등기를 乙에게 해주었다. 그 후 乙은 이러한 사정을 모르는 丙과 위 부동산에 대한 매매계약을 체결하고 그에게 소유권이전등기를 해주었다. 다음 설명 중 틀린 것은? (다툼이 있으면 판례에 따름)

① 甲과 乙은 매매계약에 따른 채무를 이행할 필요가 없다.

② 甲은 丙을 상대로 이전등기의 말소를 청구할 수 없다.

③ 丙이 부동산의 소유권을 취득한다.

④ 甲이 자신의 소유권을 주장하려면 丙의 악의를 증명해야 한다.

⑤ 丙이 선의이더라도 과실이 있으면 소유권을 취득하지 못한다.

46. A의 사기로 인하여 甲은 자기 소유의 토지를 乙에게 매도하였는데, 토지 소유권을 취득한 乙은 이를 다시 丙에게 매도하여 소유권을 이전하였다. 옳은 설명은?

> ㄱ. A가 乙의 대리인인 경우 甲은 매매계약을 취소할 수 있다.
> ㄴ. A의 사기 사실을 乙이 알 수 있었던 경우 甲은 매매계약을 취소할 수 있다.
> ㄷ. 甲이 매매계약을 취소한 경우 甲은 선의의 丙에 대하여 소유권이전등기의 말소를 청구할 수 있다.
> ㄹ. 甲은 A의 사기사실을 안 날로부터 3년이 지난 후에도 乙과 매매계약을 체결한 날로부터 10년이 지나기 전까지는 취소권을 행사할 수 있다.

① ㄱ, ㄴ　　② ㄱ, ㄷ
③ ㄴ, ㄷ　　④ ㄴ, ㄹ
⑤ ㄷ, ㄹ

47. 복대리에 관한 설명으로 옳지 않은 것은?

① 임의대리인은 그 책임으로 복대리인을 선임할 수 있다.

② 친권자나 후견인은 법원의 허가 또는 부득이한 사유가 없더라도 복임권이 있다.

③ 법정대리인 甲이 부득이한 사유로 복대리인 丙을 선임한 경우, 甲은 본인 乙에 대하여 丙의 선임감독에 관한 책임이 있다.

④ 복대리인을 선임할 수 있는 권한은 법정대리인이 임의대리인에 비해 넓다.

⑤ 법정대리인에 의해 선임된 복대리인은 임의대리인이다.

48. 甲은 아무런 권한이 없음에도 불구하고 乙의 대리인이라고 칭하면서 이를 모르는 丙과 매매계약을 체결하였다. 이와 관련하여 다음 설명 중 옳은 것을 모두 고르면 몇 개인가?

ㄱ. 甲이 대리권을 증명하지 못하고 또 乙의 추인을 얻지 못한 때에는 甲의 선택에 좇아 丙에게 계약의 이행 또는 손해배상의 책임을 진다.
ㄴ. 丙이 계약을 철회한 경우에도 乙은 매매계약을 추인하여 그 효력을 주장할 수 있다.
ㄷ. 丙이 乙에게 추인여부를 최고한 경우, 乙이 최고기간 내에 그 확답을 발하지 않으면 추인한 것으로 본다.
ㄹ. 乙이 甲의 무권대리행위를 알고 丙으로부터 매매중도금을 직접 수령하였다면, 위 매매계약은 乙에게 효력이 생긴다.
ㅁ. 판례에 의하면 甲이 乙을 상속한 경우, 甲이 乙의 지위에서 무권대리에 의한 무효를 주장하면 신의칙에 반한다.

① 1개　② 2개
③ 3개　④ 4개
⑤ 5개

49. 다음 중 무효가 아닌 것은?

① 법률행위 당시에 성취불가능한 사실을 조건으로 한 정지조건부 계약
② 법률행위 당시에 이미 성취된 것을 조건으로 한 해제조건부 계약
③ 일정한 기한까지 이행하지 않으면 계약이 해제된 것으로 본다는 의사표시
④ 재단법인설립행위의 무권대리
⑤ 토지거래허가구역 내에서 허가를 배제할 목적으로 체결한 매매계약

50. 법률행위의 조건과 기한에 대한 다음 설명 중 옳은 것은? (다툼이 있을 경우 판례에 따름)

① 조건이 법률행위 당시 이미 성취한 것인 경우 그 조건이 정지조건이면 그 법률행위는 무효이다.
② 상계의 의사표시에 조건을 붙일 수 있다.
③ 혼인이나 이혼에 조건을 붙일 수 있다.
④ 법률행위에 불법조건이 붙은 경우에는 조건뿐만 아니라 그 법률행위 전부가 무효로 된다.
⑤ 장래에 반드시 실현되는 사실도 조건이 될 수 있다.

51. 민법상 물권에 관한 설명으로 틀린 것은? (다툼이 있으면 판례에 따름)

① 물권은 현존하지 않는 물건(즉 장래의 물건)에 대해서도 성립할 수 있다.
② 채권의 공시는 불필요하지만, 물권은 공시될 필요가 있다.
③ 입목은 저당권의 목적이 될 수 있으나, 임차권은 저당권의 객체가 될 수 없다.
④ 명인방법을 갖춘 수목의 집단은 독립한 부동산이지만 저당권의 목적물이 될 수 없다.
⑤ 근저당권, 법정지상권, 양도담보권, 가등기담보권은 물권이나, 법인의 대표권은 물권이 아니다.

52. 물권적 청구권에 관한 다음 설명 중 틀린 것은?

① 어떤 자가 물권의 내용실현을 방해하고 있으면, 그에게 과실이 없어도 물권적 청구권이 발생한다.
② 타인의 토지에 건물을 무단으로 지은 뒤에 그 건물을 제3자에게 판 경우에는 그 건물의 신축자가 물권적 청구권의 상대방이 된다.
③ 물권적 청구권만의 양도 등은 인정되지 않기 때문에 소유자가 소유권을 이전하였을 경우 더 이상 물권적 청구권을 행사할 수 없다.
④ 유치권에는 물권적 청구권에 관한 규정이 없고 따라서 점유보호청구권만이 인정된다.
⑤ 물권적 청구권을 행사하기 위해서는 침해우려만 있어도 가능하며, 반드시 손해가 생겨야 하는 것은 아니다.

53. 판례의 견해에 따를 때 무효인 등기는?

① 증여계약을 체결하였지만 등기원인을 매매로 한 경우
② 위조된 등기신청서류에 의하여 소유권이전등기가 경료되었으나, 그 등기가 실체적 권리관계에 부합되는 경우
③ 매매목적물인 아파트에 대하여 중간자와의 합의 없이 최초 매도인으로 부터 최종매수인에게로 중간생략등기가 경료된 경우
④ 무효의 원인으로 이루어진 소유권이전등기를 후에 이루어진 적법한 매매의 소유권이전등기로 유용하는 경우
⑤ 멸실된 건물의 보존등기를 후에 동일한 위치, 면적, 구조를 가진 신축건물의 등기로 유용하는 경우

54. 민법 제187조가 규정하는 등기를 요하지 아니하는 부동산 물권취득의 경우가 아닌 것은? (다툼이 있으면 판례에 따름)

① 상속

② 공용징수

③ 부동산소유권을 확인하는 판결

④ 귀속재산의 매수인이 그 매수대금을 완납한 경우

⑤ 상환완료로 인한 수분배농지의 소유권취득

55. 등기의 추정력에 관한 설명으로 틀린 것은? (다툼이 있으면 판례에 의함)

① 소유권이전등기가 된 경우, 특별한 사정이 없는 한 이전등기에 필요한 적법한 절차를 거친 것으로 추정된다.

② 소유권이전등기가 된 경우, 등기명의인은 전 소유자에 대하여 적법한 등기원인에 기한 소유권을 취득한 것으로 추정된다.

③ 소유권이전등기가 불법말소된 경우, 말소된 등기의 최종명의인은 그 회복등기가 경료되기 전이라도 적법한 권리자로 추정된다.

④ 등기명의인이 등기원인행위의 태양이나 과정을 다소 다르게 주장한다고 하여 이로써 추정력이 깨어지는 것은 아니다.

⑤ 소유권이전청구권 보전을 위한 가등기가 있으면, 소유권이전등기를 청구할 어떠한 법률관계가 있다고 추정된다.

56. 점유에 대하여 우리 민법은 다양한 법률효과를 규정하고 있다. 그 내용으로 옳지 않은 것은?

① 점유자가 점유물에 대하여 행사하는 권리는 적법하게 보유한 것으로 본다.

② 점유자는 점유물에 관하여 지출한 비용을 일정한 범위에서 상환청구할 수 있다.

③ 점유자가 선의인 경우에는 점유물로부터 생기는 과실을 취득할 수 있다.

④ 점유자가 점유를 침탈당한 때에는 그 침해의 배제를 청구할 수 있다.

⑤ 점유자는 점유의 침탈 또는 방해하는 행위에 대해서 일정한 경우에 자력으로 이를 방위할 수 있다.

57. 상린관계(相隣關係)에 관한 우리 민법의 규정 내용으로 틀린 것은?

① 인접지 소유자들은 공동비용으로 경계표나 담을 설치할 수 있는데 이때 소요되는 측량비용은 토지의 면적에 비례하여 부담한다.

② 인접지의 수목 가지가 경계를 넘은 때에는 그 소유자에게 제거를 청구할 수 있고 제거청구에 응하지 아니할 경우 청구자가 제거할 수 있다.

③ 인접지의 수목 뿌리가 경계를 넘은 경우에는 임의로 제거할 수 있다.

④ 건물을 축조할 경우 경계로부터 반미터 이상의 거리를 두어야 하나 건축에 착수한 후 1년을 경과했더라도 건물이 완성되기 전에는 건물철거를 청구할 수 있다.

⑤ 지하시설을 하는 때에는 경계로부터 2미터 이상의 거리를 두어야 하며, 지하실공사에는 경계로부터 그 깊이의 반 이상의 거리를 두어야 한다는 등을 규정한 민법 제244조는 임의규정이므로, 이와 다른 내용의 당사자간의 특약은 유효이다.

58. 공유물분할에 관한 설명으로 틀린 것은? (다툼이 있으면 판례에 따름)

① 공유물분할은 협의상 분할이 원칙이고 협의가 이루어지지 않으면 재판상 분할을 한다.

② 분할 협의가 성립된 경우에는 "일부 공유자가 분할에 따른 이전등기에 협조하지 않더라도" 공유물 분할의 소를 제기할 수 없다.

③ 공유자 甲 · 乙 · 丙이 공유물을 재판상 분할의 경우 반드시 甲 · 乙 · 丙 전원이 당사자로 참여해야 한다.

④ 공유물의 분할시 각 공유자는 다른 공유자가 분할로 인하여 취득한 물건에 대하여 그 지분의 비율로 매도인과 동일한 담보책임이 있다.

⑤ 공유자 중 1인의 지분에 저당권이 설정된 후 공유토지가 분할된 경우, 저당권은 저당권 설정자가 분할 받은 토지에만 집중된다.

59. 지상권에 관한 설명 중 옳지 않은 것은? (다툼이 있으면 판례에 따름)

① 지상권의 지료지급 연체가 토지소유권의 양도전후에 걸쳐 이루어진 경우, 토지양수인에 대한 연체기간이 2년이 되지 않는다면 양수인은 지상권소멸을 청구할 수 없다.

② 법정지상권의 지료가 정해졌다는 증명이 없다면, 토지소유자는 지상권자가 2년 이상의 지료를 지급하지 않았음을 이유로 지상권의 소멸을 청구할 수 없다.

③ 지료는 지상권의 성립요소가 아니다.

④ 지상권양도금지특약이 지상권자에게 불리한 경우라도 그 효력이 있다.

⑤ 건물에 대한 저당권의 효력은 그 건물의 소유를 목적으로 한 지상권에도 미친다.

60. 지역권에 관한 다음 설명 중 옳은 것은?

① 민법은 지역권의 존속기간은 10년을 넘지 못한다고 규정하고 있다.

② 요역지와 승역지는 서로 인접하고 있어야 한다.

③ 통행로를 개설하지 않은 경우에도 토지소유자의 승낙이 있다면 지역권의 시효취득이 가능하다.

④ 지역권은 요역지와 분리하여 이를 양도하거나 다른 권리의 목적으로 하지 못한다.

⑤ 지역권이 침해당한 때에는 지역권자는 모든 물권적청구권을 가진다.

61. 전세권에 관한 설명으로 틀린 것은? (다툼이 있을 경우에는 판례에 따름)

① 전세권자는 목적물의 현상을 유지하고 그 통상의 관리를 위하여 지출한 비용을 전세권설정자로부터 상환받을 수 없다.

② 전세권이 설정된 부동산이 양도된 경우 특별한 사정이 없는 한 양도인인 종전소유자가 전세금반환채무를 진다.

③ 타인의 토지에 있는 건물에 전세권을 설정한 때에는 전세권의 효력은 그 건물의 소유를 목적으로 한 지상권 또는 임차권에 미친다.

④ 건물 일부의 전세권자는 나머지 건물 부분에 대한 경매신청권이 없다.

⑤ 토지의 전세권자가 경계근방에서 건물을 축조하기 위하여 이웃토지의 사용을 청구하려면 전세권설정자를 대위 할 필요가 없다

62. 甲은 乙로부터 乙소유의 시계수리를 의뢰받았으나 乙이 수리대금을 지불하지 않고 있다. 이에 대한 설명으로 옳지 않은 것은?

① 乙은 甲에 대하여 상당한 담보를 제공하고 유치권의 소멸을 청구할 수 있다.

② 甲은 乙로부터 시계를 양수받은 丙에 대하여도 인도를 거절할 수 있다.

③ 甲이 시계에 대한 선관의무를 위반한 경우에 乙은 시계의 반환을 청구할 수 있다.

④ 甲이 시계를 乙에게 반환해도 이를 승낙하지 않으면 유치권은 소멸하지 않는다.

⑤ 甲이 시계를 乙의 승낙 없이 丙에게 사용케 한 경우에 유치권의 소멸을 청구할 수 있다.

63. 타인의 채무를 담보하기 위하여 저당권을 설정한 부동산의 소유자로부터 소유권을 양수한 제3자의 지위에 관한 다음 설명 중 옳은 것은? (다툼이 있으면 판례에 따름)

① 저당부동산의 경매절차에서 경매인(競買人)이 될 수 없다.

② 채무자의 의사에 반해서는 저당채무를 변제할 수 없다.

③ 채권의 변제기에 상관없이 저당채무를 변제하여 저당권의 소멸을 청구할 수 있다.

④ 저당채무를 변제한 때에는 보증채무에 관한 규정에 의하여 채무자에 대한 구상권이 있다.

⑤ 저당부동산의 개량을 위하여 유익비를 지출한 경우에는 저당부동산의 경매대가에서 그 비용의 우선상환을 받을 수 없다.

64. 甲이 채무자 乙소유의 A부동산에 채권최고액 2천만 원의 근저당권을 취득하였다, 다음 중 옳지 않은 것은? (다툼이 있으면 판례에 따름)

① 甲이 경매를 신청하는 경우 경매신청 시에 피담보채권이 확정되므로 그 이후에 발생하는 甲의 원금채권은 근저당으로 담보하지 않는다.

② 甲이 경매를 신청하여 경매개시결정이 있은 후에 경매신청이 취하되었다면 채무확정의 효과는 번복된다.

③ 근저당권의 실용비행은 甲의 채권최고액 2천만원에 포함되지 아니한다.

④ 甲의 채권이 확정되기 전이라도 피담보채권과 함께 근저당권을 양도할 수 있다.

⑤ 만일 丙이 A부동산에 대하여 후순위 저당권을 취득한 경우, 丙이 경매를 신청하는 경우에는 매각대금 완납시에 甲의 근저당권이 확정된다.

65. 계약의 성립에 관한 설명 중 옳지 않은 것은?

① 청약은 불특정인에 대하여 행해질 수 있지만, 승낙은 특정인에 대해서만 행해질 수 있다.

② 격지자간의 계약에 있어서 청약자의 청약의 의사표시에 대하여 승낙자가 승낙을 한 경우에는 그 의사표시가 청약자에게 도달한 때에 계약이 성립한다.

③ 승낙의 통지는 승낙기간 내에 발송하는 것으로 부족하고, 그 기간 내에 청약자에게 도달해야 한다.

④ 물품구입의 청약자가 청약과 함께 물품을 송부하면서 "만약 구입하지 않으면 반송하라, 반송하지 않으면 구입한 것으로 보겠다" 고 한 경우, 만약 상대방이 이를 반송하지 않은 때에도 계약은 성립하지 아니한다.

⑤ 청약과 더불어 송부된 물품을 소비하거나 사용한 경우 의사실현에 의하여 계약이 성립되었다.

66. 우리 민법상 계약체결상의 과실 책임에 관한 설명으로 틀린 것은? (다툼이 있으면 판례에 따름)

① 우리 민법은 원시적 불능의 경우에 일정한 요건을 충족하면 신뢰이익에 관한 손해의 배상책임이 발생한다고 정하고 있다.

② 계약체결상의과실책임에 있어서 손해를 입은 상대방은 선의·무과실이어야 그 손해에 대한 배상을 청구할 수 있다.

③ 계약체결시에 목적의 불능을 알았던 계약 당사자는 이를 알 수 있었던 상대방에 대해 신뢰이익의 배상책임을 지지 않는다.

④ 계약체결상의 과실책임에 있어서 신뢰이익을 청구할 수 있으나 이행이익은 넘지 못한다.

⑤ 원시적불능 사실을 매도인이 과실로 알지 못하고 매매계약을 체결하였고, 매수인 역시 그 멸실 사실을 과실로 알지 못한 경우, 매수인은 매도인에 대하여 신뢰이익을 배상을 청구할 수 있다.

67. 동시이행항변권에 관한 설명 중 판례의 입장과 다른 것은?

① 선이행의무를 이행하지 않고 있는 동안에 상대방 채무의 변제기가 도래한 경우에는 선이행의무자라도 그때부터 동시이행항변권을 갖는다.

② 동시이행의 항변을 할 수 있는 경우 상대방 채무의 이행제공이 있을 때까지 채무를 이행하지 않아도 이행지체의 책임을 지지 않는다.

③ 동시이행항변권이 붙은 채권을 수동채권으로 하여 상계하지 못한다.

④ 수령지체에 빠진 자라도 그 후에 상대방의 이행청구에 대해 동시이행항변권을 행사할 수 있다.

⑤ 상대방의 이행이 곤란할 현저한 사유가 있을 때에는 선이행의무를 지는 자라도 자기의 채무이행을 거절할 수 있다.

68. 위험부담에 관한 다음 기술 중 틀린 것은?

① 위험부담은 쌍무계약에 관하여 생긴다.

② 위험부담은 채무자에게 책임없는 사유로 이행불능이 된 경우에 문제가 생긴다.

③ 수령지체 중 불가항력의 사유로 이행불능이 된 경우에도 위험부담의 문제가 생긴다.

④ 위험부담에 관하여 민법이 취하고 있는 태도는 채무자주의이다.

⑤ 위험부담은 원시적 또는 후발적 불능인 경우에 생긴다.

69. 甲은 乙에게 자신의 토지를 1억 원에 매도하는 매매계약을 체결하면서, 甲의 丙에 대한 채무 1억 원이 있으므로 乙이 丙에게 매매대금 1억 원을 지급하기로 하였다. 이에 대한 설명으로 틀린 것은? (다툼이 있는 경우 판례에 따름)

① 甲의 채무불이행으로 乙이 매매계약을 해제한 경우, 乙은 이미 지급한 대금의 반환을 丙에게 청구할 수 없다.

② 甲과 丙사이의 법률관계가 존재하지 않거나 효력을 상실하였다면 乙은 丙에게 항변권을 행사할 수 있다.

③ 甲과 乙의 매매계약이 허위표시로서 무효가 되면 丙이 선의인 경우에도 丙에게 무효를 주장할 수 있다.

④ 乙의 채무불이행으로 甲이 매매계약을 해제한 경우, 수익의 의사표시를 한 丙은 乙에게 자기가 입은 손해배상을 청구할 수 있다.

⑤ 乙이 丙에게 상당한 기간을 정하여 이익의 향수여부를 최고했음에도 아무런 확답이 없는 경우에는 수익을 거부한 것으로 본다.

70. 계약의 해지에 관한 설명으로 틀린 것은? (다툼이 있으면 판례에 따름)

① 계약해지의 의사표시는 묵시적으로도 가능하다.

② 해지의 의사표시가 상대방에게 도달하면 이를 철회하지 못한다.

③ 토지임대차에서 그 기간의 약정이 없는 경우, 임차인은 언제든지 계약해지의 통고를 할 수 있다.

④ 당사자 일방이 수인인 경우, 그 중 1인에 대하여 해지권이 소멸한 때에는 다른 당사자에 대하여도 소멸한다.

⑤ 특별한 약정이 없는 한, 합의해지로 인하여 반환할 금전에는 그 받은 날로부터의 이자를 가하여야 한다.

71. 계약금에 관한 다음 기술 중 틀린 것은?

① 계약금계약은 요물계약으로서 주된 계약의 성립 이전에 또는 동시에 행해져야 한다.

② 당사자 사이에 특약이 없는 한 계약금은 해약금으로서의 성질을 갖는다.

③ 해약금에 의한 해제로 인해 손해배상청구권이 발생하지는 않는다.

④ 계약금을 위약벌로서 교부한 경우 채무불이행에 따른 별도의 손해를 배상청구할 수 있다.

⑤ 판례에 따르면 수수된 계약금을 위약금으로 한다는 약정이 있는 경우에 한해 손해배상액의 예정으로서의 성질을 갖는다.

72. 甲은 乙과 토지 1,000㎡을 ㎡당 100만원에 매도하는 계약을 체결하였으나, 그 토지 800㎡ 밖에 되지 않은 경우 다음 설명 중에서 틀린 것은?

① 선의의 매수인 乙은 대금감액청구권을 갖는다.

② 악의의 매수인 乙에 대해서는 甲은 담보책임을 지지 않는다.

③ 乙이 선의이면 甲에 대하여 손해배상을 청구할 수 있다.

④ 매매계약 당시에 이 사실을 알았으면 매매하지 않았을 것이라는 사정이 있는 경우에 악의의 매수인 乙은 계약을 해제할 수 있다.

⑤ 乙의 甲에 대한 권리는 사실을 안 날로부터 1년의 제척기간에 걸린다.

73. 교환에 대한 설명으로 부당한 것은?

① 교환은 당사자간의 의사표시가 합치됨으로써 성립되며, 따라서 서면의 작성은 필요하지 않다.

② 교환계약은 유상계약이므로 이에는 매매의 규정이 준용된다.

③ 부동산 소유권의 이전 대가로 주식을 양도받은 약정은 교환계약이 아니다.

④ 당사자간에 교환계약이 해제된 경우에는 각자 원상회복의무를 부담하며, 이는 서로 동시이행의 관계에 있다.

⑤ 교환계약이 이행된 이후에도 이전받은 재산권에 하자가 있는 경우 당사자는 계약을 해제 할 수 있다.

74. 임대차에 관한 설명 중 틀린 것은?

① 임차인의 비용상환청구권, 임대인의 동의없는 임차권양도 · 전대의 제한, 차임지급시기등은 임의규정에 속한다.

② 차임연체와 해지, 차임증감청구권, 임차인의 부속물매수청구권은 일시 사용하기 위한 임대차인 것이 명백한 경우에도 적용된다.

③ 임대차계약이 종료된 경우에 임차인의 임차목적물 명도의무와 임대인의 보증금반환의무는 동시이행의 관계가 있다.

④ 임차인이 필요비는 지출즉시 청구할 수 있으나 유익비를 지출한 때에는 임대차가 종료하여야 그 상환을 청구할 수 있다

⑤ 임차인의 부속물매수청구권에 관한 규정은 강행규정으로 이에 위반한 약정으로 임차인에게 불리한 것은 효력이 없다.

75. 「주택임대차보호법」 상 임차권등기명령에 관한 설명으로 틀린 것은?

① 임대차가 끝난 후 보증금을 반환받지 못한 임차인은 임차인의 주소지를 관할하는 지방법원 · 지방법원지원 또는 시 · 군 법원에 임차권등기명령을 신청할 수 있다.

② 임차인은 임차권등기명령의 집행에 따른 임차권등기를 마치면 대항력과 우선변제권을 취득한다.

③ 임차인이 임차권등기 이전에 이미 대항력이나 우선변제권을 취득한 경우에는 그 대항력이나 우선변제권은 그대로 유지되며, 임차권등기 이후에는 대항요건을 상실하더라도 이미 취득한 대항력이나 우선변제권을 상실하지 아니한다.

④ 임차권등기명령의 집행에 따른 임차권등기가 끝난 주택을 그 이후에 임차한 임차인은 제8조에 따른 최우선변제를 받을 권리가 없다.

⑤ 임차인은 임차권등기명령의 신청과 그에 따른 임차권등기와 관련하여 든 비용을 임대인에게 청구할 수 있다.

76. 주택임대차분쟁조정위원회의 심의·조정사항이 <u>아닌</u> 것은?

① 차임 또는 보증금의 증감에 관한 분쟁

② 임대차 기간에 관한 분쟁

③ 보증금 또는 임차주택의 반환에 관한 분쟁

④ 임차주택의 유지·수선 의무에 관한 분쟁

⑤ 대항력 발생시기에 관한 분쟁

77. 「상가건물임대차보호법」에 관한 설명 중 <u>틀린</u> 것은?

① 임차인의 계약갱신요구권은 최초의 임대차기간을 포함한 전체 임대차기간이 10년을 초과하지 아니하는 범위에서만 행사할 수 있다.

② 묵시적 갱신되면 임대차의 존속기간은 1년으로 본다.

③ 임차인의 계약갱신요구권에 관하여 전체 임대차기간을 10년으로 제한하는 규정은 법정갱신에 대해서도 적용된다.

④ 차임 또는 보증금의 증액청구는 청구당시의 차임 또는 보증금의 100분의 5의 금액을 초과하지 못한다.

⑤ 보증금의 전부 또는 일부를 월 단위의 차임으로 전환하는 경우에는 그 전환되는 금액에 연 1할2푼이나 한국은행에서 공시한 기준금리에 4.5배를 곱한 비율 중 낮은 비율을 곱한 월 차임의 범위를 초과할 수 없다.

78. 「가등기담보등에관한법률」에 대한 설명으로 <u>틀린</u> 것은? (다툼이 있으면 판례에 따름)

① 담보권실행의 통지에는 채권자가 주관적으로 평가한 통지 당시의 목적부동산의 가액과 피담보채권액을 명시함으로써 청산금의 평가액을 채무자 등에게 통지하면 족하다.

② 채권자가 나름대로 평가한 청산금의 액수가 객관적인 청산금의 평가액에 미치지 못한다고 하더라도 담보권실행의 통지로서의 효력이나 청산기간의 진행에는 아무런 영향이 없다.

③ 채권자는 그가 통지한 청산금의 금액에 관하여 다툴 수 있다.

④ 채무자 등의 전부 또는 일부에 대하여 통지를 하지 않으면 가등기담보권자는 가등기에 기한 본등기를 청구할 수 없으며, 설령 편법으로 본등기를 마쳤다고 하더라도 그 소유권을 취득할 수 없다.

⑤ 채권자는 제담보권실행의 통지 당시의 담보목적부동산의 가액에서 그 채권액을 뺀 금액을 채무자 등에게 지급하여야 한다.

79. 「집합건물의 소유 및 관리에 관한 법률」에 관한 설명으로 <u>틀린</u> 것은? (다툼이 있으면 판례에 의함)

① 집합건물의 임차인은 관리인이 될 수 없다.

② 서면결의의 방법에 의한 재건축결의가 가능하다.

③ 전유부분에 설정된 저당권의 효력은 특별한 사정이 없는 한 대지사용권에도 미친다.

④ 관리단집회는 구분소유자 전원이 동의하면 소집절차를 거치지 않고 소집할 수 있다.

⑤ 공용부분 관리비에 대한 연체료는 특별승계인에게 승계되는 공용부분 관리비에 포함되지 않는다.

80. 2023년 개시된 부동산 경매절차를 통해 丙소유의 X부동산을 매수하려는 甲은 乙과 "甲이 매각대금을 부담하고, 乙이 경매에 참가하여 매각받기로 한다."는 내용의 명의신탁약정을 체결하였고, 이 약정에 따라 乙은 매각허가결정을 받아 X부동산의 소유권이전등기를 마쳤다. 다음 설명 중 <u>틀린</u> 것은? (다툼이 있는 경우 판례에 따름)

① 甲과 乙 사이의 명의신탁약정은 유효하다.

② 丙은 乙에 대해 소유권이전등기의 말소를 청구할 수 없다.

③ 乙이 X부동산의 소유자이다.

④ 乙이 명의신탁사실을 알고 있는 丁에게 X부동산을 처분하였더라도, 丁은 그 소유권을 취득할 수 있다.

⑤ 甲은 명의신탁약정의 해지하고 乙에게 진정명의회복을 위한 X부동산의 소유권이전등기를 청구할 수 없다.

2023년도 제34회 공인중개사 1차 국가자격시험

실전모의고사 제7회

교 시	문제형별	시 간	시험과목
1교시	A	100분	① 부동산학개론 ② 민법 및 민사특별법 중 부동산 중개에 관련되는 규정

수험번호		성 명	

【 수험자 유의 사항 】

1. **시험문제지 표지와** 시험문제지 내 **문제형별의 동일여부** 및 시험 문제지의 **총면수 · 문제번호 일련순서 · 인쇄상태** 등을 확인하시고, 문제지 표지에 수험번호와 성명을 기재하시기 바랍니다.
2. 답은 각 문제마다 요구하는 **가장 적합하거나 가까운 답 1개**만 선택하고, 답안카드 작성 시 시험문제지 **형별누락, 마킹착오**로 인한 불이익은 전적으로 수험자에게 책임이 있음을 알려드립니다.
3. 답안카드는 국가전문자격 공통 표준형으로 문제번호가 1번부터 125번까지 인쇄되어 있습니다. 답안마킹시에는 반드시 **시험문제지의 문제번호와 동일한 번호에 마킹**하여야 합니다. (1차 1교시: 1번~80번)
4. **감독관의 지시에 불응시 불이익이 발생될 수 있으며, 시험시간 종료 후 답안카드를 제출하지 않을 경우** 시험무효처리 됨을 알려드립니다.
5. 이의제기에 관한 개별회신은 하지 않으며, **최종 정답 발표로 갈음**합니다.
6. 시험 중 **중간 퇴실은 불가**합니다. 단, 부득이하게 퇴실할 경우 **시험포기 각서 제출 후 퇴실은 가능**하나 **재입실이 불가**하며, **해당시험은 무효처리됩니다.**
7. 시험문제지는 시험 종료 후 가져가시기 바랍니다.

인강드림 공인중개사

제1과목: 부동산학개론

1. 부동산 복합개념을 법률적 개념, 경제적 개념, 물리적 개념으로 분류 할 때, 경제적 개념에 해당하는 것은 모두 몇 개인가?

ㄱ. 토지 및 그 정착물	ㄴ. 위치
ㄷ. 자산	ㄹ. 공간
ㅁ. 자동차	ㅂ. 소비재
ㅅ. 생산요소	ㅇ. 선박(20t 이상)
ㅈ. 상품	ㅊ. 환경

① 3개　② 4개
③ 5개　④ 6개
⑤ 7개

2. 토지의 용어에 관한 설명으로 옳은 것은?

① 부지란 경제적 개념으로 가격수준이 유사한 일단의 토지를 말한다.
② 획지는 용도상 불가분의 관계에 있는 두 필지 이상의 토지를 말한다.
③ 공지란 도시토지로써, 지가상승만을 기대하며, 투기목적으로 방치해 둔 토지를 말한다.
④ 공한지란 건축법에 의한 건폐율, 용적률 등의 공적 제한으로 인해 한 필지 내에서 건축하지 않고 비워둔 토지를 말한다.
⑤ 포락지란 지적공부에 등록된 토지가 절토되거나 물에 침식되어 수면 밑으로 잠긴 토지를 말한다.

3. 건축법령상 주택에 대한 설명으로 연결이 옳은 것은?

> ㄱ. 1개 동의 주택으로 쓰는 바닥면적의 합계가 $660m^2$ 이하이고, 주택으로 쓰는 층수가 3개 층 이하, 학생 또는 직장인 등 여러 사람이 장기간 거주할 수 있는 구조이며, 독립된 주거의 형태를 갖추지 아니한 것
> ㄴ. 주택으로 쓰는 1개 동의 바닥면적 합계가 $660m^2$ 초과하고, 층수가 4개 층 이하인 주택
> ㄷ. 1개 동의 주택으로 쓰는 바닥면적의 합계가 $660m^2$ 이하이고, 주택으로 쓰는 층수가 3개 층 이하이며, 19세대 이하가 거주할 것
> ㄹ. 주택으로 쓰는 1개 동의 바닥면적 합계가 $660m^2$ 이하이고, 층수가 4개 층 이하인 주택

	ㄱ	ㄴ	ㄷ	ㄹ
①	다중주택	연립주택	다가구주택	다세대주택
②	다중주택	다가구주택	연립주택	다세대주택
③	다가구주택	연립주택	다세대주택	다중주택
④	다가구주택	다중주택	다세대주택	연립주택
⑤	다가구주택	다세대주택	연립주택	다중주택

4. 오피스텔에 대한 수요의 변화 요인과 수요량의 변화 요인이 옳게 묶인 것은? (아파트와 오피스텔은 대체재 관계임)

	수요의 변화	수요량의 변화 요인
①	건축 기술의 발달	이자율의 하락
②	소득 증가	대체재 가격 상승
③	오피스텔 가격 상승 예상	보완재 가격 하락
④	오피스텔 선호도 증가	아파트 가격 상승
⑤	인구 증가	오피스텔 임대료 상승

5. 수요와 공급이 동시에 변화할 경우, 균형가격과 균형량에 대한 설명으로 틀린 것은? (단, 수요곡선은 우하향, 공급곡선은 우상향, 다른 조건은 동일함)

① 수요의 증가폭이 공급의 증가폭보다 작다면, 균형가격은 하락하고, 균형량은 증가한다.

② 수요의 감소폭이 공급의 감소폭보다 크다면, 균형가격은 하락하고, 균형량은 감소한다.

③ 수요의 증가폭이 공급의 증가폭보다 크다면, 균형가격은 하락하고, 균형량은 증가한다.

④ 수요의 감소폭이 공급의 감소폭보다 작다면, 균형가격은 상승하고, 균형량은 감소한다.

⑤ 수요 증가와 공급 증가의 폭이 같다면, 균형가격은 불변하고, 균형량은 증가한다.

6. 수요함수는 일정한 반면, 공급함수는 다음과 같이 변화하였다. 이 경우 균형가격과 균형량은 얼만큼 변화하였는가? (단, 주어진 조건에 한함)

> 수요함수 : Qs = 170 - 2P
> 공급함수 : Qd1 = 50 + P (변화 전)
> Qd2 = 50 + 2P (변화 후)

	균형가격의 변화	균형량의 변화
①	10 하락	20 증가
②	10 하락	20 감소
③	10 상승	20 감소
④	10 상승	10 증가
⑤	10 상승	10 감소

7. 수요의 가격탄력성에 관한 설명으로 옳은 것은?

① 우하향하는 선분으로 주어진 수요곡선의 경우, 곡선상 측정지점에 따라 가격탄력성은 동일하다.

② 수요의 가격탄력성이 1보다 작을 경우 임대인은 임대료를 하락시킬수록 전체 임대료 수입 증대에 유리하다.

③ 부동산의 용도전환이 용이할수록 수요의 가격탄력성이 작아진다.

④ 수요의 가격탄력성이 1인 경우 임대료 변화와 관계없이 전체 임대료 수입은 불변한다.

⑤ 단기에서 장기로 갈수록 부동산의 가격탄력성은 더 비탄력적이 된다.

8. A가격이 10% 상승함에 따라 B수요량이 20% 감소하고, A수요량이 5% 감소한 경우 A수요의 탄력성 크기를 (ㄱ), A수요의 가격탄력성을 (ㄴ), A와 B의 관계를 (ㄷ), B수요의 교차탄력성을 (ㄹ)이라 할 때 옳은 것은?

	(ㄱ)	(ㄴ)	(ㄷ)	(ㄹ)
①	(ㄱ): 탄력적	(ㄴ): 0.5	(ㄷ): 대체재	(ㄹ): 0.5
②	(ㄱ): 비탄력적	(ㄴ): 0.5	(ㄷ): 보완재	(ㄹ): −2
③	(ㄱ): 탄력적	(ㄴ): 2	(ㄷ): 대체재	(ㄹ): −2
④	(ㄱ): 비탄력적	(ㄴ): 2	(ㄷ): 보완재	(ㄹ): 0.5
⑤	(ㄱ): 탄력적	(ㄴ): 2	(ㄷ): 대체재	(ㄹ): −2

9. A, B, C의 부동산 시장이 다음과 같을 때, 거미집이론에 따른 시장의 모형형태는? (단, X축은 수량, Y축은 가격이며, 다른 조건은 동일함)

구 분	A 시장	B 시장	C 시장
수요곡선의 기울기	0.5	−0.4	−1.5
공급곡선의 기울기	0.9	0.4	0.8

① A: 수렴형 B: 발산형 C: 순환형

② A: 발산형 B: 순환형 C: 수렴형

③ A: 수렴형 B: 순환형 C: 발산형

④ A: 발산형 B: 수렴형 C: 순환형

⑤ A: 수렴형 B: 발산형 C: 순환형

10. 다음 중 완전경쟁시장의 특징으로 옳은 것은?

① 소수의 수요자와 공급자

② 이질적 상품 거래

③ 시장의 진입 및 탈퇴의 어려움

④ 불완전한 정보로 인해 정보비용의 발생

⑤ 일물일가의 법칙 적용

11. 효율적 시장의 유형에 대한 설명으로 틀린 것은?

① 현실 부동산 시장은 준강성 효율적 시장에 가깝다고 보는 것이 일반적이다.

② 부동산 시장은 불완전한 요소가 많으므로, 할당 효율적 시장이 될 수 없다.

③ 강성 효율적 시장은 모든 정보가 이미 가치에 반영되어 있으므로 초과이윤을 얻을 수 없다.

④ 약성 효율적 시장은 현재의 정보나 미래의 정보를 얻을 수 있다면, 초과이윤 획득이 가능하다.

⑤ 준강성 효율적 시장에서 정보 분석 방법은 기본적 분석이다.

12. 어느 지역에 1년 후 신역사가 들어선다는 정보가 있다. 이 정보의 현재가치는? (단, 제시된 가격은 개발정보의 실현여부에 의해 발생하는 가격차이만을 반영하고, 주어진 조건에 한함)

> ○ 역세권 인근에 일단의 토지가 있다.
> ○ 역세권 개발 계획에 따라 1년 후 신역사가 들어설 가능성은 40%로 알려져 있다.
> ○ 이 토지의 1년 후 예상가격은 8억원, 들어서지 않는 경우 6억원이다.
> ○ 투자자의 요구수익률은 연 20%이다.

① 6천만원　　② 8천만원

③ 1억원　　④ 1억 2천만원

⑤ 1억 5천만원

13. 다음 이론에 관한 설명으로 틀린 것을?

① 크리스탈러(W. Christaller)는 재화의 도달거리가 최소요구치보다 커야 중심지가 성립할 수 있다고 주장하였다.

② 레일리(W. Reilly)의 소매인력법칙은 크기(인구)에 비례하고, 거리의 제곱에 반비례하여 형성된다고 주장하였다.

③ 넬슨(R. Nelson)의 소매입지이론에서 8가지 원칙 중 보완재적 상품의 취급을 통해 양립성을 특히 강조하였다.

④ 베버(A. Weber)의 최소비용이론에서 수송비, 노동비, 집적력이 중요한 요소로써, 수송비 최저, 노동비 최저, 집적력이 최저가 되는 지점에 입지하여야 한다고 주장하였다.

⑤ 뢰쉬(A. Lösch)는 최대수요이론으로 시장 확대 가능성이 가장 큰 곳에 입지하여야 한다고 주장하였다.

14. 인구가 10만명인 C 도시 인근에 A와 B 두 개의 할인점이 있다. 허프(D. Huff)의 상권분석모형을 적용할 경우, A할인점의 이용객 수는? (단, 공간마찰계수는 2이며, 도시 인구의 80%만 할인점을 이용함)

구분	A 매장	B 매장
C 매장에서의 거리	4km	3km
매장 면적	16,000㎡	9,000㎡

① 20,000명　　② 30,000명

③ 40,000명　　④ 50,000명

⑤ 60,000명

15. 시장실패의 요인에 해당하지 않는 것은?

① 부(−)의 외부효과

② 공공재

③ 정보의 불완전성

④ 독점시장

⑤ 재화의 이질성

16. 다음 토지정책의 수단 중 간접적 개입에 속하는 것은 모두 몇 개인가?

> ㄱ. 용도지역지구제
> ㄴ. 보조금, 부담금
> ㄷ. 토지수용
> ㄹ. 담보인정비율 (LTV), 총부채상환비율 (DTI)
> ㅁ. 부동산가격공시제도
> ㅂ. 토지비축제도

① 2개　　② 3개

③ 4개　　④ 5개

⑤ 6개

17. 다음 부동산 정책에 대한 설명으로 틀린 것은?

① 용도지역은 토지를 경제적 · 효율적으로 이용하고 공공복리의 증진을 도모하기 위하여 서로 중복되지 아니하게 도시 군관리 계획으로 결정하는 지역이다.

② 미개발토지를 토지이용계획에 따라 구획을 정리하고 기반시설을 갖춤으로써, 이용가치가 높은 토지로 전환시키는 신개발 방식은 환지방식이다.

③ 도시 · 군 계획 수립 대상지역의 전부에 대하여 토지 이용을 합리화하고, 그 기능을 증진시키며 미관을 개선하고 양호한 환경을 확보하며, 그 지역을 체계적 · 계획적으로 관리하기 위하여 수립하는 도시 · 군관리계획은 지구단위계획이다.

④ 개발이익환수제도는 개발사업의 시행이나 토지이용계획의 변경 등에 따라 정상지가상승분을 초과하여 개발사업을 진행하는 시행하는 자나 토지소유자에게 귀속되는 토지 가액의 증가분이다.

⑤ 토지선매란 시장 · 군수 또는 구청장은 공익사업용 토지나 토지거래계약 허가를 받아 취득한 토지를 그 이용목적대로 이용하고 있지 아니한 토지에 대하여, 선매자를 지정하여 협의매수할 수 있다.

18. 부동산 관련 조세에서 (   )에 들어갈 내용으로 옳게 짝지어진 것은?

구분	취득 시	보유 시	처분 시
국세	(ㄱ)	(ㄴ)	(ㄷ)
지방세	(ㄹ)	(ㅁ)	

	(ㄱ)	(ㄴ)	(ㄷ)	(ㄹ)	(ㅁ)
①	상속세	종합부동산세	양도소득세	취득세	재산세
②	인지세	양도소득세	종합부동산세	재산세	취득세
③	증여세	종합부동산세	양도소득세	재산세	취득세
④	취득세	상속세	종합부동산세	등록면허세	재산세
⑤	재산세	인지세	등록면허세	취득세	상속세

19. 부동산 투자의 위험에 대한 설명으로 틀린 것은?

① 부동산 투자의 위험 중 사업상 위험은 부동산 사업 자체에서 발생하는 위험으로써 시장위험, 운영위험, 위치적 위험이 있다.

② 부동산 투자의 위험 중 유동성 위험은 부동산의 낮은 환금성으로 인해 발생하는 위험이다.

③ 정부의 정책 및 이용규제로 인해 발생하는 위험은 법률적 위험이다.

④ 물가가 상승하고, 화폐가치가 하락하는 인플레이션 위험을 피하기 위하여 대출자는 고정이자율을 선호한다.

⑤ 부채가 많을수록 지렛대효과가 크게 나타나며, 그만큼 채무불이행의 위험도도 높아지는 것을 금융적 위험이라고 한다.

20. 부동산 투자 시 타인자본을 활용하지 않는 경우(ㄱ)와 타인자본을 50% 활용하는 경우(ㄴ)의 각각 1년간 자기자본수익률은? (단, 주어진 조건에 한함)

> ㄱ. 기간 초 부동산가격 : 5억원
> ㄴ. 1년간 순영업소득(NOI) : 연 1천만원 발생 (기간 말 발생)
> ㄷ. 1년간 부동산 가격 상승률 : 연 4%
> ㄹ. 1년 후 부동산을 매각함
> ㅁ. 대출조건 : 이자율 연 2%, 대출기간 : 1년, 원리금은 만기 일시 상환

	타인자본 활용하지 않는 경우(ㄱ)	타인자본 50% 활용한 경우(ㄴ)
①	6%	8%
②	6%	10%
③	6%	12%
④	5%	10%
⑤	5%	12%

21. 위험과 수익에 관한 설명 중 틀린 것은?

① 투자 위험과 기대수익률은 부(−)의 상관관계이다.

② 요구수익률이란 자금을 투자하기 위해 충족되어야 할 최소한의 수익률을 말하며, 기회비용이라도고 한다.

③ 포트폴리오의 구성 자산 수를 무한히 늘린다면, 비체계적 위험을 "0" 까지 줄일 수 있다.

④ 장래 기대되는 소득을 현재가치로 환원할 때 위험한 투자일수록 요구수익률을 상향조정하여, 높은 할인율을 적용한다.

⑤ 민감도 분석이란 투자수익에 영향을 줄 수 있는 투입 요소를 변동할 때, 그 투자안의 결과치가 어떠한 영향을 받는가를 파악하는 방법을 말한다.

22. 5년 후 3억원의 현재가치는? (단, 주어진 조건에 한함)

ㄱ. 할인율 : 연 5% (복리 계산)
ㄴ. 최종 현재가치 금액은 십만원자리에서 반올림함

① 21,300만원 ② 22,400만원
③ 23,500만원 ④ 25,900만원
⑤ 28,600만원

23. 아래와 같은 투자사업들이 있다. 해당 사업들은 모두 기간이 1년이며, 금년에는 현금지출만 발생하고, 내년에는 현금유입만 발생한다고 한다. 할인율이 5%일 때, 다음 중 틀린 것은?

사 업	금년의 현금 지출	내년의 현금유입
A	200만원	420만원
B	100만원	210만원
C	100만원	315만원

① A와 C의 순현가는 같다.

② A와 B의 수익성지수는 같다.

③ C의 수익성 지수는 3이다.

④ B의 순현가는 200이다.

⑤ 순현가가 가장 작은 사업은 B이다.

24. 다음은 A부동산 투자에 따른 1년간 예상 현금흐름이다. 운영경비비율과 부채감당률은? (단, 주어진 조건에 한함)

㉠ 총투자액 : 10억(자기자본 5억)
㉡ 세전현금흐름 : 5천만원
㉢ 부채서비스액 : 5천만원
㉣ 유효총소득승수 : 5

① 0.5, 1.0 ② 0.5, 2.0
③ 2.0, 0.5 ④ 2.0, 1.0
⑤ 2.0, 2.0

25. 부동산 금융에 관한 설명으로 틀린 것은?

① 고정금리 이용 시, 인플레이션 발생으로 인해 대출 시점의 금리가 예상 금리보다 낮으면, 금융기관에게는 손해이고, 차입자에게는 이익이다.

② 대출약정이자율이 시장이자율보다 높아지면, 차입자는 기존 대출금을 조기상환하는 것이 유리하다.

③ 변동금리 대출의 경우, 이자율 조정주기가 짧을수록 차입자에게 불리하다.

④ 예상치 못한 인플레이션이 발생할 경우, 차입자는 변동금리가 유리하고 대출자는 고정금리가 유리하다.

⑤ 변동금리는 기준금리에 가산금리를 더하여 산정되는 금리로서, 기준금리의 변동에 따라, 변동한다.

26. 시장가격이 6억원이고 순영업소득이 연 1억원인 상가를 보유하고 있는 A가 추가적으로 받을 수 있는 최대대출가능금액은? (단, 주어진 조건에 한함)

○ 연간 저당상수 : 0.1
○ 대출승인조건(모두 충족하여야 함)
 – 담보인정비율(LTV) : 시장가격 기준 70% 이하
 – 부채감당률(DCR) : 2이상
○ 상가의 기존 저당대출금 : 1 억원

① 3억 2천만원 ② 3억 3천만원
③ 3억 4천만원 ④ 3억 5천만원
⑤ 3억 6천만원

27. 다음 중 지분금융에 해당 하는 것은 모두 몇 개 인가?

㉠ 주택상환사채 ㉡ 신디케이트 ㉢ 공모에 의한 증자 ㉣ 후순위대출 ㉤ 부동산투자회사(REITs) ㉥ 주택저당담보부증권(MBS) ㉦ 신주인수권부 사채 ㉧ 저당금융

① 1개 ② 2개
③ 3개 ④ 4개
⑤ 5개

28. 주택금융에 관한 설명으로 틀린 것은? (단, 다른 조건은 동일함)

① 주택소비금융이란 주택을 구입하고자 하는 수요자가 주택을 담보로 제공하고 자금을 제공받는 형태의 금융을 말한다.
② 담보인정비율(LTV)는 주택의 담보가치를 중심으로 대출규모를 결정하는 기준이고, 차주상환능력(DTI)는 차입자의 소득을 중심으로 대출규모를 결정하는 기준이다.
③ 1차 저당대출시장은 저당을 원하는 수요자와 저당대출을 제공하는 금융기관으로 형성되어 있으며, 주택담보대출이 이에 해당한다.
④ 원리금균등 분할상환방식이 원금균등 분할상환 방식에 비해 대출 직후에는 원리금의 상환액이 적다
⑤ 기간이 지날수록 원금균등상환방식의 이자지급액은 증가하고, 원리금균등상환방식의 이자지급액은 감소한다.

29. 프로젝트 금융(PF)에 대한 부동산개발에 관한 설명으로 옳은 것은?

① 프로젝트 사업 진행 시, 빠른 속도로 사업지연문제가 발생하지 않는다.
② 프로젝트 금융은 정보의 비대칭성 문제가 감소된다.
③ 금융기관 입장에서는 사업 실패에도 금융기관의 부실화로 이어지지 않는다.
④ 프로젝트 사업주의 재무상태표에 해당 부채에 대한 표시된다
⑤ 프로젝트 회사가 일정한 요건을 갖추어도, 법인세 혜택은 없다.

30. 우리나라 부동산 투자회사에 관한 설명으로 옳은 것은?

① 위탁관리 부동산 투자회사의 설립자본금은 5억원 이상이며, 영업인가 또는 등록 후 6개월 이내에 50억원 이상이 되어야 한다.
② 부동산투자회사는 금융기관으로부터 자금을 차입할 수 없다.
③ 자기관리 부동산 투자회사 및 기업구조조정투자회사 모두 실체의 회사형태로 운영된다.
④ 위탁관리 부동산 투자회사는 본점 외의 지점을 설치 할 수 있으며, 직원을 고용하거나 상근임원을 둘 수 있다.
⑤ 부동산 투자회사는 설립 시 현물출자는 불가능 하지만 영업인가 또는 등록 후 최저자본금 마련 후에는 현물출자가 가능하다.

31. 부동산개발 및 개발방식에 대한 설명으로 틀린 것은?

① 등가교환방식은 토지소유자는 토지를 제공하고, 개발업자는 공사비를 제공하여, 부동산의 지분을 공유 및 구분소유하는 방식이며, 수수료 문제는 발생하지 않는다.
② 자체개발사업은 토지소유자가 모든 진행과정에 참여하여 의도대로 사업추진이 가능하여, 빠르고 신속하다는 장점이 있으나, 위험관리능력이 요구된다.
③ 부동산 개발이란 타인에게 공급할 목적으로 토지를 조성하거나 건축물을 건축, 공작물을 설치하는 행위로 조성 · 건축 · 대수선 · 리모델링 · 용도변경 또는 설치되거나 될 예정인 부동산을 공급하는 것을 말하며, 시공을 담당하는 행위는 제외된다.
④ 개발사업에 있어, 소유권분쟁과 같은 공법적 측면과 토지이용규제와 같은 사법적 측면의 위험은 법적위험에 해당한다.
⑤ 사업수탁방식은 토지소유자가 소유권을 가지고 있는 반면, 토지신탁방식은 형식상 소유권이 신탁회사로 이전된다.

32. 부동산 관리에 관한 설명으로 옳은 것은?

① 자산관리는 시설사용자 및 사용과 관련하여 단순한 부응정도의 기술적인 측면을 중시하는 소극적 관리에 해당한다.
② 직접관리 방식은 간접관리에 비해 관리업무의 타성화를 방지하는데 유리하다.
③ 건물의 생애주기 중 가장 수명이 길며, 개조 및 수선에 대한 자본적 지출이 필요한 시기는 안정단계이다.
④ 매장용 부동산의 임차인 선정 기준은 가능 매상고이며, 임대차 유형은 순임대차이다.
⑤ 부동산 유지란 외부적 관리행위로써 부동산의 외형이나 형태를 변형시키면서 양호한 행위를 지속시키는 것이다.

33. 부동산 마케팅에 관한 설명으로 틀린 것은?

① 고객점유 마케팅이란 수요자 중심으로 소바지의 구매의사결정 과정의 각 단계에서 심리적 접점을 마련하는 전략이다.

② 시장점유마케팅이란 공급자 중심으로 표적시장을 선점하거나 틈새시장을 점유하는 전략이다.

③ 관계마케팅 전략은 수요자와 공급자간의 상호작용으로 장기적이고 지속적인 관계유지를 주축으로 하는 마케팅으로 주로 "브랜드" 문제와 연결된다.

④ STP전략 중 시장세분화전략(Segmetation)은 수요자 집단을 인구 · 경제학적 특성상 세분하여 상품의 판매지향점을 분명히 하는 전략을 말한다.

⑤ 4P MIX전략은 제품(Product), 유통경로(Place), 가격(Price), 차별화(Positioning)이 있다.

34. 감정평가에 관한 규칙에 대한 설명으로 옳은 것은?

① 시장가치란 통상적인 시장에서 충분한 기간 동안 거래를 위하여 공개된 후 그 대상물건의 내용에 정통한 당사자 사이에 신중하고 자발적인 거래가 있을 경우 성립될 가능성이 가장 높다고 인정되는 대상물건의 가액을 말한다.

② 현황기준 원칙에서의 감정평가는 기준시점에서의 대상물건의 이용상황(불법적이거나 일시적인 이용은 제외한다.)및 공법상 제한을 받지 않는 상태를 기준으로 한다.

③ 감정평가법인 등은 감정평가의 합리성, 적법성이 결여되거나 사실상 불가능하다고 판단할 때에도 의뢰를 거부하거나 수임을 철회할 수 없다.

④ 일체로 이용되고 있는 대상물건의 일부분에 대하여 감정평가하여야 할 특수한 목적이나 합리적인 이유가 있는 경우에는 구분평가 한다.

⑤ 감정평가법인 등은 「집합건물의 소유 및 관리에 관한 법률」에 따른 구분 소유권의 대상이 되는 건물부분과 그 대지사용권을 일괄하여 감정평가하는 경우 등 토지와 건물을 일괄하여 감정평가할 때에는 원가법을 적용해야 한다.

35. 감정평가에 관한 규칙상 대상물건과 주된 감정평가 방법에 연결로 옳게 짝지어진 것은?

① 건물 - 거래사례비교법

② 건설기계 - 수익환원법

③ 과수원 - 원가법

④ 기업가치 - 수익환원법

⑤ 자동차 - 원가법

36. 감정평가에 관한 규칙 상 (　　)에 들어갈 내용으로 옳은 것은?

> ○ 원가법 및 적산법 등 비용성의 원리에 기초한 감정평가방식은 (ㄱ)이다.
> ○ 거래사례비교법, 임대사례비교법 등 (ㄴ)의 원리에 기초한 감정평가 방식 및 공시지가기준법
> ○ 수익환원법 및 (ㄷ)등 수익성의 원리에 기초한 감정평가방식

① ㄱ: 원가법　ㄴ: 시장성　ㄷ: 수익분석법

② ㄱ: 원가법　ㄴ: 비교성　ㄷ: 수익배분법

③ ㄱ: 거래사례비교법　ㄴ: 시장성　ㄷ: 수익분석법

④ ㄱ: 거래사례비교법　ㄴ: 비교성　ㄷ: 수익배분법

⑤ ㄱ: 거래사례비교법　ㄴ: 비용성　ㄷ: 수익분석법

37. 다음 자료를 활용하여 공시지가기준법으로 평가한 대상토지의 가액(원/m²)은?

○ 소재지 등 : A시 B구 C동 100, 일반상업지역, 상업용
○ 기준시점 : 2023. 10. 29
○ 표준지공시지가 A시 B구 C동 2023.01.01. 기준)

기호	소재지	용도지역	이용상황	공시지가 (원/m²)
1	C동 80	일반상업지역	상업용	10,000,000
2	C동 100	일반공업지역	상업용	15,000,000

○ 지가변동률(A시 B구, 2023.01.01.~2023.10.29.)
– 상업지역 : 3% 상승
– 공업지역 : 5% 상승
○ 지역요인 : 표준지와 대상토지는 인근지역에 위치하여 지역요인은 동일함
○ 개별요인 : 대상토지는 표준지 기호 1,2에 비해 각각 가로조건에서 15% 열세하고, 다른 조건은 동일함(상승식으로 계산할 것)
○ 그 밖의 요인 : 1.30

① 11,381,500원/m²　② 13,132,500원/m²

③ 13,390,000원/m²　④ 15,550,250원/m²

⑤ 17,072,250원/m²

38. **원가법으로 산정한 대상물건의 적산가액은?** (단, 주어진 조건에 한함)

> ○ 사용승인일의 신축공사비 8천만원 (신축공사비는 적정함)
> ○ 사용승인일 : 2021.10. 28
> ○ 기준시점 : 2023. 10. 28
> ○ 건축비 지수
> – 2021. 10. 28 = 100
> – 2023. 10. 28 = 125
> ○ 경제적 내용연수 : 50년
> ○ 감가수정방법 : 정액법
> ○ 내용연수 만료시 잔가율 : 10%

① 87,400,000
② 92,500,000
③ 95,600,000
④ 96,400,000
⑤ 100,000,000

39. **다음 자료를 활용하여 직접환원법으로 산정한 대상 부동산의 수익가액?** (단, 연간 기준이며, 주어진 조건에 한함)

> ○ 가능총소득 : 50,000,000원
> ○ 공실상당액 및 대손충당금 : 가능총소득의 10%
> ○ 영업경비 : 유효 총소득의 30%
> ○ 환원이율 : 8%

① 375,000,000
② 393,750,000
③ 415,000,000
④ 437,000,000
⑤ 455,000,000

40. **부동산 가격공시에 관한 법령에 규정된 내용으로 <u>틀린</u> 것은?**

① 표준지공시지가의 공시에는 지번, 단위면적당 가격, 면적 및 형상, 주변토지의 이용상황, 그 밖의 대통령령으로 정하는 사항이 포함되어야 한다.

② 표준주택의 공시에는 지번, 가격, 대지면적 및 형상, 용도, 연면적, 구조, 사용승인일(임시사용승인일 포함)그 밖의 대통령령으로 정하는 사항이 포함되어야 한다.

③ 조세 또는 부담금 등의 부과대상이 아닌 토지는 개별공시지가를 결정 공시하지 아니할 수 있다.

④ 표준지에 건물 또는 그 밖의 정착물이 있거나 지상권 또는 그 밖의 토지의 사용ㆍ수익을 제한하는 권리가 설정되어 있을 때에는 그 정착물 또는 권리가 존재하지 아니하는 것으로 보고 표준지공시지가를 평가하여야 한다.

⑤ 시장ㆍ군수 또는 구청장은 중앙부동산가격공시위원회의 심의를 거쳐 매년 표준주택가격의 공시기준일 현재 관할 구역 안의 개별주택의 가격(이하 "개별주택가격" 이라 한다)을 결정ㆍ공시하여야 한다.

제2과목: 민법 및 민사특별법 중 부동산 중개에 관련되는 규정

41. 甲은 乙소유의 X토지를 임차하여 사용하던 중 이를 매수하기로 乙과 합의하였으나, 계약서에는 Y토지로 잘못 기재하였다. 다음 설명 중 옳은 것은? (다툼이 있으면 판례에 따름)

① 매매계약은 X토지에 대하여 유효하게 성립한다.
② 매매계약은 Y토지에 대하여 유효하게 성립한다.
③ X토지에 대하여 매매계약이 성립하지만, 당사자는 착오를 이유로 취소할 수 있다.
④ Y토지에 대하여 매매계약이 성립하지만, 당사자는 착오를 이유로 취소할 수 있다.
⑤ X와 Y 어느 토지에 대해서도 매매계약이 성립하지 않는다.

42. 불공정한 법률행위에 대한 다음 설명 중 옳지 못한 것은? (다툼이 있는 경우 판례에 의함)

① 남편이 구속된 궁박한 상태에서 부인이 채권을 포기하기로 하였다면 불공정한 법률행위에 해당한다.
② 계약당사자가 위약하면 예정 공사금액의 10% 상당액을 위약금으로 지급하고, 다시 이 위약금 지급의무를 어길 경우 연 18% 상당의 지연손해금을 가산하여 지급하기로 위약금 약정은 불공정한 법률행위에 해당하여 무효이다.
③ 기부행위와 같이 아무런 대가관계 없이 당사자 일방이 상대방에게 일방적인 급부를 하는 법률행위는 그 공정성 여부를 논의할 수 있는 성질의 법률행위가 아니다.
④ 피해 당사자가 궁박, 경솔 또는 무경험의 상태에 있었다고 하더라도 상대방에게 이런 사정을 알면서 이용하려는 의사, 즉 폭리행위의 악의가 없었다면 불공정한 법률행위는 성립하지 않는다.
⑤ 법률행위가 성립하기 위한 요건인 궁박ㆍ경솔ㆍ무경험은 모두 구비되어야 하는 것이 아니고 그 중 일부만 갖추어져도 충분하며, 여기에서 '궁박' 이라 함은 경제적 원인에 기인할 수도 있고 정신적 또는 심리적 원인에 기인할 수도 있다.

43. 통정허위표시에 관한 설명으로 <u>틀린</u> 것은? (다툼이 있으면 판례에 따름)

① 통정허위표시가 성립하기 위해서는 진의와 표시의 불일치에 관하여 상대방과 합의가 있어야 한다.
② 통정허위표시로서 무효인 법률행위라도 채권자취소권의 대상이 될 수 있다.
③ 당사자가 통정하여 증여를 매매로 가장한 경우, 증여와 매매 모두 무효이다.
④ 통정허위표시의 무효로 대항할 수 없는 제3자의 범위는 통정허위표시를 기초로 새로운 법률상 이해관계를 맺었는지 여부에 따라 실질적으로 파악해야 한다.
⑤ 통정허위표시의 무효로 대항할 수 없는 제3자에 해당하는지의 여부를 판단할 때, 파산관재인은 파산채권자 모두가 악의로 되지 않는 한 선의로 다루어진다.

44. 하자 있는 의사표시에 관한 설명 중 <u>틀린</u> 것을 모두 고르면? (다툼이 있으면 판례에 의함)

> ㉠ 착오가 타인의 기망행위에 의하여 발생한 경우 표의자는 그 요건을 입증하여 착오 또는 사기를 이유로 의사표시를 취소할 수 있다.
> ㉡ 부정한 이익의 취득을 목적으로 하더라도 정당한 권리행사로서의 고소, 고발은 위법성이 부정되어 강박행위에 해당하지 않는다.
> ㉢ 기망에 의하여 하자 있는 물건을 매수한 경우, 매수인은 담보책임만을 주장할 수 있고 사기를 이유로 한 취소권을 행사할 수 없다.
> ㉣ 사기를 이유로 의사표시를 취소한 자는 사기에 의한 의사표시를 기초로 하여 새로운 이해관계를 맺은 선의의 제3자에 대하여 대항하지 못한다.

① ㉠, ㉢　　② ㉡, ㉢
③ ㉡, ㉣　　④ ㉠, ㉣
⑤ ㉢, ㉣

45. 甲은 자신의 X토지를 매도하기 위하여 乙에게 대리권을 수여하였다. 다음 설명 중 틀린 것은? (다툼이 있으면 판례에 따름)

① 乙이 한정후견개시의 심판을 받은 경우, 특별한 사정이 없는 한 乙의 대리권은 소멸한다.

② 乙은 甲의 허락이 있으면 甲을 대리하여 자신이 X토지를 매수하는 계약을 체결할 수 있다.

③ 甲은 특별한 사정이 없는 한 언제든지 乙에 대한 수권행위를 철회할 수 있다.

④ 甲의 수권행위는 불요식행위로서 묵시적인 방법에 의해서도 가능하다.

⑤ 乙은 특별한 사정이 없는 한 대리행위를 통하여 체결된 X토지 매매계약에 따른 잔금을 수령할 권한도 있다.

46. 다음 무권대리에 관한 설명 중 옳은 것을 모두 고르면? (다툼이 있으면 판례에 의함)

> ㉠ 무권대리행위의 상대방이 계약 당시 무권대리임을 알았던 경우에는 자신의 의사표시를 철회할 수 없다
> ㉡ 무권대리행위에 대하여 본인의 추인이 있으면 무권대리행위는 처음부터 유효한 대리행위가 된다.
> ㉢ 대리권한 없이 타인의 부동산을 매도한 자가 그 부동산을 상속한 후, 소유자의 지위에서 자신의 대리행위가 무권대리로 무효임을 주장하여 등기말소 등을 구하는 것은 신의칙상 허용될 수 없다.
> ㉣ 무권대리행위의 상대방이 계약 당시 무권대리임을 안 경우에는 본인에 대해 추인 여부의 확답을 최고할 수 없다.

① ㉠, ㉡, ㉢
② ㉠, ㉡
③ ㉡
④ ㉢, ㉣
⑤ ㉣

47. 무효와 취소에 관한 다음 설명 중 옳지 않은 것은?

① 법률행위의 일부가 무효일 때에는 그 전부를 무효로 함이 원칙이다.

② 취소한 법률행위는 처음부터 효력이 없는 것으로 본다.

③ 당사자가 무효행위임을 알고 추인한 경우, 그 법률행위는 처음부터 유효한 행위가 된다.

④ 취소할 수 있는 법률행위의 추인은 원칙적으로 취소의 원인이 소멸한 후에 하지 아니하면 효력이 없다.

⑤ 제한능력자는 선의·악의를 묻지 않고 취소된 법률행위로 인하여 받은 이익이 현존하는 한도에서 그 이득을 상환할 의무가 있다.

48. 미성년자 甲은 자신의 부동산을 법정대리인 乙의 동의 없이 丙에게 매각하고 丙은 다시 이 부동산을 丁에게 매각하였다. 甲이 아직 미성년자인 경우 취소권자와 취소의 상대방을 빠짐없이 표시한 것은?

① 취소권자 : 甲, 취소의 상대방 : 丙

② 취소권자 : 甲 또는 乙, 취소의 상대방 : 丙

③ 취소권자 : 乙, 취소의 상대방 : 丙

④ 취소권자 : 乙, 취소의 상대방 : 丙 또는 丁

⑤ 취소권자 : 甲 또는 乙, 취소의 상대방 : 丙 또는 丁

49. 조건에 관한 다음 설명 중 옳은 것은?

① 당사자는 조건성취의 효력을 그 성취 전으로 소급하게 할 수 없다.

② 법률행위에 부가된 조건이 선량한 풍속 기타 사회질서에 위반한 것인 때에는 그 법률행위는 조건 없는 법률행위로 한다.

③ 법률행위에 부가된 조건이 법률행위 당시 이미 성취할 수 없는 것인 경우 그 조건이 해제조건이면 그 법률행위는 무효로 한다.

④ 조건의 성취가 미확정인 권리는 처분하거나 담보로 할 수 없다.

⑤ 조건의 성취로 인하여 이익을 받을 당사자가 신의성실에 반하여 조건을 성취시킨 경우 상대방은 그 조건이 성취되지 않은 것으로 주장할 수 있다.

50. 물권에 관한 다음 설명 중 옳은 것은?

① 물권은 법률 또는 관습법에 의하는 외에 당사자의 계약으로도 창설할 수 있다.

② 경매에 의한 부동산에 관한 물권의 취득은 등기를 요하지 않는다.

③ 동일한 물건에 대한 소유권과 다른 물권이 동일한 사람에게 귀속한 때에는 그 다른 물권이 제3자의 권리의 목적이 된 때에도 소멸한다.

④ 동산에 관한 물권의 양도는 그 양도의 의사표시만 있으면 그 동산을 인도하지 않아도 그 효력이 생긴다.

⑤ 동산에 관한 점유개정은 무효이다.

51. 법률행위에 의하지 <u>않은</u> 부동산물권의 변동에 관한 설명으로 <u>틀린</u> 것은? (다툼이 있으면 판례에 따름)

① 관습상 법정지상권은 설정등기 없이 취득한다.

② 이행판결에 기한 부동산물권의 변동시기는 확정판결시이다.

③ 상속인은 등기 없이 상속받은 부동산의 소유권을 취득한다.

④ 경매로 인한 부동산소유권의 취득시기는 매각대금을 완납한 때이다.

⑤ 건물의 신축에 의한 소유권취득은 소유권보존등기를 필요로 하지 않는다.

52. 물권적 청구권에 관한 다음 설명 중 <u>틀린</u> 것은?

① 물권이 현실적으로 침해되지 않은 경우에도 물권적 청구권이 성립할 수 있다.

② 소유권에 기한 물권적 청구권은 소멸시효에 걸리지 않는다.

③ 점유권에 기한 물권적 청구권과 본권에 기한 물권적 청구권은 동시에 성립할 수 없다.

④ 상대방의 귀책사유는 물권적 청구권의 성립요건이 아니다.

⑤ 물권적 청구권과 불법행위를 이유로 하는 손해배상청구권은 동시에 성립할 수 있다.

53. 다음 중 중간생략등기와 관련한 판례의 입장과 <u>다른</u> 것은?

① 부동산등기특별조치법상 이른바 중간생략등기의 금지규정이 있으나, 이로써 순차매도한 당사자 사이의 중간생략등기에 관한 사법상 효력까지 무효로 한다는 취지는 아니다.

② 당사자들 사이에의 중간생략등기에 관한 합의는 최초매도인과 최종매수인 사이에 매매계약이 체결되었다는 것을 의미한다.

③ 최종양수인이 최초양도인에게 직접 소유권이전등기청구권을 행사하기 위하여는 관계당사자 전원의 의사합치가 있어야 한다.

④ 당사자들 사이에 중간생략등기에 관한 합의가 있다고 하여 중간매수인의 소유권이전등기청구권이 소멸된다거나 최초매도인의 그 매수인에 대한 소유권이전등기의무가 소멸하는 것은 아니다.

⑤ 당사자들 사이에 중간생략등기에 관한 합의가 없는 경우에는, 최종양수인은 최초양도인에 대하여 중간자를 대위하여 소유권이전등기를 청구할 수 있을 뿐이다.

54. 가등기에 관한 다음 설명 중 판례의 입장으로 옳은 것은?

① 순위 보전의 대상이 되는 물권변동의 청구권은 이를 양도한 경우에는 양도인과 양수인의 공동신청으로 그 가등기상의 권리의 이전등기를 가등기에 대한 부기등기의 형식으로 경료할 수 있다.

② 가등기 후에 제3자에게 소유권이전의 본등기가 된 경우 가등기권리자는 제3자를 상대로 본등기청구권을 행사하여야 한다.

③ 저당권설정청구권보전을 위한 가등기는 담보되는 피담보채권이 없더라도 유효하다.

④ 가등기에는 후에 본등기가 이루어지는 경우 물권변동의 효력이 가등기한 때에 발생한다.

⑤ 가등기가 본등기의 요건을 구비하고 있는 한 본등기가 없어도 제3취득자에게 대항할 수 있다.

55. 甲 소유 X지에 대한 사용권한 없이 그 위에 乙이 Y건물을 신축한 후 아직 등기하지 <u>않은</u> 채 丙에게 일부를 임대하여 현재 乙과 丙이 Y건물을 일부분씩 점유하고 있다. 다음 설명 중 <u>틀린</u> 것은? (다툼이 있으면 판례에 따름)

① 甲은 乙을 상대로 Y건물의 철거를 구할 수 있다.

② 甲은 乙을 상대로 Y건물의 대지 부분의 인도를 구할 수 있다.

③ 甲은 乙을 상대로 Y건물에서의 퇴거를 구할 수 있다.

④ 甲은 丙을 상대로 Y건물에서의 퇴거를 구할 수 있다.

⑤ 乙이 Y건물을 丁에게 미등기로 매도하고 인도해 준 경우 甲은 丁을 상대로 Y건물의 철거를 구할 수 있다.

56. **점유권에 관한 다음 설명 중 옳은 것은?**

① 점유가 성립하기 위하여는 물건에 대한 사실상의 지배와 점유설정의사가 요구된다.

② 간접점유자는 점유침탈자에 대하여 자신의 선택에 따라 자기 또는 직접 점유자에게 점유물을 반환할 것을 청구할 수 있다.

③ 점유자는 점유침탈자의 포괄승계인이 선의인 경우 그에 대하여 점유물반환을 청구하지 못한다.

④ 점유자가 유익비를 지출한 경우 회복자에 대하여 자신의 선택에 따라 그 지출액이나 증가액의 상환을 청구할 수 있다.

⑤ 점유보조자와 간접점유자는 당연히 자력구제권을 행사할 수 있다.

57. **주위토지통행권에 관한 다음 설명 중 <u>틀린</u> 것은?** (다툼이 있으면 판례에 의함)

① 공로에 이르는 상당한 폭의 우회도로가 있다면 주위 토지를 이용하여 공로에 이르는 것이 보다 편리하다는 이유만으로 주위토지통행권을 인정할 수는 없다.

② 이미 기존의 통로가 있더라도 그것이 당해 토지의 이용에 부적합하여 실제로 통로로서의 충분한 기능을 하지 못하고 있는 경우에도 주위토지통행권이 인정된다.

③ 분할로 인하여 공로에 통하지 못하는 토지가 있는 때에는 그 토지 소유자는 공로에 출입하기 위하여 다른 분할자의 토지를 통행할 수 있는데, 이 경우 토지소유자는 보상의무를 진다.

④ 주위토지통행권은 현재의 토지의 용법에 따른 이용의 범위에서 인정되는 것이지 장차의 이용상황까지 미리 대비하여 통행로를 정할 것은 아니다.

⑤ 비록 당초에는 적법하게 설치되었던 축조물이라 하더라도 그것이 주위토지통행권의 본래적 기능을 발휘하기에 방해가 되는 때에는 주위토지통행권의 행사에 의하여 철거되어야 한다.

58. **다음은 부동산 점유취득시효에 관한 설명이다. <u>틀린</u> 것은?**

① 부동산취득시효는 원시취득이지만 부동산점유취득시효의 경우 시효취득자는 보존등기가 아니라 이전등기에 의해 소유권을 취득한다.

② 점유자 명의로 소유권이전등기가 경료되기 전까지는 원소유자가 소유자로서 적법한 권리를 행사할 수 있다.

③ 자기 소유의 부동산에 대하여 시효취득을 주장할 수 있다.

④ 시효가 완성된 후 점유자 앞으로 등기가 되기 전 등기명의자가 제3자에게 부동산을 처분한 경우 제3자는 원칙적으로 소유권을 취득한다.

⑤ 취득시효가 완성된 토지에 원소유자에 의하여 설정된 근저당권의 피담보채무를 시효취득자가 변제한 경우, 시효취득자는 변제액 상당에 대하여 원소유자에게 구상권을 행사하거나 부당이득반환청구권을 행사할 수 있다.

59. **甲, 乙, 丙은 1/3 지분으로 나대지인 X토지를 공유하고 있다. 이에 관한 설명으로 <u>틀린</u> 것은?** (다툼이 있으면 판례에 따름)

① 甲은 단독으로 자신의 지분에 관한 제3자의 취득시효를 중단시킬 수 없다.

② 甲과 乙이 X토지에 건물을 신축하기로 한 것은 공유물관리방법으로 부적법하다.

③ 甲이 공유지분을 포기한 경우, 등기를 하여야 포기에 따른 물권변동의 효력이 발생한다.

④ 甲이 단독으로 丁에게 X토지를 임대한 경우, 乙은 丁에게 부당이득반환을 청구할 수 있다.

⑤ 甲은 특별한 사정이 없는 한 X토지를 배타적으로 점유하는 丙에게 보존행위로서 X토지의 인도를 청구할 수 없다.

60. **乙은 甲의 X토지에 건물을 소유하기 위하여 지상권을 설정받았다. 다음 설명 중 옳은 것은?** (다툼이 있으면 판례에 따름)

① 乙은 甲의 의사에 반하여 제3자에게 지상권을 양도할 수 없다.

② X토지를 양수한 자는 지상권의 존속 중에 乙에게 그 토지의 인도를 청구할 수 없다.

③ 乙이 약정한 지료의 1년 6개월분을 연체한 경우, 甲은 지상권의 소멸을 청구할 수 있다.

④ 존속기간의 만료로 지상권이 소멸한 경우, 건물이 현존하더라도 乙은 계약의 갱신을 청구할 수 없다.

⑤ 지상권의 존속기간을 정하지 않은 경우, 甲은 언제든지 지상권의 소멸을 청구할 수 있다.

61. 다음 전세권에 관한 설명 중 옳지 않은 것은?

① 전세권자가 목적물을 개량하기 위하여 지출한 금액 기타 유익비에 관하여는 그 가액의 증가가 현존한 경우에 한하여 소유자의 선택에 좇아 그 지출액이나 증가액의 상환을 청구할 수 있다.

② 전세금은 전세권의 요소이며, 전세금의 지급이 있어야 전세권이 유효하게 성립한다.

③ 전세권자는 그 존속기간 내에 그 목적물을 타인에게 전전세 또는 임대할 수 있다.

④ 전세권이 소멸한 경우에 건물 기타 공작물이나 수목이 현존한 때에는 전세권자는 계약의 갱신을 청구할 수 있다.

⑤ 전세권자는 목적물의 현상을 유지하고, 그 통상의 관리에 속한 수선을 하여야 한다. 따라서 전세권자는 필요비의 상환을 청구하지 못한다.

62. 유치권에 관한 설명 중 틀린 것은? (다툼이 있으면 판례에 의함)

① 유치권자는 원칙적으로 채권의 변제를 받을 때까지 누구에게나 그 목적물에 대한 유치권을 주장할 수 있다.

② 유치권의 행사는 채권의 소멸시효 진행에 영향을 주지 않는다.

③ 건물임대차에서 임차인이 임대인에게 지급한 임차보증금반환청구권과 임대목적물간에는 견련관계가 인정된다.

④ 유치권자는 유치물의 과실을 수취하여 다른 채권보다 먼저 그 채권의 변제에 충당할 수 있다.

⑤ 유치권자는 경락인에 대하여 그 피담보채권의 변제가 있을 때까지 유치목적물인 부동산의 인도를 거절할 수 있을 뿐이고 그 피담보채권의 변제를 청구할 수는 없다.

63. 저당권침해에 대한 구제에 관한 다음 설명 중 틀린 것은?
(다툼이 있으면 판례에 의함)

① 저당권의 침해가 있는 경우에 저당권자는 물권적 청구권에 의하여 방해배제나 방해예방을 청구할 수는 있으나, 저당목적물의 반환을 청구할 수는 없다.

② 선순위의 저당권이 변제되어 저당권이 소멸되었으나 그 등기가 말소되지 않고 있는 경우, 후순위저당권자는 그 등기의 말소를 청구할 수 없다.

③ 저당목적물의 침해로 저당권자에게 손해배상청구권이 발생하는 것은 그 침해로 저당권자가 피담보채권의 완전한 변제를 받을 수 없는 경우에 한정된다.

④ 저당권의 침해를 이유로 한 손해배상은 저당권의 실행을 기다릴 필요 없이 불법행위 후 곧 청구할 수 있다.

⑤ 저당채무자 자신이 저당권을 침해한 경우에 저당권자는 담보물보충청구권과 기한의 이익 상실을 이유로 즉시변제청구권을 함께 행사할 수는 없다.

64. 다음 근저당권에 관한 설명으로 틀린 것은?(다툼이 있으면 판례에 의함)

① 계속적 거래계약에 기초한 채무를 담보하기 위하여 존속기간의 약정이 없는 근저당권을 설정한 경우에, 그 거래관계가 종료됨으로써 피담보채무로 예정된 원본채무가 더 이상 발생할 가능성이 없게 되었다면, 그 때까지의 잔존채무로 피담보채무가 확정된다.

② 후순위저당권자의 경매신청도 선순위자의 피담보채무의 확정사유에 해당하는데, 그 선순위자의 확정시기는 경매신청시이다.

③ 채권최고액은 반드시 등기되어야 하지만, 근저당권의 존속기간은 그에 대한 약정이 있더라도, 등기하지 않아도 무방하다.

④ 근저당권에 의하여 담보되는 피담보채권이 확정되지 않으면 채권의 일부가 대위변제된 경우에도 근저당권은 이전되지 않는다.

⑤ 피담보채무가 확정되면 근저당권이 부종성을 가지게 되어 보통의 저당권과 같은 취급을 받게 된다.

65. **다음 중 계약의 성립에 관한 설명으로 옳지 않은 것은?** (다툼이 있는 경우 판례에 의함)

① 청약에 "승낙기간 내에 회답하지 않으면, 계약이 체결된 것으로 본다." 라는 내용의 조건이 붙어 있는 경우에 상대방이 승낙기간 내에 회답을 발하지 않아도 계약은 체결되지 않는다.

② 청약의 의사표시는 이에 대한 승낙만 있으면 곧 계약이 성립될 수 있을 정도로 그 내용이 구체적이어야 하고 확정적이어야 한다.

③ 승낙은 구체적인 청약에 대한 것이어야 하며, 이 경우에 그 승낙의 의사표시는 특별한 사정이 없는 한 그 방법에 아무런 제한이 없고 반드시 명시적임을 요하는 것도 아니다.

④ 계약이 성립하기 위하여는 당사자의 서로 대립하는 수개의 의사표시의 객관적 합치가 필요하고 객관적 합치가 있다고 하기 위하여는 당사자의 의사표시에 나타나 있는 사항에 관하여는 모두 일치하고 있어야 한다.

⑤ 계약 내용의 중요한 점 및 계약의 객관적 요소에 관한 객관적 합치가 있으면 당사자가 중대한 의의를 두고 계약성립의 요건으로 할 의사를 표시한 것에 관한 합치가 존재하지 아니하여도 계약이 적법ㆍ유효하게 성립한다.

66. **다음은 동시이행의 항변권에 관한 판례의 태도이다. 옳은 것은?**

① 금전채권에 대한 압류 및 추심명령이 있는 경우, 추심채무자가 제3채무자에 대하여 갖는 동시이행의 항변권은 상실되지 않는다.

② 부동산매수인이 선이행의무가 있는 중도금을 지급하지 않은 채 잔대금지급기일이 도래한 경우, 부동산매수인의 중도금지급의무와 부동산매도인의 소유권이전등기 소요서류의 제공의무 사이에는 동시이행의 관계가 인정되지 않는다.

③ 임차인이 임대차종료 후 동시이행의 항변권에 의하여 임차목적물을 점유하고 사용-수익한 경우 임차인은 임대인에게 그 사용-수익으로 인한 부당이득을 반환할 책임이 없다.

④ 동시이행의 항변권은 쌍무계약 이외의 법률관계에서는 인정되지 않는다.

⑤ 동시이행의 관계에 있는 당사자의 채무에 대해 이행제공한 후 상대방이 수령지체에 빠졌다면, 그 후 이행제공 없이도 상대방은 당연히 이해지체에 빠진다.

67. **甲은 乙에게 자신이 소장하던 그림을 500만원에 팔았다. 그림을 인도하기 전에 홍수로 그림이 소실되었다. 다음 설명 중 옳은 것은?**

① 甲은 乙에게 대금 500만원을 청구할 수 있다.

② 甲은 乙에게 대금 500만원을 청구할 수 없다.

③ 甲은 乙에게 비슷한 다른 그림을 주고 대금 500만원을 청구할 수 있다.

④ 甲은 乙에 대하여 채무불이행으로 인한 손해배상의무를 부담한다.

⑤ 甲은 乙에 대하여 불법행위로 인한 손해배상의무를 부담한다.

68. **금전소비대차계약에 의해 丙에게 2억원의 채무를 부담하는 甲은 자기소유의 X토지를 2억원에 매수한 乙과 합의하여, 乙이 그 매매대금을 丙에게 지급하기로 하였다. 다음 설명 중 옳은 것은?** (다툼이 있는 경우에는 판례에 의함)

① 丙이 수익의 의사표시를 하였다면, 乙이 甲과 丙 사이의 계약이 무효라는 사실을 알았다 하더라도 丙의 지급요구를 거절할 수 없다.

② 甲이 乙에게 X토지의 소유권이전등기를 해주지 않더라도 丙이 수익의 의사표시를 한 후에는 乙은 丙에 대하여 2억원의 지급을 거절할 수 없다.

③ 乙이 丙에게 매매대금을 지급하지 않으면 丙은 채무불이행을 이유로 甲과 乙의 매매계약을 해제할 수 있다.

④ 乙은 丙에 대하여 상당한 기간을 정하여 수익여부의 확답을 최고할 수 있으며, 그 기간 내에 확답을 받지 못하면 丙은 수익의 의사표시를 한 것으로 본다.

⑤ 乙의 丙에 대한 대금지급채무의 불이행을 이유로 甲이 매매계약을 해제하려면 丙의 동의를 얻어야 한다.

69. 계약의 해제에 관한 다음 설명 중 옳은 것은? (다툼이 있는 경우 판례에 의함)

① 매매목적물인 부동산에 대한 가압류등기가 말소되지 아니한 경우에 매수인은 소유권이전등기의무의 이행불능을 이유로 이행의 최고 없이 바로 계약을 해제할 수 있다.

② 계약해제의 경우에는 신뢰이익배상청구를 원칙으로 한다.

③ 계약의 합의해제에 있어서도 민법 제548조의 계약해제의 경우와 같이 이로써 제3자의 권리를 해할 수 없다.

④ 매매계약이 법정해제된 경우 원상회복으로서 매도인이 반환하여야 할 매매대금에 부가되는 법정이자는 이행지체로 인한 것이다.

⑤ 계약의 해제 이전에 해제로 인하여 소멸하는 채권을 양수하여 그 대항요건을 갖춘 자는 법정해제에 의한 원상회복에 대해 보호되는 제3자에 포함된다.

70. 다음 매매에 관한 설명으로 옳지 <u>않은</u> 것은? (다툼이 있으면 판례에 의함)

① 매수인은 목적물의 인도를 받은 날로부터 대금의 이자를 지급하여야 한다.

② 중도금을 지급한 후에도 매수인은 계약금에 의한 해제를 할 수 있다.

③ 경매 목적물에 하자가 있는 경우에는 하자담보책임이 발생하지 않는다.

④ 계약금을 수령한 자는 현실적으로 배액을 상환하거나 제공해야 계약금에 의한 해제를 할 수 있다.

⑤ 매도인의 매매목적물의 인도를 지체하고 있더라도 매매대금을 완납받지 못하고 있는 한 목적물을 인도할 때까지는 매도인은 과실을 수취할 수 있다.

71. 계약해제 시 보호되는 제3자에 해당하지 않는 자를 모두 고른 것은? (다툼이 있으면 판례에 따름)

> ㄱ. 계약해제 전 그 계약상의 채권을 양수하고 이를 피보전권리로 하여 처분금지가처분결정을 받은 채권자
> ㄴ. 매매계약에 의하여 매수인 명의로 이전등기된 부동산을 계약해제 전에 가압류 집행한 자
> ㄷ. 계약해제 전 그 계약상의 채권을 압류한 자

① ㄱ
② ㄱ, ㄴ
③ ㄱ, ㄷ
④ ㄴ, ㄷ
⑤ ㄱ, ㄴ, ㄷ

72. 임대차에 관한 다음 설명 중 옳은 것은? (다툼이 있으면 판례에 의함)

① 임대인이 임차인의 의사에 반하는 보존행위를 하는 때에는 임차인은 언제든지 계약을 해지할 수 있다.

② 부동산임대차에 있어서는 임차인은 임대인에 대하여 임대차의 등기절차에 협력할 것을 청구할 수 있고 이는 형성권으로 편면적 강행규정에 해당한다.

③ 임차물의 일부가 임차인의 과실 없이 멸실 기타의 사유로 사용·수익할 수 없는 경우 그 잔존부분으로 임차의 목적을 달성할 수 있다 하더라도 임차인은 계약을 해지할 수 있다.

④ 임차인의 차임감액청구권은 청구권의 일종이다.

⑤ 등기 있는 부동산임대차도 임대인의 동의 없이 임차권을 양도하거나 목적물을 전대할 수 없다.

73. 임차인의 부속물매수청구권에 관한 다음 설명 중 옳은 것은? (다툼이 있으면 판례에 의함)

① 부속물이 오로지 임차인의 특수목적에 사용하기 위해 부속된 것일 때에는 부속물매수청구권이 성립될 수 없다.

② 임차인의 채무불이행에 의한 해지의 경우에도 부속물매수청구권이 인정된다.

③ 부속물매수청구권은 건물 기타 공작물의 임차인 그리고 토지의 임차인에게 인정된다.

④ 부속물매수청구권은 일시사용을 위한 임대차에도 적용된다.

⑤ 부속물매수청구권을 배제하는 특약은 유효하다.

74. 임대차의 해지에 관한 민법규정내용의 설명 중 <u>틀린</u> 것은?

① 임대차기간의 약정이 없는 때에는 당사자는 언제든지 계약해지의 통고를 할 수 있다.

② 임대차기간의 약정이 있는 경우에도 당사자 일방 또는 쌍방이 그 기간 내에 해지할 권리를 보류한 때에는 그 해지할 권리를 가진 당사자는 언제든지 계약해지의 통고를 할 수 있다.

③ 임차인이 파산선고를 받은 경우에는 임대차기간의 약정이 있는 때에도 임대인 또는 파산관재인이 계약해지의 통고를 할 수 있고, 이 경우 각 당사자는 상대방에 대하여 계약해지로 인하여 생긴 손해배상을 청구할 수 있다.

④ 임대차계약이 해지의 통고로 인하여 종료된 경우에 그 임대물이 적법하게 전대되었을 때에는 임대인은 전차인에 대하여 그 사유를 통지하지 아니하면 해지로써 전차인에게 대항하지 못한다.

⑤ 건물 기타 공작물의 임대차에는 임차인의 차임연체액이 2기의 차임액에 달하는 때에는 임대인은 계약을 해지할 수 있다.

75. 「주택임대차보호법」 상의 주택임대차에 관한 설명으로 틀린 것은? (다툼이 있으면 판례에 의함)

① 대항력 있는 주택임대차가 기간만료로 종료된 상태에서 임차주택이 양도되더라도 임차인은 이 사실을 안 때로부터 상당한 기간 내에 이의를 제기함으로써, 승계되는 임대차관계의 구속에서 벗어날 수 있다.

② 다른 특별한 규정이 없는 한, 미등기주택에 대해서도 이 법이 적용된다.

③ 임대차기간이 끝난 경우, 임차인이 보증금을 반환받지 못하였다면 임대차관계는 종료하지 않는다.

④ 다가구용 단독주택의 임대차에서는 전입신고를 할 때 지번만 기재하고 동 · 호수의 표시가 없어도 대항력을 취득할 수 있다.

⑤ 저당권이 설정된 주택을 임차하여 대항력을 갖춘 이상, 후순위 저당권이 실행되더라도 매수인이 된 자에게 대항할 수 있다.

76. 주택임차권의 대항력에 관한 다음 설명 중 옳지 않은 것은? (다툼이 있으면 판례에 의함)

① 임차인이 주택의 인도를 받고 전입신고와 확정일자를 받은 다음날 저당권이 설정되고 그 저당권이 실행된 경우에도 임차권자는 경락인에게 대항할 수 있다.

② 주택의 명의신탁자가 임대차계약을 체결한 후 명의수탁자가 명의신탁자로부터 주택에 대한 처분권한을 종국적으로 이전받은 경우에는 명의수탁자는 임차인과의 관계에서 임대인의 지위를 승계한다.

③ 선순위 저당권이 있는 상태에서 주택의 임차인이 대항력을 구비한 다음, 임대인이 주택의 소유권을 양도한 경우에는 주택양수인은 임대인의 지위를 승계한다.

④ 대항요건을 갖춘 임차권보다 후순위인 저당권의 실행으로 목적부동산이 경락되어 그 임차권보다 선순위인 저당권이 소멸한 경우에는 임차인이 경락인에 대하여 그 임차권의 효력을 주장할 수 없다.

⑤ 매도인으로부터 매매계약의 해제를 해제조건부로 임대권한을 부여받은 매수인이 주택을 임대한 후, 위의 매매계약이 해제된 경우 그 매매계약이 해제되기 전에 임차인이 주택에 입주하고 주민등록을 마친 경우에는 매도인의 명도청구에 대항할 수 있다.

77. 현행 상가건물임대차보호법의 내용에 해당하지 않는 것은?

① 법무부장관은 보증금, 차임액, 임대차기간, 수선비 분담 등의 내용이 기재된 상가건물임대차표준계약서를 정하여 그 사용을 권장할 수 있다.

② 임차인의 계약갱신청구권은 최초의 임대차기간을 포함한 전체 임대차기간이 10년을 초과하지 않는 범위 내에서만 행사할 수 있다.

③ 위 ②의 경우 '10년을 초과하지 않는 범위 내' 는 상가건물 임대차 보호법 시행 후부터의 갱신청구에 적용되고, 법시행 전의 기간은 산입하지 않는다.

④ 임차인의 보증금 중 일정액이 상가건물의 가액의 2분의 1을 초과하는 경우에는 상가건물 가액의 2분의 1에 해당하는 금액에 한하여 우선변제권이 있다.

⑤ 법정갱신이 된 경우 임차인은 언제든지 임대인에 대하여 계약해지의 통고를 할 수 있고, 임대인이 그 통고를 받은 날로부터 3월이 경과하면 그 효력이 발생한다.

78. 집합건물의 소유 및 관리에 관한 법률에 대한 다음 설명 중 틀린 것은?

① 공용부분에 대한 보존행위는 각 공유자가 할 수 있다.

② 재건축결의의 내용을 변경함에 있어서 그것이 구성원인 조합원의 이해관계에 중대한 영향을 미치는 경우 조합원의 3분의 2 이상의 동의가 필요하다.

③ 전유부분이 주거용도로 분양된 때에는 그 부분을 주거 이외의 용도로 사용할 수 없다.

④ 구분소유자는 일정한 절차에 의하여 공동이익에 반하는 행위를 한 구분소유자의 전유부분 및 대지사용권의 경매를 명할 것을 법원에 청구할 수 있다.

⑤ 공용부분의 변경은 구분소유자의 3/4 이상 및 의결권의 3/4 이상의 다수에 의한 집회결의로써 결정한다.

79. 가등기담보와 관련된 다음 설명 중 <u>틀린</u> 것은? (다툼이 있으면 판례에 의함)

① 담보가등기가 설정된 부동산에 대하여 경매가 개시된 경우, 가등기담보권자에게 우선변제권이 인정된다.

② 담보가등기가 설정된 부동산에 대하여 경매가 행하여진 경우, 가등기담보권은 그 부동산의 매각에 의하여 소멸한다.

③ 가등기담보권자의 청산금지급채무는 가등기담보권설정자의 소유권이전등기 및 인도채무보다 먼저 이행되어야 한다.

④ 가등기담보권자가 청산기간의 경과 전에 채무자에게 청산금을 지급하더라도 후순위권리자에게는 대항할 수 없다.

⑤ 가등기담보권자가 그 권리의 실행방법으로서 소유권취득에 의한 방법과 경매에 의한 방법을 선택할 수 있다.

80. 甲은 乙과 乙명의로 丙의 부동산을 매수한 뒤 甲의 요청이 있으면 그 부동산의 소유권을 甲에게 이전시켜주기로 합의한 다음, 매수자금 2억원을 乙에게 지급하였다. 乙은 그 돈으로 丙의 부동산을 매수한 뒤 丙으로부터 소유권이전등기를 경료받았다. 다음 설명 중 <u>틀린</u> 것은? (다툼이 있으면 판례에 의함)

① 甲, 乙 사이의 계약은 명의신탁약정으로 무효이다.

② 丙이 甲, 乙 사이에 명의신탁약정이 있었다는 사실을 알지 못할 경우에는 乙, 丙 사이의 매매계약은 유효하고, 乙은 부동산의 소유권을 취득한다.

③ 丙이 선의인 경우에 乙은 甲에게 매매대금 2억원을 반환할 의무가 있다.

④ 丙이 선의인 경우에 乙이 부동산의 소유권을 甲에게 이전해 주었다면 대물변제로서 甲은 그 소유권을 취득할 수 있다.

⑤ 乙이 甲의 지시로 甲과 명의신탁계약을 체결한 丁명의로 소유권이전등기를 경료해 주면, 甲은 丁에게 소유권이전등기청구권을 가진다.

2023년도 제34회 공인중개사 1차 국가자격시험

실전모의고사 제8회

교 시	문제형별	시 간	시험과목
1교시	A	100분	1 부동산학개론 2 민법 및 민사특별법 중 부동산 중개에 관련되는 규정

수험번호		성 명	

【 수험자 유의 사항 】

1. **시험문제지 표지와** 시험문제지 내 **문제형별의 동일여부** 및 시험 문제지의 **총면수 · 문제번호 일련순서 · 인쇄상태** 등을 확인하시고, 문제지 표지에 수험번호와 성명을 기재하시기 바랍니다.
2. 답은 각 문제마다 요구하는 **가장 적합하거나 가까운 답 1개**만 선택하고, 답안카드 작성 시 시험문제지 **형별누락, 마킹착오**로 인한 불이익은 전적으로 수험자에게 책임이 있음을 알려드립니다.
3. 답안카드는 국가전문자격 공통 표준형으로 문제번호가 1번부터 125번까지 인쇄되어 있습니다. 답안마킹시에는 반드시 **시험문제지의 문제번호와 동일한 번호에 마킹**하여야 합니다. (1차 1교시: 1번~80번)
4. **감독관의 지시에 불응시 불이익이 발생될 수 있으며, 시험시간 종료 후 답안카드를 제출하지 않을 경우** 시험무효처리 됨을 알려드립니다.
5. 이의제기에 관한 개별회신은 하지 않으며, **최종 정답 발표로 갈음**합니다.
6. 시험 중 **중간 퇴실은 불가**합니다. 단, 부득이하게 퇴실할 경우 **시험포기 각서 제출 후 퇴실은 가능**하나 **재입실이 불가**하며, **해당시험은 무효처리됩니다.**
7. 시험문제지는 시험 종료 후 가져가시기 바랍니다.

인강드림 공인중개사

제1과목: 부동산학개론

1. 다음 중 토지의 자연적 특성 중 영속성에 해당하는 것은 모두 몇 개인가?

> ㉠ 사용이익과 소유이익의 분리
> ㉡ 토지공개념
> ㉢ 생산비 법칙 적용 배제
> ㉣ 가치(value) 및 수익환원법의 근거
> ㉤ 재고시장 발달
> ㉥ 부동산 간 비교 곤란
> ㉦ 대체관계의 제약
> ㉧ 개별분석의 이론적 근거

① 없음　② 1개
③ 2개　④ 3개
⑤ 4개

2. 건축법령에 따른 주택의 용어에 관한 설명으로 옳은 것은?

① 학생 또는 직장인 등 여러 사람이 장기간 거주할 수 있는 구조로 되어 있으며, 독립된 주거의 형태를 갖추지 아니한 것은 다가구주택이다.
② 주택으로 쓰는 층수가 3개 층 이하이며, 바닥면적 합계가 660㎡이하이고, 19세대 이하가 거주하는 것은 다중주택이다.
③ 주택으로 쓰는 1개 동의 바닥면적 합계가 660㎡ 이하이고, 층수가 4개 층 이하인 주택은 연립주택이다.
④ 주택으로 쓰는 1개 동의 바닥면적 합계가 660㎡ 초과하고, 층수가 4개 층 이하인 주택은 다세대주택이다.
⑤ 학교 또는 공장 등의 학생 또는 종업원 등을 위하여 쓰는 것으로 1개 동의 공동 취사시설 이용 세대수가 전체의 50% 이상인 것은 일반기숙사이다

3. 다음 중 부동산의 개념에 관한 설명 중 옳은 것은?

① 매도인과 매수인의 관계에서 정착물 여부가 불분명할 때는 부동산 매매 시 정착물로 간주 되어 매수인의 것이 된다.
② 명인방법을 구비한 수목, 등기된 입목, 타인 토지에서 재배 중인 농작물은 토지의 일부로 간주 된다.
③ 토지와 건물이 각각 독립된 거래의 객체이면서도, 하나의 결합된 상태로 다루어져 거래되는 부동산을 복합개념의 부동산이라 한다.
④ 복합개념의 부동산 중 기술적 개념에 자본, 공간, 위치, 환경이 있다.
⑤ 복합개념의 부동산 중 경제적 개념에 자연, 자산, 상품, 소비재가 있다.

4. 수요의 가격탄력성에 대한 설명으로 옳은 것은?

① 수요가 증가하고 공급이 증가하는 경우, 수요증가와 공급증가 폭이 같다면 균형가격은 상승하고, 균형량은 불변한다.
② 수요가 감소하고 공급이 감소하는 경우, 수요감소와 공급감소 폭이 같다면 균형가격은 불변하고, 균형량은 감소한다.
③ 수요의 가격탄력성이 1보다 작을 경우, 임대료를 상승시키면, 전체 임대료 수입은 감소한다.
④ 수요의 가격탄력성이 1보다 큰 경우, 임대료를 하락시키면, 전체 임대료 수입은 감소한다.
⑤ 수요의 가격탄력성이 공급의 가격탄력성이 비해 클 경우, 정부의 조세 부과 시 자원 배분의 왜곡현상이 심해진다.

5. 다음 중 수요의 가격탄력성과 공급의 가격탄력성을 둘 다 탄력적으로 만드는 요인으로 묶인 것은?

수요의 가격탄력성 탄력성	공급의 가격탄력성 탄력성
① 대체재가 많음	생산에 소요되는 기간이 길다
② 관찰기간이 길다	관찰기간이 짧다
③ 용도전환이 쉽다	중고주택
④ 공적규제의 강화	용도전환 곤란
⑤ 상 · 공업용 부동산	공적규제의 완화

6. A지역 아파트시장에서 수요함수가 Q_d = 200 − P 이고, 단기에 공급함수가 Q_{s1} = P + 150 이고, 장기에 공급함수가 Q_{s2} = 2P + 50 으로 변화하였다. A 아파트 시장이 단기에서 장기로 변화할 때, A아파트 시장의 균형가격과 균형량, 공급곡선의 기울기 변화는 각각 얼마인가? (단, P는 가격이고, Q 수급량이며, 다른 조건은 일정하다고 가정함)

	균형가격	균형량	공급곡선 기울기
①	25 상승	25 증가	$\frac{1}{2}$ 증가
②	25 상승	25 감소	$\frac{1}{2}$ 감소
③	25 상승	50 증가	$\frac{1}{4}$ 증가
④	25 하락	50 감소	$\frac{1}{4}$ 감소
⑤	25 하락	75 증가	1 증가

7. 아파트에 대한 수요의 가격탄력성이 0.8, 소득탄력성은 0.6, 오피스텔에 대한 아파트 수요량의 교차탄력성은 0.4이다. 아파트가격, 아파트 수요자의 소득, 오피스텔의 가격이 각각 5%씩 상승할 때, 아파트 전체 수요량의 변화율은? (단, 두 부동산은 모두 정상재이고, 서로 대체재이며, 아파트에 대한 수요의 가격탄력성은 절댓값으로 나타내며, 다른 조건은 동일함)

① 0.8% 감소
② 1.0% 감소
③ 1.0% 증가
④ 1.2% 감소
⑤ 1.2% 증가

8. 부동산경기변동에 관한 설명 중 옳은 것은?

① 부동산 경기의 순환은 하향–회복–상향–후퇴–안정시장이 순으로 진행된다.
② 상향시장에서 매도자는 거래의 성립시기를 앞당기려는 경향이 있다.
③ 일반적으로 일반경기가 부동산경기에 비하여 경기의 진폭이 큰 경향이 있다.
④ 하향시장에 있어, 종전의 거래사례 가격은 새로운 매매활동에 가격결정 하한선이 되는 경향이 있다.
⑤ 실수요 감소에 따른 공급증가 현상이 발생하게 되는 경우에 공인중개사는 매수자를 확보해두려는 경향을 보인다.

9. 부동산 시장의 특성과 자연적 특성을 연결한 것 중 <u>틀린</u> 것은?

① 시장의 국지성 − 개별성
② 상품의 비표준화 − 개별성
③ 거래의 비공개성 − 개별성
④ 일물일가의 법칙 배제 − 개별성
⑤ 시장의 비조직화 − 개별성

10. 부동산 시장의 유형에 대한 설명으로 옳은 것은?

① 약성 효율적 시장에서는 기술적 분석으로는 초과이윤을 획득할 수 있다.
② 약성 효율적 시장에서는 과거 · 현재 · 미래의 모든 시장에서 초과이윤을 획득 할 수 있다.
③ 강성효율적 시장에서는 정보비용이 필요하며, 이에 따른 초과이윤도 획득 할 수 있다.
④ 준강성 효율적 시장은 어떤 새로운 정보가 공표되는 즉시 시장가치에 반영되어 있는 시장이다.
⑤ 강성 효율적 시장은 부동산 시장에 가장 부합하는 시장이다.

11. 다음 중 주택시장에 대한 설명으로 <u>틀린</u> 것은?

① 주택수요(housing demand)란 시장 경제상의 개념으로 구매력을 갖춘 유효수요를 말한다.
② 주거분리는 지리적으로 인접한 근린지역에서는 발생하지 않고, 도시 전체에서만 발생하는 경향이 있다.
③ 저급주택이 수선되거나 재개발되어 상위계층에서 사용되는 것을 상향여과라고 한다.
④ 주거분리 현상은 부(−)의 외부효과는 피하고, 정(+)의 외부효과는 추구하려는 과정에서 발생한다.
⑤ 고가주택의 개량비용이 개량 후 주택가치의 상승분보다 크다면, 하향여과과정이 발생한다.

12. 컨버스(P. D. Converse)의 분기점 모형에 기초할 때, A시와 B시의 상권 경계지점은 A시로부터 얼마만큼 떨어진 지점인가? (단, 주어진 조건에 한함)

> ○ A시와 B시의 동일 직선상에 위치하고 있다.
> ○ A시 인구 : 8만명
> ○ B시 인구 : 32만명
> ○ A시와 B시 사이의 직선거리 : 24km

① 8km　　② 10km
③ 12km　　④ 14km
⑤ 16km

13. 다음 중 차액지대설과 절대지대설에 대한 설명 중 틀린 것은?

① 차액지대란 해당 토지의 생산성과 한계지의 생산성 차이로 인해 결정된다.
② 차액지대에서 지대는 매상고에서 생산비를 차감하고 남은 불로소득으로 본다.
③ 절대지대설에서 토지는 소유 자체, 소유하고 있다는 독점적 지위를 이용하여, 최열등지에서도 지대를 요구한다.
④ 절대지대설에 따르면 지대는 생산비가 아니라 경제적 잉여이다.
⑤ 절대지대설은 지대가 곡물가격을 결정하며, 지대는 생산비의 일종이다.

14. 외부효과에 관한 설명으로 틀린 것은?

① 외부효과란 제 3자가 시장기구를 통하지 않고, 상대방에게 미치는 이익이나 손해를 의미한다.
② 정(+)의 외부효과는 보조금이나 조세경감 등의 대책이 필요하다.
③ 부(−)의 외부효과는 소비에 있어 사적 편익이 사회적 편익보다 크다.
④ 부(−)의 외부효과는 손실로 인해 시장실패의 원인에 해당하지만, 정(+)의 외부효과는 이익을 가져다주므로 시장실패의 원인에 해당하지 않는다.
⑤ 부(−)의 외부효과가 발생하면 사회의 적정량이 시장생산량보다 과대생산 된다.

15. 다음에 해당되는 내용끼리 옳게 묶은 것은?

> ㄱ. 도시 저소득 주민이 집단거주하는 지역으로서 정비기반시설이 극히 열악하고 노후·불량건축물이 과도하게 밀집한 지역의 주거환경을 개선하거나 단독주택 및 다세대주택이 밀집한 지역에서 정비기반시설과 공동이용시설 확충을 통하여 주거환경을 보전·정비·개량하기 위한 사업
> ㄴ. 정비기반시설이 열악하고 노후·불량건축물이 밀집한 지역에서 주거환경을 개선하거나 상업지역·공업지역 등에서 도시기능의 회복 및 상권 활성화 등을 위하여 도시환경을 개선하기 위한 사업

	ㄱ	ㄴ
①	주거환경개선사업	재건축사업
②	재건축사업	재개발사업
③	주거환경개선사업	재개발사업
④	재개발사업	재건축사업
⑤	주거환경개선사업	재건축사업

16. 부동산 조세에 대한 설명으로 옳은 것은?

① 수요곡선이 공급곡선에 비해 더 비탄력적이면, 수요자에 비해 공급자의 부담이 더 커진다.
② 양도소득세 중과 시 공급의 동결효과로 인해 주택가격은 하락한다.
③ 주택 가격에 차등 세율을 적용하는 재산세는 역진세적인 효과를 나타낸다.
④ 토지공급의 가격탄력성이 "0" 인 경우, 부동산 조세 부과시 토지소유자가 전부 부담하게 된다.
⑤ 수요곡선이 변하지 않을 때, 세금부과에 의한 경제적 순손실은 공급이 비탄력일수록 커진다.

17. 토지은행(비축)제도에 관한 설명으로 <u>틀린</u> 것은?

① 토지은행제도는 공적 기능의 확대에 따라 커질 수 있다.

② 토지은행제도는 사전에 토지를 비축하여, 장래 공익사업의 원활 및 수급 조절의 역할로써, 토지시장의 안정화에 기여할 수 있다.

③ 개인의 난개발을 막을 수 있고, 공공의 질서를 통한 계획적 개발이 가능하다.

④ 적절한 투기방지책 없이 토지를 매입하면 매입 주변지역의 지가상승을 유발하여 투기 조장에 대한 우려가 있다.

⑤ 토지은행제도는 환지방식에 비해서 토지 매입비 부담이 적은 편 이다.

18. 현재 우리나라에서 시행되고 있지 <u>않는</u> 제도는 모두 몇 개인가?

ㄱ. 개발권양도제(TDR)	ㄴ. 개발부담금
ㄷ. 분양가상한제	ㄹ. 종합부동산세
ㅁ. 토지거래허가제	ㅂ. 토지초과이득세제
ㅅ. 토지은행제도	ㅇ. 부동산실명제
ㅈ. 재건축부담금	ㅊ. 택지소유상한제

① 3개 ② 4개

③ 5개 ④ 6개

⑤ 7개

19. 부동산 투자의 위험과 수익에 대한 설명으로 <u>틀린</u> 것은?

① 부채가 없이 전부 자기자본만으로 투자한다면 지렛대 효과가 없지만, 이에 따른 금융적 위험도 없다

② 요구수익률이 기대수익률보다 작을 경우 투자안이 기각된다.

③ 부동산의 낮은 환금성으로 인한 위험을 말한다. 특히, 불황 시장에서 부동산을 매각하여, 현금화하기가 더욱 어려우며, 시장가격보다 훨씬 저렴하게 거래하게 되므로 유동성 위험이 더 커진다.

④ 인플레이션이 발생하면 물가가 상승하고 화폐의 실질적 가치가 하락함에 따라 대출자들은 고정금리보다, 변동금리를 더 선호하게 된다.

⑤ 평균-분산 지배원리란 투자안의 기대수익률과 위험의 상관관계에 따라 투자안을 선택하는 기준이 되는 원리이다.

20. 부동산투자의 포트폴리오 이론에 관한 설명으로 <u>틀린</u> 것은?

① 총 위험은 체계적 위험과 비체계적 위험의 합으로 구성된다.

② 투자자의 요구수익률을 상승시키는 요인은 무위험률과 위험할증률이다.

③ 포트폴리오 상관계수가 -1인 경우, 총 위험이 완전히 제거된다.

④ 무차별곡선과 효율적 프론티어의 접점에서 최적의 포트폴리오가 선택된다.

⑤ 위험과 수익은 비례관계에 있으므로, 우상향의 형태를 보이게 된다.

21. 다음은 투자부동산의 매입, 운영 및 매각에 따른 현금흐름이다. 이에 기초한 순현재가치는? (단, 0년차 현금흐름은 초기투자액, 1년차부터 5년차까지 현금흐름은 현금유입과 유출을 감안한 순현금흐름이며, 기간이 5년인 연금의 현가계수는 4.0, 5년 일시불의 현가계수는 0.50이고, 주어진 조건에 한함)

(단위 : 만원)

기간(년)	0	1	2	3	4	5
현금흐름	−1200	150	150	150	150	1,750

① 100 ② 150

③ 200 ④ 250

⑤ 300

22. 부동산투자분석의 영업현금흐름 계산 시, 세전현금흐름을 산정 할 경우, 필요한 항목은 모두 몇 개인가?

○ 임대료 수입	○ 부채서비스액
○ 영업경비	○ 영업소득세
○ 주차장 수입	○ 재산세

① 2개 ② 3개

③ 4개 ④ 5개

⑤ 6개

23. 투자부동산 A에 관한 투자분석을 위해 수집한 자료의 내용이 다음과 같을 때, 순영업소득은? (단, 주어진 조건에 한하며, 연간 기준임)

> ○ 가능총소득 : 2억
> ○ 공실 및 불량부채 : 가능총소득 5%
> ○ 기타소득 : 1천만원
> ○ 영업경비 : 유효총소득의 15%

① 90,000,000　② 110,000,000
③ 130,000,000　④ 150,000,000
⑤ 170,000,000

24. 투자의 타당성 판단에 대한 설명으로 틀린 것은?

① 채무불이행률은 영업경비와 영업소득세의 합을 유효총소득으로 나눈 값이다.
② 회수기간법은 화폐의 시간가치를 고려하지 못한다.
③ 단일 투자안의 경우 순현가가 0이 되는 경우, 수익성 지수는 1이 된다.
④ 순현가(NPV)는 현금유입의 현가에서 현금유출의 현가를 차감한 값이고, 수익성 지수(PI)는 현금유입의 현가에서 현금유출의 현가를 나눈 값이다.
⑤ 내부수익률(IRR)은 현금유입의 현가와 현금유출의 현가를 같게 만드는 할인율이다.

25. 부동산투자에서 레버리지에 관한 설명으로 틀린 것은?

① 총투자수익률이 차입이자율보다 낮은 경우에는 부(−)의 레버리지가 발생한다.
② 저당수익률이 총자본수익률보다 클 때, 부채비율을 높일수록 자기자본수익률은 상승한다.
③ 부채비율이 상승할수록 레버리지 효과가 증대된다.
④ 부(−)의 레버리지는 이자율의 하락으로 인해, 정(+)의 레버리지로 변화 될 수 있다.
⑤ 지분수익률이 총자본수익률이 클 때, 정(+)의 레버리지가 발생한다.

26. 고정금리 대출과 변동금리 대출에 관한 설명으로 틀린 것은?

① 약정대출이자율보다 시장이자율 더 낮을 경우, 차입자는 기존 융자를 유지하는 것이 유리하다.
② 대출자 입장에서는 이자율 조정주기가 짧을수록 인플레이션 변동에 대처하기가 용이하다.
③ 변동금리부 주택담보대출의 이자율은 기준금리에 가산금리를 합하여 결정된다.
④ 대출 시작 시점에서 고정금리 이자율이 변동금리 이자율보다 높다.
⑤ 예상치 못한 인플레이션이 발생하였을 때, 대출자 입장에서는 고정금리대출이 유리한 대출방식이다.

27. A씨는 주택을 구입하기 위해 5억원을 대출 받았다. 대출조건이 다음과 같을 때, 8회차에 상환할 원리금상환액과 11회차에 납부하는 이자납부액을 순서대로 나열한 것은? (단, 주어진 조건에 한함)

> ○ 대출금리 : 고정금리, 연 5 %
> ○ 대출기간 : 25년
> ○ 원리금 상환조건 : 원금균등상환, 연단위 매기말 상환

	8회차 원리금상환액	11회차 이자납부액
①	3,800만원	1,500만원
②	3,500만원	1,300만원
③	3,000만원	1,100만원
④	2,500만원	900만원
⑤	2,100만원	700만원

28. 주택금융에 관한 설명으로 틀린 것은? (단, 다른 조건은 동일함)

① 신탁증서금융, 주택상환사채, 자산유동화기업어음(ABCP)는 부채금융에 해당한다.
② 주택저당담보부채권(MBB)는 모기지풀에서 발생하는 위험은 모두 투자자에게 이전한다.
③ 신주인수권부사채, 전환사채, 후순위대출은 메자닌금융에 해당한다.
④ 다계층증권(CMO)은 저당채권의 발행액을 몇 개의 계층으로 구성하여 각 계층 마다 서로 다른 기간과 이자율, 순서를 정한다.
⑤ 저당이체증권(MPTS)는 원리금수취권과 저당권을 모두 투자자에게 이전한다.

29. 다음 부동산 금융의 동원방법과 부동산 증권이 옳게 연결된 것은?

① 신디케이트 : 지분증권, 직접투자방식, 소수의 투자자
② 조인트벤처 : 지분증권, 직접투자방식, 다수의 투자자
③ 부동산투자회사 : 지분증권, 간접투자방식, 소수의 투자자
④ 부채증권 : 자산유동화증권(ABS), 주택저당담보부증권(MBS)
⑤ 프로젝트 금융 : 비소구 금융, 사업자의 모든 자산 담보

30. 프로젝트 금융(Project Financing)에 관한 설명으로 <u>틀린</u> 것은?

① 프로젝트 회사가 파산하더라도 금융회사는 프로젝트 사업주에 대해 원리금 상환을 청구할 수 없다.
② 부외금융으로 인해 프로젝트 사업주 입장에서는 채무수용능력이 제고된다.
③ 프로젝트 금융의 자산은 건설회사가 자체계좌를 통해 직접 관리한다.
④ 프로젝트 금융이 부실화 될 경우, 해당 사업에 투자한 금융기관을 부실로 이어질 수 있다.
⑤ 프로젝트 사업주의 도덕적 해이를 방지하기 위해 금융기관은 제한적 소구 금융의 장치를 마련해두기도 한다.

31. 부동산 개발의 위험 중 (　　)에 들어갈 내용으로 옳게 연결된 것은?

> ㄱ. (　　)은 용도지역제나 토지이용의 규제로 인해 생기는 위험이다.
> ㄴ. (　　)은 인플레이션의 심화 및 개발기간의 연장으로 인해 커지는 위험이다.
> ㄷ. 부동산의 매매나 임대의 어려움으로 인해 발생하는 것은 (　　)이다.

	ㄱ	ㄴ	ㄷ
①	법적위험	시장위험	비용위험
②	시장위험	법적위험	비용위험
③	법적위험	비용위험	시장위험
④	시장위험	비용위험	법적위험
⑤	비용위험	시장위험	법적위험

32. 부동산의 관리에 관한 설명으로 옳은 것은?

① 간접관리 방식은 전문성을 제고할 수 있지만, 업무의 타성화에 대한 우려가 있다.
② 직접관리 방식은 불필요한 관리비용이 발생할 우려가 있으며, 기밀유지에 취약하다.
③ 전문업자를 이용함으로써, 전문화된 관리와 서비스를 받을 수 있는 방식은 직접관리방식이다.
④ 현대적인 전문적인 관리의 개념은 직접관리 방식이다.
⑤ 건물과 부지의 부적응을 개선시키는 활동은 기술적 관리에 해당한다.

33. 부동산 마케팅 전략 중 다음의 연결이 <u>틀린</u> 것은?

① 시장점유마케팅 전략 – 수요자중심, STP전략
② 관계마케팅 전략 – 수요자와 공급자간의 관계 중심, 브랜드(Brand)마케팅
③ 4P MIX – 제품(Product), 유통경로(Place), 가격(Price), 판매촉진(Promotion)
④ AIDA – 주의(Attention), 흥미(Interesting), 욕구(Desire), 행동(Action)
⑤ 고객점유마케팅 전략 – 고객과의 심리적 접점

34. 감정평가에 관한 규칙에 대한 설명으로 옳은 것은?

① 기준시점이란 감정평가액을 결정하는 기준이 되는 날짜이며, 가격조사를 시작한 날짜로 한다.
② 시장가치란 통상적인 시장에서 충분한 기간 동안 거래를 위하여 공개된 후 그 대상물건의 내용에 전문적인 당사자 사이에 신중하고 자발적인 거래가 있는 경우 성립될 가능성이 가장 높다고 인정되는 대상물건의 가액을 말한다.
③ 감정평가 의뢰인이 요청하는 경우에는 시장가치 외의 가치를 기준으로 하는 감정평가의 합리성 및 적법성 검토를 생략할 수 있다.
④ 감정평가는 기준시점에서의 대상물건의 이용상황(불법적이거나 일시적인 이용은 제외한다) 및 공법상 제한을 받는 상태를 기준으로 한다.
⑤ 1개의 물건이라도 가치를 달리하는 부분이 있는 경우에는 부분평가한다.

35. 다음 중 가격(Price)과 가치(Value)에 관한 설명으로 옳은 것은?

① 가격과 가치는 단기에는 일치하지만, 장기에는 괴리가 발생한다.

② 시장가치는 교환가치이고, 투자가치는 사용가치이다.

③ 대상물건에 대한 감정평가액은 투자가치를 기준으로 한다.

④ 가격은 장래 기대되는 편익을 현재가치로 환원한 현재의 값이다.

⑤ 가치는 실제 지불한 과거의 값이다.

36. 부동산 가치의 제 원칙에 대한 설명과 예시가 옳게 짝지어진 것은?

① 적합의 원칙 - 경제적 감가

② 균형의 원칙 - 표준적 이용 판정

③ 기여의 원칙 - 부동산의 가격은 생산비의 합

④ 수익체증 체감의 원칙 - 토지잔여법의 근거

⑤ 대체의 원칙 - 기준시점의 확정

37. 다음 자료를 활용하여 거래사례비교법으로 평가한 대상토지의 감정평가액은? (단, 주어진 조건에 한함)

ㄱ. 대상토지 : A시 B동 100번지, 토지 90㎡ 제3종 일반주거지역
ㄴ. 기준시점 : 2023.10.28
ㄷ. 거래사례의 내역
 – 소재지 및 면적 : A시 B동 150번지 토지 100㎡
 – 용도지역 : 제3종 일반주거지역
 – 거래사례가격 : 5억
 – 거래시점 : 2023.1.1
 – 거래사례의 사정보정 요인 없음
ㄹ. 지가변동률 (2023.1.1.~2023.10.28.) : A시 주거지역 5% 하락
ㅁ. 지역요인 : 대상토지는 거래사례의 인근지역에 위치
ㅂ. 개별요인 : 대상토지는 거래사례에 비해 가로조건 5% 우세, 환경조건 8% 열세하고 다른 조건은 동일하다.
ㅅ. 상승식으로 계산 할 것

① 373,635,000 ② 412,965,000

③ 458,850,000 ④ 50,7150,000

⑤ 654,885,000

38. 원가법으로 산정한 대상물건의 적산가액은? (단, 주어진 조건에 한함)

○ 사용승인일의 신축공사비 1억(신축공사비는 적정함)
○ 사용승인일 : 2021 .7. 30
○ 기준시점 : 2023. 7. 30
○ 건축비 지수
 – 2021. 7. 28 = 100
 – 2023. 7. 28 = 125
○ 잔존 경제적 내용연수 : 48년
○ 감가수정방법 : 정액법
○ 내용연수 만료시 잔가율 : 10%

① 100,253,500 ② 104,755,000

③ 110,485,500 ④ 120,312,500

⑤ 120,500,000

39. 다음과 같은 조건에서 대상부동산의 수익가치 산정시 적용할 환원이율(capitalization rate, %)은?

○ 순영업소득(NOI) : 연 15,000,000원
○ 부채서비스액(debt sservice) : 연 30,000,000원
○ 지분비율 : 대부비율 = 40% : 60%
○ 대출조건 : 이자율 연 12%로 10년간 매년 원리금 균등상환
○ 저당상수(이자율 연 12% 기간 10년): 0.177

① 1.08 ② 2.21

③ 3.54 ④ 5.31

⑤ 6.75

40. 부동산 가격공시에 관한 법령상 부동산 공시의 산정기관과 공시주체의 연결이 틀린 것은?

① 개별공시지가 - 시 · 군 · 구 – 시 · 군 · 구청장

② 표준지공시지가 - 감정평가법인 – 국토교통부장관

③ 공동주택가격 - 감정평가법인 – 국토교통부장관

④ 개별주택가격 - 시 · 군 · 구 – 시 · 군 · 구청장

⑤ 표준주택가격 - 한국부동산원 – 국토교통부장관

제2과목: 민법 및 민사특별법 중 부동산 중개에 관련되는 규정

41. 권리변동의 모습에 관한 다음 기술 중 옳은 것은?

① 취득시효로 인한 권리의 취득은 권리의 상대적 취득이다.

② 선의취득은 전주의 권리의 하자를 승계한다.

③ 저당권 취득은 권리의 이전적 취득이다.

④ 물건의 인도를 목적으로 하는 채권이 손해배상으로 변했다면 그것은 권리의 성질적 변경이다.

⑤ 무허가 건물의 매수는 원시취득이다.

42. 불공정한 법률행위에 관한 설명으로 옳지 <u>않은</u> 것은? (다툼이 있으면 판례에 따름)

① 불공정한 법률행위에 대한 증명책임은 이를 주장하는 자가 부담한다.

② 급부 사이의 불균형 여부는 급부의 거래상 객관적 가치에 의하여 판단한다.

③ 어업권 소멸로 인한 손실보상금의 분배에 관한 어촌계 총회의 결의도 현저하게 불공정할 경우 무효가 될 수 있다.

④ 아무런 대가관계 없이 당사자 일방이 상대방에게 일방적인 급부를 하는 법률행위는 불공정행위가 될 수 없다.

⑤ 어떠한 법률행위가 불공정한 법률행위에 해당하는지는 사실심 변론종결시를 기준으로 판단하여야 한다.

43. 甲은 乙에게 부동산을 증여하면서 매매를 가장하여 乙 앞으로 매매에 기한 소유권이전등기를 하였다. 다음 법률관계에 관한 설명 중 <u>틀린</u> 것은?

① 甲 · 乙간의 매매계약은 무효가 된다.

② 증여의사에 기한 증여계약이 효력을 발생하는 지에 관하여는 민법 제108조의 허위표시 이론이 적용되지 않는다.

③ 乙 앞으로 경료된 매매에 기한 이전등기는 실체관계와 불일치하므로 무효가 된다.

④ 甲은 乙에게 이전등기의 말소를 청구할 수 없다.

⑤ 乙로부터 악의로 부동산을 매수한 자도 부동산의 소유권을 취득하는 경우가 있다.

44. 사기에 의한 의사표시에 관한 설명으로 옳지 <u>않은</u> 것은? (다툼이 있으면 판례에 따름)

① 사기에 의한 의사표시에는 의사와 표시의 불일치가 있을 수 없고, 단지 의사표시의 동기에 착오가 있을 뿐이다.

② 상대방의 대리인 등 상대방과 동일시할 수 있는 자의 사기는 제3자의 사기에 해당하지 않는다.

③ 사기·강박에 의한 의사표시의 취소는 그 취소로써 선의의 제3자에게 대항하지 못한다.

④ ③에서 제3자는 취소 전부터 취소를 주장하는 자와 양립되지 않는 법률관계를 가졌던 제3자에 한한다.

⑤ 사기에 의한 법률행위가 동시에 불법행위를 구성하는 때에는, 취소의 효과로 생기는 부당이득반환청구권과 불법행위로 인한 손해배상청구권은 경합하여 병존한다.

45. 甲이 의사표시를 발송했는데 그 의사표시가 도달하기 전에 상대방 乙이 행위능력을 상실하였다. 이 경우 맞는 설명은?

① 甲은 의사표시의 도달을 주장할 수 있다.

② 이 경우 의사표시는 자동적으로 철회된다.

③ 乙은 의사표시의 도달을 주장할 수 없다.

④ 甲은 乙의 법정대리인이 그 도달을 안 후에 그 의사표시의 효력을 주장할 수 있다.

⑤ 甲과 乙 모두 의사표시의 도달을 주장할 수 있다.

46. 대리에 관한 설명으로 옳은 것은? (다툼이 있으면 판례에 따름)

① 임의대리인은 행위능력자여야 한다.

② 대리인의 법률행위의 효과는 본인에게 귀속되므로 의사표시의 하자의 유무는 본인을 기준으로 판단한다.

③ 복대리인은 대리인이 선임한 자로서 본인의 대리인이 아니다.

④ 대리인은 본인의 허락을 얻어 본인을 위하여 자기와 법률행위를 할 수 있다.

⑤ 권한을 넘은 표현대리의 규정은 법정대리에는 적용되지 않는다.

47. 甲의 대리인 乙이 丙의 건물을 매수하는 계약을 체결하였다. 다음 설명 중 틀린 것은?

① 乙이 丙을 기망한 경우, 甲이 그 사실을 몰랐다면 丙은 계약을 취소할 수 없다.
② 乙이 피성년후견인인 경우, 乙은 이를 이유로 매매계약을 취소할 수 없다.
③ 丙이 乙을 기망한 경우, 乙은 취소할 수 없다.
④ 乙이 자기이름으로 계약을 체결한 경우, 특별한 사정이 없는 한 丙은 甲에게 대금지급을 청구할 수 없다.
⑤ 丙의 건물에 하자가 있음을 알고 있는 甲의 지시로 乙이 매수한 경우 甲은 하자담보책임을 주장할 수 없다.

48. 甲의 법정대리인 乙의 대리권이 소멸되는 사유가 아닌 것은?

① 甲의 사망
② 乙의 사망
③ 乙이 대리권 수여 후 파산선고를 받은 경우
④ 乙이 대리권을 수여 받은 후 성년후견의 개시가 된 경우
⑤ 甲이 乙에게 수권행위를 철회한 경우

49. 甲소유의 부동산이 乙을 거쳐 丙에게 처분되어 현재 丙소유 명의로 등기되어 있다. 丙이 소유권을 취득할 수 있는 경우로 묶은 것은?

㉠ 乙의 사기에 인해 甲이 소유권을 乙에게 이전하고 선의의 丙이 전득한 경우 ㉡ 乙이 甲의 인감증명서를 위조하여 자기명의로 하였다가 선의의 丙에게 양도한 경우 ㉢ 甲 · 乙 간의 이중매매계약이 민법 제103조에 의하여 무효가 되고 丙이 선의인 경우 ㉣ 甲이 乙이 가장매도하여 乙에게 이전등기한 후 선의의 丙에게 이전된 경우

① ㉠, ㉡ ② ㉡, ㉢
③ ㉢, ㉣ ④ ㉠㉣
⑤ ㉠, ㉡, ㉣

50. 조건과 기한에 관한 다음 설명으로 옳은 것은?

① 조건의 성취가 미정인 권리는 담보로 할 수 없다.
② 불법조건이 붙은 법률행위는 그 조건만을 무효로 한다.
③ 정지조건부 법률행위에 해당한다는 사실에 대한 입증책임은 법률행위의 효과의 발생을 다투려는 자에게 있다.
④ '건축허가신청이 불허되면 계약은 효력을 상실한다' 는 특약은 정지조건에 해당한다.
⑤ 기한이익의 상실 특약은 특별한 사정이 없는 한 정지조건부 기한이익 상실 특약으로 추정된다.

51. 물권과 그 객체에 관한 설명으로 옳은 것은? (다툼이 있으면 판례에 의함)

① 완공된 신축 건물이라도 보존등기 전에는 소유권이 인정되지 않는다.
② 1필의 토지 일부에는 지상권을 설정할 수 없다.
③ 등기된 입목의 소유자는 입목을 토지와 분리하여 양도할 수 있고 이를 저당권의 목적으로 할 수 있다.
④ 권한 없이 타인의 토지에 농작물을 심은 경우, 수확기에 이른 농작물의 소유권은 토지소유자에게 귀속된다.
⑤ 주유소의 주유기는 주유소 건물에 부합되어 종물로 볼 수 없다.

52. 甲의 X토지를 매수한 乙은 등기없이 丙에게 전매하였고, 현재 토지는 乙로부터 인도받아 丙이 점유하고 있다. 다음 설명 중 틀린 것은? (다툼이 있으면 판례에 의함)

① X부동산의 대내적 · 대외적 소유권은 甲에게 있다.
② 甲의 乙에 대한 등기의무는 여전히 존속한다.
③ X토지가 토지거래허가구역인 경우, 중간생략등기에 관한 합의가 있더라도 甲에서 丙로 경료된 등기는 무효이다.
④ 甲·乙·丙 간에 중간생략등기를 하기로 합의한 경우, 乙의 甲에 대한 등기청구권은 소멸시효가 진행하지 아니한다.
⑤ 甲과 乙 간에 매매대금을 인상하는 약정이 체결된 경우, 甲은 인상분의 미지급을 이유로 丙의 소유권이전등기 청구를 거절할 수 없다.

53. 등기의 추정력에 관한 판례의 태도와 일치하지 <u>않는</u> 것은?

① 부동산에 관한 소유권이전등기가 있는 이상 그 절차는 정당한 것으로 추정된다.

② 소유권보존등기의 명의자가 건물을 신축한 것이 아니더라도 보존등기의 권리추정력은 인정이 된다.

③ 등기부상 경락 허가결정에 인한 소유권이전등기가 경료된 경우에는 법원의 적법한 경매절차에 의하여 정당하게 된 것으로 추정된다.

④ 부동산의 표시에 관한 사항에는 추정력이 인정되지 않는다.

⑤ 소유권이전등기가 원인 없이 말소된 경우에는 그 회복등기가 경료되기 전이라 하더라도 말소된 등기의 최종 명의인은 적법한 권리자로 추정된다.

54. A가 악의의 점유를 20년간 계속한 후 B가 그 점유를 승계하여 선의로 5년을 점유하였을 때, B의 점유의 주장으로서 옳은 것은? (단, 상속 등 포괄승계는 제외)

① 악의의 점유 25년 또는 선의의 점유 5년의 어느 것이라도 주장할 수 있다.

② 선의의 점유 25년을 주장할 수 있다.

③ 악의의 점유 20년만을 주장할 수 있다.

④ 선의의 점유 5년을 주장할 수 있을 뿐이다.

⑤ 악의의 점유 25년을 주장할 수 있을 뿐이다.

55. 자주점유에 관한 설명으로 옳지 <u>않은</u> 것은? (다툼이 있으면 판례에 의함)

① 자주점유란 소유의 의사를 가지고서 하는 점유를 의미한다.

② 공유자 1인이 공유토지 전부를 점유하고 있는 경우, 다른 공유자의 지분비율 범위에 대해서는 타주점유에 해당한다.

③ 실제로 매매계약이 존재하지 않았는데 이를 오신하였다 하여 자주점유로 되지는 않는다.

④ 부동산을 타인에게 매도하여 소유권이전등기를 경료한 후 인도의무를 지고 있는 매도인의 점유는 타주점유로 변경된다.

⑤ 타인소유의 토지를 무단점유한 자가 그 지상에 건물을 축조하고 건축물관리대장에 등재한 경우에는 자주점유로 전환된다.

56. 甲소유의 X토지에 관하여 乙의 점유취득시효가 완성된 경우, 다음 설명으로 <u>틀린</u> 것은? (다툼이 있으면 판례에 의함)

① 乙의 甲에 대한 등기청구권은 채권적 청구권이다.

② 乙이 등기하기 전에는 甲은 乙에게 점유사용으로 인한 부당이득반환을 청구할 수 있다.

③ 시효완성 후 甲이 X토지를 丙에게 처분하여 이전등기한 경우, 乙은 丙에게 등기청구하지 못한다.

④ ③의 경우, 乙이 甲에게 시효취득 주장한 후 丙에게 처분하였다면 乙은 甲에게 불법행위에 의한 손해배상을 청구할 수 있다.

⑤ 시효완성 후 乙이 점유를 상실하였더라도 甲에 대한 등기청구권이 소멸되지 않는다.

57. X토지를 甲 · 乙 · 丙이 균등한 비율로 공유하고 있고, 丙의 지분에 丁의 저당권이 설정되었다. 다음 설명으로 <u>틀린</u> 것은? (다툼이 있으면 판례에 의함)

① 甲이 乙과 丙의 지분을 매수하면 丙의 저당권은 소멸한다.

② 甲과 乙의 합의만으로 X토지 전부를 제3자에게 임대할 수 있다.

③ X토지를 불법점유하는 자에게 丙 단독으로 전부의 반환을 청구할 수 있다.

④ 乙이 의무를 1년 이상 지체한 경우 甲과 丙은 乙의 지분의 매수를 청구할 수 있다.

⑤ X토지에 건물을 신축할 경우 전원 동의가 있어야 한다.

58. 물권에 관한 다음 설명으로 <u>틀린</u> 것은?

① 지상권·전세권을 목적으로 저당권을 설정할 수 있으나, 지역권을 목적으로 저당권을 설정할 수는 없다.

② 진정한 등기명의의 회복을 위한 이전등기청구권의 법적 성질은 소유권에 기한 방해배제청구권이다.

③ 토지의 일부나 건물의 일부를 목적으로 전세권을 설정할 수 있다.

④ 판례는 온천권은 관습법상의 물권이 아니라고 한다.

⑤ 존속기간을 영구무한으로 정하는 지역권은 설정할 수 없다.

59. 지상권에 관한 설명으로 옳은 것은? (다툼이 있으면 판례에 의함)

① 지료가 등기되지 않은 약정지상권이 양도된 경우 지료증액청구권이 발생하지 않는다.

② 지상권자는 존속기간이 만료하면 바로 지상물매수청구권을 행사할 수 있다.

③ 법정지상권이 있는 건물의 소유권이전등기청구권을 가진 자는 건물소유권을 취득하기 전에 법정지상권만을 양수할 수 없다.

④ 건물이 강제경매되는 경우 법정지상권 성립여부는 매각대금의 완납시를 기준으로 토지와 건물이 동일인지를 판단하여야 한다.

⑤ 지상권에서 지상권의 처분을 금지하는 특약은 유효하다.

60. 지역권에 대한 설명으로 틀린 것은?

① 당사자는 존속기간을 영구무한으로 약정할 수 있다.

② 동일한 승역지 위에 동일한 목적을 위한 수개의 지역권이 성립할 수 있다.

③ 승역지의 점유자가 소유권을 시효취득하여도 지역권이 소멸하지 아니할 수도 있다.

④ 지역권에는 물권적청구권이 인정되지 않는다.

⑤ 요역지소유권이 이전되면 지역권도 이전등기 없이 이전된다.

61. 전세권에 관한 설명으로 틀린 것은?

① 타인의 토지에 있는 건물에 전세권을 설정한 때에는 전세권의 효력은 그 건물의 소유를 목적으로 한 지상권 또는 임차권에는 미친다.

② 전세권설정자는 목적물의 현상을 유지하고, 그 통상의 관리에 속한 수선을 하여야 한다.

③ 전세권은 불가분성 및 물상대위성도 있다.

④ 전세권설정자가 전세금의 반환을 지체한 때에는 전세권자는 민사집행법의 규정에 의하여 전세권의 목적물의 경매를 청구할 수 있다.

⑤ 전세권의 존속기간은 10년을 넘지 못한다.

62. 유치권에 관한 다음 설명 중 틀린 것은?

① 유치권자는 채무자의 승낙 없이 유치물의 사용, 대여 또는 담보제공을 하지 못한다.

② 유치권자가 채무자의 승낙없이 임대한 경우, 채무자는 유치권의 소멸을 청구할 수 있다.

③ ②의 경우, 유치권자가 취득한 차임은 채무자에게 부당이득으로 반환하여야 한다.

④ 건물의 임차인이 임대차 종료시 건물을 원상 복구하여 명도하기로 약정한 경우, 건물에 지출한 필요비에 관해서는 유치권을 주장할 수 있다.

⑤ 채무자는 상당한 담보를 제공하고 유치권의 소멸을 청구할 수 있다.

63. 저당권의 효력에 관한 설명으로 옳지 않은 것은? (다툼이 있으면 판례에 따름)

① 건물 저당권자는 독립된 건물로 인정되지 않는 증축부분에 대해서도 저당권을 행사할 수 있다.

② 저당권 설정 뒤에 부속된 종물에 대해서도 특별한 사정이 없는 한 저당권의 효력이 미친다.

③ 건물 저당권자는 건물의 매매대금에 대해 물상대위를 할 수 있다.

④ 저당권이 설정된 건물의 화재로 건물 소유자가 받을 보험금청구권은 물상대위의 객체가 될 수 있다.

⑤ 채무자 소유의 여러 부동산에 공동저당권을 설정한 경우 그 경매대가를 동시에 배당하는 때에는 각 부동산의 경매대가에 비례하여 그 채권의 분담을 정한다.

64. 근저당권에 관한 설명으로 틀린 것은?

① 존속기간 내지 결산기가 등기된 때에는, 그 기간 이후에 발생한 채권은 피담보채권에 포함되지 않는다.

② 확정된 피담보채권액이 채권최고액을 초과한 경우, 물상보증인은 채권최고액을 변제하고 근저당권설정등기의 말소를 청구할 수 있다.

③ 근저당권 설정등기에는 반드시 "근저당" 이라는 것을 명시할 필요는 없다.

④ 근저당권의 피담보채권이 확정되기 전에 발생한 원본채권에 관하여 확정 후에 발생하는 이자나 지연손해금 채권은 채권최고액의 범위 내에서 근저당권에 의하여 담보된다.

⑤ 근저당권 설정 후라도 경매로 인한 압류의 효력 발생 전에만 유치권을 취득하면, 그 유치권으로 경매절차의 매수인에게 대항할 수 있다.

65. 계약의 성립에 관한 설명으로 <u>틀린</u> 것은?

① 청약은 그 효력이 발생한 후에는 철회할 수 없다.

② 격지자 간의 계약에서 승낙의 통지가 발송되었으나 도달되지 못하였다 하더라도 이미 발신한 때 계약은 성립한다.

③ 승낙의 기간을 정한 청약은 청약자가 그 기간 내에 승낙의 통지를 받지 못한 때에는 그 효력을 잃는다.

④ 승낙의 기간을 정하지 아니한 계약의 청약은 청약자가 상당한 기간 내에 승낙의 통지를 받지 못한 때에는 그 효력을 잃는다.

⑤ 승낙자가 조건을 붙여 승낙한 때에는 그 청약의 거절과 동시에 새로 청약한 것으로 본다.

66. 동시이행항변권에 관한 설명으로 <u>틀린</u> 것은? (다툼이 있으면 판례에 의함)

① 매매계약을 맺은 후에야 매매목적물이 매도인의 소유가 아닌 것이 발견되었다면 매수인은 중도금의 지급을 거절할 수 있다.

② 부동산매매계약에서 매매대금채권과 소유권이전등기의무가 동시이행관계에 있어도 대금청구권은 그 지급지급기일 이후 소멸시효가 진행된다.

③ 매수인이 중도금지급을 하지 아니한 채 잔대금지급일이 도래한 경우, 그때부터는 소유권이전등기와 동시이행관계에 있다.

④ ③의 경우에도 중도금에 대한 지연이자가 중단되는 것은 아니다.

⑤ 저당권이 설정된 부동산의 매매계약에서 소유권이전등기 의무 및 저당권등기말소의무는 특별한 사정이 없는 한 대금지급의무와 동시이행관계에 있다.

67. 甲은 자기 소유 X건물을 乙에게 매도하면서 자신의 丙에 대한 채무를 변제하기 위하여 대금은 丙에게 지급하기로 乙과 약정하였다. 다음 설명으로 <u>틀린</u> 것은? (다툼이 있으면 판례에 의함)

① 丙은 수익의 의사표시를 甲이 아닌 乙에게 하여야 한다.

② 乙의 채무불이행시 丙은 乙에게 손해배상을 청구할 수 있다.

③ 丙의 이행청구에 대하여 乙은 甲과 丙사이의 법률관계에 기한 항변으로 丙에게 대항하지 못한다.

④ 乙이 丙에게 대금을 지급한 후 甲과 乙 사이의 계약이 해제되면 乙은 丙에게 원상회복을 청구할 수 있다.

⑤ 甲이 소유권을 이전하지 않으면 乙은 丙의 대금지급청구를 거절할 수 있다.

68. 甲은 그 토지를 중도금만 받은 상태에서 매수인 乙에게 이전등기를 해 주었다. 다음 설명 중 <u>틀린</u> 것은? (다툼이 있으면 판례에 의함)

① 매매계약 후 지가가 폭등하여도 甲은 특별한 사정이 없는 한 사정변경을 이유로 매매계약을 해제할 수 없다.

② 乙의 잔금 미지급으로 계약이 해제되면 甲과 乙은 선의·악의에 관계없이 원상회복의무가 있다.

③ ②의 경우, 甲이 원인의 일부를 제공하였다면 과실상계에 준하여 원상회복이 제한될 수 있다.

④ 계약이 해제된 경우, 甲의 말소등기청구권은 소멸시효에 걸리지 않는다.

⑤ 계약이 해제된 후 乙이 丙에게 토지를 양도한 경우, 丁의 선의이면 甲은 그 등기의 말소를 청구 할 수 없다.

69. 판례에 따를 경우 계약해제로 대항할 수 없는 제3자에 속하는 자는?

① 아파트 분양신청권이 전전매매된 후 최초의 매매당사자가 계약을 합의해제한 경우, 그 분양신청권을 전전매수한 자

② 매도인으로부터 매매계약의 해제를 해제조건부로 전세권한을 부여받은 매수인이 주택을 임대한 후 매도인과 매수인 사이의 매매계약이 해제된 경우의 임차인

③ 해제된 매매계약에 의하여 채무자의 책임재산이 된 부동산을 가압류 집행한 채권자

④ 해제된 매매계약의 목적 토지 위에 매수인이 신축한 건물의 양수인

⑤ 미등기 무허가건물에 관한 매매계약이 해제되기 전에 매수인으로부터 해당 무허가건물을 다시 매수하고 무허가건물 관리대장에 소유자로 등재한 자

70. 甲은 자신이 소유하는 X토지를 乙과 매매계약을 체결하고 위약금 특약없이 계약금 2천만원을 수령하였다. 다음 설명으로 <u>틀린</u> 것은? (다툼이 있으면 판례에 의함)

① 乙이 중도금을 지급하기 전에는 甲은 4천만원을 乙에게 제공하고 계약을 해제할 수 있다.

② 위 ①의 경우, 甲은 乙에게 손해배상의무를 부담하지 않는다.

③ 甲이 乙을 상대로 중도금지급의 소를 제기한 후에도 乙은 계약금을 포기하고 위 계약을 해제할 수 있다.

④ 乙의 중도금 미지급시 甲은 乙의 채무불이행을 이유로 계약을 해제할 수 있다.

⑤ 위 ④의 경우, 계약금 2천만원은 손해배상금으로 甲에게 귀속된다.

71. 매매계약의 이행에 관한 다음 설명 중 <u>틀린</u> 것은? (다툼이 있으면 판례에 의함)

① 매매대금은 목적물의 인도장소에서 지급하는 것이 원칙이다.

② 매매의 당사자 일방에 대한 의무이행의 기한이 있는 때에는 상대방의 의무이행에 대하여도 동일한 기한이 있는 것으로 추정한다

③ 매매의 목적물에 대하여 권리를 주장하는 자가 있어 매수인이 매수한 권리의 전부나 일부를 잃을 염려가 있는 때에는, 매수인은 그 한도에서 대금의 지급을 거절할 수 있다.

④ 매매계약이 있은 후에도 인도하지 않은 목적물로부터 생긴 과실은 매도인에게 속한다.

⑤ 권리가 타인에게 속하는 것인 때에는 매도인은 이를 취득하여 매수인에게 이전해 주어야 한다.

72. 甲은 乙소유 건물을 丙에게 매도하였으나, 그 소유권을 취득하여 丙에게 이전할 수 없게 되었다. 이에 관한 설명으로 옳은 것은? (다툼이 있으면 판례에 따름)

① 丙이 계약을 해제하려면 계약체결일로부터 1년 내에 행사하여야 한다.

② 계약체결 당시 丙이 악의인 경우에도 丙은 계약을 해제할 수 있다.

③ 甲이 선의였다면, 甲과 丙의 계약은 원시적 불능으로서 무효이다.

④ 甲의 귀책사유로 건물이 소실되었더라도, 丙은 채무불이행의 일반규정에 의하여 계약을 해제하고 손해배상을 청구할 수는 없다.

⑤ 丙이 甲의 기망에 의하여 乙의 건물을 甲소유로 알고 매수의 의사표시를 한 경우, 丙은 乙의 건물인 줄 알았더라면 매수하지 아니하였을 때에도 사기를 이유로 그 의사표시를 취소할 수 없다.

73. 甲이 乙에게 2022. 8.15. 창고건물을 기간의 약정 없이 임대한 경우, 다음 설명으로 옳은 것은?

① 이 임대차의 존속기간은 2년이다.

② 甲은 계약체결일로부터 6월이 지나야 해지통고를 할 수 있다.

③ 乙이 해지의 통고를 한 경우 甲이 수령한 날로부터 1월이 지나면 계약이 종료된다.

④ 당사자가 약정을 한 경우에는 1기의 차임연체만으로 甲은 계약을 해지할 수 있다.

⑤ 甲이 사무실을 丙에게 양도하고 소유권이전등기를 한 경우, 乙은 원칙적으로 丙에게 대항할 수 있다.

74. 임대인 · 임차인의 권리와 의무에 관한 설명 중 <u>틀린</u> 것은? (다툼이 있으면 판례에 의함)

① 통상의 임대차에서 임대인은 특별한 사정이 없는 한 임차인의 안전을 배려할 의무까지 부담하는 것은 아니다.

② 필요비와 유익비를 지출한 임차인은 임대인에게 즉시 그 상환을 청구할 수 있다.

③ 임차건물이 화재로 소훼된 경우에 있어서 그 화재의 발생원인이 불명인 때에도 임차인이 그 책임을 면하려면 그 임차건물의 보존에 관하여 선량한 관리자의 주의의무를 다하였음을 입증하여야 한다.

④ 건물소유 목적의 토지임차권이 임대인의 해지통고에 의하여 소멸한 경우에도 임차인의 지상물매수청구권이 인정된다.

⑤ 임차인의 지상물매수청구권은 지상물의 소유자에 한하여 행사할 수 있으며, 그 상대방은 원칙적으로 임차권소멸당시의 임대인이다.

75. 주택임대차보호법에 관한 설명으로 옳은 것은?

① 계약당시 주거용 건물이 아니었더라도 계약 후 주거용 건물로 개조한 경우 원칙적으로 적용된다.

② 다세대주택의 임차인이 동 · 호수의 표시없이 지번만 기재하여 주민등록을 마쳤다면 대항력을 취득한다.

③ 우선변제권을 승계한 금융기관 등은 우선변제권을 행사하기 위하여 임차인을 대위하여 임대차를 해지할 수 있다.

④ 확정일자부는 1년 단위로 매년 만들고, 폐쇄한 확정일자부는 25년간 보존하여야 한다.

⑤ 임대차존속 중에 임차주택이 경매되는 경우, 확정일자를 갖춘 임차인은 임대차계약을 해지하고 보증금의 우선변제를 주장할 수 있다.

76. 주택임대차보호법에 관한 설명으로 옳은 것은? (다툼이 있으면 판례에 따름)

① 주민등록의 신고는 행정청이 수리한 때가 아니라, 행정청에 도달한 때 효력이 발생한다.

② 등기명령의 집행에 따라 주택 전부에 대해 타인 명의의 임차권등기가 끝난 뒤 소액보증금을 내고 그 주택을 임차한 자는 최우선변제권을 행사할 수 없다.

③ 임차권보다 선순위의 저당권이 존재하는 주택이 경매로 매각된 경우, 경매의 매수인은 임대인의 지위를 승계한다.

④ 소액임차인은 경매신청의 등기 전까지 임대차계약서에 확정일자를 받아야 최우선변제권을 행사할 수 있다.

⑤ 주택임차인의 우선변제권은 대지의 환가대금에는 미치지 않는다.

77. **상가건물임대차보호법에 관한 설명 중 틀린 것은?**

① 상가건물인 경우, 보증금액과 관계없이 임차인이 건물의 인도와 사업자등록을 신청하면 그 다음 날부터 제3자에 대하여 효력이 생긴다.

② 임차인의 차임연체액이 3기의 차임액에 달하는 때에는 임대인은 계약을 해지할 수 있다.

③ 임대차가 종료한 경우에도 임차인이 보증금을 반환받을 때까지 임대차관계는 존속하는 것으로 본다.

④ 전대인과 전차인의 전대차관계에서도 권리금에 관한 규정은 적용된다.

⑤ 관할 세무서장은 해당 상가건물의 소재지, 확정일자 부여일, 차임 및 보증금 등을 기재한 확정일자부를 작성하여야 한다.

78. **집합건물의 소유 및 관리에 관한 법률에 관한 설명으로 옳은 것은?** (다툼이 있으면 판례에 의함)

① 구분소유가 성립을 인정하기 위해서는 반드시 집합건축물대장의 등록되거나 구분건물의 표시에 관한 등기가 있어야 한다.

② 공용부분은 공유자 전원에게 공동으로 귀속되므로 일부 구분소유자에게만 귀속될 수는 없다.

③ 구분건물도 구분소유자간의 규약으로 공용부분으로 할 수 있다.

④ 상가건물의 공용부분에 집합건물을 수직증축하여 전유부분을 새로 만드는 행위는 공용부분의 변경에 해당한다.

⑤ 공유자의 공용부분에 대한 지분은 균등함이 원칙이다.

79. **가등기담보권의 권리취득에 의한 실행에 관한 설명 중 옳지 않은 것은?** (다툼이 있으면 판례에 의함)

① 채권자는 통지가 채무자등에게 도달하면 지체 없이 후순위권리자에게 그 통지의 사실과 내용 및 도달일을 통지하여야 한다.

② 후순위권리자등에 대한 실행통지는 통지를 받을 자의 등기부상의 주소로 발송함으로써 그 효력이 있다.

③ 청산금채권이 압류 또는 가압류된 경우에는 채권자는 청산기간이 경과한 후에 청산금을 법원에 공탁할 수 있다.

④ 청산기간 경과 후에 행하여진 무청산특약은 제3자의 권리를 해하지 않는 한 유효하다.

⑤ 담보부동산의 평가액이 피담보채권액에 미달하는 경우에도 부동산의 평가액 및 채권액을 구체적으로 명시하여야 한다.

80. **甲이 丙소유의 부동산을 매수하여 대금을 지급하면서 丙의 양해 하에 乙과 명의신탁약정에 의해 乙명의 등기한 경우, 다음 설명으로 틀린 것은?** (다툼이 있으면 판례에 의함)

① 甲과 乙간의 명의신탁약정과 그에 따라 乙 앞으로 경료된 등기는 무효이다.

② 甲은 丙에게 매매대금반환청구를 할 수 없고, 丙은 여전히 甲에 소유권이전등기의무를 부담한다.

③ 소유권은 매도인 丙에게 귀속되므로, 丙은 무효인 乙명의 등기말소를 청구할 수 있다.

④ 부동산실명법에 정한 유예기간 경과 후에 乙이 甲 앞으로 바로 경료해 준 소유권이전등기는 무효이다.

⑤ 乙이 임의로 신탁부동산을 처분한 경우, 丙은 乙에게 손해배상을 청구할 수 없다.

MEMO

인강드림 공인중개사
실전모의고사

1차
부동산학개론
민법 및 민사특별법

해설집

빠른 정답확인 + 정답 및 해설

인강드림 공인중개사 실전모의고사

합격점검 성적표 1차

자신의 점수와 실제 풀이시간을 적어보면서 실력을 점검해 보세요.

합격점검 체크 활용 방법

- 양호 : 제한 시간 내 문제 풀이를 완료하고, 평균 60점 이상 달성
- 부족 : 제한 시간을 넘기거나, 평균 60점 미만
- 위험 : 제한 시간을 초과하고, 평균 60점 미만
  또는 한 과목이라도 40점 미만인 경우

일자	회차	점수			풀이시간	합격점검		
		부동산학개론	민법 및 민사특별법	평균		양호	부족	위험
/	제1회	/100점	/100점	/100점	/100분	☐	☐	☐
/	제2회	/100점	/100점	/100점	/100분	☐	☐	☐
/	제3회	/100점	/100점	/100점	/100분	☐	☐	☐
/	제4회	/100점	/100점	/100점	/100분	☐	☐	☐
/	제5회	/100점	/100점	/100점	/100분	☐	☐	☐
/	제6회	/100점	/100점	/100점	/100분	☐	☐	☐
/	제7회	/100점	/100점	/100점	/100분	☐	☐	☐
/	제8회	/100점	/100점	/100점	/100분	☐	☐	☐

인강드림 공인중개사 실전모의고사 1차

빠른 정답확인

제 1회

제1과목 부동산학개론

1	2	3	4	5	6	7	8	9	10
①	④	④	⑤	③	④	③	⑤	③	①
11	12	13	14	15	16	17	18	19	20
③	②	⑤	⑤	④	⑤	①	④	②	①
21	22	23	24	25	26	27	28	29	30
④	①	④	④	⑤	②	①	⑤	⑤	②
31	32	33	34	35	36	37	38	39	40
④	②	③	③	②	①	④	②	③	⑤

제2과목 민법 및 민사특별법

41	42	43	44	45	46	47	48	49	50
④	③	⑤	④	④	①	②	⑤	②	④
51	52	53	54	55	56	57	58	59	60
②	④	⑤	②	③	①	⑤	⑤	⑤	①
61	62	63	64	65	66	67	68	69	70
④	②	①	③	⑤	①	②	③	③	⑤
71	72	73	74	75	76	77	78	79	80
②	⑤	②	⑤	③	③	①	①	③	⑤

제 2 회

제1과목 부동산학개론

1	2	3	4	5	6	7	8	9	10
③	②	⑤	①	⑤	②	⑤	③	⑤	⑤
11	12	13	14	15	16	17	18	19	20
③	①	⑤	③	①	③	①	③	④	④
21	22	23	24	25	26	27	28	29	30
④	②	②	①	④	④	①	②	⑤	③
31	32	33	34	35	36	37	38	39	40
②	④	①	③	②	⑤	①	③	⑤	③

제2과목 민법 및 민사특별법

41	42	43	44	45	46	47	48	49	50
②	④	①	③	③	⑤	⑤	②	①	⑤
51	52	53	54	55	56	57	58	59	60
③	②	③	③	⑤	②	③	②	①	⑤
61	62	63	64	65	66	67	68	69	70
①	④	④	①	④	①	④	④	②	④
71	72	73	74	75	76	77	78	79	80
③	①	②	③	①	③	⑤	②	④	⑤

인강드림 공인중개사 실전모의고사 1차

빠른 정답확인

제 3 회

제1과목 부동산학개론

1	2	3	4	5	6	7	8	9	10
④	③	①	④	③	④	②	⑤	①	⑤
11	**12**	**13**	**14**	**15**	**16**	**17**	**18**	**19**	**20**
③	④	②	④	④	②	③	④	④	④
21	**22**	**23**	**24**	**25**	**26**	**27**	**28**	**29**	**30**
⑤	②	⑤	②	④	③	②	④	②	③
31	**32**	**33**	**34**	**35**	**36**	**37**	**38**	**39**	**40**
②	②	④	③	③	②	④	③	②	②

제2과목 민법 및 민사특별법

41	42	43	44	45	46	47	48	49	50
①	④	③	⑤	⑤	③	④	①	①	⑤
51	**52**	**53**	**54**	**55**	**56**	**57**	**58**	**59**	**60**
④	④	④	③	④	②	⑤	②	⑤	②
61	**62**	**63**	**64**	**65**	**66**	**67**	**68**	**69**	**70**
①	③	②	③	②	①	①	③	⑤	⑤
71	**72**	**73**	**74**	**75**	**76**	**77**	**78**	**79**	**80**
②	②	③	①	①	④	③	⑤	②	④

제 4 회

제1과목 부동산학개론

1	2	3	4	5	6	7	8	9	10
⑤	③	③	③	③	③	①	⑤	②	④
11	**12**	**13**	**14**	**15**	**16**	**17**	**18**	**19**	**20**
⑤	③	③	②	①	③	⑤	④	③	②
21	**22**	**23**	**24**	**25**	**26**	**27**	**28**	**29**	**30**
④	③	⑤	①	⑤	①	②	③	②	①
31	**32**	**33**	**34**	**35**	**36**	**37**	**38**	**39**	**40**
③	⑤	③	①	④	③	②	③	③	②

제2과목 민법 및 민사특별법

41	42	43	44	45	46	47	48	49	50
②	①	④	④	②	⑤	②	③	④	④
51	**52**	**53**	**54**	**55**	**56**	**57**	**58**	**59**	**60**
③	①	②	①	⑤	①	⑤	⑤	③	⑤
61	**62**	**63**	**64**	**65**	**66**	**67**	**68**	**69**	**70**
③	①	③	④	⑤	②	③	①	⑤	③
71	**72**	**73**	**74**	**75**	**76**	**77**	**78**	**79**	**80**
③	①	②	④	⑤	②	②	①	④	④

빠른 정답확인

제 5 회

제1과목 부동산학개론

1	2	3	4	5	6	7	8	9	10
③	⑤	③	③	⑤	⑤	④	②	⑤	④
11	**12**	**13**	**14**	**15**	**16**	**17**	**18**	**19**	**20**
⑤	④	②	③	④	③	④	④	①	④
21	**22**	**23**	**24**	**25**	**26**	**27**	**28**	**29**	**30**
③	②	⑤	①	⑤	④	①	③	④	④
31	**32**	**33**	**34**	**35**	**36**	**37**	**38**	**39**	**40**
①	③	②	⑤	④	④	②	①	③	②

제2과목 민법 및 민사특별법

41	42	43	44	45	46	47	48	49	50
③	②	③	②	①	⑤	⑤	①	②	⑤
51	**52**	**53**	**54**	**55**	**56**	**57**	**58**	**59**	**60**
③	④	②	⑤	④	⑤	①	④	③	①
61	**62**	**63**	**64**	**65**	**66**	**67**	**68**	**69**	**70**
①	①	②	①	③	④	⑤	④	②	③
71	**72**	**73**	**74**	**75**	**76**	**77**	**78**	**79**	**80**
①	①	⑤	①	②	④	③	①	②	②

제 6 회

제1과목 부동산학개론

1	2	3	4	5	6	7	8	9	10
④	⑤	①	④	②	③	⑤	④	②	③
11	**12**	**13**	**14**	**15**	**16**	**17**	**18**	**19**	**20**
②	④	①	④	⑤	⑤	①	②	①	⑤
21	**22**	**23**	**24**	**25**	**26**	**27**	**28**	**29**	**30**
④	⑤	④	③	⑤	②	④	③	③	⑤
31	**32**	**33**	**34**	**35**	**36**	**37**	**38**	**39**	**40**
②	②	③	②	④	③	③	②	④	①

제2과목 민법 및 민사특별법

41	42	43	44	45	46	47	48	49	50
②	⑤	⑤	⑤	⑤	①	①	②	③	④
51	**52**	**53**	**54**	**55**	**56**	**57**	**58**	**59**	**60**
①	②	⑤	③	⑤	①	④	⑤	④	④
61	**62**	**63**	**64**	**65**	**66**	**67**	**68**	**69**	**70**
②	④	④	②	②	⑤	③	⑤	②	⑤
71	**72**	**73**	**74**	**75**	**76**	**77**	**78**	**79**	**80**
①	④	③	②	①	⑤	③	③	①	①

인강드림 공인중개사 실전모의고사 1차

빠른 정답확인

제 7 회

제1과목 부동산학개론

1	2	3	4	5	6	7	8	9	10
②	⑤	①	⑤	③	①	④	②	③	⑤
11	**12**	**13**	**14**	**15**	**16**	**17**	**18**	**19**	**20**
②	③	④	③	⑤	②	③	①	④	②
21	**22**	**23**	**24**	**25**	**26**	**27**	**28**	**29**	**30**
①	③	④	②	④	①	③	⑤	②	⑤
31	**32**	**33**	**34**	**35**	**36**	**37**	**38**	**39**	**40**
④	③	⑤	①	④	①	①	④	②	⑤

제2과목 민법 및 민사특별법

41	42	43	44	45	46	47	48	49	50
①	②	③	②	①	①	③	②	⑤	②
51	**52**	**53**	**54**	**55**	**56**	**57**	**58**	**59**	**60**
②	③	②	①	③	①	③	⑤	①	②
61	**62**	**63**	**64**	**65**	**66**	**67**	**68**	**69**	**70**
④	③	②	②	⑤	①	②	①	③	②
71	**72**	**73**	**74**	**75**	**76**	**77**	**78**	**79**	**80**
③	⑤	①	③	⑤	⑤	③	②	③	⑤

제 8 회

제1과목 부동산학개론

1	2	3	4	5	6	7	8	9	10
④	⑤	①	②	③	②	③	⑤	①	④
11	**12**	**13**	**14**	**15**	**16**	**17**	**18**	**19**	**20**
②	①	④	④	③	④	⑤	①	②	③
21	**22**	**23**	**24**	**25**	**26**	**27**	**28**	**29**	**30**
③	④	⑤	①	②	⑤	①	②	④	③
31	**32**	**33**	**34**	**35**	**36**	**37**	**38**	**39**	**40**
③	⑤	①	④	②	①	②	⑤	④	③

제2과목 민법 및 민사특별법

41	42	43	44	45	46	47	48	49	50
④	⑤	③	④	④	④	①	⑤	④	③
51	**52**	**53**	**54**	**55**	**56**	**57**	**58**	**59**	**60**
③	⑤	②	①	⑤	②	①	⑤	①	④
61	**62**	**63**	**64**	**65**	**66**	**67**	**68**	**69**	**70**
②	④	③	③	②	④	④	③	③	⑤
71	**72**	**73**	**74**	**75**	**76**	**77**	**78**	**79**	**80**
①	②	③	②	⑤	②	④	③	⑤	④

제 1 회 실전모의고사 정답 & 해설

정답

1	2	3	4	5	6	7	8	9	10	11	12	13	14	15	16	17	18	19	20
①	④	④	⑤	③	④	③	⑤	③	①	③	②	⑤	⑤	④	⑤	①	④	②	①
21	22	23	24	25	26	27	28	29	30	31	32	33	34	35	36	37	38	39	40
④	①	④	④	⑤	②	①	⑤	⑤	②	④	②	③	③	②	①	④	②	③	⑤
41	42	43	44	45	46	47	48	49	50	51	52	53	54	55	56	57	58	59	60
④	③	⑤	④	④	①	②	⑤	②	④	②	④	⑤	②	③	①	⑤	⑤	⑤	①
61	62	63	64	65	66	67	68	69	70	71	72	73	74	75	76	77	78	79	80
④	②	①	③	⑤	①	②	③	③	⑤	②	⑤	②	⑤	③	③	①	①	③	⑤

제1과목: 부동산학개론

01

하

논점 복합개념의 부동산에 관한 내용 이해 정답 ①

② 가식된 수목은 정착물이 아니다.
③ 거래, 가사, 농업정착물 등 임차자(인) 정착물은 부동산 정착물로 보지 않는다.
④ 구거는 토지의 일부가 된 물건으로 토지와 독립하여 거래의 대상이 될 수 없다.
⑤ 복합개념의 부동산 중 경제 · 법률적 개념의 부동산은 무형적 측면, 기술(물리)적 개념의 부동산은 유형적 측면의 부동산에 해당한다.

02

하

논점 토지의 분류 및 내용 이해 정답 ④

① 법지란 윗집과 아랫집 사이의 경사진 부분의 토지로서 법적으로 소유권이 인정되나 활용실익은 없거나 적은 토지를 말한다.
② 빈지란 활용실익은 있으나 법적으로는 소유할 수 없는 바다와 육지 사이의 해변토지를 말한다.
③ 택지란 주거 · 상업 · 공업용도 등의 용도로 이용되고 있거나 그러한 목적으로 조성된 토지를 말한다.
⑤ 후보지란 임지지역 · 농지지역 · 택지지역 상호 간에 용도전환 중인 토지를 말하며, 이행지란 동일한 용도지역 내에서 용도전환 중인 토지를 말한다.

03

중

논점 부동산의 특성 및 파생현상에 대한 이해 정답 ④

① 영속성으로 인하여 토지에는 소모를 전제로 하는 재생산이론의 적용이 배제되므로 원칙적으로 토지에는 원가방식을 적용할 수 없다.
② 부증성으로 인하여 토지의 물리적 공급이 불가능하므로 토지의 물리적 공급곡선은 수직선의 모습을 보인다.
③ 인접지와의 협동적 이용이 요구되는 부동산의 특성은 인접성이다.
⑤ 투자의 고정성으로 인하여 자본회수에 장기간이 소요되며, 부동산 투자선택 시 신중하고 장기적인 투자전략이 요구된다.

04

중

논점 수요와 관련된 기본 개념 및 내용 이해 정답 ⑤

① 시장수요곡선은 개별수요곡선의 수평적 합이다.
② 수요의 변화이든 수요량의 변화이든 간에 해당재화의 수요량은 변동한다.
③ 실물자산은 저량변수에 속한다.
④ 아파트의 가격상승이 예상됨에 따라 아파트의 수요량이 증가하는 경우, 이는 수요의 변화이므로 수요곡선 자체가 우측으로 이동하게 된다.

05

중

논점 수요곡선의 이동요인 파악 정답 ③

①, ②, ④는 수요증가요인이며, ⑤는 공급의 감소요인이다.

06

중

논점 수요와 공급의변화 시 균형의 이동에 대한 내용 이해 정답 ④

① 수요와 공급이 반대방향으로 바뀌는 경우, 원칙적으로 가격변화는 알 수 있으나 균형거래량의 변화는 알 수 없다.
② 수요증가가 공급증가보다 큰 경우 균형가격은 상승하고 균형거래량도 증가한다.
③ 수요면에서의 보완재가격하락은 수요증가요인이며, 기술진보는 공급의 증가요인이므로 균형거래량은 증가하는 반면 균형가격의 변화는 알 수 없다.
⑤ 수요가 공급보다 더 크게 증가하는 경우 균형가격은 상승하고 균형거래량은 증가한다.

07

하

논점 수요의 가격탄력성의 개념 및 가격탄력성에 영향을 주는 요인 이해 정답 ③

일반적으로 부동산 수요에 대한 관찰기간 즉, 측정 기간이 장기일수록 수요의 가격탄력성은 커진다.

08
하

논점 부동산경기변동의 개념 및 순환국면별 특징 파악 **정답** ⑤

후퇴시장에서는 매도인 중시현상이 감소되어 매수인 중시현상으로 변하게 된다.

09
중

논점 거미집이론의 기본내용 및 유형 구분 **정답** ③

① 가격변동 시 수요량은 즉각 변동하는 반면 공급량은 일정기간 후에 변동하여 수급의 시차가 존재한다.
② 거미집이론은 시간이 경과함에 따라 점점 불균형의 폭이 작아지는 움직임에 중점을 둔 동태적 이론이다.
④ 수요곡선 기울기의 절댓값이 공급곡선 기울기의 절댓값보다 작은 경우 즉, 수요탄력성이 공급탄력성보다 큰 경우 새로운 균형으로 수렴한다.
⑤ 수요와 공급탄력성이 같은 경우 규칙적 순환형 또는 진동형에 해당한다.

10
하

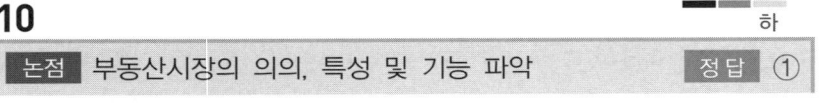

논점 부동산시장의 의의, 특성 및 기능 파악 **정답** ①

② 다수의 판매자와 구매자, 상품의 동질성, 자유로운 시장진입과 탈퇴, 완전한 시장정보 등은 완전경쟁시장의 성립조건에 해당한다.
③ 부동산시장의 특성 중 거래의 비공개성으로 인하여 정보수집이 곤란하므로 정보수집비용이 과다하게 소요된다.
④ 부동산시장에서는 매수인이 제안하는 상한가격과 매도인이 제안하는 하한가격의 사이에서 새로운 가격이 결정된다.
⑤ 부동산의 특성 중 수급조절의 곤란성으로 인하여 단기적으로 가치와 가격이 괴리되는 가격의 왜곡이 발생할 가능성이 높다.

11
하

논점 효율적 시장의 의의 및 구분 **정답** ③

① 공표된 정보나 공표되지 않은 어떠한 정보든 이미 시장가치에 반영되고 있어 어떤 투자자도 정상 이상의 이윤을 획득할 수 없는 시장은 강성 효율적 시장이다.
② 불완전시장도 할당효율적 시장이 될 수 있다.
④ 준강성 효율적 시장은 새로운 정보가 공표되는 즉시 가격에 반영되는 시장으로 공표된 자료를 토대로 투자분석이 이루어지는 경우 초과이윤을 획득할 수 없는 시장이다.
⑤ 약성효율적 시장에서는 현재 가치에 대한 과거의 역사적 자료를 분석하여 정상이윤을 초과하는 이윤을 획득할 수 없다.

12
하

논점 주택여과와 주거분리의 내용 이해 **정답** ②

주거분리란 저소득층의 주거지역과 고소득층의 주거지역이 분리되는 현상을 말한다.

13
하

논점 지대이론의 내용 파악 **정답** ⑤

튀넨의 입지지대론에 의하면 중심지에 인접할수록 지대곡선의 기울기는 보다 가파른 모습을 보이게 된다.

14
중

논점 도시공간구조이론에 대한 내용 파악 **정답** ⑤

㉠ 호이트는 도시의 성장과 분화가 주요 교통망에 따라 확대되면서 나타난다고 보았다.
㉢ 버제스의 동심원이론에 의하면 주택지불능력이 낮을수록 고용기회가 많은 도심지역과 접근성이 양호한 지역에 주거입지를 선정하는 경향이 있다.
㉣ 다핵심이론에서는 다핵의 발생요인으로 유사활동 간 집중지향성, 이질활동 간의 입지적 비양립성 등을 들고 있다.
㉥ 도시공간구조의 변화를 야기하는 요인은 교통의 발달이외에 소득의 증가와도 관계가 있다.

15
하

논점 상업입지와 관련된 여러 주장의 내용 파악 **정답** ④

① 허프는 적당한 거리에 고차원중심지가 있으면 인근의 저차원중심지를 지나칠 가능성이 높다고 하였다.
② 레일리의 소매인력법칙은 중심지 간의 상호작용에 중점을 둔 이론이다.
③ 레일리의 중력모형에 의하면 두 중심지 사이에 위치하는 소비지에 미치는 영향력의 크기는 도시인구에 비례하고 분기점으로부터의 거리의 제곱에 반비례한다.
⑤ 크리스탈러의 중심지이론에 의하면 재화의 도달거리가 최소요구치보다 클 때 중심지가 성립할 수 있다.

16
하

논점 주택불평등지표의 구분 및 내용 이해 **정답** ⑤

주택수요자금에 대한 융자의 비율이 높아질수록 목돈을 빌릴 수 있으므로 주택구입능력은 커진다.

17
하

논점 정부의 시장개입의 유형 및 각종 개입수단의 내용 파악 **정답** ①

보조금의 지급이나 부담금의 부과 등은 대표적인 간접개입수단이다.

18
하

논점 외부효과의 개념 및 파생현상에 대한 이해 **정답** ④

지역 · 지구제의 시행 또는 환경부담금의 부과는 부(−)의 외부효과에 대한 정부의 공적인 해결 수단에 해당한다.

19

중

논점 용도지역지구제의 효과 및 문제점 파악 **정답** ②

① 시장상황의 변화에 대한 신축적 대응이 곤란하다는 단점을 갖는다.

③ 당해 지역 주택수요가 증가함에 따라 주택가격이 상승하여 단기적으로 저량의 주택공급자(기존의 주택소유자)에게 초과이윤이 발생하게 된다.

④ 토지의 이용 및 건축물의 용도, 건폐율, 높이 등을 제한함으로써 토지를 경제적 · 효율적으로 이용하고 공공복리의 증진을 도모하기 위하여 서로 중복되지 아니하게 도시 · 군 관리계획으로 결정하는 지역은 용도지역이다.

⑤ 지역 · 지구제의 시행 시 세대 간 형평성은 유지되는 반면 지역 간 형평성은 보장되지 못한다.

20

하

논점 임대주택 및 분양주택정책의 내용 파악 **정답** ①

분양가상한제의 시행 시 분양가와 시가의 차이로 인한 투기의 문제가 발생한다.

21

중

논점 조세의 기능, 전가 및 귀착의 크기 등에 대한 내용 이해 **정답** ④

① 부동산조세는 주택문제나 지가안정에 기여할 수 있다.

② 공급의 가격탄력성은 탄력적인 반면 수요의 가격탄력성은 비탄력적인 시장에서 세금이 부과될 경우, 탄력성이 큰 쪽이 조세부담이 작으므로 실질적으로 공급자가 수요자보다 더 적은 세금을 부담하게 된다.

③ 양도소득세가 중과되면, 주택공급의 동결효과(lock in effect)로 인해 주택가격이 상승할 수 있다.

⑤ 주택가격에 관계없이 일률적으로 조세를 부과하는 경우, 저소득층의 조세부담이 증가되어 역진세적인 효과가 발생하게 된다.

22

중

논점 부동산투자의 기본 개념 파악 **정답** ①

② 저당비율 즉, 융자비율이 증가할수록 채무불이행위험도 커지게 된다.

③ 타인자본의 활용 시 지분수익률이 총자본수익률보다 큰 경우, 정의 지렛대효과가 발생한다.

④ 수익률은 $\frac{\text{순수익}}{\text{투하자본(가격)}}$이므로 대상부동산의 가격이 상승하게 되면 수익률은 오히려 하락한다.

⑤ 평균이 동일한 경우에는 분산이 작은 투자안의 선택이 타당하다.

23

하

논점 위험의 관리전략 및 구체적 처리방법에 대한 내용 파악 **정답** ④

기대수익률의 하향조정(보수적 예측) 및 요구수익률의 상향조정(위험조정할인율의 적용)을 통해 투자와 관련된 위험을 줄일 수 있다.

24

중

논점 위험과 수익의 상호관계와 투자안의 선택에 대한 이해 **정답** ④

① 분산 또는 표준편차의 수치가 클수록 위험이 큼을 의미하므로 투자의 불확실성은 커진다.

② 동일한 표준편차(위험)를 갖는 투자안 중에서 평균(기대수익률)이 가장 높은 투자안을 선택하는 것이 합리적이다.

③ 변이계수는 그 값이 작을수록 위험도가 낮음을 의미한다.

⑤ 투자자의 요구수익률은 위험할증률 산정 시 투자자의 주관이 개입될 여지가 많으므로 투자자마다 상이하다.

25

중

논점 포트폴리오의 기본적 내용 파악 **정답** ⑤

① 효율적 전선이란 동일한 위험도 하에서 가장 기대수익률이 높은 포트폴리오, 동일한 수익률 하에서는 위험이 가장 낮은 포트폴리오를 연결한 곡선이다.

② 상관계수가 −1이면 비체계적 위험은 '0'이 될 수 있다.

③ 상관계수가 1만 아니라면 분산 효과는 발생한다. ④ 최적의 포트폴리오는 효율적 전선과 투자자 자신의 무차별곡선의 접점에서 결정된다.

26

하

논점 금융계수별 기본적 내용 이해 **정답** ②

n년 후 1원을 달성하기 위해 매기 적립해야 할 금액은 감채기금계수로 구할 수 있으며, 연금의 내가계수와 역수이다.

27

하

논점 각종 투자 타당성분석 지표의 개념 파악 **정답** ①

내부수익률(IRR)이란 투자로부터 기대되는 현금유입의 현재가치와 현금유출의 현재가치를 같게 하는 할인율이다.

28

하

논점 부동산금융의 의의 및 유형 구분 **정답** ⑤

수익의 배당을 목적으로 하는 것은 지분금융이다.

29

하

논점 고정이자율과 변동이자율의 개념 파악 및 차이에 대한 이해 **정답** ⑤

① 시장이자율이 지속적인 상승 추세에 있으며, 이자율의 조정이 신속하게 이루어진다면 변동이자율 저당은 차입자에게 불리한 대출방식이다.

② 고정이자율대부방식으로 대출이 이루어진 경우, 시중금리가 계속 하락하는 추세에 있다면 차입자의 조기상환 가능성은 커진다고 볼 수 있다.

③ 인플레이션 상황에서 고정이자율 저당은 대출자의 실질이자율을 감소시킨다.

④ 변동이자율 저당대부방식은 대출기관의 인플레이션에 따른 이자율 위험 자금의 수요자인 차입자에게 전가하는 방식으로 일종의 위험 전가에 해당한다.

30 중

논점 저당상환방식별 구체적 내용 이해 정답 ②

① 원리금균등분할상환(CAM) 방식의 경우, 원리금의 합계가 매기 동일하다.
③ 대출채권의 듀레이션(평균회수기간)은 원리금균등분할상환(CPM) 방식이 원금균등분할상환(CAM) 방식보다 길다.
④ 체증분할상환(GPM) 방식은 장래 소득이 늘어날 것으로 예상되는 차입자에게 적합한 대출방식이다.
⑤ 거치식(Interest-only Mortgage) 방식은 대출자 입장에서 금리수입이 늘어나는 상환방식이다.

31 중

논점 저당유동화의 의의 및 내용 이해 정답 ④

1차 저당대출기관은 자금의 여유가 있는 경우에는 저당을 자신의 포트폴리오로 보유할 수 있다.

32 중

논점 각종 부동산현상의 내용 파악 정답 ②

① 조방한계란 최적의 조건하에서 겨우 생산비를 감당할 수 있을 정도의 집약도를 말한다.
③ 도심공동화현상은 직주분리의 결과이다.
④ 직주분리의 결과 도심고동이 커진다.
⑤ 한계지의 지가와 도심토지의 지가는 상호 대체관계가 형성된다.

33 하

논점 부동산분석 및 부동산개발의 위험에 대한 대책 파악 정답 ③

㉢은 개발업자마다의 요구수익률이 다르므로 채택할 수도 있고 아니할 수도 있다.

34 중

논점 민간개발방식별 내용 이해 정답 ③

① 지주공동사업방식은 불확실하거나 위험도가 큰 부동산 개발사업에 대한 위험을 토지소유자와 개발업자 간에 분산할 수 있는 장점이 있다.
② 사업수탁방식의 경우, 개발업자는 사업대행의 대가로 수수료를 받는다.
④ 환지방식에 관한 설명이다.
⑤ 자체개발사업에서는 사업시행자의 주도적인 사업추진이 가능하나 사업의 위험성이 높을 수 있어 위기관리능력이 요구된다.

35 하

논점 부동산관리방식 및 관리영역에 대한 이해 정답 ②

① 포트폴리오 관리, 투자리스크 관리, 매입 · 매각관리, 재투자 · 재개발의 결정 등은 부동산관리의 유형 중 자산관리(asset management)에 해당한다.
③ 혼합관리방식은 필요한 부분만 선별하여 관리업무를 위탁하기 때문에 관리의 책임소재가 불분명해지는 단점이 있다.
④ 간접(위탁)관리방식은 관리업무의 전문성과 합리성을 제고할 수 있는 반면, 기밀유지에 있어서 직접(자치)관리방식보다 불리하다.
⑤ 비율임대차(percentage lease)는 임차자 총수입의 일정비율을 임대료로 지불하는 임대차유형으로, 주로 매장용부동산에 적용된다.

36 하

논점 마케팅전략의 내용 파악 정답 ①

②③ 본문은 시장세분화에 관한 설명이다.
④ 분양대행사를 이용하는 전략은 유통경로전략에 해당한다.
⑤ 부동산의 종류에 따라 마케팅의 유형은 상이하다.

37 하

논점 감정평가규칙의 규정 파악 정답 ④

하나의 물건이더라도 가치를 달리하는 부분은 구분평가의 대상이 되므로 1필지가 여러 개의 획지가 되는 경우에는 구분하여 감정평가한다.

38 하

논점 가격과 가치의 개념 및 상호관계 파악 정답 ②

가치와 가격은 단기에 불일치(괴리), 장기에 일치하게 된다.

39 하

논점 시산가액조정의 의의 및 관련 규정 파악 정답 ③

시산가액 조정 시 공시지가기준법과 거래사례비교법은 같은 감정평가방식으로 보지 않는다.

40 중

논점 환원이율의 결정방법들의 내용 파악 정답 ⑤

① 물리적 투자결합법은 토지와 건물의 수익창출능력이 상이하며, 분리될 수 있다는 가정 하에 환원이율을 산정하는 방법이다.
② 금융적 투자결합법은 저당투자자와 지분투자자의 요구수익률이 상이하다는데 착안하여 환원이율을 산정한다.
③ 대상부동산에 관한 위험을 여러 가지 요소로 분해하고 개별적인 위험에 따라 위험할증률을 더함으로써 자본환원율을 구하는 방법은 조성(요소구성)법이다.
④ 부채감당법은 저당투자자 입장에서 환원이율을 구하는 방법이다.

제2과목: 민법 및 민사특별법 중 부동산중개에 관련되는 규정

41
하

논점 법률행위의 분류 정답 ④

④ ×. 취득시효 이익의 포기는 상대방 있는 단독행위지만 유언, 유증, 재단법인설립행위 등 상대방 없는 단독행위로는 대부분 요식행위로 되어 있다.

① 법률행위는 법률행위의 효력에 따라 채권행위와 물권행위로 나뉘는 바, 처분권 없이 한 물권행위는 무효지만, 처분권 없이 한 채권행위는 유효하다(채권행위는 처분권한이나 처분능력이 필요 없으므로). 따라서 처분권 없는 자의 법률행위가 모두 무효인 것은 아니다.

42
중

논점 반사회질서의 법률행위 여부 정답 ③

③ ×. 매매계약체결 당시에는 매매목적물이 범죄행위로 취득된 것을 몰랐으나 계약체결 후 알게 된 경우, 그 이행을 청구하는 행위는 특별한 사정이 없으면 반사회질서의 법률행위가 아니다. (행위 당시를 기준으로 매매목적물이 범죄행위로 취득된 것을 몰랐으므로)

43
중

논점 자연적 해석이 적용된 오표시무해의 원칙 정답 ⑤

① ×. ② ×. ③ ×. 계약은 甲과 乙의 의사가 합치한 대로 X토지에 대하여 성립한다(자연적 해석, 오표시무해의 원칙). 따라서 乙은 甲에 대하여 X토지에 대한 소유권이전등기를 청구할 수 있다. 자연적 해석이 적용된 경우이므로 착오의 문제는 발생하지 않는다. 따라서 甲은 착오를 이유로 X토지에 대한 매매계약을 취소할 수 없고, Y토지에 대하여는 계약이 체결된 적이 없으므로 Y토지매매계약의 취소도 있을 수 없다.

④ ×. Y토지에 대하여는 계약이 체결된 적이 없으므로, Y토지에 대한 乙명의의 등기는 무효이다. 따라서 甲은 乙에 대하여 Y토지에 대한 소유권이전등기의 말소를 청구할 수 있다.

⑤ Y토지에 대한 乙명의의 등기는 무효이고 등기에는 공신력이 인정되지 않으므로, 丙은 선의 · 악의 불문하고 Y토지에 대한 소유권을 취득하지 못한다. 이 경우 丙은 乙에 대하여 전부타인권리에 대한 담보책임을 추궁할 수 있다.

44
하

논점 가장행위, 은닉행위 정답 ④

① ×. ③ ×. 甲과 乙 사이의 매매는 가장행위로 무효지만, 乙과 丙 사이의 매매는 달리 무효사유가 없으므로 유효하다. 따라서 甲의 채권자 丁은 乙과 丙 사이의 매매가 무효라고 주장할 수 없다.

② ×. 증여는 은닉행위로 요건을 갖춘 경우 유효하다.

⑤ ×. 乙명의의 소유권등기는 유효하므로 甲은 매매가 무효임을 이유로 乙에게 소유권등기 말소등기를 청구할 수 없다.

④ 은닉행위인 증여가 유효하다면 乙명의의 소유권등기도 유효하다. 등기가 유효하다면 丙은 선 · 악 불문하고 소유권을 취득할 수 있다.

45
중

논점 강박에 의한 행위가 무효가 되는 경우 정답 ④

④ ×. 강박으로 인해 표의자가 스스로 의사결정을 할 수 있는 여지를 완전히 박탈당한 상태에서 의사표시가 이루어져 단지 법률행위의 외형만이 만들어진 것에 불과한 정도에 이른 경우 그 법률행위는 무효이다.

② 제3자의 기망행위에 의하여 신원보증서류에 서명 · 날인한다는 착각에 빠져 연대보증서면에 서명 · 날인한 경우, 이는 의사(신원보증서류에 서명 · 날인)와 표시(연대보증의 서면에 서명 · 날인)가 불일치하므로 사기를 이유로 취소할 수는 없고, 착오를 이유로 취소할 수 있을 뿐이다.

⑤ 고지의무 있는 자가 고지의무를 이행하지 않는 경우, 부작위(침묵)에 의한 위법한 기망이 될 수 있다.

46
중

논점 대리권, 대리행위 정답 ①

② ×. 대리권은 있으나 그 범위가 분명하지 아니한 경우, 임의대리인은 관리행위(=보존 · 이용 · 개량행위)만 할 수 있고 처분행위를 할 수는 없다.

③ ×. 자기계약 · 쌍방대리의 금지는 임의대리 · 법정대리 모두에 적용된다.

④ ×. 대리인이 본인을 위한 것임을 표시하지 아니한 때에는 그 의사표시는 자기를 위한 것으로 본다.(제115조)

⑤ ×. 대리인이 복대리인을 선임하는 행위는 대리행위가 아니다. 즉, 복대리인은, 대리인이 '본인의 이름' 이 아니라 '대리인 자신의 이름' 으로 선임한 본인의 대리인이다.

47
중

논점 대리인의 복임권 및 책임 정답 ②

② ×. 법정대리인은 그 책임으로 복대리인을 선임할 수 있다. 그러나 부득이한 사유로 인한 때에는 전조 제1항에 정한 책임(→선임 · 감독에 관한 책임)만이 있다(제122조). 따라서 법정대리인이 '부득이한 사유' 로 복대리인을 선임한 경우에는 책임이 감경되지만, '본인의 승낙' 에 의해 복대리인을 선임한 경우에는 책임이 감경되지 않는다.

① 복대리인은 언제나 임의대리인이다. 법정대리인이 선임한 복대리인도 임의대리인이므로 임의대리인의 복임권과 같은 범위에서 복임권을 가진다.

③ (임의)대리인이 본인의 지명에 의하여 복대리인을 선임한 경우에는 그 부적임 또는 불성실함을 알고 본인에게 대한 통지나 그 해임을 태만한 때가 아니면 책임이 없다.(제121조 제2항)

⑤ 복대리권의 범위는 대리인의 대리권의 범위와 같거나 작아야 한다. 복대리권의 범위가 대리권의 범위보다 작은 경우, 복대리인이 대리인의 대리권의 범위를 넘지 않았으나 자신의 복대리권의 범위를 넘은 행위를 한 경우에도 무권대리행위가 된다.

48
중

논점 권한을 넘은 표현대리 성립여부 정답 ⑤

⑤ ×. 이 경우에도 대법원은 제129조 권한소멸 후의 표현대리의 성립을 인정한다.

① 대리인이 본인을 위한 것임을 표시하지 않은 경우에는 즉, 현명을 하지 않은 경우에는 대리행위가 아니므로(제115조 본문) 표현대리는 성립하지 않는다. 다만 표현대리규정을 유추적용하여 본인이 책임을 지는 경우가 있다.(대판 92다52436)

49
중

논점 무효인 행위와 취소할 수 있는 행위의 처리 정답 ②

① ×. 제한능력자는 자신이 한 법률행위를 단독으로 취소할 수 있다.

③ ×. 취소할 수 있는 법률행위는 취소원인이 소멸한 후에 해야 효력이 있다. 다만, 취소의 원인이 소멸하기 전에 법정대리인이 한 추인은 그 효력이 있다.

> ※ 취소할 수 있는 법률행위를 취소의 원인이 소멸하기 전에 추인할 수 있는 경우
> 제한능력자의 행위의 경우 (1) 법정대리인 또는 후견인은 취소원인의 소멸 전이라도 추인할 수 있고, (2) 미성년자 또는 피한정후견인은 법정대리인 또는 후견인의 동의를 얻어 추인할 수 있다.

④ ×. 조건을 붙일 수 없는 법률행위에 조건을 붙인 경우 법률행위자체가 무효가 되며 그 조건을 분리하여 조건만 무효로 할 수 없다.

⑤ ×. 취소한 법률행위는 처음부터 무효인 것으로 간주되므로, 취소할 수 있는 법률행위가 일단 취소된 이상 그 후에는 '취소할 수 있는 법률행위의 추인'에 의하여 이미 취소되어 무효인 것으로 간주된 당초의 의사표시를 다시 확정적으로 유효하게 할 수는 없고, 다만 '무효인 법률행위의 추인(제139조)'의 요건과 효력으로서 추인할 수는 있다(대판 95다38240).

50
하

논점 불법조건이 붙은 행위의 효력 정답 ④

④ ×. 조건이 선량한 풍속 기타 사회질서에 위반한 것인 때(=불법조건)에는 그 법률행위는 무효로 한다.

⑤ 동산소유권유보부매매는 대금완납을 정지조건으로 하는 법률행위로 대금이 모두 지급되면(=정지조건의 성취) 별도의 의사표시가 없더라도 목적물의 소유권이 매수인에게 이전된다.

51
하

논점 1물1권주의 및 예외 정답 ②

① ×. 토지의 일부에 대하여는 구분소유권이라는 것이 인정될 여지가 없다. 구분소유권은 건물의 일부에 대하여 인정된다.(제215조, 집합건물법)

> 제215조 (건물의 구분소유)
> ① 수인이 한채의 건물을 구분하여 각각 그 일부분을 소유한 때에는 건물과 그 부속물중 공용하는 부분은 그의 공유로 추정한다.
> ② 공용부분의 보존에 관한 비용 기타의 부담은 각자의 소유부분의 가액에 비례하여 분담한다.

③ ×. 부동산(제356조)과 지상권 · 전세권(제371조)이 민법상 저당권의 객체(목적)이 된다.

> 제356조 (저당권의 내용)
> 저당권자는 채무자 또는 제3자가 점유를 이전하지 아니하고 채무의 담보로 제공한 부동산에 대하여 다른 채권자보다 자기채권의 우선변제를 받을 권리가 있다.
>
> 제371조 (지상권, 전세권을 목적으로 하는 저당권)
> ① 본장의 규정은 지상권 또는 전세권을 저당권의 목적으로 한 경우에 준용한다.
> ② 지상권 또는 전세권을 목적으로 저당권을 설정한 자는 저당권자의 동의 없이 지상권 또는 전세권을 소멸하게 하는 행위를 하지 못한다.

④ ×. 등기된 수목의 집단(=입목)은 토지와 독립하여 별도의 소유권 · 저당권의 객체가 된다.(일물일권주의의 예외)

⑤ ×. 지상공간의 일부나 지하의 일부만을 대상으로 하는 구분지상권이 인정된다.(제289조의2)

52
중

논점 등기 없이도 부동산물권이 변동되는 경우 정답 ④

④ 부동산의 물권변동에 등기를 요하지 않는 경우로서 틀린 것은?
= 부동산의 물권변동에 등기를 요하는 것은?

> 1. 매매, 교환, 증여 등 계약에 의한 부동산물권의 변동
> 2. 매매예약완결권행사에 의한 부동산소유권취득
> 3. 특정유증에 의한 부동산소유권취득
> 4. OO권설정계약에 의한 OO권설정
> 5. 이행판결 : 소유권이전등기를 명하는 판결=소유권이전등기청구소송에서의 원고승소판결=소유권이전등기절차 이행의 소에서의 원고승소판결(④)
> 6. 부동산물권의 포기, 승역지소유자의 위기(제299조)
> 7. 부동산점유취득시효(제245조 제1항)
> 8. 법정지상권이 붙은 건물양수인의 지상권취득
> 9. 공유물 분할협의(합의)에 의한 단독소유권의 취득
> 10. 저당권 및 저당권부채권양도에 의한 저당권의 취득

53

중

논점 중간생략등기의 합의가 있는 경우(판례) 정답 ⑤

① ×. 중간생략등기의 합의가 있으므로, 丙은 직접 甲에 대하여 소유권이전등기청구권을 행사할 수 있다.

② ×. 중간생략등기의 합의가 있다 하더라도, 乙의 甲에 대한 소유권이전등기청구권은 소멸하지 않는다.

③ ×. 甲, 乙, 丙 전원의 합의 없이 甲에게서 직접 丙앞으로 소유권이전등기가 경료되었다면 이는 실체관계와 일치하는 등기로써 유효하다.

④ ×. 甲과 乙 사이에 매매대금을 인상하는 약정을 체결한 경우, 甲은 인상분의 미지급을 이유로 丙의 소유권이전등기청구를 거절할 수 있다.

54

상

논점 등기의 추정력의 범위 정답 ②

㉠ ×. 등기원인에 대하여도 추정력이 인정되므로, 甲에서 乙 사이에 매매계약이 있었다는 사실이 추정된다.

㉢ ×. 등기의 추정력은 제3자에 대해서 뿐만 아니라 전등기명의인에 대하여도 원용할 수 있으므로, 乙의 소유권취득의 적법성은 甲에 대하여도 추정된다. 즉, 乙은 소유권취득의 추정력을 甲에게 원용할 수 있다.

55

상

논점 자주점유 · 타주점유 정답 ③

③ ×. 토지점유자가 소유자를 상대로 소유권이전등기말소청구의 소를 제기하였다가 패소하고 그 판결이 확정되었다 하더라도 (목적물반환의무가 생기는 것은 아니므로) 자주점유의 추정이 번복되지 않는다. 반면에 진정 소유자가 점유자를 상대로 토지에 관한 점유자 명의의 소유권이전등기의 말소등기청구소송을 제기하여 점유자의 패소로 확정되었다면, 점유자의 토지에 대한 점유는 패소판결 확정 후부터는 타주점유로 전환되었다고 보아야 한다(대판 96다19857).

56

중

논점 주위토지통행권(판례) 정답 ①

① ×. 분할로 인하여 공로에 통하지 못하는 토지가 있는 때에는 그 토지소유자는 공로에 출입하기 위하여 다른 분할자의 토지를 통행할 수 있다. 이 경우에는 (당사자 사이에는) 보상의무가 없다.(제220조)

57

중

논점 등기부취득시효의 요건과 효과 정답 ⑤

⑤ ×. 등기부취득시효의 요건으로서 소유자로 등기한 자라 함은 적법 · 유효한 등기를 마친 자일 필요는 없고 무효의 등기를 마친 자라도 상관없다(대판 93다23367).

① 부동산등기부취득시효가 완성된 경우에는 바로 그 부동산에 대한 소유권을 취득하는 것이며, 별도로 이를 원인으로 한 소유권이전등기청구권이 발생할 여지가 없으므로, 등기부취득시효의 완성 후에 그 부동산에 관한 점유자 명의의 등기가 말소되거나 적법한 원인 없이 다른 사람 앞으로 소유권이전등기가 경료되었다 하더라도, 그 점유자는 등기부취득시효의 완성에 의하여 취득한 소유권에 기하여 현재의 등기명의자를 상대로 방해배제청구를 할 수 있을 뿐이고, 등기부취득시효의 완성을 원인으로 현재의 등기명의자를 상대로 소유권이전등기를 구할 수는 없다(대판 99다25785).

② 등기부취득시효에 있어서 선의 · 무과실은 등기에 관한 것이 아니고 점유의 취득에 관한 것이므로(대판 96다48527), 등기경료 이전부터 점유를 하여 온 경우에는 그 점유개시 당시를 기준으로 그 점유의 개시에 과실이 없었는지 여부에 관하여 심리판단하여야 한다(대판 93다28089).

③ 등기부취득시효 규정에 의하여 소유권을 취득하는 자는 10년간 반드시 그의 명의로 등기되어 있어야 하는 것은 아니고 앞 사람의 등기까지 아울러 그 기간 동안 부동산의 소유자로 등기되어 있으면 된다[대판(전) 87다카2176].

④ 무과실 점유는 추정되지 않기 때문이다.

58

중

논점 총유물의 관리 · 처분, 사용 · 수익 정답 ⑤

⑤ ×. 총유물의 관리 및 처분은 사원총회의 결의에 의하므로, 총유물의 관리 · 처분에 관하여 정관이나 규약으로 정함이 없고 사원총회의 결의도 없는 경우, 총회결의 없이 선의의 상대방에 대한 총유물의 처분행위는 무효이다.

④ 부동산의 합유자 중 일부가 사망한 경우, 원칙적으로 사망한 합유자의 상속인은 합유자로서의 지위를 승계하지 못하고, 해당 부동산은 잔존합유자가 2인 이상일 경우에는 잔존 합유자의 합유로, 잔존 합유자가 1인인 경우에는 잔존 합유자의 단독소유로 귀속된다.

59

중

논점 분묘기지권의 취득(판례) 정답 ⑤

⑤ ×. 분묘기지권은 지상권이므로 분묘기지에 대한 점유는 타주점유이다. 즉 분묘기지권의 시효취득에는 '소유의 의사'가 필요 없다. 지문에서 '~소유의 의사로~' 부분이 틀린 부분이다.

60 중

논점 지역권의 시효취득 **정답** ①

① ×. '지역권은 계속되고 표현된 것에 한하여 제245조의 규정을 준용한다' 는 지역권의 시효취득규정(제294조)은 지역권 자체를 시효취득하는 경우에 적용된다(②). 지역권은 요역지 소유권에 부종하여 이전하므로(제292조 제1항), 제3자가 요역지소유권을 시효취득하는 경우, 그 요역지를 위한 지역권은 계속되고 표현된 지역권인지 여부를 묻지 않고 취득한다.

61 상

논점 전세금반환채권의 양도 **정답** ④

㉣ ×. 전세권이 존속하는 동안은 전세권을 존속시키기로 하면서 전세금반환채권만을 전세권과 분리하여 확정적으로 양도하는 것은 허용되지 않는 것이며, 다만 전세권 존속 중에는 장래에 그 전세권이 소멸하는 경우에 전세금반환채권이 발생하는 것을 조건으로 그 장래의 조건부 채권을 양도할 수 있을 뿐이다(대판 2001다69122).

㉤ ×. 전세권설정등기를 마친 민법상의 전세권은 그 성질상 용익물권적 성격과 담보물권적 성격을 겸비한 것으로서, 전세권의 존속기간이 만료되면 전세권의 용익물권적 권능은 전세권설정등기의 말소 없이도 당연히 소멸하고 단지 전세금반환채권을 담보하는 담보물권적 권능의 범위 내에서 전세금의 반환시까지 그 전세권설정등기의 효력이 존속하고 있다 할 것인데, 이와 같이 존속기간의 경과로서 본래의 용익물권적 권능이 소멸하고 담보물권적 권능만 남은 전세권에 대해서도 그 피담보채권인 전세금반환채권과 함께 제3자에게 이를 양도할 수 있다 할 것이지만, 이 경우에는 민법 제450조 제2항 소정의 확정일자 있는 증서에 의한 채권양도절차를 거치지 않는 한 위 전세금반환채권의 압류 · 전부 채권자 등 제3자에게 위 전세보증금반환채권의 양도사실로써 대항할 수 없다(2003다35659).

62 하

논점 간이변제충당의 요건 및 효과 **정답** ②

② ×. 정당한 이유 있는 때에는 유치권자는 감정인의 평가에 의하여 유치물로 직접 변제에 충당할 것을 법원에 청구할 수 있다. 이 경우에는 유치권자는 미리 채무자에게 통지하여야 한다.(제322조 제2항)

63 중

논점 저당권의 처분 **정답** ①

① ×. 담보물권은 피담보채권과 분리하여 타인에게 양도하거나 다른 채권의 담보로 할 수 없다.

64 중

논점 목적물이 경매되는 경우, 전세권과 저당권의 관계 **정답** ③

① ×. 후순위저당권자도 얼마든지 경매를 신청할 수 있다.

② ×. ④ ×. ⑤ ×. 경매에 의하여 丁의 저당권 및 丙의 저당권은 소멸하나, 최선순위저당권(丙의 저당권)보다 선순위인 乙의 전세권은 원칙적으로 소멸하지 않는다. 다만 乙이 배당을 요구한 경우에는 乙의 전세권도 소멸한다.

65 하

논점 약관의 규제 **정답** ⑤

① ×. 대리행위는 법률행위의 요건을 대리인을 기준으로 판단하므로, 계약자 본인이 아닌 대리인에게 약관을 설명한 것만으로도 설명의무를 다한 것으로 볼 수 있다.

② ×. 법령에 정해진 것을 되풀이하는 정도에 불과한 조항에 대하여는 사업자에게 명시 · 설명의무가 없다.

③ ×. 약관의 내용을 해석하는 경우에는 개개 계약자의 의사나 구체적인 사정을 고려함이 없이 객관적 · 통일적으로 해석하여야 한다.

④ ×. 약관의 구속력의 근거는 그 자체가 법규범이거나 법규범적 성질을 가지기 때문이 아니라 당사자가 계약내용으로 삼을 것을 합의하였기 때문이다.

⑤ 예정된 손해배상액이 부당히 과다한 경우 법원은 적당히 감액할 수 있다(제398조 제2항). 다만 이는 그 손해배상액의 예정(특약, 조항)이 유효하다는 것을 전제로 한다. 따라서 손해배상 약관조항이 무효인 경우에는, 그 유효함을 전제로 손해배상예정액을 감액한 나머지 부분의 효력을 유지할 수는 없다.

66 중

논점 사고에 의해 연착된 승낙의 처리 **정답** ①

① 승낙의 의사표시가 사고에 의해 연착한 경우, 청약자가 지체 없이 연착통지를 하거나 미리 지연통지를 발송해야 하는 바, 만약 이러한 통지하지 않으면 그 승낙은 연착하지 않은 것으로 되고, (격지자 사이의) 계약은 승낙통지를 발송한 때 성립한다.(제528조 제2항 · 제3항, 제531조)

67 중

논점 동시이행관계여부 **정답** ②

㉡ 변제를 통해 채권이 소멸하면 담보물권은 당연히 소멸하므로(담보물권의 부종성) 피담보채무의 변제와 담보목적의 소유권이전등기(=양도담보권) 말소등기의무는 동시이행관계가 아니다

㉣ 임대인의 보증금반환의무가 선이행의무이다.

㉠ 제549조

㉢ 甲이 乙을 꾀어 돈을 빌려주고 자기 처인 丙 앞으로 근저당권을 설정한 경우, 기망을 이유로 한 乙의 근저당권설정계약취소의 의사표시는 금전소비대차계약을 포함한 전체에 대한 취소의 효력이 있고, 이 경우 丙의 근저당권설정등기말소의무와 乙의 부당이득반환의무는 동시이행관계에 있다(대판 93다31191).

68
중

논점 제3자를 위한 계약인지 여부, 제3자를 위한 계약의 3면관계 정답 ③

ㄱ. ×. 병존적 채무인수, 변제를 위한 공탁 등은 제3자를 위한 계약에 해당한다.

ㄴ. ×. 계약의 당사자가 제3자에 대하여 가진 채권에 관하여 그 채무를 면제하는 계약도 제3자를 위한 계약에 준하는 것으로서 유효하다(대판 2002다37405). 나아가 제3자를 위한 계약은 제3자에게 단순히 권리만을 부여하는 것을 필요로 하지 아니하고 제3자에게 일정한 대가의 지급 기타 일정한 부담하에 권리를 부여하는 것도 가능하다(대판 65다1620).

ㅁ. ×. 낙약자는 요약자와의 계약(=제3자를 위한 계약=보상관계)에 근거한 항변으로 수익자에게 대항할 수 있다.

69
중

논점 계약해제의 원인 및 해제의 효과 정답 ③

① ×. 해제권은 당사자 사이의 계약(약정해제권)이나 법률규정(법정해제권)에 의하여 발생한다.

② ×. 계약이 합의해제된 경우에는, 법정해제와는 달리 원칙적으로 채무불이행으로 인한 손해배상을 청구할 수 없고, 금전반환시 이자를 가산할 필요도 없다.

④ ×. 해제된 계약으로부터 생긴 법률효과에 기초하여 해제 후 말소등기 전에 양립할 수 없는 새로운 이해관계를 맺은 제3자는 선의인 경우에 한하여 보호된다.

⑤ ×. 매수인의 귀책사유에 의하여 매도인의 매매목적물에 관한 소유권이전의무가 이행불능이 된 경우라면, (매도인의 채무불이행이 아니므로) 이행불능에 귀책사유 있는 매수인은 이행불능을 이유로 계약을 해제할 수 없다.

③ 당사자 일방이 계약을 해제한 때에는 각 당사자는 그 상대방에 대하여 원상회복의 의무가 있다. 그러나 제3자의 권리를 해하지 못한다.(제548조 제1항) 따라서 제3자가 매수인으로부터 매매목적물에 관하여 소유권이전등기를 경료받은 후에 매도인이 계약을 해제한 경우, 제3자는 보호되므로 매도인은 소유권에 기하여 매수인 명의의 소유권이전등기말소를 청구할 수 없다.

70
중

논점 이행지체로 인한 해제권의 발생요건 정답 ⑤

⑤ ×. 채권자가 기간을 정하지 않고 최고하거나 채권자가 정한 최고기간이 상당하지 않은 때에도 최고의 효력은 발생하며 다만, 상당한 기간이 경과한 후에 해제권이 발생한다.

① 채무자가 일부의 이행을 지체한 경우, 원칙적으로 일부를 해제할 수 있으나, 예외적으로 나머지의 이행에 의해서는 계약의 목적을 달성할 수 없다면 계약 전부를 해제할 수 있다.

② 이행지체에 의한 법정해제권의 발생요건을 경감하는 특약은 유효하다. 예를 들어 '이행지체가 있는 경우, 이행의 최고 없이 계약을 해제할 수 있다' 는 특약 등

④ 채무자가 미리 이행하지 않을 의사를 표시한 때(이행거절)에는 최고 없이 해제권이 발생한다.

71
중

논점 '이행의 착수' 여부 정답 ②

② 허가구역 내의 토지에 관하여 매매계약이 체결된 후 계약금만 수수한 상태에서 허가를 받았다 하더라도, 아직 이행착수가 있다고 볼 수 없으므로 매도인은 계약금의 배액을 상환하여 매매계약을 해제할 수 있다(대판 2008다62427).

72
상

논점 매도인이 담보책임을 지는 경우, 그 효과 정답 ⑤

① ×. 매매의 목적이 된 권리의 일부가 타인에게 속하는 경우에, 매도인이 그 권리를 취득하여 매수인에게 이전할 수 없다면, 매수인은 선·악을 불문하고 대금감액을 청구할 수 있고, 선의의 매수인은 계약해제 및 손해배상을 청구할 수 있다. 따라서 악의의 매수인은 손해배상을 청구할 수 없다.

② ×. 담보책임에 의한 계약해제에는 최고를 요하지 않는다.

③ ×. 건축을 목적으로 매매된 토지 위에 건축허가를 받을 수 없어 건축이 불가능한 경우(=법률적 장애)에는 '물건'의 하자로 취급된다.(판례)

④ ×. 매매 목적물에 저당권·전세권이 설정되었다는 사실만으로는 제576조의 담보책임(저당권 등의 실행에 의한 담보책임)이 성립하지 않는다. 매매 목적물에 '전세권이 설정' 된 경우에는 제575조의 담보책임(용익적 권리의 존재로 인한 담보책임)이 성립하고, 매매 목적물에 설정된 '저당권·전세권이 실행' 된 경우에는 제576조의 담보책임이 성립한다.

⑤ 채권 매도인의 담보책임 : 채권의 매도인이 채무자의 자력을 담보한 때에는 매매계약 당시의 자력을 담보한 것으로 추정된다. 변제기에 도달하지 아니한 채권의 매도인이 채무자의 자력을 담보한 때에는 변제기의 자력을 담보한 것으로 추정한다.

73
중

논점 건물임차인의 부속물매수청구권의 행사요건 정답 ②

② ×. 건물임차인이 그 사용의 편익을 위하여 임대인의 동의를 얻어 부속한 물건인 경우에도, 임차인의 특수목적에 사용하기 위하여 부속된 것이라면 민법 제646조가 규정하는 매수청구의 대상이 되는 부속물에 해당하지 않는다.

74
중

논점 토지임차인의 지상물매수청구권의 행사요건 및 효과 정답 ⑤

⑤ ×. 토지임차인의 매수청구권 행사로 지상 건물에 대하여 시가에 의한 매매 유사의 법률관계가 성립된 경우에는 임차인의 건물명도 및 그 소유권이전등기의무와 토지 임대인의 건물대금지급의무는 서로 대가관계에 있는 채무가 된다.

75
상

논점 주택임대차 보증금반환채권의 양도 정답 ③

③ ×. 우선변제권을 취득한 임차인의 보증금반환채권을 계약으로 양수한 금융기관 등은 우선변제권을 행사하기 위하여 임차인을 대리하거나 대위하여 임대차계약을 해지할 수 없다.

76

중

논점 주택임차권의 대항력 정답 ③

③ ×. 대지에 관한 저당권 설정 후에 비로소 건물이 신축되고 그 신축건물에 대하여 다시 저당권이 설정된 후 대지와 건물이 일괄 경매된 경우, 주택임대차보호법 제3조의2 제2항의 확정일자를 갖춘 임차인 및 같은 법 제8조 제3항의 소액임차인은 대지의 환가대금에서는 우선하여 변제를 받을 권리가 없다고 하겠지만, 신축건물의 환가대금에서는 확정일자를 갖춘 임차인이 신축건물에 대한 후순위권리자보다 우선하여 변제받을 권리가 있고, 주택임대차보호법 시행령 부칙의 '소액보증금의 범위변경에 따른 경과조치'를 적용함에 있어서 신축건물에 대하여 담보물권을 취득한 때를 기준으로 소액임차인 및 소액보증금의 범위를 정하여야 할 것이다(대판 2009다101275).

⑤ 주택임대차보호법 제8조 소정의 우선변제권 있는 소액임차인에 해당함에도 불구하고 임의경매절차에서 배당요구를 하지 아니하여 근저당권자인 원고가 피고들이 배당받아야 할 임차보증금 상당의 금원까지 배당받았다면 이에 의하여 실체법상의 권리가 확정되는 것이 아니므로 피고들은 원고에 대하여 부당이득에 관한 법리에 따라 위 소액보증금 상당에 관한 부당이득반환청구권이 있다 할 것이다.(대판 90다카315)

77

중

논점 집합건물 공용부분에 관한 권리의 득실변경 정답 ①

① ×. 공용부분에 관한 물권의 득실변경은 등기 없이 효력이 발생한다.

⑤ 건물의 주요구조부 및 지반공사의 하자담보책임에 관한 구분소유자의 권리는 전유부분을 구분소유자에게 인도한 날로부터 10년 내에 행사하여야 한다. 다만, 하자로 인하여 건물이 멸실되거나 훼손된 경우에는 그 멸실되거나 훼손된 날부터 1년 이내에 권리를 행사하여야 한다.

78

중

논점 구분소유자의 의결권의 행사 정답 ①

① ×. 전유부분을 여럿이 공유하는 경우에는 공유자는 관리단집회에서 의결권을 행사할 1인을 정한다.(법제37조 제2항) 이는 강행규정이다.

> • 전유부분의 공유자는 서로 협의하여 공유자 중 1인을 관리단집회에서 의결권을 행사할 자로 정하여야 하고, 협의가 이루어지지 않을 경우 공유물의 관리에 관한 민법 제265조에 따라 전유부분 지분의 과반수로써 의결권 행사자를 정하여야 한다(또는 공유자 중 전유부분 지분의 과반수를 가진 자가 의결권 행사자가 된다). 지분이 동등하여 의결권 행사자를 정하지 못할 경우에는 그 전유부분의 공유자는 의결권을 행사할 수 없으며, 의결권 행사자가 아닌 공유자들이 지분비율로 개별적으로 의결권을 행사할 수도 없다(대결 2007마1734).

④ 법 제17조(공용부분의 부담 · 수익) 각 공유자는 규약에 달리 정한 바가 없으면 그 지분의 비율에 따라 공용부분의 관리비용과 그 밖의 의무를 부담하며 공용부분에서 생기는 이익을 취득한다.

⑤ 구분소유권이 순차로 양도된 경우 각 특별승계인들은 이전 구분소유권자들의 채무를 중첩적으로 인수한다고 봄이 상당하므로, 현재 구분소유권을 보유하고 있는 최종 특별승계인 뿐만 아니라 그 이전의 구분소유자들도 구분소유권의 보유 여부와 상관없이 공용부분에 관한 종전 구분소유자들의 체납관리비채무를 부담한다(대판 2006다50420).

79

중

논점 가등기담보권의 실행방법 정답 ③

③ ×. 통지시기는 채권의 변제기 이후라면 언제라도 무방하다.

80

중

논점 3자간 명의신탁(중간생략형 명의신탁)의 법률관계 정답 ⑤

[甲 : 명의신탁자, 乙 : 명의수탁자, 丙 : 매도인]

(1) 甲과 乙의 명의신탁약정은 강행규정 위반으로 무효일 뿐 반사회질서 행위가 되는 것은 아니다(①).

(2) 수탁자(乙)명의의 등기는 매도인의 선 · 악을 묻지 않고 무효이다.(⑤)

(3) 수탁자(乙)명의의 등기가 무효이므로 소유권은 여전히 매도인 丙에게 있다. 따라서 丙은 乙에게 말소등기를 청구하거나 진정명의회복을 위한 이전등기를 청구할 수 있다.

(4) 甲과 丙의 매매계약은 유효하므로 甲은 丙에게 이전등기를 청구할 수 있고(②), 甲은 丙을 대위하여 乙에게 등기말소를 청구할 수 있다.

(4) 수탁자 乙과 거래한 제3자 丁은 선의 · 악의를 불문하고 보호된다(③). 甲은 乙에게 말소등기를 청구할 수 없고(④), 丙을 대위하여 丁에게 말소등기를 청구할 수도 없다.

제 2 회 실전모의고사 정답 & 해설

정답

1	2	3	4	5	6	7	8	9	10	11	12	13	14	15	16	17	18	19	20
③	②	⑤	①	⑤	②	⑤	③	⑤	⑤	③	①	⑤	③	①	③	①	③	④	④
21	22	23	24	25	26	27	28	29	30	31	32	33	34	35	36	37	38	39	40
④	②	②	①	④	④	①	②	⑤	③	②	④	①	③	②	⑤	①	③	⑤	③
41	42	43	44	45	46	47	48	49	50	51	52	53	54	55	56	57	58	59	60
②	④	①	③	③	⑤	⑤	②	①	⑤	③	②	③	③	⑤	②	③	②	①	⑤
61	62	63	64	65	66	67	68	69	70	71	72	73	74	75	76	77	78	79	80
①	④	④	①	④	①	④	④	②	④	③	①	②	③	①	③	⑤	②	④	⑤

제1과목: 부동산학개론

01
하

논점 토지별 내용 이해 정답 ③

공지에 대한 설명이다.

02
하

논점 토지의 특성과 파생현상에 대한 이해 정답 ②

본문은 부증성에 대한 설명이다.

03
중

논점 부동산공급의 기본적 개념 이해 정답 ⑤

아파트와 연립주택이 대체재의 관계에 있는 경우, 아파트의 가격상승 시 연립주택의 공급곡선은 좌측으로 이동한다.

04
중

논점 수요곡선 이동의 의미와 요인 파악 정답 ①

②는 공급의 증가요인이며, ③, ④, ⑤는 모두 수요의 증가요인이다.

05
중

논점 수요와 공급의 변동 시 균형의 이동에 대한 내용 이해 정답 ⑤

수요가 증가하는 만큼 공급이 감소한다면 즉, 수요의 증가폭과 공급의 감소폭이 동일하다면 균형가격은 상승하고 균형거래량은 불변이다.

06
중

논점 수요함수와 공급함수를 이용한 균형가격과 균형량의 계산 정답 ②

㉠ 원래의 균형 : 수요함수 900－P와 공급함수 2P가 일치하여야 하므로 3P = 900, 따라서 원래의 균형가격은 300, 균형거래량은 600㎡이었다.

㉡ 변동 후의 균형 : 수요함수 600－P와 공급함수 2P가 일치하여야 하므로 3P = 600, 따라서 균형가격은 200, 균형거래량은 400㎡으로 변화하였다.

㉢ 결론적으로 균형가격은 300에서 200으로 100만원 하락하고, 균형거래량은 600에서 400으로 200㎡ 감소한다.

07
하

논점 가격탄력성의 개념 및 유형별 내용 이해 정답 ⑤

① 대체재가 많을수록 탄력성이 커지므로 수요곡선의 기울기는 완만해져 수평선에 가까워진다.

② 중고주택의 수요탄력성이 신규주택의 수요탄력성보다 작다.

③ 5%의 분양가 상승 시 아파트 수요량이 5% 감소한다면 수요탄력성은 1이 된다.

④ 공급이 완전비탄력적인 경우, 수요가 증가하더라도 균형거래량은 불변이다.

08
중

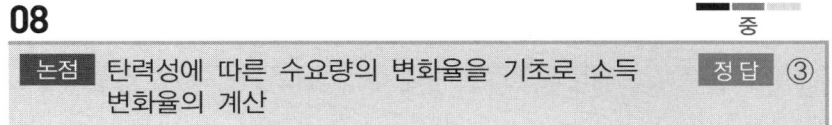

논점 탄력성에 따른 수요량의 변화율을 기초로 소득 변화율의 계산 정답 ③

㉠ 수요탄력성(0.4) × 가격변화율(20% 상승) = 수요량의 변화율(8% 감소)이다.

㉡ 그럼에도 불구하고 전체적인 수요량이 10% 증가하려면 소득의 변화에 의한 수요량은 18% 증가하여야 한다.

㉢ 소득탄력성(0.6) × 소득변화율(X) = 수요량의 변화율(18% 증가)이므로 소득변화율은 $\frac{\text{수요량의 변화율(18\% 증가)}}{\text{소득탄력성(0.6)}}$ = 30% 증가이다.

09
하

논점 효율적 시장 및 할당효율적 시장의 기본적 내용 파악 **정답** ⑤

공표된 정보나 공표되지 않은 정보를 막론하고 모든 정보가 시장가치에 반영되어 있어 어느 누구도 다른 투자자 이상의 초과이윤을 획득할 수 없는 시장은 강성효율적 시장이다.

10
상

논점 할당효율적 시장에서의 정보비용 계산 **정답** ⑤

㉠ 할당효율적 시장은 초과이윤이 존재하지 않으므로 정보의 가치와 정보비용은 동일하다.

㉡ 정보가치 = 확실성하의 현재가치에서 불확실성하의 현재가치를 공제한 값이다.

㉢ 확실성하의 현재가치 = $\frac{154,000,000}{(1+0.1)^1}$ = 1억 4,000만 원이다.

㉣ 불확실성하의 현재가치

$= \frac{(154,000,000원 \times 0.5) + (121,000,000원 \times 0.5)}{(1+0.1)^1}$ = 1억 2,500만 원이다.

㉣ 정보가치 = 1억 4,000만 원 − 1억 2,500만 원 = 1,500만 원이므로 정보비용 역시 1,500만 원이 된다.

11
하

논점 지대이론별 내용 이해 **정답** ③

토지가치에 대한 조세 이외의 모든 조세를 철폐하자고 주장한 학자는 헨리 조지(H. George)이다.

12
하

논점 입지이론별 기본적 내용 파악 **정답** ①

특정 중심지가 공급하는 재화의 수요수준이 0이 되는 위치는 최소요구치가 아니라 재화의 도달 범위를 말한다.

13
중

논점 컨버스의 분기점이론에 기초한 상권경계선까지의 거리 계산 **정답** ⑤

컨버스에 의하면 A도시로부터 분기점까지의 거리

$= \frac{18km}{1+\sqrt{\frac{8,000}{32,000}}} = \frac{18km}{1+0.5}$ = 12km이다.

14
하

논점 공업입지유형에 대한 내용 파악 **정답** ③

보편원료를 사용하는 산업은 시장지향형입지를 선호한다.

15
중

논점 외부효과의 유형구분 및 내용 이해 **정답** ①

②⑤ 사회적 비용보다 사적비용이 작은 경우, 즉 부의 외부효과 발생 시 정부는 규제의 강화, 조세의 중과, 부담금의 부과 등을 통해 생산을 억제하기 위한 노력이 요구된다.

③ 부의 외부효과는 님비현상과 관련이 있다.

④ 인근지역에 쓰레기 소각장의 설치 시 부의 외부효과가 발생하므로 사회적 비용이 사적비용보다 크게 된다.

16
중

논점 토지은행제도의 장점 및 단점 파악 **정답** ③

저소득층의 불법 · 무단점유의 문제를 사전에 방지하고자 공공임대보유의 형태로 토지를 소유하기도 한다.

17
중

논점 임대주택정책별 효과 파악 **정답** ①

② 임대료규제 시 임대주택의 공급탄력성이 탄력적일수록 임대료규제의 효과는 작아진다.

③ 임대료를 규제하는 경우, 단기적으로는 임대주택량은 불변이다.

④ 임대료보조금을 주택재화의 소비에만 사용하도록 하더라도 보조금을 지급받은 만큼 임차인의 실질소득이 증가하게 됨에 따라 임대주택의 소비는 물론이고 임대주택 이외의 재화소비도 증가하는 경향을 보인다.

⑤ 임차인의 주거지선택의 자유보장측면에서는 공급자보조방식보다 수요자보조방식이 우월한 방식이다.

18
하

논점 분양주택정책별 의의 및 효과 파악 **정답** ③

분양가규제 시 시가와 분양가의 차액을 노린 투기적 수요가 급증하는 문제가 발생한다.

19
하

논점 부동산조세에 관한 일반적 내용 이해 **정답** ④

신규주택의 수요탄력성은 공급탄력성보다 탄력적이므로 신규주택의 수요자인 고소득층의 조세부담이 줄어들어 유리하게 된다.

20

중

논점 지렛대효과의 내용 이해 정답 ④

총자본수익률이란 총투자액에 대한 순영업소득의 비율을 말한다.

㉠ 지분수익률은 총자본(투자수익률) + (총자본수익률 - 이자율) × 부채비율로 산정한다.

㉡ 총자본수익률은 $\frac{\text{순영업소득}(4{,}000\text{만 원})}{\text{총투자액}(2\text{억 원})}$ = 0.2 즉, 20%이다.

㉢ 지분비율이 40%일 때 대부비율은 60%이며 대부비율이 60%일 때 부채비율은 150%이다.

㉣ 따라서, 지분수익률은 20% + (20% − 10%) × 150% = 35%이다.

㉤ 지분수익률(35%)이 총자본수익률(20%)보다 크므로 정의 지렛대효과가 나타난다고 볼 수 있다.

㉥ 이자율의 상승으로 이자액이 많아지므로 지분수익률이 감소한다.

21

중

논점 부동산투자와 관련된 일반적 내용 이해 정답 ④

포트폴리오효과란 기대수익의 희생없이 비체계적(불필요한) 위험을 줄일 수 있는 효과를 말한다.

22

중

논점 기대수익률의 계산 정답 ②

㉠ 기대수익률은 (상황별 기대수익률 × 확률)의 합으로 산정한다.

㉡ 비관적(5% × 0.35) + 정상적(7% × 0.55) + (12% × 0.1) = 6.8%이다.

23

중

논점 부동산포트폴리오 구성의 일반적 내용 파악 정답 ②

서로 다른 두 자산 간의 수익률의 움직임이 상이한 부동산에 투자하는 경우, 비체계적 위험의 감소효과 즉, 포트폴리오효과가 크게 된다.

24

중

논점 저당잔금액의 계산 정답 ①

미상환저당잔액은

㉠ 대출원금 × 저당상수 × (잔여기간)연금의 현가계수

㉡ 매기간의 원리금상환액 × (잔여기간)연금의 현가계수

㉢ 대출원금 × 잔금비율로 산정한다.

25

중

논점 영업의 현금흐름 산정과정에 대한 이해 정답 ④

① 순영업소득에 영업경비를 가산하여 유효총소득을 산출할 수 있다.

② 유효총소득 산정 시 영업외 수입은 합산한다.

③ 유효총소득은 저당과 관련이 없다.

⑤ 전액 지분으로 투자하였으며 대상물건이 비과세요건을 갖춘 경우, 세전매각현금흐름과 세후매각현금흐름은 같은 값을 갖는다.

26

중

논점 순현가법과 내부수익률법의 내용 비교 정답 ④

순현가를 0으로 만드는 할인율 즉, 내부수익률이 2개 이상 복수로 존재할 때 투자타당성의 분석은 곤란하다.

27

중

논점 승수와 수익률의 내용 이해 정답 ①

순소득승수는 순영업수입으로 총투자액을 나누어 산정한다.

④ 순소득승수는 자본회수기간이므로 투자금액이 동일한 경우, A는 자본회수기간이 3년이며 B는 5년이므로 회수 기간이 짧은 A가 보다 우월하다.

⑤ 총소득승수(3) × 총소득(4,000만 원) = 부동산의 가치(1억 2,000만 원)이다.

28

상

논점 부동산금융의 특징, 구분, 저당유동화의 개념 이해 정답 ②

㉡ 차입자가 은행 등의 금융기관을 통해 필요한 자금을 융통하는 경우 이는 간접금융에 해당한다.

㉢ 주택상환사채는 부채금융에 해당한다.

29

중

논점 최대대출가능금액의 계산 정답 ⑤

㉠ 대부비율을 이용한 대출가능금액은 대부비율(0.6) × 담보평가격(5억 원)이므로 3억 원이다.

㉡ 총부채상환비율을 이용한 대출가능금액은

$$\frac{\text{총부채상환비율}(0.4)\times\text{연간소득}(7{,}000\text{만원})-\text{기타부채이자액}(400\text{만원})}{\text{저당상수}(0.16)}$$

= 1억 5,000만 원이다.

㉢ 따라서, 두 조건을 모두 충족시키는 1억 5000만 원이 대출가능금액이 된다.

30

하

논점 고정금리와 변동금리의 내용 파악 정답 ③

기준금리는 시장상황의 변화에 따라 가변적이다.

31

하

논점 유동화의 효과에 대한 이해 정답 ②

대출기관이 대출에 필요한 자금을 충분히 확보할 수 있으므로 금리가 하락하여 차입자의 비용부담이 감소한다.

32
중

논점 입지계수의 계산 정답 ④

㉠ 천안의 부동산업의 입지계수 = $\dfrac{\frac{250}{400}}{\frac{1000}{2000}} = \dfrac{0.625}{0.5} = 1.25$

㉡ 대전의 부동산업의 입지계수 = $\dfrac{\frac{250}{500}}{\frac{1000}{2000}} = \dfrac{0.5}{0.5} = 1$

㉢ 부산의 부동산업의 입지계수 = $\dfrac{\frac{500}{1100}}{\frac{1000}{2000}} = \dfrac{0.454}{0.5} =$ 약0.9

33
하

논점 부동산관리방식별 내용 이해 및 관리영역 구분 정답 ①

자산관리는 자산가치의 증진 및 수익의 증대를 목적으로 이루어지는 적극적 관리영역에 해당한다.

34
하

논점 마케팅전략별 내용 이해 정답 ③

① 고객점유마케팅전략은 AIDA원리에 기반을 두면서 소비자의 욕구를 파악하여 마케팅 효과를 극대화하는 전략이다.
② 시장점유마케팅전략은 공급자중심의 마케팅전략으로 표적시장을 선정하거나 틈새시장을 점유하는 전략이다.
④ STP전략은 시장세분화(Segmentation), 표적시장선정(Targeting), 포지셔닝(Positioning)으로 구성된다.
⑤ 4P-MIX전략은 제품(Product), 가격(Price), 유통경로(Place), 판매촉진(Promotion)으로 구성된다.

35
하

논점 가치와 가격의 내용 파악 정답 ②

가치의 상승은 가격의 상승을 초래한다.

36
중

논점 가격원칙별 내용 파악 정답 ⑤

가치의 정의와 밀접하며 기초가 되는 원칙은 예측의 원칙이다.

37
중

논점 지역분석과 개별분석의 기본적 내용 파악 정답 ①

② 최유효이용이란 대상부동산의 최고 · 최선의 이용상태를 의미한다.
③ 지역분석은 종합적, 거시적 분석에 해당한다.
④ 개별분석은 지역분석에 후행함이 일반적이다.
⑤ 경제적 감가는 지역분석, 기능적 감가는 개별 분석과 관련된다.

38
중

논점 감가수정방법 및 감가요인에 대한 이해 정답 ③

① 정률법은 감가액이 첫해가 가장 크고 시간이 갈수록 작아진다.
② 시장성의 감퇴는 경제적 감가요인이다.
④ 내용연수법을 적용하여 감가수정 시 경제적 내용연수를 기준으로 한다.
⑤ 정액법상 매년 감가액은 감가총액을 경제적 내용연수로 나누어 구한다.

39
중

논점 환원이율의 결정방법에 대한 내용 파악 정답 ⑤

엘우드법은 세전현금수지를 환원대상수익으로 삼으므로 세금이 부동산가치에 미치는 영향을 고려하지 못한다는 단점을 갖는다.

40
중

논점 감정평가에 관한 규칙의 규정 파악 정답 ③

감정평가법인 등은 「집합건물의 소유 및 관리에 관한 법률」에 따른 구분소유권의 대상이 되는 건물 부분과 그 대지사용권을 일괄하여 감정평가하는 경우 등 토지와 건물을 일괄하여 감정평가할 때에는 거래사례비교법을 적용해야 한다.

제2과목: 민법 및 민사특별법 중 부동산중개에 관련되는 규정

41
중

논점 채권행위와 처분행위의 구별 정답 ②

② ×. 처분권한이 없는 자의 채권행위는 유효하다. 따라서 타인 소유의 부동산을 매매하는 계약은 원칙적으로 유효하다. 즉 불능이 아니다.

⑤ 채무불이행에 의한 손해배상액을 산정하는 기준시기는 '해제당시'를 기준으로 한다. 다만, 채무불이행 중 이행불능의 경우에는 불능당시를 기준으로 한다(판례).

42
중

논점 불공정한 법률행위의 적용범위 정답 ④

④ ×. 대가관계 없이 당사자 일방이 상대방에게 일방적인 급부를 하는 법률행위(=증여, 기부와 같은 무상행위)는 급부와 반대급부의 현저한 불균형이 있을 수 없으므로 불공정한 법률행위로 무효가 될 수 없다(=불공정한 법률행위가 적용되지 않는다).

43
하

논점 진의 아닌 의사표시의 효과 정답 ①

① ×. 의사표시는 표의자가 진의 아님을 알고 한 것이라도 그 효력이 있다. 그러나 상대방이 표의자의 진의 아님을 알았거나 이를 알 수 있었을 경우에는 무효로 한다.(제107조 제2항)

⑤ 진의 아닌 의사표시에서 '진의'의 의미 : '당사자가 진정으로 마음속에서 바라는 사항(=본심)'을 말하는 것이 아니라, '특정 의사를 표시하고자 하는 표의자의 생각'을 의미한다. 따라서 강박에 의해서 일단 증여를 하기로 하고 증여를 한 경우, 비진의표시가 아니다.

44
중

논점 착오에 의한 의사표시를 취소하기 위한 요건 및 효과 정답 ③

① ×. 착오가 표의자의 '중대한' 과실로 인한 때에는 착오를 이유로 취소할 수 없다.

② ×. 소취하 등 소송행위 등은 공법상의 행위이므로 민법상 사기 또는 착오로 인한 취소규정이 적용되지 않는다.

④ ×. 착오를 이유로 취소한 자는 이로 인하여 상대방에게 손해가 발생한 경우에도 불법행위 손해배상책임이나 계약체결상의 과실책임을 부담하지 않는다.

⑤ ×. 상대방이 착오자의 진의(=의사)에 동의하였다면 양당사자의 의사가 일치한 경우에 해당한다. 양당사자의 의사가 일치하면 자연적 해석이 적용되고 표시는 고려하지 않는다. 따라서 착오의 문제는 발생하지 않는다.

45
하

논점 의사표시의 효력발생시기 정답 ③

③ ×. 표의자가 통지를 발한 후 사망하거나 제한능력자가 된 경우에도 그 의사표시의 효력에는 영향이 없다.(제111조 제2항)

② 채권양도의 통지와 같은 준법률행위의 도달은 의사표시와 마찬가지로 사회관념상 채무자가 통지의 내용을 알 수 있는 객관적 상태에 놓여졌을 때를 지칭하고, 그 통지를 채무자가 현실적으로 수령하였거나 그 통지의 내용을 알았을 것까지는 필요하지 않다(대판 97다31281).

⑤ 제112조(제한능력자에 대한 의사표시의 효력) 의사표시의 상대방이 의사표시를 받은 때에 제한능력자인 경우에는 의사표시자는 그 의사표시로써 대항할 수 없다. 다만, 그 상대방의 법정대리인이 의사표시가 도달한 사실을 안 후에는 그러하지 아니하다.

46
하

논점 대리권의 범위가 분명하지 아니한 대리인이 할 수 있는 행위여부 정답 ⑤

⑤ 임의대리권은 있으나 그 범위가 분명하지 아니한 경우(제118조), 그 대리인은 관리행위(=보존 · 이용 · 개량행위)만 할 수 있고 처분행위를 할 수는 없다. 관리행위 중 보존행위는 제한 없이 할 수 있지만 관리행위 중 이용 · 개량행위는 대리의 목적인 물건이나 권리의 성질을 변경하지 아니하는 범위에서 제한적으로 할 수 있다. 예금을 주식으로 바꾸는 경우, 예금을 인출한 후에 대여하는 행위, 경작지를 대지로 바꾸는 경우, 밭을 논으로 바꾸는 경우, 대규모 리모델링 등은 할 수 없는 관리행위에 해당한다.

①③④ 보존행위에 해당한다.

② 할 수 있는 관리(개량)행위에 해당한다.

47
중

논점 협의의 무권대리의 효과 정답 ⑤

① ×. 재단법인 설립행위는 상대방 없는 단독행위이고, 상대방 없는 단독행위의 무권대리행위는 절대적 · 확정적 무효이다. 따라서 본인은 추인할 수 없다.

② ×. 무권대리행위에 대하여 본인이 그 직후에 그것이 자기에게 효력이 없다고 이의를 제기하지 아니하고 이를 장시간에 걸쳐 방치하였다고 하여(도) 무권대리행위를 추인하였다고 볼 수 없고(대판 88다카181), 무권대리행위가 범죄가 되는 경우에 대하여 그 사실을 알고도 장기간 형사고소를 하지 아니하였다 하더라도 그 사실만으로 묵시적인 추인이 있었다고 할 수는 없다(대판 97다31113).

③ ×. 본인의 추인을 얻지 못한 경우, 무권대리인은 상대방에게 제135조의 책임을 부담하지만, 무권대리인이 제한능력자인 경우에는 제135조의 책임을 부담하지 않는다.

④ ×. 무권대리행위를 추인한 경우에, 그 행위는 원칙적으로 무권대리행위시로 소급하여 효력이 있다.

48
중

논점 권한을 넘은 표현대리의 성립요건 정답 ②

② ×. 복대리인 선임권이 없는 대리인이 복대리인을 선임한 경우, 그 복대리인의 대리권도 제126조 권한을 넘은 표현대리에 있어서의 기본대리권이 될 수 있다.

49
중

논점 무효인 법률행위와 취소할 수 있는 법률행위의 처리 **정답** ①

② ×. 제139조(무효행위의 추인) 무효인 법률행위는 추인하여도 그 효력이 생기지 아니한다. 그러나 당사자가 그 무효임을 알고 추인한 때에는 새로운 법률행위로 본다(장래효).

③ ×. 제140조 (법률행위의 취소권자) 취소할 수 있는 법률행위는 제한능력자, 착오로 인하거나 사기 · 강박에 의하여 의사표시를 한 자, 그의 대리인 또는 승계인만이 취소할 수 있다.

④ ×. 매도인이 매매계약을 적법 해제한 후에도 매수인은 착오를 이유로 취소하고 계약해제에 따른 손해배상책임을 면할 수 있다.

⑤ ×. 규제구역 내의 토지에 대하여 거래계약을 체결한 당사자 사이에 있어서는 계약이 효력 있는 것으로 완성될 수 있도록 서로 협력할 의무가 있으므로 계약의 쌍방 당사자는 공동으로 관할관청의 허가를 신청할 의무가 있고 이러한 의무에 위배하여 허가신청절차에 협력하지 않는 당사자에 대하여 상대방은 협력의무의 이행을 소송으로써 구할 이익이 있다(대판 92다36830)

50
하

논점 조건 · 기한부 행위의 처리 **정답** ⑤

① ×. 당사자가 조건성취의 효력을 그 성취 전에 소급하게 할 의사를 표시한 때에는 그 의사에 의한다.(제147조)

② ×. 해제조건 있는 법률행위는 조건이 성취한 때로부터 그 효력을 잃는다.(원칙 장래효)

> • 해제조건부증여로 인한 부동산소유권이전등기를 마쳤다 하더라도 그 해제조건이 성취되면 그 소유권은 증여자에게 복귀한다고 할 것이고, 이 경우 당사자간에 별단의 의사표시가 없는 한 그 조건성취의 효과는 소급하지 아니한다(대판 92다5584).

③ ×. 단독행위는 조건을 붙일 수 없지만 유증이나 채무면제와 같이 상대방에게 이익만을 주는 단독행위의 경우에는 조건을 붙일 수 있다.

④ ×. 기한의 이익은 채무자를 위한 것으로 추정되므로, 채무자는 스스로 자신에게 기한의 이익이 있음을 입증할 필요가 없고 '채권자'가 자신에게 기한이익이 있음을 입증하여야 한다.

51
중

논점 물권적 청구권의 성질 및 행사요건 **정답** ③

㉠ ×. 물권적 청구권은 물건에 대한 직접적 지배를 현실적으로 침해(방해)하는 행위가 있는 경우 뿐만 아니라 침해(방해)의 염려가 있는 경우에도 발생할 수 있다(방해예방청구권).

㉣ ×. 물권적 청구권은 물권과 운명을 같이 하므로 물권과 분리하여 양도할 수 없다.

㉤ ×. 소유권에 기초한 물권적 청구권은 소멸시효에 걸리지 않는다.

52
상

논점 가등기의 효력 **정답** ②

② ×. 가등기가 이루어진 부동산에 관하여 제3취득자 앞으로 소유권이전등기가 마쳐진 후 그 가등기가 말소된 경우, 그와 같이 말소된 가등기의 회복등기절차에서 회복등기의무자는 가등기가 말소될 당시의 소유자인 제3취득자이다.

① 가등기에 기한 본등기가 아니라 단순한 소유권이전등기를 받은 경우 가등기는 (소유권과의) 혼동에 의해 소멸하지 아니한다. 따라서 가등기에 기한 본등기 절차에 의하지 않고 별도의 본등기를 경료받은 경우, 제3자 명의로 중간처분의 등기가 있어도 가등기에 기한 본등기 절차의 이행을 구할 수 있다.

53
중

논점 등기의 추정력이 깨지는 경우 **정답** ③

③ ×. 소유권이전등기의 원인으로 주장된 계약서가 진정하지 않은 것으로 증명된 이상 그 등기의 적법추정은 복멸(깨지는 것)되는 것이고 계속 다른 적법한 등기원인이 있을 것으로 추정할 수는 없다(대판 98다29568).

54
상

논점 혼동에 의한 권리소멸여부 **정답** ③

③ ×. 이러한 경우, 甲의 채무자의 지위도 乙에게 상속되어 乙은 채권자이면서 채무자가 되고 그 채권 · 채무가 혼동에 의해 소멸한다. (피담보)채권이 소멸했으므로 乙의 저당권은 부종성에 의해 소멸한다.

④ 乙은 소유권을 취득하는 것이 아니라 양도담보권(=담보목적의 소유권이전등기)을 취득하기 때문이다.

⑤ 점유권, 광업권은 소유권과의 혼동에 의해 소멸하지 않는다.

55
중

논점 점유자와 회복자의 관계 : 점유자의 비용상환청구권 **정답** ⑤

⑤ ×. 점유자의 비용상환청구권은 점유자의 선의 · 악의, 자주 · 타주를 불문하고 인정된다. 따라서 점유자가 자신에게 본권이 없음을 알고서 점유한 경우(악의점유)에도 그 비용의 상환을 청구할 수 있다.

④ 점유자가 점유물을 이용한 경우, 그 이용(사용)이익도 과실(果實)에 해당한다. 따라서 점유물을 이용한 점유자는 과실을 수취한 점유자에 해당하므로 통상의 필요비의 상환을 청구하지 못한다.

> • 민법 제201조 제1항에 의하면 선의의 점유자는 점유물의 과실을 취득한다고 규정하고 있고, 토지를 점유 경작하므로 얻는 이득은 그 토지로 인한 과실에 준하는 것이니, 비록 법률상 원인없이 타인의 토지를 점유 경작함으로써 타인에게 손해를 입혔다고 할지라도 선의의 점유자는 그 점유 경작으로 인한 이득을 그 타인에게 반환할 의무는 없다(대판 81다233).

56

중

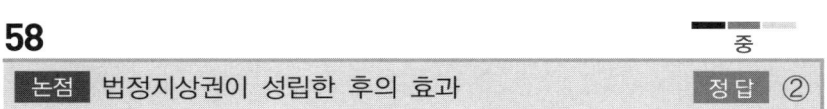

논점 부동산 점유취득시효와 부동산 등기부취득시효의 구별 정답 ②

② ×. 점유취득시효는 선의·무과실점유를 요하지 않는다. 따라서 점유취득시효와는 달리 등기부취득시효에서는 점유자는 평온·공연점유뿐만 아니라 선의이며 과실 없이 점유하여야 한다.

57

중

논점 공유물의 관리 정답 ③

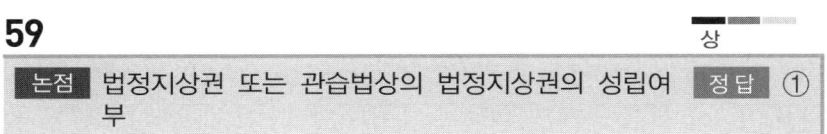

③ ×. 공유토지에 관하여 과반수 지분을 가진 자는 공유자 사이에 공유물의 관리방법에 관한 협의가 없더라도, 그 자신이 공유토지의 특정부분을 배타적으로 사용·수익할 것을 정할 수 있지만 이 경우에 과반수 지분권자는 소수지분권자에 대하여 그 지분비율에 따른 임료 상당의 부당이득을 하고 있는 것이므로 임료상당액을 부당이득으로 반환해야 한다(대판 2002다9738).

⑤ 형성판결이므로 제187조에 의해 등기가 없더라도 소유권을 취득한다.

58

중

논점 법정지상권이 성립한 후의 효과 정답 ②

② ×. 법정지상권이 성립한 후에 증축된 건물부분에 대하여도 여전히 지상권의 효력이 미치므로 토지소유자는 그 증축된 건물부분에 대하여 철거를 청구할 수 없다.

59

상

논점 법정지상권 또는 관습법상의 법정지상권의 성립여부 정답 ①

① ×. 토지공유자 중 1인이 다른 공유자의 지분 과반수의 동의를 얻어 건물을 건축한 후 토지와 건물의 소유자가 달라진 경우, 건물을 위한 관습법상의 법정지상권을 인정하면 공유자로 하여금 다른 공유자의 지분에 대한 처분권한을 인정하는 결과가 되므로, 이러한 경우 관습법상의 법정지상권은 인정되지 않는다.

※ 토지공유관계에 관습법상의 법정지상권이 인정되지 않는 경우

1. 토지공유자 중의 1인이 공유토지 위에 건물을 소유하고 있다가 토지지분만을 전매한 경우
2. 토지공유자의 한 사람이 지분 과반수의 동의를 얻어 건물을 건축한 후 토지와 건물의 소유자가 달라진 경우(대판 92다55756).
3. 구분소유적 공유관계에 있는 자가 자신의 특정 소유가 아닌 부분에 건물을 신축한 경우(대판 93다49871).

[주의] 공유지상에 공유자의 1인 또는 수인 소유의 건물이 있을 경우 위 공유지의 분할로 그 대지와 지상건물이 소유자를 달리하게 될 때에는 다른 특별사정이 없는 한 건물소유자는 그 건물부지 상에 그 건물을 위하여 관습상의 지상권을 취득한다(대판 73다353).

60

상

논점 전세권의 취득 정답 ⑤

⑤ ×. 채권담보의 목적으로 설정된 전세권의 효력 : 목적물의 인도는 전세권의 성립요건이 아닌 점 등에 비추어 볼 때, 당사자가 주로 채권담보의 목적으로 전세권을 설정하였고, 그 설정과 동시에 목적물을 인도하지 아니한 경우라 하더라도, 장차 전세권자가 목적물을 사용·수익하는 것을 완전히 배제하는 것이 아니라면, 그 전세권의 효력을 부인할 수는 없다(대판 94다18508).

④ 전세권이 기간만료로 종료된 경우 전세권은 전세권설정등기의 말소등기 없이도 당연히 소멸하고, 저당권의 목적물인 전세권이 소멸하면 저당권도 당연히 소멸하는 것이므로 전세권을 목적으로 한 저당권자는 전세권의 목적물인 부동산의 소유자에게 더 이상 저당권을 주장할 수 없다(대판 98다31301). 따라서 그 전세권에 대한 저당권자는 더 이상 전세권 자체에 대하여 저당권을 실행할 수 없게 되고, 이러한 경우에는 저당권의 목적물인 전세권에 갈음하여 존속하는 것으로 볼 수 있는 전세금반환채권에 대하여 추심명령 또는 전부명령을 받거나, 제3자가 전세금반환채권에 대하여 실시한 강제집행절차에서 배당요구를 하는 등의 방법으로 자신의 권리를 행사할 수 있다(대판 2006다29372·29389).

61

중

논점 물상대위의 요건과 효과 정답 ①

② ×. 화재보험금청구권은 물상대위의 객체가 된다.

③ ×. 압류는 반드시 저당권자에 의하여 이루어질 필요가 없다.

④ ×. 저당물의 가치가 감소된 경우에는 담보물보충청구권, 손해배상청구권 등이 인정되므로 물상대위가 인정되지 않는다.

⑤ ×. 물상대위권자의 압류 전에 보상금채권이 타인에게 이전되더라도, 그 지급이 이루어지기 전이라면 물상대위권을 행사할 수 있다(대판 99다31899).

62

하

논점 유치권의 소멸사유 정답 ④

④ 유치권은 소멸시효에 걸리는 권리가 아니다.

63
중

논점 저당권의 효력이 미치는 범위 : 부합물, 종물, 과실 정답 ④

① ×. 목적물의 과실에는 원칙적으로 저당권의 효력이 미치지 않는다. 즉, 저당권의 효력은 저당부동산에 대한 압류가 있은 후에 저당권설정자가 그 부동산으로부터 수취한 과실 또는 수취할 수 있는 과실에 미친다(제359조).

② ×. 건물의 증축 부분이 기존건물에 부합하여 기존건물과 분리하여서는 별개의 독립물로서의 효용을 갖지 못하였다면, 기존건물에 대한 저당권의 경매절차에서 그 증축부분이 경매목적물로 평가되지 않았다 하더라도, 경락인은 그 부합된 증축부분의 소유권을 취득한다.

③ ×. 구분건물의 전유부분에 대해서만 설정된 저당권의 효력은, 그 대지사용권에도 미친다.

⑤ ×. 공장저당권의 목적 동산이 저당권자의 동의를 얻지 아니하고 설치된 공장으로부터 반출된 경우, 저당목적물이 제3자에게 선의취득되지 아니하는 한 원래의 설치 장소에 원상회복할 것을 청구할 수 있다.(저당권자가 가지는 방해배제권의 일종)

> • 부합물 · 종물이 분리 · 반출된 경우 : 저당권의 효력이 미치지 않는다(반환청구권 부정). 다만 공장저당권의 목적 동산이 저당권자의 동의를 얻지 아니하고 설치된 공장으로부터 반출된 경우, 저당목적물이 제3자에게 선의취득되지 아니하는 한 원래의 설치 장소에 원상회복할 것을 청구할 수 있고, 이 경우 청구권의 근거는 저당권자가 가지는 방해배제권의 일종이다(대판 95다55184).

64
중

논점 근저당권의 특징 정답 ①

② ×. 피담보채권의 최고액(=채권최고액)은 반드시 등기하여야 한다.

③ ×. 확정된 채무액(즉, 채권액)이 최고액을 초과하는 경우, 채무자는 채권 전부를 변제해야 근저당권설정등기의 말소를 청구할 수 있다.

④ ×. 근저당권이 설정된 부동산의 제3취득자는 피담보채권 최고액만을 변제하고 근저당권의 소멸을 청구할 수 있다.

⑤ ×. 토지와 건물은 별개의 부동산이므로, 근저당권설정등기를 하는 토지에 건물이 있는 경우에도, 건물에까지 근저당권 설정등기를 할 필요가 없다(토지저당권과 건물저당권은 별개).

65
중

논점 계약이 성립하는 모습 정답 ④

④ ×. 청약자가 미리 정한 기간 내에 이의를 하지 아니하면 승낙한 것으로 간주한다는 뜻을 청약시 표시하였다고 하더라도, 이는 상대방을 구속하지 아니하고 그 기간은 경우에 따라 단지 승낙기간을 정하는 의미를 가질 수 있을 뿐이다(대판 98다48903).

⑤ 의사실현에 의한 계약의 성립(제532조) : 청약자의 의사표시나 관습에 의하여 승낙의 통지가 필요하지 아니한 경우에는 계약은 승낙의 의사표시로 인정되는 사실이 있는 때에 성립한다. 계약의 성립시기는 청약자가 그 사실을 안 때가 아니라 승낙의 의사표시로 인정되는 사실이 있는 때 청약자가 이러한 사실을 알았느냐 알지 못하였느냐는 불문하고 계약이 성립한다.

> • 예금계약은 예금자가 예금의 의사를 표시하면서 금융기관에 돈을 제공하고 금융기관이 그 의사에 따라 그 돈을 받아 확인을 하면 그로써 성립하며, 금융기관의 직원이 그 받은 돈을 금융기관에 실제로 입금하였는지 여부는 예금계약의 성립에는 아무런 영향을 미치지 아니한다(대판 2003다30159).

66
상

논점 동시이행관계이지 여부, 동시이행의 항변권의 효력 정답 ①

① ×. 동시이행의 항변권이 붙은 채권이라도 소멸시효가 진행된다. 따라서 부동산에 대한 매매대금채권이 소유권이전등기청구권과 동시이행관계에 있다 하더라도, 매매대금청구권은 그 지급기일이 경과하면 그 때부터 소멸시효가 진행된다.

67
중

논점 후발적 불능의 경우의 처리 정답 ④

① ×, ② ×, ③ ×, ⑤ ×. 채무자(甲)의 귀책사유 없는 후발적 불능이므로 원시적 불능에 의한 계약체결상의 과실책임이나, 채무불이행으로 이유로 하는 해제권 · 손해배상청구권 등은 인정되지 않는다.

④ 甲이 자기 소유 토지를 乙에게 매도하였으나 계약체결 후 그 토지 전부가 수용되어 소유권이전이 불가능하게 된 경우, 채무자(甲)의 귀책사유 없는 후발적 불능이므로 위험부담의 문제이다. 따라서 甲은 토지를 인도할 의무를 면하며 대금을 청구할 수 없는 것이 원칙이다(제537조).

68
중

논점 제3자를 위한 계약 : 乙(요약자), 甲(낙약자), 丙(수익자) 정답 ④

① ×. 제3자의 수익의 의사표시는 제3자의 권리발생요건 일 뿐이므로 제3자의 수익의 의사표시가 없어도 제3자를 위한 계약(甲과 乙 사이의 관계)은 유효하게 성립한다.

② ×. 제3자의 권리가 확정된 후에는 원칙적으로 제3자의 권리를 변경 · 소멸시키지 못한다.

③ ×. 제3자는 계약당사자가 아니므로 계약해제권 · 원상회복청구권 등이 없다.

⑤ ×. 수익의 의사표시는 명시 · 묵시를 불문한다.

69
중

논점 법정해제권의 발생요건 정답 ②

② ×. 채무자의 귀책사유에 의한 이행불능의 경우, 채권자는 이행의 최고 없이 계약을 해제할 수 있다.

70
중

논점 예약완결권의 성질 및 행사 정답 ④

④ ×. 예약완결권자가 가등기에 의해 자기의 권리를 보전한 후 목적부동산이 제3자에게 양도된 경우, 예약완결권자는 양도인(가등기 당시의 등기명의인)에게 예약완결권을 행사하고 이전등기(본등기)를 청구하여야 한다.

71
중

논점 매매계약의 성립 정답 ③

① ×. 제566조(매매계약의 비용의 부담) 매매계약에 관한 비용은 당사자 쌍방이 균분하여 부담한다.

② ×. 매매의 목적이 된 권리의 전부가 타인에게 속한 경우에 매도인이 그 권리를 취득하여 매수인에게 이전할 수 없더라도 매수인은 선악불문하고 계약을 해제할 수 있다.

④ ×. 매매의 목적물을 종류로 지정한 경우에도 그 후 특정된 목적물에 하자가 있는 때 매수인은 하자 없는 물건을 청구할 수 있다.(완전물급부청구권)

⑤ ×. 하자담보책임은 매수인이 하자에 대해 선의 · 무과실인 경우에 인정된다. 따라서 매매목적물에 하자가 있는 것을 매수인이 알았거나 알 수 있었다면 매도인은 담보책임을 부담하지 않는다.

72
상

논점 권리의 하자에 대한 매도인의 담보책임 정답 ①

① ×. 수량부족에 의한 매도인의 담보책임이 성립하려면 수량지정매매에 해당하여야 한다. APT매매 또는 수량이나 면적을 매매가격을 정하는 가장 중요한 요소로 하여 이를 기준으로 가격을 정하였다면, 수량을 지정한 매매로 볼 수 있다.

73
중

논점 임대인의 보존행위 및 임차인의 수인의무 정답 ②

② ×. 임대인이 임대물의 보존에 필요한 행위를 하는 때에는 임차인은 이를 거절하지 못한다. 다만 임대인이 임차인의 의사에 반하여 보존행위를 하는 경우에 임차인이 이로 인하여 임차의 목적을 달성할 수 없는 때에는 계약을 해지할 수 있다(제624조, 제625조).

74
상

논점 임대차목적물을 전대한 경우의 법률관계 정답 ③

③ ×. 甲의 동의를 얻어 전대하는 경우, 丙은 전대차계약상의 차임지급기 '후'에 乙에게 차임을 지급하였다면 甲의 차임청구에 대항할 수 있다.

[판례] 민법은 임차인이 임대인의 동의를 얻어 임차물을 전대한 때에는 전차인은 직접 임대인에 대하여 의무를 부담하고, 이 경우에 전차인은 전대인에 대한 차임의 지급으로써 임대인에게 대항할 수 없다고 규정하고 있는바(제630조 제1항), 위 규정에 의하여 전차인이 임대인에게 대항할 수 없는 차임의 범위는 전대차계약상의 차임지급시기를 기준으로 하여 그 '전' 에 전대인에게 지급한 차임에 한정된다(대판 2006다45459).

75
중

논점 주택임차권의 대항력의 의미 정답 ①

① ×. 대항요건과 확정일자를 갖춘 임차인이 당해 주택의 매수인(경락인)에게 대항할 수 있는 경우, 임대차가 종료되기 전에도 임차인은 경매법원에 배당을 요구(=임대차계약의 해지의 의사표시)함으로써 경매절차에서 보증금의 우선변제를 받을 수도 있고(다만 임대차가 종료되기 전에는 법원으로부터 배당을 받을 수는 없다), 우선변제권을 행사하지 아니한 채 경락인에게 임차권을 주장할 수도 있다.

76
중

논점 상가건물 임대차보호법의 조문숙지 여부 정답 ③

③ ×. 상가건물임대차보호법이 적용되지 않는 기준보증금액을 초과하는 임대차의 경우에도 상임법 제10조의 계약갱신요구권에 의한 갱신이 인정된다. 다만 당사자는 상가건물에 관한 조세, 공과금, 주변 상가건물의 차임 및 보증금, 그 밖의 부담이나 경제사정의 변동 등을 고려하여 차임과 보증금의 증감을 청구할 수 있다(동법 제10조의2). 즉 초과 임대차의 경우 상임법 제10조 제3항 단서(차임과 보증금은 제11조에 따른 범위에서 증감할 수 있다.)는 적용되지 않고 제10조의2가 별도로 규정되어 있다.

① 상임법이 적용되는 보증금액의 한도(동법 시행령 제2조)

> 1. 서울특별시 : 9억원
> 2. 「수도권정비계획법」에 따른 과밀억제권역(서울특별시는 제외한다) 및 부산광역시 : 6억9천만원
> 3. 광역시(「수도권정비계획법」에 따른 과밀억제권역에 포함된 지역과 군지역, 부산광역시는 제외한다), 세종특별자치시, 파주시, 화성시, 안산시, 용인시, 김포시 및 광주시 : 5억4천만원
> 4. 그 밖의 지역 : 3억7천만원

⑤ 최우선변제를 받을 수 있는 임차인 및 최우선변제 받는 일정액의 한도

	기준 환산보증금	최우선변제한도
서울	6,500	2,200
수도권정비계획법」에 따른 과밀억제권역	5,500	1,900
광역시, 안산시, 용인시, 김포시 및 광주시	3,800	1,300
그 밖의 지역	3,000	1,000

77
상

논점 구분소유자의 권리와 의무 정답 ⑤

⑤ ×. 구분소유자의 의무위반시 관리인 또는 지정구분소유자는 당해 구분소유자의 전유부분 및 대지사용권의 경매를 명할 것을 법원에 청구할 수 있고, 그 청구에 따라 경매를 명한 재판이 확정된 때에는 그 청구를 한 자는 경매를 신청할 수 있다. 다만, 그 재판확정일로부터 6월을 경과한 때에는 그러하지 아니하다.

78
중

논점 가등기담보권의 실행 정답 ②

① ×. 채권자가 나름대로 평가한 청산금의 액수(=주관적 평가액)가 객관적인 청산금의 평가액에 미치지 못한다고 하더라도 담보권 실행의 통지로서의 효력이나 청산기간의 진행에는 아무런 영향이 없다.

③ ×. 가등기담보권에는 과실수취권이 없지만, 가등기담보권자가 담보부동산을 압류한 경우에 담보설정자가 그 부동산으로부터 수취하였거나 수취할 수 있는 과실에 대하여 효력이 있다.(민법 제359조 유추적용)

④ ×. 압류등기 전에 이루어진 담보가등기권리가 경매에 의하여 소멸되는 경우에는 경매법원에 채권신고를 하지 아니한 경우에는 그 채권자는 배당받을 수 없다.

⑤ ×. 담보가등기를 마친 부동산에 강제경매의 개시 결정이 있는 경우에 그 경매의 신청이 청산금을 지급하기 전에 행하여진 경우(청산금이 없는 경우에는 청산기간이 지나기 전)에는 담보가등기권리자는 그 가등기에 따라 본등기를 청구할 수 없다.

79

중

논점 부동산실권리자 명의의 등기에 관한 법률의 기본 조문의 숙지 **정답** ④

① ×. 3자간의 명의신탁(신탁자가 매수인)에서 명의신탁약정과 수탁자 명의의 등기는 무효가 되지만, 부동산취득의 원인계약인 매도인(전소유자)과 매수인(명의신탁자) 사이의 매매계약은 유효하다.

② ×. 1필지의 토지 중 일부를 매도하면서 토지가 등기부상 분할되어 있지 아니하였던 관계로 전부에 관하여 매도인으로부터 매수인에게 소유권이전등기를 경료한 경우, 매도인이 매수인에게 매도하지 아니하였던 토지 부분에 관하여는 특별한 사정이 없는 한 두 사람 사이에 명의신탁관계가 성립되었다고 할 것이다.

③ ×. 3자간의 명의신탁에서 전 소유자는 명의수탁자에 대하여 그 명의등기의 말소를 구할 수 있고, 명의신탁자는 전 소유자를 대위하여 수탁자명의의 등기말소를 청구할 수 있다.

⑤ ×. 부동산의 명의신탁은 신탁자와 수탁자의 합의와 수탁자 명의로의 등기(가등기 포함)가 있어야 성립한다.

80

상

논점 계약명의신탁의 법률관계 **정답** ⑤

① ×. 甲과 乙 간의 명의신탁약정은 무효이나 선의의 매도인 丙으로부터 乙에게 경료된 소유권이전등기는 유효하다.

② ×. '부동산 실권리자명의 등기에 관한 법률' 시행 전에 위와 같은 명의신탁약정이 있는 경우, 乙은 부동산자체를 부당이득으로 반환하여야 한다. 따라서 甲은 乙에 대해 소유권이전등기를 청구할 수 있다(부당이득반환청구권).

③ ×. '부동산 실권리자명의 등기에 관한 법률' 시행 전에 위와 같은 명의신탁약정이 있는 경우, 甲이 乙에 대해 행사하는 부당이득반환청구권(이전등기청구권)은 甲이 그 부동산을 점유하고 있는 경우에도 소멸시효가 진행된다.

④ ×. '부동산 실권리자명의 등기에 관한 법률' 시행 후에 위와 같은 명의신탁약정이 있는 경우, 乙은 甲으로부터 제공받은 매수자금을 부당이득으로 반환하여야 하고 이 경우 甲이 乙에 대해 행사하는 부당이득반환청구권(甲이 乙에게 제공한 매수자금반환청구권)은 목적물과 견련관계를 인정할 수 없다.(유치권이 인정되지 않는다)

⑤ 이러한 신탁자의 수탁자에 대한 비용상환청구권에 대하여는 유치권이 인정될 수 있다.

제 3 회 실전모의고사 정답 & 해설

정답

1	2	3	4	5	6	7	8	9	10	11	12	13	14	15	16	17	18	19	20
④	③	①	④	③	④	②	⑤	①	⑤	③	④	②	④	④	②	③	④	④	④
21	22	23	24	25	26	27	28	29	30	31	32	33	34	35	36	37	38	39	40
⑤	②	⑤	②	④	③	②	④	②	③	②	②	④	③	②	②	④	③	②	②
41	42	43	44	45	46	47	48	49	50	51	52	53	54	55	56	57	58	59	60
①	④	③	⑤	⑤	③	④	①	①	⑤	④	④	④	③	④	②	⑤	②	⑤	②
61	62	63	64	65	66	67	68	69	70	71	72	73	74	75	76	77	78	79	80
①	③	②	③	②	①	①	③	⑤	⑤	②	②	③	①	①	④	③	⑤	②	④

제1과목: 부동산학개론

01

중

논점 정착물의 의의 및 복합개념의 부동산에 대한 이해 정답 ④

① 토지에 지속적인 부착상태에 있는 경우 이를 정착물로 본다.

② 정착물인지 아닌지가 불분명한 경우에는 정착물로 보고 매수자의 소유로 인정함이 일반적이다.

③ 어업권은 민법상 토지에 관한 규정이 준용된다.

⑤ 자연은 기술 또는 물리적 측면의 구분개념에 해당한다.

02

중

논점 토지별 내용 파악 정답 ③

공법상 규제의 강화는 공지면적의 증가를 초래한다. 용도전환이 완료되었다면 이행지라는 표현은 쓸 수 없다. 이행지와 후보지의 동일수급권은 이행・전환 후의 상태로 판정함이 원칙이다.

건폐율에 대한 규제가 강화되는 경우, 나지가치보다 건부지가치가 높게 평가되는 건부증가가 발생한다.

03

하

논점 토지특성별 내용 이해 정답 ①

영속성으로 인해 가격하락에 대해 토지공급이 완전비탄력적이 되게 한다.

04

중

논점 부동산수요의 개념 파악 정답 ④

㉠ 해당재화의 가격변화는 곡선의 이동을 초래하지 않는다.

㉡㉢ 해당재화의 가격변화 이외의 요인으로 수요량이 변화하는 경우 수요의 변화라고 한다. 이 경우 곡선이 이동한다.

㉥ A재화의 임대료(가격)인상 시 대체효과에 의해 B재의 수요는 증가한다.

05

중

논점 수요와 공급의 기본적 내용 이해 정답 ③

① 용도적 측면에서 볼 때, 토지의 공급은 가능하므로 용도적 공급곡선은 기울기가 가파른 우상향의 모습을 보인다.

② 금리가 하락하거나 재산세를 감면해주면 부동산의 수요곡선은 우측으로 이동한다.

④ 아파트의 가격이 상승할 때 오피스텔의 수요가 증가한다면 양자는 대체재의 관계에 있다고 말할 수 있다.

⑤ 시장공급곡선은 개별공급곡선보다 완만한 모습을 보인다.

06

중

논점 수요와 공급의 변화 시 균형의 이동에 대한 이해 정답 ④

① 수요와 공급이 반대 방향으로 바뀌는 경우, 원칙적으로 균형가격의 변화는 알 수 있으나 균형거래량의 변화는 정확히 알 수 없다.

② 수요증가가 공급증가보다 큰 경우 균형가격은 상승하고 균형거래량도 증가한다.

③ 수요면에서의 보완재 가격하락은 수요증가요인이며, 기술 진보는 공급의 증가요인이므로 균형거래량은 증가하는 반면 균형가격의 변화는 정확히 알 수 없다.

⑤ 수요의 증가가 공급의 감소보다 더 큰 경우 균형가격은 상승하고 균형거래량도 증가한다.

07

상

논점 탄력성에 기본개념 이해 및 탄력성에 따른 재화의 성격 구분 정답 ②

① 소득탄력성이 0보다 큰 경우 우등재이므로 소득과 해당재화의 수요량은 비례관계에 있다.

③ 소득이 증가할 때 수요량이 감소한다면 열등재에 해당한다.

④ 대체재의 교차탄력성은 0보다 크다.

⑤ 곡선의 기울기가 완만함은 탄력적이라는 의미이고, 탄력적일수록 대체재의 수는 많음을 나타낸다.

08
중

논점 거미집이론의 내용 파악 및 유형 구분 정답 ⑤

① 거미집이론은 생산기간이 장기여서 공급이 비탄력적인 재화에 적용되어 시장의 균형과정을 설명하는 동태적 이론이다.
② 금기의 수요량은 금기가격에 의해 결정된다.
③ 부동산시장은 공급이 비탄력적이므로 수요와 공급의 시차가 존재함에 따라 주기적으로 초과수요와 초과공급을 반복하는 경향을 보인다.
④ 거미집이론은 주거용 부동산보다 상·공업용 부동산에 더욱 유용한 이론이다.

09
하

논점 부동산시장의 특성 파악 정답 ①

② 부동산시장은 거래의 비공개성으로 불합리한 가격이 형성되며, 이는 개별성과 관련이 깊다.
③ 부동산시장에서는 수요와 공급의 불균형으로 인해 단기적으로 가격형성이 왜곡될 가능성이 있다.
④ 부동산시장에서는 매도인이 제안하는 하한가격과 매수인이 제안하는 상한가격의 사이에서 부동산가격이 형성된다.
⑤ 부동산시장에서는 정보의 비대칭성으로 인해 부동산가격의 왜곡현상이 나타나기도 한다.

10
하

논점 효율적 시장과 할당효율적 시장의 내용 이해 정답 ⑤

① 약성효율적 시장에서는 과거의 정보를 이용한 정상이윤의 획득이 가능하다.
② 부동산시장에서 소수의 투자자가 초과이윤을 획득할 수 있는 것은 부동산시장이 불완전하기 때문이 아니라 할당효율적이지 못하기 때문이다.
③ 독점을 얻기 위한 기회비용이 모든 투자자에게 동일한 경우에는 독점시장도 할당적 효율성이 달성될 수 있다. 즉, 할당효율적 시장이 될 수 있다.
④ 할당효율적 시장에서는 과대 또는 과소평가된 부동산이 존재할 수 없다.

11
하

논점 지대이론별 내용 파악 정답 ③

준지대론은 생산을 위하여 사람이 만든 기계나 기구들로부터 얻은 소득으로서, 일시적으로 토지의 성격을 가지는 타생산요소(고정생산요소)에 귀속하는 소득을 말한다. 즉, 토지와 유사한 반영속적 재화(고정생산요소)에 대한 이론이므로, 준지대는 영구적이 아닌 반영구적인 지대의 성격을 가지는 소득으로 본다. 준지대는 토지 이외의 고정생산요소에 귀속되는 소득으로 단기적으로 공급의 희소성을 갖는 생산요소에 지급되는 지대의 개념이며, 장기적으로는 생산요소의 공급이 가능하므로 소멸되는 개념의 지대를 의미한다.

12
하

논점 도시공간구조이론에 대한 내용 이해 정답 ④

① 교통망을 따라 원을 변형한 모양으로 도시가 성장한다는 이론은 호이트의 선형이론이다.
② 버제스의 동심원이론은 도시는 그 중심지에서 동심원상으로 확대되어 5개 지구로 분화되면서 성장한다는 이론으로, 도시의 내부구조를 설명하는 가장 오래된 실증적 모형이다.
③ 베리의 유상도시이론은 교통기관의 현저한 발달로 종래 도시 내부에 집약되어 있던 업무시설과 주택이 간선도로를 따라 리본모양으로 확산·입지하는 경향이 있다는 이론이다.
⑤ 해리스와 울만의 다핵이론은 도시성장에 있어서 도시의 핵심은 하나가 아니며 도시가 성장하면 핵심의 수가 증가하고 도시는 복수의 핵심주변에서 발달한다는 이론이다.

13
중

논점 상업입지론의 전반적 내용 이해 정답 ②

㉠ 크리스탈러의 중심지이론에 의하면 최소요구치가 재화의 도달범위보다 작은 경우 즉, 최소요구치가 재화의 도달범위 내에 있을 때 중심지가 형성된다.
㉡ 레일리의 소매인력법칙에 의하면 A도시의 규모가 B도시의 규모보다 큰 경우 상권의 경계는 규모가 작은 B도시 쪽에 가깝게 형성된다.
㉢ 크리스탈러에 의하면 저차중심지에서 고차중심지로 갈수록 최소요구치의 규모는 커지며 재화의 도달범위는 커진다(확대)된다.
㉣ 허프는 소비자는 적당한 거리에 고차중심지가 있으면 인근에 저차중심지를 지나칠 가능성이 높다고 주장하였다.

14
하

논점 주택수요와 주택소요의 개념 구분 정답 ④

①②③모두 주택소요와 주택수요의 내용이 반대로 서술되어 있다.
⑤ 주택소요정책은 상대적 사유재산제도를 바탕으로 형평성(공정성)을 실현하기 위한 것이다.

15
중

논점 시장실패의 의의 및 발생요인에 대한 이해 정답 ④

① 외부효과란 어떤 개인의 행위가 다른 경제주체의 후생에 의도하지 않은 영향을 주는바, 이에 대한 경제적 보상이 이루어지지 않는 현상을 말한다.
② 생산 측면에서 사회적 비용이 사적비용보다 큰 경우, 즉 부의 외부효과가 발생함에 따라 사회적 적정수준보다 과다 생산되는 문제가 발생한다.
③ 사적비용이 사회적 비용보다 큰 경우, 즉 정의 외부효과발생 시 조세의 감면, 보조금의 지급 등을 통해 생산을 촉진할 필요가 있으며, 사회적 비용이 사적비용보다 큰 경우, 즉 부의 외부효과발생 시 님비(NIMBY) 현상이 발생한다.
⑤ 정부의 근시안적 규제는 정부실패의 원인이다.

16
하

논점 각종 토지정책의 내용 파악 정답 ②

토지선매 시 강제매수는 허용되지 않는다.

17
중

논점 민간임대주택특별법의 규정 파악 정답 ③

모두 옳은 내용이다.

18
중

논점 임대주택정책 및 분양주택정책의 내용 파악 정답 ④

① 분양가 자율화 시 대형주택위주의 공급이 이루어지며 주택가격이 상승함에 따라 저소득층의 주택난이 심화된다.

② 공공임대주택이 공급되는 경우, 장기적으로는 민간임대주택의 임대료가 상승하게 되어 공공임차인만 혜택을 누릴 수 있다.

③ 선분양제도는 후분양보다 분양가가 낮게 책정됨으로써 투기적 수요가 증가하게 된다는 단점이 있다.

⑤ 수요가 임대료에 대해 완전탄력적이라면 조세 증가분은 전부 임대인에게 귀착된다.

19
중

논점 탄력성의 크기와 조세부담의 크기의 관계 파악 정답 ④

① 수요탄력성이 3이고 공급탄력성이 4인 경우, 공급탄력성이 수요탄력성보다 크므로 조세부과 시 공급자부담액은 수요자부담액보다 작다.

② 수요 및 공급곡선의 경사도가 급할수록 즉, 비탄력적일수록 조세의 전가성은 작다고 할 수 있다.

③ 토지의 자연적 특성 중 부증성으로 인해 토지에 부과되는 조세는 자원배분의 왜곡이 없는 가장 효율적인 세금이 된다.

⑤ 조세 부과 시 수요탄력성이 클수록 경제적 순손실은 커진다.

20
중

논점 부동산투자의 일반적 내용 파악 정답 ④

매기 불입액은 기말 달성액(2억 원) × 감채기금계수 또는 기말 달성액(2억 원) ÷ 연금의 미래가치계수로 구한다.

21
하

논점 투자의 의의 및 투자타당성판단지표에 대한 이해 정답 ⑤

시장가치가 투자가치보다 작다는 것은 곧 투자가치가 시장가치보다 높다는 것이므로 투자자는 해당 투자를 채택할 것이다.

22
하

논점 수익률과 위험의 기본적 개념 파악 정답 ②

지니계수는 값이 클수록 분배의 불평등도가 커짐을 의미한다. 분산투자를 통해 회피할 수 있는 위험은 비체계적 위험이다. 분산(위험)이 동일한 경우, 평균(기대수익률)이 큰 투자대안을 선택한다.

23
중

논점 기대수익률과 요구수익률의 관계 비교 정답 ⑤

① 투자와 관련된 위험이 클수록 위험할증률이 증가하여 투자자의 요구수익률은 더욱 커진다.

② 투자자의 요구수익률보다 기대수익률이 작은 경우, 부동산 가치는 점점 하락하게 되고 부동산에 대한 기대수익률은 점차 상승하게 된다.

③ 투자자의 요구수익률보다 기대수익률이 높은 경우, 부동산의 가치가 점점 상승하게 되어 부동산에 대한 기대수익률이 점차 하락하게 된다.

④ 투자자의 요구수익률과 기대수익률이 같다면 기대수익률이 투자자의 요구수익률을 충족한 셈이므로 투자채택 의사결정을 할 것이다.

24
상

논점 포트폴리오의 기본적 내용 파악 정답 ②

① 포트폴리오효과란 장래 기대되는 수익의 희생 없이 비체계적 위험이 감소되는 효과를 의미한다. ③ 효율적 전선(efficient frontier)은 위로 볼록한 우상향의 모습을 보인다. ④ 무차별곡선이 아래로 볼록한 모습을 보이는 것은 투자자가 위험혐오적임을 의미한다. ⑤ 투자자의 무차별곡선과 효율적 전선의 접점에서 최적의 포트폴리오가 결정된다.

25
상

논점 화폐의 시간가치계수에 관한 내용 이해 정답 ④

매기의 원리금상환액은 대출액 × 저당상수로 구할 수 있다.

26
중

논점 소득이득과 자본이득의 산정과정에 대한 이해 정답 ③

① 금융차입이 없다면 처음부터 지렛대효과는 발생하지 않는다.

② 원리금상환액 → 원금상환액

④ 원금상환액은 과세대상이나 이자지급액은 공제된다.

⑤ 저당지불액은 영업경비항목이 아니다.

27
하

논점 순현가법과 내부수익률법의 내용 비교 정답 ②

내부수익률법은 재투자율로 내부수익률을 사용한다.

28
중

논점 여러 상환방식에 대한 내용 파악 정답 ④

가격수준조정저당상환방식(PLAM)은 대출금리를 조정하는 것이 아니라 대출잔액을 조정하는 방식이다.

29
중

논점 주택저당증권의 종류별 내용 이해 정답 ②

MPTB의 투자자는 조기상환위험을 부담한다.

30 하

논점 부동산투자회사법의 규정 파악 정답 ③

자기관리 부동산투자회사 및 자산관리회사는 법령을 준수하고 자산운용을 건전하게 하며 주주를 보호하기 위하여 임직원이 따라야 할 기본적인 절차와 기준을 제정하여 시행하여야 한다.

31 하

논점 부동산개발의 위험과 대책 파악 정답 ②

① 흡수율분석은 미시적 분석 방법이다.
③ 시장위험은 시장분석 및 시장성분석을 통해 감소시킬 수 있다.
④ 시장의 불확실성으로 인해 발생하는 위험은 시장위험이다.
⑤ 최대가격보증계약을 체결하는 경우 저렴한 공사비로 사업을 완공하기가 어렵다.

32 중

논점 개발방식별 내용 파악 정답 ②

자체개발사업 → 지주공동사업

33 하

논점 부동산관리방식에 대한 내용 파악 정답 ④

① 타성(매너리즘화)현상의 방지는 위탁관리방식의 장점이다.
② 위탁(간접)관리방식의 경우 관리자가 영리에만 치중한다면 불필요한 비용의 지출이 이루어질 수 있으므로 항상 불필요한 비용의 지출을 억제할 수 있는 것은 아니다.
③ 혼합관리는 자가관리에서 위탁관리로 넘어가는 과도기적 관리방식이다.
⑤ 혼합관리방식에서 법률적 관리 및 경제적 관리는 자가관리방식으로 수행된다.

34 상

논점 4P믹스전략의 내용 파악 정답 ③

시장에서 성공한 제품의 이름, 모양, 맛, 디자인 등을 모방하여 편승효과를 노림으로써 소비자들을 유인하는 마케팅전략을 미투 전략이라 한다.

35 하

논점 감정평가방법의 구분 정답 ②

법률적으로는 서로 다른 2개의 물건이 결합하여 일체로 이용·거래되는 경우, 이는 일괄 평가의 대상이 된다.

36 하

논점 가치와 가격의 개념 및 특성 비교 정답 ②

① 수요와 공급의 변동에 따라 단기적으로 가격은 가치로부터 괴리되며, 장기적으로는 가치와 가격이 일치하는 현상을 나타낸다.
③ 가치가 상승하면 가격도 상승하고, 가치가 하락하면 가격도 하락한다.
④ 두 가지 이상의 권리가 동일 부동산에 존재할 때 부동산 가격은 각각의 권리마다 개별적으로 형성된다.
⑤ 유효수요란 대상부동산을 구매하고자 하는 욕구 이외에 구매능력을 수반하는 수요이다.

37 중

논점 가격원칙별 구체적 내용 이해 정답 ④

① 가격의 이중성이란 수요와 공급에 의하여 결정된 가격이 다시 수요와 공급에 영향을 미치는 것을 말하며, 이는 수요·공급의 원칙에 근거한다.
② 설계의 불량, 과잉·과소설비, 형의 구식화, 건물과 부지의 부적합 등은 기능적 감가 요인으로 균형의 원칙과 관련 있다.
③ 대상부동산의 유용성이 최고도로 발휘되기 위해서는 대상부동산과 외부환경과의 균형이 있어야 한다는 원리를 적합의 원칙이라 한다.
⑤ 예측의 원리란 부동산 가격은 미래의 이용 상태를 고려하여 장기적으로 결정된다는 원리로, 가치의 정의와 연관성을 갖는다.

38 하

논점 지역분석의 대상지역에 대한 내용 파악 정답 ③

① 인근지역의 대상지역 중 동일수급권은 인근지역, 유사지역은 포함하나 주변의 용도지역을 반드시 포함하는 것은 아니다.
② 개별분석은 균형의 원칙이 적용되어 기능적 감가의 파악이 가능하며, 지역분석은 적합의 원칙이 적용되어 경제적 감가의 파악이 가능하게 된다.
④ 후보지·이행지의 동일수급권은 전환·이행 후의 토지종별과 일치하는 경향을 보인다.
⑤ 인근지역의 생애주기현상 중 지가수준이 최고인 단계는 성숙기이다.

39 중

논점 재조달원가의 구분 및 내용 파악 정답 ②

복조 원가가 아니라 대치(체)원가에 대한 설명이다.

40 상

논점 감정평가에 관한 규칙의 규정 파악 정답 ②

객관적이고 신뢰할 수 있는 자료를 충분히 확보할 수 있는 경우에는 실지조사를 생략할 수 있다.

제2과목: 민법 및 민사특별법 중 부동산중개에 관련되는 규정

41
하

논점 단독행위의 특징 **정답** ①

① ×. 동산소유권을 포기하는 의사표시는 상대방 없는 단독행위이므로 의사표시를 한 때(표백) 효력이 발생한다.

② 채무면제는 상대방 있는 단독행위로써 처분행위 중 준물권행위에 해당한다.

42
중

논점 사회질서에 반하는 행위여부 **정답** ④

④ 소득세법령의 규정에 의하여 당해 자산의 양도 당시의 기준시가가 아닌 양도자와 양수자간에 실제로 거래한 가액을 양도가액으로 하는 경우, 양도소득세의 일부를 회피할 목적으로 매매계약서에 실제로 거래한 가액을 매매대금으로 기재하지 아니하고 그보다 낮은 금액을 매매대금으로 기재하였다 하여, 그것만으로 그 매매계약이 사회질서에 반하는 법률행위로서 무효로 된다고 할 수는 없다.(대판 2007다3285)

⑤ 금전소비대차계약의 약정이자이율이 사회통념상 허용되는 한도를 초과하여 현저하게 고율로 정해진 경우, 초과하는 부분의 이자약정은 반사회질서행위로 무효이고, 차주는 그 초과지급한 이자의 반환을 청구할 수 있다(대판 2004다50426).

43
중

논점 법률행위의 해석 **정답** ③

③ 甲의 의사표시는 의사(100만)와 표시(80만)가 불일치하는 착오에 의한 의사표시에 해당하므로 원칙적으로 표시된 대로 80만원에 대해 계약이 성립하고, 다만 甲은 착오를 이유로 계약을 취소할 수 있을 뿐이다(규범적 해석). 다만, 만약 乙이 甲의 의사(100만)를 알았거나 알 수 있었다면 계약은 당사자의 의사합치한 대로 100만원에 대하여 성립한다(자연적 해석). 지문에서 乙은 계약 체결과정에서 미리 컴퓨터 물품 안내서를 받아보았고 甲이 가격을 잘못 표시하였다는 것을 알고 있었으므로, 계약은 대당 100만원에 대하여 성립한다.

44
중

논점 허위표시의 무효로 대항할 수 없는 선의의 제3자에 해당하는지 여부 **정답** ⑤

⑤ '가장계약상 당사자의 지위를 이전받은 자' 는 허위표시 '당사자'의 지위에 있으므로 제108조 제2항의 보호되는 제3자가 아니다.

※ 허위표시의 무효로 대항할 수 없는 선의의 제3자가 아닌 경우 (=제108조 제2항의 보호되는 제3자가 아닌 경우)
- 대리인이나 대표기관이 상대방과 허위표시를 한 경우에 본인이나 법인
- 가장매매에 기한 손해배상청구권의 양수인
- 채권의 가장양도에 있어서의 채무자
- 채권을 보전하기 위하여 재산권을 가장양도한 채무자의 권리를 대위행사하는 채권자
- 채권이 가장양도된 경우 채권추심 목적의 채권양수인
- 가장매매의 매수인(가장양수인)의 일반채권자
- 주식이 가장양도된 경우에 있어서의 그 주식회사
- 저당권 등 제한물권이 가장 포기된 경우에 있어서 기존의 후순위 제한물권자
- 가장매매의 매수인으로부터 그 지위를 상속받은 자
- 가장행위로서의 제3자를 위한 계약에 있어서의 제3자(수익자)
- 가장계약상 당사자의 지위를 이전받은 자

45
중

논점 사기 · 강박에 의한 의사표시의 효과 **정답** ⑤

⑤ ×. 사기 · 강박이 불법행위의 요건을 갖춘 때에는, 사기 · 강박에 의한 의사표시의 취소와 불법행위에 기초한 손해배상청구권(제750조)을 중첩적으로(또는 동시에) 행사할 수 있다. 또한 불법행위에 기초한 손해배상청구권을 행사하기 위하여 반드시 취소권을 행사할 필요는 없다.

46
중

논점 대리권의 범위, 대리권의 제한 **정답** ③

① ×. 계약을 대리하여 체결하였다 하여 곧바로 그 사람이 체결된 계약의 해제 등 일체의 처분권과 상대방의 의사를 수령할 권한까지 가지고 있다고 볼 수는 없다.(금원수수의 계약체결에 관한 대리권을 수여하였다는 사실만으로 계약관계의 해소로 인하여 반환되는 계약금액의 수령행위에 관한 대리권까지 당연히 수여하였다고 볼 수는 없다.)(대판 2007다74713)

② ×. 제119조 (각자대리) 대리인이 수인인 때에는 각자가 본인을 대리한다. 그러나 법률 또는 수권행위에 다른 정한 바가 있는 때에는 그러하지 아니하다.

④ ×. 법정대리인은 그 책임(→무과실책임의 원칙)으로 복대리인을 선임할 수 있다.

⑤ ×. 대리인은 자기계약이나 쌍방대리가 원칙적으로 금지되지만 본인의 허락이 있거나, (다툼이 없는 단순한) 채무이행은 자기계약이나 쌍방대리를 할 수 있다. 따라서 '대리인에 대한 본인의 금전채무가 기한이 도래한 경우' 대리인은 본인의 허락 없이 그 채무를 변제할 수 있다(자기계약 형태의 채무이행).

47

중

논점 복임권 및 책임 정답 ④

① ×. 대리권이 법률행위에 의하여 부여된 경우(=임의대리인)에는 대리인은 본인의 승낙이 있거나 부득이한 사유가 있는 때가 아니면 복대리인을 선임하지 못한다.

② ×. 임의대리인이 본인의 지명에 의하여 복대리인을 선임한 경우에는 그 부적임 또는 불성실함을 알고 본인에게 대한 통지나 그 해임을 태만한 때가 아니면 책임이 없다. 따라서 乙은 丙이 부적임자임을 알고 甲에게 통지하지 않았다면 선임 · 감독의 책임을 진다.

③ ×. 대리인의 대리권이 소멸하면 복대리권도 소멸한다.

⑤ ×. 복대리인은 본인이나 제3자에 대하여 대리인과 동일한 권리의무가 있다(제123조 제2항).

48

상

논점 표현대리의 요건과 효과 정답 ①

① ×. 표현대리가 성립하려면 표현대리인과 법률행위를 한 직접 상대방이 선의 · 무과실이어야 한다. 따라서 대리행위의 직접 상대방이 선의 · 무과실이 아닌 경우에는 표현대리가 성립하지 않으므로 그 전득자가 선의 · 무과실인 경우에도, 전득자는 표현대리에 의한 보호를 받을 수 없다.

49

중

논점 취소할 수 있는 법률행위의 추인, 법정추인 정답 ①

① ×. 취소하여 소급 무효가 된 법률행위는 취소할 수 있는 법률행위의 추인(제143조)에 의해서는 추인하지 못하고, 무효행위의 추인(제139조)에 의해 추인할 수 있다(대판 95다38240).

> • 취소한 법률행위는 처음부터 무효인 것으로 간주되므로 취소할 수 있는 법률행위가 일단 취소된 이상 그 후에는 취소할 수 있는 법률행위의 추인에 의하여 이미 취소되어 무효인 것으로 간주된 당초의 의사표시를 다시 확정적으로 유효하게 할 수는 없고, 다만 무효인 법률행위의 추인의 요건과 효력으로서 추인할 수는 있다(대판 95다38240).

⑤ 제한능력자는 선 · 악을 불문하고 현존이익만을 반환하면 되고, 행위능력자는 선의인 경우에는 현존이익을, 악의의 경우에는 (이익+이자+손해배상)을 반환해야 한다.

50

상

논점 정지조건부 법률행위의 효과 정답 ⑤

甲과 乙 사이에는 '乙이 甲소유의 X건물을 1년 내에 1억원 이상으로 팔아주면' 이라는 정지조건부 증여계약이 성립하였다.

⑤ ×. 乙이 1년 내에 X건물을 1억원 이상으로 판 경우(=정지조건이 성취된 경우), 그 효력은 원칙적으로 장래효이나, 당사자 사이의 특약으로 소급효를 인정할 수 있다. 즉, 당사자 사이의 특약으로 그 효력을 소급해서 발생시킬 수 있다(제147조).

> 제147조(조건성취의 효과)
> ① 정지조건있는 법률행위는 조건이 성취한 때로부터 그 효력이 생긴다.
> ② 해제조건있는 법률행위는 조건이 성취한 때로부터 그 효력을 잃는다.
> ③ 당사자가 조건성취의 효력을 그 성취전에 소급하게 할 의사를 표시한 때에는 그 의사에 의한다.

① 조건 있는 법률행위의 당사자는 조건의 성부가 미정한 동안에 조건의 성취로 인하여 생길 상대방의 이익을 해하지 못한다(제148조). 조건부 권리를 침해한 경우, 조건부 권리자는 조건성취 후(=乙이 1년 내에 X 건물을 1억원 이상에 팔면) 손해배상을 청구할 수 있다.

② 조건이 법률행위의 당시에 이미 성취할 수 없는 것인 경우에는(=불능조건=계약할 때 이미 X건물이 소실된 경우), 그 조건이 정지조건이면 그 법률행위는 무효로 한다.

③ 부동산에 관한 정지조건부 권리나 시기부 권리는 가등기할 수 있다.

④ 乙이 1년 내에 X 건물을 1억원에 매수할 상대방을 찾았는데도 甲은 타인에게 X 건물을 9,000만원에 판 경우, 즉, 조건의 성취로 인하여 불이익을 받을 당사자(甲)가 신의성실의 원칙에 반하여 조건의 성취를 방해한 때에는, 상대방(乙)은 그 조건이 성취한 것으로 주장할 수 있다.

51

중

논점 점유물반환청구권의 상대방 정답 ④

④ 제204조 점유물반환청구권의 상대방은 점유침탈자, (선 · 악불문하고) 침탈자의 포괄승계인, 침탈자의 악의의 특별승계인이다.(제204조 제2항)

> 제204조(점유의 회수)
> ① 점유자가 점유의 침탈을 당한 때에는 그 물건의 반환 및 손해의 배상을 청구할 수 있다.
> ② 전항의 청구권은 침탈자의 특별승계인에 대하여는 행사하지 못한다. 그러나 승계인이 악의인 때에는 그러하지 아니하다.
> ③ 제1항의 청구권은 침탈을 당한 날로부터 1년내에 행사하여야 한다.

52

중

논점 물권변동 요건으로서 등기요부 정답 ④

④ 법정지상권이 붙은 건물을 양수한 자는 건물소유권이전등기를 경료해야 건물소유권을 취득하고 지상권이전등기를 경료해야 지상권을 취득한다.

53

중

논점 등기의 요건과 효과 정답 ④

① ×. 중간생략등기의 합의는 소유권이전등기에 대한 등기원인이라고 할 수 없다.(대판 98다50999)

② ×. 종전 건물의 등기를 신축건물의 등기로 유용하는 것을 '표제부 유용' 이라 한다. 대법원은 '표제부 유용' 을 절대로 허용하지 않는다.

③ ×. 전세권자는 전세금을 지급하고 타인의 부동산을 점유하여 그 부동산의 용도에 좇아 사용·수익하며, 그 부동산 전부에 대하여 후순위권리자 기타 채권자보다 전세금의 우선변제를 받을 권리가 있다(민법 제303조 제1항). 이처럼 전세권이 용익물권적인 성격과 담보물권적인 성격을 모두 갖추고 있는 점에 비추어 전세권 존속기간이 시작되기 전에 마친 전세권설정등기도 특별한 사정이 없는 한 유효한 것으로 추정된다. 한편 부동산등기법 제4조 제1항은 "같은 부동산에 관하여 등기한 권리의 순위는 법률에 다른 규정이 없으면 등기한 순서에 따른다." 라고 정하고 있으므로, 전세권은 등기부상 기록된 전세권설정등기의 존속기간과 상관없이 등기된 순서에 따라 순위가 정해진다.(대결 2017마1093)

⑤ ×. 중간생략등기의 합의가 있다고 하여 최초의 매도인이 자신이 당사자가 된 매매계약상의 매수인인 중간자에 대하여 갖고 있는 매매대금청구권의 행사가 제한되는 것은 아니다. 최초매도인과 중간매수인, 중간매수인과 최종매수인 사이에 순차로 매매계약이 체결되고 이들 간에 중간생략등기의 합의가 있은 후에 최초매도인과 중간매수인 간에 매매대금을 인상하는 약정이 체결된 경우, 최초매도인은 인상된 매매대금이 지급되지 않았음을 이유로 최종매수인 명의로의 소유권이전등기의무의 이행을 거절할 수 있다.(대판 2003다66431)

54

하

논점 물권의 일반적 소멸사유 정답 ③

③ ×. '존속기간의 만료' 는 법률행위가 아니므로, 지상권 등 용익물권의 존속기간이 만료된 경우, 말소등기 없이 지상권 등 용익물권은 소멸한다.

① 따라서 물권의 포기에 의해 물권이 소멸하기 위해서는 부동산의 경우 '말소등기', 동산의 경우 '점유상실'이 필요하다.

55

상

논점 자주점유 관련판례 정답 ④

④ ×. 자주점유의 추정은 등기여부와 관계 없이 인정된다. 따라서 점유자에게 추정되는 소유의 의사는 사실상 소유할 의사가 있는 것으로 충분한 것이므로 등기를 수반하지 아니한 점유임이 밝혀진 경우에도 자주점유의 추정은 깨지지 않는다.

56

하

논점 주위토지통행권의 효력 정답 ②

② ×. 당초에 적법하게 설치된 담장이라 하더라도 주위토지통행권에 의한 통행에 방해가 되는 경우 철거되어야 한다.

> • 주위토지통행권자가 민법 제219조 제1항 본문에 따라 통로를 개설하는 경우, 통행지 소유자는 원칙적으로 통행권자의 통행을 수인할 소극적 의무를 부담할 뿐 통로개설 등 적극적인 작위의무를 부담하는 것은 아니고, 다만 통행지 소유자가 주위토지통행권에 기한 통행에 방해가 되는 담장 등 축조물을 설치한 경우에는 주위토지통행권의 본래적 기능발휘를 위하여 통행지 소유자가 그 철거의무를 부담한다. 즉, 주위토지통행권의 본래적 기능발휘를 위해서는 그 통행에 방해가 되는 담장과 같은 축조물도 위 통행권의 행사에 의하여 철거되어야 하며(대판 2005다70144), 그 담장이 비록 당초에는 적법하게 설치되었던 것이라 하더라도 그 철거의 의무에는 영향이 없다(대판 90다5238).

57

상

논점 부동산 점유취득시효의 요건과 효과 정답 ⑤

① ×. 甲은 (선의)매수인으로서 점유하였으므로 자주점유로 추정된다. 따라서 스스로 자주점유임을 증명할 필요가 없다.

② ×. 甲은 1989년 7월 2일부터 20년이 되는 때에 취득시효의 요건을 갖추었으므로 취득시효 완성을 이유로 이전등기를 청구할 수 있고, 취득시효완성을 이유로 하는 이전등기청구의 상대방은 취득시효 완성당시(2009년 7월 2일)의 소유자 乙이다.

③ ×. 시효완성자 甲이 부동산을 점유하고 있으므로 점유취득시효완성을 이유로 하는 이전등기청구권은 소멸시효에 걸리지 않는다.

④ ×. 취득시효 완성 후에 목적부동산이 제3자에게 처분된 경우, 제3자에게는 시효완성을 이유로 하는 이전등기청구권을 행사할 수 없다.

⑤ ○. 시효완성 후 소유권이 제3자에게 이전된 경우에도 시효완성자(문제에서 甲)가 그 부동산을 점유하고 있고, 그때(2010년 6월 5일)를 새로운 기산점으로 삼아 또 다시 시효기간(20년)이 경과한 경우에는 제2차 취득시효가 인정된다.

58

상

논점 공동소유의 법률관계(조문) 정답 ②

① ×. 공유물에 대한 소수의 지분권자는 그 공유물을 배타적으로 점유하는 다른 소수지분권자를 상대로 독점적 사용금지를 청구할 수 있으나 자신에게 공유물을 인도(반환)할 것을 청구할 수는 없다.

③ ×. 공유물분할방법으로 현물분할, 대금분할, 가격배상(공유물을 공유자 중 1인의 단독소유로 하고 그로 하여금 다른 공유자에게 그 지분의 가격을 배상시키는 방법)이 인정된다.

④ ×. 합유자가 사망한 경우, 합유지분은 상속되지 않고 다른 합유자의 지분비율로 귀속한다.

> • 부동산의 합유자 중 일부가 사망한 경우, 합유자 사이에 특별한 약정이 없는 한 사망한 합유자의 상속인은 합유자로서의 지위를 상속하는 것이 아니므로 해당 부동산은 잔존 합유자가 2인 이상일 경우에는 잔존 합유자의 합유로 귀속되고, 잔존 합유자가 1인인 경우에는 잔존 합유자의 단독소유로 귀속된다(대판 93다39225).

⑤ ×. 총유물의 관리(보존, 이용, 개량) 및 처분은 사원총회의 결의에 의한다.(제276조 제1항) 따라서 공유 · 합유와는 달리 비법인사단의 사원은 단독으로 총유물의 보존행위를 할 수 없다.

59

하

논점 지상권의 특징과 효력 정답 ⑤

① ×. 차임지급은 임대차계약의 요소지만, 지상권에 있어서 '지료'는 지상권의 요소가 아니다(즉, 지료지급이 없어도 지상권은 성립한다). 따라서 지상권은 무상지상권도 가능하다.

② ×. 지상권에 기초하여 토지에 부속된 공작물은 토지와는 독립된 별도의 물건이므로 토지에 부합하지 않는다(제256조 단서).

③ ×. 원칙적으로 물권은 양도성을 본질로 한다. 따라서 지상권의 양도성도 절대적으로 보장된다. 즉, 지상권자는 타인에게 그 권리를 양도하거나 그 권리의 존속기간 내에서 그 토지를 임대할 수 있고(제282조), 이는 강행규정으로 지상권자는 토지소유자(지상권설정자)의 의사에 반하여도 지상권을 양도할 수 있다. 지상권의 양도금지특약은 무효이고 만약 지상권설정자(= 토지소유자)와 지상권자 사이에 지상권의 양도를 금지하는 특약이 있다 하더라도 지상권자는 지상권을 양도할 수 있다.

④ ×. 구분소유권은 '수목'의 소유를 목적으로 설정할 수 없다(제289조의2 제1항).

> 제289조의2(구분지상권)
> ① 지하 또는 지상의 공간은 상하의 범위를 정하여 건물 기타 공작물을 소유하기 위한 지상권의 목적으로 할 수 있다. 이 경우 설정행위로써 지상권의 행사를 위하여 토지의 사용을 제한할 수 있다.

60

하

논점 지역권의 특징과 효력 정답 ②

② 토지의 분할이나 토지의 일부양도의 경우에는 지역권은 요역지의 각 부분을 위하여 또는 그 승역지의 각 부분에 존속한다. 그러나 지역권이 토지의 일부분에만 관한 것인 때에는 다른 부분에 대하여는 그러하지 아니하다.(제293조 제2항)

61

하

논점 전세권의 효력 정답 ①

① 전세권을 포함한 용익물권자에게는 필요비상환청구권이 인정되지 않는다.

62

중

논점 유치권의 성립요건 및 효력 정답 ③

① ×. 유치권에는 우선변제적 효력이 없지만, 유치권자는 유치물의 과실을 수취하여 다른 채권보다 먼저 그 채권에 충당할 수 있다.

② ×. 대지임차인이 부속물매수청구권을 행사한 경우, 부속물 매매대금채권은 대지에 관하여 생긴 채권이 아니므로, 이를 이유로 대지에 대한 유치권을 주장할 수 없다.

④ ×. 임차인의 비용상환청구권에 관한 규정은 임의규정이므로 임대차 종료시에 임차인이 건물을 원상으로 복구하여 임대인에게 명도하기로 약정한 경우, 이는 비용상환청구권을 포기하는 약정으로 임차인은 비용상환청구권이 있음을 전제로 유치권을 행사할 수 없다.

⑤ ×. 임대인과 임차인 사이에 건물명도시 권리금을 반환하기로 하는 약정이 있는 경우, 그와 같은 권리금반환청구권은 건물에 관하여 생긴 채권이라고 할 수 없고 따라서 건물에 대한 유치권을 행사할 수 없다.

63

상

논점 물상대위의 요건과 행사방법 정답 ②

ㄴ. ×. 저당권자가 물상대위권을 행사하지 아니하여 우선변제권을 상실한 이상, 다른 채권자가 그 보상금 또는 이에 관한 변제공탁금으로부터 이득을 얻었다고 하더라도 저당권자는 이를 부당이득으로서 반환청구 할 수 없다(대판 2010다46756).

ㄷ. ×. 저당권의 효력은 저당부동산에 부합된 물건에 미치지만, 명인방법을 갖춘 수목은 토지와는 독립한 부동산이므로 토지저당권의 효력이 미치지 않는다.

ㄹ. ×. 토지에 관하여 저당권이 설정될 당시 그 지상에 존재하는 건물을 위한 법정지상권이 성립할 수 있다.(제366조)

64

상

논점 공동저당권의 실행방법 정답 ③

ㄱ. ×. 공동저당권이 설정되어 있는 수개의 부동산 중 일부는 채무자 소유이고 일부는 물상보증인의 소유인 경우, 위 각 부동산의 경매대가를 동시에 배당하는 때에는, 안분배당을 규정하고 있는 민법 제386조 제1항은 적용되지 아니한다고 봄이 상당하고, 따라서 이러한 경우 경매법원으로서는 채무자 소유 부동산의 경매대가에서 공동저당권자에게 우선적으로 배당을 하고, 부족분이 있는 경우에 한하여 물상보증인 소유 부동산의 경매대가에서 추가로 배당을 하여야 할 것이다(대판 2008다41475).

65

하

논점 계약의 유형 정답 ②

① ×. 예약은 당사자 사이에 본계약을 체결해야 할 채권 · 채무를 발생하게 하므로 언제나 '채권계약'이다.

③ ×. 교환계약은 청약과 승낙의 의사합치만으로 성립하는 '낙성' 계약이다.

※ 요물계약 : 요물계약이란 청약과 승낙의 의사표시 이외에 별도의 이행이나 급부가 있어야 성립하는 계약을 말한다. 현상광고계약, 계약금계약(법 제565조), 대물변제계약 등이 이에 해당한다. 예를 들어, 계약금계약은 계약금을 교부하겠다는 당사자 사이의 약정만으로는 성립하지 않고 계약의 일방당사자가 타방에게 계약금을 교부해야 성립한다.

④ ×. 매매계약 유상 · 쌍무 · 낙성 · 불요식 · 일시적 계약이다.

⑤ ×. 임대차계약은 유상 · 쌍무 · 낙성 · 불요식 · 계속적 계약이다.

② 쌍무계약은 계약에 의한 채무이행이 완료되면 양당사자 모두 이행(급부)을 하게 되므로 언제나 전부 유상계약이다. 반면에 유상계약에는 편무계약인 현상광고계약이 포함되므로 유상계약이 모두 쌍무계약인 것은 아니다.

66
중

논점 위험부담의 요건 및 효과 정답 ①

② ×. 채무자(乙)가 위험을 부담하는 경우, 이미 이행한 급부는 부당이득반환을 청구할 수 있으므로(대판 2008다98655), 乙이 계약금을 수령하였다면 甲은 乙에게 계약금의 부당이득반환을 청구할 수 있을 뿐 배액의 상환을 청구할 수는 없다.

③ ×. 채권자 甲의 과실로 주택이 소실된 경우(불능이 된 채무의 채무자 乙에게 귀책사유가 없으므로 위험부담의 문제), 채권자 甲에게 귀책사유가 있으므로 채권자 甲이 위험을 부담한다. 따라서 乙은 甲에게 매매대금의 지급을 청구할 수 있다.

④ ×. 불능이 된 채무의 채무자 乙에게 귀책사유가 있으므로 위험부담이 아니라 乙의 채무불이행(이행불능)에 해당하고, 채권자 甲은 계약을 해제할 수 있고 손해배상을 청구할 수 있다.

⑤ ×. 甲(채권자)의 (주택소유권) 수령지체 중에 양 당사자(甲과 乙)의 책임 없는 사유로 주택이 소실된 경우, 채권자 甲이 위험을 부담한다. 따라서 乙은 甲에게 매매대금의 지급을 청구할 수 있다.

67
중

논점 동시이행관계에 해당하는지 여부 정답 ①

① 주택임대차관계에 있어서 임차권등기명령에 의하여 등기가 된 경우, 임대인의 임대차보증금 반환의무는 임차인의 임차권등기 말소의무보다 먼저 이행되어야 한다.(보증금반환과 동시이행관계에 있는 것은 임차인의 목적물명도의무)

※ 동시이행관계가 아닌 경우

- 변제와 채권증서의 반환
- 변제와 담보권소멸(말소) 절차 : 저당채무의 변제와 저당권설정등기의 말소, 양도담보에 있어서 채무자의 변제와 소유권이전등기의 말소
- 토지거래허가 신청절차협력의무와 매수인이 이행하여야 할 매매대금지급의무(판례)
- 임차보증금반환의무와 임차권등기명령에 의한 임차권등기말소
- 근저당권 실행을 위한 경매가 무효가 된 경우, 채권자(=근저당권자)가 낙찰자에 대하여 부담하는 배당금 반환채무와 낙찰자가 채무자에 대하여 부담하는 소유권이전등기 말소의무
- 임대차계약 종료에 따른 임차인의 임차목적물 반환의무와 임대인의 권리금 회수 방해로 인한 손해배상의무

68
중

논점 제3자를 위한 계약의 법률관계 정답 ③

① ×. 수익자는 계약당사자가 아니므로 계약을 해제할 수 없다.

② ×. 수익자는 채무자(=낙약자)에 대하여 수익의 의사표시를 하여야만 권리를 취득한다.

④ ×. 계약의 당사자가 제3자에 대하여 가진 채권에 관하여 그 채무를 면제하는 계약도 제3자를 위한 계약으로 유효하다.

⑤ ×. 채무자는 상당한 기간을 정하여 계약의 이익의 향수여부의 확답을 제3자에게 최고할 수 있고, 채무자가 그 기간 내에 확답을 받지 못한 때에는 제3자가 계약의 이익을 받을 것을 거절한 것으로 본다.

69
중

논점 해제권 발생원인 및 해제의 효과 정답 ⑤

⑤ ×. 소제기로써 계약해제권을 행사한 후, 그 소송을 취하하였다 하여도 해제권은 형성권이므로 그 행사의 효력에는 아무런 영향을 미치지 아니한다(대판 80다916). 즉, 계약해제의 효과는 그대로 발생한다.

④ 계약이 해제된 경우 보호되는 제3자(제548조 제1항 단서)에 해당하지 않는 자

a. 해제에 의하여 소멸하는 채권 그 자체의 양수인
b. 해제에 의하여 소멸하는 채권에 대하여 전부명령이나 압류명령을 받은 전부채권자 또는 압류채권자
c. 제3자를 위한 계약에 있어서의 수익자
d. 아파트 분양권(채권)을 전매한 후 아파트 분양계약이 해제된 경우, 분양권의 양수인
e. 토지를 매도하였다가 대금지급을 받지 못하여 그 매매계약을 해제한 경우에 있어 그 토지 위에 신축된 건물의 매수인(대판 90다카16761).
f. 매도인으로부터 매매계약의 해제를 해제조건부로 전세권한을 부여받은 매수인이 주택을 임대한 후 매도인과 매수인 사이의 매매계약이 해제된 경우, 그 임차인(대판 95다32037).

70
상

논점 계약해제와 합의해제의 구별 정답 ⑤

⑤ ×. 계약의 합의해제는 명시적으로 이루어진 경우뿐만 아니라 묵시적으로 이루어질 수도 있는 것으로, 계약의 성립 후에 당사자 쌍방의 계약실현 의사의 결여 또는 포기로 인하여 쌍방 모두 이행의 제공이나 최고에 이름이 없이 장기간 이를 방치하였다면, 그 계약은 당사자 쌍방이 계약을 실현하지 아니할 의사가 일치함으로써 묵시적으로 합의해제 되었다고 해석함이 상당하다(대판 2004다37904)

71
중

논점 매매계약의 특징 및 성립(매매예약, 계약금) 정답 ②

② ×. 상대방인 매도인이 매매계약의 이행에 전혀 착수한 바가 없다 하더라도 매수인이 중도금을 지급하여 이미 이행에 착수하였다면, 매도인도 매수인도 민법 제565조에 의한 해제를 할 수는 없다.

72
상

논점 권리의 하자에 대한 매도인의 담보책임 정답 ②

② ×. 1,000㎡ 중 300㎡ 이 丙의 소유(일부 타인권리매매)인 경우 甲이 그 권리를 취득하여 乙에게 이전할 수 없는 경우에는 乙은 선의 · 악의를 묻지 않고 대금감액을 청구할 수 있으나 계약해제는 선의인 경우에 한하여 할 수 있다.

73
중

논점 임대차계약의 성립 **정답** ③

③ ×. 임대차계약의 목적물은 임대인소유일 필요가 없으므로 임대인이 타인의 소유물을 임차인에게 임대해 준 경우 그 임대차계약은 유효하다.

74
상

논점 토지임차인의 지상물매수청구권의 행사요건 **정답** ①

① ×. 임차인소유의 지상건물이 임대인 소유 토지와 임차인 소유의 토지 위에 걸쳐서 건립되어 있는 경우, 임대인 소유 토지 위에 있는 건물부분 중에서 구분소유의 객체가 될 수 있는 부분에 한해서만 지상물매수청구권이 인정된다. 따라서 그 건물이 구분소유의 객체가 되지 않는다면 임차인은 건물전부에 대한 매수청구권을 행사할 수 없다.

75
중

논점 주택임대차보호법 기본조문 **정답** ①

① ×. 차임이나 보증금의 증액청구는 약정한 차임이나 보증금의 20분의 1을 초과하지 못하는 바, 이는 임대인의 일방적 증액청구에 있어서의 제한이므로, 임대인과 임차인의 합의로 증액하는 경우 또는 계약을 갱신하면서 증액하는 경우에는 제한이 없다.

76
중

논점 주택임차인의 보증금 우선변제권 **정답** ④

④ ×. 우선변제권을 갖춘 임차인이 저당권설정등기 이후에 임대인과 보증금을 증액하기로 합의하고 초과부분을 지급한 경우에, 저당권설정등기 이후에 증액한 임차보증금에 대하여는 저당권자에게 대항할 수 없다(대판 90다카11377).

② 최우선변제를 받을 수 있는 임차인 및 최우선변제 받는 일정액의 한도

※ 주택임대차보호법 시행령
[대통령령 제33254호, 2023. 2. 21. 일부개정]

> 제11조(우선변제를 받을 임차인의 범위)
> 법 제8조에 따라 우선변제를 받을 임차인은 보증금이 다음 각 호의 구분에 의한 금액 이하인 임차인으로 한다.
> 1. 서울특별시: 1억6천500만원
> 2. 「수도권정비계획법」에 따른 과밀억제권역(서울특별시는 제외한다), 세종특별자치시, 용인시, 화성시 및 김포시: 1억4천500만원
> 3. 광역시(「수도권정비계획법」에 따른 과밀억제권역에 포함된 지역과 군지역은 제외한다), 안산시, 광주시, 파주시, 이천시 및 평택시: 8천500만원
> 4. 그 밖의 지역: 7천500만원

> 제10조(보증금 중 일정액의 범위 등)
> ① 법 제8조에 따라 우선변제를 받을 보증금 중 일정액의 범위는 다음 각 호의 구분에 의한 금액 이하로 한다.
> 1. 서울특별시: 5천500만원
> 2. 「수도권정비계획법」에 따른 과밀억제권역(서울특별시는 제외한다), 세종특별자치시, 용인시, 화성시 및 김포시: 4천800만원
> 3. 광역시(「수도권정비계획법」에 따른 과밀억제권역에 포함된 지역과 군지역은 제외한다), 안산시, 광주시, 파주시, 이천시 및 평택시: 2천800만원
> 4. 그 밖의 지역: 2천500만원

77
중

논점 집합건물의 관리 **정답** ③

③ 판례에 의하면 이 경우 경락인은 집합건물법 소정의 대지사용권을 취득할 수 있다.

> • 집합건물의 건축자로부터 전유부분과 대지지분을 함께 분양의 형식으로 매수하여 그 대금을 모두 지급함으로써 소유권 취득의 실질적 요건은 갖추었지만 전유부분에 대한 소유권이전등기만 경료받고 대지지분에 대하여는 아직 소유권이전등기를 경료받지 못한 자는 매매계약의 효력으로써 전유부분의 소유를 위하여 건물의 대지를 점유·사용할 권리가 있는바, 매수인의 지위에서 가지는 이러한 점유·사용권은 단순한 점유권과는 차원을 달리하는 본권으로서 집합건물법 소정의 대지사용권에 해당하고, 수분양자로부터 전유부분과 대지지분을 다시 매수하거나 증여 등의 방법으로 양수받거나 전전 양수받은 자 역시 당초 수분양자가 가졌던 이러한 대지사용권을 취득한다[대판(전) 98다45652,45669].

78
중

논점 구분소유자의 권리와 의무(조문) **정답** ⑤

⑤ ×. 규약에 대지사용권을 분리처분할 수 있다고 정하지 않아 대지사용권의 분리처분이 금지된 경우, 그 취지를 등기하지 아니하면 선의로 대지에 관하여 물권을 취득한 제3자에 대하여 대항하지 못한다.

> • 집합건물법 제20조 제3항 소정의 '선의' 의 제3자라 함은, 집합건물의 대지로 되어 있는 사정을 모른 채 대지사용권의 목적이 되는 토지를 취득한 제3자를 의미한다 할 것이다(대판 2009다26145).

79
상

논점 가등기담보권의 실행 **정답** ②

ㄴ. ~그 채무의 변제기가 경과한 때로부터 '10년' 이 경과하거나~

80

중

논점 중간생략형 명의신탁의 법률관계 정답 ④

④ ×. 신탁자 甲(매수인)과 매도인 丙 사이의 매매계약은 유효하므로 丙은 甲에게 매매대금을 반환할 의무가 없다. 따라서 수탁자 乙은 丙이 甲에게 매매대금을 반환하지 않는다는 것을 이유로 丙의 소유권이전등기말소청구를 거부할 수 없다.

※ 3자간 명의신탁(신탁자가 매수인)

(1) 수탁자명의의 등기는 무효
 1) 소유권은 매도인에게 그대로 남게 된다.
 2) 매도인은 소유권에 기초해 수탁자명의의 등기의 말소 또는 진정명의회복을 원인으로 하는 소유권이전등기를 청구할 수 있다.

(2) 신탁자와 매도인과의 사이에 이루어진 부동산취득의 원인계약(문제에서 甲·丙간의 매매계약)은 유효하다
 1) 매도인은 신탁자에게 대하여 소유권이전등기의무를 부담한다.(신탁자 甲의 매도인 丙에 대한 이전등기청구권은 甲이 부동산을 점유하고 있는 경우 소멸시효에 걸리지 않는다)
 2) 신탁자는 매도인을 대위하여 수탁자를 상대로 무효인 수탁자명의의 등기의 말소를 구하고 아울러 매도인을 상대로 소유권이전등기를 청구할 수 있다.

(3) 명의수탁자가 부동산실권리자명의등기에관한법률에서 정한 유예기간 경과 후에 자의로 명의신탁자에게 바로 소유권이전등기를 경료해 준 경우, 그 소유권이전등기는 결국 실체관계에 부합하는 등기로서 유효하다(대판 2004다6764).

제4회 실전모의고사 정답 & 해설

정답

1	2	3	4	5	6	7	8	9	10	11	12	13	14	15	16	17	18	19	20
⑤	③	③	③	③	③	①	⑤	②	④	⑤	③	③	②	①	③	⑤	④	③	②
21	22	23	24	25	26	27	28	29	30	31	32	33	34	35	36	37	38	39	40
④	③	⑤	①	⑤	①	②	③	②	①	③	⑤	③	①	③	③	②	③	③	②
41	42	43	44	45	46	47	48	49	50	51	52	53	54	55	56	57	58	59	60
②	①	④	④	②	⑤	②	③	④	④	③	①	②	①	⑤	①	⑤	⑤	③	⑤
61	62	63	64	65	66	67	68	69	70	71	72	73	74	75	76	77	78	79	80
③	①	③	④	⑤	②	③	①	⑤	③	③	①	②	④	⑤	②	②	①	④	④

제1과목: 부동산학개론

01
중

논점 토지의 자연적 특성 정답 ⑤

① 토지는 영속성으로 인해 물리적 측면에서 감가상각은 발생하지 않는다. 다시 말해 토지는 건축물과 달리 소모 · 마모의 대상이 아니다. 그러나 부(−)의 외부효과가 발생하면 토지가격은 하락하므로 경제적 감가는 발생한다.

② 토지는 경제적 관점에서 생산요소, 자본, 자산, 소비재, 상품의 성격을 가지고 있다.

③ 토지는 부증성으로 물리적 공급은 불가능하지만, 용도변경 등으로 용도적 공급은 가능하다.

④ 토지의 부증성으로 인해 토지의 물리적 공급은 가격에 대해 완전비탄력적이지만, 용도적 공급은 가능하므로 용도적 공급곡선은 장기적으로 보다 탄력적인 성격을 띤다.

02
하

논점 토지의 자연적 특성 중 영속성의 파생현상 정답 ③

㉡ 부동산 시장이 지역별로 초과수요나 초과공급이 오랫동안 지속되기도 한다. − 부동성

㉢ 토지는 생산비법칙이 적용되지 않는다. − 부증성

㉤ 부동산은 물리적 관점에서 대체재가 존재하지 않는다. − 개별성

03
하

논점 토지의 용어 정답 ③

③ 소유권이 인정되지 않는 바다와 육지 사이의 해변 토지를 빈지(濱地)라 한다. 「공유수면 관리 및 매립에 관한 법률」 상 바닷가라고 하며, 국유지에 해당하므로 사적소유의 대상이 아니다.

04
상

논점 신규아파트 공급의 증가요인 정답 ③

• 아파트 공급 증가요인은 ㉡, ㉢, ㉣, ㉤ 4개이다.

㉠ 아파트담보대출 이자율 상승 ⇨ 아파트 수요 감소

㉥ 아파트 가격 상승 ⇨ 아파트 공급량 증가

05
중

논점 수요와 공급의 탄력성 정답 ③

수요 증가와 공급 감소가 동일한 경우, 균형가격은 상승하고 균형거래량은 변하지 않는다.

06
상

논점 수요의 탄력성 정답 ③

APT 수요의 가격탄력성이 2.0이라는 것은 APT 가격이 1% 상승할 때 수요량이 2% 하락한다는 것을 말한다.

07
하

논점 부동산 경기변동의 내용 정답 ①

옳은 것은 ㉠, ㉣이다.

㉡ 무작위적 변동 ⇨ 계절적 변동

㉢ 장기적 변동 ⇨ 무작위적 변동

㉤ 후퇴시장에서 부동산 전문업자들은 매도자 중시에서 매수자 중시로 전환한다.

08
하

논점 주택시장분석의 개념 정답 ⑤

주택저량의 공급량은 500만 세대이고 주택저량의 수요량은 495만 세대이다.

주택저량의 공급량이란 일정 시점에 존재하는 주택의 양을 말한다. 그리고 주택저량의 수요량이란 일정 시점에 사람들이 보유하고자 하는 주택의 양을 말한다.

9
중

논점 수요의 탄력성 계산문제 정답 ②

- 수요의 가격탄력성 $= \dfrac{\text{수요량의 변화율}}{\text{가격의 변화율}}$
- 수요의 소득탄력성 $= \dfrac{\text{수요량의 변화율}}{\text{소득의 변화율}}$

- $0.5 = \dfrac{\text{수요량의 변화율}}{+2}$

  그러므로 수요량의 변화율 $-1(= 0.5 \times 2)$
- $1.0 = \dfrac{\text{수요량의 변화율}}{-2}$

  그러므로 수요량의 변화율 $-2(= 1.0 \times -2)$

∴ 아파트 수요량 전체 변화율은 $-3(= -1 + -2)$

10
중

논점 도시내부구조이론의 내용 정답 ④

① 리카도의 차액지대 ⇨ 튀넨의 동심원모형
② 버제스(Burgess)의 동심원이론에 의하면 도심에서 멀어질수록 질병, 빈곤, 범죄율은 감소하는 경향이 있다.
③ 호이트(Hoyt)의 선형이론에서 도시가 성장하는 데 장애물은 존재한다고 가정한다.
⑤ 다핵심이론에 의하면 다핵의 발생요인으로 특정위치나 시설의 필요성, 유사활동 간의 집중지향성, 이질활동 간의 입지적 비양립성, 지대지불 능력의 차이 등을 들고 있다.

11
하

논점 부동산 시장의 특성의 내용 정답 ⑤

① 부동산 시장은 지역에 따라 여러 개의 부분 시장으로 나누어지는 시장의 세분화 현상이 나타난다. 이러한 이유로 각각의 부분 시장별로 공급초과와 수요초과가 지속된다.
② 부동산의 신규공급에 많은 시간이 소요되는 등 수요와 공급의 조절이 쉽지 않아 단기적으로 가격 왜곡이 발생할 수 있다.
③ 위치에 따라 여러 개의 부분 시장으로 나누어진다.
④ 부동산의 개별성으로 인하여 부동산은 표준화가 불가능하다.

12
중

논점 지대 및 도시내부구조이론 개념 정답 ③

옳은 것은 ㉠, ㉡, ㉣이다.
㉢ 선형이론 ⇨ 동심원이론
㉤ 이질활동 ⇨ 동종(유사)활동

13
중

논점 상업입지론 내용 정답 ③

일반적으로 점포의 면적과 상권의 범위는 비례하며, 구매빈도와 상권의 범위는 반비례한다.

14
하

논점 부동산 정책 중 정부의 개입방법 정답 ②

직접개입 수단은 ㉠, ㉣, ㉥, ㉦ 4개이다.
- 직접개입 : ㉠ 공공토지비축, ㉣ 토지수용, ㉥ 공영개발, ㉦ 공공임대주택
- 간접개입 : ㉡ 취득세, ㉢ 종합부동산세, ㉤ 개발부담금, ㉧ 총부채상환비율(DTI)

15
중

논점 부동산 정책의 내용 정답 ①

우리나라의 경우 공공임대주택의 공급이 적절히 이루어지지 않기 때문에, 서민들이 이용하기가 매우 불편한 편이다. 그래서 대부분 민간임대주택시장에서 주택임대차가 이루어지고 있다. 그러므로 민간임대에 비해 입주자의 선택의 폭은 매우 제약된다.

16
하

논점 부동산 조세의 내용 정답 ③

보유세인 재산세는 지방세에 속하고, 종합부동산세는 국세에 속한다.

17
중

논점 위험과 수익 관련 내용 정답 ⑤

① 기대수익률과 위험(분산)은 정(+)의 상관관계를 갖는다.
② 내부수익률이란 현금유입의 현재가치와 현금유출의 현재가치를 같게 만드는 할인율이다.
③ 요구수익률이란 투자에 대한 위험이 주어졌을 때 투자 대안을 채택하기 위해 충족되어야 할 최소한의 수익률이다.
④ 투자자의 요구수익률은 체계적 위험이 증대됨에 따라 상승한다.

18
하

논점 지렛대 효과의 내용 정답 ④

지렛대 효과를 이용하면 자기자본수익률은 증가할 수 있지만, 반대로 금리 상승기에는 파산할 위험이 커지므로 금융적 위험은 커진다.

19
하

논점 부동산투자분석기법 내용 정답 ③

① 비율분석법은 동일한 투자대안에서 사용되는 비율에 따라 서로 다른 결과가 도출될 수 있다는 단점이 있다.
② 일반적으로 순현가법은 내부수익률법보다 투자 판단의 준거로써 선호된다.
④ 지분배당률(EDR)이란 지분투자액에 대한 세전현금흐름의 비율을 의미한다.
⑤ 내부수익률(IRR)이란 예상된 현금유입의 현재가치와 현금유출의 현재가치를 서로 같게 만드는 할인율이다.

20
중

논점 요구수익률의 개념 정답 ②

개별투자 위험은 무위험률과는 상관이 없고, 위험할증률과 관계가 있다.

21
하

논점 불확실성하에서의 기대수익률 계산문제 정답 ④

기대수익률은 각 경제상황별 확률에 각각의 추정 기대수익률을 곱한 값을 모두 더하여 계산한 가중평균수익률을 말한다.

기대수익률 = (0.2 ×4%) + (0.6 × 8%) + (0.2 × 13%)
= 0.8% + 4.8% + 2.6% = 8.2%

22
중

논점 할인현금흐름분석법의 내용 정답 ③

옳은 것은 ㄹ, ㅁ이다.

ㄱ. 현금유출의 현가합이 4천만원이고 현금유입의 현가합이 5천만원이라면, 수익성지수는 1.25(=5,000만/4,000만)이다.

ㄴ. 내부수익률은 순현재가치를 0으로 만드는 할인율이다.

ㄷ. 재투자율로 내부수익률법에서는 내부수익률을 사용하지만, 순현재가치법에서는 요구수익률을 사용한다.

23
하

논점 원리금상환방식의 내용 정답 ⑤

옳은 것은 ㉢, ㉣이다.

㉠ 상환 첫 회의 원리금상환액은 원리금균등상환방식이 원금균등상환방식보다 작다.

㉡ 체증(점증)상환방식의 경우, 미래소득이 증가될 것으로 예상되는 젊은 소득자에게 적합하다.

24
중

논점 주택담보대출의 기초개념 정답 ①

연간 이자율이 같은 1년 만기 대출의 경우 대출자는 기말에 한 번 이자를 받는 것이 기간 중 4회 나누어 받는 것보다 불리하다. 다시 말해 대출자 입장에서 기간 말에 한 번 이자를 받는 것보다 기간 중 매월 받는 것이 유리하므로 대부분의 경우 매월 이자지급조건으로 대출이 실행된다.

25
하

논점 부동산투자회사법의 내용 정답 ⑤

영업인가를 받거나 등록을 한 날부터 6개월이 지난 기업구조조정 부동산투자회사의 최저 자본금은 50억원 이상이 되어야 한다.

26
중

논점 최대대출액 계산문제 정답 ①

1. 갑이 받을 수 있는 최대 대출금액
   ㉠ LTV 기준 : 3억 × 60% = 1억 8,000만원
   ㉡ DTI 기준 : 3,000만원 × 40% ÷ 0.12 = 1억원
   ㉢ 최대 대출금액: 1억원
2. 추가로 받을 수 있는 대출금액 : 기존 대출 5,000만원이 있으므로, 갑의 추가 대출금액은 5,000만원(=1억 − 5,000만)이다.

27
하

논점 부동산 금융조달방식의 내용 정답 ②

부동산투자펀드, 공모에 의한 증자, 부동산투자회사 등 3개가 지분금융이다. 주택상환사채, 주택담보대출, 자산유동화증권 등은 부채금융이다.

28
하

논점 부동산개발의 단계 정답 ③

■ 부동산 개발의 7단계

1. 아이디어
2. 예비적 타당성 분석
3. 부지 모색 및 확보
4. 타당성 분석
5. 금융
6. 건설
7. 마케팅

29
하

논점 사회기반시설에 대한 민간투자사업방식 정답 ②

BTO(build−transfer−operate) 방식에 대한 설명이다.

30
하

논점 부동산 마케팅의 내용 정답 ①

4P MIX 전략은 시장점유 마케팅 전략에 해당한다.

31
중

논점 지계수 계산문제 정답 ③

구 분	A도시 산업구성비	전국 산업구성비	입지계수
제조업	300명(30%)	4,000명(40%)	30/40=0.75
금융업	500명(50%)	5,000명(50%)	50/50=1.0
부동산업	200명(20%)	1,000명(10%)	20/10=2.0
합 계	1,000명	10,000명	

32

하

논점 부동산 관리의 내용 정답 ⑤

① 시설관리가 아니라 자산관리의 내용이다.
② 위탁관리방식은 대규모 부동산에 적합한 방식이다.
③ 손익분기점과 운용비용을 분석하는 행위는 경제적 측면의 관리이다.
④ 기밀유지는 자가관리 방식이 보다 유리하다.

33

하

논점 감정평가에 관한 규칙의 내용 정답 ③

현장조사 ⇨ 가격조사, 감정평가에 관한 규칙 제9조【기본적 사항의 확정】② 기준시점은 대상 물건의 가격조사를 완료한 날짜로 한다. 다만, 기준시점을 미리 정하였을 때에는 그 날짜에 가격조사가 가능한 경우에만 기준시점으로 할 수 있다.

34

하

논점 감정평가에 관한 규칙의 내용 정답 ①

자동차의 주된 평가방법은 거래사례비교법이며, 선박 및 항공기는 원가법이다.

35

중

논점 원가법 계산문제 정답 ③

1. 매년 감가액(정액법) $= \dfrac{\text{재조달원가} - \text{잔존가격}}{\text{경제적 내용연수}}$

$= \dfrac{3\text{억원} - 3\text{천만원}}{50} = 5{,}400{,}000\text{원}$

2. 감가누계액 = 매년 감가액 × 경과연수
= 5,400,000원 × 2년 = 10,800,000원
3. 재조달원가(3억원) − 감가누계액(10,800,000원)
= 적산가액(289,200,000원)

36

하

논점 부동산 가격 제 원칙의 내용 정답 ③

균형의 원칙은 대상부동산의 내부적 불균형으로 발생하는 기능적 감가를 판단하는 데 유용하다.

37

상

논점 수익환원법 계산문제 정답 ②

1. 순수익 산정과정

가능총소득	5,000만원
− 공실(= 5,000만원 × 5%)	250만원
+ 기타소득	0
= 유효총소득	4,750만원
− 영업경비(4,750만원 × 50%)	2,375만원
= 순영업소득	2,375만원

2. 환원율 산정과정

환원율 = (토지가액 × 토지환원율)
+ (건물가액 × 건물환원율)

환원이율 = (0.4 × 5%) + (0.6 × 10%) = 2% + 6% = 8%

3. 그러므로 수익가액 $= \dfrac{\text{순수익}}{\text{환원이율}} = \dfrac{2{,}375\text{만원}}{0.08}$
= 296,875,000원

38

중

논점 부동산 가치와 가격의 개념 정답 ③

① 시장가치는 객관적인 가치이고 투자가치는 주관적인 가치이다.
② 사용가치는 교환가치와 상관이 없다.
④ 시장가격은 실거래액이기 때문에 주어진 시점 현재 하나밖에 없다.
⑤ 투자가치 ⇨ 장부가치

39

하

논점 감정평가 기초이론의 내용 정답 ③

지역분석에서 지역요인을 분석하여 표준적 사용과 가격수준을 파악한다. 대상부동산의 최유효이용은 개별분석에서 결정된다.

40

하

논점 부동산 가격공시에 관한 법률의 내용 정답 ②

⑤ 국토교통부장관이 공동주택의 적정가격을 조사·산정하는 경우에는 인근 유사공동주택의 거래가격·임대료 및 당해 공동주택과 유사한 이용가치를 지닌다고 인정되는 공동주택의 건설에 필요한 비용추정액 등을 종합적으로 참작하여야 한다.

표준지공시지가 ⇨ 표준주택가격
부동산 가격공시에 관한 법률 제5조(표준지공시지가의 공시사항)
제3조에 따른 공시에는 다음 각 호의 사항이 포함되어야 한다.
1. 표준지의 지번
2. 표준지의 단위면적당 가격
3. 표준지의 면적 및 형상
4. 표준지 및 주변토지의 이용상황
5. 그 밖에 대통령령으로 정하는 사항

제2과목: 민법 및 민사특별법 중 부동산중개에 관련되는 규정

41

중

논점 이중매매가 반사회질서행위로 무효가 되기 위한 요건 **정답** ②

② ×. 배임행위의 실행행위자(매도인)와 거래하는 상대방(제2매수인)이 배임행위임을 알았거나 알 수 있었다는 사유만으로 그 계약을 반사회적 법률행위에 해당한다고 볼 수는 없다(대판 2006다47677). 제2매수인의 적극가담행위가 있어야 제2매매는 반사회적 법률행위에 해당한다.

⑤ 부동산매매계약에 있어서 실제면적이 계약면적에 미달하는 경우에는 그 매매가 수량지정매매에 해당할 때에 한하여 민법 제574조, 제572조에 의한 대금감액청구권을 행사함은 별론으로 하고, 그 매매계약이 그 미달 부분만큼 일부 무효임을 들어 이와 별도로 일반 부당이득반환청구를 하거나 그 부분의 원시적 불능을 이유로 민법 제535조가 규정하는 계약체결상의 과실에 따른 책임의 이행을 구할 수 없다(대판 99다47396).

42

하

논점 불공정한 법률행위의 성립요건 및 효과 **정답** ①

② ×. 대리인에 의하여 법률행위가 행하여진 경우, '경솔 · 무경험'은 대리인을 기준으로, '궁박'은 본인을 기준으로 판단하여야 한다.

③ ×. 불공정한 법률행위가 성립하기 위한 요건인 '무경험' 이라 함은 일반적인 생활체험의 부족을 의미하는 것으로서 어느 특정영역에 있어서의 경험부족이 아니라 거래일반에 대한 경험부족을 뜻한다.(대판 2002다38927, 대판 2011다35722)

④ ×. '궁박'은 경제적인 것 뿐만 아니라 정신적 · 심리적인 것을 포함한다.

⑤ ×. 매매계약과 같은 쌍무계약이 급부와 반대급부와의 불균형으로 말미암아 민법 제104조에서 정하는 '불공정한 법률행위' 에 해당하여 무효라고 한다면, 그 계약으로 인하여 불이익을 입는 당사자로 하여금 위와 같은 불공정성을 소송 등 사법적 구제수단을 통하여 주장하지 못하도록 하는 부제소합의 역시 다른 특별한 사정이 없는 한 무효이다.(대판 2009다50308)

① 매매계약이 약정된 매매대금의 과다로 말미암아 민법 제104조에서 정하는 '불공정한 법률행위' 에 해당하여 무효인 경우에도 무효행위의 전환에 관한 민법 제138조가 적용될 수 있다. 따라서 재건축사업부지에 포함된 토지에 대하여 재건축사업조합과 토지의 소유자가 체결한 매매계약이 매매대금의 과다로 말미암아 불공정한 법률행위에 해당하는 경우, 그 매매대금을 적정한 금액으로 감액하여 매매계약의 유효성이 인정된다.(대판 2009다50308)

43

중

논점 가장매매의 법률관계 **정답** ④

① ×. 가장매매는 허위표시로써 무효이므로 채권 · 채무가 발생하지 않는다. 따라서 甲과 乙은 다른 특별한 사정이 없는 한 매매계약에 따른 채무를 이행할 필요가 없다.

② ×. 가장매매는 통정허위표시로써 무효지만, 선의의 제3자에게는 대항하지 못한다. 따라서 甲은 선의의 丙을 상대로 이전등기의 말소를 청구할 수 없다.

③ ×. 선의의 丙은 과실유무를 묻지 않고 소유권을 취득한다.

⑤ ×. 선의의 丙으로부터 당해 부동산을 매수한 전득자는 선악을 불문하고 소유권을 취득한다.(엄폐물의 법칙)

④ 제108조 제2항의 제3자는 특별한 사정이 없는 한 선의로 추정되므로, 허위표시의 무효를 주장하는 자가 제3자의 악의를 주장 · 입증하여야 한다.(대판 2002다1321) 즉 제3자 丙은 자신이 선의임을 증명할 필요가 없다.

44

중

논점 착오로 인한 의사표시의 취소요건 **정답** ④

④ ×. 민법 제109조 제1항 단서는 의사표시의 착오가 표의자의 중대한 과실로 인한 때에는 그 의사표시를 취소하지 못한다고 규정하고 있는데, 위 단서 규정은 표의자의 상대방의 이익을 보호하기 위한 것이므로, 상대방이 표의자의 착오를 알고 이를 이용한 경우에는 착오가 표의자의 중대한 과실로 인한 것이라고 하더라도 표의자는 의사표시를 취소할 수 있다.(대판 2013다49794)

45

중

논점 법률행위(의사표시)의 유효요건에 관한 입증책임 **정답** ②

② ×. 중요부분에 대한 입증책임은 표의자(착오한 자)가 부담하고, 중대한 과실에 대한 입증책임은 상대방이 부담한다.

⑤ 동기의 착오 : 의사와 표시가 일치하지만 그 의사표시를 하게 된 동기에 착오가 있는 경우

(a) 원칙 : 제109조의 착오가 아니다.

(b) 예외 : 동기가 상대방에게 표시되어 알려진 경우 또는 동기의 착오가 상대방에 의해 유발된 경우에는 착오가 된다. 따라서 이 경우 〈중요부분의 착오 + 중과실의 부존재〉요건을 갖추면 취소할 수 있다.

- 동기의 착오를 이유로 의사표시를 취소하려면 그 동기를 당해 의사표시의 내용으로 삼을 것을 상대방에게 표시하고 의사표시의 해석상 법률행위의 내용으로 되어 있다고 인정되는 것으로 족하고 당사자들 사이에 별도로 그 동기를 의사표시의 내용으로 삼기로 하는 합의까지 이루어져야 할 필요는 없다.

46

중

논점 대리권의 제한 정답 ⑤

① ×. 대리인이 여럿인 경우 '각자' 대리가 원칙이지만, 법률의 규정이나 수권행위에 의하여 이를 '공동' 대리로 할 수 있다(제119조).

② ×. 쌍방대리금지를 위반한 쌍방대리행위는 '무권대리' 에 해당하므로, 본인이 사후에 이를 추인하면 유효한 행위가 될 수 있다.

③ ×. 사채알선업자는 대주와 차주의 쌍방대리인이고 본인(대주 및 차주)이 승낙한 경우에 해당하므로, 사채알선업자가 대주와 차주 쌍방을 대리하여 소비대차계약과 담보권설정계약을 체결한 경우, 차주가 그 사채알선업자에게 한 변제는 유효하다.

④ ×. 대물변제행위의 쌍방대리는 기존의 채무이행을 위한 것이라 하더라도 새로운 이해관계를 만들게 되므로 원칙적으로 금지된다.

47

상

논점 무권대리의 법률관계 정답 ②

ㄷ. ×. 표현대리에 있어서는 대리권이 없음에도 불구하고 법률이 특히 거래상대방 보호와 거래안전유지를 위하여 본래 무효인 무권대리행위의 효과를 본인에게 미치게 한 것으로서 표현대리가 성립된다고 하여 무권대리의 성질이 유권대리로 전환되는 것은 아니므로, 유권대리에 관한 주장 속에 무권대리에 속하는 표현대리의 주장이 포함되어 있다고 볼 수 없다[대판(전) 83다카1489]. 따라서 따로이 (상대방의)표현대리에 관한 주장이 없는 한 법원은 표현대리의 성립여부를 심리판단할 필요가 없다.

ㄹ. ×. 무권대리임이 다투어지는 경우 원칙적으로 상대방이 대리권의 존재를 주장 · 증명해야 한다. 다만 대리행위를 통해 상대방에게 소유권이전등기가 경료된 경우에는 등기의 추정력에 의해 '대리인의 대리권의 존재' 가 추정되므로 상대방은 대리권의 존재를 증명할 책임이 없고 본인이 대리인에게 대리권이 없음을 입증해야 한다.

- 소유권이전등기가 전(前)등기명의인(문제의 甲)의 직접적인 처분행위에 의한 것이 아니라 제3자(문제의 乙)가 그 처분행위에 개입된 경우에, 현 등기명의인(문제의 丙)이 그 제3자를 전등기명의인의 대리인이라고 주장하는 경우에는 굳이 현등기명의인이 그를 전등기명의인의 대리인이라고 주장하지 아니하더라도 현등기명의인의 등기가 적법하게 이루어진 것으로 추정되므로, 그 등기가 원인무효임을 이유로 말소를 구하는 전등기명의인으로서는 그 반대사실 즉, 그 제3자에게 전등기명의인을 대리할 권한이 없었다거나 또는 그 제3자가 전등기명의인의 등기서류를 위조하였다는 등의 무효사실에 대한 입증책임을 진다.(대판 94다41010)

48

중

논점 무효행위의 추인 정답 ③

③ ×. 무효인 법률행위는 추인하여도 그 효력이 생기지 아니한다. 그러나 당사자가 그 무효임을 알고 추인한 때에는 새로운 법률행위로 본다(=장래효).(제139조)

① 취소할 수 있는 법률행위가 일단 취소된 이상 그 후에는 '취소할 수 있는 법률행위의 추인' (제143조)에 의하여 이미 취소되어 무효인 것으로 간주된 당초의 의사표시를 다시 확정적으로 유효하게 할 수는 없고, 다만 '무효인 법률행위의 추인' (제139조)의 요건과 효력으로서 추인할 수는 있다.(대판 95다38240)

⑤ 제138조(무효행위의 전환) 무효인 법률행위가 다른 법률행위의 요건을 구비하고 당사자가 그 무효를 알았더라면 다른 법률행위를 하는 것을 의욕하였으리라고 인정될 때에는 다른 법률행위로서 효력을 가진다.

49

중

논점 취소권의 소멸 정답 ④

① ×. 취소권은 추인할 수 있는 날로부터 3년 내 또는 법률행위를 한 날로부터 10년 내에 행사하여야 한다.(제146조)

② ×. 취소할 수 있는 법률행위는 제한능력자, 착오로 인하거나 사기 · 강박에 의하여 의사표시를 한 자, 그의 대리인 또는 승계인만이 취소할 수 있다.(제140조) 특히 제한능력자는 '법정대리인의 동의 없이 또는 법정대리인의 대리에 의하지 않고 한 자신의 법률행위' 를 '단독으로' 취소할 수 있다. 즉, 자신의 법률행위를 취소할 때에는 법정대리인의 동의를 받을 필요가 없다. 따라서 제한능력자는 자신의 취소의 의사표시를 법정대리인의 동의가 없었다는 이유로 다시 취소할 수는 없다.

③ ×. '이행의 청구' , '취소할 수 있는 행위로 취득한 권리의 전부나 일부의 양도' 는 '취소권자가 이행을 청구하는 경우 또는 취소권자가 권리를 양도하는 경우' 에만 법정추인사유가 된다. 따라서 상대방이 취소권자에게 이행을 청구한 경우(즉, 취소권자가 이행청구를 받은 경우)는 법정추인이 아니다.(제145조)

⑤ ×. 취소할 수 있는 행위를 추인하는 것은 취소권의 포기이므로 그 행위가 취소할 수 있는 것임을 알고 추인해야 하지만, 법정추인의 경우 취소권을 포기한 것으로 간주할 뿐이므로 취소할 수 있는 행위임을 알고(=취소권자가 취소권의 존재를 인식하고) 있을 필요가 없다.

50

중

논점 조건 및 기한 관련판례 정답 ④

④ ×. '기한이익 상실의 특약' 은 그 내용에 의하여 일정한 사유가 발생하면 채권자의 청구 등을 요함이 없이 당연히 기한의 이익이 상실되어 이행기가 도래하는 것으로 하는 정지조건부 기한이익 상실의 특약과 일정한 사유가 발생한 후 채권자의 통지나 청구 등 채권자의 의사행위를 기다려 비로소 이행기가 도래하는 것으로 하는 형성권적 기한이익 상실의 특약의 두 가지로 대별할 수 있고, 기한이익 상실의 특약이 위의 양자 중 어느 것에 해당하느냐는 당사자의 의사해석의 문제이지만 일반적으로 기한이익 상실의 특약이 채권자를 위하여 둔 것인 점에 비추어 명백히 정지조건부 기한이익 상실의 특약이라고 볼 만한 특별한 사정이 없는 이상 형성권적 기한이익 상실의 특약으로 추정하는 것이 타당하다.(대판 2008다42416 · 42423)

① 부관이 붙은 법률행위에서 부관이 정지조건인지 불확정기한인지를 판단하는 기준 : 부관이 붙은 법률행위에 있어서 부관에 표시된 사실이 발생하지 아니하면 채무를 이행하지 아니하여도 된다고 보는 것이 상당한 경우에는 조건으로 보아야 하고, 표시된 사실이 발생한 때에는 물론이고 반대로 발생하지 아니하는 것이 확정된 때에도 그 채무를 이행하여야 한다고 보는 것이 상당한 경우에는 표시된 사실의 발생 여부가 확정되는 것을 불확정기한으로 정한 것으로 보아야 한다.(대판 2003다24215)

② 입증책임

a. 어떠한 법률행위가 조건의 성취시 법률행위의 효력이 발생하는 소위 정지조건부 법률행위에 해당한다는 사실은 그 법률행위로 인한 법률효과의 발생을 저지하는 사유로서 그 법률효과의 발생을 다투려는 자에게 주장 · 입증책임이 있다(대판 93다20832).

b. 어느 법률행위에 어떤 조건이 붙어 있었는지 아닌지는 사실인정의 문제로서 그 조건의 존재를 주장하는 자가 이를 입증하여야 한다고 할 것이다.(대판 2006다35766)

c. 정지조건부 법률행위에서 조건이 성취되었다는 사실에 대한 입증책임은 조건의 성취로 법률행위의 효력이 확정되었음을 주장하는 자가 진다(대판 84다카967).

51
중

논점 물권적 청구권 행사요건 및 효과 **정답** ③

③ ×. 소유권을 양도한 전소유자는 소유권이 없으므로 더 이상 제3자인 불법점유자에 대하여 소유권에 기한 물권적 청구권에 의한 방해배제를 구할 수 없다.

⑤ 점유회수의 소(점유권에 기초한 점유물반환청구의 소)는 점유물반환청구권에 기초한 소송인 바, 점유물반환청구권은 점유자의 점유가 '침탈' 되었을 때 행사할 수 있는 권리이다. 따라서 '사기에 의해 물건을 인도' 한 경우에는 '점유침탈' 이 아니므로 점유물반환청구권을 행사할 수 없고 점유회수의 소도 제기할 수 없다.

52
상

논점 가등기의 효력 **정답** ①

① ×. 가등기에 기한 본등기청구권의 상대방은 가등기 당시 소유권 등기명의인(乙)이다.

⑤ 가등기에 기한 본등기청구권은 채권으로서, 가등기권자가 가등기에 기한 본등기 절차에 의하지 아니하고 별도의 소유권이전등기를 경료받았다고 하여 (소유권과의)혼동의 법리에 의하여 가등기에 기한 본등기청구권이 소멸하는 것은 아니다(대판 95다29888).

53
중

논점 등기청구권 **정답** ②

② ×. 취득시효완성으로 인한 소유권이전등기청구권의 양도의 경우에는 매매로 인한 소유권이전등기청구권에 관한 양도제한의 법리가 적용되지 않는다고 보아야 한다.(대판 2015다36167) 즉, 점유취득시효의 완성으로 점유자가 소유자에 대해 갖는 소유권이전등기청구권은 채권으로써 통상의 채권양도의 법리(채권양도인이 채무자에게 채권양도사실을 통지하면 양수인은 채무자에게 대항할 수 있다.)에 따라 양도될 수 있다.(제449조 이하)

54
중

논점 점유권에 관한 조문 **정답** ①

① ×. 상속인이 피상속인의 사망을 알지 못한 경우에도 상속인은 피상속인이 사망하게 되면 피상속인의 점유를 승계한다.(관념적 점유)

③ 점유물반환청구의 상대방은 '침탈자, 침탈자의 포괄승계인, 침탈자의 악의의 특별승계인' 이며 상대방에게 본권이 있는지 여부는 불문한다.

⑤ 제207조

> **제207조(간접점유의 보호)**
> ① 전3조의 청구권은 제194조의 규정에 의한 간접점유자도 이를 행사할 수 있다.
> ② 점유자가 점유의 침탈을 당한 경우에 간접점유자는 그 물건을 점유자에게 반환할 것을 청구할 수 있고 점유자가 그 물건의 반환을 받을 수 없거나 이를 원하지 아니하는 때에는 자기에게 반환할 것을 청구할 수 있다.

55
상

논점 점유자와 회복자 사이의 법률관계 **정답** ⑤

⑤ 유익비에 대해서만 상환기간의 허여(=상환기간의 유예)가 인정된다(제203조 제3항).

56
상

논점 부동산 점유취득시효가 완성된 경우의 효과 **정답** ①

① 甲소유의 대지에 대하여 乙이 취득시효가 완성된 경우, 乙이 아직 이전등기를 하지 않았다 하더라도, 甲은 乙에 대하여 대지에 대한 불법점유를 이유로 그 인도를 청구할 수 없고, 부당이득반환이나 불법행위 손해배상을 청구할 수 없다.

> • 부동산에 대한 취득시효가 완성되면 점유자가 그 명의로 소유권이전등기를 경료하지 아니하여 아직 소유권을 취득하지 못하였다고 하더라도 소유명의자는 점유자에 대하여 점유로 인한 부당이득반환청구를 할 수 없고(대판 92다51280), 취득시효가 완성된 대지의 점유자에 대하여 대지의 소유명의자는 그 대지의 인도를 청구할 수 없다(대판 87다카1979).

57
상

논점 공유의 법률관계 **정답** ⑤

⑤ 甲 · 乙 · 丙이 공유하고 있는 건물이 C소유의 토지에 무단으로 신축된 경우, C는 그 건물의 철거를 구하기 위하여 甲 · 乙 · 丙 전원을 상대로 하여야 할 필요는 없고 각각을 상대로 철거청구를 할 수 있다. 다만 철거에 대한 집행을 하기 위해서는 甲 · 乙 · 丙 모두에 대하여 집행권원을 득해야 한다.(즉 철거청구의 피고들의 지분의 합이 1이 되어야 철거집행을 할 수 있다.)

58
중

논점 지상권의 효력 **정답** ⑤

⑤ ×. 토지소유자가 법정지상권자를 상대로 특정 기간에 대한 지료의 지급을 구하기 위하여 제기한 소송에서 재판상 화해로 그 기간에 대한 지료가 결정된 경우, 그 후의 기간에 대한 지료도 종전 기간에 대한 지료를 기초로 산정하여, 지체된 지료가 2년분을 초과하는 이상 토지소유자는 법정지상권의 소멸을 청구할 수 있고, 법정지상권의 지료액수가 판결에 의하여 정해진 경우, 지체된 지료가 판결확정의 전후에 걸쳐 2년분 이상일 경우에도 토지소유자가 지상권의 소멸을 청구할 수 있다(대판 2005다37208).

④ 지상권자는 지상물소유권만을 양도할 수도 있고, 지상권만을 양도할 수도 있는 것이어서 지상권자와 그 지상물소유권자가 반드시 일치하여야 하는 것은 아니며, 또한 지상권설정시에 그 지상권이 미치는 토지의 범위와 그 설정 당시 매매되는 지상물의 범위를 다르게 하는 것도 가능하다.

59
하

논점 지역권의 특징, 성질, 효력 정답 ③

① ×. 지역권자도 물권적 청구권이 인정된다. 다만 물권적 '반환' 청구권은 인정되지 않는다.

② ×. 승역지의 점유자가 그 토지를 시효취득한 때는 (시효취득은 원시취득이므로) 지역권은 소멸하는 것이 원칙이지만, 점유자가 점유기간 중 지역권의 존재를 용인하고 있었다면, 지역권은 소멸하지 않고 따라서 승역지의 점유자는 지역권이 존속하는 토지의 소유권을 원시취득한다.

④ ×. 요역지의 소유권이 이전될 때에는 지역권도 이에 수반하여 이전하지만, 다른 약정이 있는 때에는 그 약정에 의한다(제292조 제1항).

⑤ ×. '토지'의 일부를 '위한' 지역권에서 '토지'는 요역지를 말한다. 요역지는 1필토지 전부여야 하므로, 토지의 일부를 위해서는 지역권을 설정할 수 없다.

※ '토지'의 일부에 '대한' 지역권에서의 '토지'는 승역지를 말한다. 승역지는 1필토지의 일부여도 무방하므로 토지의 일부에 대한 지역권은 인정된다.

60
중

논점 전세권의 효력 정답 ⑤

⑤ ×. 목적물의 일부에 대한 전세권인 경우 : 전세권의 목적물이 아닌 나머지 부분에 대하여는 우선변제권은 별론으로 하고 경매신청권은 없다(대결 91마256).

① 채권담보의 목적으로 설정된 전세권의 효력 : 전세권이 ⅰ) 용익물권적 성격과 담보물권적 성격을 겸비하고 있다는 점 및 ⅱ) 목적물의 인도는 전세권의 성립요건이 아닌 점 등에 비추어 볼 때, 당사자가 주로 채권담보의 목적으로 전세권을 설정하였고, 그 설정과 동시에 목적물을 인도하지 아니한 경우라 하더라도, 장차 전세권자가 목적물을 사용 · 수익하는 것을 완전히 배제하는 것이 아니라면, 그 전세권의 효력을 부인할 수는 없다(대판 94다18508).

② 전세권이 성립한 후 전세목적물의 소유권이 이전된 경우, ⅰ) 전세권설정자는 모두 목적물의 소유권을 취득한 신소유자로 새길 수밖에 없다고 할 것이므로, ⅱ) 전세권은 전세권자와 목적물의 소유권을 취득한 신소유자 사이에서 계속 동일한 내용으로 존속하게 된다고 보아야 할 것이고, 따라서 ⅲ) 목적물의 신소유자는 전세권이 소멸하는 때에 전세권자에 대하여 전세권설정자의 지위에서 전세금반환의무를 부담하게 되고, 구소유자는 전세권설정자의 지위를 상실하여 전세금반환의무를 면하게 된다고 보아야 하고(대판 2006다6072), 전세금채권관계만이 따로 분리되어 전 소유자와 사이에 남아 있다고 할 수는 없다(대판 99다15122).

③ 전세권이 존속하는 동안은 전세권을 존속시키기로 하면서 전세금반환채권만을 전세권과 분리하여 확정적으로 양도하는 것은 허용되지 않는 것이며, 다만 전세권 존속 중에는 장래에 그 전세권이 소멸하는 경우에 전세금 반환채권이 발생하는 것을 조건으로 그 장래의 조건부 채권을 양도할 수 있을 뿐이라 할 것이다(대판 2001다69122).

61
중

논점 유치권의 효력 정답 ③

③ 유치권자는 채권의 변제를 받기 위하여 유치물을 경매할 수 있다. 다만 유치권자는 경매대가로부터 우선변제권이 없다.

62
중

논점 유치권의 효력 정답 ①

① ×. 유치권자는 채무자의 승낙 없이 유치물을 사용, 대여, 담보제공하지 못하며, 이를 위반한 경우 유치권 소멸을 청구할 수 있다.

④⑤ 경락인은 유치권자에 대하여 변제하지 아니하면 경매의 목적물의 명도를 청구할 수 없다(대판 72다1339). 다만, 유치권자는 경락인에 대하여 그 피담보채권의 변제가 있을 때까지 유치목적물인 부동산의 인도를 거절할 수 있을 뿐이고 그 피담보채권의 변제를 청구할 수는 없다(대판 95다8713).

63
중

논점 저당부동산의 제3취득자 보호방법 정답 ③

③ 제3취득자가 저당부동산에 지출한 필요비 · 유익비의 경우 저당부동산의 경매 대가에서 우선상환을 받을 수 있다.

> 제367조(제3취득자의 비용상환청구권)
> 저당물의 제3취득자가 그 부동산의 보존, 개량을 위하여 필요비 또는 유익비를 지출한 때에는 제203조제1항, 제2항의 규정에 의하여 저당물의 경매대가에서 우선상환을 받을 수 있다.

64
상

논점 근저당권의 효력 정답 ④

④ ×. 피담보채권이 확정된 후에 발생한 (원본)채권은 최고액의 범위 안에 있는 경우에도, 더 이상 당해 근저당권에 의하여 담보되지 않는다. 다만, 피담보채권이 확정되기 전에 발생한 원본채권에 대하여 피담보채권이 확정된 후에 발생한 이자 또는 지연배상은 여전히 근저당권에 의해 담보된다.

⑤ 경매신청에 의해 근저당권의 피담보채권액이 확정되는 경우 : ⅰ) 근저당권자가 경매를 신청하는 경우에는 경매신청시에 확정되고, ⅱ) 후순위권리자가 경매를 신청하는 경우에는 경낙대금 완납시에 확정된다.

65
중

논점 계약성립의 모습 정답 ⑤

⑤ ×. 명예퇴직의 신청은 근로계약에 대한 합의해지의 청약에 불과하여, 이에 대한 사용자의 승낙이 있어 근로계약이 합의해지되기 전에는 근로자가 임의로 그 청약의 의사표시를 철회할 수 있다(판례).

② 계약이 성립하기 위하여는 당사자의 서로 대립하는 수개의 의사표시의 객관적 합치가 필요하고 객관적 합치가 있다고 하기 위하여는 당사자의 의사표시에 나타나 있는 사항에 관하여는 모두 일치하고 있어야 한다.

③ 계약성립을 위한 의사표시의 객관적 합치 여부를 판단함에 있어, 처분문서인 계약서가 있는 경우 특별한 사정이 없는 한 계약서에 기재된 대로의 의사표시의 존재 및 내용을 인정하여야 하고, 계약을 체결함에 있어 당해 계약으로 인한 법률효과를 제대로 알지 못하였다 하더라도 이는 착오의 문제가 될 뿐이다.

66
상

논점 시이행의 항변권의 행사요건과 효과 정답 ②

② 부동산매매계약이 당사자 일방의 채무불이행으로 해제된 경우 매도인의 매매대금반환의무와 매수인의 소유권이전등기말소의무가 동시이행관계에 있다 하더라도, 매도인이 반환하여야 할 매매대금에는 받은 날로부터 법정이자를 부가하여 반환하여야 한다. 이 이자는 매매대금반환의무지체에 따른 지연배상이 아니라 부당이득반환의 일종이기 때문이다.

67
중

논점 제3자를 위한 계약의 법률관계 정답 ③

③ ×. 제3자의 권리가 생긴 후에는 원칙적으로 당사자는 제3자의 권리를 변경 또는 소멸시킬 수 없다.

① 제3자는 계약체결 당시에 현존하거나 특정될 필요는 없다. 따라서 태아 또는 설립중의 법인도 제3자가 될 수 있다. 다만 수익의 의사표시를 할 때에는 현존 · 특정되어야 한다.

68
하

논점 계약의 합의해제 정답 ①

① ×. 묵시적 합의해제도 인정된다.

> • 계약의 합의해제는 명시적으로 이루어진 경우뿐만 아니라 묵시적으로 이루어질 수도 있는 것으로, 계약의 성립 후에 당사자 쌍방의 계약실현 의사의 결여 또는 포기로 인하여 쌍방 모두 이행의 제공이나 최고에 이름이 없이 장기간 이를 방치하였다면, 그 계약은 당사자 쌍방이 계약을 실현하지 아니할 의사가 일치함으로써 묵시적으로 합의해제되었다고 해석함이 상당하다(대판 2004다37904).

③ 해제는 단독행위이고 합의해제는 계약이므로, 원칙적으로 단독행위인 해제에 관한 규정은 계약인 합의해제에는 적용되지 않는다.

⑤ 합의해제의 경우에도 원상회복의무가 발생한다.

> • 매매계약이 합의해제된 경우에도 매수인에게 이전되었던 소유권은 당연히 매도인에게 복귀하므로, 합의해제에 따른 매도인의 원상회복청구권은 소유권에 의한 물권적 청구권이라고 할 것이고, 이는 소멸시효의 대상이 되지 아니한다(대판 80다1968).

69
중

논점 법정해제권의 발생요건과 행사 정답 ⑤

⑤ ×. 당사자의 일방 또는 쌍방이 수인인 경우 해지나 해제의 권리가 당사자 1인에 대하여 소멸한 때에는 다른 당사자에 대하여도 소멸한다.

① 이행지체를 이유로 계약을 해제함에 있어 그 전제요건인 이행최고는 미리 일정한 기간을 명시하여 최고하여야 하는 것이 아니고, 최고한 때로부터 상당한 기간이 경과하면 해제권이 발생하는 것이며, 일정한 기간을 정하여 채무이행을 최고함과 동시에 그 기간 내에 이행이 없을 때에는 계약이 해제된다는 의사를 표시한 경우에는 그 기간의 경과로 그 계약은 해제된 것으로 볼 수 있다.

70
중

논점 계약금의 효력 정답 ③

③ ×. 매도인이 '계약금 일부만 지급된 경우 지급받은 금원의 배액을 상환하고 매매계약을 해제할 수 있다' 고 주장한 사안에서, 대법원은 '실제 교부받은 계약금' 의 배액만을 상환하여 매매계약을 해제할 수 있다면 이는 당사자가 일정한 금액을 계약금으로 정한 의사에 반하게 될 뿐 아니라, 교부받은 금원이 소액일 경우에는 사실상 계약을 자유로이 해제할 수 있어 계약의 구속력이 약화되는 결과가 되어 부당하기 때문에, 계약금 일부만 지급된 경우 수령자가 매매계약을 해제할 수 있다고 하더라도 해약금의 기준이 되는 금원은 '실제 교부받은 계약금' 이 아니라 '약정 계약금' 이라고 봄이 타당하므로, 매도인이 계약금의 일부로서 지급받은 금원의 배액을 상환하는 것으로는 매매계약을 해제할 수 없다고 판단하였다.(대판 2014다231378)

① 계약금 포기에 의한 계약해제의 경우, 채무불이행을 이유로 해제하는 것이 아니므로 상대방은 채무불이행을 이유로 손해배상을 청구할 수 없다(제565조 제2항).

④ 예를 들어, '매수인이 중도금지급을 지체하면 계약금을 몰수한다.' 와 같이 계약금을 계약위반(채무불이행)과 결부시키는 특약을 하게 되면 계약금은 위약계약금의 성질을 갖는다. 따라서 계약금이 위약계약금으로서 효력을 발생하려면 반드시 당사자 사이에 위약금특약이 있어야 한다.

71
하

논점 담보책임의 내용 정답 ③

③ 매도인의 담보책임 : 매수인에게 대금감액청구권, 계약해제권, 손해배상청구권, 출재액상환청구권, 완전물급부청구권이 인정된다.

72
하

논점 환매의 요건과 효과 정답 ①

② ×. ④ ×. 제591조

> 제591조 (환매기간)
> ① 환매기간은 부동산은 5년, 동산은 3년을 넘지 못한다. 약정기간이 이를 넘는 때에는 부동산은 5년, 동산은 3년으로 단축한다.
> ② 환매기간을 정한 때에는 다시 이를 연장하지 못한다.
> ③ 환매기간을 정하지 아니한 때에는 그 기간은 부동산은 5년, 동산은 3년으로 한다.

③ ×. 부동산의 환매계약이 체결되고 그것이 또한 등기된 경우에도, 매수인이 목적부동산을 제3자에 처분하는 경우, 그 행위자체는 유효하다. 다만 환매권자에게 대항하지 못한다.

⑤ ×. 환매의 의사표시만으로는 환매가 성립하지 않고 환매대금을 실제로 제공하여야 한다.(제594조 제1항)

> 제594조 (환매의 실행)
> ① 매도인은 기간 내에 대금과 매매비용을 매수인에게 제공하지 아니하면 환매할 권리를 잃는다.

73

중

논점 임차권의 양도, 목적물의 전대 정답 ②

① ×. 임차권을 무단으로 양도한 경우, 임대인은 임대차계약을 해지할 수 있으나 그 임차권의 양수인이 임차인과 부부로서 임차건물에 동거하면서 함께 가구점을 경영하고 있는 경우라면 그러한 임차권의 무단양도는 임대인에 대한 배신적 행위라고 볼 수 없어 임대인은 임대차계약을 해지할 수 없다.

③ ×. 임차인이 필요비를 지출한 경우에는 임차인은 임대차 기간 존속 중이라도 상환을 청구할 수 있으나, 유익비를 지출한 경우에는, 임대차 종료 후 가액증가가 현존한 때 한하여 지출한 금액이나 그 증가액의 상환을 청구할 수 있다.

④ ×. 임차인이 임대인의 동의를 얻어 임차물을 전대한 때에는 전차인은 직접 임대인에 대하여 의무를 부담하지만 직접 권리를 취득하지는 못한다. 따라서 전차인은 임대인에게 직접 수선을 요구하지 못하고 따라서 직접 비용상환을 청구하지 못한다.

⑤ ×. 임차권의 적법양도와는 달리 임대인의 동의 있는 전대차가 이루어진 경우, 임대인과 임차인의 종전 관계는 동일성을 유지한 채 그대로 존속한다.

② 건물의 임차인이 자신의 비용을 들여 증축한 부분을 임대인 소유로 귀속시키기로 하는 약정은 비용(유익비)상환청구권을 포기하는 약정으로 특별한 사정이 없는 한 유효이다.

74

중

논점 보증금 관련판례 정답 ④

④ ×. 임차보증금은 임대차보증금은 임대차계약이 종료된 후 임차인이 목적물을 인도할 때까지 발생하는 차임 및 기타 임차인의 채무를 담보하므로, 임대차계약이 종료된 후 임차인은 목적물을 반환하기 전까지는 특별한 사정이 없는 한 보증금이 있음을 이유로 연체차임의 지급을 거절할 수 없다. 반면에 임대인은 미리 보증금에서 연체차임을 충당할 수 있는 자유가 있다.

② 임대차기간 중 목적물의 소유권이 이전된 경우, 원칙적으로 구소유자(임대인)가 보증금반환의무를 부담하지만, 임차권이 대항력을 갖춘 경우 또는 임대인과 목적물양수인 간에 임대차관계의 승계합의가 있는 경우에는 신소유자가 보증금반환의무를 부담한다.

③ 임대인이 임차인을 상대로 차임연체로 인한 임대차계약의 해지를 원인으로 임대차목적물인 부동산의 인도 및 연체차임의 지급을 구하는 소송비용은 임대차관계에서 발생하는 임차인의 채무에 해당하므로 이를 반환할 임대차보증금에서 당연히 공제할 수 있다.

75

상

논점 주택임대차보호법상의 대항력의 의미 정답 ⑤

⑤ ×. 주택의 임차인이 제3자에 대하여 대항력을 구비한 후에 임대주택의 소유권이 양도된 경우에는 그 양수인이 임대인의 지위를 승계하게 되므로, 임대인의 임차보증금반환채무도 양수인에게 이전되는 것이고, 이와 같이 양수인이 임차보증금반환채무를 부담하게 된 이후에 임차인이 주민등록을 다른 곳으로 옮겼다 하여 이미 발생한 임차보증금반환채무가 소멸하는 것은 아니다.(대판 93다36615)

③ 주택임대차보호법상 주택의 인도 및 주민등록이라는 대항요건은 그 대항력 취득시에만 구비하면 족한 것이 아니고 그 대항력을 유지하기 위하여서도 계속 존속하고 있어야 한다.

76

하

논점 상가건물임대차보호법상의 계약갱신요구권 및 거절사유 정답 ②

② 임차인이 임차한 건물의 전부 또는 일부를 고의나 중대한 과실로 파손한 경우에 임차인의 갱신요구를 거절할 수 있다(상임법 제10조 제1항).

77

중

논점 집합건물의 관리 정답 ②

ㄴ. ×. 제17조(공용부분의 부담 · 수익) 각 공유자는 규약에 달리 정한 바가 없으면 그 지분의 비율에 따라 공용부분의 관리비용과 그 밖의 의무를 부담하며 공용부분에서 생기는 이익을 취득한다.

ㄹ. ×. 제18조(공용부분에 관하여 발생한 채권의 효력) 공유자가 공용부분에 관하여 다른 공유자에 대하여 가지는 채권은 그 특별승계인에 대하여도 행사할 수 있다.

78

상

논점 집합건물의 소유 및 관리에 관한 대법원판례 정답 ①

① ×. 구분건물의 전유부분에 대한 소유권보존등기만 경료되고 대지지분에 대한 등기가 경료되기 전에 전유부분만에 대해 내려진 가압류결정의 효력은, 대지사용권의 분리처분이 가능하도록 규약으로 정하였다는 등의 특별한 사정이 없는 한, 종물 내지 종된 권리인 그 대지권에까지 미친다(대판 2006다29020).

⑤ 집합건물의 구분소유자가 집합건물법의 관련 규정에 따라 관리단집회 결의나 다른 구분소유자의 동의 없이 공용부분의 전부 또는 일부를 독점적으로 점유 · 사용하고 있는 경우 다른 구분소유자는 공용부분의 보존행위로서 그 인도를 청구할 수는 없고, 특별한 사정이 없는 한 자신의 지분권에 기초하여 공용부분에 대한 방해 상태를 제거하거나 공동 점유를 방해하는 행위의 금지 등을 청구할 수 있다.(대판 2019다245822)

79

상

논점 가등기담보 등에 관한 법률의 적용범위 및 가등기담보권의 실행 정답 ④

④ ×. 후순위권리자는 가등기담보권자에 의한 청산금의 평가액이 부당히 낮게 평가되어 불만인 때에는 청산기간 내에 한하여 그 피담보채권의 변제기의 도래 전에도 목적부동산의 경매를 청구할 수 있다.(가담법 제12조 제2항)

② 가등기담보법은 등기 또는 등록할 수 있는 부동산 소유권 의외의 권리의 취득을 목적으로 하는 담보계약에도 준용되지만, 질권, 저당권, 전세권의 취득을 목적으로 하는 담보계약에는 준용되지 않는다.

③ 가등기담보권자가 채무자 등에게 통지한 청산금의 액수가 객관적인 청산금의 평가액에 미치지 못하더라도, 담보권실행의 통지로서의 효력이나 청산기간의 진행에는 아무런 영향이 없다.

80

중

논점 부동산실권리자 명의등기에 관한 법률의 적용(조문) **정답** ④

④ ×. 부동산의 특정된 부분을 2인 이상이 구분소유하면서 공유로 등기하는 소위 상호명의 신탁은 위 법이 무효로 하는 명의신탁약정에 해당되지 않는다.

① 제1조(목적) 이 법은 부동산에 관한 소유권과 그 밖의 물권을 실체적 권리관계와 일치하도록 실권리자 명의(名義)로 등기하게 함으로써 부동산등기제도를 악용한 투기 · 탈세 · 탈법행위 등 반사회적 행위를 방지하고 부동산 거래의 정상화와 부동산 가격의 안정을 도모하여 국민경제의 건전한 발전에 이바지함을 목적으로 한다.

②⑤

> 제4조(명의신탁약정의 효력)
>
> ① 명의신탁약정은 무효로 한다.
>
> ② 명의신탁약정에 따른 등기로 이루어진 부동산에 관한 물권변동은 무효로 한다. 다만, 부동산에 관한 물권을 취득하기 위한 계약에서 명의수탁자가 어느 한쪽 당사자가 되고 상대방 당사자는 명의신탁약정이 있다는 사실을 알지 못한 경우에는 그러하지 아니하다.
>
> ③ 제1항 및 제2항의 무효는 제3자에게 대항하지 못한다.

③④

> 제2조(정의)
>
> 이 법에서 사용하는 용어의 뜻은 다음과 같다.
>
> 1. "명의신탁약정"이란 부동산에 관한 소유권이나 그 밖의 물권(이하 "부동산에 관한 물권"이라 한다)을 보유한 자 또는 사실상 취득하거나 취득하려고 하는 자[이하 "실권리자"라 한다]가 타인과의 사이에서 대내적으로는 실권리자가 부동산에 관한 물권을 보유하거나 보유하기로 하고 그에 관한 등기(가등기를 포함한다. 이하 같다)는 그 타인의 명의로 하기로 하는 약정[위임 · 위탁매매의 형식에 의하거나 추인에 의한 경우를 포함한다]을 말한다. 다만, 다음 각 목의 경우는 제외한다.
>
>   가. 채무의 변제를 담보하기 위하여 채권자가 부동산에 관한 물권을 이전(移轉)받거나 가등기하는 경우
>
>   나. 부동산의 위치와 면적을 특정하여 2인 이상이 구분소유하기로 하는 약정을 하고 그 구분소유자의 공유로 등기하는 경우
>
>   다. 「신탁법」 또는 「자본시장과 금융투자업에 관한 법률」에 따른 신탁재산인 사실을 등기한 경우

제5회 실전모의고사 정답 & 해설

정답

1	2	3	4	5	6	7	8	9	10	11	12	13	14	15	16	17	18	19	20
③	⑤	③	③	⑤	⑤	④	②	⑤	④	⑤	④	②	③	④	③	④	④	①	④
21	22	23	24	25	26	27	28	29	30	31	32	33	34	35	36	37	38	39	40
③	②	⑤	①	⑤	④	①	③	④	④	①	③	②	⑤	④	④	②	①	③	②
41	42	43	44	45	46	47	48	49	50	51	52	53	54	55	56	57	58	59	60
③	②	③	②	①	⑤	⑤	①	②	⑤	③	④	②	⑤	④	⑤	①	④	③	①
61	62	63	64	65	66	67	68	69	70	71	72	73	74	75	76	77	78	79	80
①	①	②	①	③	④	⑤	④	②	③	①	①	⑤	①	②	④	③	①	②	②

제1과목: 부동산학개론

1
하

논점 부동산 개념에 대한 내용 정답 ③

① 복합 개념 ⇨ 복합부동산
② 민법 제99조 제1항에 규정된 '토지 및 그 정착물' 은 협의의 부동산이다.
④ 임차인이 부착한 임차인정착물은 동산으로 간주된다.
⑤ 준부동산은 부동산과 유사한 공시 수단을 가지고 있다.

2
하

논점 토지의 자연적 특성 이해 정답 ⑤

토지의 개별성 때문에 발생하는 현상이다.

3
중

논점 부동산학 기초개념의 이해 정답 ③

옳은 것은 ㉠, ㉡, ㉢, ㉣ 4개이다.
㉤ 부동산 마케팅활동, 관리활동, 감정평가활동 등은 부동산 결정지원분야에 해당된다. 부동산 결정분야에는 부동산 투자활동, 개발활동, 금융활동 등이 해당된다.

4
하

논점 토지의 용어 이해 정답 ③

이행지가 아니라 후보지에 대한 설명이다. 이행지란 용도지역 내에서 용도변경이 진행 중인 토지를 말한다.

5
중

논점 균형의 이동에 따른 개념 정답 ⑤

수요의 증가폭과 공급의 감소폭의 변화의 크기를 알 수 없다면, 균형가격은 상승하고 균형량의 변화는 알 수 없다.

6
중

논점 부동산 공급의 개념 정답 ⑤

급격한 인플레는 주택임대업자의 실질임대수입을 감소시키는 경향이 있다. 따라서 임대업자는 인플레에 따른 임대료 손실분을 임대료 상승을 통해 임차인에게 전가하는 것이 일반적이다.

7
중

논점 수요와 공급의 탄력성 개념 정답 ④

수요가 증가할 때 공급이 비탄력적일수록 균형가격 상승폭은 커진다.

8
중

논점 수요의 탄력성 계산문제 정답 ②

수요의 가격탄력성이 0.5이므로 아파트 가격이 10% 상승하면 수요량은 5%가 감소해야 하는데 오히려 5%가 증가하였다는 것은 소득의 증가로 인한 수요 증가 때문이다. 그러므로 소득탄력성이 2일 때 수요가 10% 상승하려면 소득은 5%가 상승하면 된다.

9
중

논점 거미집 모형 계산문제 정답 ⑤

A 주택시장: 발산형
① 수요곡선 기울기 절댓값: 3
② 공급곡선 기울기 값: 0.5
B 주택시장: 발산형
① 수요곡선 기울기 절댓값: 0.5
② 공급곡선 기울기 값: 0.2

10
중

논점 지대이론의 내용 정답 ④

① 차액지대는 지대 발생 원인으로 비옥도를 중시한다.
② 준지대는 일시적으로 나타나며 영구적으로는 소멸한다.
③ 토지의 사적소유가 지대의 발생 원인이 되므로 마르크스의 절대지대이다.
⑤ 입찰지대란 토지이용자가 지대로 지불하고자 하는 최대가능액이다.

11
하

논점 부동산 경기변동의 개념 | 정답 ⑤

후퇴시장의 전 국면은 상향시장이다. 상향시장은 부동산 경기가 후퇴할 가능성을 내포한다.

12
중

논점 상업입지론 개념 | 정답 ④

옳은 것은 ㉠, ㉢, ㉣이다.

㉡ 중력모형(gravity model)이란 주로 허프 모형을 말하는 것으로 분석의 대상은 중심지간의 상호작용 즉, 각 중심지의 시장점유율 또는 예상매출액 파악에 중점을 두고 있다. 크리스탈러의 중심지이론이 중심지 형성과정을 설명하는 모형이다. 여기서 중심지 형성과정이란 중심지의 규모와 공간적 배열상태를 말한다.

13
중

논점 컨버스의 상권분기점 계산문제 | 정답 ②

상권의 경계는 B매장으로부터 6km이다.

- 컨버스의 분기점 공식

$$\bullet\ D_A = \frac{D_{AB}}{1+\sqrt{\frac{Pb}{Pa}}} = \frac{9}{1+\sqrt{\frac{4,000}{1,000}}} = 3km$$

$$\bullet\ D_B = \frac{D_{AB}}{1+\sqrt{\frac{Pa}{Pb}}} = \frac{9}{1+\sqrt{\frac{1,000}{4,000}}} = 6km$$

14
하

논점 효율적 시장이론 개념 | 정답 ③

과거의 추세를 토대로 시장가치 변동을 분석하는 것을 기술적 분석, 현재 공개된 자료로 이를 분석하는 것을 기본적 분석이라 한다.

15
하

논점 외부효과의 내용 | 정답 ④

① 거래당사자 ⇨ 제3자
② 과대생산 ⇨ 과소생산
③ 외부불경제 ⇨ 외부경제
⑤ 의도적인 ⇨ 의도하지 않은

16
하

논점 임대료상한제의 개념 | 정답 ③

임대료 규제로 인해 민간임대주택 공급이 감소하게 된다. 그래서 주택부족현상이 심화되어 임차인들의 주거 이동은 제한된다.

17
하

논점 도시내부구조이론 개념 | 정답 ④

최초의 도시내부구조이론은 버제스의 동심원이론이며, 이것을 더욱 발전시킨 것이 호이트의 선형이론이다.

18
하

논점 부동산 정책 기초개념 | 정답 ④

임대료 보조제도는 정부의 간접적 개입수단이다.

19
중

논점 분양가상한제의 내용파악 | 정답 ①

옳은 지문은 ㄱ, ㄴ, ㄹ이다.

ㄷ. 분양가상한제가 실시되면 공급자의 수익성 저하로 장기적으로 신규 공동주택의 공급이 위축된다.

20
하

논점 부동산 조세의 구분 | 정답 ④

보유과세이면서 국세인 조세는 종합부동산세이다.

21
하

논점 부동산 조세정책의 효과 | 정답 ③

① 취득세 중과는 부동산 거래를 위축시킬 수 있다.
② 임대주택에 대한 재산세 부과로 임대주택의 공급 감소로 임대료는 상승하고 거래량은 감소한다.
④ 임대주택에 재산세가 부과되면 부과된 세금은 장기적으로 임차인에게 전가된다.
⑤ 주택의 취득세율이 인하되면, 주택의 수요 증가로 이어져 주택 가격은 상승한다.

22
하

논점 토지정책의 수단 | 정답 ②

토지이용규제	직접개입	간접개입
① 용도지역지구제 ② 토지거래허가구역 ③ 건축규제 ④ 도시계획 ⑤ 건축인 · 허가제 등	① 토지비축제도 ② 공영개발 ③ 수용, 선매 ④ 분양가상한제 ⑤ 공공임대주택 등	① 부동산 조세 ② 보조금, 부담금 ③ 부동산금융 정책 ④ 실거래가신고제 ⑤ 부동산공시가격제도 등

23
중

논점 토지정책 수단의 유형 | 정답 ⑤

① 토지비축제, 토지수용은 토지정책 수단 중 직접개입방식이다.
② 개발부담금제 → 개발권양도제도
③ 강제로 수용 → 협의 매수
④ 개발권양도제도 → 개발부담금제

24
중

논점 토지정책 수단의 유형 | 정답 ①

ㄱ. 종합토지세, ㄴ. 공한지세, ㄹ. 택지소유상한제는 현재 폐지된 제도이다.

25

하

논점 부동산투자에서 위험의 내용 정답 ⑤

부채비율이 높을수록 이자 부담의 증가로 파산할 위험, 즉 금융적 위험은 증가한다.

26

중

논점 부동산투자에서 자기자본수익률 산정 정답 ④

- 자기자본수익률 $= \dfrac{\text{세전현금흐름} + \text{가격상승분}}{\text{지분투자액}}$

ㄱ. 지분투자액 : 4억 원

ㄴ. 자기자본수익률:

$$\frac{7{,}000\text{만 원} - (6\text{억 원} \times 0.04) + (10\text{억 원} \times 0.02)}{4\text{억 원}} = 0.165(16.5\%)$$

27

하

논점 부동산투자에서 현금흐름 산정 정답 ①

소득세, 부채서비스액, 공실손실상당액, 대손충당금, 감가상각비 등은 영업경비에 포함되지 않는다.

28

하

논점 부동산투자에서 수익률의 개념 정답 ③

장래 기대되는 수익의 흐름이 주어졌을 때, 요구수익률이 클수록 부동산의 가치는 작아진다.

29

중

논점 순현가와 수익성지수 계산 정답 ④

ㄱ. 현금유입의 현가
: (1,000만원 × 0.95) + (1,200만원 × 0.9) = 2,030만원

ㄴ. 현금유출의 현가
: (800만원 × 0.95) + (960만원 × 0.9) = 1,624만원

ㄷ. 순현재가치(= 현금유입의 현가−현금유출의 현가)
: 406만원 = 2,030만−1,624만

ㄹ. 수익성지수(= 현금유입의 현가 / 현금유출의 현가)
: 1.25 = 2,030만원 / 1,624만원

30

중

논점 주택저당증권(MBS)의 이해 정답 ④

주택저당담보부채권(MBB)은 모기지 풀에서 발생하는 현금흐름 및 관련 위험을 증권발행기관이 보유한다.

31

하

논점 부동산투자회사법의 이해 정답 ①

② 10억 → 3억 ③ 3억 → 5억
④ 100억 → 50억 ⑤ 국토교통부 → 금융위원회

32

중

논점 토지(개발)신탁의 이해 정답 ③

부동산신탁회사 ↔ 위탁자, 개발신탁에서 시행자가 부동산신탁회사이므로 시공자(건설회사)는 공사대금을 위탁자가 아닌 부동산신탁회사에 청구한다.

33

하

논점 부동산 마케팅의 유형 정답 ②

① 공급자의 전략차원으로 표적시장을 선점하거나 틈새시장을 점유하는 마케팅은 시장점유 마케팅이다.

③ 수요자 집단을 인구·경제학적 특성에 따라 세분하고, 세분된 시장에 있어서 상품의 판매지향점을 분명히 하는 전략은 시장세분화 전략이다.

④ 동일한 표적시장을 갖는 다양한 공급경쟁자들 사이에서 자신의 상품을 어디에 위치시킬 것인가 하는 전략은 차별화(포지셔닝) 전략이다.

⑤ 아파트 1층에 단독정원을 둔다든가 가정 자동화기기 설치, 녹지공간의 극대화 등은 4P MIX 전략 중 제품차별화 전략에 속한다.

34

하

논점 부동산 관리의 유형 정답 ⑤

① 법률적 측면의 부동산 관리는 부동산의 유용성을 보호하기 위하여 법률상의 제반 조치를 취함으로써 법적인 보장을 확보하려는 것이다.

② 시설관리(facility management)는 부동산시설을 운영하고 유지하는 것으로 시설사용자나 기업의 요구에 따르는 소극적 관리에 해당한다.

③ 직접(자가)관리방식은 간접(위탁)관리방식에 비해 기밀 유지에 유리하고 의사결정이 신속한 경향이 있다.

④ 임차 부동산에서 발생하는 총수입의 일정비율을 임대료로 지불한다면, 이는 임대차의 유형 중 비율임대차 방식에 속한다.

35

하

논점 SOC사업에서 민간투자방식의 이해 정답 ④

BTL방식이란 민간이 자금을 투자해 공공시설을 건설(Build)후, 시설 완공시점에서 소유권을 정부에 이전(Transfer)되며, 사업시행자에게 일정기간의 시설관리운영권을 인정하되 그 시설을 정부가 협약에서 정한 기간 동안 임차(Lease)하여 사용·수익하는 방식이다.

36

하

논점 감정평가에 관한 규칙상 용어의 정의 정답 ④

공시지가기준법 ⇨ 거래사례비교법

"공시지가기준법" 이란 「감정평가 및 감정평가사에 관한 법률」에 따라 감정평가의 대상이 된 토지와 가치형성요인이 같거나 비슷하여 유사한 이용가치를 지닌다고 인정되는 표준지의 공시지가를 기준으로 대상토지의 현황에 맞게 시점수정, 지역요인 및 개별요인 비교, 그 밖의 요인의 보정(補正)을 거쳐 대상토지의 가액을 산정하는 감정평가방법을 말한다.

37

하

논점 지역분석과 개별분석의 개념 정답 ②

기능적 감가 ⇨ 경제적 감가, 대상물건의 물리적, 기능적 감가는 개별분석에서 파악 가능한다.

38

중

논점 원가법을 통한 적산가액 산정 정답 ①

ㄱ. 적산가액 = 재조달원가 - 감가누계액

ㄴ. 감가액= 5억 - 5천만/50년 = 900만

ㄷ. 감가누계액 = 900만 × 5년 = 4,500만

ㄹ. 적산가액 = 5억 - 4,500만 = 4억5,500만원

39

중

논점 원가법 중 감가수정방법의 이해 정답 ③

정률법은 매년 감가율은 일정하며, 감가가 진행됨에 따라 매년 감가액은 체감한다. 그리고 당연히 감가누계액은 증가한다.

40

중

논점 표준지공시지가 이의신청의 내용 정답 ②

부동산 가격공시에 관한 법률 제7조(표준지공시지가에 대한 이의신청)

① 표준지공시지가에 이의가 있는 자는 그 공시일부터 30일 이내에 서면으로 국토교통부장관에게 이의를 신청할 수 있다.

② 국토교통부장관은 제1항에 따른 이의신청 기간이 만료된 날부터 30일 이내에 이의신청을 심사하여 그 결과를 신청인에게 서면으로 통지하여야 한다. 이 경우 국토교통부장관은 이의신청의 내용이 타당하다고 인정될 때에는 제3조에 따라 해당 표준지공시지가를 조정하여 다시 공시하여야 한다.

제2과목: 민법 및 민사특별법 중 부동산중개에 관련되는 규정

41

하

논점 법정추인 인정여부 정답 ③

취소권자(추인권자)가 이행청구를 하는 경우에 한하며 취소권자가 상대방으로부터 이행의 청구를 받은 경우(취소권자의 상대방이 이행청구 경우)는 법정추인에서 제외된다.

①②④⑤제145조 법정추인사유에 해당한다.

42

중

논점 목적의 적법성 정답 ②

법률행위 목적은「확정성」「가능성」「적법성」「사회적타당성」의 요건을 갖추어야 한다. 법률행위의 해석에 의해서도 그 내용을 확정할 수 없거나, 그 해석을 통해 그 내용이 확정된 경우에도 그 내용의 실현이 불가능하거나 그 내용이 강행규정에 위반하거나 선량한 풍속 기타 사회질서에 위반하는 경우에는 그 법률행위는 무효가 된다. 또한 이 무효는 절대적인 것이어서 선의의 제3자에게 대항할 수 있다.

① (×) 법률행위의 목적은 그 내용을 확정할 수 있어야 한다. 그러나 법률행위 성립 당시에 구체적으로 확정될 필요는 없고 장차 확정할 수 있는 표준이 있으면 이 요건을 갖추는 것이 된다. 해석에 의해서도 그 내용을 확정할 수 없는 경우에는 그 법률행위는 무효이다. - 매매계약에서는 매매 목적물과 대금은 반드시 그 계약 체결 당시에 구체적으로 특정될 필요는 없으며, 이를 사후에라도 구체적으로 확정할 수 있는 방법과 기준이 정하여져 있으면 족하다(대법원 1996.4.26. 선고 94다34432 판결).

② (○) ③ (×) 원시적 불능은 법률행위 성립 당시에 이미 불능인 것이고, 후발적 불능은 법률행위의 성립 당시에는 불능이 아니었으나 그 이후에 불능이 된 것이다. 예컨대 가옥의 매매계약에 있어서 매매계약 체결 전날에 가옥이 불타 버린 경우는 원시적 불능이고, 계약이 체결된 후 이행이 있기 전에 가옥이 불탄 경우는 후발적 불능이다. 법률행위의 목적이 원시적 불능인 경우에는 무효이고, 535조 계약체결상의 과실책임이 문제된다. 그런데 후발적 불능인 경우에는 법률행위가 당연히 무효가 되는 것은 아니다. 예컨대 채권이 성립한 후에 채무자의 귀책사유로 그 이행이 불가능하게 된 경우, 본래의 급부를 목적으로 하는 청구권은 소멸하고 그에 갈음하는 손해배상청구권(전보배상)이 성립한다(390조). 또한 계약의 경우 계약해제권이 발생한다(546조).

④ (×) 강행규정의 위반으로 인한 무효는 선의의 제3자에게 대항할 수 있다.

⑤ (×) 선량한 풍속 기타 사회질서에 위반한 사항을 내용으로 하는 법률행위는 무효로 한다(103조). 그 결과 법률행위는 설사 개별적인 강행규정에 위반하지 않을지라도, 경우에 따라서 사회적 타당성이 없다는 이유로 무효가 될 수 있다.

43

중

논점 비진의표시의 판례이론 정답 ③

표의자가 강박에 의해서나마 증여를 하기로 하고 그에 따른 증여의 의사표시를 한 이상 증여의 내심의 효과의사가 결여된 것이라고 할 수는 없다[92다41528].

① 비진의 표시는 표시된 대로 효과가 발생한다(제107조 제1항 본문).

② 진의아닌 의사표시가 대리인에 의하여 이루어지고 그 대리인의 진의가 본인의 이익이나 의사에 반하여 자기 또는 제3자의 이익을 위한 배임적인 것임을 그 상대방이 알거나 알 수 있었을 경우에는 민법 제107조 제1항 단서의 유추해석상 그 대리인의 행위는 본인의 대리행위로 성립할 수 없다 하겠으므로 본인은 대리인의 행위에 대하여 아무런 책임이 없다[86다카1004).

④ 제107조 제1항 단서

⑤ 법률상 또는 사실상의 장애로 자기명의로 대출받을 수 없는 자(甲)를 위해 대출금채무자로서의 명의를 빌려준 乙이 자기명의로 대출을 받아 그 자금을 甲이 사용하도록 한 경우 특별한 사정이 없는 한 乙의 의사는 채무부담의 의사가 없는 것이라고 할 수 없으므로, 진의있는 의사표시이다[97다8403). 따라서 상대방인 은행이 이러한 사실을 알았거나 알 수 있었을 경우에도 대출금명의를 빌려준 乙은 무효를 주장할 수 없다.

44

중

논점 부동산 은닉행위 정답 ②

甲이 乙에게 증여사실을 감추기 위해 매매계약서를 작성한 경우 매매는 가장행위이고 증여는 은닉행위이다. 가장행위인 매매가 무효라고 해도 은닉행위인 증여가 증여로서의 요건을 갖추었다면 증여계약은 유효하다. 즉, 甲과 乙 사이에 가장매매에 기한 등기는 무효이나 그 등기가 실체관계에 부합하게 되면 乙명의의 등기는 유효하므로 甲은 乙을 상대로 이전등기의 말소를 청구 할 수 없고, 乙로부터 양수받은 제3자 丙이 악의이더라도 甲 또는 乙은 丙을 상대로 등기의 말소를 청구할 수도 없다.

45

상

논점 착오의 취소 정답 ①

상대방이 착오자의 진의에 동의한 경우 착오를 일의키지 않은 경우와 결과적으로 차이가 없어 이는 중요부분에 관한 착오가 아니므로 취소할 수 없다.

46

하

논점 복임행위 인정여부 정답 ⑤

대리의 목적인 법률행위의 성질상 대리인 자신에 의한 처리가 필요하지 않은 경우에는 본인이 복대리 금지의 의사를 명시하지 않는 한 복대리인의 선임에 관해 묵시적인 승낙이 있는 것으로 보는 것이 타당하고, 복대리인 선임을 본인이 사후에 추인하는 것도 가능하다[94다30690). 그러나 오피스텔의 분양업무는 복대리인 선임시 본인의 명시적인 동의가 필요하다[94다30690).

① 복대리인은 대리인의 감독을 받을 뿐만 아니라 대리권의 존립과 범위에 있어 대리인의 대리권에 의존한다. 따라서 복대리인의 권한은 대리인의 권한을 초과할 수 없고, 대리인의 대리권은 복대리인 선임에 의하여 소멸되지 않는다.

② 대리인이 대리권 소멸 후 직접 상대방과 사이에 대리행위를 하는 경우는 물론 대리인이 대리권 소멸 후 복대리인을 선임하여 복대리인으로 하여금 상대방과 사이에 대리행위를 하도록 한 경우에도, 상대방이 대리권 소멸 사실을 알지 못하여 복대리인에게 적법한 대리권이 있는 것으로 믿었고 그와 같이 믿은 데 과실이 없다면 민법 제129조에 의한 표현대리가 성립할 수 있다[97다55317).

③ 복대리인은 대리인이 자신의 이름으로 선임한 자이므로 대리인의 복임행위는 대리행위가 아니라 수권행위이다.

④ 복대리인이 본인에게 손해를 입힌 경우에 법정대리인은 원칙적으로 본인에 대해 법정무과실 책임을 지는 것이지 선임 및 감독 의무위반을 이유로 본인에게 손해배상 책임을 지는것이 아니다(제122조 본문). 그러나 부득이한 사유로 복대리인을 선임한 경우에는 선임 · 감독의 과실책임을 진다(제122조 단서).

47

상

논점 표현대리의 범위 정답 ⑤

① 복대리인 선임권이 없는 대리인에 의해 선임된 복대리인이 대리인의 대리권 외의 행위를 한 경우도 제126조의 기본대리권이 될 수 있다[97다48982).

② 정당한 이유의 존부는 자칭 대리인의 대리행위가 행해질 때에 존재하는 제반사정을 객관적으로 관찰하여 판단해야 하는 것이지 당해 법률행위가 이루어지고 난 훨씬 뒤의 사정을 고려하여 그 존부를 결정해야 하는 것은 아니다[86다카2475).

③, ⑤ 기본대리권이 등기신청행위(공법상 행위)라 할지라도 표현대리인이 그 권한을 유월하여 대물변제(사법상 행위)를 한 경우에는 표현대리의 법리가 적용된다[78다282). 임야불하동업계약 체결 권한만을 가진 자가 본인의 부동산 처분을 한 경우 표현대리가 성립할 수 있다[63다418).따라서 표현대리행위는 기본대리권과 동종 · 유사할 필요 없고, 이종 · 별개라도 무방하다.

④ 총유물의 관리 및 처분에 관해 정관이나 규약의 정함이 없는데도 재건축조합의 대표자인 조합장(비법인사단의 교회의 대표자[2006다23312), 종중의 대표자[2001다57679), 학교법인의 대표자[83다548)이 조합총회의 결의를 거쳐야 하는 조합원 총유에 속하는 재산의 처분에 관하여는 조합원 총회의 결의를 거치지 아니하고 주택조합의 대표자가 행한 총유물인 이 사건 상가건물을 처분한 경우에 그 재산처분행위는 무효이다[2000다10246). 따라서 제126조 표현대리에 관한 규정이 적용되지 아니한다.

48

중

논점 계약의 무권대리 정답 ①

대리권없는 자가 타인의 대리인으로 계약을 한 경우에 상대방은 상당한 기간을 정하여 본인에게 그 추인여부의 확답을 최고할 수 있다. 본인이 그 기간내에 확답을 발하지 아니한 때에는 추인을 거절한 것으로 본다.(제131조)

② 乙이 대리권 없이 甲 소유 부동산을 丙에게 매도하여 소유권이전등기를 경료해준 후 乙이 甲을 상속한 경우, 원래 자신의 매매행위가 무권대리 행위여서 무효였다는 이유로 소유권이전등기의 말소를 청구(추인거절)하는 것은 금반언의 원칙이나 신의성실의 원칙에 반하여 허용될 수 없다[94다20617].

③ 추인은 상대방이나 무권대리인의 동의나 승낙을 필요로 하지 않는 본인의 일방적 의사표시인 단독행위이고[81다카549], 따라서 추인은 의사표시 전부에 대해 행해져야 하고 그 일부에 대해 추인하거나 그 내용을 변경하여 추인한 경우에는 상대방의 동의를 얻지 못하는 한 무효이다[81다카549].

④ 다른 자의 대리인으로서 계약을 맺은 자가 그 대리권을 증명하지 못하고 또 본인의 추인을 받지 못한 경우에는 그는 상대방 丙의 선택에 따라 계약을 이행할 책임 또는 손해를 배상할 책임이 있다.(제135조 제1항)

⑤ 甲이 丙에게 추인하면 무권대리행위는 다른 의사표시가 없는 때에는 계약시에 소급하여 그 효력이 생기므로 丙은 매매계약을 철회할 수 없다.(제133조)

49

중

논점 취소행위의 추인 정답 ②

① (×) 제한능력자는 자기가 한 법률행위를 단독으로 취소할 수 있다(140조). 이렇게 제한능력자가 스스로 취소하면, 법정대리인의 동의가 없었다고 하는 것을 내세워 그 취소를 다시 취소할 수 없다.

② (○) 취소권은 추인할 수 있는 날로부터 3년 내에 법률행위를 한 날로부터 10년 내에 행사하여야 한다(146조). 미성년자가 법률행위를 한 경우에, 그가 성년자가 된 날로부터 3년, 법정대리인이 미성년자의 법률행위를 안 날로부터 3년, 그 법률행위를 한 날로부터 10년 중 어느 것이든 먼저 경과하면 취소권은 소멸한다.

③ (×) 민법 제141조는 "취소한 법률행위는 처음부터 무효인 것으로 본다. 그러나 제한능력자는 그 행위로 인하여 받은 이익이 현존하는 한도에서 상환할 책임이 있다." 고 규정하고 있는데, 제한능력자의 책임을 제한한 위 조항의 단서는 부당이득에 있어 수익자의 반환범위를 정한 민법 제748조의 특칙으로서 제한능력자의 보호를 위해 그 선의·악의를 묻지 아니하고 반환범위를 현존 이익에 한정시키려는 데 그 취지가 있다(대법원 2009.1.15. 선고 2008다58367 판결).

④ (×) 취소할 수 있는 법률행위의 추인은 취소의 원인이 소멸된 후에 하여야만 효력이 있다(144조 1항). 즉 제한능력자는 능력자가 된 뒤에, 착오 · 사기 · 강박에 의하여 의사표시를 한 자는 착오 · 사기 · 강박의 상태에서 벗어난 뒤에 하여야 한다. 취소원인이 소멸하기 전에 한 추인은 추인으로서의 효력이 없다. 따라서 甲은 미성년자인 상태에서는 단독으로 추인할 수는 없고, 법정대리인 丙의 동의를 얻어 추인할 수 있다.

⑤ (×) 취소할 수 있는 법률행위의 추인은 취소권의 포기이므로 취소할 수 있는 행위임을 알고 해야 추인으로서의 효력이 생긴다. 이 점에서 이를 모르더라도 일정한 사실이 있으면 당연히 추인이 되는 법정추인과 다르다.

50

하

논점 기한의 이익 정답 ⑤

기한이익 상실의 특약은 그 내용에 의하여 일정한 사유가 발생하면 채권자의 청구 등을 요함이 없이 당연히 기한의 이익이 상실되어 이행기가 도래하는 것으로 하는 정지조건부 기한이익 상실의 특약과 일정한 사유가 발생한 후 채권자의 통지나 청구 등 채권자의 의사행위를 기다려 비로소 이행기가 도래하는 것으로 하는 형성권적 기한이익 상실의 특약의 두 가지로 대별할 수 있고, 일반적으로 기한이익 상실의 특약이 채권자를 위하여 둔 것인 점에 비추어 명백히 정지조건부 기한이익 상실의 특약이라고 볼 만한 특별한 사정이 없는 이상 형성권적 기한이익 상실의 특약으로 추정하는 것이 타당하다[2008다42416,42423].

① 조건의 성취가 미정한 권리의무는 일반규정에 따라 처분 · 상속 · 보존(가등기) 또는 담보로 할 수 있다(제149조).

② 정지조건부 법률행위는 조건 성취시 부터 법률행위의 효력이 생기고 조건이 불성취로 확정되면 법률행위는 확정적으로 무효가 된다[2004다3319].

③ 기성조건(+)이 정지조건(+)이면 조건없는 법률행위(+)로 되고, (기성조건 이) 해제조건(−)이면 그 법률행위는 무효(−)이다. 정지조건부 화해계약 당시 이미 그 조건이 성취(기성조건) 되었다면 이는 무조건 화해계약이다[4292민상679].

④ 조건부 법률행위에 있어 조건의 내용 자체가 불법적인 것이어서 무효일 경우 또는 조건을 붙이는 것이 허용되지 아니하는 법률행위에 조건을 붙인 경우 그 조건만을 분리하여 무효로 할 수는 없고 그 법률행위 전부가 무효로 된다(2005마541).

51

중

논점 소유권에 기인한 물권적청구권 정답 ③

①,②,③ 건물의 소유자가 그 건물의 소유를 통하여 타인 소유의 토지를 점유하고 있다고 하더라도 그 토지 소유자로서는 그 건물의 철거와 그 대지 부분의 인도를 청구할 수 있을 뿐, 자기 소유의 건물을 점유하고 있는 자에 대하여 그 건물에서 퇴거할 것을 청구할 수는 없다.(대법원 1999.07.09. 선고 98다57457)

④ 건물이 그 존립을 위한 토지사용권을 갖추지 못하여 토지의 소유자가 건물의 소유자에 대하여 당해 건물의 철거 및 그 대지의 인도를 청구할 수 있는 경우에라도 건물소유자가 아닌 사람이 건물을 점유하고 있다면 토지소유자는 그 건물 점유를 제거하지 아니하는 한 위의 건물 철거 등을 실행할 수 없다. 따라서 그때 토지소유권은 위와 같은 점유에 의하여 그 원만한 실현을 방해당하고 있다고 할 것이므로, 토지소유자는 자신의 소유권에 기한 방해배제로서 건물점유자에 대하여 건물로부터의 퇴출을 청구할 수 있다. 그리고 이는 건물점유자가 건물소유자로부터의 임차인으로서 그 건물임차권이 이른바 대항력을 가진다고 해서 달라지지 아니한다.(대법원 2010.08.19. 선고 2010다43801)

⑤ 건물철거는 그 소유권의 종국적 처분에 해당하는 사실행위이므로 원칙으로는 그 소유자(등기명의자)에게만 그 철거처분권이 있다고 할 것이나 그 건물을 매수하여 점유하고 있는 자는 등기부상 아직 소유자로서의 등기명의가 없다 하더라도 그 권리의 범위내에서 그 점유중인 건물에 대하여 법률상 또는 사실상 처분을 할 수 있는 지위에 있고 그 건물이 건립되어 있어 불법으로 점유를 당하고 있는 토지소유자는 위와 같은 지위에 있는 건물점유자에게 그 철거를 구할 수 있다.(대법원 1986.12.23. 선고 86다카1751)

52

중

논점 물권의 소멸사유 **정답** ④

① (○) 토지소유권의 상실 원인이 되는 포락이라 함은 토지가 바닷물에 개먹어 무너져 바다에 떨어져 그 원상복구가 불가능한 상태에 이르렀을 때를 말하고, 그 원상회복의 불가능 여부는 포락 당시를 기준으로 판단하여야 한다(대법원 2000.12.8. 선고 99다11687 판결). 토지가 포락되어 토지로서의 효용을 상실하였을 때에는 그 토지에 관한 사권은 포락으로 인하여 영구히 소멸된 것이고, 그 후 포락된 토지가 다시 성토화되었다고 할지라도 종전의 사권이 다시 되살아나 종전의 소유권자가 다시 소유권을 취득할 수는 없는 것이다(대법원 1983. 12.27. 선고 83다카1561 판결). 한편 포락으로 인한 사권의 소멸은 이를 주장하는 자가 입증하여야 한다(대법원 1992.6.9. 선고 91다43640 판결).

② (○) 소유권 이외의 물권(甲의 지상권)과 그를 목적으로 하는 다른 권리(지상권에 대한 丙의 저당권)가 동일한 사람에게 귀속한 경우에는 그 다른 권리는 원칙적으로 소멸한다(191조 2항).

③ (○) 부동산에 대한 소유권과 임차권이 동일인에게 귀속하게 되는 경우 임차권은 혼동에 의하여 소멸하는 것이 원칙이지만, 그 임차권이 대항요건을 갖추고 있고 또한 그 대항요건을 갖춘 후에 저당권이 설정된 때에는 혼동으로 인한 물권소멸 원칙의 예외 규정인 민법 제191조 제1항 단서를 준용하여 임차권은 소멸하지 않는다(대법원 2001.5.15. 선고 2000다12693 판결).

④ (×) 甲의 피담보채권의 존속할 경우에는 甲의 1순위저당권이 존속한다. – 한 물건에 대한 소유권(丙)과 제한물권(甲 저당권)이 한 사람에게 돌아갔을 때는 제한물권은 소멸하는 것이 원칙이나 그 물건이 제3자의 권리 목적으로 되어 있고 또한 제3자의 권리(乙 저당권)가 혼동된 제한물권보다 아래 순위에 있을 때에는 혼동된 제한물권이 소멸하지 아니한다고 할 것이다(대법원 1999.4.13. 선고 98도4022 판결).

⑤ (○) 만약 乙의 전세권이 소멸한다면, 후에 丙의 저당권이 실행된 경우 乙은 권원 없이 부동산 점유하는 셈이 되어 乙에게 불이익을 초래하기 때문이다(대법원 1999.4.13. 선고 98도4022 판결 참조).

53

중

논점 등기의 추정력 **정답** ②

'소유권이전등기'의 명의자는 제3자에 대해서뿐만 아니라 전소유자에 대해서도 적법한 등기원인에 의해 소유권을 취득한 것으로 추정되므로, 이를 다투는 측에서 무효사유를 주장 · 입증해야 한다(97다2993).

① 어느 부동산에 관하여 등기가 경료되어 있는 경우 특별한 사정이 없는 한 그 원인과 절차에 있어서 적법하게 경료된 것으로 추정된다(2001다72029)

③ 등기는 물권의 효력 발생 요건이고 존속 요건은 아니어서 등기가 원인 없이 말소된 경우에는 그 물권의 효력에 아무런 영향이 없고, 그 회복등기가 마쳐지기 전이라도 말소된 등기의 등기명의인은 적법한 권리자로 추정되므로, 근저당권설정등기가 위법하게 말소되어 아직 회복등기를 경료하지 못한 연유로 그 부동산에 대한 경매절차의 배당기일에서 피담보채권액에 해당하는 금액을 배당받지 못한 근저당권자는 배당기일에 출석하여 이의를 하고 배당이의의 소를 제기하여 구제를 받을 수 있고, 가사 배당기일에 출석하지 않음으로써 배당표가 확정되었다고 하더라도, 위 경매절차에서 실제로 배당받은 자에 대하여 부당이득반환 청구로서 그 배당금의 한도 내에서 그 근저당권설정등기가 말소되지 아니하였더라면 배당받았을 금액의 지급을 구할 수 있다(2000다59678).

④ (92다46059)

⑤ 소유권이전청구권의 보전을 위한 가등기가 있다하여 반드시 소유권이전등기할 어떤 계약관계가 있었던 것이라 단정할 수 없으므로 소유권이전등기를 청구할 어떤 법률관계가 있다고 추정이 되는 것도 아니라 할 것이다(79다239).

54 중

논점 중간생략등기 정답 ⑤

최종양수인이 중간자로부터 소유권이전등기청구권을 양도받았다 하더라도 최초양도인이 그 양도에 대해 동의하지 않고 있다면 최종양수인은 최초양도인에 대해 채권양도를 원인으로 하여 소유권이전등기절차 이행을 청구할 수 없다(95다15575). 즉, 부동산매매로 인한 소유권이전등기청구권의 양도는 채무자의 동의나 승낙 없이 양도인의 채무자에 대한 통지만으로는 채무자에 대한 대항력이 생기지 않는다(2000다51216).

① 부동산이 전전양도된 경우에 최종양수인이 중간생략등기의 합의를 이유로 최초양도인에게 직접 그 소유권이전등기 청구권을 행사하기 위하여는 관계 당사자 전원의 의사합치, 즉 중간생략등기에 대한 최초 양도인과 중간자의 동의가 있는 외에 최초 양도인과 최종 양수인 사이에도 그 중간등기 생략의 합의가 있었음이 요구된다(95다15575). 그러나 토지의 소유권이전등기 소요서류의 매수인란을 백지로 하여 순차로 매수인에게 교부되었다면 묵시적 · 순차적으로 중간등기 생략의 합의가 있었다고 봄이 상당하다(81다254).

② 중간생략등기의 합의가 있었다 하여 중간매수인(乙)의 소유권이전등기청구권이 소멸된다거나 첫 매도인(甲)의 그 매수인에 대한 소유권이전등기의무가 소멸되는 것은 아니므로(91다18316). 최종매수인(丙)이 중간자를 상대로 소유권이전등기를 청구 할 수 있다.

③ 중간생략등기절차에 있어서 이미 중간생략등기가 이루어져 버린 경우에 있어서는, 그 관계 계약당사자 사이에 적법한 원인행위가 성립되어 이행된 이상, 다만 중간생략등기에 관한 합의가 없었다는 사유만으로서는 그 등기를 무효라고 할 수는 없다(79다847). 따라서 丙명의로 경료된 소유권이전등기는 유효하다.

④ 중간생략등기의 합의가 있은 후에 최초 매도인과 중간 매수인간에 매매대금을 인상하는 약정이 체결된 경우, 최초 매도인(甲)은 인상된 매매대금이 지급되지 않았음을 이유로 최종 매수인(丙) 명의로의 소유권이전등기의무의 이행을 거절할 수 있다(2003다66431).

55 하

논점 186조와 187조의 적용 정답 ④

상속, 공용징수, 판결, 경매 기타 법률의 규정에 의한 부동산에 관한 물권의 취득은 등기를 요하지 아니한다.

④ 현물분할의 합의에 의하여 공유토지에 대한 소유권의 취득은 법률행위에 의한 변동으로 등기가 있어야 물권을 취득한다.

56 상

논점 점유물반환청구권 정답 ⑤

점유의 침탈이란 점유자가 그 의사(자연적 의사)에 기하지 않고서 점유를 빼앗기는 것을 말한다. 판례에 의하면, 위법한 강제집행에 의하여 유체동산의 인도를 받은 것은 공권력을 빌려서 상대방의 점유를 침탈한 것이 된다(62다919). 그러나 사기에 의한 의사표시에 의해 물건을 인도한 경우(91다17443), 직접점유자가 임의로 점유를 타인에게 양도한 경우(간접점유자의 점유가 침탈된 경우에 해당하지 않음)(92다5300) 등은 점유의 침탈에 해당하지 않으므로 점유물반환청구권이 생기지 않는다.

① 1년의 제척기간은 반드시 그 기간 내에 소를 제기하여야 하는 출소기간이다(2001다8097).

② 손해배상청구의 상대방은 점유침해로 인한 손해의 발생에 책임이 있는 침탈자이다. 그의 특별승계인은 손해배상청구의 상대방이 아니므로, 점유침탈자가 목적물을 악의의 제3자에게 양도한 경우에는 점유물반환청구의 상대방과 손해배상청구의 상대방이 다르게 된다. 따라서 甲은 선의의 특별승계인인 丙에 대하여 손해배상을 청구할 수 없다.

③ 점유물반환청구권은 침탈자의 선의의 특별승계인에 대하여는 행사하지 못한다. 다만, 승계인이 악의인 때에는 반환청구을 할수있다.(제204조 제2항) 결국, 특별승계인이 선의라면 이미 점유를 상실한 침탈자에게 점유물반환청구를 할 수 없는 전점유자로서는 누구에게도 점유물반환청구를 할 수 없고 침탈자에게 손해배상청구만 할 수 있게 된다(본권에 기한 물권적 청구도 가능). 침탈된 물건이 선의의 특정승계인의 점유로 된 후에는 다시 악의의 특정승계인에게 점유가 이전하더라도 반환청구를 하지 못한다.

④ 직접점유자가 점유침탈을 당한 경우에 간접점유자는 그 물건을 직접점유자에게 반환할 것을 청구할 수 있음이 원칙이고, 직접점유자가 그 물건의 반환을 받을 수 없거나 이를 원하지 않는 때에 한해 자기에게 반환할 것을 청구할 수 있다(제207조 제2항). 따라서 직접점유자인 임차인 甲이 간접점유자인 임대인 丁소유의 X물건을 임차하여 점유하고 있었던 경우, 간접점유자의 침탈여부는 직접점유자를 기준으로 하므로 직접점유자 甲이 침탈당한 경우 丁도 乙에 대하여 점유물반환청구권을 행사할 수 있다.

57 하

논점 자주점유 타주점유. 정답 ①

제247조 제1항

② 자주점유인지 타주점유인지 여부는 모든 사정에 의해 외형적 · 객관적으로 결정되어야 한다(95다28625전합).

③ 소유의 의사로 평온 · 공연하게 점유해야 한다. 점유자는 소유의 의사로 평온 · 공연하게 점유한 것으로 추정된다(제197조 제1항). 직접점유 · 간접점유를 불문하며(96다14326), 선의 · 무과실은 점유시효취득의 요건이 아니다.

④ 점유로 인한 부동산소유권의 시효취득이 완성된 경우라고 하더라도 등기함으로써 그 소유권을 취득하는 것이므로, 등기없이 그 취득기간이 경과하였다는 사유만으로 소유권의 확인을 구할 수는 없다(91다5716).

⑤ 부동산 명의수탁자의 점유는 타주점유이므로 신탁부동산을 점유시효취득 할 수 없다.

58

중

논점 공유물 분할의 효과 정답 ④

① 공유물의 보존이란 공유물의 멸실 · 훼손을 방지하고 그 현상을 유지하기 위하여 하는 사실적 · 법률적 행위를 말한다. 따라서 공유자가 다른 공유자의 지분권을 대외적으로 주장하는 것은 공유물의 보존행위에 속한다고 할 수 없다(94다35008).

② 공유자가 그 지분을 포기하거나 상속인없이 사망한 때에는 그 지분은 다른 공유자에게 각 지분의 비율로 귀속한다(제267조). 이는 법률규정에 의한 물권변동이므로 등기를 요하지 않는다. 그러나 집합건물에서 대지사용권의 지분에는 예외가 있다(집합건물법 제22조).

③, ④ 각 공유자가 다른 공유자 모두를 상대로 공유물분할을 청구하면 각 공유자는 분할에 관해 협의할 의무를 부담한다. 분할협의에는 공유자 전원이 참여해야 한다. 따라서 공유자 중 1인의 협의 없이 분할한 경우 그 공유물분할은 법률상 효력이 없다(68다647).

⑤ 甲 · 乙의 공유인 부동산 중 甲의 지분 위에 설정된 근저당권 등 담보물권은 특단의 합의가 없는 한 공유물분할이 된 뒤에도 종전의 지분비율대로 공유물 전부 위에 그대로 존속하고 근저당권설정자인 甲 앞으로 분할된 부분에 당연히 집중되는 것은 아니다(88다카24868).

59

하

논점 편면적 강행규정 정답 ③

지상권의 양도금지 특약은 무효이다. 따라서 지상권자는 토지소유자가 지상권의 양도에 반대하더라도 지상권을 타인에게 양도할 수 있다.

60

중

논점 지역권의 부종성, 수반성 정답 ①

지역권을 요역지와 분리하여 양도하거나 다른 권리의 목적으로 하지 못한다(제292조 제2항).

② 편익을 받는 토지인 요역지(지역권자 자신의 토지)와 편익을 제공하는 토지인 승역지(타인의 토지)가 있어야 한다. 요역지는 1필의 토지여야 하나 승역지는 1필의 토지일 필요가 없다. 그러나 공유지분권 자체는 승역지로 될 수 없다.

③ 지역권에는 승역지를 점유할 수 있는 권능이 없으므로, 지역권자에게는 점유보호청구권이 없고, 지역권에 기한 목적물반환청구권이 인정되지 않고 방해제거청구권과 방해예방청구권만 인정되는 것이다.

④ 제295조 제1항

⑤ 주위통행권이나 통행지역권은 인접한 토지의 상호 이용의 조절에 기한 권리로서 토지의 소유자 또는 지상권자 · 전세권자 등 토지사용권을 가진 자에게 인정되는 권리여서, 토지의 불법점유자는 그 토지를 사용할 정당한 권원이 없는 자이므로 토지소유권의 상린관계로서 주위토지통행권이나 통행지역권을 시효취득 할 수 없다(76다1694).

61

상

논점 전세권의 판례이론 정답 ①

전세목적물의 신소유자는 구소유자와 전세권자 사이에 성립한 전세권의 내용에 따른 권리의무의 직접적인 당사자가 되어 전세권이 소멸하는 때에 전세권자에 대하여 전세권설정자의 지위에서 전세금반환의무를 부담하고(2006다6072), 구소유자는 전세권설정자의 지위를 상실하여 전세금반환의무를 면한다(99다15122).

② 전세금의 지급이 반드시 현실적으로 수수되어야만 하는 것은 아니고 기존의 채권으로 전세금의 지급에 갈음할 수도 있다(94다18508). 그리고 임대차계약에 바탕을 두고 이에 기한 임차보증금반환채권을 담보할 목적으로 임대인, 임차인 및 제3자 사이의 합의에 따라 제3자 명의로 경료된 전세권설정등기는 유효하다(2003다12311).

③ 건물의 전세권설정자가 전세권의 존속기간 만료전 6월부터 1월까지 사이에 전세권자에 대해 '갱신거절의 통지' 또는 '조건을 변경하지 않으면 갱신하지 않는다는 뜻의 통지'를 하지 않은 경우에는 그 기간이 만료된 때에 전(前)전세권과 동일한 조건으로 다시 전세권을 설정한 것으로 본다. 이 경우 전세권의 존속기간은 정함이 없는 것으로 본다. (제312조 제4항) 전세권의 법정갱신은 법률규정에 의한 부동산물권의 변동이므로 등기하지 않고도 전세권설정자나 제3자에게 전세권을 주장할 수 있다(88다카21029).

④ 판례는 단일 소유자의 1동의 건물 중 일부에 대하여 경매신청을 하고자 할 경우에는 그 부분에 대한 분할등기를 한 연후에 하여야 한다(73마283)고 하면서, 전세권의 목적물이 아닌 나머지 건물부분에 대하여는 제303조 제1항에 의한 우선변제권은 별론으로 하고 제318조에 의한 경매신청권은 없다(91마256)고 하여, 부동산 전부에 대한 경매청구를 부정한다(제303조 제1항 후단에 따라 제3자가 신청한 경매의 경락대금 전부에서 우선변제받을 수는 있다).

⑤ '전세권이 존속하는 동안은 전세권을 존속시키기로 하면서 전세금반환채권만을 전세권과 분리하여 확정적으로 양도하는 것은 허용되지 않으며, 전세권 존속 중에는 장래에 그 전세권이 소멸하는 경우에 전세금반환채권이 발생하는 것을 조건으로 그 장래의 조건부 채권을 양도할 수 있을 뿐' 이다(2001다69122).

62
하

논점 유치권의 성립 　정답 ①

명문 규정은 없지만, 유치권을 배제하는 특약은 유효하다고 함이 통설의 태도이다. 따라서 유치권이 성립하려면 유치권을 배제하는 특약이 없어야 한다. 건물의 임차인이 임대차관계 종료시에는 건물을 원상으로 복구하여 임대인에게 명도하기로 약정한 것을 건물에 지출한 각종 유익비·필요비의 상환청구권을 미리 포기하기로 한 취지의 특약으로 보아 임차인의 유치권 주장을 배척한다(73다2010).

② 타인은 채무자뿐만 아니라 제3자도 포함되므로, 목적물이 채무자의 소유물임을 요하지 않는다(소유자 아닌 점유자가 채무자인 경우 또는 목적물이 경락·매매된 경우에 목적물 소유자는 채무자가 아닐 수 있다). 유치권자의 점유하에 있는 유치물의 소유자가 변동하더라도, 유치권자의 점유는 유치물에 대한 보존행위로서 하는 것이므로 적법하다(71다2414).
③ 계약명의신탁에 있어 명의신탁자가 명의수탁자에 대하여 가지는 매매대금 상당의 부당이득반환청구권에 기하여 유치권을 행사할 수 없다(2008다34828). 즉, 명의신탁자의 이와 같은 부당이득반환청구권은 부동산 자체로부터 발생한 채권이 아닐 뿐만 아니라 소유권 등에 기한 부동산의 반환청구권과 동일한 법률관계나 사실관계로부터 발생한 채권이라고 보기도 어려우므로, 유치권 성립요건으로서의 목적물과 채권 사이의 견련관계를 인정할 수 없다.
④ 임대차계약을 체결하지 않고 권원없이 타인의 물건을 점유한 자가 그 물건에 관해 필요비 또는 유익비를 지출한 경우에는 유치권을 행사할 수 없다(4288민상260). 그리고 시계를 절취한 자가 그 시계를 수선하더라도 그 보수(수선대금채권)에 기하여 그 시계에 대해 유치권을 행사할 수는 없다.
⑤ 적법한 임차인은 비용상환청구권에 관하여 유치권을 가진다.

63
상

논점 저당권의 판례이론 　정답 ②

담보물권은 피담보채권이 소멸하면 법률의 규정에 따라 말소등기 없이도 소멸한다.

① 저당권은 피담보채권과 분리하여 제3자에게 양도할 수 없다.
③ 등기는 그 물권의 효력이 존속하기 위한 존속요건이 아니다. 저당권등기가 불법말소되어도 그 저당권의 효력은 소멸하지 않는다.
④ 甲 명의의 저당권등기가 불법말소된 후 丙의 경매신청으로 X토지가 제3자에게 매각되면 하자가 치유되어 더 이상 甲의 저당권등기는 회복될 수 없다.
⑤ 무효등기의 유용은 이해관계인이 없는 경우 가능하다. 따라서 이해관계인 丙이 존재하므로 甲과 乙은 甲명의의 저당권등기를 다른 채권의 담보를 위한 저당권등기로 유용할 수 없다.

64
중

논점 근저당의 판례이론 　정답 ①

근저당권 실행비용은 채권최고액에 포함되지 않고 별도로 우선변제된다(매각대금에서 실행비용을 공제한 잔액으로써 피담보채권을 변제한다)(2001다47986)

② 이자는 최고액 중에 산입한 것으로 간주되므로(제357조 제2항), 최고액의 범위 내이면 이자총액에 대한 제한은 없고 지연배상은 1년분에 한해 담보된다는 제360조 단서는 근저당에 적용되지 않는다.
③ 근저당권자는 채권최고액을 한도로 우선변제받으며, 물상보증만을 한 자는 경매 절차 진행중에 채권최고액과 그 때까지의 경매 비용을 변제공탁한 후 근저당권설정등기의 말소를 청구할 수 있다(74다998). 물상보증인의 지위를 승계한 제3취득자도 마찬가지이다(71다26 참고). 그러나 물상보증인이 연대보증도 한 경우에는 채무 전액을 변제해야 한다(72다485 참고).
④ 근저당권자의 경매신청 등의 사유로 인하여 근저당권의 피담보채권이 확정되었을 경우, 확정 이후에 새로운 거래관계에서 발생한 원본채권은 그 근저당권에 의하여 담보되지 아니하지만, 확정 전에 발생한 원본채권에 관하여 확정 후에 발생하는 이자나 지연손해금 채권은 채권최고액의 범위 내에서 근저당권에 의하여 여전히 담보되는 것이다.(대판 2007.4.26. 2005다38300)
⑤ 근저당권자가 피담보채무의 불이행을 이유로 경매신청을 한 경우에는 경매 신청시에 근저당권의 피담보채권액이 확정된다(97다25521). 근저당권자가 피담보채무의 불이행을 이유로 경매신청을 하여 경매개시결정이 있은 후에 경매신청이 취하되었다고 하더라도 채무확정의 효과가 번복되는 것은 아니다(2001다73022).

65
하

논점 청약과 승낙 　정답 ③

① 청약의 상대방은 불특정다수인(예컨대 자동판매기의 설치, 버스의 정류장에서의 정차, 신문광고에 의한 청약)이어도 무방하다.
② 승낙은 청약의 존속기간 중에 특정의 청약자에게 해야 한다. 따라서 불특정다수인에 대한 승낙은 인정되지 않는다. 청약에 조건을 붙이거나 변경을 가하여 승낙한 때에는 그 청약의 거절과 동시에 새로 청약한 것으로 본다.
③ 격지자간의 청약은 도달주의이고, 승낙은 발신주의가 적용된다.
④ 제529조
⑤ 승낙기간이 경과한 후에 도달한 승낙은 계약을 성립시키지 못하지만 청약자가 그 승낙을 새로운 청약으로 보고 승낙하여 계약을 성립시킬 수 있다.

66

중

논점 계약체결상의 과실책임 **정답** ④

①,④ 계약내용의 전부 또는 일부가 원시적 불능이어서 그 계약 전부 또는 일부가 무효여야 한다. 부동산에 관한 수량지정매매에서 실제면적이 계약면적에 미달하는 경우에는 선의의 매수인은 대금감액청구권 · 계약해제권 · 손해배상청구권을 행사할 수도 있으나(제574조), 민법 제535조에 의해 계약체결상의 과실에 따른 책임을 물을 수 없다(99다47396). 여기서 불능은 객관적 불능을 말하며, 타인 권리의 매매처럼 주관적 불능인 경우에는 계약이 유효하게 성립한다.

② 과실 있는 당사자는 상대방이 그 계약의 유효를 믿었음으로 인하여 받은 손해(목적물에 대한 조사비용, 대금 지급을 위해 융자를 받은 경우의 이자·수수료, 제3자로부터의 유리한 청약을 거절한 경우의 손해액 등)를 배상해야 하는데 그 배상액은 계약이 유효함으로 인하여 생길 이익액(이행이익)을 넘지 못한다(제535조 제1항).

③ 계약체결상의 과실책임은 상대방이 그 불능을 알았거나 알 수 있었을 경우에는 적용하지 아니한다(제535조 제2항). 따라서 원시적 불능을 알지 못한데 대한 상대방의 선의와 무과실까지 요한다.

⑤ 甲이 공사비의 지급에 갈음하여 임야의 사용권을 부여키로 약정한 것이 그 임야가 乙의 소유여서 그 사용권부여가 원시적으로 이행불능이라면 이 사건 확장공사계약은 유효하게 성립할 수 없다 할 것이니 그 계약체결에 있어서의 과실을 이유로 하는 신뢰이익의 손해배상을 구할 수 있을지언정 그 계약이 유효하게 성립되었던 것을 전제로 그 계약의 이행불능을 이유로 이행에 대신하는 전보배상을 구할 수 없다(대판 1975.02.10. 74다584)

67

중

논점 계약해제효과 **정답** ⑤

㉠ 채무담보의 목적으로 경료된 채권자 명의의 소유권이전등기나 그 청구권 보전의 가등기의 말소를 구하려면 먼저 채무를 변제해야 하고, 피담보채무의 변제와 교환적으로 말소를 구할 수는 없다(84다카781). 즉, 피담보채무를 먼저 소멸시킨 후에 담보권등기를 말소한다.

㉡ 임대인의 임대차보증금 반환의무가 임차인의 임차권등기 말소의무보다 먼저 이행되어야 할 의무이다(2005다4529).

㉢ 계약이 해제되면 계약당사자는 상대방에 대하여 원상회복의무와 손해배상의무를 부담하는바, 이때 계약당사자가 부담하는 원상회복의무뿐만 아니라 손해배상의무도 함께 동시이행의 관계에 있다(95다25138).

㉣ 전세계약의 종료시 전세금반환의무와 전세목적물 인도 및 전세권말소등기에 필요한 서류의 교부의무는 동시이행관계에 있다(제317조).

68

중

논점 위험부담 **정답** ④

쌍무계약의 당사자 일방의 채무가 채권자의 책임 있는 사유로 이행할 수 없게 된 때에는 채무자(甲)는 상대방(乙)의 이행을 청구할 수 있다(제538조 제1항). 즉, 계약관계는 존속하고 채무자는 자기 채무를 면하고서 상대방에 대해 반대급부를 청구할 수 있다.

① 쌍무계약의 당사자 일방의 채무가 당사자 쌍방의 책임 없는 사유(주택이 태풍으로 멸실된 경우)로 이행할 수 없게 된 때에는 채무자(甲)는 상대방(乙)의 이행을 청구하지 못한다(제537조).

② 이미 이행한 급부가 있으면 채권자는 부당이득(제741조)을 이유로 그 반환을 청구할 수 있다. 매매 목적물이 경매절차에서 매각됨으로써 당사자 쌍방의 귀책사유 없이 이행불능에 이르러 매매계약이 종료된 경우, 위험부담의 법리에 따라 매도인은 이미 지급받은 계약금을 반환하여야 하고 매수인은 목적물을 점유 · 사용함으로써 취득한 임료 상당의 부당이득을 반환할 의무가 있다(2008다98655).

③ 甲의 과실로 주택이 전소된 경우, 이는 채무불이행에 해당하여 乙은 계약을 해제할 수 있다.

⑤ 채권자의 수령지체 중에 당사자 쌍방의 책임 없는 사유로 이행할 수 없게 된 때에도 채무자는 상대방의 이행을 청구할 수 있다(제538조 제1항). 따라서 甲이 이행기에 이전에 필요한 서류를 제공하면서 주택의 인수를 최고하였으나 乙이 이를 거절하던 중(채권자 지체 중) 태풍으로 멸실된 경우(쌍방의 책임 없는 사유로 이행할 수 없게 된 때), 甲은 乙에게 대금지급을 청구할 수 있다.

69

상

논점 제3자를 위한 계약 **정답** ②

① 제3자(수익자)가 급부청구권을 취득하는 것은 요약자와 제3자의 관계에서 연유되는데, 이것을 대가관계라 하며 대가관계는 채권자와 제3자 사이의 내부관계에 불과하므로 이는 제3자를 위한 계약의 내용을 이루지 않으며 그 의사표시의 하자 · 흠결은 제3자를 위한 계약의 효력에 영향을 미치지 않는다. 따라서 乙은 甲의 丙에 대한 항변으로 丙에게 대항할 수 없다.

②,⑤ 제3자(丙)는 계약당사자가 아니므로 계약에 관한 취소권이나 해제권을 갖지 않는다. 따라서 계약의 당사자가 아닌 수익자는 계약의 해제권이나 해제를 원인으로 한 원상회복청구권이 있다고 볼 수 없고((92다41559), 제3자를 위한 계약관계에서 낙약자와 요약자 사이의 법률관계(이른바 기본관계)를 이루는 계약이 해제된 경우 특별한 사정이 없는 한 낙약자가 이미 제3자에게 급부한 것이 있더라도 낙약자는 계약해제에 기한 원상회복 또는 부당이득을 원인으로 제3자를 상대로 그 반환을 구할 수 없다(2005다7566,7573).

③ 제3자를 위한 계약에서 제3자의 권리는 그 제3자가 채무자(낙약자)에 대하여 계약의 이익을 받을 의사를 표시한 때에 생긴다(제539조 제2항).

④ 제540조

70

상

논점 해제권 행사방법 **정답** ③

해제권은 형성권으로서 상대방에 대한 일방적 의사표시로 행한다(민법 제543조 1항). .

71

논점 해약금 해제 **정답** ①

계약금을 교부한 자는 그것을 포기하고 그리고 이를 교부받은 자는 그 배액을 상환함으로써 계약을 해제할 수 있다.

72

논점 매도인의 담보책임 **정답** ①

④ 저당권은 말소기준권리에 해당하여 경락으로 소멸하므로 甲이 경매를 통해 매각 받은 토지에 저당권이 설정된 경우라도 담보책임은 발생하지 아니한다.

	매수인	전부타인의 권리 (제570조)	일부타인의 권리 (제572조)	수량부족/일부멸실 (제574조)	용익권능의 제한 (제575조)	저당권의 행사 (제576조)	불특정물 하자 (제581조)
대금감액청구권	선의		○	○			
	악의						
계약해제권	선의	○	○	○	○	○	○
	악의						
손해배상청구권	선의	○	○	○	○	○	○
	악의						
출제비용상환청구권	선의					○	
	악의						
완전물급부청구권	선의+무과실						○
	악의, 과실						
제척기간	선의 – 안날	×	1년	1년	1년	×	6월
	악의 –한날		1년				

73

논점 지상물 매수청구권 **정답** ⑤

매수청구의 대상이 건물에 대해 저당권이 설정되어 있는 등 제한이나 부담이 있는 때에도 매수청구권은 인정된다(대판2007다4356).

74

논점 임대차의 비용상환청구권 **정답** ①

유익비라 함은 임차인이 임차물의 객관적 가치를 증가시키기 위하여 투입한 비용이고, 필요비라 함은 임차인이 임차물의 보존을 위하여 지출한 비용을 말한다(80다1851). 임차인이 임차물의 보존에 관한 필요비를 지출한 때에는 즉시 임대인에 대하여 그 상환을 청구할 수 있다(제626조 제1항).

② 임대차기간이 만료한 후 임차인이 임차물의 사용·수익을 계속하는 경우에 임대인이 상당한 기간 내에 이의를 하지 않은 때에는 前임대차와 동일한 조건으로 다시 임대차한 것으로 본다(제639조 제1항 본문). 이 경우에 전임대차에 대하여 제3자가 제공한 담보는 기간의 만료로 인하여 소멸하고(제639조 제2항)(당사자가 제공한 담보는 존속). 제639조 제2항에서 말하는 담보라 함은 질권, 저당권 그 밖의 보증 등을 가리키는 것으로, 건물의 임차보증금까지도 그에 포함되는 개념이라고는 해석할 수 없다(76다951).

③ "임차인은 임대인의 승인하에 개축 또는 변조할 수 있으나 부동산의 반환기일 전에 임차인의 부담으로 원상복구키로 한다."라는 약정은 임차인이 임차목적물에 지출한 각종 유익비의 상환청구권을 미리 포기하기로 한 취지의 특약이다(95다12927). 그리고 임차인이 증축한 부분을 임대인 소유로 귀속시키기로 하는 약정은 임차인이 원상회복의무를 면하는 대신 투입비용의 변상이나 권리주장을 포기하는 내용이 포함된 것으로서 특별한 사정이 없는 한 유효하다(94다44705).

④ 임차인이 임대인의 동의를 받지 않고 제3자에게 임차권을 양도하거나 전대하는 등의 방법으로 임차물을 사용·수익하게 하더라도, 임대인이 이를 이유로 임대차계약을 해지하거나 그 밖의 다른 사유로 임대차계약이 적법하게 종료되지 않는 한 임대인은 임차인에 대하여 여전히 차임청구권을 가지므로, 임대차계약이 존속하는 한도 내에서는 제3자에게 불법점유를 이유로 한 차임상당 손해배상청구나 부당이득반환청구를 할 수 없다(2007다77446)

⑤ 임대차의 존속기간은 원칙적으로 20년을 넘지 못하고, 당사자의 약정기간이 20년을 넘는 때에는 이를 20년으로 단축한다(제651조 제1항). 이 규정은 개인의 의사에 의하여 그 적용을 배제할 수 없는 강행규정이다(2003다19961). 그러나 석조·석회조·연와조 또는 이와 유사한 견고한 건물 기타 공작물의 소유를 목적으로 하는 토지임대차나 식목·채염을 목적으로 하는 토지임대차의 경우에는 최장기의 제한이 없다(제651조 제1항).

75
중

논점 주택임대차의 대항력 정답 ②

주택임차인의 의사에 의하지 않고 주민등록법 및 동법시행령에 따라 시장·군수 또는 구청장에 의하여 직권조치로 주민등록이 말소된 경우에도 원칙적으로 그 대항력은 상실된다(2002다20957). 직권말소 후 동법 소정의 이의절차에 따라 그 말소된 주민등록이 회복되거나 동법시행령 제29조에 의하여 재등록이 이루어짐으로써 주택임차인에게 주민등록을 유지할 의사가 있었다는 것이 명백히 드러난 경우에는 소급하여 그 대항력이 유지된다(2002다20957). 직권말소가 주민등록법 소정의 이의절차에 의하여 회복된 것이 아닌 경우에는 직권말소 후 재등록이 이루어지기 이전에 주민등록이 없는 것으로 믿고 임차주택에 관하여 새로운 이해관계를 맺은 선의의 제3자에 대하여는 임차인은 대항력의 유지를 주장할 수 없다(2002다20957).

① 주민등록은 임차인 본인뿐 아니라 그 배우자·자녀 등 가족의 주민등록을 포함한다(94마2134).

③ 임대주택이 양도된 경우에 양수인이 임대차보증금반환채무를 면책적으로 인수하고, 양도인은 임대차관계에서 탈퇴하여 임차인에 대한 임대차보증금반환채무를 면하게 된다(2011다49523전합). 그러나 임차인이 임대인의 지위승계를 원하지 않는 경우에는 임차인이 임차주택의 양도사실을 안 때로부터 상당한 기간 내에 이의를 제기함으로써 승계되는 임대차관계의 구속으로부터 벗어날 수 있고, 이때 양도인의 임차인에 대한 보증금 반환채무는 소멸하지 않는다(2001다64615).

④ 임차인과의 점유매개관계에 기하여 당해 주택에 실제로 거주하는 직접점유자(전차인)가 자신의 주민등록을 마친 경우에 한하여 그 임차인의 임대차가 제3자에 대하여 적법하게 대항력을 취득할 수 있다(2000다55645).

⑤ 담보권의 실행을 위한 부동산의 입찰절차에 있어서, 주택임대차보호법 제3조에 정한 대항요건을 갖춘 임차권보다 선순위의 근저당권이 있는 경우에는, 낙찰로 인하여 선순위 근저당권이 소멸하면 그보다 후순위의 임차권도 선순위 근저당권이 확보한 담보가치의 보장을 위하여 그 대항력을 상실하는 것이지만, 낙찰로 인하여 근저당권이 소멸하고 낙찰인이 소유권을 취득하게 되는 시점인 낙찰대금지급기일 이전에 선순위 근저당권이 다른 사유로 소멸한 경우에는, 대항력 있는 임차권의 존재로 인하여 담보가치의 손상을 받을 선순위 근저당권이 없게 되므로 임차권의 대항력이 소멸하지 아니한다(대결 1998.08.24. 98마1031)

76
중

논점 최우선변제권 정답 ④

대항요건 및 확정일자를 갖춘 임차인과 소액임차인은 임차주택과 그 대지가 함께 경매될 경우뿐만 아니라 임차주택과 별도로 그 대지만이 경매될 경우에도 그 대지의 환가대금에 대하여 우선변제권을 행사할 수 있다(2004다26133숲合).

① 제6조 제2항

② 이 법은 일시사용하기 위한 임대차임이 명백한 경우에는 적용하지 아니한다(제11조).

③ 처음 임대차계약을 체결할 당시에는 소액임차인에 해당하지 않았지만 그 후 새로운 임대차계약에 의하여 정당하게 보증금을 감액하여 소액임차인에 해당하게 되었다면, 소액임차인으로 보호받을 수 있다(2007다23203).

⑤ 주택임대차보호법 제3조 제3항은 같은 조 제1항이 정한 대항요건을 갖춘 임대차의 목적이 된 임대주택(이하 '임대주택' 은 주택임대차보호법의 적용대상인 임대주택을 가리킨다)의 양수인은 임대인의 지위를 승계한 것으로 본다고 규정하고 있는바, 이는 법률상의 당연승계 규정으로 보아야 하므로, 임대주택이 양도된 경우에 양수인이 임대차보증금반환채무를 면책적으로 인수하고, 양도인은 임대차관계에서 탈퇴하여 임차인에 대한 임대차보증금반환채무를 면하게 된다. 나아가 임대주택의 양도로 임대인의 지위가 일체로 양수인에게 이전된다면 채권가압류의 제3채무자의 지위도 임대인의 지위와 함께 이전된다고 볼 수밖에 없다. 한편 임차인의 임대차보증금반환채권이 가압류된 상태에서 임대주택이 양도되면 양수인이 채권가압류의 제3채무자의 지위도 승계하고, 가압류권자 또한 임대주택의 양도인이 아니라 양수인에 대하여만 위 가압류의 효력을 주장할 수 있다고 보아야 한다.(대판(전합)2013. 1. 17. 2011다49523)

77
중

논점 권리금 수수기간 정답 ③

임대차기간이 끝나기 6개월 전부터 임대차 종료 시까지(동법 제10조의4 제1항)

78
중

논점 관리단 관리인 정답 ①

집합건물의 임차인도 관리인이 될 수 있다.

79

상

논점 명의신탁의 유형 **정답** ②

매도인과 명의수탁자간에 있어서 물권변동이 무효이므로 소유권 등 물권은 원래의 소유자(양도인)에게 있다. 원소유권자(丙)는 소유권에 기한 방해배제청구로 수탁자(乙)에게 등기말소를 청구할 수 있고, 진정한 등기명의의 회복을 위한 소유권이전등기를 청구할 수도 있으며, 제741조에 의거하여 부당이득반환청구를 할 수도 있다.

① 부동산실명법은 매도인(양도인)와 명의신탁자 사이의 물권이전계약(이면계약 또는 은닉행위)의 효력을 부정하는 규정을 두고 있지 않으므로, 매도인과 명의신탁자 사이의 매매계약은 여전히 유효하다(99다21738). 명의신탁자는 매도인에 대하여 매매계약에 기한 소유권이전등기를 청구할 수 있고, 그 소유권이전등기청구권을 보전하기 위하여 매도인을 대위하여 명의수탁자에게 무효인 그 명의 등기의 말소를 구할 수도 있다(2001다61654). 따라서 丙의 여전히 甲에 대한 이전등기의무를 진다.

③ 명의신탁자와 명의수탁자간의 명의신탁약정은 무효이고 물권자(양도인)로부터 명의수탁자 앞으로의 등기에 의한 물권변동도 무효이다(제4조 제1항, 제2항). 따라서 명의신탁된 물권은 대내적, 대외적으로 원래의 물권자(양도인)에게 귀속한다. 명의신탁자와 명의수탁자간의 명의신탁약정은 무효이고, 명의신탁약정이 없었더라면 양자간에 명의신탁을 위한 위임 등의 계약을 체결하지 않았을 경우에는 법률행위의 일부무효의 법리에 따라 위임 등의 계약도 전부 무효로 된다. 신탁된 부동산물권에 관해 명의수탁자는 대내적으로뿐만 아니라 대외적으로도 무권리자이다.

④ 부동산실명법은 매도인(양도인)와 명의신탁자 사이의 물권이전계약(이면계약 또는 은닉행위)의 효력을 부정하는 규정을 두고 있지 않으므로, 매도인과 명의신탁자 사이의 매매계약은 여전히 유효하다(99다21738). 또한 명의신탁약정에 따른 등기로 이루어진 부동산에 관한 물권변동은 무효로 한다. 다만, 부동산에 관한 물권을 취득하기 위한 계약에서 명의수탁자가 어느 한쪽 당사자가 되고 상대방 당사자는 명의신탁약정이 있다는 사실을 알지 못한 경우에는 부동산에 관한 물권변동은 유효로 한다(제4조 제2항).

⑤ 2자간의 이전형 소유권등기명의신탁에서는 신탁자명의의 소유권등기가 있으므로 신탁자는 명의신탁계약을 해지하고서 물권적 청구권에 기해 진정한 등기명의의 회복을 원인으로 한 소유권이전등기를 청구할 수 있으나, 3자간의 소유권등기명의신탁에서는 특별한 사정이 없는 한 신탁자명의의 소유권등기가 경료된 바 없으므로 신탁자는 명의신탁계약의 해지여부를 불문하고 진정한 등기명의의 회복을 원인으로 한 소유권이전등기를 청구할 수 없다.

80

상

논점 가담법의 청산절차 **정답** ②

실행통지의 상대방은 '채무자 등', 즉 채무자, 담보가등기목적 부동산의 물상보증인, 담보가등기 후 소유권을 취득한 제3자이다(제3조 제1항, 제2조 제2호). 통지는 이들 모두에게 하여야 하며 채무자 등의 전부 또는 일부에 대하여 통지를 하지 않으면 청산기간이 진행할 수 없고, 따라서 가등기담보권자는 그 후 적절한 청산금을 지급하거나 실제 지급할 청산금이 없다고 하더라도 가등기에 기한 본등기를 청구할 수 없으며, 설령 편법으로 본등기를 마쳤다고 하더라도 그 소유권을 취득할 수 없다(2001다81856). 양도담보의 경우에는 그 소유권을 취득할 수 없다(94다36162).

①, ④ 채권자가 담보계약에 따른 담보권을 실행하여 그 담보목적부동산의 소유권을 취득하기 위하여는 그 채권의 변제기 후에 제4조의 청산금(清算金)의 평가액을 채무자등에게 통지하고, 그 통지가 채무자등에게 도달한 날부터 2개월(이하 "청산기간"이라 한다)이 지나야 한다(제3조 제1항).

③ 제3조 제1항 후문

⑤ 제6조 제1항

제 6 회 실전모의고사 정답 & 해설

정답																			
1	2	3	4	5	6	7	8	9	10	11	12	13	14	15	16	17	18	19	20
④	⑤	①	④	②	③	⑤	④	②	③	②	④	①	④	⑤	⑤	①	②	①	⑤
21	22	23	24	25	26	27	28	29	30	31	32	33	34	35	36	37	38	39	40
④	⑤	④	③	⑤	②	④	③	③	⑤	②	②	③	②	④	③	③	②	④	①
41	42	43	44	45	46	47	48	49	50	51	52	53	54	55	56	57	58	59	60
②	⑤	⑤	⑤	⑤	①	①	②	③	④	①	②	⑤	③	⑤	①	④	⑤	④	④
61	62	63	64	65	66	67	68	69	70	71	72	73	74	75	76	77	78	79	80
②	④	④	②	②	⑤	③	⑤	②	⑤	①	④	③	②	①	⑤	③	③	①	①

제1과목: 부동산학개론

1
하

논점 한국표준산업분류에 따른 부동산업 개념 정답 ④

틀린 것은 ㉢, ㉣이다.

㉢ 국가 전체적인 입장에서 부동산 활동은 사익(효율성)과 공익(형평성)의 적절한 균형을 이루는 데 주안점을 둔다.

㉣ 한국표준산업분류상 부동산 관리업은 주거용 부동산 관리업, 비주거용 부동산 관리업으로 세분되며, 기타 부동산 관리업은 여기에 속하지 않는다.

2
하

논점 정착물에 대한 이해 정답 ⑤

① 농작물, 명인방법을 갖춘 수목의 집단 등은 독립된 물건이다.

② 일시적 ⇨ 항구적

③ 제거하여도 건물의 기능 및 효용에 전혀 영향을 주지 않는 부착된 물건은 동산으로 취급된다.

④ 정착물인지 여부가 불분명한 물건은 일단 정착물로 간주되어 매수자에게 귀속된다.

3
하

논점 토지의 자연적 특성 이해 정답 ①

② 부동성 ⇨ 영속성

③ 개별성 ⇨ 영속성

④ 인접성 ⇨ 영속성

⑤ 용도의 다양성 ⇨ 부증성

4
하

논점 토지 용어의 이해 정답 ④

전환된 ⇨ 전환되고 있는

후보지 또는 이행지란 용도전환이 진행되고 있는 토지를 말한다.

5
하

논점 공급량의 변화와 공급의 변화 이해 정답 ②

주택공급량의 결정요인은 주택가격(임대료)이다. 그리고 주택건설업체의 수, 건설기술개발에 따른 원가절감, 건축비 하락 등은 주택공급의 결정요인이다.

6
중

논점 균형가격과 균형거래량의 변화 계산문제 정답 ③

· 단기 균형: $400-\frac{1}{2}P = 300$, $800-P = 600$, $P = 200$, $Q = 300$

· 장기 균형: $400-\frac{1}{2}P = P + 250$, $800-P = 2P + 500$, $300 = 3P$,

$P = 100$, $Q = 350$

7
중

논점 수요와 공급의 탄력성 이해 정답 ⑤

① 가격은 하락하고, 거래량은 불변이다.

② 교차탄력성 ⇨ 소득탄력성

③ 덜 상승 ⇨ 더 상승

④ 생산에 소요되는 기간이 짧을수록 탄력, 소요되는 기간이 길수록 비탄력적이 된다.

8
중

논점 균형의 이동 개념 정답 ④

① 균형거래량은 증가 ⇨ 균형거래량은 감소

② 균형가격은 상승 ⇨ 균형가격은 하락

③ 공급이 증가하므로 균형거래량은 증가하고 균형가격은 하락한다.

⑤ 균형가격은 상승하고 균형거래량은 알 수 없다.

9 중

논점 수요와 공급의 탄력성 이해 **정답** ②

공공임대주택의 공급은 대체재의 증가로 임차수요의 가격탄력성을 보다 크게 한다.

10 하

논점 주거분리와 주택의 여과과정 개념 **정답** ③

① 저급주택이 재개발되어 상위계층에서 사용되는 것을 상향 여과라 한다.
② 주택의 하향 여과과정이 원활하게 작동하면 저급주택의 공급량이 증가한다.
④ 고소득층 주거지와 저소득층 주거지가 인접한 경우, 경계지역 부근의 저소득층 주택은 할증되어 거래되고 고소득층 주택은 할인되어 거래된다.
⑤ 수선개량비용이 수선개량으로 인한 가치상승분보다 크면 하향여과가 발생할 수 있다.

11 중

논점 지대이론의 개념 **정답** ②

준지대는 일시적으로 존재하며 영구적으로는 소멸한다.

12 하

논점 도시공간구조이론의 개념 **정답** ④

다핵심이론에서는 지대지불 능력의 차이와 유사활동의 집중지향성, 이질활동의 분산지향성 등을 도시의 다핵화 요인으로 설명하고 있다.

13 하

논점 레일리의 소매인력법칙 계산문제 **정답** ①

1. A시의 시장점유율(인구유인비율): 50%

$$= \frac{\frac{400,000}{10^2}}{\frac{400,000}{10^2} + \frac{100,000}{5^2}} = 50\%$$

– B시의 시장점유율(인구유인비율) : 50%

2. ㄱ. (A시로의 유인 규모) :
30,000명 × 0.5(50%) × 0.5(50%) = 7,500명
ㄴ. (B시로의 유인 규모) :
30,000명 × 0.5(50%) × 0.5(50%) = 7,500명

14 중

논점 부동산 경기순환의 개념 **정답** ④

ⓜ 부동산 경기는 일반경기에 비해 높은 정점과 낮은 저점이 나타난다.

15 중

논점 마샬의 준지대의 개념 **정답** ⑤

위치가치(위치지대)란 토지소유자의 노력과 희생 없이 주로 공공사업에 의해 발생하는 지대를 말한다.

16 중

논점 상업입지론의 개념 **정답** ⑤

① 컨버스의 분기점모형에 의할 경우 두 상권의 분기점에서의 두 점포에 대한 구매지향력은 같다.
② 레일리와 컨버스의 소매인력이론들은 단지 두 중심지 간의 상호작용만을 설명한다.
③ 재화의 도달거리 ⇨ 최소요구치
④ 크리스탈러의 중심지이론에 의하면 고차중심지일수록 중심지의 수는 적다.

17 하

논점 공공재의 개념 **정답** ①

공공재는 민간기업에서 생산할 경우 소비측면에서 비경합성과 비배제성으로 인하여 무임승차자(free rider) 문제가 발생할 수 있다.

18 하

논점 부동산 조세의 기능 **정답** ②

부동산 조세는 정부의 재정확보 측면에서 운영되지만 재산세, 종합부동산세, 양도소득세 등은 누진세로 운영되므로 소득재분배 효과가 있다.

19 하

논점 임대료상한제의 개념 **정답** ①

시장임대료보다 낮은 임대료상한제의 실시는 임대주택에 대한 초과수요를 발생시킨다.

20 중

논점 분양가상한제의 개념 **정답** ⑤

분양가격을 시장가격 이하로 규제하는 분양가상한제의 경우 공급의 가격탄력성이 탄력적일수록 초과수요량은 더 커진다.

21 중

논점 부동산 조세의 개념 **정답** ④

토지의 물리적 공급은 완전비탄력적이므로 조세를 부과하더라도 자원배분의 왜곡은 발생하지 않는다.

22 중

논점 레버리지 효과의 개념 **정답** ⑤

총투자수익률보다 저당수익률이 높다면 부(−)의 지렛대 효과가 발생한다.

23

중

논점 부동산투자분석 중 비율분석법의 개념 정답 ④

① 채무불이행률은 유효총소득이 영업경비와 부채서비스액을 감당할 수 있는 능력이 있는지를 측정하는 비율이며, 채무불이행률을 손익분기율이라고도 한다.
② 대부비율은 부동산 가치에 대한 융자액의 비율을 말한다.
③ 비율분석법은 한 해만의 현금흐름을 기초로 계산된다.
⑤ 부채비율은 지분에 대한 부채의 비율이며, 대부비율이 50%일 경우에는 부채비율은 100%가 된다.

24

중

논점 부동산투자분석시 현금흐름의 개념 정답 ③

① 영업경비에는 임대소득에 대한 소득세와 건물의 감가상각비가 포함되지 않는다.
② 대부비율(LTV)은 가능총소득, 유효총소득, 순영업소득에 영향을 미치지 않으며, 대부비율이 커질수록 원리금상환부담이 커지므로 세전현금수지는 작아진다.
④ 잔금비율이 클수록 세전매각현금흐름은 작아진다.
⑤ 영업소득세와 대출이자가 반영된 소득은 세후현금흐름이다.

25

중

논점 할인현금흐름분석법의 개념 정답 ⑤

수익성지수란 투자대안의 예상되는 현금유입의 현재가치 합계를 현금유출의 현재가치 합계로 나눈 값이다.

26

하

논점 요구수익률의 개념 정답 ②

국공채이자율이나 정기예금이자율이 상승하면 무위험률은 상승하지만 위험할증률과는 상관이 없다. 왜냐하면 위험할증률은 투자에 대해 부담하는 위험에 대한 대가이기 때문이다.

요구수익률 = 무위험률 + 위험할증률 + 예상된 인플레율

27

하

논점 화폐의 시간가치의 개념 정답 ④

최초 대출액 중 미상환된 원금(잔액)을 잔금(액)이라고 한다.
잔금비율 = 미상환된 원금(잔액)/대출액

28

중

논점 주택금융의 개념 정답 ③

옳은 것은 ㉠, ㉣이다.
㉡ 제2차 저당대출시장 ⇨ 제1차 저당대출시장
㉢ 주택소비금융은 무주택 서민에게 주택을 담보로 하고 주택자금을 융자해 주는 실수요자 금융이다.
㉤ 주택개발금융은 주로 주택건설사업자가 토지 등을 담보로 실행하는 공급자 금융이다.

29

중

논점 부동산투자회사법의 개념 정답 ③

부동산투자자문회사 ⇨ 자산관리회사

부동산투자회사법 제2조의5
"자산관리회사" 란 위탁관리 부동산투자회사 또는 기업구조조정 부동산투자회사의 위탁을 받아 자산의 투자·운용업무를 수행하는 것을 목적으로 설립된 회사를 말한다.

30

중

논점 부동산 금융 기초용어의 개념 정답 ⑤

① 실질이자율 = 명목이자율 − 기대 인플레율
② 이자율 조정주기에 있어 대출자는 짧은 조정주기를 원하고, 차입자는 긴 조정주기를 원하는 것이 일반적이다.
③ 상환기간이 길수록, 주택담보인정비율(LTV)이 클수록, 대출기관이 부담하는 위험은 커진다.
④ 잔금비율 = 1 − 상환비율

31

중

논점 MBS의 개념 정답 ②

MBB(mortgage backed bond)는 MPTS(mortgage pass − through securities)에 비해 증권투자자가 부담하는 위험이 작으므로 증권수익률도 MPTS에 비해 작은 것이 일반적이다.

32

중

논점 원리금균등상환방식 계산문제 정답 ②

대출금리는 연간 6.5%(ㄱ)이고, 2회차에 상환할 원금은 1,065만원(ㄴ)이다.

1. 상환 흐름의 정리

구분	1회차	2회차
㉠ 원리금상환액	3,600만	3,600만
㉡ 이자	(2,600만)	
㉢ 원금	1,000만	1,065만

ㄱ. 원리금상환액 : 4억 × 0.09(저당상수) = 3,600만원
ㄴ. 3,600만 − 1,000만 = 2,600만
ㄷ. 1,000만 × 1.065 = 1,065만

2. 대출금리 : 2,600만(1회차 이자) / 4억 = 0.065(6.5%)

33

중

논점 민간개발방식의 개념 정답 ③

토지신탁방식에서 개발자금조달은 수탁자(신탁회사)에 의해 이루어진다. 왜냐하면 사업 주체가 수탁자이기 때문이다. 다시 말해 부동산신탁회사가 시행자가 되어 개발의 전 과정을 통제한 후 수익자에게 수익을 배당하는 구조이다.

34
하

논점 부동산 관리의 개념 **정답** ②

관리업무의 타성을 방지할 수 있는 것은 위탁관리방식이다.

35
중

논점 감정평가에 관한 규칙의 내용 **정답** ④

① 시장가치는 감정평가의 대상이 되는 토지 등이 통상적인 시장에서 충분한 기간 동안 거래를 위하여 공개된 후 그 대상 물건의 내용에 정통한 당사자 사이에 신중하고 자발적인 거래가 있을 경우 성립될 가능성이 가장 높다고 인정되는 대상 물건의 가액을 말한다.

② 기준시점은 대상 물건의 가격조사를 완료한 날짜로 한다. 다만, 기준시점이 미리 정하여진 때에는 그 날짜에 가격조사가 가능한 경우에만 기준시점으로 할 수 있다.

③ 적산법은 대상 물건의 기초가액에 기대이율을 곱하여 산정된 기대수익에 대상 물건을 계속하여 임대하는 데에 필요한 경비를 더하여 대상 물건의 임대료를 산정하는 감정평가방법을 말한다.

⑤ 산지와 입목을 일체로 일괄하여 평가할 때 거래사례비교법을 적용하여야 한다.

36
하

논점 지역분석 및 개별분석의 개념 **정답** ③

지역분석은 적합의 원칙과 경제적 감가와 관련된다.

37
중

논점 수익환원법 계산문제 **정답** ③

	가능총소득	8,000	
−	공실	800	= 8,000 × 0.1
	유효총소득	7,200	
−	영업경비	1,000	= 수선유지비 500
			+ 화재보험료 200
			+ 재산세 300
	순영업소득	6,200	

$$\therefore \text{수익가액} = \frac{\text{순영업소득}}{\text{환원이율}} = \frac{6{,}200\text{만원}}{0.1} = 6\text{억 } 2\text{천만원}$$

38
하

논점 감정평가에 관한 규칙상 물건별 감정평가방법 **정답** ②

영업권, 상표권 – 수익환원법

> **감정평가에 관한 규칙 제23조【무형자산의 감정평가】**
> ③ 감정평가법인등은 영업권, 특허권, 실용신안권, 디자인권, 상표권, 저작권, 전용측선이용권(專用側線利用權), 그 밖의 무형자산을 감정평가할 때에 수익환원법을 적용해야 한다.

39
중

논점 부동산 가격공시에 관한 법률의 이해 **정답** ④

옳은 것은 ㉠, ㉡, ㉢이다.

㉣ 감정평가법인등이 지가변동률을 산정하는 경우에 기준은 관련이 없다.

> **부동산 가격공시에 관한 법률 제9조【표준지공시지가의 효력】**
> 표준지공시지가는 토지시장에 지가정보를 제공하고 일반적인 토지거래의 지표가 되며, 국가·지방자치단체 등이 그 업무와 관련하여 지가를 산정하거나 감정평가법인등이 개별적으로 토지를 감정평가하는 경우에 기준이 된다.

40
중

논점 부동산 가격공시에 관한 법률의 이해 **정답** ①

표준지로 선정된 토지 또는 조세·부담금의 부과 대상이 아닌 토지는 개별공시지가를 결정·공시하지 아니할 수 있다. 이 경우 표준지로 선정된 토지는 해당 표준지공시지가를 개별공시지가로 본다.

제2과목: 민법 및 민사특별법 중 부동산중개에 관련되는 규정

41

하

논점 제104조의 폭리행위 정답 ②

① 궁박은 급박한 곤궁을 의미하고 경제적 궁박뿐만 아니라 정신적 · 심리적 궁박 상태를 포함한다(98다58825).

② 기부행위(92다52238), 증여계약과 같이 아무런 대가관계 없이 당사자 일방이 상대방에게 일방적인 급부를 하는 법률행위는 그 공정성 여부를 논의할 수 있는 성질의 법률행위가 아니다(99다56833).

③ 매매계약이 '불공정한 법률행위'에 해당하여 무효인 경우에도 무효행위의 전환에 관한 민법 제138조가 적용될 수 있다(2009다50308).

④ 대리인을 통해 법률행위를 하는 경우 궁박은 본인을 기준으로 판단하고 경솔 · 무경험은 대리인을 기준으로 판단한다(71다2255).

⑤ 당사자의 의사에 의하지 않은 경매에 의한 재산권의 이전에는 민법 제104조는 적용될 여지가 없다(80마77). 따라서 경매절차에서 매각대금이 시가보다 현저히 저렴하더라도 불공정한 법률행위를 이유로 그 무효를 주장할 수 없다.

42

하

논점 원시적불능, 후발적불능 정답 ⑤

⑤ 채무자의 고의나 과실이 있으면, 채무자는 채무불이행의 하나인 이행불능의 책임을 진다. 즉 채무자는 손해배상의무를 지고, 채권자는 계약을 해제할 수 있다.

43

하

논점 제103조 위반 정답 ⑤

③ 일반적인 위약벌 특약은 유효하나 지나치게 과도한 위약벌 약정은 반사회질서에 해당하여 무효이다.

⑤ 반사회적 행위에 의하여 조성된 재산인 이른바 비자금을 소극적으로 은닉하기 위하여 임치한 것은 사회질서에 반하는 법률행위로 볼 수 없다(즉 불법원인급여가 아니므로 甲은 乙에게 반환청구를 할 수 있다)(2000다49343)

44

중

논점 법률행위의 해석 정답 ⑤

① 상대방 없는 단독행위, 신분행위, 오표시무효의 원칙이 대표적인 자연적 해석방법이다.

⑤ 일방 당사자가 대리인을 통하여 계약을 체결하는 경우에 있어서 계약의 상대방이 대리인을 통하여 본인과 사이에 계약을 체결하려는 데 의사가 일치하였다면 대리인의 대리권 존부 문제와는 무관하게 상대방과 본인이 그 계약의 당사자라고 할 것이다.(대법원 2009.12.10. 선고 2009다27513 판결)

45

중

논점 제108조 통정허위표시 정답 ⑤

① 무효인 법률행위는 그 법률행위가 성립한 당초부터 당연히 효력이 발생하지 않는 것이므로, 계약에 따른 이행을 청구할 수 없고, 손해배상도 청구할 수 없다(2002다72125).

②,③ 허위표시 무효는 선의의 제3자에 대해서는 누구도 그 무효를 주장하지 못하고 허위표시가 표시된 대로 효력이 생기므로(94다12074), 丙이 부동산의 소유권을 취득한다. 따라서 甲은 丙을 상대로 이전등기의 말소를 청구할 수 없다.

④ 제3자의 선의는 추정되므로 허위표시의 무효를 주장하는 측에서 제3자가 악의라는 사실을 주장 · 입증해야 한다(2002다1321).

⑤ 제3자는 선의이기만 하면 되고 과실 유무는 묻지 않는다(2003다70041).

46

중

논점 취소권의 기간, 제3자 보호 정답 ①

ㄱ. 상대방과 대리인은 동일인으로 취급되므로, 이 경우는 대리권을 수여한 상대방의 선의, 악의를 불문하고 언제나 취소할 수 있다.

ㄴ. 제3자의 사기 강박을 거래 상대방이 알거나 또는 알 수 있었다면 취소할 수 있다.

ㄷ. 사기에 의한 의사표시를 취소하는 경우 취소를 주장하는 자와 양립되지 않는 법률관계를 가졌던 것이 취소 이전에 있었나 이후에 있었나를 불문하고 사기에 의한 의사표시 및 그 취소 사실을 몰랐던(선의) 모든 제3자에 대해 대항하지 못한다(75다533).

ㄹ. 취소권은 추인할 수 있는 날부터 3년 내, 법률행위를 한 날부터 10년 내에 행사해야 한다(제146조). 3년, 10년 중 어느 것이든 먼저 경과하면 취소권은 소멸한다. 따라서 甲은 A의 사기 사실을 안 날로부터 3년이 지난 후에는 더 이상 취소할 수가 없다.

47

하

논점 법정대리인의 책임의 경감사유 정답 ①

① 법정대리인은 그 책임으로 복대리인을 선임할 수 있다. 그러나 부득이한 사유로 인한 때에는 본인에게 대하여 그 선임감독에 관한 책임이 있다.(제122조)

48
하

논점 계약의 무권대리 **정답** ②

ㄱ. 상대방 丙의 선택에 좇아 계약의 이행 또는 손해배상의 책임을 진다. (제135조) (X)

ㄴ. 철회의 효과로서 계약이 무효로 확정된다(불확정적 무효가 확정적 무효로 변한다). 상대방이 철회한 후에는 본인은 추인하지 못하고 상대방은 무권대리인에게 제135조의 책임을 물을 수 없다. (X)

ㄷ. 추인을 거절한 것으로 본다.(제131조) (X)

ㄹ. 추인은 단독행위이므로 의사표시의 요건을 갖추어야 한다. 추인은 명시적 · 묵시적으로나 포함적 의사표시로 할 수 있다. 따라서 본인이 매매계약을 체결한 무권대리인으로부터 매매대금의 전부 또는 일부를 받았다면 특단의 사유가 없는 한 무권대리인의 매매계약을 추인하였다고 봄이 타당하다(63다64). (O)

ㅁ. 단독상속의 경우에 무권대리인이 본인의 지위에서 추인을 거절하고서 무권대리의 무효를 주장하는 것은 금반언의 원칙이나 신의칙에 반하여 허용되지 않는다(94다20617). (O)

49
하

논점 유동적 무효 **정답** ③

③ 계약당사자의 일방이 상대방에 대하여 일정한 기간을 정해 그 기간 내에 이행이 없을 때에는 계약을 해제하겠다는 의사표시를 한 경우에는 위의 기간경과로 해제권이 발생함과 동시에 그 계약은 해제된 것으로 해석해야 한다(70다1508).

① 제151조제3항 ② 제151조제2항

④ 상대방 없는 단독행위의 무권대리는 추인을 할 수 없으므로 언제나 확정적 무효이다.

⑤ 처음부터 토지거래허가를 배제하거나 잠탈하는 내용의 계약은 체결 당시부터 확정적으로 무효이다(92다44671).

50
하

논점 가장조건 **정답** ④

① 조건이 법률행위의 당시 이미 성취한 것인 경우에는 그 조건이 정지조건이면 조건 없는 법률행위로 하고 해제조건이면 그 법률행위는 무효로 한다.(제151조②)

② 단독행위에는 조건을 붙일 수 없음이 원칙인데 민법은 명문으로 상계는 상대방에 대한 의사표시로 한다. 이 의사표시에는 조건 또는 기한을 붙이지 못한다고 규정하고 있다.(제493조①)

③ 가족법상의 법률행위는 조건과 친하지 않는 법률행위이다.

⑤ 기한이란 법률행위의 효력의 발생(시기, 만기) · 소멸(종기) 또는 채무의 이행을 장래에 발생하는 것이 확실한 사실에 의존케 하는 부관을 말한다.

51
중

논점 물권의 객체 **정답** ①

① 물권의 객체는 현존하고 특정된 물건이어야 한다. 다만, 집합물에 있어서는 그 구성부분에 변경이 있더라도 특정성이 인정된다. 채권과는 달리 장래의 물건에 대해서는 성립할 수 없다.

④ 입목법에 따라 등기된 수목은 저당권의 대상이 되지만, 명인방법을 갖춘 수목은 소유권의 대상은 될지언정 저당권의 대상은 될 수 없다.

52
하

논점 물권적 청구권의 상대방 **정답** ②

① 물권적 청구권의 상대방의 고의과실 여부는 행사의 요건이 아니므로, 현재 방해자가 선의 무과실인 경우에도 행사가 가능하다.

② 현재의 방해자인 건물의 양수인에게 물권적 청구권을 행사할 수 있다.

53
하

논점 중간생략등기 **정답** ⑤

⑤ 멸실된 건물의 보존등기를 멸실후에 신축된 건물의 보존등기로 이용하려는 경우에는 멸실건물과 신축건물의 동일성이 인정되지 않아 무효이다(75다2211).

① 甲이 乙에게 A부동산을 증여(=은닉행위)하였는데, 등기부상 등기원인이 매매(=가장매매)로 되어 있더라도 甲이 乙에게 증여한 사실이 인정되므로 甲의 등기는 실체관계에 부합하는 유효한 등기이다.(96다468)

② 등기와 실제적 권리변동이 부합되면 유효한 등기라 할 것으로서, 소유권이전등기 신청서류가 위조에 의한 것이라 해도 등기명의자가 진정한 소유권 취득자인 이상 현재의 진실한 권리상태에 부합하여 무효의 등기라 할 수 없고, 소유권이전등기에 있어 권리변동의 양상에 실체적 권리변동과 일치하지 않는 점이 있다 해도 등기명의인이 진정한 소유권 취득자인 이상 실체관계에 부합하는 유효한 등기라고 보아야 한다(65다365)

③ 중간생략등기는 부동산등기특별조치법에 위배되지만, 관계 계약당사자 사이에 적법한 원인행위가 성립되어 중간생략등기가 이행된 이상 그 등기는 유효하며, 중간생략등기에 관한 합의가 없었다는 사유로써 이를 무효라고 할 수는 없다(79다847)

④ 진정한 소유자가 원인무효의 소유권이전등기를 유효한 것으로 인정하여 관계당사자 사이에서 적법한 거래관계를 성립시켰을 때에는 위 등기는 무효가 아니고 현재의 진정한 권리자의 권리에 부합하는 등기로 볼 수 있다(76다2516).

54
하

논점 제187조에 따른 물권변동 **정답** ③

③ 소유권이전등기를 명하는 이행판결이나 확인판결에는 민법 제186조가 적용되어 등기를 요한다.

①② 상속(제1005조), 공용징수, 형성판결, 경매(민집법 제145조), 몰수(형법 제48조) 등 은 민법 제187조에 의해 등기를 요하지 아니한다.

④ 귀속재산인 토지를 관재기관이 매각하는 행위는 행정처분으로서 귀속재산처리법 제22조의 규정에 비추어 매수인이 그 매수대금을 완납하면 등기를 필요로 하지 않고 그 소유권은 자동적으로 매수인에게 이전된다(97다49459).

⑤ 농지수분배자는 상환을 완료하면 민법 제187조 '법률의 규정에 의한 부동산에 관한 물권의 취득' 으로서 등기를 경료하지 않더라도 그 소유권을 취득한다(70다1227).

55

상

논점 등기의 추정력 정답 ⑤

① 어느 부동산에 관하여 등기가 경료되어 있는 경우 특별한 사정이 없는 한 그 원인과 절차에 있어서 적법하게 경료된 것으로 추정된다(2001다72029)

② '소유권이전등기'의 명의자는 제3자에 대해서뿐만 아니라 전소유자에 대해서도 적법한 등기원인에 의해 소유권을 취득한 것으로 추정되므로, 이를 다투는 측에서 무효사유를 주장·입증해야 한다(97다2993).

③ 등기는 물권의 효력 발생요건이고 존속요건은 아니어서 등기가 원인 없이 말소된 경우에는 그 물권의 효력에 아무런 영향이 없고, 그 회복등기가 마쳐지기 전이라도 말소된 등기의 등기명의인은 적법한 권리자로 추정되므로, 근저당권설정등기가 위법하게 말소되어 아직 회복등기를 경료하지 못한 연유로 그 부동산에 대한 경매절차의 배당기일에서 피담보채권액에 해당하는 금액을 배당받지 못한 근저당권자는 배당기일에 출석하여 이의를 하고 배당이의의 소를 제기하여 구제를 받을 수 있고, 가사 배당기일에 출석하지 않음으로써 배당표가 확정되었다고 하더라도, 위 경매절차에서 실제로 배당받은 자에 대하여 부당이득반환 청구로서 그 배당금의 한도 내에서 그 근저당권설정등기가 말소되지 아니하였더라면 배당받았을 금액의 지급을 구할 수 있다(2000다59678).

④ (92다46059)

⑤ 소유권이전청구권의 보전을 위한 가등기가 있다하여 반드시 소유권이전등기할 어떤 계약관계가 있었던 것이라 단정할 수 없으므로 소유권이전등기를 청구할 어떤 법률관계가 있다고 추정이 되는 것도 아니라 할 것이다(79다239).

56

하

논점 점유의 추정력 정답 ①

① 점유자가 점유물에 대하여 행사하는 권리는 적법하게 보유한 것으로 추정한다.(제200조)

② 제203조 ③ 제201조 ④ 제204조 ⑤ 제209조

57

하

논점 경계에 관한 상린관계 정답 ④

① 인접지간의 경계표 설치비용은 균등하게, 경계 측량비용은 면적에 비례하여 부담한다.

④ 건물을 축조함에는 특별한 관습이 없으면 경계로부터 반미터이상의 거리를 두어야 한다. 인접지소유자가 이에 위반하여 건물을 축조하면 건물의 변경이나 철거를 청구할 수 있다. 그러나 건축에 착수한 후 1년을 경과하거나 건물이 완성된 후에는 손해배상만을 청구할 수 있다.

58

중

논점 공유물 분할의 효과 정답 ⑤

⑤ 부동산의 공유지분위에 근저당권이 설정된 후 그 공유부동산이 분할된 경우 저당권이 근저당권설정자에게 할당된 부분에 당연히 집중되는 것은 아니다.(대법원 1989.08.08. 선고 88다카24868 판결) 따라서 부동산의 일부 공유지분에 관하여 저당권이 설정된 후 부동산이 분할된 경우, 그 저당권은 분할된 각 부동산 위에 종전의 지분비율대로 존속하고, 분할된 각 부동산은 저당권의 공동담보가 된다.(대법원 2012.03.29. 선고 2011다74932 판결)

59

하

논점 편면적 강행규정 정답 ④

④ 지상권 양도금지의 특약을 하더라도 이는 무효로서 제3자에 대항할 수 없으므로 지상권의 양수인은 지상권을 취득한다. 즉 지상권자는 지상권설정자의 명시적 반대에도 불구하고 지상권의 존속기간 내에서 그 토지를 타인에게 임대할 수 있다.
그러나 지상권자는 지상권을 유보한 채 지상물 소유권만을 양도할 수도 있고 지상물 소유권을 유보한 채 지상권만을 양도할 수도 있는 것이어서 지상권자와 그 지상물의 소유권자가 반드시 일치하여야 하는 것은 아니다(2006다6126,6133).

60

중

논점 지역권의 부종성, 수반성 정답 ④

② 요역지와 승역지는 인접성을 요하지 않는다.

④ 지역권을 요역지와 분리하여 양도하거나 다른 권리의 목적으로 하지 못한다. 즉, 지역권을 요역지와 분리하여 처분하는 것은 인정되지 않는다.

⑤ 승역지의 점유를 수반치 않는 지역권은 침해 시 목적물 반환청구권은 행사할 수 없다.

61

중

논점 전세금 반환청구권 정답 ②

② 전세권이 성립한 후 목적물의 소유권이 이전된 경우 민법이 전세권관계로부터 생기는 상환청구·소멸청구·갱신청구·전세금증감청구·원상회복·매수청구 등의 법률관계의 당사자는 모두 목적물의 소유권을 취득한 신소유자로 새길 수밖에 없으므로, 전세권은 전세권자와 신소유자 사이에서 계속 동일한 내용으로 존속하게 된다(99다15122).
따라서 목적물의 신소유자는 전세권이 소멸하는 때에 전세권자에 대하여 전세권설정자의 지위에서 전세금반환의무를 부담하고(2006다6072), 구소유자는 전세권설정자의 지위를 상실하여 전세금반환의무를 면한다(99다15122).

62

중

논점 유치권의 성립 정답 ④

④ 유치권자의 점유는 직접점유·간접점유, 채권자와 채무자의 공동점유 불문 하나(2002마3516) 채권자가 채무자의 직접점유를 통해 간접점유 하는 경우는 유치권의 성립을 인정할 수 없다.

① 채무자는 (채권액)상당한 담보(물적· 인적 담보)를 제공하고 유치권의 소멸을 청구할 수 있다. 다른 담보의 제공에 관해 유치권자의 승낙 또는 이에 갈음하는 판결이 있어야만 유치권이 소멸된다(제327조) ② 乙로부터 시계를 양수받은 丙에게 변제를 청구할 수는 없으나 인도를 거절할 수는 있다. ③ 유치권자가 선관의무나 사용·대여 금지의무에 위반한 때에는 채무자는 유치권의 소멸을 청구할 수 있다.(제324조제3항) ⑤ 유치권자는 채무자의 승낙없이 유치물의 사용, 대여 또는 담보 제공을 하지 못한다.(제324조제2항). 유치권자가 채무자 乙의 승낙 없이 丙에게 사용케 한 때에는 채무자는 유치권의 소멸을 청구할 수 있다.(제324조제3항)

63
상

논점 제3취득자 보호 정답 ④

④ 제3취득자는 변제할 정당한 이익이 있는 자이므로 변제한 제3취득자는 저당채무자에 대해 구상권을 가진다.

① 저당물의 소유권을 취득한 제3자도 경매인이 될 수 있다(제363조제2항).

② 제3취득자는 이해관계 있는 제3자로서 채무자의 의사에 반하더라도 변제할 수 있다(제469조) 따라서 지연이자의 경우 제3취득자의 변제는 원본의 이행기일을 경과한 후의 1년분에 한한다.

③ 근저당부동산의 제3취득자는 민법 제364조에 의해 결산기에 이르러 확정되는 피담보채무를 변제하고 근저당권설정등기의 말소를 구할 수는 있으나 근저당권설정계약 종료전에 이를 해지하고 그 당시까지의 채무액만을 변제하는 조건으로 그 말소를 구할 수는 없다(79다783)

⑤ 저당물의 제3취득자가 그 부동산의 보존 · 개량을 위해 필요비 또는 유익비를 지출한 때에는 제203조 제1항 · 제2항의 규정에 의해 저당물의 경매대가에서 우선상환을 받을 수 있다(제367조).

64
중

논점 근저당의 확정시기 정답 ②

② 피담보채권이 확정되면 그 이후부터 근저당권은 부종성을 가지게 되어 보통의 저당권과 같은 취급을 받게 된다(97다25521).
근저당권자가 피담보채무의 불이행을 이유로 경매신청을 하여 경매개시결정이 있은 후에 경매신청이 취하되었다고 하더라도 채무확정의 효과가 번복되는 것은 아니다(2001다73022).
근저당권의 피담보채권이 확정된 이후에 발생하는 원금채권은 그 근저당권에 의해 담보되지 않는다(87다카545).

65
하

논점 계약의 성립시기 정답 ②

② 격지자간의 계약은 승낙의 통지를 발송한 때에 성립한다.(제531조) 따라서 격지자간의 계약에 있어서 승낙의 의사표시가 청약자에게 도달한 때에 계약이 성립하는 것이 아니다.

④ 청약수령자는 청약자 의사에 구속되지 않기 때문에 회답의무가 없다.

⑤ 의사실현에 의한 계약의 성립시기는 승낙의 의사로 볼 수 있는 사실이 발생한 때 이다 (제 532조).

66
하

논점 계약체결상의 과실책임 정답 ⑤

⑤ 채무자(매도인)는 원시적 불능에 대해 알았거나 알 수 있었어야 한다. 이에 대해 상대방은 선의 · 무과실이어야 그 손해에 대한 배상을 청구할 수 있다. 따라서 계약체결 시에 목적의 불능을 알 수 있었던 계약 당사자(매도인)는 이를 알 수 있었던 상대방(매수인)에 대해 신뢰이익의 배상책임(계약체결상의 과실책임)을 지지 않는다.

67
상

논점 동시이행항변권 정답 ③

③ 항변권이 붙어 있는 채권을 자동채권으로 하여 타인 채무와의 상계를 허용될 수 없다(75다48). 그러나 수동채권에 항변권이 붙은 경우에는 상계할 수 있다.

① (91다38723) ② 97다54604

④ 쌍무계약의 당사자 일방이 먼저 한 번 현실의 제공을 하고 상대방을 수령지체에 빠지게 하였다 하더라도, 그 이행의 제공이 계속되지 않는 경우는 과거에 이행의 제공이 있었다는 사실만으로 상대방이 가진 동시이행의 항변권이 소멸한다고 볼 수 없다(72다1513).

⑤ 제536조 제2항

68
하

논점 위험부담 정답 ⑤

① 위험부담은 쌍무계약에서 존속상의 견연성에 해당한다.

③ 이 경우는 위험부담이 전환되어 채무자는 이행을 제공하지 않고 채권자에게 이행을 요구할 수 있다.

⑤ 위험부담은 원시적 불능의 경우엔 문제되지 않는다.

69
중

논점 제3자를 위한 계약 정답 ②

② 제3자를 위한 계약의 체결 원인이 된 요약자와 제3자 사이의 법률관계의 효력은 제3자를 위한 계약 자체는 물론 그에 기한 요약자와 낙약자 사이의 법률관계의 성립이나 효력에 영향을 미치지 아니하므로 낙약자는 요약자와 수익자 사이의 법률관계에 기한 항변으로 수익자에게 대항하지 못하고, 요약자도 대가관계의 부존재나 효력의 상실을 이유로 자신이 기본관계에 기하여 낙약자에게 부담하는 채무의 이행을 거부할 수 없다(2003다49771).

70
상

논점 약의 해제, 해지 정답 ⑤

① 계약해지의 의사표시는 반드시 그 상대방에게 명시적으로 하여야 하는 것은 아니고 묵시적으로 할 수도 있는바, 법정 혹은 약정해지사유가 발생한 경우에 당사자가 경매신청 등 계약의 해지를 전제로 하는 행위 또는 기존 계약관계를 유지할 의사가 없음을 파악할 수 있는 어떤 외부적, 객관적 행위를 하고, 그에 따라 법원에 의하여 경매개시결정이 상대방에게 송달되는 등 상대방도 그와 같은 사정 때문에 계약이 종료됨을 객관적으로 인식할 수 있었던 경우라면, 그로써 계약해지의 효과는 발생한다고 할 것이다.(대법원 2008.09.25. 선고 2006다62492)

② 해지권은 형성권이므로 해지는 상대방에 대한 의사표시로 하나 조건이나 기한을 붙일 수 없음이 원칙이고 상대방에게 도달한 때에 효력이 생긴다. 해지의 의사표시는 철회하지 못하지만 상대방이 승낙하면 철회할 수 있다.

③ 토지임대차에서 그 기간의 약정이 없는 경우, 임차인은 언제든지 계약해지의 통고를 할 수 있고 임대인이 해지통고를 받은날로부터 1개월이 지나면 해지의 효력이 생긴다.

④ 당사자의 일방 또는 쌍방이 수인인 경우에 계약의 해지는 그 전원으로부터 또는 전원에 대하여 해야 한다. 해지권이 당사자 1인에 대하여 소멸한 때에는 다른 당사자에 대하여도 소멸한다.

⑤ 합의해지 또는 해지계약이라 함은 해지권의 유무에 불구하고 계약 당사자 쌍방이 합의에 의하여 계속적 계약의 효력을 해지시점 이후부터 장래를 향하여 소멸하게 하는 것을 내용으로 하는 새로운 계약으로서, 그 효력은 그 합의의 내용에 의하여 결정되고 여기에는 해제·해지에 관한 민법 제548조 제2항의 규정은 적용되지 않으므로, 당사자 사이에 약정이 없는 이상 합의해지로 인하여 반환할 금전에 그 받은 날로부터의 이자를 가하여야 할 의무가 있는 것은 아니다.(2000다5336)

71
하

논점 계약금계약 정답 ①

① 계약금계약은 매매 기타 계약에 부수해서 행하여지는 것이므로 이른바 종된 계약이나 주된 계약과 동시에 성립하여야 하는 것은 아니며, 주된 계약이 성립한 후에 수수된 것도 계약금계약이다.

② 위약금은 특약이 있어야 인정되지만 해약금은 특약이 없어도 해약금으로 추정된다.

③ 해약금 해제는 손해배상이 발생치 않는다.

④ 위약벌특약은 계약위반 시 몰수하고, 손해를 입증하면 별도의 손해배상 청구가 가능하다.

⑤ 위약금은 특약이 없다면 인정되지 않는다.

72
하

논점 매도인의 담보책임 정답 ④

④ 선의의 매수인은 이전된 부분만이면 매수인이 이를 매수하지 않았으리라는 사정이 있는 경우 계약 전부를 해제할 수 있다. 그러나 악의의 매수인은 계약을 해제할 수 없다.(제574조)

73
중

논점 교환계약 정답 ③

① 교환계약은 낙성계약이다.

② 교환계약에도 매매에 관한 규정이 준용된다.

③ 교환은 당사자 쌍방이 금전 외의 재산권을 상호 이전할 것을 약정함으로써 효력이 생기는 계약이다(제596조). 따라서 부동산소유권과 주식은 재산권으로서 교환의 목적물이 된다.

④ 원상회복 간에는 쌍방이 서로 동시이행항변권을 주장할 수 있다.

⑤ 계약목적 달성이 되지 않는다면 해제권을 인정한다.

74
중

논점 임대차의 편면적 강행규정 정답 ②

① 편면적 강행규정이다.

② 차임연체와 해지, 차임증감청구권, 해지통고의 전차인에 대한 통지, 임차인의 부속물매수청구권, 전차인의 부속물매수청구권, 임차지의 부속물·과실 등에 대한 법정질권, 임차건물 등의 부속물에 대한 법정질권, 강행규정의 규정은 일시 사용하기 위한 임대차 또는 전대차인 것이 명백한 경우에는 적용하지 않는다(제653조).

75
중

논점 임차권 등기명령제도 정답 ①

① 임대차가 끝난 후 보증금을 반환받지 못한 임차인은 임차주택의 소재지를 관할하는 지방법원·지방법원지원 또는 시·군 법원에 임차권등기명령을 신청할 수 있다.

④ 임차명령등기가 난 주택에는 그 이후에 임차인은 최우선변제권을 인정치 않는다.

76
상

논점 주택임대차분쟁조정위원회 정답 ⑤

⑤ 제14조 제2항 참조. 임대차는 그 등기가 없는 경우에도 임차인이 주택의 인도와 주민등록을 마친 때에는 그 다음 날부터 제3자에 대하여 효력이 생긴다(제3조제1항)

77
하

논점 상가건물임대차보호법 정답 ③

③ 임차인의 계약갱신요구권에 관하여 전체 임대차기간을 10년으로 제한하는 구 상가건물 임대차보호법 제10조 제2항의 규정이 같은 조 제4항에서 정하는 법정갱신에 대하여는 적용되지 아니한다. 따라서, 최초계약으로부터 10년이 지난 후에도 법정갱신 제도는 적용이 있다.

78
중

논점 청산절차 정답 ③

③ 채권자는 제3조제1항에 따라 그가 통지한 청산금의 금액에 관하여 다툴 수 없다.

④ 이해관계인 전원에게 청산실행통지를 하여야 한다.

⑤ 청산금 계산에는 선순위 채권자의 채권액은 고려해야 한다.

79

중

논점 관리단 관리인 정답 ①

① 관리인은 구분소유자일 필요가 없으며, 그 임기는 2년의 범위에서 규약으로 정한다(제24조 제1항). 따라서 건물의 임차인도 관리인이 될 수 있다.

② 제47조 소정의 재건축결시 서면결의가 가능하고, 그와 같은 서면결의를 함에 있어서는 관리단집회가 소집 · 개최될 필요가 없음은 당연하다고 할 것이다(2005다68769,68776).

③ 전유부분만에 관하여 설정된 저당권의 효력(또는 가압류결정의 효력(2006다29020)은, 특별한 사정이 없는 한, 당연히 종물 내지 종된 권리인 그 대지사용권에까지 미치고(2001다22604), 그에 터잡아 진행된 경매절차에서 전유부분을 경락받은 자는 그 대지사용권도 함께 취득한다(2005다15048).

④ 제35조

⑤ 관리비 납부를 연체할 경우 부과되는 연체료는 위약벌의 일종으로서 공용부분 관리비에 대한 연체료는 특별승계인에게 승계되는 공용부분 관리비에 포함되지 않는다(2004다3598,3604).

80

중

논점 명의신탁의 유형 정답 ①

① 甲과 乙 사이의 명의신탁약정은 무효이고(제4조제1항), 계약의 무효만으로는 양자 간의 의무위반을 이유로 한 채무불이행책임 · 불법행위책임은 생기지 않고, 명의신탁자는 목적물의 물권자가 아니므로 물권적 청구권을 행사할 수 없다.

② 부당이득 반환으로 금전반환은 요구할 수 있으나 부동산 소유권 반환을 요구할 순 없다.

③ 병과 을간의 매매가 유효하므로 을은 소유권을 취득한다.

④ 정은 선의악의를 불문하고 소유권을 취득한다.

⑤ 소유권이 을에게 있으므로 갑은 소유권이전등기를 청구할 수 없다.

제 7 회 실전모의고사 정답 & 해설

정답

1	2	3	4	5	6	7	8	9	10	11	12	13	14	15	16	17	18	19	20
②	⑤	①	⑤	③	①	④	②	③	⑤	②	③	④	③	⑤	②	③	①	④	②
21	22	23	24	25	26	27	28	29	30	31	32	33	34	35	36	37	38	39	40
①	③	④	②	④	①	③	⑤	②	⑤	④	③	⑤	①	④	①	①	④	②	⑤
41	42	43	44	45	46	47	48	49	50	51	52	53	54	55	56	57	58	59	60
①	②	③	②	①	①	③	②	⑤	②	②	③	②	①	③	①	③	⑤	①	②
61	62	63	64	65	66	67	68	69	70	71	72	73	74	75	76	77	78	79	80
④	③	②	②	⑤	①	②	①	③	②	③	⑤	①	③	⑤	⑤	③	②	③	⑤

제1과목: 부동산학개론

1

하

논점 복합개념 중 법률적, 경제적, 기술적 개념 정리 정답 ②

경제적 개념 : ㄷ, ㅂ ㅅ, ㅈ (자산), (소비재), (생산요소), (상품)

무형적 측면		유형적 측면
법률적 개념	경제적 개념	기술적(물리적) 개념
• 협의의 부동산 「민법」 상의 부동산 :토지 및 그 정착물 • 광의의 부동산 ① 「민법」 상의 부동산 :토지 및 그 정착물 ③ 준부동산(의제부동산) : 자동차, 선박, 항공기, 건설기계, 공장재단, 광업재단, 입목, 어업권	• 자산 • 자본 • 생산요소 • 소비재 • 상품	• 환경 • 자연 • 위치 • 공간

2

중

논점 토지용어의 정리 정답 ⑤

① 획지란 경제적 개념으로 가격수준이 유사한 일단의 토지를 말한다.

② 일단지는 용도상 불가분의 관계에 있는 두 필지 이상의 토지를 말한다.

③ 공한지란 도시토지로써, 지가상승만을 기대하며, 투기목적으로 방치해 둔 토지를 말한다.

④ 공지란 건축법에 의한 건폐율, 용적률 등의 공적 제한으로 인해 한 필지 내에서 건축하지 않고 비워둔 토지를 말한다.

3

중

논점 건축법시행령에 따른 단독주택, 공동주택의 분류 정답 ①

• 다중주택 : 주택으로 쓰는 1개 동의 바닥면적 합계가 660㎡이하이고, 주택으로 쓰는 층수가 3개 층 이하, 학생 또는 직장인 등 여러 사람이 장기간 거주할 수 있는 구조로 되어있으며, 독립된 주거의 형태를 갖추지 아니한 것.
연립주택 : 주택으로 쓰는 1개 동의 바닥면적 합계가 660㎡ 초과하고 층수가 4개층 이하

• 연립주택 : 주택으로 쓰는 1개 동의 바닥면적 합계가 $660m^2$ 초과하고, 층수가 4개 층 이하인 주택

• 다가구주택 : 주택으로 쓰는 1개 동의 바닥면적 합계가 660㎡이하이고 층수가 3개층 이하, 19세대 이하가 거주

• 다세대주택 : 주택으로 쓰는 1개동의 바닥면적 합계가 660㎡이하이고 층수가 4개층 이하

4

중

논점 수요의 변화와 수요량의 변화 정답 ⑤

⑤ 인구증가(수요증가), 오피스텔 임대료 상승(수요량 감소)

① 건축 기술의 발달(공급증가), 이자율 하락(수요증가, 공급증가)

② 소득 증가(수요증가), 대체재 가격 상승(수요증가)

③ 오피스텔 가격 상승 예상(수요증가) 보완재 가격 상승(수요 감소)

④ 오피스텔 선호도 증가(수요증가) 아파트 가격 상승(대체재로써 수요증가)

5

중

논점 균형이 이동 (1. 큰 것 확인 2. 양은 큰 것 그대로 3. 가격은 확인) 정답 ③

③ 수요의 증가폭이 공급의 증가폭보다 크다면, 균형가격은 상승하고, 균형량은 증가한다.

6
상

논점 균형 계산문제 **정답** ①

최초의 균형

변화 전 (Qs = Qd1)	변화 후(Qs=Qd2)
170 - 2P = 50 + P	170 - 2P = 50 + 2P
120 = 3P	120 = 4P
40 = P (균형가격)	30 = P (균형가격)
90 = Q (균형량)	110 = Q (균형량)

따라서, 균형가격은 10 하락하고, 균형량은 20 증가한다.

7
중

논점 탄력성에 대한 이해 **정답** ④

① 우하향하는 선분으로 주어진 수요곡선의 경우, 곡선상 측정지점에 따라 가격탄력성이 다르다

② 수요의 가격탄력성이 1보다 작을 경우(비탄력적) 임대료를 상승시킬수록 전체 임대료 수입 증대에 유리하다. (비탄력적 - 고가전략이 전체 임대료 수입 증대에 유리)

③ 부동산의 용도전환이 용이할수록 수요의 가격탄력성이 커진다.(탄력적)

⑤ 단기에서 장기로 갈수록 더 탄력적이 된다.

8
상

논점 탄력성 계산 **정답** ②

- 수요의 가격탄력성이 1보다 작으므로 수요는 비탄력적

  수요의 가격탄력성 = $\left| \dfrac{A\text{수요량변화율}(5\%\text{감소})}{A\text{가격 변화율}(10\%\text{ 상승})} \right| = 0.5$

- B 수요의 교차탄력성은 -2이므로 보완재

  A와 B의 관계 = $\dfrac{B\text{수요량변화율}(20\%\text{ 감소})}{A\text{가격변화율}(10\%\text{ 상승})} = -2$

9
중

논점 거미집 이론에 따른 수렴형과 발산형 **정답** ③

- A시장 수요곡선의 기울기 〈 공급곡선의 기울기 : 수렴형
- B시장 수요곡선의 기울기 = 공급곡선의 기울기 : 순환형
- C시장 수요곡선의 기울기 〉 공급곡선의 기울기 : 발산형

10
하

논점 완전경쟁시장 정리 **정답** ⑤

- 완전경쟁시장 : 다수의 수요자와 공급자, 시장의 진입 및 탈퇴의 자유, 완전한 정보, 동질적 상품의 거래, 일물일가의 법칙 적용

11
중

논점 효율적 시장의 분류 **정답** ②

② 부동산 시장은 불완전한 요소가 많아도, 정보가치와 정보비용이 같다면, 할당 효율적 시장이 될 수 있다.

12
중

논점 정보의 현재가치 계산문제 **정답** ③

① 확실성하의 현재가치 : 토지의 현재가치

$$\text{불확실성하의 현재가치} = \frac{(8\text{억} \times 40\%) + (6\text{억} \times 60\%)}{(1+0.2)^1} = 56{,}666\text{만}$$

② 확실성하의 현재가치 : 신역사가 들어설 경우의 현재가치

$$\text{확실성하의 현재가치} = \frac{(8\text{억} \times 100\%) + (6\text{억} \times 0\%)}{(1+0.2)^1} = 66{,}666\text{만}$$

③ 정보의 현재가치(1억)= 확실성하의 현재가치(66,666만원) − 불확실성하의 현재가치(56,666만원)

(빠른 풀이)

정보의 현재가치

$$\frac{(\text{큰 돈} - \text{작은 돈}) \times \text{안될확률}}{(1 + \text{요구수익률})^{\text{기간}}} = \frac{(8\text{억} - 6\text{억}) \times 60\%}{(1+0.2)^1} = 1\text{억}$$

13
중

논점 입지론 학자 정리 **정답** ④

④ 수송비 최저, 노동비 최저, 집적력 최대(집적이익최대)

14
상

논점 허프(D. Huff)의 확률모형 계산 **정답** ③

A매장 점유율

$$= \frac{\dfrac{A\text{매장면적}}{A\text{매장까지의 거리}^2}}{\dfrac{A\text{매장면적}}{A\text{매장까지의 거리}^2} + \dfrac{B\text{매장면적}}{B\text{매장까지의 거리}^2}}$$

$$= \frac{\dfrac{16{,}000}{4^2}}{\dfrac{16{,}000}{4^2} + \dfrac{9{,}000}{3^2}} = 50\%$$

= 10만명 중 80%만 매장을 이용하므로 총 8만명 중 50% = 4만명

15
하

논점 시장실패요인 **정답** ⑤

- 시장실패요인

① 외부효과[(정+)의 외부효과, 부(−)의 외부효과]

② 불완전경쟁시장 (독과점, 규모의 경제)

③ 공공재 (무임승차)

④ 정보의 불완전성(비대칭성)

16
중

논점 토지정책수단 정리(직접적 개입, 간접적 개입, 토지이용 규제) 정답 ②

직접적 개입	간접적 개입	토지이용규제
1) 토지비축(은행) 제도 2) 공영개발 3) 도시개발, 재개발 4) 공공임대주택정책 5) 수용, 선매, 초과 매수	1) 관련 조세 2) 보조금, 부담금 3) 금융정책 (LTV, DTI, DSR) 4) 행정지원 (부동산 가격 공시 제도)	1) 용도지역지구제 2) 개발권양도제 (TDR) 3) 토지거래허가제

17
중

논점 부동산 정책 내용(공법 관련) 정답 ③

도시 · 군 계획 수립 대상지역의 일부에 대하여 토지 이용을 합리화하고, 그 기능을 증진시키며 미관을 개선하고 양호한 환경을 확보하며, 그 지역을 체계적 · 계획적으로 관리하기 위하여 수립하는 도시 · 군관리계획은 지구단위계획이다.

18
하

논점 조세의 종류(세법 관련) 정답 ①

구분	취득 시	보유 시	처분 시
국세	인지세, 상속세, 증여세	종합부동산세	양도소득세
지방세	취득세, 등록면허세	재산세	

19
하

논점 부동산 투자의 위험 5가지 정답 ④

인플레이션 위험을 줄이기 위하여, 대출자는 변동이자율을 선호한다.

20
상

논점 자기자본수익률(지분수익률)의 계산 정답 ②

- 자기자본수익률(타인자본활용하지 않는 경우)

$$= \frac{1천만원 + 2천만원}{5억} = 6\%$$

- 자기자본수익률(타인자본활용(50%))

$$= \frac{1천만원 - 500만원 + 2천만원}{2.5억} = 10\%$$

21
중

논점 수익과 위험의 상쇄관계 정답 ①

투자 위험과 기대수익률은 정(+)의 상관관계이다. (비례)

22
중

논점 화폐의 시간가치 계산 정답 ③

$$일시불의\ 현가계수 = 3억원 \times \frac{1}{(1+0.05)^5} = 약\ 235{,}057{,}849원$$

23
상

논점 할인현금수지분석법 정답 ④

B의 순현가는 100이다.

사 업	금년 현금지출	내년 현금유입	현금유입 현가	순현가	수익성 지수
A	200만원	420만원	400만원	200만원	2
B	100만원	210만원	200만원	100만원	2
C	100만원	315만원	300만원	200만원	3

24
상

논점 부동산투자분석기법 정답 ②

- 운영경비비율 = $\frac{영업경비(1억)}{유효총소득(2억)} = 0.5$
- 부채감당률 = $\frac{순영업소득(1억원)}{부채서비스액(5{,}000만원)} = 2$
- 유효총소득 승수 = $\frac{총투자액\ 10억}{유효총소득(?)} = 5$ –〉 유효총소득 2억

25
중

논점 부동산 금융의 정의 정답 ④

④ 예상치 못한 인플레이션이 발생할 경우, 차입자는 고정금리가, 대출자는 변동금리가 유리하다.

26
중

논점 대출가능금액 계산 정답 ①

- 담보인정비율 LTV(70%) = 6억원 x 70% = 4억 2천만원
- 부채감당율(DCR) 기준

대출가능금액 = 순영업소득 ÷ 부채감당율 ÷ 저당상수
= 1억 ÷ 2 ÷ 0.1
= 5억

적은 금액이 4억 2천만원이므로, 기존 부채 1억원을 차감하면, 추가로 대출가능한 금액은 3억 2천만원이다.

27
하

논점 금융의 종류 **정답** ③

지분금융	부채금융	메자닌금용
신디케이트 조인트벤처 부동산투자회사 (REITs) 공모에 의한 증자 부동산간접투자펀드	저당금융, 신탁금융 주택상환사채 주택저당담보부증권(MBS) 자산유동화증권(ABS)	신주인수권부사채 전환사채 교환사채 후순위대출 우선주

지분금융 : ㉡ 신디케이트 ㉢ 공모에 의한 증자 ㉤ 부동산투자회사

28
중

논점 주택금융 **정답** ⑤

원금 균등, 원리금 균등 모두 기간이 지날수록 이자지급액은 감소한다.

29
하

논점 프로젝트 파이낸싱의 정의 **정답** ②

모든 당사자가 사업성을 검토하므로 정보공유가 이루어진다. 따라서 사업주와 대출자 간에 정보의 비대칭성 문제가 감소한다.

① 프로젝트 사업 진행 시, 일반 기업금융에 비해 업무절차가 복잡하고 높은 금리와 수수료를 부담한다. 따라서, 복잡한 계약에 따른 사업의 지연과 이해당사자간의 조정이 어렵다.
③ 금융기관 입장에서는 프로젝트 사업 실패의 경우, 채권회수가 곤란하여 해당 금융기관의 부실로 이어질 수 있다.
④ 프로젝트 사업주의 재무상태표상 부채로 계상되지 않는다.
⑤ 일정한 요건을 갖춘 프로젝트 회사는 법인세 감면을 받을 수 있다.

30
중

논점 부동산투자회사 **정답** ⑤

① 위탁관리 부동산 투자회사의 설립 자본금은 3억원 이상이며, 영업인가 또는 등록 후 6개월 이내에 50억원 이상이 되어야 한다.
② 부동산투자회사는 금융기관으로부터 자금을 차입할 수 있다.
③ 자기관리 부동산 투자회사는 실체의 회사 형태로 운영된다.
④ 자기관리 부동산 투자회사는 본점 외의 지점을 설치 할 수 있으며, 직원을 고용하거나 상근임원을 둘 수 있다.

31
중

논점 부동산 개발 및 개발방식 **정답** ④

개발사업에 있어, 소유권분쟁과 같은 사법적 측면과 토지이용규제와 같은 공법적 측면의 위험은 법적위험에 해당한다.

32
하

논점 부동산 관리 방법 **정답** ③

① 시설관리는 시설사용자 및 사용과 관련하여 단순한 부응정도의 기술적인 측면을 중시하는 소극적 관리에 해당한다.
② 간접관리 방식은 직접관리에 비해 관리업무의 타성화를 방지하는데 유리하다.
④ 매장용 부동산의 임차인 선정 기준은 가능 매상고이며, 임대차 유형은 비율임대차이다.
⑤ 부동산 유지란 외부적 관리행위로써 부동산의 외형이나 형태를 변형시키지 않으면서 양호한 행위를 지속시키는 것이다.

33
하

논점 부동산 마케팅 **정답** ⑤

4P MIX전략은 제품(Product), 유통경로(Place), 가격(Price), 판매촉진(Promotion)이 있다.

34
중

논점 감정평가에 관한 규칙 **정답** ①

② 현황기준 원칙에서의 감정평가는 기준시점에서의 대상물건의 이용상황(불법적이
거나 일시적인 이용은 제외한다.)및 공법상 제한을 받는 상태를 기준으로 한다.
③ 감정평가법인 등은 감정평가의 합리성, 적법성이 결여되거나 사실상 불가능하다고 판단할 때에도 의뢰를 거부하거나 수임을 철회할 수 있다.
④ 일체로 이용되고 있는 대상물건의 일부분에 대하여 감정평가하여야 할 특수한 목적이나 합리적인 이유가 있는 경우에는 부분평가 한다.
⑤ 감정평가법인 등은 「집합건물의 소유 및 관리에 관한 법률」에 따른 구분 소유권의 대상이 되는 건물부분과 그 대지사용권을 일괄하여 감정평가 하는 경우 등 토지와 건물을 일괄하여 감정평가할 때에는 거래사례비교법을 적용해야 한다.

35
하

논점 물건별 감정평가 방법 **정답** ④

① 건물 – 원가법
② 건설기계 – 원가법
③ 과수원 – 거래사례비교법
⑤ 자동차 – 거래사례비교법

36
하

논점 감정평가의 3방식 **정답** ①

- 원가법 및 적산법 등 비용성의 원리에 기초한 감정평가방식은 원가법이다.
- 거래사례비교법, 임대사례비교법 등 시장성의 원리에 기초한 감정평가방식 및 공시지가기준법
- 수익환원법 및 수익분석법 등 수익성의 원리에 기초한 감정평가방식

37

상

논점 공시지가기준법 계산문제 정답 ①

비교표준지공시지가 : 10,000,000원

시점수정 = $\frac{기준시점}{비교표준지} = \frac{103}{100}$ (상업지역 지가변동률 3% 상승)

지역요인 : 비교 없음

(표준지와 대상토지는 인근지역에 위치하여 지역요인은 동일함)

개별요인 = $\frac{대상}{비교표준지} = \frac{85}{100}$ (대상토지가 15% 열세)

그 밖의 요인 = $\frac{대상}{비교표준지} = \frac{130}{100}$

토지가격 = $10,000,000 \times \frac{103}{100} \times \frac{85}{100} \times \frac{130}{100} = 11,381,500$**원/㎡**

38

상

논점 적산가액 계산문제 정답 ④

- 재조달원가 - 감가수정액(감가누계액)
  100,000,000 - 3,600,000 = 96,400,000
- 재조달원가 = 신축공사비 × 건축비지수
  $80,000,000 \times \frac{125}{100} = 100,000,000$
- 감가수정액 = (재조달원가 - 잔가율 ÷ 경제적내용연수 × 경과연수)
  10,000,000 - 10% ÷ 50 × 2 = 3,600,000

39

중

논점 수익가액 계산문제 정답 ②

- 가능총소득 - 공실상당액 및 대손충당금 - 영업경비 ÷ 환원이율
  50,000,000 - 10% – 30% ÷ 8% = 393,750,000

40

중

논점 부동산 가격 공시제도 정답 ⑤

⑤ 시장·군수 또는 구청장은 시·군·구부동산가격공시위원회의 심의를 거쳐 매년 표준주택가격의 공시기준일 현재 관할 구역 안의 개별주택의 가격(이하 "개별주택가격"이라 한다)을 결정·공시하여야 한다.

제2과목: 민법 및 민사특별법 중 부동산중개에 관련되는 규정

41

하

논점 오표시무효의 원칙 정답 ①

① 매매계약에 있어 쌍방당사자가 모두 특정의 X토지를 계약목적물로 삼았으나 그 지번 등에 관해 착오를 일으켜 계약서에 그 목적물을 X토지와는 별개인 Y토지로 표시한 경우 X토지를 매매목적물로 한다는 쌍방당사자의 의사합치가 있은 이상 위 매매계약은 X토지에 관해 성립한 것으로 보아야 하고 Y토지에 관한 매매계약이 체결된 것으로 보아서는 안 되며 만일 위 매매계약을 원인으로 하여 Y토지에 관해 매수인 명의로 소유권이전등기가 경료 되었다면 이는 원인없는 것으로서 무효이다(96다19581).

42

중

논점 불공정한 법률행위 정답 ②

② 공사도급계약을 체결하기로 하면서 예정 도급인이 이를 어길 경우 예정 공사금액의 10% 상당액을 위약금으로 지급하고, 다시 이 위약금 지급의무를 어길 경우 연 18% 상당의 지연손해금을 가산하여 지급하기로 위약금 약정을 한 경우, 그 위약금 약정은 공서양속에 반하거나 불공정한 법률행위에 해당하지 않는다(대판 99다38637).

43

하

논점 통정허위표시 정답 ③

③ 당사자간에 이루어진 가장매매는 무효이나 숨겨진 은익행위로서는 유효하다. 따라서 매매로서는 무효이나 증여로서는 유효하다.

① 통정이란 상대방과의 합의를 의미하고 표의자가 진의 아닌 표시를 하는 것을 상대방이 단순히 아는 것만으로는 허위표시라 할 수 없다.

② 당사자간에 서로 통모하여 한 허위행위도 민법 제406조(채권자취소권)의 법률행위에 해당하므로 사해행위취소의 대상이 된다(87다카1380).

④ 허위표시에 의하여 외형상 형성된 법률관계를 토대로 실질적으로 새로운 법률상 이해관계를 맺은자를 말한다(2002다72125).

⑤ 제3자인 파산관재인은 악의로 되지 않는 한 선의의 제3자라고 할 수 밖에 없다(2004다10299).

44

중

논점 사기강박의 의사표시 정답 ②

② ㉡ 정당한 권리행사로서의 고소, 고발권 행사의 고지라 하더라도 부정한 이익의 취득을 목적으로 하거나 위법한 수단과 결부되면 위법한 강박행위에 해당한다.

㉢ 기망에 의하여 하자 있는 물건을 매수한 경우, 매수인은 담보책임을 추궁할 수도 있고, 사기를 이유로 취소할 수도 있다.

45
중

논점 대리권의 범위와 제한 **정답** ①

① 대리인의 사망, 성년후견의 개시 또는 파산은 대리권소멸사유이나 한정후견의 개시는 대리권소멸사유가 아니다.(제127조)
② 본인의 허락이 있으면 자기계약이 인정된다.
③ 임의대리권은 본인이 수권행위를 철회할 수 있다.
④ 수권행위는 불요식행위이므로 특별한 형식(위임장 등)을 요하지 않는다.
⑤ 대리인은 능동대리권, 수동대리권이 모두 인정되는 것이 원칙이므로 본인을 대신하여 수령할 권한이 있다.

46
중

논점 계약의 무권대리 **정답** ①

① ㉣ ×. 무권대리행위의 상대방의 최고권은 상대방의 선의 · 악의를 불문하고 인정된다.

47
하

논점 무효행위의 추인 **정답** ③

③ 무효인 법률행위는 추인하여도 그 효력이 생기지 아니한다. 그러나 당사자가 그 무효임을 알고 추인한 때에는 새로운 법률행위로 본다(제139조).

48
중

논점 취소권자와 취소권의 상대방 **정답** ②

② 취소할 수 있는 법률행위는 제한능력자(甲), 착오로 인하거나 사기 · 강박에 의하여 의사표시를 한 자, 그의 대리인(乙) 또는 승계인만이 취소할 수 있다.(제140조) 취소할 수 있는 법률행위의 상대방이 확정된 경우에는 그 취소는 상대방에 대한 의사표시로 한다(제142조). 취소할 수 있는 법률행위의 직접당사자(丙), 그 대리인 또는 포괄승계인을 말한다. 그러나 상대방의 특정승계인(丁)은 상대방에 해당하지 않는다.

49
하

논점 조건성취의 효력 **정답** ⑤

① ×, 당사자가 조건성취의 효력을 그 성취 전에 소급하게 할 의사를 표시한 때에는 그 의사에 의한다(제147조 제3항).
② ×, 조건이 선량한 풍속 기타 사회질서에 위반한 것인 때에는 그 법률행위는 무효로 한다(제151조 제1항).
③ ×, 조건이 법률행위의 당시에 이미 성취할 수 없는 것인 경우에는 그 조건이 해제조건이면 조건 없는 법률행위로 하고 정지조건이면 그 법률행위는 무효로 한다(제151조 제3항).
④ ×, 조건의 성취가 미정한 권리의무는 일반규정에 의하여 처분, 상속, 보존 또는 담보로 할 수 있다(제149조).

50
하

논점 물권법정주의 **정답** ②

② 제187조
① ×, 물권은 법률 또는 관습법에 의하는 외에는 임의로 창설하지 못한다(제185조).
③ ×, 동일한 물건에 대한 소유권과 다른 물권이 동일한 사람에게 귀속한 때에는 다른 물권은 소멸한다. 그러나 그 물권이 제3자의 권리의 목적이 된 때에는 소멸하지 아니한다(제191조 제1항).
④ ×, 동산에 관한 물권의 양도는 그 동산을 인도하여야 효력이 생긴다. 다만 양수인이 이미 그 동산을 점유한 때에는 당사자의 의사표시만으로 그 효력이 생긴다(제188조).
⑤ ×, 동산에 관한 물권을 양도하는 경우에 당사자의 계약으로 양도인이 그 동산의 점유를 계속하는 때에는 양수인이 인도받은 것으로 본다(제189조(점유개정).

51
중

논점 제186조, 제187조 **정답** ②

②형성판결은 판결 시에 등기 없이도 물권변동의 효력이 발생하지만 이행판결은 판결시가 아니라 등기 시에 물권변동의 효력이 발생한다.
①③④제187조의 법률의 규정에 의한 물권변동 이므로 등기 없이도 인정된다.
⑤건물의 신축은 원시취득이므로 등기 없이도 소유권을 취득한다.

52
중

논점 물권적청구권 **정답** ③

③ ×, 소유자가 소유물을 점유하고 있다가 누군가에 의해 점유가 침탈된 경우, 점유권에 터잡은 물권적 청구권과 본권(소유권)에 터잡은 물권적 청구권이 동시에 성립할 수 있다.
① 물권이 침해될 염려가 있는 경우, 방해예방청구권이 인정된다.

53
중

논점 중간생략등기 **정답** ②

② 최초의 매도인이 최종 매수인 앞으로 직접 소유권이전등기를 경료하기로 하는 중간생략등기의 합의가 있었다고 하더라도 이러한 중간생략등기의 합의란 부동산이 전전매도된 경우 각 매매계약이 유효하게 성립함을 전제로 그 이행의 편의상 최초의 매도인으로부터 최종의 매수인 앞으로 소유권이전등기를 경료하기로 한다는 당사자 사이의 합의에 불과할 뿐, 그러한 합의가 있었다고 하여 최초의 매도인과 최종의 매수인 사이에 매매계약이 체결되었다는 것을 의미하는 것은 아니므로 최초의 매도인과 최종 매수인 사이에 매매계약이 체결되었다고 볼 수 없다(대판 97다33218).

54

중

논점 가등기의 효력 정답 ①

① 이를 '가등기의 가등기' 라고 한다.

② ×, 가등기 후에 제3자에게 소유권이전의 본등기가 된 경우 가등기권리자는 제3자가 아니라 가등기 당시 소유자(가등기 당시 등기명의인)를 상대로 본등기청구권을 행사하여야 한다.

③ ×, 저당권설정청구권보전을 위한 가등기는 담보되는 피담보채권이 없다면 무효이다.

④ ×, 가등기에는 후에 본등기가 이루어지는 경우, 본등기의 '순위'가 소급할 뿐, 물권변동의 효력까지 소급하는 것은 아니다. 즉 물권변동의 효력은 본등기 한 때에 발생한다.

⑤ ×, 청구권순위보전의 가등기에는 아무런 실체법상의 효력이 없으므로 가등기가 본등기의 요건을 구비하고 있다 하더라도 본등기가 없는 한 제3취득자에게 대항할 수 없다.

55

중

논점 소유권에 기인한 물권적청구권 정답 ③

①,②,③ 건물의 소유자가 그 건물의 소유를 통하여 타인 소유의 토지를 점유하고 있다고 하더라도 그 토지 소유자로서는 그 건물의 철거와 그 대지 부분의 인도를 청구할 수 있을 뿐, 자기 소유의 건물을 점유하고 있는 자에 대하여 그 건물에서 퇴거할 것을 청구할 수는 없다.(대법원 1999.07.09. 선고 98다57457)

④ 건물이 그 존립을 위한 토지사용권을 갖추지 못하여 토지의 소유자가 건물의 소유자에 대하여 당해 건물의 철거 및 그 대지의 인도를 청구할 수 있는 경우에라도 건물소유자가 아닌 사람이 건물을 점유하고 있다면 토지소유자는 그 건물 점유를 제거하지 아니하는 한 위의 건물 철거 등을 실행할 수 없다. 따라서 그때 토지소유권은 위와 같은 점유에 의하여 그 원만한 실현을 방해당하고 있다고 할 것이므로, 토지소유자는 자신의 소유권에 기한 방해배제로서 건물점유자에 대하여 건물로부터의 퇴출을 청구할 수 있다. 그리고 이는 건물점유자가 건물소유자로부터의 임차인으로서 그 건물임차권이 이른바 대항력을 가진다고 해서 달라지지 아니한다.(대법원 2010.08.19. 선고 2010다43801)

⑤ 건물철거는 그 소유권의 종국적 처분에 해당하는 사실행위이므로 원칙으로는 그 소유자(등기명의자)에게만 그 철거처분권이 있다고 할 것이나 그 건물을 매수하여 점유하고 있는 자는 등기부상 아직 소유자로서의 등기명의가 없다 하더라도 그 권리의 범위내에서 그 점유중인 건물에 대하여 법률상 또는 사실상 처분을 할 수 있는 지위에 있고 그 건물이 건립되어 있어 불법으로 점유를 당하고 있는 토지소유자는 위와 같은 지위에 있는 건물점유자에게 그 철거를 구할 수 있다.(대법원 1986.12.23. 선고 86다카1751)

56

중

논점 점유권에 기인한 점유물반환청구권 정답 ①

② 직접점유자가 점유의 침탈을 당한 경우 간접점유자는 그 물건을 직접점유자에게 반환할 것을 청구할 수 있고 직접점유자가 그 물건의 반환을 받을 수 없거나 이를 원하지 아니하는 때에는 자기에게 반환할 것을 청구할 수 있다(제207조 제2항).

③ 점유물반환청구권의 상대방은 침탈자, 침탈자의 포괄승계인(선·악불문), 침탈자의 악의의 특별승계인이다.

④ 점유자가 점유물을 개량하기 위하여 지출한 금액 기타 유익비에 관하여는 그 가액의 증가가 현존한 경우에 한하여 회복자의 선택에 좇아 그 지출액이나 증가액의 상환을 청구할 수 있다(제203조 제2항).

⑤ 점유보조자는 자력구제권이 있으나, 간접점유자는 자력구제권이 없다.

57

하

논점 주위토지통행권 정답 ③

③ 분할로 인하여 공로에 통하지 못하는 토지가 있는 때에는 그 토지소유자는 공로에 출입하기 위하여 다른 분할자의 토지를 통행할 수 있다. 이 경우에는 보상의 의무가 없다(제220조 제1항).

58

중

논점 점유취득시효완성 정답 ⑤

⑤ 원소유자가 취득시효의 완성 이후 그 등기가 있기 전에 그 토지를 제3자에게 처분하거나 제한물권의 설정, 토지의 현상 변경 등 소유자로서의 권리를 행사하였다 하여 시효취득자에 대한 관계에서 불법행위가 성립하는 것이 아님은 물론 위 처분행위를 통하여 그 토지의 소유권이나 제한물권 등을 취득한 제3자에 대하여 취득시효의 완성 및 그 권리취득의 소급효를 들어 대항할 수도 없다 할 것이니, 이 경우 시효취득자로서는 원소유자의 적법한 권리행사로 인한 현상의 변경이나 제한물권의 설정 등이 이루어진 그 토지의 사실상 혹은 법률상 현상 그대로의 상태에서 등기에 의하여 그 소유권을 취득하게 된다.
따라서 시효취득자가 원소유자에 의하여 그 토지에 설정된 근저당권의 피담보채무를 변제하는 것은 시효취득자가 용인하여야 할 그 토지상의 부담을 제거하여 완전한 소유권을 확보하기 위한 것으로서 그 자신의 이익을 위한 행위라 할 것이니, 위 변제액 상당에 대하여 원소유자에게 대위변제를 이유로 구상권을 행사하거나 부당이득을 이유로 그 반환청구권을 행사할 수는 없다(대판 2005다75910).

59

상

논점 공유자의 내부관계 정답 ①

① 제3자의 취득시효를 중단시키는 것은 보존행위로서 단독으로 행사할 수 있다.

② 공유토지에 건물을 신축하는 것은 공유물의 변경에 해당되므로 공유자 전원의 동의가 있어야 한다.

③ 공유지분의 포기는 단독행위, 즉 법률행위로서 등기하여야 물권적 효력이 발생한다.

④ 공유토지의 임대행위는 관리행위에 해당되므로 공유지분의 과반수의 동의가 있어야 한다. 임차인 丁은 불법점유자로서, 乙은 丁에게 부당이득반환을 청구할 수 있다.

⑤ 공유물의 소수 지분권자가 다른 공유자와 협의하지 않고 공유물의 전부 또는 일부를 독점적으로 점유하는 경우 다른 소수 지분권자가 공유물을 독점하고 있는 공유자를 상대로 공유물의 인도를 청구할 수는 없다.

60
상

논점 지상권의 효력 **정답** ②

① 지상권 양도금지의 특약을 하더라도 이는 무효로서 제3자에 대항할 수 없으므로 지상권의 양수인은 지상권을 취득한다. 즉 지상권자는 지상권설정자의 명시적 반대에도 불구하고 지상권의 존속기간 내에서 그 토지를 타인에게 임대할 수 있다. 그러나 지상권자는 지상권을 유보한 채 지상물 소유권만을 양도할 수도 있고 지상물 소유권을 유보한 채 지상권만을 양도할 수도 있는 것이어서 지상권자와 그 지상물의 소유권자가 반드시 일치하여야 하는 것은 아니다(2006다6126,6133). 지상권자는 자신의 지상권 위에 저당권을 설정할 수 있고, 담보제공을 금지하는 특약은 무효이다.

② 지상권은 물권으로서 대항력이 있으므로 X토지를 양수한 자는 지상권의 존속 중에 乙에게 그 토지의 인도를 청구할 수 없다.

③ 지상권자가 2년이상의 지료를 지급하지 아니한 때에는 지상권설정자는 지상권의 소멸을 청구할 수 있다.(제287조)

④ 지상권이 소멸한 경우에 건물 기타 공작물이나 수목이 현존한 때에는 지상권자는 계약의 갱신을 청구할 수 있다. 그리고 지상권설정자가 계약의 갱신을 원하지 아니하는 때에는 지상권자는 상당한 가액으로 전항의 공작물이나 수목의 매수를 청구할 수 있다.(제283조)

⑤ 계약으로 지상권의 존속기간을 정하지 아니한 때에는 그 기간은 제280조의 최단존속기간(30년, 15년, 5년)으로 한다.(제281조 제1항) 따라서 甲은 언제든지 지상권의 소멸을 청구할 수 없다.

61
중

논점 전세권의 효력 **정답** ④

④ 지상권과는 달리 전세권에는 지상물매수청구권의 전제로서의 갱신청구권이 없다..

62
하

논점 임대차의 동시이행항변권 **정답** ③

③ 건물임대차에서 임차인이 임대인에게 지급한 임차보증금반환청구권과 임대목적물간에는 견련관계가 인정되지 않고(즉, 유치권이 성립하지 않는다), 동시이행관계가 인정된다.

63
중

논점 저당권 침해와 구제 **정답** ②

② 선순위의 저당권이 변제되어 저당권이 소멸되었으나 그 등기가 말소되지 않고 있는 경우, 후순위저당권자는 자신의 순위가 승진되지 못하는 것을 이유로(즉, 자신의 저당권이 침해되었음을 이유로) 이미 소멸한 선순위저당권 등기의 말소를 청구할 수 있다(유해등기말소청구).

64
하

논점 근저당의 효력 **정답** ②

② 후순위 근저당권자가 경매를 신청한 경우 선순위 근저당권의 피담보채권은 그 근저당권이 소멸하는 시기, 즉 경락인이 경락대금을 완납한 때에 확정된다고 보아야 하고(대판 99다26085), 근저당권자가 피담보채무의 불이행을 이유로 경매신청을 한 경우에는 경매신청시에 근저당 채무액이 확정된다(대판 2001다73022).

65
중

논점 계약의 성립 **정답** ⑤

⑤ 계약이 성립하기 위하여는 당사자의 서로 대립하는 수개의 의사표시의 객관적 합치가 필요하고 객관적 합치가 있다고 하기 위하여는 당사자의 의사표시에 나타나 있는 사항에 관하여는 모두 일치하고 있어야 하는 한편, 계약 내용의 '중요한 점' 및 계약의 객관적 요소는 아니더라도 특히 당사자가 그것에 중대한 의의를 두고 계약성립의 요건으로 할 의사를 표시한 때에는 이에 관하여 합치가 있어야 계약이 적법·유효하게 성립한다(대판 2001다53059).

66
상

논점 동시이행항변권의 성립요건 **정답** ①

② ×, 매수인이 선이행의무 있는 중도금을 지급하지 않았다 하더라도 계약이 해제되지 않은 상태에서 잔대금 지급기일이 도래하여 그 때까지 중도금과 잔대금이 지급되지 아니하고 잔대금과 동시이행관계에 있는 매도인의 소유권이전등기 소요서류가 제공된 바 없이 그 기일이 도과하였다면, 특별한 사정이 없는 한 매수인의 중도금 및 잔대금의 지급과 매도인의 소유권이전등기 소요서류의 제공은 동시이행관계에 있다 할 것이어서 그 때부터는 매수인은 중도금을 지급하지 아니한 데 대한 이행지체의 책임을 지지 아니한다(대판 97다54604).

③ ×, 임대차계약의 종료에 의하여 발생된 임차인의 임차목적물 반환의무와 임대인의 연체차임을 공제한 나머지 보증금의 반환의무는 동시이행의 관계에 있는 것이므로, 임대차계약 종료 후에도 임차인이 동시이행의 항변권을 행사하여 임차건물을 계속 점유하여 온 것이라면 임차인의 그 건물에 대한 점유는 불법점유라고 할 수는 없으나, 그로 인하여 이득이 있다면 이는 부당이득으로서 반환하여야 하는 것은 당연하다. 법률상의 원인 없이 이득하였음을 이유로 한 부당이득의 반환에 있어서 이득이라 함은 실질적인 이익을 가리키는 것이므로 법률상 원인 없이 건물을 점유하고 있다 하여도 이를 사용·수익하지 않았다면 이익을 얻은 것이라고 볼 수 없는 것인바, 임차인이 임대차계약 종료 이후에도 동시이행의 항변권을 행사하는 방법으로 목적물의 반환을 거부하기 위하여 임차건물부분을 계속 점유하기는 하였으나 이를 본래의 임대차계약상의 목적에 따라 사용·수익하지 아니하여 실질적인 이득을 얻은 바 없는 경우에는 그로 인하여 임대인에게 손해가 발생하였다 하더라도 임차인의 부당이득반환의무는 성립되지 않는다(대판 91다45202).

④ ×, 동시이행의 항변권은 예외적으로 '부담부 증여' 와 같이 쌍무계약 이외의 법률관계에서도 인정될 수 있다.

⑤ ×, 쌍무계약의 당사자 일방이 먼저 한번 현실의 제공을 하고 상대방을 수령지체에 빠지게 하였다 하더라도 그 이행의 제공이 계속되지 않는 경우는 과거에 이행의 제공이 있었다는 사실만으로 상대방이 가지는 동시이행의 항변권이 소멸하는 것은 아니므로, 일시적으로 당사자 일방의 의무의 이행제공이 있었으나 곧 그 이행의 제공이 중지되어 더 이상 그 제공이 계속되지 아니하는 기간 동안에는 상대방의 의무가 이행지체 상태에 빠졌다고 할 수는 없다고 할 것이고, 따라서 그 이행의 제공이 중지된 이후에 상대방의 의무가 이행지체되었음을 전제로 하는 손해배상청구도 할 수 없다(대판 98다13754).

67
하

논점 위험부담 **정답** ②

② 갑의 귀책사유 없는 후발적 불능이므로 위험부담의 문제에 해당한다. 원칙적으로 불능이 된 채무의 채무자(갑)가 위험을 부담하므로 갑은 그림인도의무를 면하는 대신, 을에게 대금을 청구할 수 없다.

68

상

논점 제3자를 위한 계약 정답 ①

② ×. 甲이 乙에게 X토지의 소유권이전등기를 해주지 않는다면, 丙이 수익의 의사표시를 한 후에도 乙은 동시이행의 항변권에 터잡아 丙에 대하여 2억원의 지급을 거절할 수 있다.

③ ×. 낙약자의 채무불이행이 있어도, 제3자는 계약을 해제할 수 있는 권한은 없다.

④ ×. 채무자(낙약자)는 상당한 기간을 정하여 계약의 이익의 향수여부의 확답을 제3자에게 최고할 수 있고 채무자가 그 기간 내에 확답을 받지 못한 때에는 제3자가 계약의 이익을 받을 것을 거절한 것으로 본다(제540조).

⑤ ×. 낙약자의 채무불이행을 이유로 요약자가 계약을 해제하는 경우, 제3자의 동의나 승낙은 필요 없다.

69

상

논점 계약해제의 효과 정답 ③

① ×. 매매목적물인 부동산에 근저당권설정등기나 가압류등기가 있는 경우에 매도인으로서는 위 근저당권설정등기나 가압류등기를 말소하여 완전한 소유권이전등기를 해 주어야 할 의무를 부담한다고 할 것이지만, 매매목적물인 부동산에 대한 근저당권설정등기나 가압류등기가 말소되지 아니하였다고 하여 바로 매도인의 소유권이전등기의무가 이행불능으로 되었다고 할 수 없고, 매도인이 미리 이행하지 아니할 의사를 표시한 경우가 아닌 한, 매수인이 매도인에게 상당한 기간을 정하여 그 이행을 최고하고 그 기간 내에 이행하지 아니한 때에 한하여 계약을 해제할 수 있다.(대판 2000다50688)

② ×. 채무불이행을 이유로 계약해제와 아울러 손해배상을 청구하는 경우 그 계약이행으로 인하여 채권자가 얻을 이익 즉 이행이익의 배상을 구하는 것이 원칙이고, 다만 일정한 경우에는 그 계약이 이행되리라고 믿고 채권자가 지출한 비용 즉 신뢰이익의 배상도 구할 수 있는 것이지만, 중복배상 및 과잉배상 금지원칙에 비추어 그 신뢰이익은 이행이익에 갈음하여서만 구할 수 있고, 그 범위도 이행이익을 초과할 수 없다(대판 2004다51825).

④ ×. 법정해제의 경우 당사자 일방이 그 수령한 금전을 반환함에 있어 그 받은 때로부터 법정이자를 부가함을 요하는 것은 민법 제548조 제2항이 규정하는 바로서, 이는 원상회복의 범위에 속하는 것이며 일종의 부당이득반환의 성질을 가지는 것이고 반환의무의 이행지체로 인한 것이 아니므로, 부동산 매매계약이 해제된 경우 매도인의 매매대금 반환의무와 매수인의 소유권이전등기 말소등기절차 이행의무가 동시이행의 관계에 있는지 여부와는 관계없이 매도인이 반환하여야 할 매매대금에 대하여는 그 받은 날로부터 민법이 정한 법정이율인 연 5푼의 비율에 의한 법정이자를 부가하여 지급하여야 한다.(대판 95다28892)

⑤ ×. 민법 제548조 제1항 단서에서 규정하고 있는 제3자란 일반적으로 계약이 해제되는 경우 그 해제된 계약으로부터 생긴 법률효과를 기초로 하여 해제 전에 새로운 이해관계를 가졌을 뿐 아니라 등기·인도 등으로 완전한 권리를 취득한 자를 말하고, 계약상의 채권을 양수한 자는 여기서 말하는 제3자에 해당하지 않는다고 할 것인바, 계약이 해제된 경우 계약해제 이전에 해제로 인하여 소멸되는 채권을 양수한 자는 계약해제의 효과에 반하여 자신의 권리를 주장할 수 없음은 물론이고, 나아가 특단의 사정이 없는 한 채무자로부터 이행받은 급부를 원상회복하여야 할 의무가 있다.(대판 2000다22850)

70

하

논점 해약금 해제 정답 ②

② 일방당사자가 이행에 착수한 후에는 계약금에 의한 해제를 할 수 없다.

71

상

논점 해제의 제3자 보호 정답 ③

ㄱ. 해제에 의하여 소멸되는 계약상의 채권을 양수한 자나 그 채권 자체를 압류 또는 전부한 채권자는 제548조에서 말하는 제3자에 해당하지 아니한다(99다51685).

ㄴ. 민법 제548조 1항 단서에서 말하는 제3자는 매수인과 매매예약을 체결한 후 그에 기한 소유권이전등기된 부동산을 가압류 집행한 자는 보호받는 제3자에 해당한다(2013다14569).

ㄷ. 계약해제전 그 계약상의 채권을 압류한 자는 보호받는 제3자에 해당하지 않는다.

72

하

논점 임차권의 양도전대 정답 ⑤

⑤ 임차인이 임차권을 양도하거나 또는 임차물을 전대하기 위해서는 임대인의 동의가 필요하며, 그 임차권의 등기 여부는 묻지 않는다.

73

하

논점 부속물 매수청구권 정답 ①

① 부속물이란 건물의 사용에 객관적인 편익을 가져오게 하는 물건이라 할 것이므로 부속된 물건이 오로지 임차인의 특수목적에 사용하기 위하여 부속된 것인 때에는 부속물매수청구권이 성립될 수 없다.

74

중

논점 임대차 해지사유 정답 ③

③ ×. 파산으로 인한 계약해지통고의 경우 각 당사자는 상대방에 대하여 계약해지로 인하여 생긴 손해의 배상을 청구하지 못한다.

① 제635조 제1항

② 제636조

④ 제638조 제1항

⑤ 제640조

75

중

논점 주택임대차의 대항력 인정여부 **정답** ⑤

① 대항력 있는 주택임대차에 있어 기간만료나 당사자의 합의 등으로 임대차가 종료된 경우에도 주택임대차보호법 제4조 제2항에 의하여 임차인은 보증금을 반환받을 때까지 임대차관계가 존속하는 것으로 의제되므로 그러한 상태에서 임차목적물인 부동산이 양도되는 경우에는 같은 법 제3조 제2항에 의하여 양수인에게 임대차가 종료된 상태에서의 임대인으로서의 지위가 당연히 승계되고, 양수인이 임대인의 지위를 승계하는 경우에는 임대차보증금 반환채무도 부동산의 소유권과 결합하여 일체로서 이전하는 것이므로 양도인의 임대인으로서의 지위나 보증금 반환채무는 소멸하는 것이지만, 임차인의 보호를 위한 임대차보호법의 입법 취지에 비추어 임차인이 임대인의 지위승계를 원하지 않는 경우에는 임차인이 임차주택의 양도사실을 안 때로부터 상당한 기간 내에 이의를 제기함으로써 승계되는 임대차관계의 구속으로부터 벗어날 수 있다고 봄이 상당하고, 그와 같은 경우에는 양도인의 임차인에 대한 보증금 반환채무는 소멸하지 않는다[대판2002.09.04, 2001다64615)

76

상

논점 주택임차인의 대항력 **정답** ⑤

⑤ 매도인으로부터 매매계약의 해제를 해제조건부로 전세 권한을 부여받은 매수인이 주택을 임대한 후 매도인과 매수인 사이의 매매계약이 해제됨으로써 해제조건이 성취되어 그 때부터 매수인이 주택을 전세 놓을 권한을 상실하게 되었다면, 임차인은 전세계약을 체결할 권한이 없는 자와 사이에 전세계약을 체결한 임차인과 마찬가지로 매도인에 대한 관계에서 그 주택에 대한 사용수익권을 주장할 수 없게 되어 매도인의 명도 청구에 대항할 수 없게 되는바, 이러한 법리는 임차인이 그 주택에 입주하고 주민등록까지 마쳐 주택임대차보호법상의 대항요건을 구비하였거나 전세계약서에 확정일자를 부여받았다고 하더라도 마찬가지이다(대판 95다32037).

77

중

논점 계약갱신요구권 **정답** ③

③ 상가건물 임대차보호법 제10조 제2항은 '임차인의 계약갱신요구권은 최초의 임대차 기간을 포함한 전체 임대차 기간이 10년을 초과하지 않는 범위 내에서만 행사할 수 있다' 라고 규정하고 있는바, 위 법률규정의 문언 및 임차인의 계약갱신요구권을 전체 임대차 기간 10년의 범위 내에서 인정하게 된 입법 취지에 비추어 볼 때 '최초의 임대차 기간' 이라 함은 위 법 시행 이후에 체결된 임대차계약에 있어서나 위 법 시행 이전에 체결되었다가 위 법 시행 이후에 갱신된 임대차계약에 있어서 모두 당해 상가건물에 관하여 최초로 체결된 임대차계약의 기간을 의미한다고 할 것이다(대판 2005다74320).

78

중

논점 재건축 절차 **정답** ②

② 재건축 결의에 따라 설립된 재건축조합은 민법상의 비법인 사단에 해당하므로 그 구성원의 의사의 합의는 총회의 결의에 의할 수밖에 없다고 할 것이나, 다만 집합건물의소유및관리에관한법률 제49조에 의하여 의제된 합의 내용인 재건축 결의의 내용을 변경함에 있어서는 그것이 구성원인 조합원의 이해관계에 미치는 영향에 비추어 재건축 결의시의 의결정족수를 규정한 같은 법 제47조 제2항을 유추적용하여 조합원 5분의 4 이상의 결의가 필요하다고 할 것이다(대판(전) 2003다4969).

79

중

논점 가담법의 청산절차 **정답** ③

③ 청산금의 지급채무와 부동산의 소유권이전등기 및 인도채무의 이행에 관하여는 동시이행의 항변권에 관한 민법 제536조를 준용한다. 따라서 가등기담보권자의 청산금지급채무와 가등기담보권설정자의 소유권이전등기 및 인도채무는 동시이행의 관계에 있다.

80

상

논점 명의신탁의 유형 **정답** ⑤

⑤ 丙이 선의인 경우, 乙이 완전하게 소유권을 취득한다. 따라서 乙이 甲의 지시로 甲과 명의신탁계약을 체결한 丁명의로 소유권이전등기를 경료해 준 경우, 甲(신탁자)과 丁(수탁자)의 명의신탁약정은 무효이고, 따라서 丁명의의 등기는 무효가 되며, 소유자는 여전히 乙이므로 甲은 丁에게 이전등기를 청구할 수 없다.

제 8 회 실전모의고사 정답 & 해설

정답

1	2	3	4	5	6	7	8	9	10	11	12	13	14	15	16	17	18	19	20
④	⑤	①	②	③	②	③	⑤	①	④	②	①	④	④	③	④	⑤	①	②	③
21	22	23	24	25	26	27	28	29	30	31	32	33	34	35	36	37	38	39	40
③	④	⑤	①	②	⑤	①	②	④	③	③	⑤	①	④	②	①	②	⑤	④	③
41	42	43	44	45	46	47	48	49	50	51	52	53	54	55	56	57	58	59	60
④	⑤	③	④	④	④	①	⑤	④	③	③	⑤	②	①	⑤	②	①	⑤	①	④
61	62	63	64	65	66	67	68	69	70	71	72	73	74	75	76	77	78	79	80
②	④	③	③	②	④	④	③	③	⑤	①	②	③	②	⑤	②	④	③	⑤	④

제1과목: 부동산학개론

1

중

논점 토지의 자연적 특성 정답 ④

영속성: ㄱ, ㄹ, ㅁ(총3개), 부증성: ㄴ, ㄷ, 개별성: ㅂ, ㅅ, ㅇ

영속성으로 인해 파생되는 특성

1) 물리적 감가상각의 적용을 배제 , 임대차 시장 발달
2) 재생산이론 적용 배제, 재고시장 형성에 도움
3) 사용이익과 소유이익의 분리, 투자재로 선호
4) 감정평가 시 예측의 원칙 근거

2

하

논점 주택법 용어의 정리 정답 ⑤

① 학생 또는 직장인 등 여러 사람이 장기간 거주할 수 있는 구조로 되어 있으며, 독립된 주거의 형태를 갖추지 아니한 것은 "다중주택" 이다.

② 주택으로 쓰는 층수가 3개 층 이하이며, 바닥면적 합계가 660㎡이하이고, 19세대 이하가 거주하는 것은 "다가구주택" 이다.

③ 주택으로 쓰는 1개 동의 바닥면적 합계가 660㎡ 이하이고, 층수가 4개 층 이하인 주택은 "다세대주택" 이다.

④ 주택으로 쓰는 1개 동의 바닥면적 합계가 660㎡ 초과하고, 층수가 4개 층 이하인 주택은 "연립주택" 이다.

3

중

논점 부동산의 개념 정리 정답 ①

② 명인방법에 의한 수목, 등기된 입목, 미분리과실, 타인 토지에서 재배중인 농작물은 토지에 독립 부동산으로 간주된다.

③ 토지와 건물이 각각 독립된 거래의 객체이면서도, 하나의 결합된 상태로 다루어져 거래되는 부동산을 복합부동산이라 한다.

④ 복합개념의 부동산 중 기술적 개념에 자연, 공간, 위치, 환경이 있다.

⑤ 복합개념의 부동산 중 경제적 개념에 자본, 자산, 상품, 소비재가 있다.

4

중

논점 수요의 가격탄력성 정리 정답 ②

① 수요가 증가하고, 공급이 증가하는 경우, 수요증가와 공급증가 폭이 같다면 균형가격은 불변하고, 균형량은 증가한다.

③ 수요의 가격탄력성이 1보다 작을 경우, 임대료를 상승시키면, 전체 임대료 수입은 증가한다.

④ 수요의 가격탄력성이 1보다 큰 경우, 임대료를 하락시키면, 전체 임대료 수입은 증가한다.

⑤ 수요의 가격탄력성이 공급의 가격탄력성이 비해 클 경우, 정부의 조세부과 시 자원 배분의 왜곡현상이 심하지 않다.

5

중

논점 수요와 공급의 가격탄력성 정답 ③

	수요의 가격탄력성 탄력성	공급의 가격탄력성 탄력성
①	대체재가 많음(탄력적)	생산에 소요되는 기간이 길다(비탄력적)
②	관찰기간이 길다(탄력적)	관찰기간이 짧다.(비탄력적)
③	용도전환이 쉽다(탄력적)	중고주택(탄력적)
④	공적규제의 강화(비탄력적)	용도전환 곤란(비탄력적)
⑤	상 · 공업용 부동산(비탄력적)	공적규제의 완화(탄력적)

6
상

논점 균형의 계산 정답 ②

단기 Qd=Qs1	장기 Qd = Qs2
200 − P = P + 150 2P = 50 P = 25 Q = 175	200 − P = 2P + 50 3P = 150 P = 50 Q = 150

균형가격은 25 상승, 균형량은 25 감소

공급곡선의 기울기

기울기 = $\frac{\square Q}{\square P}$

P = Q_{s1} - 150 : 기울기 = 1

2P = Q_{s2} - 150 : 기울기 = $\frac{1}{2}$

따라서 기울기는 1에서 $\frac{1}{2}$ 감소하였으므로, $\frac{1}{2}$감소

7
상

논점 전체 수요량 변화율 계산문제 정답 ③

- 수요의 가격탄력성 = $\left|\frac{\text{수요량의 변화율4\% 감소}}{\text{가격의 변화율5\% 상승}}\right|$ = 0.8
- 수요의 소득탄력성 = $\frac{\text{수요량의 변화율3\%증가}}{\text{소득의 변화율5\%상승}}$=0.6
- 수요의 교차탄력성 = $\frac{Y\text{재의수요량변화율2\%증가}}{X\text{재의가격변화율5\%상승}}$=0.4

전체 수요량의 변화율 = −4% + 3% + 2% = +1% (1% 증가)

8
중

논점 부동산경기변동 정답 ⑤

① 부동산 경기의 순환은 하향–회복–상향–후퇴 순으로 진행된다.
② 상향시장에서 매도자는 거래의 성립시기를 늦추려는 경향이 있다.
③ 일반적으로 일반경기가 부동산경기에 비하여 경기의 진폭이 작은 경향이 있다.
④ 하향시장에 있어, 종전의 거래사례 가격은 새로운 매매활동에 가격결정 상한선이 되는 경향이 있다.

9
하

논점 토지의 자연적 특성 중 개별성 정답 ①

시장의 국지성 – 부동성

10
중

논점 효율적 시장 정답 ④

① 약성 효율적 시장에서는 기술적 분석으로는 초과이윤을 획득할 수 없다.
② 약성 효율적 시장에서는 현재, 미래의 정보를 분석하여 초과이윤을 획득할 수 있다.
③ 강성효율적 시장에서는 정보비용이 필요하지 않으며 이에 따라 초과이윤도 획득할 수 없다.
⑤ 준강성 효율적 시장은 부동산 시장에 가장 부합하는 시장이다.

11
중

논점 주택시장에 대한 이해 정답 ②

② 주거분리는 도시 전체에서뿐만 아니라 지리적으로 인접한 근린지역에서도 발생할 수 있다.

12
중

논점 컨버스의 분기점 모형 [계산] 정답 ①

$$\frac{\text{전체거리}}{1+\sqrt{\frac{B\text{시 인구}}{A\text{시 인구}}}} = \frac{24km}{1+\sqrt{\frac{32\text{만명}}{8\text{만명}}}} = \frac{24km}{1+\sqrt{4}} = \frac{24km}{1+2}$$

A시로부터의 거리 = $\frac{24km}{3}$ = 8km

13
중

점 지대론 정답 ④

④ 차액지대설에 따르면 지대는 생산비가 아니라 경제적 잉여이다.

14
하

논점 입지론 학자 정리 정답 ④

④ 외부효과 정(+),부(−) 둘 다 시장실패의 원인에 해당한다.

15
하

논점 정비사업 – 도시 및 주거환경정비법」 12조 정답 ③

주거환경 개선사업	도시저소득 주민이 집단거주하는 지역으로서 정비기반시설이 극히 열악하고 노후 · 불량건축물이 과도하게 밀집한 지역의 주거환경을 개선하거나 단독주택 및 다세대주택 이 밀집한 지역에서 정비기반시설과 공동이용시설 확충을 통하여 주거환경을 보전 · 정비 · 개량 하기 위한사업
재개발 사업	정비기반시설이 열악하고 노후 · 불량건축물이 밀집한 지역에서 주거환경을 개선하거나 상업지역 · 공업지역 등에서 도시기능의 회복+및 상권활성화 등을 위하여 도시환경을 개선하기 위한 사업
재건축 사업	정비기반시설은 양호하나 노후 · 불량건축물에 해당하는 공동주택이 밀집한 지역에서 거환경을 개선하기 위한 사업

16
중

논점 조세의 정의 정답 ④

① 수요곡선이 공급곡선에 비해 더 비탄력적이면, 수요자에 비해 공급자의 부담이 더 작아진다.
② 양도소득세 중과시 공급의 동결효과로 인해 주택가격은 상승한다.
③ 주택 가격에 동일 세율을 적용하는 재산세는 역진세적인 효과를 나타낸다.
⑤ 수요곡선이 변하지 않을 때, 세금부과에 의한 경제적 순손실은 공급이 비탄력일수록 작아진다

17

하

논점 토지비축제도 정답 ⑤

토지은행제도는 환지방식에 비해서 토지 매입비 부담이 큰 편 이다.

18

하

논점 현재 우리나라에서 시행되지 않는 제도 정답 ①

현재 우리나라에서 시행되지 않는 제도 : ㄱ, ㅂ, ㅊ

현재 우리나라에서 시행되지 않는 제도 5가지
- 개발권양도제 TDR
- 택지소유상한제
- 토지초과이득세
- 종합토지세
- 공한지세

19

하

논점 부동산 투자의 위험 정답 ②

요구수익률이 기대수익률보다 작을 경우 투자안이 채택된다.

20

하

논점 포트폴리오 이론 정답 ③

포트폴리오 상관계수가 -1인 경우, 비체계적 위험이 완전히 제거된다.

21

상

논점 현가계수의 활용 정답 ③

현금유입의 현가 - 현금유출의 현가 = 순현재가치
1400 - 1200 = 200

현금유입의 현가 = 150 × 4.0 (연금의 현가계수 5년) = 600
현금유입의 현가 = 1600 × 0.5 (일시불의 현가계수 5년) = 800
현금유입의 현가 = 600 + 800 = 1400

현금유출의 현가 = 1200

22

중

논점 영업현금흐름 정답 ④

영업현금흐름
가능총소득
− 공실 및 불량부채
+ 기타소득
= 유효총소득
− 영업경비 (재산세, 화재보험료, 종합부동산세, 유지수선관리비)
= 순영업소득
− 부채서비스액
= 세전현금흐름
− 영업소득세
= 세후현금흐름

23

상

논점 영업현금흐름 정답 ⑤

영업현금흐름
가능총소득 2억
− 공실 및 불량부채 5%
+ 기타소득 1천만원
= 유효총소득 = 2억
− 영업경비 (재산세, 화재보험료, 종합부동산세, 유지수선관리비) 15%
= 순영업소득 = 170,000,000원
− 부채서비스액
= 세전현금흐름
− 영업소득세
= 세후현금흐름

24

중

논점 투자에 전반적 이해 정답 ①

채무불이행률은 영업경비와 부채서비스액의 합을 유효총소득으로 나눈 값이다.

25

중

논점 레버리지 효과 정답 ②

저당수익률이 총자본수익률보다 클 때에는, 부(−)의 레버리지 효과가 발생하므로, 부채비율을 높일수록 자기자본수익률은 하락한다.

26

하

논점 대출방식 정답 ⑤

예상치 못한 인플레이션이 발생하였을 때, 대출자 입장에서는 변동금리대출이 유리한 대출방식이다.

27

상

논점 자금의 상환방법 계산 정답 ①

원금상환방법
원금 = 5억 ÷ 25년 = 2,000만원
8회차 이자상환액 = (5억 - 2,000만원 × 7) × 5% = 1,800만원
11회차 이자상환액 = (5억 - 2,000만원 × 10) × 5% = 1,500만원
8회차 원리금 상환액 = 2,000만원 + 1,800만원 = 3,800만원
11회차 이자상환액 = 1,500만원

28

중

논점 주택금융 정답 ②

주택저당담보부채권(MBB)는 모기지풀에서 발생하는 위험은 모두 발행자에게 이전한다.

29
상

논점 금융의 동원방법 및 증권 정답 ④

① 신디케이트 : 지분증권, 직접투자방식, 다수의 투자자
② 조인트벤처 : 지분증권, 직접투자방식, 소수의 투자자
③ 부동산투자회사 : 지분증권, 간접투자방식, 다수의 투자자
⑤ 프로젝트 금융 : 비소구 금융, 사업성을 담보

30
중

논점 프로젝트 금융 정답 ③

③ 프로젝트 금융의 자산은 위탁계좌(에스크로우)를 통해 관리한다.

31
중

논점 부동산 개발의 위험 정답 ③

법적위험	• 공법적위험 – 지역지구제 – 인허가 문제 • 사법적위험 – 소유권문제
시장위험	• 시장성연구 – 매매나 임대될 가능성 • 흡수율 분석 – 시장에 공급된 부동산이 일정기간 동안 시장에서 얼마만큼의 비율로 소비되었는지를 분석
비용위험	재해의 발생, 인플레이션 심화, 공사기간의 장기화 등

32
하

논점 부동산 관리 방법 정답 ⑤

① 간접관리 방식은 전문성을 제고할 수 있지만, 업무의 타성화 방지효과가 있다.
② 직접관리 방식은 불필요한 관리비용이 발생할 우려가 있으며, 기밀유지에 유리하다.
③ 전문업자를 이용함으로써, 전문화된 관리와 서비스를 받을 수 있는 방식은 위탁관리방식이다.
④ 현대적인 전문적인 관리의 개념은 위탁관리 방식이다.

33
하

논점 부동산 마케팅 정답 ①

① 시장점유마케팅 전략 - 공급자중심, STP전략

34
중

논점 감정평가에 관한 규칙 정답 ④

① 기준시점이란 감정평가액을 결정하는 기준이 되는 날짜이며, 가격조사를 완료한 날짜로 한다.
② 시장가치란 통상적인 시장에서 충분한 기간 동안 거래를 위하여 공개된 후 그 대상물건의 내용에 정통한 당사자 사이에 신중하고 자발적인 거래가 있는 경우 성립될 가능성이 가장 높다고 인정되는 대상물건의 가액을 말한다.
③ 법령에 다른 규정이 있는 경우에만 시장가치 외의 가치를 기준으로 하는 감정평가의 합리성 및 적법성 검토를 생략할 수 있다.
⑤ 1개의 물건이라도 가치를 달리 하는 부분이 있는 경우에는 구분평가한다.

35
중

논점 가격과 가치 정답 ②

① 가격과 가치는 단기에는 괴리가 발생하지만, 장기에는 일치한다.
③ 대상물건에 대한 감정평가액은 시장가치를 기준으로 한다.
④ 가치는 장래 기대되는 편익을 현재가치로 환원한 현재의 값이다.
⑤ 가격은 실제 지불한 과거의 값이다.

36
하

논점 부동산 가치의 제 원칙 정답 ①

② 균형의 원칙 - 최유효이용 판정
③ 기여의 원칙 - 부동산의 가격은 기여도의 합
④ 수익배분의 원칙 - 토지잔여법의 근거
⑤ 변동의 원칙 - 기준시점의 확정

37
상

논점 거래사례비교법 계산문제 정답 ②

$$500,000,000 \times \frac{90}{100} \times 0.95 \times 1.05 \times 0.92 = 412,965,000$$

38
상

논점 적산가액 계산문제 정답 ⑤

• 재조달원가 - 감가수정액(감가누계액)
125,000,000 - 4,500,000 = 120,500,000
• 재조달원가 = 신축공사비 × 건축비지수
$$100,000,000 \times \frac{125}{100} = 125,000,000$$
• 감가수정액 = (재조달원가 - 잔가율 ÷ 경제적내용연수 × 경과연수)
125,000,000 - 10% ÷ 50 × 2 = 4,500,000

39

중

논점 수익가액 계산문제 정답 ④

• 부채감당률 = $\frac{\text{순영업소득 1,500만원}}{\text{부채서비스액 3,000만원}}$ = 0.5

• 환원이율(0.0531) = 저당상수(0.177) × 부채감당률(0.5) × 대부비율(60%)

= 0.0531

= 5.31%

40

중

논점 부동산 가격 공시제도 세부내역 정답 ③

공동주택가격 - 한국부동산원 - 국토교통부장관

제2과목: 민법 및 민사특별법 중 부동산중개에 관련되는 규정

41

하

논점 권리의 발생모습 정답 ④

① 취득시효는 권리의 절대적 · 원시적 취득이다.

② 선의취득은 원시취득이므로 전주(前主)의 권리의 제한이나 하자를 승계하지 않는다.

③ 저당권의 취득은 설정적 취득이다.

⑤ 무허가 건물의 매수는 승계취득이다.

42

중

논점 불공정 법률행위 정답 ⑤

⑤ 당사자의 궁박·경솔·무경험과 법률행위의 현저한 불공정은 법률행위시를 기준으로 판단한다(대판 65다610).

③ 손실보상금의 분배에 관한 어촌계 총회의 결의내용도 제반사정을 참작한 손실의 정도에 비추어 볼 때 현저하게 불공정한 경우에는 그 결의는 무효이다(대판 2002다68034). 즉, 사원총회의 결의와 같은 합동행위에도 불공정행위 적용을 인정한다.

43

중

논점 부동산 은익행위 정답 ③

③ 甲 · 乙간의 증여는 법률행위로서 유효요건을 갖추고 있는 경우 유효이다. 통정허위표시가 무효이지 은닉행위는 요건을 갖추는 한 유효이다.

④⑤ 등기원인이 허위기재 되었더라도 등기는 유효하므로 乙은 소유권을 취득한다. 따라서 전득자는 선의악의 불문하고 소유권을 취득한다.

44

상

논점 사기강박의 의사표시 정답 ④

④ 제3자는 취소 전 이해관계를 맺은 자뿐만 아니라 취소 후 법률행위의 외관이 제거(예 등기의 말소 등)되기 전에 새로운 이해관계를 맺은 자도 포함한다(대판 75다533).

⑤ 법률행위가 사기에 의한 것으로서 취소되는 경우에 그 법률행위가 동시에 불법행위를 구성하는 때에는 취소의 효과로 생기는 부당이득반환청구권과 불법행위로 인한 손해배상청구권은 경합하여 병존한다. 다만 채권자는 어느 것이라도 선택하여 행사할 수 있지만 중첩적으로 행사할 수는 없다(대판 92다56087).

45

하

논점 의사표시의 수령능력 정답 ④

④ 표의자는 의사표시의 상대방이 의사표시를 받은 때에 제한능력자인 경우에는 그 의사표시로써 대항할 수 없다. 다만, 상대방의 법정대리인이 의사표시가 도달한 사실을 안 후에는 대항할 수 있다(제112조).

46
하

논점 대리행위의 하자 판단기준 정답 ④

④ 제124조
① 대리인은 행위능력자임을 요하지 아니한다(제117조).
② 대리인을 표준하여 결정한다(제116조).
③ 복대리인은 그 권한 내에서 본인을 대리한다(제123조).
⑤ 법정대리에도 제126조 표현대리가 적용된다.

47
상

논점 제3자의 사기강박 정답 ①

① 상대방의 대리인 등 상대방과 동일시할 수 있는 자의 사기나 강박은 제3자의 사기·강박에 해당하지 아니하므로 본인의 지·부지를 불문하고 丙은 언제나 취소할 수 있다.
② 제117조 ③ 제116조에 따라 대리인 기준으로 사기가 되고 취소권은 甲이 행사할 수 있고 乙은 별도 수권이 없는 한 취소할 수 없다. ④ 현명하지 않은 경우 대리인 자기를 위한 것으로 본다(제115조). 그러므로 丙은 乙에게 대금지급을 청구하여야 한다. ⑤ 甲이 지시한 경우에는 선의·무과실은 본인이 기준이 된다(제116조 2항).

48
하

논점 대리권 소멸사유 정답 ⑤

① 본인의 사망
② 대리인의 사망
③ 대리인의 파산
④ 대리인의 성년후견 개시 선고
⑤ 수권행위의 철회는 임의대리에 특유한 소멸사유이다(제127조).

49
중

논점 등기부의 공신력 정답 ④

④ ㉡ 등기의 공신력이 인정되지 않는 우리법제에서는 丙이 선의라도 부동산을 취득할 수 없다.
㉢ 민법 제103조에 의한 무효는 절대적 무효이므로 丙이 선의이라도 소유권을 취득할 수 없다.

50
중

논점 조건의 성취 정답 ③

③ 어떠한 법률행위가 정지조건부 법률행위에 해당하는 사실은 그 법률효과의 발생을 저지하는 사유로서 그 법률효과의 발생을 다투려는 자에게 주장·입증책임이 있다(대판 93다20832).
① 조건의 성취가 미정인 권리·의무는 일반규정에 의하여 처분, 상속, 보존 또는 담보로 할 수 있다(제149조).
② 조건이 선량한 풍속 기타 사회질서에 위반한 것인 때에는 그 법률행위는 무효로 한다(제151조).
④ 주택건설을 위한 토지매매계약에서 건축허가신청이 불허되었을 때에는 이를 무효로 한다는 약정 아래 이루어진 계약은 해제조건부 계약이다(대판 83다카552).
⑤ 기한이익의 상실특약은 특별한 사정이 없는 이상 형성권적 기한이익 상실의 특약으로 추정하는 것이 타당하다(대판 2002다28340).

51
하

논점 물권의 취득 정답 ③

완공된 건물은 제187조에 따라 등기없이 소유권을 원시취득한다.
② 용익물권은 부동산 일부에도 설정할 수 있다.
④ 타인의 토지에 권원 없이 경작 재배한 성숙한 농작물의 소유권은 명인방법을 갖추지 않더라도 그 경작자에게 있다(대판 68다1995).
⑤ 주유소의 주유기는 계속해서 주유소 건물 자체의 경제적 효용을 다하게 하는 작용을 하고 있으므로 주유소건물의 상용에 공하기 위하여 부속시킨 종물에 해당한다(대판 94다6345).

52
상

논점 중간생략등기 정답 ⑤

⑤ 중간생략등기의 합의가 있다고 하여 최초의 매도인이 자신이 당사자가 된 매매계약상의 매수인인 중간자에 대하여 갖고 있는 매매대금청구권의 행사가 제한되는 것도 아니므로, 최초의 매도인은 인상된 매매대금이 지급되지 않았음을 이유로 최종 매수인 명의로의 소유권이전등기의무의 이행을 거절할 수 있다(대판 2003다66431).

53
중

논점 등기의 추정력 정답 ②

① 내용, 절차, 권리, 대리권의 존재로 추정된다.
② 건물보존등기 명의자 이외의 자가 그 건물을 신축한 사실이 드러나는 경우 추정력은 깨어진다.
③ 적법한 절차도 추정된다.
④ 사실의 등기 (표제부 기재) 추정력이 인정되지 않는다.
⑤ 대판 2007

54
하

논점 점유의 승계 정답 ①

① 점유자의 승계인은 자기의 점유만을 주장하거나 자기의 점유와 전점유자의 점유를 아울러 주장할 수 있다. 다만 현재의 점유자가 전점유자의 점유를 승계하는 때에는 전점유자의 하자도 승계한다(제199조).

55
중

논점 자주점유 타주점유 정답 ⑤

⑤ 타인소유의 토지를 무단점유한 자가 그 지상에 건물을 축조하고 건축물관리대장에 등재한 것만으로는 자주점유로 전환되지 않는다(대판 94다31549).

56

중

논점 부동산 취득시효 **정답** ②

② 등기부상 소유자는 점유시효취득자의 청구에 대해 소유권이전등기에 응할 의무가 있으므로 취득시효완성 후 아직 등기를 경료하기 전이라도 점유로 인한 부당이득반환을 청구하거나 불법점유를 이유로 그 지상건물의 철거 및 대지의 인도를 청구할 수 없다(대판 92다51280).

① 점유취득시효를 완성으로 한 등기청구권은 채권적 청구권이다. 다만, 그 토지에 대한 점유(간접점유 포함)가 계속되는 한 시효로 소멸하지 않는다.

③ 시효기간만료 후에 새로이 소유권을 취득한 제3자에게는 시효취득으로 대항할 수 없으므로 시효완성자는 제3자를 상대로 등기 청구하지 못한다(대판 97다45402).

④ 시효취득자가 시효취득을 주장하면서 소유권이전등기 청구소송을 제기하여 그에 관한 입증책임까지 마쳤는데도 그 부동산의 소유자가 이를 제3자에게 처분하여 소유권이전등기를 함으로써 시효취득자가 손해를 입었다면 이는 불법행위가 성립한다(대판 92다47892).

⑤ 점유자가 취득시효기간의 만료로 일단 소유권이전등기청구권을 취득한 이상, 그 후 점유를 상실하였다고 하더라도 이를 시효이익의 포기로 볼 수 있는 경우가 아닌 한 이미 취득한 소유권이전등기청구권이 소멸되지 아니한다(대판 93다47745).

57

상

논점 공유자들의 내부관계 **정답** ①

① 丙의 저당권 종전 지분범위 내에서 계속 존속한다.

② 과반수 공유지분을 가진 자는 공유물의 관리방법에 관하여 협의가 미리 없었다 하더라도 공유물의 관리에 관한 사항을 단독으로 결정할 수 있다(대판 88다카33855). ③ 제3자가 공유물에 대하여 침해를 하는 때에는, 보존행위를 근거로 각 공유자는 단독으로 공유물 전부에 대한 방해의 제거를 청구할 수 있다. ④ 제266조 제2항 ⑤ 공유토지 위에 건물을 신축하는 등 공유물의 처분·변경에는 공유자 전원의 동의가 있어야 한다.

58

하

논점 물권의 성질 **정답** ⑤

① 지상권 전세권은 저당의 대상이 되지만 지역권은 대상이 될 수 없다.

② 소유권에 기인한 물권적 청구권이다.

③ 부동산 일부에도 용익물권은 설정할 수 있다.

④ 온천권은 관습법상의 물권이 아니다.

⑤ 지역권은 존속기간에 제한이 없으므로 영구무한으로 할 수도 있다.

59

중

논점 지상권의 효력 **정답** ①

① 지료에 관하여 등기되지 않은 경우에는 무상의 지상권으로서 지료증액청구권도 발생할 수 없다(대판 99다24874).

② 만료 후 지상물이 현존한 경우, 계약갱신청구행사 한 후 인정된다.

③ 지상권자는 지상권을 유보한 채 지상물소유권만을 양도할 수도 있고 지상물소유권을 유보한 채 지상권만을 양도할 수도 있는 것이어서 지상권자와 그 지상물의 소유권자가 반드시 일치하여야 하는 것은 아니며, 또한 지상권 설정시에 그 지상권이 미치는 토지의 범위와 그 설정 당시 매매되는 지상물의 범위를 다르게 하는 것도 가능하다(대판 2006다6126·6133).

④ 건물의 소유권이 강제경매로 인하여 매수인에게 이전되는 경우, 토지와 건물이 동일인에 속하는지는 매각대금의 완납시가 아니라 그 압류의 효력이 발생하는 때를 기준으로 하여야 한다(대판전합 2010다52140).

⑤ 지상권에서 지상권의 처분을 금지하는 특약은 무효이다.

60

하

논점 지역권의 법적성질 **정답** ④

④ 지역권도 물권이므로 지역권자는 그 침해에 대해 물권적 청구권을 가진다. 다만, 지역권에는 승역지를 점유할 권능이 포함되어 있지 않으므로 목적물의 반환청구권은 인정되지 않는다(제301조).

61

중

논점 전세권의 법적성질 **정답** ②

② 전세권자가 유지 · 수선의무를 부담한다.

① 제304조 1항

③ 전세권은 담보물권성이 있으므로 담보물권의 통유성이 인정된다(=부종성, 불가분성, 수반성, 물상대위성).

④ 전세권설정자가 전세금의 반환을 지체한 때 전세권자는 전세목적물의 경매를 청구할 수 있다(제318조).

⑤ 전세권의 존속기간에 관하여 당사자의 약정기간이 10년을 넘는 때에는 10년으로 단축된다.

62

중

논점 유치권 성립여부 **정답** ④

④ 건물의 임차인이 임대차관계 종료시에는 건물을 원상으로 복구하여 임대인에게 명도하기로 약정한 것은 건물에 지출한 각종 유익비 또는 필요비의 상환청구권을 미리 포기하기로 한 취지의 특약이라고 볼 수 있어 임차인은 유치권을 주장을 할 수 없다(대판 73다2010).

②③ 소유자의 동의없이 유치권자로부터 유치권의 목적물을 임차한 자는 경락인에게 대항할 수 없으며 이 경우 유치권자가 임차인으로부터 취득한 차임은 자기채권의 변제에 충당할 수 없고 부당이득으로 채무자에게 반환하여야 한다(대결 2002마3516).

⑤ 제327조

63
중

논점 저당의 효력 정답 ③

① 저당의 효력은 부합물에 미친다.
② 저당의 효력은 종물, 종된권리에도 미친다.
③ 담보목적물의 매각대금이나 차임에는 물상대위성이 인정되지 않는다. 담보물이 매각되거나 임대되더라고 담보물에 여전히 추급력이 인정된다.
④ 가치변형물인 화재보험금에는 물상대위가 인정된다.
⑤ 부담의 안분원칙이 적용된다.

64
상

논점 근저당의 채권최고액 정답 ③

③ 근저당권설정계약이라는 취지와 채권의 최고액 및 채무자의 성명 또는 명칭과 또는 사무소를 기재하여야 한다(「부동산등기법」 제76조).
① 근저당권의 존속기간 내지 결산기는 필요적 등기사항은 아니다. 다만, 존속기간 내지 결산기가 등기된 때에는, 대항력이 인정되므로 그 기간 이후에 발생한 채권은 피담보채권에 포함되지 않는다.
② 제3취득자나 물상보증인은 채무자가 아니므로 채권최고액까지만 변제하고 근저당권의 소멸을 청구할 수 있다(제364조).
④ 피담보채권이 확정 전에 발생한 원본채권에 관하여 확정 후에 발생한 이자나 지연손해금은 채권최고액 범위 내에서 근저당권에 의하여 담보된다(대판 2005다38300).
⑤ 근저당권설정 후 경매로 인한 압류의 효력 발생 전에 취득한 유치권으로 경매절차의 매수인에게 대항할 수 있다(대판 2008다70763).

65
하

논점 계약의 성립 정답 ②

① 도달된 청약은 임의로 철회할 수 없다.
② 승낙의 부도달을 해제조건으로 하여 발송시 성립한다.
③ 승낙도 도달주의가 원칙이다.
④ 기간을 정하지 않은 승낙기간은 상당기간으로 본다.
⑤ 청약에 조건을 붙이거나 변경을 가한 승낙은 승낙의 효력을 인정치 않는다. 다만, 새로운 청약으로 볼 수 있다.

66
상

논점 동시이행항변권 정답 ④

④ 매수인이 선이행하여야 할 중도금지급을 하지 아니한 채 소유권이전등기와 동시이행관계에 있는 잔대금지급일이 도래한 경우, 그때부터는 매수인은 위 중도금에 대하여 지체의 책임을 지지 않는다(대판 90다19930).
① 대판 73다1632
② 부동산매매계약에서 매매대금채권과 소유권이전등기의무가 동시이행관계에 있다할지라도 매매대금청구권은 그 지급지급기일 이후 소멸시효가 진행된다(대판 90다9797)
③ 매수인이 선이행하여야 할 중도금지급을 하지 아니한 채 잔대금지급일이 도래한 경우, 소유권이전등기와 중도금 및 지연이자와 잔대금 지급은 동시이행관계에 있다(대판 90다19930)
⑤ 대판 69다1173

67
중

논점 제3자를 위한 계약 정답 ④

④ 제3자를 위한 계약관계에서 낙약자와 요약자 사이의 법률관계(이른바 기본관계)를 이루는 계약이 해제된 경우, 그 계약관계의 청산은 계약의 당사자인 낙약자와 요약자 사이에 이루어져야 하므로, 낙약자가 이미 제3자에게 급부한 것에 대해 계약해제에 기한 원상회복 또는 부당이득을 원인으로 제3자를 상대로 그 반환을 청구할 수 없다(대판 2005다7566).

68
중

논점 해제의 효과 정답 ③

③ 계약의 해제로 인한 원상회복청구권에 대하여 해제권자가 해제의 원인이 된 채무불이행에 관하여 '원인' 의 일부를 제공하였다는 등의 사유를 내세워 신의칙 또는 공평의 원칙에 기하여 일반적으로 손해배상에 있어서의 과실상계에 준하여 권리의 내용이 제한될 수 있다고 하는 것은 허용되어서는 아니 된다(대판 2013다34143).

69
중

논점 해제에 따른 제3자 보호범위 정답 ③

③ 대판 99다40937
① 대판 95다49882
② 대판 95다32037
④ 대판 90다카16761
⑤ 대판 2011다64782

70
상

논점 계약금의 법적효력 정답 ⑤

⑤ 계약금은 해약금의 성질을 가지고 있어서, 이를 위약금으로 하기로 하는 특약이 없는 이상 계약의 당사자 일방의 귀책사유로 인하여 해제되었다 하더라도 상대방은 계약불이행으로 입은 실제 손해만을 배상받을 수 있을 뿐 계약금이 위약금으로서 상대방에게 당연히 귀속되는 것은 아니다(대판 95다54693).

71
하

논점 매매의 효력 정답 ①

① 대금은 채권자인 매도인의 주소에서 지급하는 것이 원칙이다(지참채무의 원칙, 제585조). 다만, 매매의 목적물의 인도와 동시에 대금을 지급할 경우에는 그 인도장소에서 대금도 지급하여야 한다(제586조).

72

상

논점 매도인의 담보체결 정답 ②

② 권리전부가 타인에게 속하는 경우에는 매수인은 선 · 악을 불문하고 계약을 해제할 수 있다(제570조)

① 권리전부가 타인에게 속하는 경우에는 제척기간의 제한이 없다.

③ 타인의 권리의 매매도 유효하고 다만 매도인은 그 권리를 취득하여 매수인에게 이전할 담보책임을 부담한다(제569조).

④ 타인의 권리를 매매의 목적으로 한 경우에 있어서 그 권리를 취득하여 매수인에게 이전하여야 할 매도인의 의무가 매도인의 귀책사유로 인하여 이행불능이 되었다면 매수인은 채무불이행 일반의 규정(민법 제546조, 제390조)에 좇아서 계약을 해제하고 손해배상을 청구할 수 있다(대판 93다37328).

⑤ 사기와 담보책임은 경합하므로 사기를 이유로 취소할 수 있다.

73

하

논점 임대차의 해지사유 정답 ③

① 주택이 아니므로 존속기간이 없는 임대차일 뿐이다.

② 임대인 甲은 언제든지 해지통고를 할 수 있고 임차인은 해지통고를 받은 날로부터 6월이 경과되면 해지의 효력이 생긴다.

④ 임차인의 차임연체액이 2기분에 달하여야 계약을 해지할 수 있으며 이 규정(제640조)은 강행규정으로 임차인에게 불리한 약정은 그 효력이 없다.

⑤ 乙의 임차권이 등기가 되어 있지 않는 한 새로운 소유자에게 대항하지 못한다.

74

중

논점 임차인의 권리의무 정답 ②

② 필요비는 임대차가 존속하는 동안에도 지출 후 바로 상환청구 가능하나, 유익비는 임대차 종료시 그 가액의 증가가 현존한 때 청구할 수 있다.

① 대판 99다10004 ④ 이 경우에는 임차인은 계약의 갱신을 미리 청구할 필요도 없다(대판95다50078).

⑤ 건물의 소유를 목적으로 하는 토지 임차인의 건물매수청구권 행사의 상대방은 원칙적으로 임차권 소멸 당시의 토지소유자인 임대인이고, 임대인이 임차권 소멸 당시에 이미 토지소유권을 상실한 경우에는 그에게 지상건물의 매수청구권을 행사할 수는 없다(대판 93다59717).

75

중

논점 주택임대차보호법 정답 ⑤

⑤ 임대차존속 중에 임차주택이 경매되는 경우, 대항력 있는 임차인은 임대차기간까지 임차권을 주장하거나 임대차계약을 해지하고 보증금의 우선변제를 선택적으로 주장할 수 있다.

① 주거용인지 여부는 계약시를 기준으로 하므로 원칙적으로 적용되지 않는다. 다만 임대인의 동의를 얻어 주거용 건물로 개조한 경우에는 그때부터 적용될 수 있다(대판 1986.1.21. 85다카1367).

② 다가구주택과는 달리 다세대주택은 반드시 동 · 호수를 기재하여야 한다.

③ 금융기관 등은 우선변제권을 행사하기 위하여 임차인을 대리하거나 대위하여 임대차를 해지할 수 없다(제3조의 2 제9항).

④ 20년간 보존하여야 한다(주택임대차계약증서상의 확정일자 부여에 관한 규칙 제5조).

76

하

논점 주택임대차의 대항요건 정답 ②

① 주민등록은 단순히 주민의 거주 관계를 파악하고 인구의 동태를 명확히 하는 것 외에도 주민등록에 따라 공법관계상의 여러 가지 법률상 효과가 나타나게 되는 것으로서, 주민등록의 신고는 행정청에 도달하기만 하면 신고로서의 효력이 발생하는 것이 아니라 행정청이 수리한 경우에 비로소 신고의 효력이 발생한다. 따라서 주민등록 신고서를 행정청에 제출하였다가 행정청이 이를 수리하기 전에 신고서의 내용을 수정하여 위와 같이 수정된 전입신고서가 수리되었다면 수정된 사항에 따라서 주민등록 신고가 이루어진 것으로 보는 것이 타당하다.[대법원 2009.01.30. 선고 2006다17850)

② 제3조의3 제6항

③ 선순위저당권이 말소기준권리가 된다. 따라서 주택이 경매되면 후순위 임차권은 소멸하고 경락인에게 대항할 수 없으므로 경락인이 임대인의 지위를 승계하는 것이 아니다.

④ 임차인은 보증금 중 일정액을 다른 담보물권자보다 우선하여 변제받을 권리가 있다(최우선변제권). 이 경우 임차인은 주택에 대한 경매신청의 등기 전에 제3조 제1항의 요건(주택의 인도+전입신고)을 갖추어야 한다.(제8조 제1항) 즉 대항요건은 갖추어야 하나, 확정일자는 필요없다. 확정일자는 최우선변제권의 경우에는 불필요하고 우선변제권 행사의 요건이다.

⑤ 제3조제1항 · 제2항 또는 제3항의 대항요건과 임대차계약증서(제3조 제2항 및 제3항의 경우에는 법인과 임대인 사이의 임대차계약증서를 말한다)상의 확정일자(確定日字)를 갖춘 임차인은 「민사집행법」에 따른 경매 또는 「국세징수법」에 따른 공매를 할 때에 임차주택(대지를 포함한다)의 환가대금에서 후순위권리자나 그 밖의 채권자보다 우선하여 보증금을 변제받을 권리가 있다.(제3조의2 제2항)

77

하

논점 상가임대차의 권리금 수수 **정답** ④

④ 전대인과 전차인의 전대차관계에서는 권리금에 관한 규정은 적용되지 않는다(제13조).

① 법 개정으로 대항력과 갱신요구권에 관한 규정과 권리금에 관한 규정 등은 보증금액과 관계없이 모든 상가건물임대차에 적용된다(제2조제3항). ② 제10조의8 ③ 제9조 ⑤ 제4조

78

중

논점 구분건물의 공용부분 **정답** ③

③ 구분건물도 규약으로 공용부분(=규약상 공용부분)으로 할 수 있다(제3조 ②).

① 구분건물이 물리적으로 완성되기 전에도 건축허가신청이나 분양계약 등을 통하여 장래 신축되는 건물을 구분건물로 하겠다는 구분의사가 객관적으로 표시되면 구분행위의 존재를 인정할 수 있다. 따라서 이후 1동의 건물 및 그 구분행위에 상응하는 구분건물이 객관적 · 물리적으로 완성되면 아직 그 건물이 집합건축물대장에 등록되거나 구분건물로서 등기부에 등기되지 않았더라도 그 시점에서 구분소유가 성립한다(대판전합 2012다18038).

② 일부의 구분소유자만의 공용에 제공되는 것임이 명백한 공용부분은 그들 구분소유자의 공유에 속한다(제10조 제1항).

③ 구분소유 건물 부분과 부속의 건물도 규약으로써 공용부분으로 정할 수 있다(제3조).

④ 공용부분의 용도 및 형상의 변경이 이용관계의 단순한 변화를 넘어서서 집합건물의 구조를 변경하여 구분소유자의 전유부분에 대한 소유권의 범위 및 대지사용권의 내용에 변동을 일으키는 경우에는 집합법에서 말하는 공용부분의 변경에 해당하지 않고, 이에 대하여는 민법상 일반적인 공유물의 처분 · 변경과 마찬가지로 구분소유자 전원의 동의 등이 필요하다(대판 2013두25955).

⑤ 각 공유자의 지분은 그가 가지는 전유부분의 면적 비율에 따른다(제12조).

79

하

논점 가담법의 청산절차 **정답** ⑤

⑤ 담보부동산의 평가액이 피담보채권액에 미달하는 경우에는 부동산의 평가액 및 채권액을 구체적으로 언급할 필요없이 그 미달을 이유로 채무자에 대하여 담보권실행으로 그 부동산을 확정적으로 채권자의 소유로 귀속시킨다는 뜻을 알리는 것으로 족하다(대판 2000다15661). 또한 가등기담보권이 설정된 2개 이상의 부동산전체의 평가액이 채권액에 미치지 아니하는 경우 가등기담보권자가 각 부동산별로 평가액을 구분하여 명시하지 아니하고 통지하여도 무방하다(대판 92다12070).

80

상

논점 명의신탁에서 소유권 귀속 **정답** ④

④ 부동산실명법에 정한 유예기간 경과 후에 명의수탁자가 명의신탁자 앞으로 바로 경료해 준 소유권이전등기는 결국 실체관계에 부합하는 등기로서 유효하다(대판 2004다6764).

2023 인강드림 공인중개사

1차 실전모의고사

초 판 인 쇄　2023년 7월 17일
초 판 발 행　2023년 7월 17일

편 저 자　인강드림 공인중개사 교수진 편저
펴 낸 곳　인강드림
펴 낸 이　서혜영
출　　판　이승순, 김용수

주　　소　서울시 서초구 서초대로 132, 4층 401호
전　　화　1544-3363
팩　　스　02-6000-9443
홈 페 이 지　http://www.ingangdream.com
이 메 일　help@youclass.co.kr

값 29,000원
ISBN 979-11-93057-37-7

성 명

교시 기재란	
(　　)교시	① ② ③

문제지 형별 기재란	
(　　)형	Ⓐ Ⓑ

선 택 과 목 1
선 택 과 목 2

수 험 번 호							
⓪	⓪	⓪	⓪	⓪	⓪	⓪	⓪
①	①	①	①	①	①	①	①
②	②	②	②	②	②	②	②
③	③	③	③	③	③	③	③
④	④	④	④	④	④	④	④
⑤	⑤	⑤	⑤	⑤	⑤	⑤	⑤
⑥	⑥	⑥	⑥	⑥	⑥	⑥	⑥
⑦	⑦	⑦	⑦	⑦	⑦	⑦	⑦
⑧	⑧	⑧	⑧	⑧	⑧	⑧	⑧
⑨	⑨	⑨	⑨	⑨	⑨	⑨	⑨

감독위원 확인
인

(　　　)년도 (　　　　　　) 제(　　)차 국가전문자격시험 답안카드

1	① ② ③ ④ ⑤	21	① ② ③ ④ ⑤	41	① ② ③ ④ ⑤	61	① ② ③ ④ ⑤	81	① ② ③ ④ ⑤	101	① ② ③ ④ ⑤	121	① ② ③ ④ ⑤
2	① ② ③ ④ ⑤	22	① ② ③ ④ ⑤	42	① ② ③ ④ ⑤	62	① ② ③ ④ ⑤	82	① ② ③ ④ ⑤	102	① ② ③ ④ ⑤	122	① ② ③ ④ ⑤
3	① ② ③ ④ ⑤	23	① ② ③ ④ ⑤	43	① ② ③ ④ ⑤	63	① ② ③ ④ ⑤	83	① ② ③ ④ ⑤	103	① ② ③ ④ ⑤	123	① ② ③ ④ ⑤
4	① ② ③ ④ ⑤	24	① ② ③ ④ ⑤	44	① ② ③ ④ ⑤	64	① ② ③ ④ ⑤	84	① ② ③ ④ ⑤	104	① ② ③ ④ ⑤	124	① ② ③ ④ ⑤
5	① ② ③ ④ ⑤	25	① ② ③ ④ ⑤	45	① ② ③ ④ ⑤	65	① ② ③ ④ ⑤	85	① ② ③ ④ ⑤	105	① ② ③ ④ ⑤	125	① ② ③ ④ ⑤
6	① ② ③ ④ ⑤	26	① ② ③ ④ ⑤	46	① ② ③ ④ ⑤	66	① ② ③ ④ ⑤	86	① ② ③ ④ ⑤	106	① ② ③ ④ ⑤		
7	① ② ③ ④ ⑤	27	① ② ③ ④ ⑤	47	① ② ③ ④ ⑤	67	① ② ③ ④ ⑤	87	① ② ③ ④ ⑤	107	① ② ③ ④ ⑤		
8	① ② ③ ④ ⑤	28	① ② ③ ④ ⑤	48	① ② ③ ④ ⑤	68	① ② ③ ④ ⑤	88	① ② ③ ④ ⑤	108	① ② ③ ④ ⑤		
9	① ② ③ ④ ⑤	29	① ② ③ ④ ⑤	49	① ② ③ ④ ⑤	69	① ② ③ ④ ⑤	89	① ② ③ ④ ⑤	109	① ② ③ ④ ⑤		
10	① ② ③ ④ ⑤	30	① ② ③ ④ ⑤	50	① ② ③ ④ ⑤	70	① ② ③ ④ ⑤	90	① ② ③ ④ ⑤	110	① ② ③ ④ ⑤		
11	① ② ③ ④ ⑤	31	① ② ③ ④ ⑤	51	① ② ③ ④ ⑤	71	① ② ③ ④ ⑤	91	① ② ③ ④ ⑤	111	① ② ③ ④ ⑤		
12	① ② ③ ④ ⑤	32	① ② ③ ④ ⑤	52	① ② ③ ④ ⑤	72	① ② ③ ④ ⑤	92	① ② ③ ④ ⑤	112	① ② ③ ④ ⑤		
13	① ② ③ ④ ⑤	33	① ② ③ ④ ⑤	53	① ② ③ ④ ⑤	73	① ② ③ ④ ⑤	93	① ② ③ ④ ⑤	113	① ② ③ ④ ⑤		
14	① ② ③ ④ ⑤	34	① ② ③ ④ ⑤	54	① ② ③ ④ ⑤	74	① ② ③ ④ ⑤	94	① ② ③ ④ ⑤	114	① ② ③ ④ ⑤		
15	① ② ③ ④ ⑤	35	① ② ③ ④ ⑤	55	① ② ③ ④ ⑤	75	① ② ③ ④ ⑤	95	① ② ③ ④ ⑤	115	① ② ③ ④ ⑤		
16	① ② ③ ④ ⑤	36	① ② ③ ④ ⑤	56	① ② ③ ④ ⑤	76	① ② ③ ④ ⑤	96	① ② ③ ④ ⑤	116	① ② ③ ④ ⑤		
17	① ② ③ ④ ⑤	37	① ② ③ ④ ⑤	57	① ② ③ ④ ⑤	77	① ② ③ ④ ⑤	97	① ② ③ ④ ⑤	117	① ② ③ ④ ⑤		
18	① ② ③ ④ ⑤	38	① ② ③ ④ ⑤	58	① ② ③ ④ ⑤	78	① ② ③ ④ ⑤	98	① ② ③ ④ ⑤	118	① ② ③ ④ ⑤		
19	① ② ③ ④ ⑤	39	① ② ③ ④ ⑤	59	① ② ③ ④ ⑤	79	① ② ③ ④ ⑤	99	① ② ③ ④ ⑤	119	① ② ③ ④ ⑤		
20	① ② ③ ④ ⑤	40	① ② ③ ④ ⑤	60	① ② ③ ④ ⑤	80	① ② ③ ④ ⑤	100	① ② ③ ④ ⑤	120	① ② ③ ④ ⑤		

수험자 여러분의 합격을 기원합니다.

인강드림

성 명

교시 기재란	
(　　)교시	① ② ③

문제지 형별 기재란	
(　　)형	Ⓐ Ⓑ

선 택 과 목 1
선 택 과 목 2

수 험 번 호							
⓪	⓪	⓪	⓪	⓪	⓪	⓪	⓪
①	①	①	①	①	①	①	①
②	②	②	②	②	②	②	②
③	③	③	③	③	③	③	③
④	④	④	④	④	④	④	④
⑤	⑤	⑤	⑤	⑤	⑤	⑤	⑤
⑥	⑥	⑥	⑥	⑥	⑥	⑥	⑥
⑦	⑦	⑦	⑦	⑦	⑦	⑦	⑦
⑧	⑧	⑧	⑧	⑧	⑧	⑧	⑧
⑨	⑨	⑨	⑨	⑨	⑨	⑨	⑨

감독위원 확인
인

(　　　)년도 (　　　　　　) 제(　　)차 국가전문자격시험 답안카드

1	① ② ③ ④ ⑤	21	① ② ③ ④ ⑤	41	① ② ③ ④ ⑤	61	① ② ③ ④ ⑤	81	① ② ③ ④ ⑤	101	① ② ③ ④ ⑤	121	① ② ③ ④ ⑤
2	① ② ③ ④ ⑤	22	① ② ③ ④ ⑤	42	① ② ③ ④ ⑤	62	① ② ③ ④ ⑤	82	① ② ③ ④ ⑤	102	① ② ③ ④ ⑤	122	① ② ③ ④ ⑤
3	① ② ③ ④ ⑤	23	① ② ③ ④ ⑤	43	① ② ③ ④ ⑤	63	① ② ③ ④ ⑤	83	① ② ③ ④ ⑤	103	① ② ③ ④ ⑤	123	① ② ③ ④ ⑤
4	① ② ③ ④ ⑤	24	① ② ③ ④ ⑤	44	① ② ③ ④ ⑤	64	① ② ③ ④ ⑤	84	① ② ③ ④ ⑤	104	① ② ③ ④ ⑤	124	① ② ③ ④ ⑤
5	① ② ③ ④ ⑤	25	① ② ③ ④ ⑤	45	① ② ③ ④ ⑤	65	① ② ③ ④ ⑤	85	① ② ③ ④ ⑤	105	① ② ③ ④ ⑤	125	① ② ③ ④ ⑤
6	① ② ③ ④ ⑤	26	① ② ③ ④ ⑤	46	① ② ③ ④ ⑤	66	① ② ③ ④ ⑤	86	① ② ③ ④ ⑤	106	① ② ③ ④ ⑤		
7	① ② ③ ④ ⑤	27	① ② ③ ④ ⑤	47	① ② ③ ④ ⑤	67	① ② ③ ④ ⑤	87	① ② ③ ④ ⑤	107	① ② ③ ④ ⑤		
8	① ② ③ ④ ⑤	28	① ② ③ ④ ⑤	48	① ② ③ ④ ⑤	68	① ② ③ ④ ⑤	88	① ② ③ ④ ⑤	108	① ② ③ ④ ⑤		
9	① ② ③ ④ ⑤	29	① ② ③ ④ ⑤	49	① ② ③ ④ ⑤	69	① ② ③ ④ ⑤	89	① ② ③ ④ ⑤	109	① ② ③ ④ ⑤		
10	① ② ③ ④ ⑤	30	① ② ③ ④ ⑤	50	① ② ③ ④ ⑤	70	① ② ③ ④ ⑤	90	① ② ③ ④ ⑤	110	① ② ③ ④ ⑤		
11	① ② ③ ④ ⑤	31	① ② ③ ④ ⑤	51	① ② ③ ④ ⑤	71	① ② ③ ④ ⑤	91	① ② ③ ④ ⑤	111	① ② ③ ④ ⑤		
12	① ② ③ ④ ⑤	32	① ② ③ ④ ⑤	52	① ② ③ ④ ⑤	72	① ② ③ ④ ⑤	92	① ② ③ ④ ⑤	112	① ② ③ ④ ⑤		
13	① ② ③ ④ ⑤	33	① ② ③ ④ ⑤	53	① ② ③ ④ ⑤	73	① ② ③ ④ ⑤	93	① ② ③ ④ ⑤	113	① ② ③ ④ ⑤		
14	① ② ③ ④ ⑤	34	① ② ③ ④ ⑤	54	① ② ③ ④ ⑤	74	① ② ③ ④ ⑤	94	① ② ③ ④ ⑤	114	① ② ③ ④ ⑤		
15	① ② ③ ④ ⑤	35	① ② ③ ④ ⑤	55	① ② ③ ④ ⑤	75	① ② ③ ④ ⑤	95	① ② ③ ④ ⑤	115	① ② ③ ④ ⑤		
16	① ② ③ ④ ⑤	36	① ② ③ ④ ⑤	56	① ② ③ ④ ⑤	76	① ② ③ ④ ⑤	96	① ② ③ ④ ⑤	116	① ② ③ ④ ⑤		
17	① ② ③ ④ ⑤	37	① ② ③ ④ ⑤	57	① ② ③ ④ ⑤	77	① ② ③ ④ ⑤	97	① ② ③ ④ ⑤	117	① ② ③ ④ ⑤		
18	① ② ③ ④ ⑤	38	① ② ③ ④ ⑤	58	① ② ③ ④ ⑤	78	① ② ③ ④ ⑤	98	① ② ③ ④ ⑤	118	① ② ③ ④ ⑤		
19	① ② ③ ④ ⑤	39	① ② ③ ④ ⑤	59	① ② ③ ④ ⑤	79	① ② ③ ④ ⑤	99	① ② ③ ④ ⑤	119	① ② ③ ④ ⑤		
20	① ② ③ ④ ⑤	40	① ② ③ ④ ⑤	60	① ② ③ ④ ⑤	80	① ② ③ ④ ⑤	100	① ② ③ ④ ⑤	120	① ② ③ ④ ⑤		

수험자 여러분의 합격을 기원합니다.

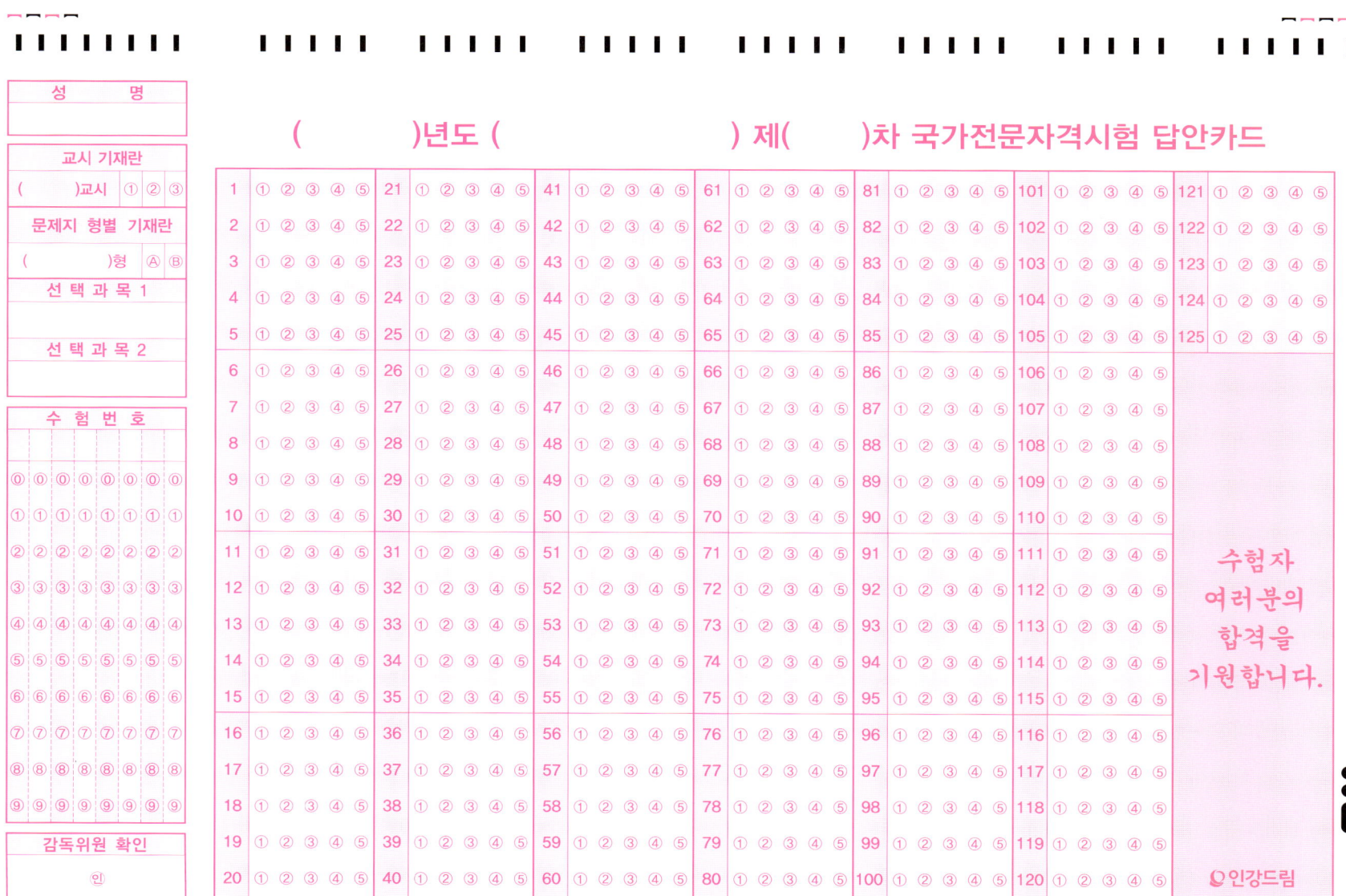

인강드림

마 킹 주 의

바르게 마킹 : ●
잘 못 마킹 : ⊗, ⊙, ⓥ, ◎, ⦶, ⊖, ◔, ○

(예 시) →

성 명
홍 길 동

교시 기재란			
(1)교시	●	②	③

문제지 형별 기재란		
(A)형	●	Ⓑ

선 택 과 목 1

선 택 과 목 2

수 험 번 호: 0 1 3 2 9 8 0 1

감독위원 확인: 김 길 동

수험자 유의사항

1. 시험 중에는 통신기기(휴대전화 · 소형 무전기 등) 및 전자기기(초소형 카메라 등)를 소지하거나 사용할 수 없습니다.
2. 부정행위 예방을 위해 시험문제지에도 수험번호와 성명을 반드시 기재하시기 바랍니다.
3. **시험시간이 종료되면 즉시 답안작성을 멈춰야** 하며, 종료시간 이후 계속 답안을 작성하거나 감독위원의 답안카드 제출지시에 불응할 때에는 당해 시험이 무효처리 됩니다.
4. 기타 감독위원의 정당한 지시에 불응하여 타 수험자의 시험에 방해가 될 경우 퇴실조치 될 수 있습니다.

답안카드 작성 시 유의사항

1. 답안카드 기재 · 마킹 시에는 **반드시 검정색 사인펜을 사용**해야 합니다.
2. 답안카드를 잘못 작성했을 시에는 카드를 교체하거나 수정테이프를 사용하여 수정할 수 있습니다.
   그러나 불완전한 수정처리로 인해 발생하는 전산자동판독불가 등 불이익은 수험자의 귀책사유입니다.
   – 수정테이프 이외의 수정액, 스티커 등은 사용 불가
   – 답안카드 왼쪽(성명 · 수험번호 등)을 제외한 '답안란'만 수정테이프로 수정 가능
3. 성명란은 수험자 본인의 성명을 정자체로 기재합니다.
4. 교시 기재란은 해당교시를 기재하고 해당 란에 마킹합니다.
5. 시험문제지 형별기재란은 시험문제지 형별을 기재하고, 우측 형별마킹난은 해당 형별을 마킹합니다.
6. 수험번호란은 숫자로 기재하고 아래 해당번호에 마킹합니다.
7. 시험문제지 형별 및 수험번호 등 마킹착오로 인한 불이익은 전적으로 수험자의 귀책사유입니다.
8. 감독위원의 날인이 없는 답안카드는 무효처리 됩니다.
9. 상단과 우측의 검은색 띠(▌▌▌) 부분은 낙서를 금지합니다.
10. 답안카드의 채점은 전산 판독결과에 따르며, 문제지 형별 및 답안 란의 마킹누락, 마킹착오, 불완전한 마킹 등은 수험자의 귀책사유에 해당하므로 이의제기를 하더라도 받아들여지지 않습니다.

부정행위 처리규정

시험 중 다음과 같은 행위를 하는 자는 당해 시험을 무효처리하고 자격별 관련 규정에 따라 일정기간 동안 시험에 응시할 수 있는 자격을 정지합니다.

1. 시험과 관련된 대화, 답안카드 교환, 다른 수험자의 답안 · 문제지를 보고 답안 작성, 대리시험을 치르거나 치르게 하는 행위, 시험문제 내용과 관련된 물건을 휴대하거나 이를 주고받는 행위
2. 시험장 내외로부터 도움을 받아 답안을 작성하는 행위, 공인어학성적 및 응시자격서류를 허위기재하여 제출하는 행위
3. 통신기기(휴대전화 · 소형 무전기 등) 및 전자기기(초소형 카메라 등)를 휴대하거나 사용하는 행위
4. 다른 수험자와 성명 및 수험번호를 바꾸어 작성 · 제출하는 행위
5. 기타 부정 또는 불공정한 방법으로 시험을 치르는 행위

마 킹 주 의

바르게 마킹 : ●
잘 못 마킹 : ⊗, ⊙, ⓥ, ◎, ⦶, ⊖, ◔, ○

(예 시) →

성 명: 홍 길 동
교시 기재란: (1)교시 ● ② ③
문제지 형별 기재란: (A)형 ● Ⓑ
선 택 과 목 1
선 택 과 목 2
수 험 번 호: 0 1 3 2 9 8 0 1
감독위원 확인: 김 길 동

수험자 유의사항

1. 시험 중에는 통신기기(휴대전화 · 소형 무전기 등) 및 전자기기(초소형 카메라 등)를 소지하거나 사용할 수 없습니다.
2. 부정행위 예방을 위해 시험문제지에도 수험번호와 성명을 반드시 기재하시기 바랍니다.
3. 시험시간이 종료되면 즉시 답안작성을 멈춰야 하며, 종료시간 이후 계속 답안을 작성하거나 감독위원의 답안카드 제출지시에 불응할 때에는 당해 시험이 무효처리 됩니다.
4. 기타 감독위원의 정당한 지시에 불응하여 타 수험자의 시험에 방해가 될 경우 퇴실조치 될 수 있습니다.

답안카드 작성 시 유의사항

1. 답안카드 기재 · 마킹 시에는 반드시 검정색 사인펜을 사용해야 합니다.
2. 답안카드를 잘못 작성했을 시에는 카드를 교체하거나 수정테이프를 사용하여 수정할 수 있습니다.
   그러나 불완전한 수정처리로 인해 발생하는 전산자동판독불가 등 불이익은 수험자의 귀책사유입니다.
   – 수정테이프 이외의 수정액, 스티커 등은 사용 불가
   – 답안카드 왼쪽(성명 · 수험번호 등)을 제외한 '답안란'만 수정테이프로 수정 가능
3. 성명란은 수험자 본인의 성명을 정자체로 기재합니다.
4. 교시 기재란은 해당교시를 기재하고 해당 란에 마킹합니다.
5. 시험문제지 형별기재란은 시험문제지 형별을 기재하고, 우측 형별마킹난은 해당 형별을 마킹합니다.
6. 수험번호란은 숫자로 기재하고 아래 해당번호에 마킹합니다.
7. 시험문제지 형별 및 수험번호 등 마킹착오로 인한 불이익은 전적으로 수험자의 귀책사유입니다.
8. 감독위원의 날인이 없는 답안카드는 무효처리 됩니다.
9. 상단과 우측의 검은색 띠(▌▌▌) 부분은 낙서를 금지합니다.
10. 답안카드의 채점은 전산 판독결과에 따르며, 문제지 형별 및 답안 란의 마킹누락, 마킹착오, 불완전한 마킹 등은 수험자의 귀책사유에 해당하므로 이의제기를 하더라도 받아들여지지 않습니다.

부정행위 처리규정

시험 중 다음과 같은 행위를 하는 자는 당해 시험을 무효처리하고 자격별 관련 규정에 따라 일정기간 동안 시험에 응시할 수 있는 자격을 정지합니다.

1. 시험과 관련된 대화, 답안카드 교환, 다른 수험자의 답안 · 문제지를 보고 답안 작성, 대리시험을 치르거나 치르게 하는 행위, 시험문제 내용과 관련된 물건을 휴대하거나 이를 주고받는 행위
2. 시험장 내외로부터 도움을 받아 답안을 작성하는 행위, 공인어학성적 및 응시자격서류를 허위기재하여 제출하는 행위
3. 통신기기(휴대전화 · 소형 무전기 등) 및 전자기기(초소형 카메라 등)를 휴대하거나 사용하는 행위
4. 다른 수험자와 성명 및 수험번호를 바꾸어 작성 · 제출하는 행위
5. 기타 부정 또는 불공정한 방법으로 시험을 치르는 행위

성 명

교시 기재란

( )교시 ① ② ③

문제지 형별 기재란

( )형 Ⓐ Ⓑ

선 택 과 목 1

선 택 과 목 2

수 험 번 호

⓪	⓪	⓪	⓪	⓪	⓪	⓪	⓪
①	①	①	①	①	①	①	①
②	②	②	②	②	②	②	②
③	③	③	③	③	③	③	③
④	④	④	④	④	④	④	④
⑤	⑤	⑤	⑤	⑤	⑤	⑤	⑤
⑥	⑥	⑥	⑥	⑥	⑥	⑥	⑥
⑦	⑦	⑦	⑦	⑦	⑦	⑦	⑦
⑧	⑧	⑧	⑧	⑧	⑧	⑧	⑧
⑨	⑨	⑨	⑨	⑨	⑨	⑨	⑨

감독위원 확인

인

( )년도 ( ) 제( )차 국가전문자격시험 답안카드

1	① ② ③ ④ ⑤	21	① ② ③ ④ ⑤	41	① ② ③ ④ ⑤	61	① ② ③ ④ ⑤	81	① ② ③ ④ ⑤	101	① ② ③ ④ ⑤	121	① ② ③ ④ ⑤
2	① ② ③ ④ ⑤	22	① ② ③ ④ ⑤	42	① ② ③ ④ ⑤	62	① ② ③ ④ ⑤	82	① ② ③ ④ ⑤	102	① ② ③ ④ ⑤	122	① ② ③ ④ ⑤
3	① ② ③ ④ ⑤	23	① ② ③ ④ ⑤	43	① ② ③ ④ ⑤	63	① ② ③ ④ ⑤	83	① ② ③ ④ ⑤	103	① ② ③ ④ ⑤	123	① ② ③ ④ ⑤
4	① ② ③ ④ ⑤	24	① ② ③ ④ ⑤	44	① ② ③ ④ ⑤	64	① ② ③ ④ ⑤	84	① ② ③ ④ ⑤	104	① ② ③ ④ ⑤	124	① ② ③ ④ ⑤
5	① ② ③ ④ ⑤	25	① ② ③ ④ ⑤	45	① ② ③ ④ ⑤	65	① ② ③ ④ ⑤	85	① ② ③ ④ ⑤	105	① ② ③ ④ ⑤	125	① ② ③ ④ ⑤
6	① ② ③ ④ ⑤	26	① ② ③ ④ ⑤	46	① ② ③ ④ ⑤	66	① ② ③ ④ ⑤	86	① ② ③ ④ ⑤	106	① ② ③ ④ ⑤		
7	① ② ③ ④ ⑤	27	① ② ③ ④ ⑤	47	① ② ③ ④ ⑤	67	① ② ③ ④ ⑤	87	① ② ③ ④ ⑤	107	① ② ③ ④ ⑤		
8	① ② ③ ④ ⑤	28	① ② ③ ④ ⑤	48	① ② ③ ④ ⑤	68	① ② ③ ④ ⑤	88	① ② ③ ④ ⑤	108	① ② ③ ④ ⑤		
9	① ② ③ ④ ⑤	29	① ② ③ ④ ⑤	49	① ② ③ ④ ⑤	69	① ② ③ ④ ⑤	89	① ② ③ ④ ⑤	109	① ② ③ ④ ⑤		
10	① ② ③ ④ ⑤	30	① ② ③ ④ ⑤	50	① ② ③ ④ ⑤	70	① ② ③ ④ ⑤	90	① ② ③ ④ ⑤	110	① ② ③ ④ ⑤		
11	① ② ③ ④ ⑤	31	① ② ③ ④ ⑤	51	① ② ③ ④ ⑤	71	① ② ③ ④ ⑤	91	① ② ③ ④ ⑤	111	① ② ③ ④ ⑤		수험자 여러분의 합격을 기원합니다.
12	① ② ③ ④ ⑤	32	① ② ③ ④ ⑤	52	① ② ③ ④ ⑤	72	① ② ③ ④ ⑤	92	① ② ③ ④ ⑤	112	① ② ③ ④ ⑤		
13	① ② ③ ④ ⑤	33	① ② ③ ④ ⑤	53	① ② ③ ④ ⑤	73	① ② ③ ④ ⑤	93	① ② ③ ④ ⑤	113	① ② ③ ④ ⑤		
14	① ② ③ ④ ⑤	34	① ② ③ ④ ⑤	54	① ② ③ ④ ⑤	74	① ② ③ ④ ⑤	94	① ② ③ ④ ⑤	114	① ② ③ ④ ⑤		
15	① ② ③ ④ ⑤	35	① ② ③ ④ ⑤	55	① ② ③ ④ ⑤	75	① ② ③ ④ ⑤	95	① ② ③ ④ ⑤	115	① ② ③ ④ ⑤		
16	① ② ③ ④ ⑤	36	① ② ③ ④ ⑤	56	① ② ③ ④ ⑤	76	① ② ③ ④ ⑤	96	① ② ③ ④ ⑤	116	① ② ③ ④ ⑤		
17	① ② ③ ④ ⑤	37	① ② ③ ④ ⑤	57	① ② ③ ④ ⑤	77	① ② ③ ④ ⑤	97	① ② ③ ④ ⑤	117	① ② ③ ④ ⑤		
18	① ② ③ ④ ⑤	38	① ② ③ ④ ⑤	58	① ② ③ ④ ⑤	78	① ② ③ ④ ⑤	98	① ② ③ ④ ⑤	118	① ② ③ ④ ⑤		
19	① ② ③ ④ ⑤	39	① ② ③ ④ ⑤	59	① ② ③ ④ ⑤	79	① ② ③ ④ ⑤	99	① ② ③ ④ ⑤	119	① ② ③ ④ ⑤		
20	① ② ③ ④ ⑤	40	① ② ③ ④ ⑤	60	① ② ③ ④ ⑤	80	① ② ③ ④ ⑤	100	① ② ③ ④ ⑤	120	① ② ③ ④ ⑤		인강드림

성 명

교시 기재란

( )교시 ① ② ③

문제지 형별 기재란

( )형 Ⓐ Ⓑ

선 택 과 목 1

선 택 과 목 2

수 험 번 호

⓪	⓪	⓪	⓪	⓪	⓪	⓪	⓪
①	①	①	①	①	①	①	①
②	②	②	②	②	②	②	②
③	③	③	③	③	③	③	③
④	④	④	④	④	④	④	④
⑤	⑤	⑤	⑤	⑤	⑤	⑤	⑤
⑥	⑥	⑥	⑥	⑥	⑥	⑥	⑥
⑦	⑦	⑦	⑦	⑦	⑦	⑦	⑦
⑧	⑧	⑧	⑧	⑧	⑧	⑧	⑧
⑨	⑨	⑨	⑨	⑨	⑨	⑨	⑨

감독위원 확인

인

( )년도 ( ) 제( )차 국가전문자격시험 답안카드

1	① ② ③ ④ ⑤	21	① ② ③ ④ ⑤	41	① ② ③ ④ ⑤	61	① ② ③ ④ ⑤	81	① ② ③ ④ ⑤	101	① ② ③ ④ ⑤	121	① ② ③ ④ ⑤
2	① ② ③ ④ ⑤	22	① ② ③ ④ ⑤	42	① ② ③ ④ ⑤	62	① ② ③ ④ ⑤	82	① ② ③ ④ ⑤	102	① ② ③ ④ ⑤	122	① ② ③ ④ ⑤
3	① ② ③ ④ ⑤	23	① ② ③ ④ ⑤	43	① ② ③ ④ ⑤	63	① ② ③ ④ ⑤	83	① ② ③ ④ ⑤	103	① ② ③ ④ ⑤	123	① ② ③ ④ ⑤
4	① ② ③ ④ ⑤	24	① ② ③ ④ ⑤	44	① ② ③ ④ ⑤	64	① ② ③ ④ ⑤	84	① ② ③ ④ ⑤	104	① ② ③ ④ ⑤	124	① ② ③ ④ ⑤
5	① ② ③ ④ ⑤	25	① ② ③ ④ ⑤	45	① ② ③ ④ ⑤	65	① ② ③ ④ ⑤	85	① ② ③ ④ ⑤	105	① ② ③ ④ ⑤	125	① ② ③ ④ ⑤
6	① ② ③ ④ ⑤	26	① ② ③ ④ ⑤	46	① ② ③ ④ ⑤	66	① ② ③ ④ ⑤	86	① ② ③ ④ ⑤	106	① ② ③ ④ ⑤		
7	① ② ③ ④ ⑤	27	① ② ③ ④ ⑤	47	① ② ③ ④ ⑤	67	① ② ③ ④ ⑤	87	① ② ③ ④ ⑤	107	① ② ③ ④ ⑤		
8	① ② ③ ④ ⑤	28	① ② ③ ④ ⑤	48	① ② ③ ④ ⑤	68	① ② ③ ④ ⑤	88	① ② ③ ④ ⑤	108	① ② ③ ④ ⑤		
9	① ② ③ ④ ⑤	29	① ② ③ ④ ⑤	49	① ② ③ ④ ⑤	69	① ② ③ ④ ⑤	89	① ② ③ ④ ⑤	109	① ② ③ ④ ⑤		
10	① ② ③ ④ ⑤	30	① ② ③ ④ ⑤	50	① ② ③ ④ ⑤	70	① ② ③ ④ ⑤	90	① ② ③ ④ ⑤	110	① ② ③ ④ ⑤		
11	① ② ③ ④ ⑤	31	① ② ③ ④ ⑤	51	① ② ③ ④ ⑤	71	① ② ③ ④ ⑤	91	① ② ③ ④ ⑤	111	① ② ③ ④ ⑤		수험자 여러분의 합격을 기원합니다.
12	① ② ③ ④ ⑤	32	① ② ③ ④ ⑤	52	① ② ③ ④ ⑤	72	① ② ③ ④ ⑤	92	① ② ③ ④ ⑤	112	① ② ③ ④ ⑤		
13	① ② ③ ④ ⑤	33	① ② ③ ④ ⑤	53	① ② ③ ④ ⑤	73	① ② ③ ④ ⑤	93	① ② ③ ④ ⑤	113	① ② ③ ④ ⑤		
14	① ② ③ ④ ⑤	34	① ② ③ ④ ⑤	54	① ② ③ ④ ⑤	74	① ② ③ ④ ⑤	94	① ② ③ ④ ⑤	114	① ② ③ ④ ⑤		
15	① ② ③ ④ ⑤	35	① ② ③ ④ ⑤	55	① ② ③ ④ ⑤	75	① ② ③ ④ ⑤	95	① ② ③ ④ ⑤	115	① ② ③ ④ ⑤		
16	① ② ③ ④ ⑤	36	① ② ③ ④ ⑤	56	① ② ③ ④ ⑤	76	① ② ③ ④ ⑤	96	① ② ③ ④ ⑤	116	① ② ③ ④ ⑤		
17	① ② ③ ④ ⑤	37	① ② ③ ④ ⑤	57	① ② ③ ④ ⑤	77	① ② ③ ④ ⑤	97	① ② ③ ④ ⑤	117	① ② ③ ④ ⑤		
18	① ② ③ ④ ⑤	38	① ② ③ ④ ⑤	58	① ② ③ ④ ⑤	78	① ② ③ ④ ⑤	98	① ② ③ ④ ⑤	118	① ② ③ ④ ⑤		
19	① ② ③ ④ ⑤	39	① ② ③ ④ ⑤	59	① ② ③ ④ ⑤	79	① ② ③ ④ ⑤	99	① ② ③ ④ ⑤	119	① ② ③ ④ ⑤		
20	① ② ③ ④ ⑤	40	① ② ③ ④ ⑤	60	① ② ③ ④ ⑤	80	① ② ③ ④ ⑤	100	① ② ③ ④ ⑤	120	① ② ③ ④ ⑤		인강드림

마 킹 주 의

바르게 마킹 : ●
잘 못 마킹 : ⊗, ⊙, ⓥ, ◎, ⓘ, ⊖, ◌, ◍

(예 시) →

성 명
홍 길 동

교시 기재란
(1)교시 ● ② ③

문제지 형별 기재란
(A)형 ● Ⓑ

선 택 과 목 1

선 택 과 목 2

수 험 번 호

0	1	3	2	9	8	0	1
●	⓪	⓪	⓪	⓪	⓪	●	⓪
①	●	①	①	①	①	①	●
②	②	②	●	②	②	②	②
③	③	●	③	③	③	③	③
④	④	④	④	④	④	④	④
⑤	⑤	⑤	⑤	⑤	⑤	⑤	⑤
⑥	⑥	⑥	⑥	⑥	⑥	⑥	⑥
⑦	⑦	⑦	⑦	⑦	⑦	⑦	⑦
⑧	⑧	⑧	⑧	⑧	●	⑧	⑧
⑨	⑨	⑨	⑨	●	⑨	⑨	⑨

감독위원 확인
김 갑 동 (인)

수험자 유의사항

1. 시험 중에는 통신기기(휴대전화 · 소형 무전기 등) 및 전자기기(초소형 카메라 등)를 소지하거나 사용할 수 없습니다.
2. 부정행위 예방을 위해 시험문제지에도 수험번호와 성명을 반드시 기재하시기 바랍니다.
3. **시험시간이 종료되면 즉시 답안작성을 멈춰야** 하며, 종료시간 이후 계속 답안을 작성하거나 감독위원의 답안카드 제출지시에 불응할 때에는 당해 시험이 무효처리 됩니다.
4. 기타 감독위원의 정당한 지시에 불응하여 타 수험자의 시험에 방해가 될 경우 퇴실조치 될 수 있습니다.

답안카드 작성 시 유의사항

1. 답안카드 기재 · 마킹 시에는 **반드시 검정색 사인펜을 사용**해야 합니다.
2. 답안카드를 잘못 작성했을 시에는 카드를 교체하거나 수정테이프를 사용하여 수정할 수 있습니다.
   그러나 불완전한 수정처리로 인해 발생하는 전산자동판독불가 등 불이익은 수험자의 귀책사유입니다.
   - 수정테이프 이외의 수정액, 스티커 등은 사용 불가
   - 답안카드 왼쪽(성명 · 수험번호 등)을 제외한 '답안란'만 수정테이프로 수정 가능
3. 성명란은 수험자 본인의 성명을 정자체로 기재합니다.
4. 교시 기재란은 해당교시를 기재하고 해당 란에 마킹합니다.
5. 시험문제지 형별기재란은 시험문제지 형별을 기재하고, 우측 형별마킹난은 해당 형별을 마킹합니다.
6. 수험번호란은 숫자로 기재하고 아래 해당번호에 마킹합니다.
7. 시험문제지 형별 및 수험번호 등 마킹착오로 인한 불이익은 전적으로 수험자의 귀책사유입니다.
8. 감독위원의 날인이 없는 답안카드는 무효처리 됩니다.
9. 상단과 우측의 검은색 띠(▌▌▌) 부분은 낙서를 금지합니다.
10. 답안카드의 채점은 전산 판독결과에 따르며, 문제지 형별 및 답안 란의 마킹누락, 마킹착오, 불완전한 마킹 등은 수험자의 귀책사유에 해당하므로 이의제기를 하더라도 받아들여지지 않습니다.

부정행위 처리규정

시험 중 다음과 같은 행위를 하는 자는 당해 시험을 무효처리하고 자격별 관련 규정에 따라 일정기간 동안 시험에 응시할 수 있는 자격을 정지합니다.

1. 시험과 관련된 대화, 답안카드 교환, 다른 수험자의 답안 · 문제지를 보고 답안 작성, 대리시험을 치르거나 치르게 하는 행위, 시험문제 내용과 관련된 물건을 휴대하거나 이를 주고받는 행위
2. 시험장 내외로부터 도움을 받아 답안을 작성하는 행위, 공인어학성적 및 응시자격서류를 허위기재하여 제출하는 행위
3. 통신기기(휴대전화 · 소형 무전기 등) 및 전자기기(초소형 카메라 등)를 휴대하거나 사용하는 행위
4. 다른 수험자와 성명 및 수험번호를 바꾸어 작성 · 제출하는 행위
5. 기타 부정 또는 불공정한 방법으로 시험을 치르는 행위

마 킹 주 의

바르게 마킹 : ●
잘 못 마킹 : ⊗, ⊙, ⓥ, ◎, ⓘ, ⊖, ◌, ◍

(예 시) →

성 명
홍 길 동

교시 기재란
(1)교시 ● ② ③

문제지 형별 기재란
(A)형 ● Ⓑ

선 택 과 목 1

선 택 과 목 2

수 험 번 호

0	1	3	2	9	8	0	1
●	⓪	⓪	⓪	⓪	⓪	●	⓪
①	●	①	①	①	①	①	●
②	②	②	●	②	②	②	②
③	③	●	③	③	③	③	③
④	④	④	④	④	④	④	④
⑤	⑤	⑤	⑤	⑤	⑤	⑤	⑤
⑥	⑥	⑥	⑥	⑥	⑥	⑥	⑥
⑦	⑦	⑦	⑦	⑦	⑦	⑦	⑦
⑧	⑧	⑧	⑧	⑧	●	⑧	⑧
⑨	⑨	⑨	⑨	●	⑨	⑨	⑨

감독위원 확인
김 갑 동 (인)

수험자 유의사항

1. 시험 중에는 통신기기(휴대전화 · 소형 무전기 등) 및 전자기기(초소형 카메라 등)를 소지하거나 사용할 수 없습니다.
2. 부정행위 예방을 위해 시험문제지에도 수험번호와 성명을 반드시 기재하시기 바랍니다.
3. **시험시간이 종료되면 즉시 답안작성을 멈춰야** 하며, 종료시간 이후 계속 답안을 작성하거나 감독위원의 답안카드 제출지시에 불응할 때에는 당해 시험이 무효처리 됩니다.
4. 기타 감독위원의 정당한 지시에 불응하여 타 수험자의 시험에 방해가 될 경우 퇴실조치 될 수 있습니다.

답안카드 작성 시 유의사항

1. 답안카드 기재 · 마킹 시에는 **반드시 검정색 사인펜을 사용**해야 합니다.
2. 답안카드를 잘못 작성했을 시에는 카드를 교체하거나 수정테이프를 사용하여 수정할 수 있습니다.
   그러나 불완전한 수정처리로 인해 발생하는 전산자동판독불가 등 불이익은 수험자의 귀책사유입니다.
   - 수정테이프 이외의 수정액, 스티커 등은 사용 불가
   - 답안카드 왼쪽(성명 · 수험번호 등)을 제외한 '답안란'만 수정테이프로 수정 가능
3. 성명란은 수험자 본인의 성명을 정자체로 기재합니다.
4. 교시 기재란은 해당교시를 기재하고 해당 란에 마킹합니다.
5. 시험문제지 형별기재란은 시험문제지 형별을 기재하고, 우측 형별마킹난은 해당 형별을 마킹합니다.
6. 수험번호란은 숫자로 기재하고 아래 해당번호에 마킹합니다.
7. 시험문제지 형별 및 수험번호 등 마킹착오로 인한 불이익은 전적으로 수험자의 귀책사유입니다.
8. 감독위원의 날인이 없는 답안카드는 무효처리 됩니다.
9. 상단과 우측의 검은색 띠(▌▌▌) 부분은 낙서를 금지합니다.
10. 답안카드의 채점은 전산 판독결과에 따르며, 문제지 형별 및 답안 란의 마킹누락, 마킹착오, 불완전한 마킹 등은 수험자의 귀책사유에 해당하므로 이의제기를 하더라도 받아들여지지 않습니다.

부정행위 처리규정

시험 중 다음과 같은 행위를 하는 자는 당해 시험을 무효처리하고 자격별 관련 규정에 따라 일정기간 동안 시험에 응시할 수 있는 자격을 정지합니다.

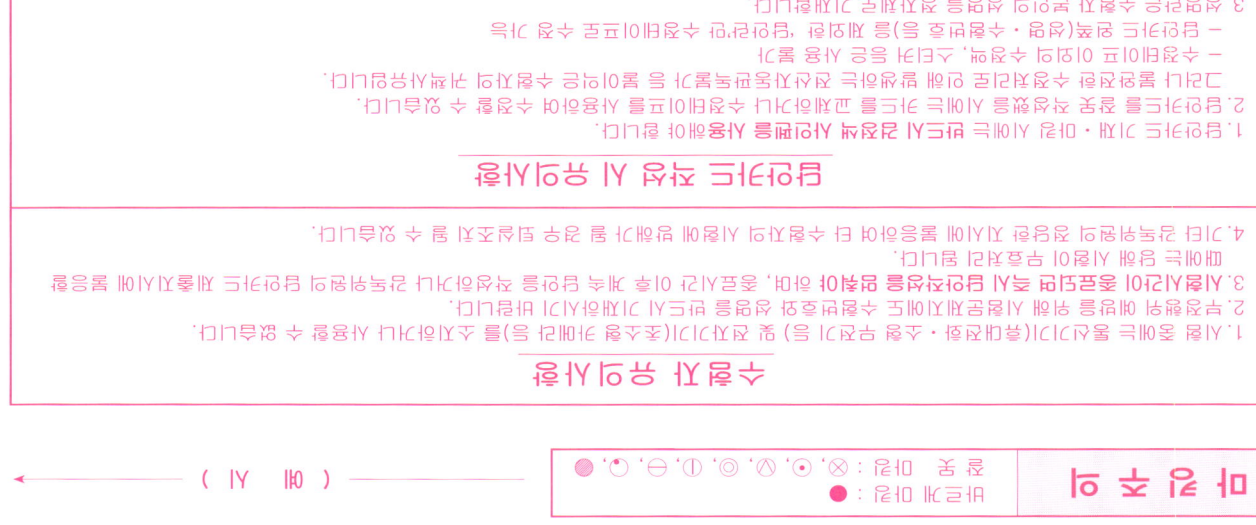

1. 시험과 관련된 대화, 답안카드 교환, 다른 수험자의 답안 · 문제지를 보고 답안 작성, 대리시험을 치르거나 치르게 하는 행위, 시험문제 내용과 관련된 물건을 휴대하거나 이를 주고받는 행위
2. 시험장 내외로부터 도움을 받아 답안을 작성하는 행위, 공인어학성적 및 응시자격서류를 허위기재하여 제출하는 행위
3. 통신기기(휴대전화 · 소형 무전기 등) 및 전자기기(초소형 카메라 등)를 휴대하거나 사용하는 행위
4. 다른 수험자와 성명 및 수험번호를 바꾸어 작성 · 제출하는 행위
5. 기타 부정 또는 불공정한 방법으로 시험을 치르는 행위

성 명

교시 기재란	
( )교시	① ② ③
문제지 형별 기재란	
( )형	Ⓐ Ⓑ
선 택 과 목 1	
선 택 과 목 2	

수 험 번 호							
⓪	⓪	⓪	⓪	⓪	⓪	⓪	⓪
①	①	①	①	①	①	①	①
②	②	②	②	②	②	②	②
③	③	③	③	③	③	③	③
④	④	④	④	④	④	④	④
⑤	⑤	⑤	⑤	⑤	⑤	⑤	⑤
⑥	⑥	⑥	⑥	⑥	⑥	⑥	⑥
⑦	⑦	⑦	⑦	⑦	⑦	⑦	⑦
⑧	⑧	⑧	⑧	⑧	⑧	⑧	⑧
⑨	⑨	⑨	⑨	⑨	⑨	⑨	⑨

감독위원 확인
인

( )년도 ( ) 제( )차 국가전문자격시험 답안카드

1	① ② ③ ④ ⑤	21	① ② ③ ④ ⑤	41	① ② ③ ④ ⑤	61	① ② ③ ④ ⑤	81	① ② ③ ④ ⑤	101	① ② ③ ④ ⑤	121	① ② ③ ④ ⑤
2	① ② ③ ④ ⑤	22	① ② ③ ④ ⑤	42	① ② ③ ④ ⑤	62	① ② ③ ④ ⑤	82	① ② ③ ④ ⑤	102	① ② ③ ④ ⑤	122	① ② ③ ④ ⑤
3	① ② ③ ④ ⑤	23	① ② ③ ④ ⑤	43	① ② ③ ④ ⑤	63	① ② ③ ④ ⑤	83	① ② ③ ④ ⑤	103	① ② ③ ④ ⑤	123	① ② ③ ④ ⑤
4	① ② ③ ④ ⑤	24	① ② ③ ④ ⑤	44	① ② ③ ④ ⑤	64	① ② ③ ④ ⑤	84	① ② ③ ④ ⑤	104	① ② ③ ④ ⑤	124	① ② ③ ④ ⑤
5	① ② ③ ④ ⑤	25	① ② ③ ④ ⑤	45	① ② ③ ④ ⑤	65	① ② ③ ④ ⑤	85	① ② ③ ④ ⑤	105	① ② ③ ④ ⑤	125	① ② ③ ④ ⑤
6	① ② ③ ④ ⑤	26	① ② ③ ④ ⑤	46	① ② ③ ④ ⑤	66	① ② ③ ④ ⑤	86	① ② ③ ④ ⑤	106	① ② ③ ④ ⑤		
7	① ② ③ ④ ⑤	27	① ② ③ ④ ⑤	47	① ② ③ ④ ⑤	67	① ② ③ ④ ⑤	87	① ② ③ ④ ⑤	107	① ② ③ ④ ⑤		
8	① ② ③ ④ ⑤	28	① ② ③ ④ ⑤	48	① ② ③ ④ ⑤	68	① ② ③ ④ ⑤	88	① ② ③ ④ ⑤	108	① ② ③ ④ ⑤		
9	① ② ③ ④ ⑤	29	① ② ③ ④ ⑤	49	① ② ③ ④ ⑤	69	① ② ③ ④ ⑤	89	① ② ③ ④ ⑤	109	① ② ③ ④ ⑤		
10	① ② ③ ④ ⑤	30	① ② ③ ④ ⑤	50	① ② ③ ④ ⑤	70	① ② ③ ④ ⑤	90	① ② ③ ④ ⑤	110	① ② ③ ④ ⑤		
11	① ② ③ ④ ⑤	31	① ② ③ ④ ⑤	51	① ② ③ ④ ⑤	71	① ② ③ ④ ⑤	91	① ② ③ ④ ⑤	111	① ② ③ ④ ⑤		
12	① ② ③ ④ ⑤	32	① ② ③ ④ ⑤	52	① ② ③ ④ ⑤	72	① ② ③ ④ ⑤	92	① ② ③ ④ ⑤	112	① ② ③ ④ ⑤		
13	① ② ③ ④ ⑤	33	① ② ③ ④ ⑤	53	① ② ③ ④ ⑤	73	① ② ③ ④ ⑤	93	① ② ③ ④ ⑤	113	① ② ③ ④ ⑤		
14	① ② ③ ④ ⑤	34	① ② ③ ④ ⑤	54	① ② ③ ④ ⑤	74	① ② ③ ④ ⑤	94	① ② ③ ④ ⑤	114	① ② ③ ④ ⑤		
15	① ② ③ ④ ⑤	35	① ② ③ ④ ⑤	55	① ② ③ ④ ⑤	75	① ② ③ ④ ⑤	95	① ② ③ ④ ⑤	115	① ② ③ ④ ⑤		
16	① ② ③ ④ ⑤	36	① ② ③ ④ ⑤	56	① ② ③ ④ ⑤	76	① ② ③ ④ ⑤	96	① ② ③ ④ ⑤	116	① ② ③ ④ ⑤		
17	① ② ③ ④ ⑤	37	① ② ③ ④ ⑤	57	① ② ③ ④ ⑤	77	① ② ③ ④ ⑤	97	① ② ③ ④ ⑤	117	① ② ③ ④ ⑤		
18	① ② ③ ④ ⑤	38	① ② ③ ④ ⑤	58	① ② ③ ④ ⑤	78	① ② ③ ④ ⑤	98	① ② ③ ④ ⑤	118	① ② ③ ④ ⑤		
19	① ② ③ ④ ⑤	39	① ② ③ ④ ⑤	59	① ② ③ ④ ⑤	79	① ② ③ ④ ⑤	99	① ② ③ ④ ⑤	119	① ② ③ ④ ⑤		
20	① ② ③ ④ ⑤	40	① ② ③ ④ ⑤	60	① ② ③ ④ ⑤	80	① ② ③ ④ ⑤	100	① ② ③ ④ ⑤	120	① ② ③ ④ ⑤		

수험자 여러분의 합격을 기원합니다.

인강드림

성 명

교시 기재란	
( )교시	① ② ③
문제지 형별 기재란	
( )형	Ⓐ Ⓑ
선 택 과 목 1	
선 택 과 목 2	

수 험 번 호							
⓪	⓪	⓪	⓪	⓪	⓪	⓪	⓪
①	①	①	①	①	①	①	①
②	②	②	②	②	②	②	②
③	③	③	③	③	③	③	③
④	④	④	④	④	④	④	④
⑤	⑤	⑤	⑤	⑤	⑤	⑤	⑤
⑥	⑥	⑥	⑥	⑥	⑥	⑥	⑥
⑦	⑦	⑦	⑦	⑦	⑦	⑦	⑦
⑧	⑧	⑧	⑧	⑧	⑧	⑧	⑧
⑨	⑨	⑨	⑨	⑨	⑨	⑨	⑨

감독위원 확인
인

( )년도 ( ) 제( )차 국가전문자격시험 답안카드

1	① ② ③ ④ ⑤	21	① ② ③ ④ ⑤	41	① ② ③ ④ ⑤	61	① ② ③ ④ ⑤	81	① ② ③ ④ ⑤	101	① ② ③ ④ ⑤	121	① ② ③ ④ ⑤
2	① ② ③ ④ ⑤	22	① ② ③ ④ ⑤	42	① ② ③ ④ ⑤	62	① ② ③ ④ ⑤	82	① ② ③ ④ ⑤	102	① ② ③ ④ ⑤	122	① ② ③ ④ ⑤
3	① ② ③ ④ ⑤	23	① ② ③ ④ ⑤	43	① ② ③ ④ ⑤	63	① ② ③ ④ ⑤	83	① ② ③ ④ ⑤	103	① ② ③ ④ ⑤	123	① ② ③ ④ ⑤
4	① ② ③ ④ ⑤	24	① ② ③ ④ ⑤	44	① ② ③ ④ ⑤	64	① ② ③ ④ ⑤	84	① ② ③ ④ ⑤	104	① ② ③ ④ ⑤	124	① ② ③ ④ ⑤
5	① ② ③ ④ ⑤	25	① ② ③ ④ ⑤	45	① ② ③ ④ ⑤	65	① ② ③ ④ ⑤	85	① ② ③ ④ ⑤	105	① ② ③ ④ ⑤	125	① ② ③ ④ ⑤
6	① ② ③ ④ ⑤	26	① ② ③ ④ ⑤	46	① ② ③ ④ ⑤	66	① ② ③ ④ ⑤	86	① ② ③ ④ ⑤	106	① ② ③ ④ ⑤		
7	① ② ③ ④ ⑤	27	① ② ③ ④ ⑤	47	① ② ③ ④ ⑤	67	① ② ③ ④ ⑤	87	① ② ③ ④ ⑤	107	① ② ③ ④ ⑤		
8	① ② ③ ④ ⑤	28	① ② ③ ④ ⑤	48	① ② ③ ④ ⑤	68	① ② ③ ④ ⑤	88	① ② ③ ④ ⑤	108	① ② ③ ④ ⑤		
9	① ② ③ ④ ⑤	29	① ② ③ ④ ⑤	49	① ② ③ ④ ⑤	69	① ② ③ ④ ⑤	89	① ② ③ ④ ⑤	109	① ② ③ ④ ⑤		
10	① ② ③ ④ ⑤	30	① ② ③ ④ ⑤	50	① ② ③ ④ ⑤	70	① ② ③ ④ ⑤	90	① ② ③ ④ ⑤	110	① ② ③ ④ ⑤		
11	① ② ③ ④ ⑤	31	① ② ③ ④ ⑤	51	① ② ③ ④ ⑤	71	① ② ③ ④ ⑤	91	① ② ③ ④ ⑤	111	① ② ③ ④ ⑤		
12	① ② ③ ④ ⑤	32	① ② ③ ④ ⑤	52	① ② ③ ④ ⑤	72	① ② ③ ④ ⑤	92	① ② ③ ④ ⑤	112	① ② ③ ④ ⑤		
13	① ② ③ ④ ⑤	33	① ② ③ ④ ⑤	53	① ② ③ ④ ⑤	73	① ② ③ ④ ⑤	93	① ② ③ ④ ⑤	113	① ② ③ ④ ⑤		
14	① ② ③ ④ ⑤	34	① ② ③ ④ ⑤	54	① ② ③ ④ ⑤	74	① ② ③ ④ ⑤	94	① ② ③ ④ ⑤	114	① ② ③ ④ ⑤		
15	① ② ③ ④ ⑤	35	① ② ③ ④ ⑤	55	① ② ③ ④ ⑤	75	① ② ③ ④ ⑤	95	① ② ③ ④ ⑤	115	① ② ③ ④ ⑤		
16	① ② ③ ④ ⑤	36	① ② ③ ④ ⑤	56	① ② ③ ④ ⑤	76	① ② ③ ④ ⑤	96	① ② ③ ④ ⑤	116	① ② ③ ④ ⑤		
17	① ② ③ ④ ⑤	37	① ② ③ ④ ⑤	57	① ② ③ ④ ⑤	77	① ② ③ ④ ⑤	97	① ② ③ ④ ⑤	117	① ② ③ ④ ⑤		
18	① ② ③ ④ ⑤	38	① ② ③ ④ ⑤	58	① ② ③ ④ ⑤	78	① ② ③ ④ ⑤	98	① ② ③ ④ ⑤	118	① ② ③ ④ ⑤		
19	① ② ③ ④ ⑤	39	① ② ③ ④ ⑤	59	① ② ③ ④ ⑤	79	① ② ③ ④ ⑤	99	① ② ③ ④ ⑤	119	① ② ③ ④ ⑤		
20	① ② ③ ④ ⑤	40	① ② ③ ④ ⑤	60	① ② ③ ④ ⑤	80	① ② ③ ④ ⑤	100	① ② ③ ④ ⑤	120	① ② ③ ④ ⑤		

수험자 여러분의 합격을 기원합니다.

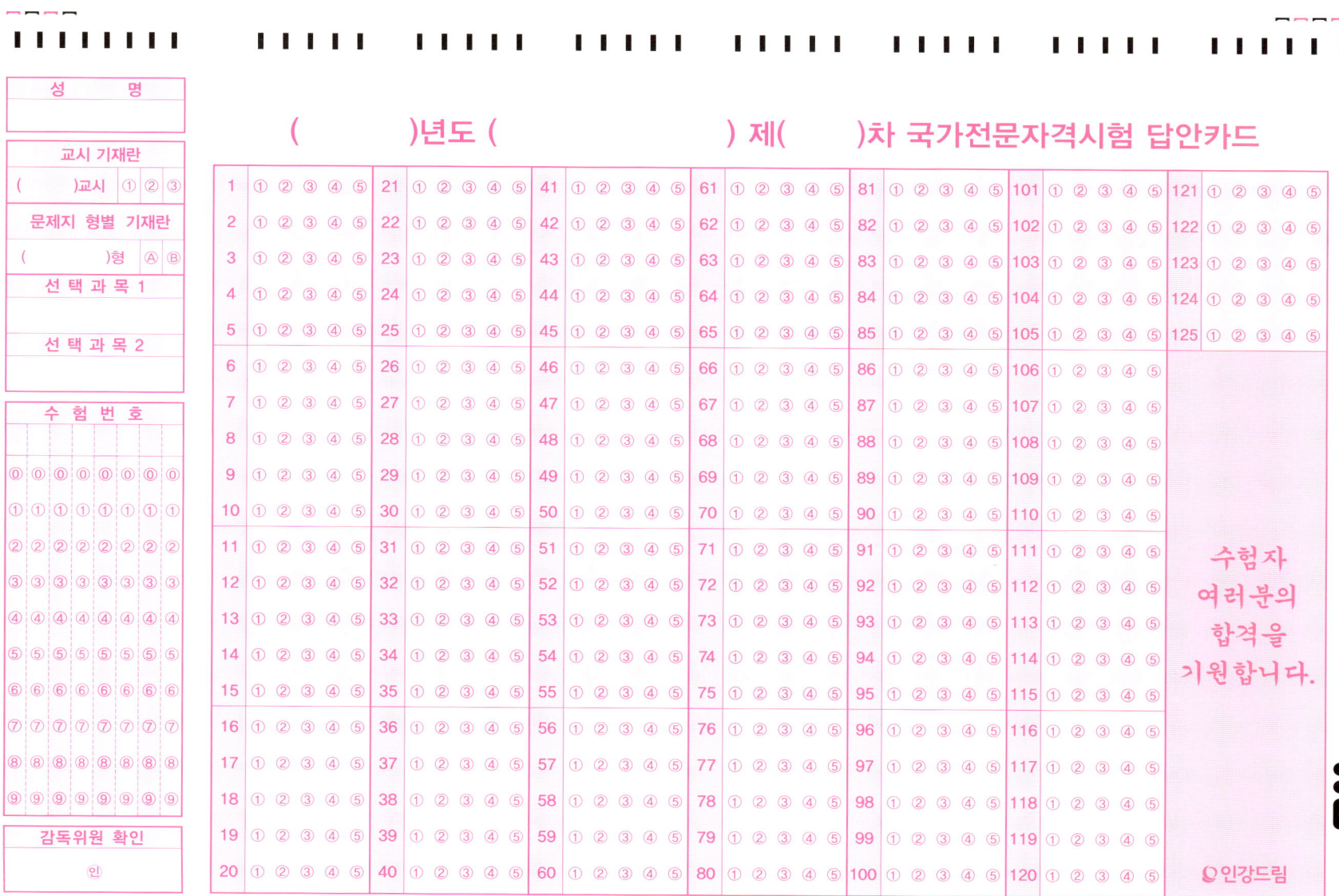

인강드림

마 킹 주 의	바르게 마킹 : ● 잘 못 마킹 : ⊗, ⊙, ⓥ, ◎, ⦶, ⊖, ◔, ◍

(예 시) →

수험자 유의사항

1. 시험 중에는 통신기기(휴대전화·소형 무전기 등) 및 전자기기(초소형 카메라 등)를 소지하거나 사용할 수 없습니다.
2. 부정행위 예방을 위해 시험문제지에도 수험번호와 성명을 반드시 기재하시기 바랍니다.
3. **시험시간이 종료되면 즉시 답안작성을 멈춰야** 하며, 종료시간 이후 계속 답안을 작성하거나 감독위원의 답안카드 제출지시에 불응할 때에는 당해 시험이 무효처리 됩니다.
4. 기타 감독위원의 정당한 지시에 불응하여 타 수험자의 시험에 방해가 될 경우 퇴실조치 될 수 있습니다.

답안카드 작성 시 유의사항

1. 답안카드 기재·마킹 시에는 **반드시 검정색 사인펜을 사용**해야 합니다.
2. 답안카드를 잘못 작성했을 시에는 카드를 교체하거나 수정테이프를 사용하여 수정할 수 있습니다.
   그러나 불완전한 수정처리로 인해 발생하는 전산자동판독불가 등 불이익은 수험자의 귀책사유입니다.
   - 수정테이프 이외의 수정액, 스티커 등은 사용 불가
   - 답안카드 왼쪽(성명·수험번호 등)을 제외한 '답안란'만 수정테이프로 수정 가능
3. 성명란은 수험자 본인의 성명을 정자체로 기재합니다.
4. 교시 기재란은 해당교시를 기재하고 해당 란에 마킹합니다.
5. 시험문제지 형별기재란은 시험문제지 형별을 기재하고, 우측 형별마킹난은 해당 형별을 마킹합니다.
6. 수험번호란은 숫자로 기재하고 아래 해당번호에 마킹합니다.
7. 시험문제지 형별 및 수험번호 등 마킹착오로 인한 불이익은 전적으로 수험자의 귀책사유입니다.
8. 감독위원의 날인이 없는 답안카드는 무효처리 됩니다.
9. 상단과 우측의 검은색 띠(▌▌▌) 부분은 낙서를 금지합니다.
10. 답안카드의 채점은 전산 판독결과에 따르며, 문제지 형별 및 답안 란의 마킹누락, 마킹착오, 불완전한 마킹 등은 수험자의 귀책사유에 해당하므로 이의제기를 하더라도 받아들여지지 않습니다.

부정행위 처리규정

시험 중 다음과 같은 행위를 하는 자는 당해 시험을 무효처리하고 자격별 관련 규정에 따라 일정기간 동안 시험에 응시할 수 있는 자격을 정지합니다.

1. 시험과 관련된 대화, 답안카드 교환, 다른 수험자의 답안·문제지를 보고 답안 작성, 대리시험을 치르거나 치르게 하는 행위, 시험문제 내용과 관련된 물건을 휴대하거나 이를 주고받는 행위
2. 시험장 내외로부터 도움을 받아 답안을 작성하는 행위, 공인어학성적 및 응시자격서류를 허위기재하여 제출하는 행위
3. 통신기기(휴대전화·소형 무전기 등) 및 전자기기(초소형 카메라 등)를 휴대하거나 사용하는 행위
4. 다른 수험자와 성명 및 수험번호를 바꾸어 작성·제출하는 행위
5. 기타 부정 또는 불공정한 방법으로 시험을 치르는 행위

성 명
홍 길 동
교시 기재란
(1)교시 ● ② ③
문제지 형별 기재란
(A)형 ● Ⓑ
선 택 과 목 1
선 택 과 목 2
수 험 번 호
0 1 3 2 9 8 0 1
감독위원 확인
김 갑 ㊞ 독

마 킹 주 의	바르게 마킹 : ● 잘 못 마킹 : ⊗, ⊙, ⓥ, ◎, ⦶, ⊖, ◔, ◍

(예 시) →

수험자 유의사항

1. 시험 중에는 통신기기(휴대전화·소형 무전기 등) 및 전자기기(초소형 카메라 등)를 소지하거나 사용할 수 없습니다.
2. 부정행위 예방을 위해 시험문제지에도 수험번호와 성명을 반드시 기재하시기 바랍니다.
3. **시험시간이 종료되면 즉시 답안작성을 멈춰야** 하며, 종료시간 이후 계속 답안을 작성하거나 감독위원의 답안카드 제출지시에 불응할 때에는 당해 시험이 무효처리 됩니다.
4. 기타 감독위원의 정당한 지시에 불응하여 타 수험자의 시험에 방해가 될 경우 퇴실조치 될 수 있습니다.

답안카드 작성 시 유의사항

1. 답안카드 기재·마킹 시에는 **반드시 검정색 사인펜을 사용**해야 합니다.
2. 답안카드를 잘못 작성했을 시에는 카드를 교체하거나 수정테이프를 사용하여 수정할 수 있습니다.
   그러나 불완전한 수정처리로 인해 발생하는 전산자동판독불가 등 불이익은 수험자의 귀책사유입니다.
   - 수정테이프 이외의 수정액, 스티커 등은 사용 불가
   - 답안카드 왼쪽(성명·수험번호 등)을 제외한 '답안란'만 수정테이프로 수정 가능
3. 성명란은 수험자 본인의 성명을 정자체로 기재합니다.
4. 교시 기재란은 해당교시를 기재하고 해당 란에 마킹합니다.
5. 시험문제지 형별기재란은 시험문제지 형별을 기재하고, 우측 형별마킹난은 해당 형별을 마킹합니다.
6. 수험번호란은 숫자로 기재하고 아래 해당번호에 마킹합니다.
7. 시험문제지 형별 및 수험번호 등 마킹착오로 인한 불이익은 전적으로 수험자의 귀책사유입니다.
8. 감독위원의 날인이 없는 답안카드는 무효처리 됩니다.
9. 상단과 우측의 검은색 띠(▌▌▌) 부분은 낙서를 금지합니다.
10. 답안카드의 채점은 전산 판독결과에 따르며, 문제지 형별 및 답안 란의 마킹누락, 마킹착오, 불완전한 마킹 등은 수험자의 귀책사유에 해당하므로 이의제기를 하더라도 받아들여지지 않습니다.

부정행위 처리규정

시험 중 다음과 같은 행위를 하는 자는 당해 시험을 무효처리하고 자격별 관련 규정에 따라 일정기간 동안 시험에 응시할 수 있는 자격을 정지합니다.

1. 시험과 관련된 대화, 답안카드 교환, 다른 수험자의 답안·문제지를 보고 답안 작성, 대리시험을 치르거나 치르게 하는 행위, 시험문제 내용과 관련된 물건을 휴대하거나 이를 주고받는 행위
2. 시험장 내외로부터 도움을 받아 답안을 작성하는 행위, 공인어학성적 및 응시자격서류를 허위기재하여 제출하는 행위
3. 통신기기(휴대전화·소형 무전기 등) 및 전자기기(초소형 카메라 등)를 휴대하거나 사용하는 행위
4. 다른 수험자와 성명 및 수험번호를 바꾸어 작성·제출하는 행위
5. 기타 부정 또는 불공정한 방법으로 시험을 치르는 행위

성 명
홍 길 동
교시 기재란
(1)교시 ● ② ③
문제지 형별 기재란
(A)형 ● Ⓑ
선 택 과 목 1
선 택 과 목 2
수 험 번 호
0 1 3 2 9 8 0 1
감독위원 확인
김 갑 ㊞ 독

성 명

교시 기재란
( )교시 ① ② ③

문제지 형별 기재란
( )형 Ⓐ Ⓑ

선 택 과 목 1
선 택 과 목 2

수 험 번 호							
0	0	0	0	0	0	0	0
①	①	①	①	①	①	①	①
②	②	②	②	②	②	②	②
③	③	③	③	③	③	③	③
④	④	④	④	④	④	④	④
⑤	⑤	⑤	⑤	⑤	⑤	⑤	⑤
⑥	⑥	⑥	⑥	⑥	⑥	⑥	⑥
⑦	⑦	⑦	⑦	⑦	⑦	⑦	⑦
⑧	⑧	⑧	⑧	⑧	⑧	⑧	⑧
⑨	⑨	⑨	⑨	⑨	⑨	⑨	⑨

감독위원 확인
(인)

( )년도 ( ) 제( )차 국가전문자격시험 답안카드

1	① ② ③ ④ ⑤	21	① ② ③ ④ ⑤	41	① ② ③ ④ ⑤	61	① ② ③ ④ ⑤	81	① ② ③ ④ ⑤	101	① ② ③ ④ ⑤	121	① ② ③ ④ ⑤
2	① ② ③ ④ ⑤	22	① ② ③ ④ ⑤	42	① ② ③ ④ ⑤	62	① ② ③ ④ ⑤	82	① ② ③ ④ ⑤	102	① ② ③ ④ ⑤	122	① ② ③ ④ ⑤
3	① ② ③ ④ ⑤	23	① ② ③ ④ ⑤	43	① ② ③ ④ ⑤	63	① ② ③ ④ ⑤	83	① ② ③ ④ ⑤	103	① ② ③ ④ ⑤	123	① ② ③ ④ ⑤
4	① ② ③ ④ ⑤	24	① ② ③ ④ ⑤	44	① ② ③ ④ ⑤	64	① ② ③ ④ ⑤	84	① ② ③ ④ ⑤	104	① ② ③ ④ ⑤	124	① ② ③ ④ ⑤
5	① ② ③ ④ ⑤	25	① ② ③ ④ ⑤	45	① ② ③ ④ ⑤	65	① ② ③ ④ ⑤	85	① ② ③ ④ ⑤	105	① ② ③ ④ ⑤	125	① ② ③ ④ ⑤
6	① ② ③ ④ ⑤	26	① ② ③ ④ ⑤	46	① ② ③ ④ ⑤	66	① ② ③ ④ ⑤	86	① ② ③ ④ ⑤	106	① ② ③ ④ ⑤		
7	① ② ③ ④ ⑤	27	① ② ③ ④ ⑤	47	① ② ③ ④ ⑤	67	① ② ③ ④ ⑤	87	① ② ③ ④ ⑤	107	① ② ③ ④ ⑤		
8	① ② ③ ④ ⑤	28	① ② ③ ④ ⑤	48	① ② ③ ④ ⑤	68	① ② ③ ④ ⑤	88	① ② ③ ④ ⑤	108	① ② ③ ④ ⑤		
9	① ② ③ ④ ⑤	29	① ② ③ ④ ⑤	49	① ② ③ ④ ⑤	69	① ② ③ ④ ⑤	89	① ② ③ ④ ⑤	109	① ② ③ ④ ⑤		
10	① ② ③ ④ ⑤	30	① ② ③ ④ ⑤	50	① ② ③ ④ ⑤	70	① ② ③ ④ ⑤	90	① ② ③ ④ ⑤	110	① ② ③ ④ ⑤		
11	① ② ③ ④ ⑤	31	① ② ③ ④ ⑤	51	① ② ③ ④ ⑤	71	① ② ③ ④ ⑤	91	① ② ③ ④ ⑤	111	① ② ③ ④ ⑤		
12	① ② ③ ④ ⑤	32	① ② ③ ④ ⑤	52	① ② ③ ④ ⑤	72	① ② ③ ④ ⑤	92	① ② ③ ④ ⑤	112	① ② ③ ④ ⑤		
13	① ② ③ ④ ⑤	33	① ② ③ ④ ⑤	53	① ② ③ ④ ⑤	73	① ② ③ ④ ⑤	93	① ② ③ ④ ⑤	113	① ② ③ ④ ⑤		
14	① ② ③ ④ ⑤	34	① ② ③ ④ ⑤	54	① ② ③ ④ ⑤	74	① ② ③ ④ ⑤	94	① ② ③ ④ ⑤	114	① ② ③ ④ ⑤		
15	① ② ③ ④ ⑤	35	① ② ③ ④ ⑤	55	① ② ③ ④ ⑤	75	① ② ③ ④ ⑤	95	① ② ③ ④ ⑤	115	① ② ③ ④ ⑤		
16	① ② ③ ④ ⑤	36	① ② ③ ④ ⑤	56	① ② ③ ④ ⑤	76	① ② ③ ④ ⑤	96	① ② ③ ④ ⑤	116	① ② ③ ④ ⑤		
17	① ② ③ ④ ⑤	37	① ② ③ ④ ⑤	57	① ② ③ ④ ⑤	77	① ② ③ ④ ⑤	97	① ② ③ ④ ⑤	117	① ② ③ ④ ⑤		
18	① ② ③ ④ ⑤	38	① ② ③ ④ ⑤	58	① ② ③ ④ ⑤	78	① ② ③ ④ ⑤	98	① ② ③ ④ ⑤	118	① ② ③ ④ ⑤		
19	① ② ③ ④ ⑤	39	① ② ③ ④ ⑤	59	① ② ③ ④ ⑤	79	① ② ③ ④ ⑤	99	① ② ③ ④ ⑤	119	① ② ③ ④ ⑤		
20	① ② ③ ④ ⑤	40	① ② ③ ④ ⑤	60	① ② ③ ④ ⑤	80	① ② ③ ④ ⑤	100	① ② ③ ④ ⑤	120	① ② ③ ④ ⑤		

수험자 여러분의 합격을 기원합니다.

인강드림

성 명

교시 기재란
( )교시 ① ② ③

문제지 형별 기재란
( )형 Ⓐ Ⓑ

선 택 과 목 1
선 택 과 목 2

수 험 번 호							
0	0	0	0	0	0	0	0
①	①	①	①	①	①	①	①
②	②	②	②	②	②	②	②
③	③	③	③	③	③	③	③
④	④	④	④	④	④	④	④
⑤	⑤	⑤	⑤	⑤	⑤	⑤	⑤
⑥	⑥	⑥	⑥	⑥	⑥	⑥	⑥
⑦	⑦	⑦	⑦	⑦	⑦	⑦	⑦
⑧	⑧	⑧	⑧	⑧	⑧	⑧	⑧
⑨	⑨	⑨	⑨	⑨	⑨	⑨	⑨

감독위원 확인
(인)

( )년도 ( ) 제( )차 국가전문자격시험 답안카드

1	① ② ③ ④ ⑤	21	① ② ③ ④ ⑤	41	① ② ③ ④ ⑤	61	① ② ③ ④ ⑤	81	① ② ③ ④ ⑤	101	① ② ③ ④ ⑤	121	① ② ③ ④ ⑤
2	① ② ③ ④ ⑤	22	① ② ③ ④ ⑤	42	① ② ③ ④ ⑤	62	① ② ③ ④ ⑤	82	① ② ③ ④ ⑤	102	① ② ③ ④ ⑤	122	① ② ③ ④ ⑤
3	① ② ③ ④ ⑤	23	① ② ③ ④ ⑤	43	① ② ③ ④ ⑤	63	① ② ③ ④ ⑤	83	① ② ③ ④ ⑤	103	① ② ③ ④ ⑤	123	① ② ③ ④ ⑤
4	① ② ③ ④ ⑤	24	① ② ③ ④ ⑤	44	① ② ③ ④ ⑤	64	① ② ③ ④ ⑤	84	① ② ③ ④ ⑤	104	① ② ③ ④ ⑤	124	① ② ③ ④ ⑤
5	① ② ③ ④ ⑤	25	① ② ③ ④ ⑤	45	① ② ③ ④ ⑤	65	① ② ③ ④ ⑤	85	① ② ③ ④ ⑤	105	① ② ③ ④ ⑤	125	① ② ③ ④ ⑤
6	① ② ③ ④ ⑤	26	① ② ③ ④ ⑤	46	① ② ③ ④ ⑤	66	① ② ③ ④ ⑤	86	① ② ③ ④ ⑤	106	① ② ③ ④ ⑤		
7	① ② ③ ④ ⑤	27	① ② ③ ④ ⑤	47	① ② ③ ④ ⑤	67	① ② ③ ④ ⑤	87	① ② ③ ④ ⑤	107	① ② ③ ④ ⑤		
8	① ② ③ ④ ⑤	28	① ② ③ ④ ⑤	48	① ② ③ ④ ⑤	68	① ② ③ ④ ⑤	88	① ② ③ ④ ⑤	108	① ② ③ ④ ⑤		
9	① ② ③ ④ ⑤	29	① ② ③ ④ ⑤	49	① ② ③ ④ ⑤	69	① ② ③ ④ ⑤	89	① ② ③ ④ ⑤	109	① ② ③ ④ ⑤		
10	① ② ③ ④ ⑤	30	① ② ③ ④ ⑤	50	① ② ③ ④ ⑤	70	① ② ③ ④ ⑤	90	① ② ③ ④ ⑤	110	① ② ③ ④ ⑤		
11	① ② ③ ④ ⑤	31	① ② ③ ④ ⑤	51	① ② ③ ④ ⑤	71	① ② ③ ④ ⑤	91	① ② ③ ④ ⑤	111	① ② ③ ④ ⑤		
12	① ② ③ ④ ⑤	32	① ② ③ ④ ⑤	52	① ② ③ ④ ⑤	72	① ② ③ ④ ⑤	92	① ② ③ ④ ⑤	112	① ② ③ ④ ⑤		
13	① ② ③ ④ ⑤	33	① ② ③ ④ ⑤	53	① ② ③ ④ ⑤	73	① ② ③ ④ ⑤	93	① ② ③ ④ ⑤	113	① ② ③ ④ ⑤		
14	① ② ③ ④ ⑤	34	① ② ③ ④ ⑤	54	① ② ③ ④ ⑤	74	① ② ③ ④ ⑤	94	① ② ③ ④ ⑤	114	① ② ③ ④ ⑤		
15	① ② ③ ④ ⑤	35	① ② ③ ④ ⑤	55	① ② ③ ④ ⑤	75	① ② ③ ④ ⑤	95	① ② ③ ④ ⑤	115	① ② ③ ④ ⑤		
16	① ② ③ ④ ⑤	36	① ② ③ ④ ⑤	56	① ② ③ ④ ⑤	76	① ② ③ ④ ⑤	96	① ② ③ ④ ⑤	116	① ② ③ ④ ⑤		
17	① ② ③ ④ ⑤	37	① ② ③ ④ ⑤	57	① ② ③ ④ ⑤	77	① ② ③ ④ ⑤	97	① ② ③ ④ ⑤	117	① ② ③ ④ ⑤		
18	① ② ③ ④ ⑤	38	① ② ③ ④ ⑤	58	① ② ③ ④ ⑤	78	① ② ③ ④ ⑤	98	① ② ③ ④ ⑤	118	① ② ③ ④ ⑤		
19	① ② ③ ④ ⑤	39	① ② ③ ④ ⑤	59	① ② ③ ④ ⑤	79	① ② ③ ④ ⑤	99	① ② ③ ④ ⑤	119	① ② ③ ④ ⑤		
20	① ② ③ ④ ⑤	40	① ② ③ ④ ⑤	60	① ② ③ ④ ⑤	80	① ② ③ ④ ⑤	100	① ② ③ ④ ⑤	120	① ② ③ ④ ⑤		

수험자 여러분의 합격을 기원합니다.

인강드림

마 킹 주 의

바르게 마킹 : ●
잘 못 마킹 : ⊗, ⊙, ⓥ, ◎, ⦶, ⊖, ◔, ◉

(예 시) →

성 명
홍 길 동

교시 기재란	
(1)교시	● ② ③

문제지 형별 기재란	
(A)형	● Ⓑ

선 택 과 목 1

선 택 과 목 2

수 험 번 호: 0 1 3 2 9 8 0 1

감독위원 확인: 김 감 독 (인)

수험자 유의사항

1. 시험 중에는 통신기기(휴대전화 · 소형 무전기 등) 및 전자기기(초소형 카메라 등)를 소지하거나 사용할 수 없습니다.
2. 부정행위 예방을 위해 시험문제지에도 수험번호와 성명을 반드시 기재하시기 바랍니다.
3. **시험시간이 종료되면 즉시 답안작성을 멈춰야** 하며, 종료시간 이후 계속 답안을 작성하거나 감독위원의 답안카드 제출지시에 불응할 때에는 당해 시험이 무효처리 됩니다.
4. 기타 감독위원의 정당한 지시에 불응하여 타 수험자의 시험에 방해가 될 경우 퇴실조치 될 수 있습니다.

답안카드 작성 시 유의사항

1. 답안카드 기재 · 마킹 시에는 **반드시 검정색 사인펜을 사용**해야 합니다.
2. 답안카드를 잘못 작성했을 시에는 카드를 교체하거나 수정테이프를 사용하여 수정할 수 있습니다.
   그러나 불완전한 수정처리로 인해 발생하는 전산자동판독불가 등 불이익은 수험자의 귀책사유입니다.
   – 수정테이프 이외의 수정액, 스티커 등은 사용 불가
   – 답안카드 왼쪽(성명 · 수험번호 등)을 제외한 '답안란'만 수정테이프로 수정 가능
3. 성명란은 수험자 본인의 성명을 정자체로 기재합니다.
4. 교시 기재란은 해당교시를 기재하고 해당 란에 마킹합니다.
5. 시험문제지 형별기재란은 시험문제지 형별을 기재하고, 우측 형별마킹란은 해당 형별을 마킹합니다.
6. 수험번호란은 숫자로 기재하고 아래 해당번호에 마킹합니다.
7. 시험문제지 형별 및 수험번호 등 마킹착오로 인한 불이익은 전적으로 수험자의 귀책사유입니다.
8. 감독위원의 날인이 없는 답안카드는 무효처리 됩니다.
9. 상단과 우측의 검은색 띠(▮▮▮) 부분은 낙서를 금지합니다.
10. 답안카드의 채점은 전산 판독결과에 따르며, 문제지 형별 및 답안 란의 마킹누락, 마킹착오, 불완전한 마킹 등은 수험자의 귀책사유에 해당하므로 이의제기를 하더라도 받아들여지지 않습니다.

부정행위 처리규정

시험 중 다음과 같은 행위를 하는 자는 당해 시험을 무효처리하고 자격별 관련 규정에 따라 일정기간 동안 시험에 응시할 수 있는 자격을 정지합니다.

1. 시험과 관련된 대화, 답안카드 교환, 다른 수험자의 답안 · 문제지를 보고 답안 작성, 대리시험을 치르거나 치르게 하는 행위, 시험문제 내용과 관련된 물건을 휴대하거나 이를 주고받는 행위
2. 시험장 내외로부터 도움을 받아 답안을 작성하는 행위, 공인어학성적 및 응시자격서류를 허위기재하여 제출하는 행위
3. 통신기기(휴대전화 · 소형 무전기 등) 및 전자기기(초소형 카메라 등)를 휴대하거나 사용하는 행위
4. 다른 수험자와 성명 및 수험번호를 바꾸어 작성 · 제출하는 행위
5. 기타 부정 또는 불공정한 방법으로 시험을 치르는 행위

마 킹 주 의

바르게 마킹 : ●
잘 못 마킹 : ⊗, ⊙, ⓥ, ◎, ⦶, ⊖, ◔, ◉

(예 시) →

성 명: 홍 길 동

교시 기재란: (1)교시 ● ② ③

문제지 형별 기재란: (A)형 ● Ⓑ

선 택 과 목 1

선 택 과 목 2

수 험 번 호: 0 1 3 2 9 8 0 1

감독위원 확인: 김 감 독 (인)

수험자 유의사항

1. 시험 중에는 통신기기(휴대전화 · 소형 무전기 등) 및 전자기기(초소형 카메라 등)를 소지하거나 사용할 수 없습니다.
2. 부정행위 예방을 위해 시험문제지에도 수험번호와 성명을 반드시 기재하시기 바랍니다.
3. **시험시간이 종료되면 즉시 답안작성을 멈춰야** 하며, 종료시간 이후 계속 답안을 작성하거나 감독위원의 답안카드 제출지시에 불응할 때에는 당해 시험이 무효처리 됩니다.
4. 기타 감독위원의 정당한 지시에 불응하여 타 수험자의 시험에 방해가 될 경우 퇴실조치 될 수 있습니다.

답안카드 작성 시 유의사항

1. 답안카드 기재 · 마킹 시에는 **반드시 검정색 사인펜을 사용**해야 합니다.
2. 답안카드를 잘못 작성했을 시에는 카드를 교체하거나 수정테이프를 사용하여 수정할 수 있습니다.
   그러나 불완전한 수정처리로 인해 발생하는 전산자동판독불가 등 불이익은 수험자의 귀책사유입니다.
   – 수정테이프 이외의 수정액, 스티커 등은 사용 불가
   – 답안카드 왼쪽(성명 · 수험번호 등)을 제외한 '답안란'만 수정테이프로 수정 가능
3. 성명란은 수험자 본인의 성명을 정자체로 기재합니다.
4. 교시 기재란은 해당교시를 기재하고 해당 란에 마킹합니다.
5. 시험문제지 형별기재란은 시험문제지 형별을 기재하고, 우측 형별마킹란은 해당 형별을 마킹합니다.
6. 수험번호란은 숫자로 기재하고 아래 해당번호에 마킹합니다.
7. 시험문제지 형별 및 수험번호 등 마킹착오로 인한 불이익은 전적으로 수험자의 귀책사유입니다.
8. 감독위원의 날인이 없는 답안카드는 무효처리 됩니다.
9. 상단과 우측의 검은색 띠(▮▮▮) 부분은 낙서를 금지합니다.
10. 답안카드의 채점은 전산 판독결과에 따르며, 문제지 형별 및 답안 란의 마킹누락, 마킹착오, 불완전한 마킹 등은 수험자의 귀책사유에 해당하므로 이의제기를 하더라도 받아들여지지 않습니다.

부정행위 처리규정

시험 중 다음과 같은 행위를 하는 자는 당해 시험을 무효처리하고 자격별 관련 규정에 따라 일정기간 동안 시험에 응시할 수 있는 자격을 정지합니다.

1. 시험과 관련된 대화, 답안카드 교환, 다른 수험자의 답안 · 문제지를 보고 답안 작성, 대리시험을 치르거나 치르게 하는 행위, 시험문제 내용과 관련된 물건을 휴대하거나 이를 주고받는 행위
2. 시험장 내외로부터 도움을 받아 답안을 작성하는 행위, 공인어학성적 및 응시자격서류를 허위기재하여 제출하는 행위
3. 통신기기(휴대전화 · 소형 무전기 등) 및 전자기기(초소형 카메라 등)를 휴대하거나 사용하는 행위
4. 다른 수험자와 성명 및 수험번호를 바꾸어 작성 · 제출하는 행위
5. 기타 부정 또는 불공정한 방법으로 시험을 치르는 행위

성 명

교시 기재란	
( )교시	① ② ③
문제지 형별 기재란	
( )형	Ⓐ Ⓑ
선 택 과 목 1	
선 택 과 목 2	

수 험 번 호							
⓪	⓪	⓪	⓪	⓪	⓪	⓪	⓪
①	①	①	①	①	①	①	①
②	②	②	②	②	②	②	②
③	③	③	③	③	③	③	③
④	④	④	④	④	④	④	④
⑤	⑤	⑤	⑤	⑤	⑤	⑤	⑤
⑥	⑥	⑥	⑥	⑥	⑥	⑥	⑥
⑦	⑦	⑦	⑦	⑦	⑦	⑦	⑦
⑧	⑧	⑧	⑧	⑧	⑧	⑧	⑧
⑨	⑨	⑨	⑨	⑨	⑨	⑨	⑨

감독위원 확인
인

( )년도 ( ) 제( )차 국가전문자격시험 답안카드

1	① ② ③ ④ ⑤	21	① ② ③ ④ ⑤	41	① ② ③ ④ ⑤	61	① ② ③ ④ ⑤	81	① ② ③ ④ ⑤	101	① ② ③ ④ ⑤	121	① ② ③ ④ ⑤
2	① ② ③ ④ ⑤	22	① ② ③ ④ ⑤	42	① ② ③ ④ ⑤	62	① ② ③ ④ ⑤	82	① ② ③ ④ ⑤	102	① ② ③ ④ ⑤	122	① ② ③ ④ ⑤
3	① ② ③ ④ ⑤	23	① ② ③ ④ ⑤	43	① ② ③ ④ ⑤	63	① ② ③ ④ ⑤	83	① ② ③ ④ ⑤	103	① ② ③ ④ ⑤	123	① ② ③ ④ ⑤
4	① ② ③ ④ ⑤	24	① ② ③ ④ ⑤	44	① ② ③ ④ ⑤	64	① ② ③ ④ ⑤	84	① ② ③ ④ ⑤	104	① ② ③ ④ ⑤	124	① ② ③ ④ ⑤
5	① ② ③ ④ ⑤	25	① ② ③ ④ ⑤	45	① ② ③ ④ ⑤	65	① ② ③ ④ ⑤	85	① ② ③ ④ ⑤	105	① ② ③ ④ ⑤	125	① ② ③ ④ ⑤
6	① ② ③ ④ ⑤	26	① ② ③ ④ ⑤	46	① ② ③ ④ ⑤	66	① ② ③ ④ ⑤	86	① ② ③ ④ ⑤	106	① ② ③ ④ ⑤		
7	① ② ③ ④ ⑤	27	① ② ③ ④ ⑤	47	① ② ③ ④ ⑤	67	① ② ③ ④ ⑤	87	① ② ③ ④ ⑤	107	① ② ③ ④ ⑤		
8	① ② ③ ④ ⑤	28	① ② ③ ④ ⑤	48	① ② ③ ④ ⑤	68	① ② ③ ④ ⑤	88	① ② ③ ④ ⑤	108	① ② ③ ④ ⑤		
9	① ② ③ ④ ⑤	29	① ② ③ ④ ⑤	49	① ② ③ ④ ⑤	69	① ② ③ ④ ⑤	89	① ② ③ ④ ⑤	109	① ② ③ ④ ⑤		
10	① ② ③ ④ ⑤	30	① ② ③ ④ ⑤	50	① ② ③ ④ ⑤	70	① ② ③ ④ ⑤	90	① ② ③ ④ ⑤	110	① ② ③ ④ ⑤		
11	① ② ③ ④ ⑤	31	① ② ③ ④ ⑤	51	① ② ③ ④ ⑤	71	① ② ③ ④ ⑤	91	① ② ③ ④ ⑤	111	① ② ③ ④ ⑤		수험자
12	① ② ③ ④ ⑤	32	① ② ③ ④ ⑤	52	① ② ③ ④ ⑤	72	① ② ③ ④ ⑤	92	① ② ③ ④ ⑤	112	① ② ③ ④ ⑤		여러분의
13	① ② ③ ④ ⑤	33	① ② ③ ④ ⑤	53	① ② ③ ④ ⑤	73	① ② ③ ④ ⑤	93	① ② ③ ④ ⑤	113	① ② ③ ④ ⑤		합격을
14	① ② ③ ④ ⑤	34	① ② ③ ④ ⑤	54	① ② ③ ④ ⑤	74	① ② ③ ④ ⑤	94	① ② ③ ④ ⑤	114	① ② ③ ④ ⑤		기원합니다.
15	① ② ③ ④ ⑤	35	① ② ③ ④ ⑤	55	① ② ③ ④ ⑤	75	① ② ③ ④ ⑤	95	① ② ③ ④ ⑤	115	① ② ③ ④ ⑤		
16	① ② ③ ④ ⑤	36	① ② ③ ④ ⑤	56	① ② ③ ④ ⑤	76	① ② ③ ④ ⑤	96	① ② ③ ④ ⑤	116	① ② ③ ④ ⑤		
17	① ② ③ ④ ⑤	37	① ② ③ ④ ⑤	57	① ② ③ ④ ⑤	77	① ② ③ ④ ⑤	97	① ② ③ ④ ⑤	117	① ② ③ ④ ⑤		
18	① ② ③ ④ ⑤	38	① ② ③ ④ ⑤	58	① ② ③ ④ ⑤	78	① ② ③ ④ ⑤	98	① ② ③ ④ ⑤	118	① ② ③ ④ ⑤		
19	① ② ③ ④ ⑤	39	① ② ③ ④ ⑤	59	① ② ③ ④ ⑤	79	① ② ③ ④ ⑤	99	① ② ③ ④ ⑤	119	① ② ③ ④ ⑤		
20	① ② ③ ④ ⑤	40	① ② ③ ④ ⑤	60	① ② ③ ④ ⑤	80	① ② ③ ④ ⑤	100	① ② ③ ④ ⑤	120	① ② ③ ④ ⑤		인강드림

성 명

교시 기재란	
( )교시	① ② ③
문제지 형별 기재란	
( )형	Ⓐ Ⓑ
선 택 과 목 1	
선 택 과 목 2	

수 험 번 호							
⓪	⓪	⓪	⓪	⓪	⓪	⓪	⓪
①	①	①	①	①	①	①	①
②	②	②	②	②	②	②	②
③	③	③	③	③	③	③	③
④	④	④	④	④	④	④	④
⑤	⑤	⑤	⑤	⑤	⑤	⑤	⑤
⑥	⑥	⑥	⑥	⑥	⑥	⑥	⑥
⑦	⑦	⑦	⑦	⑦	⑦	⑦	⑦
⑧	⑧	⑧	⑧	⑧	⑧	⑧	⑧
⑨	⑨	⑨	⑨	⑨	⑨	⑨	⑨

감독위원 확인
인

( )년도 ( ) 제( )차 국가전문자격시험 답안카드

1	① ② ③ ④ ⑤	21	① ② ③ ④ ⑤	41	① ② ③ ④ ⑤	61	① ② ③ ④ ⑤	81	① ② ③ ④ ⑤	101	① ② ③ ④ ⑤	121	① ② ③ ④ ⑤
2	① ② ③ ④ ⑤	22	① ② ③ ④ ⑤	42	① ② ③ ④ ⑤	62	① ② ③ ④ ⑤	82	① ② ③ ④ ⑤	102	① ② ③ ④ ⑤	122	① ② ③ ④ ⑤
3	① ② ③ ④ ⑤	23	① ② ③ ④ ⑤	43	① ② ③ ④ ⑤	63	① ② ③ ④ ⑤	83	① ② ③ ④ ⑤	103	① ② ③ ④ ⑤	123	① ② ③ ④ ⑤
4	① ② ③ ④ ⑤	24	① ② ③ ④ ⑤	44	① ② ③ ④ ⑤	64	① ② ③ ④ ⑤	84	① ② ③ ④ ⑤	104	① ② ③ ④ ⑤	124	① ② ③ ④ ⑤
5	① ② ③ ④ ⑤	25	① ② ③ ④ ⑤	45	① ② ③ ④ ⑤	65	① ② ③ ④ ⑤	85	① ② ③ ④ ⑤	105	① ② ③ ④ ⑤	125	① ② ③ ④ ⑤
6	① ② ③ ④ ⑤	26	① ② ③ ④ ⑤	46	① ② ③ ④ ⑤	66	① ② ③ ④ ⑤	86	① ② ③ ④ ⑤	106	① ② ③ ④ ⑤		
7	① ② ③ ④ ⑤	27	① ② ③ ④ ⑤	47	① ② ③ ④ ⑤	67	① ② ③ ④ ⑤	87	① ② ③ ④ ⑤	107	① ② ③ ④ ⑤		
8	① ② ③ ④ ⑤	28	① ② ③ ④ ⑤	48	① ② ③ ④ ⑤	68	① ② ③ ④ ⑤	88	① ② ③ ④ ⑤	108	① ② ③ ④ ⑤		
9	① ② ③ ④ ⑤	29	① ② ③ ④ ⑤	49	① ② ③ ④ ⑤	69	① ② ③ ④ ⑤	89	① ② ③ ④ ⑤	109	① ② ③ ④ ⑤		
10	① ② ③ ④ ⑤	30	① ② ③ ④ ⑤	50	① ② ③ ④ ⑤	70	① ② ③ ④ ⑤	90	① ② ③ ④ ⑤	110	① ② ③ ④ ⑤		
11	① ② ③ ④ ⑤	31	① ② ③ ④ ⑤	51	① ② ③ ④ ⑤	71	① ② ③ ④ ⑤	91	① ② ③ ④ ⑤	111	① ② ③ ④ ⑤		수험자
12	① ② ③ ④ ⑤	32	① ② ③ ④ ⑤	52	① ② ③ ④ ⑤	72	① ② ③ ④ ⑤	92	① ② ③ ④ ⑤	112	① ② ③ ④ ⑤		여러분의
13	① ② ③ ④ ⑤	33	① ② ③ ④ ⑤	53	① ② ③ ④ ⑤	73	① ② ③ ④ ⑤	93	① ② ③ ④ ⑤	113	① ② ③ ④ ⑤		합격을
14	① ② ③ ④ ⑤	34	① ② ③ ④ ⑤	54	① ② ③ ④ ⑤	74	① ② ③ ④ ⑤	94	① ② ③ ④ ⑤	114	① ② ③ ④ ⑤		기원합니다.
15	① ② ③ ④ ⑤	35	① ② ③ ④ ⑤	55	① ② ③ ④ ⑤	75	① ② ③ ④ ⑤	95	① ② ③ ④ ⑤	115	① ② ③ ④ ⑤		
16	① ② ③ ④ ⑤	36	① ② ③ ④ ⑤	56	① ② ③ ④ ⑤	76	① ② ③ ④ ⑤	96	① ② ③ ④ ⑤	116	① ② ③ ④ ⑤		
17	① ② ③ ④ ⑤	37	① ② ③ ④ ⑤	57	① ② ③ ④ ⑤	77	① ② ③ ④ ⑤	97	① ② ③ ④ ⑤	117	① ② ③ ④ ⑤		
18	① ② ③ ④ ⑤	38	① ② ③ ④ ⑤	58	① ② ③ ④ ⑤	78	① ② ③ ④ ⑤	98	① ② ③ ④ ⑤	118	① ② ③ ④ ⑤		
19	① ② ③ ④ ⑤	39	① ② ③ ④ ⑤	59	① ② ③ ④ ⑤	79	① ② ③ ④ ⑤	99	① ② ③ ④ ⑤	119	① ② ③ ④ ⑤		
20	① ② ③ ④ ⑤	40	① ② ③ ④ ⑤	60	① ② ③ ④ ⑤	80	① ② ③ ④ ⑤	100	① ② ③ ④ ⑤	120	① ② ③ ④ ⑤		인강드림

마 킹 주 의

바르게 마킹 : ●
잘 못 마킹 : ⊗, ⊙, ⓥ, ◎, ⦶, ⊖, ◌, ◌

(예 시) →

성 명
홍 길 동

교시 기재란
(1)교시 ● ② ③
문제지 형별 기재란
(A)형 ● Ⓑ
선 택 과 목 1
선 택 과 목 2

수	험	번	호				
0	1	3	2	9	8	0	1
●	⓪	⓪	⓪	⓪	⓪	●	⓪
①	●	①	①	①	①	①	●
②	②	②	●	②	②	②	②
③	③	●	③	③	③	③	③
④	④	④	④	④	④	④	④
⑤	⑤	⑤	⑤	⑤	⑤	⑤	⑤
⑥	⑥	⑥	⑥	⑥	⑥	⑥	⑥
⑦	⑦	⑦	⑦	⑦	⑦	⑦	⑦
⑧	⑧	⑧	⑧	⑧	●	⑧	⑧
⑨	⑨	⑨	⑨	●	⑨	⑨	⑨

감독위원 확인
김 감 독

수험자 유의사항

1. 시험 중에는 통신기기(휴대전화·소형 무전기 등) 및 전자기기(초소형 카메라 등)를 소지하거나 사용할 수 없습니다.
2. 부정행위 예방을 위해 시험문제지에도 수험번호와 성명을 반드시 기재하시기 바랍니다.
3. **시험시간이 종료되면 즉시 답안작성을 멈춰야** 하며, 종료시간 이후 계속 답안을 작성하거나 감독위원의 답안카드 제출지시에 불응할 때에는 당해 시험이 무효처리 됩니다.
4. 기타 감독위원의 정당한 지시에 불응하여 타 수험자의 시험에 방해가 될 경우 퇴실조치 될 수 있습니다.

답안카드 작성 시 유의사항

1. 답안카드 기재·마킹 시에는 **반드시 검정색 사인펜을 사용**해야 합니다.
2. 답안카드를 잘못 작성했을 시에는 카드를 교체하거나 수정테이프를 사용하여 수정할 수 있습니다.
   그러나 불완전한 수정처리로 인해 발생하는 전산자동판독불가 등 불이익은 수험자의 귀책사유입니다.
   - 수정테이프 이외의 수정액, 스티커 등은 사용 불가
   - 답안카드 왼쪽(성명·수험번호 등)을 제외한 '답안란'만 수정테이프로 수정 가능
3. 성명란은 수험자 본인의 성명을 정자체로 기재합니다.
4. 교시 기재란은 해당교시를 기재하고 해당 란에 마킹합니다.
5. 시험문제지 형별기재란은 시험문제지 형별을 기재하고, 우측 형별마킹난은 해당 형별을 마킹합니다.
6. 수험번호란은 숫자로 기재하고 아래 해당번호에 마킹합니다.
7. 시험문제지 형별 및 수험번호 등 마킹착오로 인한 불이익은 전적으로 수험자의 귀책사유입니다.
8. 감독위원의 날인이 없는 답안카드는 무효처리 됩니다.
9. 상단과 우측의 검은색 띠(▌▌▌) 부분은 낙서를 금지합니다.
10. 답안카드의 채점은 전산 판독결과에 따르며, 문제지 형별 및 답안 란의 마킹누락, 마킹착오, 불완전한 마킹 등은 수험자의 귀책사유에 해당하므로 이의제기를 하더라도 받아들여지지 않습니다.

부정행위 처리규정

시험 중 다음과 같은 행위를 하는 자는 당해 시험을 무효처리하고 자격별 관련 규정에 따라 일정기간 동안 시험에 응시할 수 있는 자격을 정지합니다.

1. 시험과 관련된 대화, 답안카드 교환, 다른 수험자의 답안·문제지를 보고 답안 작성, 대리시험을 치르거나 치르게 하는 행위, 시험문제 내용과 관련된 물건을 휴대하거나 이를 주고받는 행위
2. 시험장 내외로부터 도움을 받아 답안을 작성하는 행위, 공인어학성적 및 응시자격서류를 허위기재하여 제출하는 행위
3. 통신기기(휴대전화·소형 무전기 등) 및 전자기기(초소형 카메라 등)를 휴대하거나 사용하는 행위
4. 다른 수험자와 성명 및 수험번호를 바꾸어 작성·제출하는 행위
5. 기타 부정 또는 불공정한 방법으로 시험을 치르는 행위

마 킹 주 의

바르게 마킹 : ●
잘 못 마킹 : ⊗, ⊙, ⓥ, ◎, ⦶, ⊖, ◌, ◌

(예 시) →

성 명: 홍 길 동
교시 기재란: (1)교시 ● ② ③
문제지 형별 기재란: (A)형 ● Ⓑ
선 택 과 목 1
선 택 과 목 2
수 험 번 호: 0 1 3 2 9 8 0 1
감독위원 확인: 김 감 독

수험자 유의사항

1. 시험 중에는 통신기기(휴대전화·소형 무전기 등) 및 전자기기(초소형 카메라 등)를 소지하거나 사용할 수 없습니다.
2. 부정행위 예방을 위해 시험문제지에도 수험번호와 성명을 반드시 기재하시기 바랍니다.
3. 시험시간이 종료되면 즉시 답안작성을 멈춰야 하며, 종료시간 이후 계속 답안을 작성하거나 감독위원의 답안카드 제출지시에 불응할 때에는 당해 시험이 무효처리 됩니다.
4. 기타 감독위원의 정당한 지시에 불응하여 타 수험자의 시험에 방해가 될 경우 퇴실조치 될 수 있습니다.

답안카드 작성 시 유의사항

1. 답안카드 기재·마킹 시에는 반드시 검정색 사인펜을 사용해야 합니다.
2. 답안카드를 잘못 작성했을 시에는 카드를 교체하거나 수정테이프를 사용하여 수정할 수 있습니다.
   그러나 불완전한 수정처리로 인해 발생하는 전산자동판독불가 등 불이익은 수험자의 귀책사유입니다.
   - 수정테이프 이외의 수정액, 스티커 등은 사용 불가
   - 답안카드 왼쪽(성명·수험번호 등)을 제외한 '답안란'만 수정테이프로 수정 가능
3. 성명란은 수험자 본인의 성명을 정자체로 기재합니다.
4. 교시 기재란은 해당교시를 기재하고 해당 란에 마킹합니다.
5. 시험문제지 형별기재란은 시험문제지 형별을 기재하고, 우측 형별마킹난은 해당 형별을 마킹합니다.
6. 수험번호란은 숫자로 기재하고 아래 해당번호에 마킹합니다.
7. 시험문제지 형별 및 수험번호 등 마킹착오로 인한 불이익은 전적으로 수험자의 귀책사유입니다.
8. 감독위원의 날인이 없는 답안카드는 무효처리 됩니다.
9. 상단과 우측의 검은색 띠(▌▌▌) 부분은 낙서를 금지합니다.
10. 답안카드의 채점은 전산 판독결과에 따르며, 문제지 형별 및 답안 란의 마킹누락, 마킹착오, 불완전한 마킹 등은 수험자의 귀책사유에 해당하므로 이의제기를 하더라도 받아들여지지 않습니다.

부정행위 처리규정

시험 중 다음과 같은 행위를 하는 자는 당해 시험을 무효처리하고 자격별 관련 규정에 따라 일정기간 동안 시험에 응시할 수 있는 자격을 정지합니다.

1. 시험과 관련된 대화, 답안카드 교환, 다른 수험자의 답안·문제지를 보고 답안 작성, 대리시험을 치르거나 치르게 하는 행위, 시험문제 내용과 관련된 물건을 휴대하거나 이를 주고받는 행위
2. 시험장 내외로부터 도움을 받아 답안을 작성하는 행위, 공인어학성적 및 응시자격서류를 허위기재하여 제출하는 행위
3. 통신기기(휴대전화·소형 무전기 등) 및 전자기기(초소형 카메라 등)를 휴대하거나 사용하는 행위
4. 다른 수험자와 성명 및 수험번호를 바꾸어 작성·제출하는 행위
5. 기타 부정 또는 불공정한 방법으로 시험을 치르는 행위